中国自主知识体系研究文库

中华人民共和国经济史

贺耀敏 著

中国人民大学出版社
·北京·

总　序

张东刚

2022年4月25日，习近平总书记在中国人民大学考察调研时指出，"加快构建中国特色哲学社会科学，归根结底是建构中国自主的知识体系"。2024年全国教育大会对以党的创新理论引领哲学社会科学知识创新、理论创新、方法创新提出明确要求。《教育强国建设规划纲要（2024—2035年）》将"构建中国哲学社会科学自主知识体系"作为增强高等教育综合实力的战略引领力量，要求"聚焦中国式现代化建设重大理论和实践问题，以党的创新理论引领哲学社会科学知识创新、理论创新、方法创新，构建以各学科标识性概念、原创性理论为主干的自主知识体系"。这是以习近平同志为核心的党中央站在统筹中华民族伟大复兴战略全局和世界百年未有之大变局的高度，对推动我国哲学社会科学高质量发展、使中国特色哲学社会科学真正屹立于世界学术之林作出的科学判断和战略部署，为建构中国自主的知识体系指明了前进方向、明确了科学路径。

建构中国自主的知识体系，是习近平总书记关于加快构建中国特色哲学社会科学重要论述的核心内容；是中国特色社会主义进入新时代，更好回答中国之问、世界之问、人民之问、时代之问，服务以中国式现代化全面推进中华民族伟大复兴的应有之义；是深入贯彻落实习近平文化思想，推动中华文明创造性转化、创新性发展，坚定不移走中国特色社会主义道路，续写马克思主义中国化时代化新篇章的必由之路；是为解决人类面临的共同问题提供更多更好的中国智慧、中国方案、中国力量，为人类和平与发展崇高事业作出新的更大贡献的应尽之责。

一、文库的缘起

作为中国共产党创办的第一所新型正规大学，中国人民大学始终秉持着强烈的使命感和历史主动精神，深入践行习近平总书记来校考察调研时重要讲话精神和关于哲学社会科学的重要论述精神，深刻把握中国自主知识体系的科学内涵与民族性、原创性、学理性，持续强化思想引领、文化滋养、现实支撑和传播推广，努力当好构建中国特色哲学社会科学的引领者、排头兵、先锋队。

我们充分发挥在人文社会科学领域"独树一帜"的特色优势，围绕建构中国自主的知识体系进行系统性谋划、首创性改革、引领性探索，将"习近平新时代中国特色社会主义思想研究工程"作为"一号工程"，整体实施"哲学社会科学自主知识体系创新工程"；启动"文明史研究工程"，率先建设文明学一级学科，发起成立哲学、法学、经济学、新闻传播学等11个自主知识体系学科联盟，编写"中国系列"教材、学科手册、学科史丛书；建设中国特色哲学社会科学自主知识体系数字创新平台"学术世界"；联合60家成员单位组建"建构中国自主的知识体系大学联盟"，确立成果发布机制，定期组织成果发布会，发布了一大批重大成果和精品力作，展现了中国哲学社会科学自主知识体系的前沿探索，彰显着广大哲学社会科学工作者的信念追求和主动作为。

为进一步引领学界对建构中国自主的知识体系展开更深入的原创性研究，中国人民大学策划出版"中国自主知识体系研究文库"，矢志打造一套能够全方位展现中国自主知识体系建设成就的扛鼎之作，为我国哲学社会科学发展贡献标志性成果，助力中国特色哲学社会科学在世界学术之林傲然屹立。我们广泛动员校内各学科研究力量，同时积极与校外科研机构、高校及行业专家紧密协作，开展大规模的选题征集与研究激励活动，力求全面涵盖经济、政治、文化、社会、生态文明等各个关键领域，深度挖掘中国特色社会主义建设生动实践中的宝贵经验与理论创新成果。为了保证文库的质量，我们邀请来自全国哲学社会科学"五路大军"的知名专家学者组成编委会，负责选题征集、推荐和评审等工作。我们组织了专项工作团队，精心策划、深入研讨，从宏观架构到微观细节，全方位规划文库的建设蓝图。

二、文库的定位与特色

中国自主的知识体系，特色在"中国"、核心在"自主"、基础在"知识"、关键在"体系"。"中国"意味着以中国为观照，以时代为观照，把中国文化、中国实践、中国问题作为出发点和落脚点。"自主"意味着以我为主、独立自主，坚持认知上的独立性、自觉性，观点上的主体性、创新性，以独立的研究路径和自主的学术精神适应时代要求。"知识"意味着创造"新知"，形成概念性、原创性的理论成果、思想成果、方法成果。"体系"意味着明确总问题、知识核心范畴、基础方法范式和基本逻辑框架，架构涵盖各学科各领域、包含全要素的理论体系。

文库旨在汇聚一流学者的智慧和力量，全面、深入、系统地研究相关理论与实践问题，为建构和发展中国自主的知识体系提供坚实的理论支撑，为政策制定者提供科学的决策依据，为广大读者提供权威的知识读本，推动中国自主的知识体系在社会各界的广泛传播与应用。我们秉持严谨、创新、务实的学术态度，系统梳理中国自主知识体系探索发展过程中已出版和建设中的代表性、标志性成果，其中既有学科发展不可或缺的奠基之作，又有建构自主知识体系探索过程中的优秀成果，也有发展创新阶段的最新成果，力求全面展示中国自主的知识体系的建设之路和累累硕果。文库具有以下几个鲜明特点。

一是知识性与体系性的统一。文库打破学科界限，整合了哲学、法学、历史学、经济学、社会学、新闻传播学、管理学等多学科领域知识，构建层次分明、逻辑严密的立体化知识架构，以学科体系、学术体系、话语体系建设为目标，以建构中国自主的知识体系为价值追求，实现中国自主的知识体系与"三大体系"有机统一、协同发展。

二是理论性与实践性的统一。文库立足中国式现代化的生动实践和中华民族伟大复兴之梦想，把马克思主义基本原理同中国具体实际相结合，提供中国方案、创新中国理论。在学术研究上独树一帜，既注重深耕理论研究，全力构建坚实稳固、逻辑严谨的知识体系大厦，又紧密围绕建构中国自主知识体系实践中的热点、难点与痛点问题精准发力，为解决中国现实问题和人类共同问题提供有力的思维工具与行动方案，彰显知识体系的实践生命力与应用价值。

三是继承性与发展性的统一。继承性是建构中国自主的知识体系的源头活水，发展性是建构中国自主的知识体系的不竭动力。建构中国自主的知识体系是一个不断创新发展的过程。文库坚持植根于中华优秀传统文化以及学科发展的历史传承，系统梳理中国自主知识体系探索发展过程中不可绕过的代表性成果；同时始终秉持与时俱进的创新精神，保持对学术前沿的精准洞察与引领态势，密切关注国内外中国自主知识体系领域的最新研究动向与实践前沿进展，呈现最前沿、最具时效性的研究成果。

我们希望，通过整合资源、整体规划、持续出版，打破学科壁垒，汇聚多领域、多学科的研究成果，构建一个全面且富有层次的学科体系，不断更新和丰富知识体系的内容，把文库建成中国自主知识体系研究优质成果集大成的重要出版工程。

三、文库的责任与使命

立时代之潮头、通古今之变化、发思想之先声。建构中国自主的知识体系的过程，其本质是以党的创新理论为引领，对中国现代性精髓的揭示，对中国式现代化发展道路的阐释，对人类文明新形态的表征，这必然是对西方现代性的批判继承和超越，也是对西方知识体系的批判继承和超越。

文库建设以党的创新理论为指导，牢牢把握习近平新时代中国特色社会主义思想在建构自主知识体系中的核心地位；持续推动马克思主义基本原理同中国具体实际、同中华优秀传统文化相结合，牢牢把握中华优秀传统文化在建构自主知识体系中的源头地位；以中国为观照、以时代为观照，立足中国实际解决中国问题，牢牢把握中国式现代化理论和实践在建构自主知识体系中的支撑地位；胸怀中华民族伟大复兴的战略全局和世界百年未有之大变局，牢牢把握传播能力建设在建构自主知识体系中的关键地位。将中国文化、中国实践、中国问题作为出发点和落脚点，提炼出具有中国特色、世界影响的标识性学术概念，系统梳理各学科知识脉络与逻辑关联，探究中国式现代化的生成逻辑、科学内涵和现实路径，广泛开展更具学理性、包容性的和平叙事、发展叙事、文化叙事，不断完善中国自主知识体系的整体理论架构，将制度优势、发展优势、文化优势转化为理论优势、学术优势和话语优势，不断开辟新时代中国特色哲学社会科学新境界。

中国自主知识体系的建构之路，宛如波澜壮阔、永无止境的学术长征，需要汇聚各界各方的智慧与力量，持之以恒、砥砺奋进。我们衷心期待，未来有更多优质院校、研究机构、出版单位和优秀学者积极参与，加入到文库建设中来。让我们共同努力，不断推出更多具有创新性、引领性的高水平研究成果，把文库建设成为中国自主知识体系研究的标志性工程，推动中国特色哲学社会科学高质量发展，为全面建设社会主义现代化国家贡献知识成果，为全人类文明进步贡献中国理论和中国智慧。

是为序。

前　言

中国发展道路：一个成功案例

2020 年是中国全面建成小康社会、实现第一个百年奋斗目标的关键一年。习近平指出：在实现第一个百年奋斗目标之后，我们将"乘势而上开启全面建设社会主义现代化国家新征程，向第二个百年奋斗目标进军"[①]，我国将进入新发展阶段。

新中国经济的迅速崛起改变了 20 世纪后半叶以来世界的格局，是现当代世界历史上最重大的事件。习近平指出："建立中国共产党、成立中华人民共和国、推进改革开放和中国特色社会主义事业，是五四运动以来我国发生的三大历史性事件，是近代以来实现中华民族伟大复兴的三大里程碑。"[②] 中国共产党成立一百多年来特别是新中国成立 70 多年来，中国人民在中国共产党的领导下创造了举世瞩目的经济发展奇迹，从一穷二白的半殖民地半封建社会经济走向了欣欣向荣的社会主义现代化经济。

经过中国共产党一百多年的奋斗和 70 多年的社会主义建设，中国经济已经为实现第二个百年奋斗目标积累了雄厚的物质基础和丰富的历史经验。

---

① 习近平. 习近平谈治国理政：第 3 卷. 北京：外文出版社，2020：22.

② 习近平. 论中国共产党历史. 北京：中央文献出版社，2021：215.

一、社会主义的"制度优越"

社会制度是关乎一个国家生存与发展的立国之本。在第一个百年奋斗历程和70多年新中国社会主义建设进程中，我们逐步探索并形成了中国特色社会主义制度，这不仅确保了中国70多年的蓬勃发展，而且将继续为实现第二个百年奋斗目标奠定牢固的制度基础。

在中国建立社会主义是一件具有划时代意义的伟大事件。但是在这样一个经济文化社会基础都十分薄弱的国家建立社会主义，面临的困难和挑战则是难以想象的。在以毛泽东同志为核心的党的第一代中央领导集体的带领下，中国人民大力推进社会主义经济制度的建立和国家工业化建设，通过自力更生、艰苦奋斗，终于建设起了一个独立的比较完整的工业体系和国民经济体系。在新中国经济建设中形成的"全国一盘棋"的"集中力量办大事"体制优势，成为在经济基础十分薄弱条件下建设社会主义的基本经验与途径。那是一段战天斗地的岁月，那是一个激情燃烧的年代！

改革开放和现代化建设给社会主义中国的经济插上了腾飞的翅膀。中共十一届三中全会以后，以邓小平同志为主要代表的中国共产党人在这一时期成功开创了中国特色社会主义，焕发了中国人民建设中国特色社会主义的空前热情与活力，中国社会经济呈现了前所未有的快速发展，人民生活发生了巨大改变。中共十三届四中全会以后，以江泽民同志为主要代表的中国共产党人高举邓小平理论伟大旗帜，形成了"三个代表"重要思想，在国内外严峻考验面前捍卫了中国特色社会主义，成功把中国特色社会主义推向21世纪，中国社会主义的国际影响力空前提高。中共十六大以后，以胡锦涛同志为主要代表的中国共产党人在全面建设小康社会进程中形成了科学发展观，抓住重要战略机遇期，成功在新形势下坚持和发展了中国特色社会主义。事实更加证明，只有将社会主义与中国国情相结合才能在中国大地扎下根来，发挥社会主义制度的巨大优越性；只有充分调动广大人民群众的积极性和创造性，才能形成建设社会主义的巨大动力；只有充分学习和借鉴人类一切文明成果，包括西方资本主义创造的文明成果，才能更快地发展社会主义。解放思想、实事求是、与时俱进，成为改革开放这个时代的最强音。那是一段万众创业的岁月，那是一个快速腾飞的年代！

进入中国特色社会主义新时代以来，中国共产党把习近平新时代中国特色社会主义思想确立为我国新时代社会主义建设的指导思想，为新时代中国特色社会主义制度和道路开辟了广阔空间。与此同时，全面深化改革推动着中国经济向更高阶段迈进，供给侧结构性改革推动着中国经济转型升级的全面展开，对内对外开放塑造着中国新的战略格局，新的"两步走"战略规划了到本世纪中叶全面实现现代化和中华民族伟大复兴的发展路径。

中国的这种制度优势在抗击新冠疫情中得到了充分体现。诚如习近平所指出的："抗击新冠肺炎疫情斗争取得重大战略成果，充分展现了中国共产党领导和我国社会主义制度的显著优势，充分展现了中国人民和中华民族的伟大力量，充分展现了中华文明的深厚底蕴，充分展现了中国负责任大国的自觉担当，极大增强了全党全国各族人民的自信心和自豪感、凝聚力和向心力，必将激励我们在新时代新征程上披荆斩棘、奋勇前进。""中国特色社会主义制度所具有的显著优势，是抵御风险挑战、提高国家治理效能的根本保证。""我国社会主义制度具有非凡的组织动员能力、统筹协调能力、贯彻执行能力，能够充分发挥集中力量办大事、办难事、办急事的独特优势，这次抗疫斗争有力彰显了我国国家制度和国家治理体系的优越性。历史和现实都告诉我们，只要坚持和完善中国特色社会主义制度、推进国家治理体系和治理能力现代化，善于运用制度力量应对风险挑战冲击，我们就一定能够经受住一次次压力测试，不断化危为机、浴火重生。"① 可以相信，中国特色社会主义制度的优越性还将进一步展现。

二、建设道路"前景光明"

在中国近现代史上，各种救国思想和主张层出不穷，各种社会改良试验纷至沓来，国家垄断资本主义道路、自由竞争资本主义道路和社会主义道路的交锋异常尖锐。历史已经证明，正是中国共产党的成立和艰难探索，才为中国百年来的发展指明了道路，毛泽东深刻论述了在半殖民地半封建社会的中国走资本主义道路是行不通的。一是帝国主义不允许，二是中国资产阶级不能完成本阶级的历史使命。中国近现代发展的历史逻辑告诉我们，只有通过新民主主义建立社会主义才是中国实现现代化的唯一出路！中国共产党领导的新民主主义革命就是要推翻压在中国人民头上的帝国主义、封建主义和官僚资本主义三座大山，彻底改变中国半殖民地半封建的社会性质和中国人民的悲惨命运，引领中国走社会主义道路。

在中国建设社会主义是前无古人的伟大事业。在中国结束了半殖民地半封建社会、经济文化都比较落后的基础上建设社会主义，是前人从来都没有尝试过的事业，中国共产党没有成功的国内先例可以继承和效法，只能是硬着头皮进行艰苦的探索；同样，国外已经实行了社会主义制度的国家的经济文化基础都比我们雄厚，在如此一穷二白的基础上建设社会主义也是许多马克思主义经典作家所没有遇到的挑战，我国也没有现成的国外模式可以照搬，只能依靠中国共产党人的艰苦探索。新中国成立以后，在中国共产党的领导下，开始了对中国社会主义道路的实践和探索。1956 年 4

---

① 习近平. 习近平谈治国理政：第 4 卷. 北京：外文出版社，2022：98，102 - 103.

月 25 日，毛泽东在中共中央政治局扩大会议上发表了题为《论十大关系》的著名讲话，把探索中国自己的社会主义建设道路的任务提到全党面前，并论述了中国经济建设的一系列重要原则和基本方针。毛泽东提出："我们一定要努力把党内党外、国内国外的一切积极的因素，直接的、间接的积极因素，全部调动起来，把我国建设成为一个强大的社会主义国家。"①

中国共产党是中国社会主义现代化事业的坚强领导者。1954 年 9 月，在一届全国人大一次会议上，周恩来提出了"建设起强大的现代化的工业、现代化的农业、现代化的交通运输业和现代化的国防"② 的奋斗目标。1957 年，毛泽东将其表述为"建设一个具有现代工业、现代农业和现代科学文化的社会主义国家"③，之后又加了"国防现代化"。1964 年 12 月，周恩来在三届全国人大一次会议上再次提出实现"四个现代化"，这是 20 世纪六七十年代和改革开放初期鼓舞全体中国人民的宏伟奋斗目标和强大精神力量。

改革开放以来，四个现代化奋斗目标进一步具体化为建设小康社会奋斗目标。1979 年 12 月，邓小平在与外宾谈话时说："我们要实现的四个现代化，是中国式的四个现代化。我们的四个现代化的概念，不是像你们那样的现代化的概念，而是'小康之家'。"④ 从那时起，建设小康社会就成为中国人民的奋斗目标。正是通过几十年的艰苦奋斗，中国人民终于实现了全面建成小康社会的第一个百年奋斗目标。

中共二十大明确提出的中国式现代化这一中华民族伟大复兴的战略目标和战略任务，系统论述了中国式现代化的理论创新和理论体系，是凝聚全体中国人民的伟大时代呼唤。这次大会提出了全面建成社会主义现代化

---

① 毛泽东 . 毛泽东文集：第 7 卷 . 北京：人民出版社，1999：44.
② 周恩来 . 周恩来选集：下卷 . 北京：人民出版社，1984：132.
③ 同①268.
④ 邓小平 . 邓小平文选：第 2 卷 . 2 版 . 北京：人民出版社，1994：237.

强国的"两步走"战略安排，擘画了中国式现代化的光明前景，即从
2020年到2035年基本实现社会主义现代化；从2035年到本世纪中叶把我
国建成富强民主文明和谐美丽的社会主义现代化强国。中国社会主义前景
越来越光明，道路越走越宽广。

三、历史罕见的"世纪辉煌"*

国家独立、民族解放、人民幸福是第二次世界大战以后世界上许多国
家追求的梦想，因为只有在这样的基础上才能实现国家经济现代化。70
多年前，在中国共产党的领导下中国人民终于实现了这一目标，处于半殖
民地半封建社会的旧中国从此进入社会主义建设的新中国，从而为现代化
经济的快速发展创造了条件。

今天的人们总是感觉我们的国家与经济发达国家之间还有差距，我们
的现代化建设还可以并应该再快一些，这本是无可厚非的要求。但是如果
我们回顾一下中国百年来的经济发展史，我们就可以发现在中国这样一个
经济基础比较薄弱的国家进行现代化建设，面临的困难是难以想象的。实
现国家经济现代化是党和政府的重要奋斗目标，其间既有顺利发展时期的
成绩和快乐，也有曲折发展时期的困难和反思。从20世纪50年代到70年
代后期，由于国际冷战格局的影响以及西方国家和苏联的封锁，中国经济
发展受到了严重打压。加之日趋僵化的计划经济体制和长期"左"的错误
的影响，中国经济发展走了不少弯路，没能取得应有的成就，但是仍然保
持了世界较快的发展水平，中国相对独立完整的国民经济体系基本建立
起来。

---

* 本书中大量未注明出处的数据均来自国家统计局编写的各类统计年鉴等，但由于国家统计局会
定期对各类数据进行调整，因此不同年鉴中同一年份的各类数据可能会存在不一致的问题。

70 多年来特别是改革开放 40 多年来，中国经济建设和发展走过了极其不寻常的历程，经济体制改革和对外开放取得了举世瞩目的成就，中国发展道路的探索积累了宝贵的成功经验。1952 年我国国内生产总值仅为 679 亿元，到 1978 年增至 3 678.7 亿元，2023 年则超过 126 万亿元。按不变价格计算，2023 年比 1952 年增长 223 倍，平均增长 7.9%；其中 1979—2023 年年均增长 8.9%，远高于同期世界经济 3.0% 的增速水平，对世界经济的年均贡献率为 24.8%，居世界第一位。特别是从 1978 年到 2023 年的 45 年间，中国社会生产力和综合国力迈上了新的台阶。我们可以从下列一组数字中看出这种巨变：国内生产总值从 3 678.7 亿元增长到 1 260 582.1 亿元，经济总量稳居世界第二；货物进出口总额从 355 亿元增长到 417 568.3 亿元，为全球第一贸易大国；外汇储备从 1.67 亿美元增长到 32 379.77 亿美元，连续十八年居世界第一；原煤产量从 6.18 亿吨增加到 47.11 亿吨；原油产量从 1.04 亿吨增加到 2.09 亿吨；发电量从 2 565 亿千瓦时增加到 94 564 亿千瓦时；粗钢产量从 3 178 万吨增加到 101 908.1 万吨；汽车产量从 14.91 万辆增加到 3 016.1 万辆；全国城镇居民人均可支配收入从 343 元增加到 51 821 元，农村居民人均可支配收入由 134 元增加到 21 691 元；国内出游人数达到 48.91 亿人次，国内居民出境旅游人数因疫情影响虽显著下降，但仍达 8 763 万人次，人民生活发生了巨大变化。[①]

四、人类社会的"发展奇迹"

1840 年鸦片战争以来，中国从一个东方文明大国逐步衰落并成为由西方列强宰割的半殖民地半封建国家，经济现代化的道路迷茫而遥远。中

---

① 前言中的数据主要来源于：国家统计局 . 中国统计摘要 2024. 北京：中国统计出版社，2024。

国共产党的成立改写了中国现代史的发展轨迹，中国从一个人口众多、一穷二白、科技文化水平落后的国家，一跃成为当今世界经济发展最快、最有增长活力、最具国际影响力的第二大经济体，中国的崛起谱写了世界经济发展史上的奇迹。

从世界近现代史的角度来看，中国实现了最短时间最快的经济发展和社会进步。我们党的几代领导人都对中国经济快速发展表达了强烈的愿望，毛泽东在1955年10月29日的一次会议上说："我们的目标是要赶上美国，并且要超过美国。美国只有一亿多人口，我国有六亿多人口，我们应该赶上美国。李富春同志作过报告，不是说赶上美国不要一百年吗？这个看法我也赞成。究竟要几十年，看大家努力，至少是五十年吧，也许七十五年，七十五年就是十五个五年计划。哪一天赶上美国，超过美国，我们才吐一口气。""我们在整个世界上应该有这个职责。"①邓小平提出我国实现现代化的"三步走"战略目标：第一步，从1981年到1990年，国民生产总值翻一番，解决人民的温饱问题；第二步，从1991年到20世纪末，国民生产总值再翻一番，人民生活达到小康水平；第三步，到21世纪中叶，人均国民生产总值达到中等发达国家水平，人民生活比较富裕，基本实现现代化，然后在这个基础上继续前进。江泽民在1997年9月中共十五大报告中首次论述了"两个一百年"奋斗目标："展望下世纪，我们的目标是，第一个十年实现国民生产总值比二〇〇〇年翻一番，使人民的小康生活更加宽裕，形成比较完善的社会主义市场经济体制；再经过十年的努力，到建党一百年时，使国民经济更加发展，各项制度更加完善；到世纪中叶建国一百年时，基本实现现代化，建成富强民主文明的社会主义国家。"②胡锦涛在2012年11月中共十八大报告中进一步强调了实现

---

① 毛泽东. 毛泽东文集：第6卷. 北京：人民出版社，1999：500.
② 江泽民. 江泽民文选：第2卷. 北京：人民出版社，2006：4.

"两个一百年"奋斗目标的意义："只要我们胸怀理想、坚定信念，不动摇、不懈怠、不折腾，顽强奋斗、艰苦奋斗、不懈奋斗，就一定能在中国共产党成立一百年时全面建成小康社会，就一定能在新中国成立一百年时建成富强民主文明和谐的社会主义现代化国家。全党要坚定这样的道路自信、理论自信、制度自信！"①

高质量发展是发展速度和发展质量的结合。70多年来中国经济发展速度保持了同期世界较高的水平，特别是改革开放以来更是实现了世界最高的发展速度。中国经济在世界经济总量中的比重也不断提升。1978年中国GDP占世界经济总量的比重约为1.7%，居全球第十位，2000年升至世界第六位，2010年超过日本并连年稳居世界第二位。中共十八大以来，中国综合国力持续提升，2017—2024年经济总量连续跨越80万亿元、90万亿元、100万亿元、110万亿元、120万亿元和130万亿元大关。2024年中国经济总量超过134.9万亿元。中国成为世界经济增长的重要引擎和稳定力量，为全球制造业第一大国、货物贸易第一大国、商品消费第二大国和外汇储备第一大国。

在新中国经济发展的历史上，我们已经完成了十三个国民经济和社会发展"五年规划"（计划）建设，经历了包括"156项工程"在内的国家工业化奠基工程建设，经历了"三线建设"和国防工业建设高潮，经历了经济特区、沿海开放城市到浦东开发、全面对外开放新格局，经历了西部大开发、振兴东北地区老工业基地、京津冀协同发展、粤港澳大湾区经济发展和长江经济带高质量发展，见证了北斗组网、神舟飞天、中国高铁、港珠澳大桥等重大工程项目建设。

新中国70多年的经济发展史表明，在经济文化基础落后、人口众多

---

① 胡锦涛.胡锦涛文选：第3卷.北京：人民出版社，2016：625.

的大国建设现代化的国民经济，不应该也不可能照搬任何其他国家的经验与模式，必须从中国的实际出发，走中国自己的建设道路。虽然中国在经济建设中出现过曲折、走过弯路，但仍赢得了比西方国家更快的经济发展和社会进步。中国经济的高速增长改写了世界经济版图，也改变了人们对经济发展理论与实践的一般认识。中国成就了一个不同于西方发达国家发展道路的经济快速发展的经典事例。抗击新冠疫情为我们提供了最有力的证明："新中国成立以来所积累的坚实国力，是从容应对惊涛骇浪的深厚底气。我们长期积累的雄厚物质基础、建立的完整产业体系、形成的强大科技实力、储备的丰富医疗资源为疫情防控提供了坚强支撑。"[1]

五、前所未有的"深刻变化"

新中国经济发展取得的突出成就还表现在经济结构和产业结构方面的深刻变化。70多年前的中国还停留在以农业生产为主的发展阶段，尽管有一些手工业和现代工业，但是在国民经济中占比很低。70多年来，中国在这个起点上开展了大规模的工业化建设和国民经济体系建设，逐步发展成为一个以现代制造业为主、现代服务业蓬勃发展的大国，国民经济结构和产业结构空前改善。

经济结构变化和产业结构变迁都是经济现代化最重要的指标。中国国民经济结构和产业结构的深刻变化，一方面表现为三大产业之间的比例关系调整，另一方面则表现为各个产业结构内部的调整。1952—2023年三大产业增加值增长情况为：第一产业增加值由343亿元增至89 755亿元，按不变价格计算，年均增长3.5%；第二产业增加值由141亿元增

---

① 习近平. 习近平谈治国理政：第4卷. 北京：外文出版社，2022：103.

至 482 589 亿元，按不变价格计算，年均增长 10.3%；第三产业增加值由 195 亿元增至 688 238 亿元，按不变价格计算，年均增长 8.2%。在 1949 年中国的国民收入中，农业所占比重高达 68.4%，工业仅为 12.6%，处于传统农业发展状态的农业所占比重决定着中国国民经济的面貌。到 1952 年，第一、二、三产业的比例分别为 50.5%、20.8%、28.7%，传统农业仍然占到一半以上。再经过 26 年的发展特别是国家工业化建设，到 1978 年三大产业的比重则分别为 28.1%、48.2%、23.7%，中国国民经济结构和产业结构面貌初步改观。改革开放使中国国民经济结构和产业结构变化驶上了快车道，到 2023 年三大产业比重已经分别调整为 7.1%、38.3%、54.6%，对经济增长的贡献率分别为 5.9%、33.9%、60.2%。需要特别提出的是，2012 年第三产业比重就已经达到 45.5%，首次超过第二产业而成为国民经济第一大产业。这一变化显示出在经济取得高速增长的同时，经济结构和产业结构也不断优化。目前，中国是唯一拥有联合国产业分类中全部工业门类的国家，有 200 多种工业品产量居世界第一，从 2010 年起制造业增加值稳居世界第一。

与此同时，中国许多优秀企业跨出了国门，以全球为广阔市场，为世界提供产品和服务。据有关统计，2008—2023 年间中国企业进入全球 500 强的数量分别为 37 家、46 家、61 家、73 家、89 家、95 家、98 家、103 家、109 家、111 家、120 家、129 家、124 家、135 家、136 家和 135 家。在美国《财富》杂志发布的 2024 年全球 500 强企业排行榜中，中国企业（包含香港）达 128 家，主要集中在能源、金融、制造等领域。仅次于美国的 139 家，中国与美国、日本三国企业为这一榜单贡献了约 2/3 的企业数量、营业收入和利润。中国这些入围企业的巨大规模和实力，使它们迅速成为国际知名跨国公司并在海外享有很高声誉。

我们这次能够在新中国成立以来最大的突发公共医疗卫生事件中临危

不乱、从容镇定，保持经济运行和人民生活的平稳有序，"从根本上得益于新中国成立以来特别是改革开放以来长期积累的综合国力，得益于危急时刻能够最大限度运用我们的综合国力"。"只要不断解放和发展社会生产力，不断增强经济实力、科技实力、综合国力，不断让广大人民的获得感、幸福感、安全感日益充实起来，不断让坚持和发展中国特色社会主义、实现中华民族伟大复兴的物质基础日益坚实起来，我们就一定能够使中国特色社会主义航船乘风破浪、行稳致远。"① 在今天，我们还是会感受到快速发展和快速变革带来的一些困扰和问题，但是这不应成为我们抱怨发展与变革的理由。

六、势不可挡的"重要力量"

外部环境特别是世界经济环境的变化始终是中国经济发展面临的重大问题。早在新中国成立之初，中国并没有想关起门来搞建设，试图与包括西方国家在内的世界各国发展经济贸易关系。但是严酷的事实是以美国为首的西方国家遏制、封锁、打压中国，力图摧毁刚刚诞生的人民政府。例如在新中国成立初期，中国对外贸易落后失衡，当时的进出口规模十分有限，1950 年的货物进出口总额仅为 11.3 亿美元。在 20 世纪 50—70 年代，中国整体进出口有所增长，但是仍处于较低水平。1978 年中国的货物进出口总额仅为 206.4 亿美元，居世界第 29 位，这与中国的大国地位不相适应。可以说，中国经济是在各种封锁打压的夹缝中顽强成长起来的！

改革开放以来，随着冷战格局被打破，中国抓住了经济发展的战略机遇期。中国经济积极搭上了经济全球化的快车，对外开放程度不断深化，

---

① 习近平 . 习近平谈治国理政：第 4 卷 . 北京：外文出版社，2022：103.

形成了全方位对外开放格局。特别是2001年中国加入WTO之后，中国参与经济全球化的进程飞速发展，极大地改变了中国经济的面貌和在世界经济中的地位。事实上，经济全球化是社会生产力和科技发展的客观要求和必然结果，也是经济国际化发展的必然。它是各国在市场和生产上的相互依存日益加深的过程，通过其经济联系优化各种生产要素和资源的配置，有效促进了人力、资本、商品、服务、技术和信息等实现跨国界流动。

中国是经济全球化的受益者，也是最主要的支持者。伴随着中国开放型经济的迅速发展，中国对外经济关系也发生了重大变化。对外开放是中国改革开放和社会主义现代化建设新时期最重要的战略抉择之一。中国不会关上对外开放的大门，中国提出的共建"一带一路"倡议，就是要把中国的对外开放推向一个更高的阶段。"一带一路"倡议是中国全球发展倡议的最好体现，也就是说，中国不仅是这样说的，也是这样做的。10余年来，在中国的积极推动下，"一带一路"建设取得了实质性进展。截至2022年，我国在共建国家的承包工程年均完成营业额达1 300亿美元，建设了中老铁路、雅万高铁等一系列标志性项目；中欧班列成为贯通亚欧大陆的国际运输大动脉，通达欧洲25个国家的217个城市，累计开行超7.8万列，运送货物超过740万标箱，为全球产业链供应链的稳定提供了保障；2013—2022年，我国与共建国家货物贸易累计规模达19.1万亿美元，双向投资累计超3 800亿美元。截至2023年底，中国已与150多个国家、30多个国际组织签署了200多份共建"一带一路"合作文件。

有关数据也表明了中国的立场和行动，2023年中国货物进出口总额达到59 368.3亿元，这个数字表明中国货物进出口总额比1978年增长了286倍，已经连续七年稳居全球第一贸易大国地位；服务进出口总额达到65 754.3亿元，连续十年稳居全球第二位。当前美国挑起的中美贸易摩擦不断升级，中国仍坚定支持多边贸易体制，积极推进贸易和投资自由化、便利化。中国不会成为国际贸易秩序的破坏者，将全面发展多边经贸关系和区域经济合作，共建"一带一路"。

习近平在2019年6月出席大阪二十国集团领导人第十四次峰会时，号召负责任大国在世界经济再次来到十字路口的关键时刻要给世界经济和全球治理把准航向、为市场增强信心、给人民带来希望，提出要尊重客观规律、把握发展大势、胸怀共同未来；同时宣告中国将坚持改革创新，挖掘增长动力，坚持与时俱进，完善全球治理，坚持迎难而上，破解发展瓶颈，坚持伙伴精神，妥善处理分歧；表达了中国有信心走好自己的路、办好自己的事，同世界各国和平共处、合作共赢，共建人类命运共同体，为创造世界经济更加美好的明天不懈奋斗。这样的中国必将引领新全球化发展趋势！

但是，我们必须保持高度警惕。诚如习近平所指出的："当今世界正经历百年未有之大变局。当前，新冠肺炎疫情全球大流行使这个大变局加速变化，保护主义、单边主义上升，世界经济低迷，全球产业链供应链因非经济因素而面临冲击，国际经济、科技、文化、安全、政治等格局都在发生深刻调整，世界进入动荡变革期。今后一个时期，我们将面对更多逆风逆水的外部环境，必须做好应对一系列新的风险挑战的准备。"①

与此同时，在全球抗击新冠疫情的斗争中，中国政府和中国人民"发起了新中国成立以来援助时间最集中、涉及范围最广的紧急人道主义行动，为全球疫情防控注入源源不断的动力，充分展示了讲信义、重情义、扬正义、守道义的大国形象，生动诠释了为世界谋大同、推动构建人类命

---

① 中共中央党史和文献研究院．十九大以来重要文献选编：中．北京：中央文献出版社，2021：663．

运共同体的大国担当"①！这一突发事件更是告诫人们："构建人类命运共同体所具有的广泛感召力，是应对人类共同挑战、建设更加繁荣美好世界的人间正道。新冠肺炎疫情以一种特殊形式告诫世人，人类是荣辱与共的命运共同体，重大危机面前没有任何一个国家可以独善其身，团结合作才是人间正道。任何自私自利、嫁祸他人、颠倒是非、混淆黑白的做法，不仅会对本国和本国人民造成伤害，而且会给世界各国人民带来伤害。"②

百余年来特别是新中国 70 多年的建设中，一些国家总是想关上中国开放的大门，它们施展各种手段，采取各种措施，寻衅滋事、叫嚣围堵，我们必须保持十分清醒的头脑，不让它们的阴谋得逞！

七、"彻底翻身"与"历史性飞跃"

在中国社会政治生活中，人民是崇高而又具体的。习近平不断强调指出："人民对美好生活的向往，就是我们的奋斗目标。"③ 70 多年来，人民始终是中国共产党和人民政府心中最大的牵挂，全心全意为人民服务始终是中国经济发展的根本目标。从 1949 年新中国成立开始，中国共产党和人民政府就在全国范围内大规模地医治战争创伤，恢复正常生产和生活秩序。仅用了短短几年，就彻底废除了封建土地所有制，全面实现了"耕者有其田"的伟大理想，使数亿贫苦农民翻身解放，拥有了自己的土地；彻底解决了长达 10 余年的恶性通货膨胀，积极安置了数百万人的工作就业问题，并从全国范围解决了广大人民流离失所、困苦不堪的生活问题。

70 多年来中国城乡人民的物质和文化生活发生了巨大变化。1952 年

---

① 习近平. 习近平谈治国理政：第 4 卷. 北京：外文出版社，2022：100.
② 同①104.
③ 习近平. 习近平谈治国理政：第 1 卷. 2 版. 北京：外文出版社. 2018：4.

我国人均国内生产总值仅为 119 元，2023 年达 89 358 元，比 1952 年实际增长 89 倍，年均增长 6.5%。根据世界银行数据和划分标准，我国已经由低收入国家跃升为中等偏上收入国家。我们至少可以从以下几个方面看出：一是可以从 70 多年来我国居民人均收入的增长中略见一斑。居民人均可支配收入从 1949 年的 49.7 元增加到 1978 年的 171 元，扣除物价因素实际增长 137.6%，1950—1978 年年均实际增长 3.0%。2012 年，居民人均可支配收入达到 16 510 元，扣除物价因素比 1978 年实际增长 15.6 倍，1979—2012 年年均实际增长 8.6%。2023 年，居民人均可支配收入增加到 39 218 元；扣除物价因素比 2012 年实际增长 94.4%，2013—2024 年年均实际增长 6.2%。这样的增长速度在同期世界其他国家是没有的。二是中国城乡居民恩格尔系数显著下降。2023 年中国城乡居民恩格尔系数为 29.8%，其中城镇为 28.8%，农村为 32.4%，总体比 1978 年降低 34.1 个百分点。居民支出中用于文化娱乐等消费增长迅速。据统计，截至 2023 年，蜂窝物联网终端用户达 23.32 亿户，网络电视用户达 4.01 亿户，互联网上网人数达 10.92 亿人，网上支付、网上消费成为时尚。三是文化教育状态彻底改观，总体水平跃居世界中上行列。新中国成立初期中国文盲率高达 80% 以上，1982 年文盲率降至 22.8%，2021 年文盲率又进一步降至 2.67%。尤其是高等教育的发展速度举世瞩目。2023 年研究生在校学生达 388.3 万人，普通本专科在校学生达 3 775 万人，分别比 1978 年增长 352 倍和 43 倍。2023 年中国高等教育毛入学率已达到 60.2%，高于中高收入国家平均水平。四是中国城镇化水平显著提升。新中国成立之初城镇人口占总人口的比重仅为 10.6%，1978 年升至 17.9%，2023 年达到 66.2%。中国已经实现全面建成小康社会奋斗目标，这是一个历史性的飞跃。

特别需要指出的是，中国人民的健康水平随着生活状况的逐渐改善而大幅度提高。在旧中国，人民的健康状况极度恶化，人口死亡率高达25‰。据部分地区调查，人口平均寿命只有35岁左右。新中国成立后，伴随着人民生活质量的提高和医疗服务及社会保障水平的改善，人口死亡率大幅度下降，平均寿命大幅度提高，2023年中国人口平均预期寿命为78.6岁。同期婴儿死亡率由新中国成立时的200‰下降到4.5‰以下，居民健康水平总体上优于中高收入国家平均水平。

在前几年突如其来的新冠疫情期间，中国共产党和人民政府始终以"人民至上"为宗旨，"全力以赴救治患者，不遗漏一个感染者，不放弃每一位病患者，坚持中西医结合，费用全部由国家承担，最大程度提高了治愈率、降低了病亡率"。"在党中央的坚强领导下，全国迅速形成统一指挥、全面部署、立体防控的战略布局，有效遏制了疫情大面积蔓延，有力改变了病毒传播的危险进程，最大限度保护了人民生命安全和身体健康！"① 这与一些西方发达国家在抗击新冠疫情中的所作所为形成了鲜明的反差。

在新的历史起点上，我们要深刻理解习近平指出的"我国已进入高质量发展阶段，社会主要矛盾已经转化为人民日益增长的美好生活需要和不平衡不充分的发展之间的矛盾"②，团结全国人民凝心聚力、努力奋斗，开创实现第二个百年奋斗目标的新局面。

八、中华民族伟大复兴的"核心力量"

中国共产党百年来的艰苦奋斗和领导中国经济现代化的艰苦探索，取得了举世瞩目的伟大成就，实现了天翻地覆的伟大变化，彻底扭转了中国

---

① 习近平.在全国抗击新冠肺炎疫情表彰大会上的讲话.北京：人民出版社，2020：5，6.
② 习近平.决胜全面建成小康社会 夺取新时代中国特色社会主义伟大胜利——在中国共产党第十九次全国代表大会上的报告.北京：人民出版社，2017：10.

社会和中国经济的发展道路。今天，中国特色社会主义进入新时代。正像习近平所指出的："中国特色社会主义进入了新时代，这是我国发展新的历史方位。""中国特色社会主义进入新时代，意味着近代以来久经磨难的中华民族迎来了从站起来、富起来到强起来的伟大飞跃，迎来了实现中华民族伟大复兴的光明前景；意味着科学社会主义在二十一世纪的中国焕发出强大生机活力，在世界上高高举起了中国特色社会主义伟大旗帜；意味着中国特色社会主义道路、理论、制度、文化不断发展，拓展了发展中国家走向现代化的途径，给世界上那些既希望加快发展又希望保持自身独立性的国家和民族提供了全新选择，为解决人类问题贡献了中国智慧和中国方案。"①

在这个新时代，实现"两个一百年"奋斗目标更加具有特殊的历史意义，"到建党一百年时建成经济更加发展、民主更加健全、科教更加进步、文化更加繁荣、社会更加和谐、人民生活更加殷实的小康社会，然后再奋斗三十年，到新中国成立一百年时，基本实现现代化，把我国建成社会主义现代化国家"。"我们既要全面建成小康社会、实现第一个百年奋斗目标，又要乘势而上开启全面建设社会主义现代化国家新征程，向第二个百年奋斗目标进军。"对于实现第二个百年奋斗目标，可分为两个阶段来安排："第一个阶段，从二〇二〇年到二〇三五年，在全面建成小康社会的基础上，再奋斗十五年，基本实现社会主义现代化。""第二个阶段，从二〇三五年到本世纪中叶，在基本实现现代化的基础上，再奋斗十五年，把我国建成富强民主文明和谐美丽的社会主义现代化强国。"②

在这个奋斗进程中，中国共产党始终坚持全心全意为人民服务的宗旨，坚持人民至上的理念。特别是在这次新冠疫情中，更是坚持生命至

---

① 习近平. 习近平谈治国理政：第3卷. 北京：外文出版社，2020：8-9.
② 同①21，22，23.

上，这"集中体现了中国人民深厚的仁爱传统和中国共产党人以人民为中心的价值追求"。"人的生命是最宝贵的，生命只有一次，失去不会再来。在保护人民生命安全面前，我们必须不惜一切代价，我们也能够做到不惜一切代价，因为中国共产党的根本宗旨是全心全意为人民服务，我们的国家是人民当家作主的社会主义国家。"这是多么令人感动的声音！正像习近平所指出的那样："抗疫斗争伟大实践再次证明，中国共产党所具有的无比坚强的领导力，是风雨来袭时中国人民最可靠的主心骨。中国共产党来自人民、植根人民，始终坚持一切为了人民、一切依靠人民，得到了最广大人民衷心拥护和坚定支持，这是中国共产党领导力和执政力的广大而深厚的基础。"①

在中国现代化建设过程中更是进行了许多成功的探索，其中许多成功的理论与实践、经验与做法，都是可以总结升华为中国经济学的核心理念的。例如，中国坚持国家对国民经济的有效治理和指导，已经制定并实施了国民经济和社会发展14个"五年规划"（计划）。习近平指出："用中长期规划指导经济社会发展，是我们党治国理政的一种重要方式。从一九五三年开始，我国已经编制实施了十三个五年规划（计划），其中改革开放以来编制实施八个，有力推动了经济社会发展、综合国力提升、人民生活改善，创造了世所罕见的经济快速发展奇迹和社会长期稳定奇迹。实践证明，中长期发展规划既能充分发挥市场在资源配置中的决定性作用，又能更好发挥政府作用。"② 这些探索涉及：建设完整的国民经济体系、集中力量办大事、建设规模要与国力相适应、用经济办法管理经济、坚持以实体经济为基础、有步骤对外开放、利用外资与以我为主相结合等等。其中

① 习近平. 习近平谈治国理政：第4卷. 北京：外文出版社，2022：98-99，101.
② 中共中央党史和文献研究院. 十九大以来重要文献选编：中. 北京：中央文献出版社，2021：662.

一些成功的经验和做法具有十分重要的国际价值，可以为发展中国家的经济发展提供借鉴。例如：农业为基础、工业为主导，引进吸收消化创新相结合，重点突破与整体推进相结合，国民经济协调渐进，等等。其中一些成功的经验和做法对于发达国家的经济发展也具有重要的参考价值，例如国际金融危机中的币值稳定措施、防止经济"空心化"的措施、产业转移过程中的防范"经济塌陷"措施等。当然，也有不少深刻教训，这些教训的一个根本问题就是不遵循经济发展规律，人为干预经济活动和经济生活，这些也是其他国家需要注意克服的。

以毛泽东同志为核心的党的第一代中央领导集体带领中国人民站起来并开始了社会主义建设伟大进程；以邓小平同志为核心的党的第二代中央领导集体带领中国人民富起来并开始了改革开放伟大进程；以江泽民同志为核心的党中央成功把中国特色社会主义推向21世纪；以胡锦涛同志为总书记的党中央成功在新形势下坚持和发展了中国特色社会主义；中共十八大以来以习近平同志为核心的党中央带领中国人民强起来并开启了实现中华民族伟大复兴的历史进程。从站起来到富起来再到强起来，这就是我国实现第一个百年奋斗目标和70多年经济建设经验的最真实写照！

目　录

第一章　新中国成立与社会主义革命和建设

1949 年 10 月 1 日，中华人民共和国成立，标志着中国共产党领导的新民主主义革命的基本胜利和社会主义革命与建设的开始。面对灾难深重的半殖民地半封建社会的经济遗产，中华民族面临着两大历史任务，一是争取民族独立和人民解放，二是实现国家繁荣富强和人民共同富裕，前一个任务被视为为后一个任务扫清障碍、创造必要前提。而这样的任务不可能以中国的资产阶级及其政党为领导通过走资本主义道路来完成，只能以无产阶级及其政党为领导通过走从新民主主义到社会主义的道路来完成。在当时这种历史背景和形势下，中国共产党的主要任务是：反对帝国主义、封建主义、官僚资本主义，争取民族独立、人民解放，为实现中华民族伟大复兴创造根本社会条件。

从 1949 年新中国成立到 1956 年社会主义改造基本完成，这是新中国历史上第一个时期。中国共产党带领全党全国各族人民，经过长期浴血奋战，完成了新民主主义革命，建立了中华人民共和国，初步建立了社会主义经济制度，成功实现了中国历史上最深刻最伟大的社会变革，为当代中国一切发展进步奠定了根本政治前提和制度基础。

第一节　新中国成立初期的国民经济

解放战争时期，国共两党就中国的前途和命运发生了尖锐分歧。中国是沿着已经蜕变为国家垄断资本主义的道路继续走下去，还是必须改弦易辙，按照中国人民的意愿走新民主主义经济发展道路？这已经成为国共两党都无法回避的问题。

一、新民主主义的胜利与新民主主义经济的壮大

中国共产党领导的新民主主义革命"实现民族独立、人民解放，彻底结束了旧中国半殖民地半封建社会的历史，彻底结束了极少数剥削者统治广大劳动人民的历史，彻底结束了旧中国一盘散沙的局面，彻底废除了列强强加给中国的不平等条约和帝国主义在中国的一切特权，实现了中国从几千年封建专制政治向人民民主的伟大飞跃，也极大改变了世界政治格局，鼓舞了全世界被压迫民族和被压迫人民争取解放的斗争"。"中国共产党和中国人民以英勇顽强的奋斗向世界庄严宣告，中国人民从此站起来了，中华民族任人宰割、饱受欺凌的时代一去不复返了，中国发展从此开启了新纪元。"[①]

1. 新民主主义的胜利

在中国共产党之外，并不是没有政党和政治集团探索过中国的救国方

---

① 中共中央关于党的百年奋斗重大成就和历史经验的决议．北京：人民出版社，2021：8，9．

案，但是它们的各种救国方案都没有成功，都存在着严重的缺陷和致命的弱点，都是因为没有一个彻底的理论支持、没有一个科学的社会分析、没有一个坚强的组织领导。解决近代以来中国的前途和命运问题，特别是要把中国从半殖民地半封建社会的泥潭中拉出来、实现中华民族复兴的伟大理想，最终还是要靠中国共产党和中国人民的奋斗。中国共产党交出了一份满意的答卷，这份答卷就是把马克思主义基本原理与中国革命具体实践相结合，通过新民主主义走向社会主义，实现中国人民的彻底解放。这就从根本上划清了中国共产党与中国近代各种政治势力的区别，这些政治势力的根本缺陷就是它们是为了本阶层、本集团利益而进行的斗争，这些政治势力往往也会因为这种局限性而不可能将斗争进行到最后。

中国共产党与国民党及其政权的对峙和分歧，绝不仅仅是基于两党以往恩恩怨怨的对峙，而是直接关系着中国未来前途与命运的对峙。毛泽东在 1945 年抗战即将胜利之际就指出，国共两党对峙的实质，"是建立一个无产阶级领导的人民大众的新民主主义的国家呢，还是建立一个大地主大资产阶级专政的半殖民地半封建的国家？"[①] 中国共产党和中国人民的奋斗目标，就是要"将中国建设成为一个独立、自由、民主、统一和富强的新国家"[②]。

中国共产党改变了中国近现代历史发展的方向和进程，即不需要经过资本主义发展阶段来开启走向社会主义的发展方向，不需要等待无产阶级发展壮大来走向社会主义的前进进程。半殖民地半封建社会的特征决定了中国共产党能够与中国工人阶级的斗争紧密地结合起来，能够与中国最广大的农民群众的斗争紧密地结合起来，这两个紧密结合来自中国社会的这种半殖民地半封建性质。这就使得中国工人阶级的斗争能够并且可以与中

---

① 毛泽东. 毛泽东选集：第 4 卷. 北京：人民出版社，1991：1130.
② 毛泽东. 毛泽东选集：第 3 卷. 北京：人民出版社，1991：1053.

国广大农民阶级的斗争融为一体，共同构成中国近代以来伟大的人民革命斗争和民族解放斗争。中国人民和中华民族的前途和命运也因为这一时代巨变而出现了新的发展变化。帝国主义的侵略战争和经济掠夺惊醒了中国，而新中国的建立必然改变世界发展趋势和格局，在整个 20 世纪，世界发展都因为中国的参与而发生了深刻的变化。

2. 新民主主义经济的壮大

新民主主义经济是与半殖民地半封建经济相对峙的一种崭新的经济形态，它是由社会主义国营经济领导，包括合作经济、私人资本主义经济、个体经济和国家资本主义等多种经济成分的经济形态。新民主主义经济的产生、发展和全面胜利，是中国近代社会经济发展的必然结果，是中国近代经济的唯一出路。

自鸦片战争之后，西方列强入侵中国，使中国经历了两千多年的封建社会发生了一系列的变化，从而把中国强行推上了半殖民地半封建道路。外国资本主义经济日益侵入并逐步控制了中国的经济命脉；中国内部也出现了资本主义，但它始终未能在社会经济中占主导地位；原有的封建经济虽然受到资本主义的冲击后处于衰退状态，但仍然在整个社会经济中占主要地位；在广大城市、农村，个体经济还一直广泛存在。在整个中国近代，这几种经济始终并存，相互影响，从而构成了中国半殖民地半封建社会所特有的经济形态。

外国资本主义经济、封建经济和国家垄断资本主义经济，是中国半殖民地半封建社会中主要的生产关系。在它们的打击和压迫下，城市民族工商业的生产经营十分困难，甚至破产倒闭。在农村，全国荒地面积不断增加，农田单位面积产量陷于停滞、萎缩，广大农民不仅不能进行扩大再生产，甚至连简单再生产也很难维持。在这种情况下，中国社会必然地要产生剧烈的阶级斗争，并通过它来建立起适应生产力发展的新生产关系。打

破半殖民地半封建的生产关系，解放被束缚的生产力，已成为近代中国社
会经济发展的客观要求和必然趋势。

毛泽东深刻论述了在半殖民地半封建社会的中国，走资本主义道路是
行不通的。首先，帝国主义不允许。它们侵略中国的目的，是要把中国变
成它们的殖民地和附属国，绝不是要把封建的中国变成资本主义国家。它
们瓜分中国的企图断绝了中国资产阶级试图发展资本主义和建立资产阶级
共和国的道路。其次，中国资产阶级不能完成本阶级的历史使命。中国的
大资产阶级，是依附于外国资本主义并为其服务的阶级，并同中国的封建
势力有着千丝万缕的联系，它们同帝国主义和封建势力结成反动联盟，始
终是中国人民的敌人。中国的民族资产阶级，在政治上动摇，在经济上软
弱。它们受帝国主义和封建主义的压迫，具有一定的反帝反封建的革命
性，但又同帝国主义和封建势力有或多或少的联系。这就决定了它们不能
完成反帝反封建的革命任务。辛亥革命虽然推翻了清王朝的统治，结束了
中国两千多年的封建专制政体，但并没有实现建立资产阶级共和国的理
想。辛亥革命后，中国私人资本主义经济仍然得不到发展。中国近代社会
经济发展的客观规律决定了资产阶级民主革命的任务，历史地落到中国无
产阶级及其政党中国共产党的肩上。①

新民主主义经济不可能像其他社会的新经济成分那样，可以从旧有的
社会经济母体内孕育，即不可能在半殖民地半封建社会内部自发产生，而
必须通过新民主主义革命，在打碎旧的国家机器并建立新的革命政权的条
件下产生。新民主主义经济以新民主主义革命政权的建立为前提，而新民
主主义政权又必须有新民主主义经济的存在和发展才能巩固。新民主主义
革命的政权建立和新民主主义经济的建设都是新民主主义革命不可分割的

---

① 参阅毛泽东《中国革命与中国共产党》《新民主主义论》《论人民民主专政》等著作。

重要内容。新民主主义革命决定了新民主主义经济作为一种过渡性经济形态，前途不是资本主义而是社会主义。由新民主主义经济过渡到社会主义经济是近代中国经济发展的必然趋势。因而，发展近代中国经济的唯一出路只能是新民主主义经济。

3. 中共七届二中全会与新中国经济纲领的确立

在新中国成立前夕，1949 年 3 月 5 日至 13 日中共七届二中全会在河北省平山县西柏坡举行。毛泽东在开幕会议上作了重要报告，会议通过了《中共七届二中全会决议》。毛泽东在报告中提出党的工作重心必须由乡村转移到城市，城市工作必须以生产建设为中心；分析了新民主主义各种经济成分的状况和党所必须采取的正确政策；指明了中国将由农业国转变为工业国、由新民主主义社会转变为社会主义社会的发展方向。由此可见，新民主主义理论不断丰富和发展的过程，就是中国共产党不断实践、不断探索、最终走向胜利的过程。

毛泽东在这篇建设新中国的纲领性文献中，深入分析了中国社会各种经济成分在新民主主义经济中的发展方向、经济地位和历史作用，提出了中国共产党确定的基本经济纲领和方针。[①] 那就是：第一，革命后建立的新民主主义社会是过渡性质的。五种经济成分并存是新民主主义社会的经济形态。由于社会主义性质的国营经济起决定作用，中国的前途必然是社会主义。第二，新民主主义的基本经济纲领是在国营经济领导下，多种经济成分并存、共同发展。实行公私兼顾、劳资两利、城乡互动、内外交流的政策。第三，利用、限制和改造是中共对民族资本的总方针。对内节制资本、对外统制贸易，是新中国在经济工作中的两项基本政策。第四，要谨慎地、逐步地、积极地引导分散的个体农业经济和手工业经济向着现代

---

① 毛泽东. 毛泽东选集：第 4 卷. 北京：人民出版社，1991：1430 - 1434.

化和集体化方向发展。第五，实现由农业国转变为工业国需要很长一段时间，但是中国经济建设的速度将不是很慢而可能是相当快的，中国的兴盛是可以计日程功的。

中共七届二中全会实际上确定了"人民革命建国纲领"——《中国人民政治协商会议共同纲领》（简称《共同纲领》）的基调。

二、新中国成立初期的经济任务

解放战争时期是中国新民主主义经济发展壮大的时期。在这一时期，解放区进行了轰轰烈烈的土地改革运动，消灭了封建土地制度，从根本上改变了农村生产关系，极大地解放了农业生产力。新民主主义三大经济纲领的制定，明确了解放区经济建设的指导方针。在正确方针政策的指引下，新民主主义经济蓬勃发展。随着中国大陆的解放，新民主主义经济取得全面胜利。

1. 临时宪法和建国纲领：《共同纲领》

毛泽东对于即将成立的新中国充满了憧憬，他在 1949 年 6 月 15 日新政治协商会议筹备会上说："中国的命运一经操在人民自己的手里，中国就将如太阳升起在东方那样，以自己的辉煌的光焰普照大地，迅速地荡涤反动政府留下来的污泥浊水，治好战争的创伤，建设起一个崭新的强盛的名副其实的人民共和国。"① 这个新生政权就是在彻底废除了国民党政府一切腐败落后的基础上，构建起了崭新的人民当家作主的中华人民共和国和人民政权。

1949 年 9 月 21 日，毛泽东在中南海怀仁堂召开的中国人民政治协商

① 毛泽东. 毛泽东选集：第 4 卷. 北京：人民出版社，1991：1467.

会议第一届全体会议的开幕词中指出："现在的中国人民政治协商会议是在完全新的基础之上召开的，它具有代表全国人民的性质，它获得全国人民的信任和拥护。因此，中国人民政治协商会议宣布自己执行全国人民代表大会的职权。"毛泽东庄严宣告："占人类总数四分之一的中国人从此站立起来了。"① 出席这次会议的代表包括来自党派、区域、人民解放军、团体45个单位的人士及特别邀请人士共662人。会议通过了《中国人民政治协商会议组织法》和《中华人民共和国中央人民政府组织法》。选举毛泽东为中央人民政府主席，朱德、刘少奇、宋庆龄、李济深、张澜、高岗为副主席。通过了具有临时宪法作用的《共同纲领》。

《共同纲领》也是建国纲领，它包括序言和总纲、政权机关、军事制度、经济政策、文化教育政策、民族政策、外交政策7章60条。有关经济方面的主要内容包括以下几点：第一，《共同纲领》规定："以新民主主义即人民民主主义为中华人民共和国建国的政治基础"。"中华人民共和国为新民主主义即人民民主主义的国家，实行工人阶级领导的，以工农联盟为基础的、团结各民主阶级和国内各民族的人民民主专政，反对帝国主义、封建主义和官僚资本主义，为中国的独立、民主、和平、统一和富强而奋斗。"第二，《共同纲领》规定："中华人民共和国经济建设的根本方针，是以公私兼顾、劳资两利、城乡互助、内外交流的政策，达到发展生产、繁荣经济之目的。"第三，《共同纲领》确定：国家应在经营范围、原料供给等方面，"调剂国营经济、合作社经济、农民和手工业者的个体经济、私人资本主义经济和国家资本主义经济，使各种社会经济成分在国营经济领导之下，分工合作，各得其所，以促进整个社会经济的发展"。第四，《共同纲领》对各种经济成分的性质和作用及国家应采取的政策进行

---

① 毛泽东．毛泽东文集：第5卷．北京：人民出版社，1996：343.

了规定："国营经济为社会主义性质的经济……凡属国有的资源和企业，均为全体人民的公共财产，为人民共和国发展生产、繁荣经济的主要物质基础和整个社会经济的领导力量。""合作社经济为半社会主义性质的经济，为整个人民经济的一个重要组成部分。人民政府应扶助其发展，并给以优待。""凡有利于国计民生的私营经济事业，人民政府应鼓励其经营的积极性，并扶助其发展。""国家资本与私人资本合作的经济为国家资本主义性质的经济。在必要和可能的条件下，应鼓励私人资本向国家资本主义方向发展"。[1]

总之，《共同纲领》有关经济方面的政策规定体现了这样一些原则：一是坚决实现国家的政治独立和经济独立；二是没收官僚资本，将封建半封建的土地所有制改变为农民的土地所有制；三是坚决保护人民群众的合法财产；四是坚决发展新民主主义经济，推进国家的工业化；五是坚决调动一切积极因素，形成新民主主义经济的繁荣局面。

2. 建立统一的经济管理体制

新中国成立后，中央经济管理部门和机构迅速建立起来。解放战争时期，各解放区财政经济工作基本上是各自为政。随着华北各解放区连成一片，中央决定在河北阜平县成立华北各解放区财政办事处。毛泽东、周恩来、任弼时到西柏坡后，周恩来提出：各解放区财经工作不能再搞"联合政府"，要搞统一政府，取消办事处，成立中央财政经济部（简称中财部），并建立中国人民银行，统一发行货币。董必武出任中财部部长，薛暮桥任秘书长，南汉宸负责筹建中国人民银行并准备发行全国统一货币。1949 年 3 月，周恩来起草的《关于财政经济工作及后方勤务工作中若干

---

① 中共中央文献研究室．建国以来重要文献选编：第 1 册．北京：中央文献出版社，1992：1-2，7-8.

问题的决定》指出："中央应即成立财政经济委员会，首先与华北财政经济委员会合并，并加入东北、华东、西北、华中各区财政经济工作负责人为委员，依靠华北政府各部及其直辖的各省市，进行业务。"[1] 中央决定由陈云任中央财政经济委员会主任，主持全国财经工作。

1949年7月，中央财政经济委员会由中央财政经济部与华北财政经济委员会合并组成，陈云任主任，薄一波任副主任。1949年10月21日，中央人民政府政务院财政经济委员会（简称中财委）成立，陈云任主任，薄一波、马寅初任副主任，薛暮桥任秘书长，负责指导政府财经各部门、人民银行及海关总署等一切有关经济部门的工作。中财委机构设置已经比较系统完备，内设财经计划局、技术管理局、财经统计局、私营企业管理局、外资企业管理局、合作事业管理局、财贸人事局、编译室等业务部门，下属16个部级机构。中财委是当时政务院4个委员会中下属机构最多也是最忙的一个委员会。

1950年1月和11月，政务院先后发布省、市、县人民政府组织通则以及大城市区人民政府组织通则，规定了地方各级人民政府的隶属关系、机构、组织和职权，使地方各级政权的建立有了初步的法规依据。各省（市）均由各界人民代表会议协商推举人民政府主席、副主席、委员，经政务院报请中央人民政府正式任命。12月，政务院发布区乡（行政村）人民政府组织通则，人民政权建设延伸至基层。各地方经济管理部门和机构也根据全国各地解放的步伐，有条不紊地迅速建立起来。将全国划分为六个大行政管理区，即东北、华北、华东、中南、西南、西北，在每个大区军政委员会内设立财经委员会，大区财经委员会受政务院财经委员会和大区军政委员会双重领导，大区财经委员会下亦设立财经各部及人民银行

---

[1] 《中华人民共和国简史》编写组. 中华人民共和国简史. 北京：人民出版社，当代中国出版社，2021：12.

区行机构，负责全区的经济管理工作。在大区之下，设立省、市（地）、县三级政府经济管理机构。中央和地方各级经济管理部门和机构迅速建立起了对企业等经济主体进行管理的体系。对于国营企业则由中央政府或地方政府的经济管理部门直接管理，并按其所有权及管理权分为中央直属企业、中央所有委托地方代管企业、地方所有企业三种。

在新中国成立之初，毛泽东就明确提出："领导我们事业的核心力量是中国共产党。指导我们思想的理论基础是马克思列宁主义。"① 经济工作是新中国成立后中国共产党的主要工作内容之一，加强党对经济工作的领导是必须始终不渝坚持的根本原则。党对经济工作的领导主要通过这样两种方式来体现：一是从中央政治局到地方党委的党的各级组织必须直接负责对经济工作的领导；二是在中央政府及各经济管理部门设立党委、党组，确保党对经济工作的领导。例如，中共中央先后发出了《关于在中央人民政府内组织中国共产党党委会的决定》《关于在中央人民政府内建立中国共产党党组的决定》等文件，为完整准确贯彻中共中央有关政府工作和经济工作的决定提供了坚实的政治保障、制度保障和组织保障。

1952 年 11 月，中央人民政府委员会第十九次会议通过《关于增设中央人民政府机构的决议》，决定成立中央人民政府国家计划委员会。由高岗任主席，邓子恢任副主席，国家计委内设 16 个计划局、1 个私营企业计划处和 1 个统计局。

3. 废除外国在华经济特权

毛泽东在中共七届二中全会上指出："不承认国民党时代的任何外国外交机关和外交人员的合法地位，不承认国民党时代的一切卖国条约的继续存在，取消一切帝国主义在中国开办的宣传机关，立即统制对外贸易，

---

① 毛泽东 . 毛泽东文集：第 6 卷 . 北京：人民出版社，1999：350.

改革海关制度，这些都是我们进入大城市的时候所必须首先采取的步骤。在做了这些以后，中国人民就在帝国主义面前站立起来了。"①

这就是说：第一，要彻底改变国民政府时期赋予外国的一切损害中国人民尊严和利益的特权，实现真正的平等是中国人民和国家根本利益的要求。例如，新中国成立初期全国有外资企业 1 333 家、职工 12 万人、资产 12.3 亿元。人民政府取消了这些企业享有的特权，保护它们按照新中国法律正当经营。第二，要彻底废除国民政府时期与外国签署的一切不平等条约和损害中国人民利益的外交关系，实现真正的互利是中国人民和国家根本利益的要求。例如，明确新中国根据独立自主、平等互利原则与外国政府和民间恢复发展贸易关系，实行对外贸易国家统制，重要货物进出口由国家统购统销，并通过海关对进出口贸易实行监管。第三，要彻底取消帝国主义在中国开设的各种文化宣传和文化奴役的机构，取消它们在华享有的一切文化特权，建设新中国自己的社会主义文化。新中国人民政府不允许外国机构和个人在中国设立宣传机构、兴办报纸杂志和广播；对于接受外国津贴的各类机构给予一定时期宽限，但必须遵守新中国的法令。第四，要彻底取消外国对中国对外贸易的实际控制权，根本改革国民政府时期的海关制度，实现维护中国人民和国家根本利益的要求。例如，新中国成立后立即收回了关税和海关管理权，1949 年 10 月 25 日宣布成立中央人民政府海关总署，相继发布《海关总署试行组织条例》《中华人民共和国暂行海关法》等法令文件，对海关组织机构、任务和职权以及进出口货物监管等都作了具体规定。

废除帝国主义在华特权和一切不平等条约与发展平等的国家关系是一致的。毛泽东在天安门庄严宣读了《中华人民共和国中央人民政府公告》，

---

① 毛泽东. 毛泽东选集：第 4 卷. 北京：人民出版社，1991：1434.

向世界表明了中国人民愿意与一切平等待我的国家发展外交关系。"本政府为代表中华人民共和国全国人民的唯一合法政府。凡愿遵守平等、互利及互相尊重领土主权等项原则的任何外国政府，本政府均愿与之建立外交关系。"①

4. 新民主主义经济：迈向社会主义的经济形态

1949—1952 年的三年是中国新民主主义经济形态和新民主主义经济体制时期，新民主主义经济形态中的社会主义因素是不断扩大的。一是五种共存的经济成分是新民主主义的基本经济成分，国营经济处于领导地位是社会主义经济的发展方向；二是在东北解放区没收官僚资本的基础上，已经开始在苏联的帮助下制定经济计划，进行计划经济建设。但在中国共产党内，关于新民主主义经济形态和经济体制需要存在多长时间的问题，则有过一些不同认识和争论。毛泽东则特别强调生产关系变革对生产力发展的积极作用。

促进新民主主义经济蓬勃发展并向社会主义经济转变，在国民经济恢复时期也是存在许多有利条件的。第一，充分发挥中国共产党和革命胜利之后的强大政治优势与组织优势，迅速稳定社会政治秩序和环境，确保国家经济恢复与经济建设顺利推进。一是中国共产党在政治上的鲜明主张和军事上的巨大胜利及纪律严明、富有理想、敢于牺牲、高效清廉赢得了人民。二是中国共产党宏伟的奋斗目标和踏实的工作作风及强大的组织体系深入广大农村和城市基层，成为事业的领导核心。第二，学习苏联等社会主义国家的建设经验，全面加强政府宏观经济管理职能，建立系统有效的计划经济体制和国民经济指挥系统。一是建立起高度集中的政府主导型经济体系和经济指挥系统，集中有限资源，优先发展国营经济，统一国内市

场，有力调整市场供求。二是采取一系列有利于国民经济有序运行的政策措施，控制市场和重要行业，打击偷税漏税行为，统制对外贸易，发展农村供销合作社。第三，运用政治和体制优势最大可能减少影响经济恢复发展的不利因素。一是集中经济资源，克服经济发展起点低、基础薄弱、发展不平衡等问题；二是加强政府干预，改善人民生活、提高教育水平、促进医疗卫生事业、扩大就业；三是克服严重经济困难，顽强坚持抗美援朝，抵御西方国家经济封锁。

三、没收官僚资本，建立国营经济

没收官僚资本，建立国营经济是新中国成立之后经济领域重要的工作任务，是肃清官僚资本影响、确立国营经济地位的重要举措。

1. 没收官僚资本

没收官僚资本，主要是没收国民党政府的国家垄断资本以及蒋、宋、孔、陈四大家族的官僚资本。1949 年 4 月 25 日发布的《中国人民解放军布告》对没收官僚资本申明："凡属国民党反动政府和大官僚分子所经营的工厂、商店、银行、仓库、船舶、码头、铁路、邮政、电报、电灯、电话、自来水和农场、牧场等，均由人民政府接管。"对于在接管城市过程中一时难以确认是否属于官僚资本的企业和财产，采取了监管、代管或冻结的办法。在新中国成立前，官僚资本控制了全国工业的 67%、银行业的 67%、工交固定资产投资的 80%。

1950 年中央人民政府政务院财政经济委员会进一步指出，官僚资本的定义应该是："凡利用政治特权，积累巨大财富者谓之官僚资本，时间则以国民党反动统治时期起算，国统以前的官僚资本（除汉奸外）概不追究。"对于这一部分没收的官僚资本企业，采取了按照不打烂企业组织机构和生产系统的办法，保留原职、原薪、原制度，完整接收，然后逐步改造，使之成为社会主义国营企业。

到 1950 年初，接收这类资本工矿企业 2 800 余家、金融企业 2 400 余家。截至 1952 年，全国国营企业固定资产原值为 240.6 亿元人民币，其中大部分为没收的国民党政府官僚资本企业资产（不含其土地价格）。除去已用年限折旧后净值高达 167.1 亿元人民币。例如，对于官僚资本经营的中国银行和交通银行，就采取了既坚决没收又十分慎重的措施。接管中国银行之后，坚决没收官股，保留私股权益，改组董事会等管理机构，留用全部职工并实行原职原薪；接管交通银行也是采取同样的措施。中国银行和交通银行改组后仍正常运营，并于 1950 年 1 月以总管理处名义向海外分支机构通电，号召海外员工保护行产，安心工作。对于原官商合办的银行如新华信托储蓄银行、中国通商银行等，接管后没收官股并实行公私合营。这些被接管的金融机构都必须接受中国人民银行的领导，据上海、北京、天津三地统计，中国人民银行仅在三地就接管官僚资本金融机构 128 家，接收员工 9 530 人。[①]

没收官僚资本企业和帝国主义在华企业构成了新中国成立初期国营经济物质技术基础的最主要部分，对官僚资本企业采取先接收后改造的步骤，使这些企业成为社会主义的国营企业。

人民政府还对旧中国留下的各类企业特别是官僚资本企业进行了深刻的企业民主改革。适时对这些企业的生产关系和管理制度进行变革，建立新型生产关系和经营管理方式，主要就是彻底废除封建把头制度，发动群众进行企业民主改革。一是彻底废除封建把头制度。在旧中国企业中，封建把头制度盛行，他们依靠外国势力和政府势力在企业中采取超经济手

---

① 尚明. 当代中国的金融事业. 北京：中国社会科学出版社，1989：39.

段，对工人阶级进行压榨和盘剥，仅 1950 年上海建筑工人被克扣的工资总额就相当于 3 亿斤小米。封建把头制度在搬运、煤矿和建筑行业尤为盛行。1950—1952 年，中国共产党和人民政府领导广大工人阶级相继在搬运、煤矿、建筑等行业开展反封建把头斗争，取得了积极成效。据北京、天津、上海、沈阳、重庆五个城市调查，仅建筑行业就反掉封建把头 7 000 多人，极大地调动了工人阶级的劳动积极性，大幅度减少了工人阶级承受的压榨。1950 年初纺织行业《关于废除搜身制度的决议》获批，国营企业的政治环境和政治风气显著改变。二是进行企业民主改革。1950 年 3 月中共中央和政务院提出，发动和依靠广大职工，有领导有计划有步骤地在所有企业中，首先是在国营企业中清理反动势力，对旧企业留下的管理制度进行民主改革。同时根据需要建立合理的企业管理制度，许多企业实行了生产责任制、交接班制、质量检验等生产制度，建立了工厂管理委员会和职工代表会议制度，推动了企业的民主管理。1951 年 12 月中共中央作出《关于国营工厂管理的决定（草案）》，实行一整套企业管理新型制度。对于其他经济成分企业，也要求进行民主改革。1950 年 6 月《中华人民共和国工会法》颁布，要求根据劳资两利和民主原则，协商解决企业中劳资关系，由工会代表工人与资方协商建立新的管理制度。[①]

2. 建立国营经济

国营经济是社会主义性质的经济，是整个社会经济的领导力量和发展生产、繁荣经济的重要物质基础。东北解放区是新中国成立之前最早开始建立比较完备系统的国营经济体系的地区，在这里也最早开始了发展经济的计划编制。所以，在新中国成立前后特别是国民经济恢复时期，东北地

---

① 当代中国研究所．中华人民共和国史稿：第 1 卷．北京：人民出版社，当代中国出版社，2012：48 - 52．

区是比较彻底地实行新民主主义经济并开始向社会主义经济迈进的地区。
1948 年 11 月东北全境解放后，中央作出了"让东北工作先走一步"的战略，使东北成为全国经济建设的后盾。为此，允许东北暂用东北银行发行的东北地方流通券，一直使用到 1951 年 4 月。人民政府没有立即将东北与关内货币统一起来，也是为了迅速恢复东北经济，避免关内通货膨胀给东北带来冲击，以促进全国的经济建设。[①] 所以，以东北地区建立国营经济为例可见一斑。

日本帝国主义长期占领东北地区并投资经营重工业，其目的就是要使东北地区成为日本永久的殖民地。日本投降后，日本人将鞍钢的关键设备拆卸、破坏，不想给中国人民留下一个能够立即恢复生产的设备基础。而苏联军队在 1945 年 8 月出兵东北后，更是大量从东北地区的重工业企业拆卸机器设备运回苏联。例如，苏军占领鞍山后，从昭和制钢所拆走大量设备，连同其他物资共 7 万余吨，其中包括第二炼钢厂、第二初轧厂、大型轧钢厂、无缝钢管厂、薄板厂、轨梁厂的大型设备，使一个完整的钢铁联合企业变成了一堆烂摊子。[②] 东北的国民经济恢复和国营经济建立就是在这样的基础上开始的。

1946 年中共东北局提出发展工业的方针是"发展农村手工业及恢复必要的、条件可能的机器工业"，确定以恢复矿山为恢复煤矿的重点，恢复工厂以军工和供给工矿的发电厂、机械厂为重点。中共东北局于 1946 年初成立了第一个机械化的国营纺织厂，开办 74 家规模不等的钢铁企业，生产了大批军需物资和武器弹药。[③] 1946 年又大批恢复了东北解放区的煤

---

① 1949—1952 中华人民共和国经济档案资料选编：基本建设投资和建筑业卷．北京：中国城市经济社会出版社，1989：256.

② 袁宝华．袁宝华回忆录．北京：中国人民大学出版社，2018：87-88.

③ 中国工业经济研究与开发促进会课题组．老工业基地的新生：中国老工业基地改造与振兴研究．北京：经济管理出版社，1995：292.

矿工业、电力工业、机械工业、纺织工业、金矿业、化学工业、造纸工业、橡胶工业等，到 1947 年 5 月已有较大的国营矿业企业 15 家，国营工厂员工也增至 5 万人。据统计，1947 年 10 月至 1948 年 9 月，中共东北局军工部所属各办事处及工厂共有机器 5 085 台，职工 20 640 人；共生产子弹 824 万余发，各种炮弹近 126 万发，手榴弹 163.5 万颗，爆破筒 2 万余个，雷管 65.7 万个，无烟火药 31 吨；制造各种火炮 1 175 门，信号枪 1 483 支，铁锹、洋镐 4 万把，马刀 3 579 把；修理各种枪械 21 771 支，各种火炮 609 门。①

主管东北工业的机构是东北工业部，王首道、陈郁、王鹤寿曾先后担任部长。该部于 1946 年在哈尔滨成立，1948 年 11 月东北全境解放后迁往沈阳，统管东北地区的轻工业、重工业和军事工业。内设机构有计划处、经理处、基建处、设计处、人事处、行政处、卫生处、专家办公室等，管理机构有有色局、化工局、建材局、机械局、电工局、轻工局、纺织局、电业总局、煤炭局、兵工局和石油局等，直属企业有鞍山钢铁公司、本溪煤铁公司和抚顺矿务局等。

东北工业部曾经编制了 1948 年工业计划，对恢复工业生产起到了一定的指导作用。1949 年 1 月，中共东北局和东北行政委员会作出了《关于成立东北经济计划委员会及各级计划机关的决定》，成立国民经济计划委员会并由李富春担任主任，还责成东北工业部负责编制《1949 年工业计划大纲》。东北工业部对计划编制有很高要求：一是必须精确说明情况，并制定了包括企业概况、设备、产品、主要原料和材料、资产、职工等详细附表；二是提出了修复（或建设）与投资计划的具体要求，包括修复方针、远景目标、工程进度、人员配备、设备配备、材料需求、电力需求和

---

① 武力．东北根据地军事工业发展简况．党史研究资料，1987（6）．

投资预算等；三是要求制定生产计划，包括生产任务、产量计划、技术改进计划、动力计划、经理工作计划和人事计划等。① 在各方面的支持和努力下，1949 年东北各项工业均完成和超额完成了生产计划。其中：生铁172 500 吨，完成 183.5%；平炉钢锭 100 933 吨，完成 128.4%；电炉钢锭 6 684 吨，完成 157%；电铜 1 875 吨，完成 125%；电铝 2 062 吨，完成 103%；原煤 11 242 805 吨，完成 124%；发电和购电量 13.486 8 亿度，完成 103%；工作母机 570 台，完成 114%；水泥 218 791 吨，完成109.4%。② 1949 年工业生产建设计划的制定与执行结果表明，东北工业正在由局部性、临时性的工业计划向比较全面、完整的工业计划过渡。

东北地区 1949 年国民经济计划是解放区的第一个国民经济计划，也是即将成立的中华人民共和国的第一个国民经济计划，其经验和做法为形成新中国的工业管理体制和计划管理体制积累了重要经验。

3. 苏联的经济援助和西方国家的封锁禁运

新中国应该选择什么样的国际战略？这是毛泽东等中国共产党人面临的重大选择。1949 年 3 月，毛泽东在中共七届二中全会上就指出："中国的经济遗产是落后的，但是中国人民是勇敢而勤劳的，中国人民革命的胜利和人民共和国的建立，中国共产党的领导，加上世界各国工人阶级的援助，其中主要地是苏联的援助，中国经济建设的速度将不是很慢而可能是相当地快的，中国的兴盛是可以计日程功的。"③ 6 月，刘少奇率中共代表团访问苏联，商谈苏联如何援助新中国建设问题，双方于 7 月 23 日就苏联向新中国提供 3 亿美元借款达成初步协议。第一批苏联专家随即来到中国。1949 年 6 月 30 日，毛泽东再次指出："'不要国际援助也可以胜利。'

---

① 袁宝华. 袁宝华回忆录. 北京：中国人民大学出版社，2018：86，97 - 98.
② 东北行政委员会. 东北国营工业 1949 年主要产品生产情况表，1950.
③ 毛泽东. 毛泽东选集：第 4 卷. 北京：人民出版社，1991：1433.

这是错误的想法。""我们在国际上是属于以苏联为首的反帝国主义战线一方面的，真正的友谊的援助只能向这一方面去找，而不能向帝国主义战线一方面去找。"① 这种"一边倒"方针是在总结"中国革命历史经验的基础上，从当时整个国际战略格局，主要是美国等帝国主义国家对新中国采取敌视态度并实行包围封锁这个现实情况出发的"②。有四亿多人口的中国加入社会主义阵营，极大地改变了世界资本主义和社会主义两大阵营的格局，尤其是屹立在世界东方的中国宣布实行社会主义，也给世界社会主义阵营在东方筑起了牢固的铜墙铁壁。

1949 年底，毛泽东开始访问苏联，目的就是"为了适应中国革命胜利后国际形势的新情况和中苏关系的新变化，把中苏关系建立在平等、互利、友好、合作的基础上，及时地解决中苏友好条约问题"。1950 年 2 月，中苏双方签订了如下条约和协定：《中苏友好同盟互助条约》《中苏关于中国长春铁路、旅顺口及大连的协定》《中苏关于贷款给中华人民共和国的协定》。根据最后一个协定，苏联向中国提供相当于 3 亿美元的贷款，年息 1%，自 1950 年 1 月起分 5 年交付中国；贷款的偿还以 10 年为期（1954—1963 年），每年偿还十分之一。这次贷款利率低于苏联向东欧国家提供的贷款利率，贷款数量则是根据毛泽东多借不如少借有利的指示确定的。苏联还应中国政府的请求，派遣了一批专家帮助中国恢复和发展国民经济。在国民经济恢复时期，苏联帮助中国修建、重建和新建了 50 项工程。在不少工程中，由于中国缺少技术人员和经验，苏方不仅负责提供设备，还帮助进行勘探、研究和设计工作，帮助建设和培训人员。双方还签订了联合创办"中苏民用航空股份公司""中苏石油股份公司""中苏有色及稀有金属股份公司"的协定，1951 年又签订了与苏方合资在大连创

① 毛泽东. 毛泽东选集：第 4 卷. 北京：人民出版社，1991：1473，1475.
② 中共中央文献研究室. 毛泽东传：第 3 册. 北京：中央文献出版社，2011：1018.

办"中苏轮船修理建造股份公司"、与波兰合资创办"中波轮船股份公司"的协定。上述 5 个合资公司共计投资 25 600 万卢布，其中苏联和波兰投资 12 800 万卢布，苏联和波兰主要以设备进行投资。在国民经济恢复时期，苏联在民用航空、石油、有色金属、橡胶等国民经济急需领域给予大力援助，对中国的国民经济恢复起到了很大的促进作用。

苏联的工业化建设成果给毛泽东留下了深刻的印象。1950 年 3 月 3 日毛泽东说："我们参观了苏联一些地方，使我特别感兴趣的是他们的建设历史。他们现在的工厂有很大规模，我们看到这些工厂，好像小孩子看到了大人一样，因为我们的工业水平很低。但是，他们的历史鼓励了我们。"[①]

在新中国成立初期，侨汇一直是中国重要的外汇来源之一，这极大地支持了中国的国内经济建设和国际经济往来。1951 年国家颁布《侨汇业管理暂行办法》，明确了国家对侨汇业的管理，支持私营侨汇业依法经营。1950—1953 年各年侨汇收入为 1.23 亿美元、1.69 亿美元、1.63 亿美元，分别占当年非贸易外汇收入的 64%、67% 和 63%。1957 年侨汇收入则为 1.08 亿美元，占当年非贸易外汇收入的 68%。

与苏联对新中国的经济援助和广大华侨对祖国的经济支持形成反差的是，西方资本主义国家普遍对新中国的成立采取冷淡和消极的态度，它们并不希望在世界的东方诞生一个必将走向强大的社会主义国家。1949 年 12 月，美国政府即宣布"不应给共产党中国以官方的经济援助，也不应鼓励私人在共产党中国投资"[②]。就在新中国准备大规模开始经济建设之际，1950 年 6 月 25 日，朝鲜内战爆发。美国借机武装干涉朝鲜内战，把战火烧到了鸭绿江边，严重威胁到中国的国家安全。美国还派第七舰队入

①　中共中央党史和文献研究院.毛泽东年谱：第 4 卷.北京：中央文献出版社，2023：98 - 99.
②　上海市国际关系学会.战后国际关系史料：第 1 辑，1983.

侵台湾海峡，公然阻止人民解放军解放台湾。美国武装干涉朝鲜，对于刚刚成立的新中国来说，是严重的军事挑衅和战争威胁，也给我国国民经济恢复造成了巨大的困难。美国还对新中国实行全面的封锁和禁运，颁布有关法令来管制对中国内地、香港、澳门的战略物资输出等，宣布冻结中国政府在美的资产、中国人民在美的银行存款及其他财产。1951 年 5 月，又操纵联合国大会通过《实施对中国禁运的决议》，强迫与会各国参照美国对华禁运的货物清单，向中国禁运武器、弹药、石油及具有战略价值的运输器材等，品种多达 1 700 多种。此外，由美国操纵的实施对共产党国家出口管制的"巴黎统筹委员会"还专门设立了针对亚洲社会主义国家的"中国委员会"，对中国实行比苏联和东欧国家还要严格的禁运。到 1953 年 3 月，对中国实施禁运的国家达到 45 个。据不完全统计，仅 1950—1953 年，经我国采取多种措施减少损失以后，封锁和禁运给我国造成的直接损失仍达 5 691 万美元，其中被冻结的资金为 4 182 万美元，被扣压物资价值约 335 万美元，船只未到我国港口被劫损失 1 174 万美元。国民经济发展急需的金属母机、五金器材、交通工具、电讯器材等和部分原材料严重短缺。在新中国成立初期，西方国家对我国封锁、禁运的气焰之嚣张，参与国家（地区）之众多，措施之全面，管制之严厉，时间之长久，在国际关系史上也是罕见的。①

中国人民既要面对西方资本主义国家对我国的封锁和禁运，又要承担抗美援朝国际主义义务和巨大战争负担，这些都使国民经济恢复遭遇巨大困难。但是，中国共产党和中国人民顶住了各方面的巨大压力，迫使美国坐到了谈判桌前，终于在 1953 年 7 月 27 日在板门店同中朝代表签订《朝鲜停战协定》，朝鲜战争结束。抗美援朝战争的胜利展现了中国人民不畏

① 董志凯．中国首次遭遇封锁禁运始末．北京：人民出版社，2019.

强暴的钢铁意志和万众一心的顽强品格，是中国人民站起来后屹立于世界东方的宣言书，是中华民族走向伟大复兴的重要里程碑。抗美援朝战争的胜利焕发了全国人民建设社会主义国家的巨大热情，鼓舞了全国各族人民贯彻实施党的过渡时期总路线的信心和决心。

四、实行土地改革，废除封建土地制度

中国共产党领导的土地革命，不同于国民党以及其他人士主张的农村改良方案，是以彻底废除封建土地制度、真正实现耕者有其田而赢得了最广大农民群众的支持和拥护，有着广泛的阶级力量和社会基础。土地改革不仅仅是把土地从地主之手转移到农民之手的简单易行的事情，而是一场激烈的经济斗争，是一场深刻的社会革命。新中国成立之初，全国约有2.64亿农业人口（总人口约 3.1 亿）的新解放区，主要是华东、中南、西南、西北四区尚未进行土地改革。如果不及时地、有步骤地加以解决，那将对国民经济的恢复和发展，特别是对国家财政经济状况的好转产生不利影响，也无法在全国范围内基本消灭封建土地制度和剥削制度。

1. 颁布《中华人民共和国土地改革法》

1950 年 6 月 6 日至 9 日，中共七届三中全会集中讨论了土地改革问题。毛泽东提交了《为争取国家财政经济状况的基本好转而斗争》的书面报告，指出在国民经济恢复时期的主要任务是争取国家财政经济状况的基本好转，而土地改革的完成是获得财政经济状况根本好转的首要条件。刘少奇就土地改革问题作了专门报告，提出了这次新解放区土地改革的总路线和关于富农土地问题、债务问题、人民法庭问题等方面的方针政策。中央设立了由刘少奇、彭德怀、习仲勋、王震、刘伯承、邓子恢、黄克诚等组成的中央土改问题委员会，指导全国土地改革。地方县以上政府设立土

地改革委员会，并派出了大批土改工作队深入农村，发动和组织农民积极参加土改。

随后召开的全国政协一届二次会议也专门讨论了土地改革问题。刘少奇作了《关于土地改革问题的报告》，系统论述了土地改革的伟大意义、基本目的、历史经验和当前政策。他指出："土地改革的基本内容，就是没收地主阶级的土地，分配给无地少地的农民。这样，当作一个阶级来说，就在社会上废除了地主这一个阶级，把封建剥削的土地所有制改变为农民的土地所有制。这样一种改革，诚然是中国历史上几千年来一次最大最彻底的改革。""土地改革的基本目的，不是单纯地为了救济穷苦农民，而是为了要使农村生产力从地主阶级封建土地所有制的束缚之下获得解放，以便发展农业生产，为新中国的工业化开辟道路。"[①] 报告提出计划在两年半至三年的时间内，基本上完成全国的土地改革。

1950年6月28日，中央人民政府委员会第八次会议通过了中国共产党提出的《中华人民共和国土地改革法（草案）》六章四十条，6月30日，正式颁布《中华人民共和国土地改革法》，确立了土地改革的总路线：依靠贫农雇农、团结中农、中立富农，有步骤地分别地消灭封建剥削制度，发展农业生产。这与《中国土地法大纲》的基本精神是一致的，但也根据新中国成立后农村的变化情况作了调整：一是保护富农所有自耕和雇人耕种的土地及其他财产，以孤立地主、稳定中农；二是没收地主土地、耕畜、农具、多余的粮食和多余的房屋，其他财产不动；三是中农土地不得侵犯，保护中农利益；四是增加了部分土地收归国有，不没收、不分散使用进步设备耕种和技术性经营的农地，适当照顾原耕地农民，照顾少数民族等政策内容；五是修改债务偿还条例，不再一概废除债务；六是规定

---

① 刘少奇. 刘少奇选集：下卷. 北京：人民出版社，1985：32，34.

乡村农民大会和各级农民代表大会及其选举产生的农民协会委员会为土改的合法执行机关。该土地改革法只适用于一般农村，城郊土地改革办法另行规定。《中华人民共和国土地改革法》宣布：废除地主阶级封建剥削的土地所有制，实行农民的土地所有制，借以解放农村生产力，发展农业生产，为新中国的工业化开辟道路。

2. 新解放区的土地改革运动

新中国土地改革分三批进行。第一批 1950 年冬至 1951 年春，在 1.2 亿农业人口地区进行；第二批 1951 年冬至 1952 年春，在 1.1 亿农业人口地区进行；第三批 1952 年冬至 1953 年春，在 3 000 多万农业人口地区进行。到 1953 年春，全国土地改革已告完成。经过土改，中国农村土地占有发生了根本变化，将封建地主土地所有制转变为个体农民的土地所有制。

新中国土地改革顺利、迅速的完成，对中国社会经济的发展具有巨大的推动作用和深远的意义。

第一，土地改革废除了封建土地制度和剥削制度，这就从根本上动摇并消灭了封建落后势力的基础，拔除了中国社会经济特别是农村经济长期贫困落后的根源，为中国社会经济的发展提供了广阔的空间。土地改革使约 3 亿农民无偿获得 7 亿亩土地，实现了"耕者有其田"；农民还分得牲畜 296 万头，农具 3 944 万件，房屋 3 795 万间，粮食 100 多亿斤。刘少奇在写给他被划为地主的姐姐的信中说道："我当了中央人民政府的副主席，你们在乡下种田吃饭，那就是我的光荣。如果我当了副主席，你们还在乡下收租吃饭，或者不劳而获，那才是我的耻辱。"[①] 正是共产党人的

---

① 中共中央文献研究室，中央档案馆. 建国以来刘少奇文稿：第 2 册. 北京：中央文献出版社，2005：124.

这种坚定立场才确保了土地改革的顺利进行。土地改革结束了中国社会的半封建性质,解决了民主革命时期遗留下来的最大问题,为我国社会经济由新民主主义阶段向社会主义阶段的转变准备了必要的条件。

第二,土地改革激发了广大获得土地农民的生产积极性,促进了农业生产迅速恢复和发展。土地改革不仅减免了过去农民向地主缴纳的 700 亿斤粮食的沉重地租,而且也是 20 世纪 50 年代前期农业生产连年增产的主要原因。1952 年农业总产值为 483.9 亿元,比 1949 年增长 48.5%;粮食产量为 16 392 万吨,比 1949 年增长 42.8%;棉花产量为 130.4 万吨,比 1949 年增长 193.4%;油料产量为 419.3 万吨,比 1949 年增长 63.5%。[①]农业生产的发展和农业产量的增加,不仅有力地促进了新中国成立初期各项政治运动的开展,为大规模地进行社会主义改造创造了条件,而且推动了社会经济的全面发展,为国家财政经济的根本好转,为正在进行的工业化建设提供了坚实的物质保障。

第三,土地改革是农村土地所有权的再分配,是社会利益的大调整。而最直接的受益者是占农村人口 60%～70% 的贫苦农民,广大农村出现了"贫雇农得地开心,中农有利放心,富农不动定心,地主劳动回心"的局面。它一方面使农民的生产和生活状况发生了巨大变化,使农民的购买力和消费水平显著提高,从而从根本上彻底摆脱了依附于地主及其土地,受地主阶级残酷剥削的悲惨经济地位;另一方面也使广大农民从政治上得到解放,使他们的认识水平和思想觉悟有了空前提高,培养并焕发出他们积极参与社会活动和政治活动的意识。从此,广大农民成为推动中国工业化和经济现代化的重要力量。

推动土地改革顺利完成的因素有很多,其中中共中央关于土改的正确

---

① 国家统计局. 中国统计年鉴(1984). 北京:中国统计出版社,1984:141-142.

政策方针与党和人民政府土地改革政策的极大感召力及在土改中表现出来的强大的社会动员力量与组织力量，也是确保土地改革取得成功的重要因素。土地改革运动几乎波及了中国全体农业人口，有3亿多农民参与，组织和领导这样大规模的群众运动进行社会变革，是无可争议的人类历史的创举。中国共产党发挥了在战争过程中的强大社会动员力量和组织力量，发动农民群众积极参与土地改革。在这个过程中，一方面动员农民群众自下而上地进行土改，包括广泛建立农民协会，通过在基层建立土改的组织队伍确保土改顺利进行；另一方面派遣大量土改工作队自上而下深入农村，指导农民进行土地改革，每年派遣的工作队都在30万人以上。土地改革中充分表现出来的党和政府以及政策的感召力、动员力和组织力，成为重要的社会政治资源和强大优势，对之后的经济建设方式产生了巨大影响。

必须看到，土地改革解决了农村的土地问题、满足了农民的土地要求，建立起了个体农民的土地所有制。但是，这种生产技术十分落后、极度分散的小规模农民土地所有制和生产经营方式，与中国工业化和社会经济发展的矛盾越来越尖锐。土地改革改变了传统农业的所有制基础，并没有完成对传统农业的改造。进一步的改造任务已经提到中国共产党和人民政府面前。

五、稳定物价和统一财政经济

新中国成立初期，人民政府面临着严峻的经济挑战，国民党政府遗留下来的"烂摊子"需要认真治理，人民群众强烈的发展生产、改善生活的愿望需要不断满足，新政权形势下工商业健康发展需要得到保障。归结起来就是如何治理恶性通货膨胀、如何统一管理财政经济、如何合理调整工商业。这些挑战和问题都需要作出回答。令人欣喜的是刚刚建立起来的人民政权都交出了满意的答卷。

新中国是通过武装夺取政权而建立起来的，其中最著名的战略决战则是解放战争时期的"三大战役"（即辽沈战役、平津战役和淮海战役），它们奠定了中国共产党和中国人民胜利的基础。同样，从财政经济角度来说，新中国成立之初也经历了若干可以被称为奠基之作的大事，这就是：稳定物价、统一财政经济；实施统购统销；对个体农业、个体手工业和资本主义工商业实行社会主义改造。这被称为财政经济战线的"三大战役"，它们使新中国在经济上站稳了脚跟。

1. 治理恶性通货膨胀

物价上涨是经济秩序混乱和财政收支失衡的必然产物。1949 年至 1950 年初，全国物价先后出现了四次猛烈上涨，其中大城市最为剧烈。第一次物价猛烈上涨发生在 1949 年四五月的华北地区，由粮价上涨引发工业品价格上涨，其中天津上涨了近 1.2 倍；第二次物价猛烈上涨发生在 1949 年 7 月的上海及华北和华中，由粮价上涨引发其他商品价格上涨，一个多月间上海物价上涨 1.5 倍、天津物价上涨 2 倍；第三次物价猛烈上涨发生在 1949 年 11 月的新解放区西北、西南和华南地区，也是由粮食上涨引发，综合物价指数天津上涨 310.5%，上海上涨 326.2%；第四次物价猛烈上涨发生在 1950 年 2 月春节前后，主要城市物价大幅上涨，以 1949 年底为基期，重庆上涨 186%，西安上涨 132%，广州上涨 73%，天津上涨 83%，上海上涨 71%，武汉上涨 68%，沈阳上涨 57%。导致物价上涨的原因主要有：为了支援解放战争，财政出现大量赤字，货币发行过多；国民党统治时期长期恶性通货膨胀的影响；不法分子猖狂地进行投机倒把活动。

能否稳定物价关系到人民政府和国营经济能否取得市场领导权的问

题。为了尽量减轻物价剧烈波动给国家、人民带来的严重困难和损失，中国共产党和人民政府一方面积极领导发展城乡供销合作社、消费合作社，将人民必需的消费品通过合作社直接分下去，免除投机商人的中间盘剥，并开展折实存款，以保证人民群众的基本生活；另一方面针对囤积居奇、哄抬物价的投机活动，运用政权的力量，从物资、运输、金融、税收、价格等方面进行全面部署，于1949年11月展开了全国统一指挥、各方面配合的大"战役"，在主要城市集中抛售物资并进一步收缩银根。经过一系列艰苦的努力，很快将物价稳定下来，投机商人遭到致命打击，国营经济取得了商品市场的领导权。稳定物价工作终于在1950年3月胜利结束。

2. 统一财政经济

新中国成立初期，面临着无法想象的财政经济困难。首先是财政收入无法实现较大增长。在国民党政府统治期间，不仅修复抗日战争创伤的工作未能很好开展，而且由于国民党政府悍然挑起内战更严重地消耗了国民经济。摆在人民政府面前的国统区状况是：工农业生产一片萧条，交通运输遭到严重破坏，内外贸易基本停滞，物价飞涨和投机盛行，人民生活困苦不堪。对于新中国人民政府来说，要背负如此庞大的经济负担，没有财政收入的较快增长是很难做到的。而新中国政府的财政收入来源比较单一，主要以农业税为主，不可能大幅度增加，因而财政赤字规模很大。

其次是新中国人民政府财政支出不断加大。一是军费开支庞大。当时解放战争正在进行，许多地方还没有解放，因此人民政府必须支付巨大军费支持解放战争。1949年军费开支占财政收入的一半以上，1950年仍占41.1％。二是政费开支大增。随着全国的解放，人民政府接管了原来国民党政府留下来的政治、军事、经济、文教、卫生等机构，对旧政府工作人员采取了"包下来"的政策，到1950年3月全国吃财政饭的军政公教人员达到900万人。"包下来"的政策的确压力很大，但是不能变，毛泽东提出"三个人的饭五个人匀吃"①。三是国民经济恢复需要支出庞大资金。特别是恢复国营工矿企业、交通运输、能源水利等紧迫工程项目，都需要以政府为主进行投资。四是由于经济凋敝和自然灾害严重，城市社会失业严重、农村灾民很多，需要政府给予生活救济。

1949 年人民政府财政收入仅相当于 303 亿斤小米，而财政支出却达到 567 亿斤小米，财政赤字为 264 亿斤小米，主要靠超发人民币来解决。财政收入和财政支出的巨大缺口对人民政府是一个严峻的考验，走出这一困境的根本办法就是加强财政管理、实现财政平衡。此外，财政赤字较大还有一个诱因，即新中国成立初期全国的财政工作基本上是分散进行的，各个解放区没有实现财政经济统一布局，各有货币、各管收支，无疑也增加了中央人民政府的经济负担。为此，人民政府从财政、贸易、金融三个方面着手统一国家财政经济工作。

1950 年 3 月 3 日，中央人民政府政务院发布《关于统一国家财政经济工作的决定》。这项重大决策的主要内容为：一是统一全国财政收支。为了保证国家财政收支的主要部分集中到中央，用于国家的主要开支，建立起高度集中和统一管理的财政体制；地方、军队和企事业单位不得随意扩大开支。二是统一全国物资调拨。把粮食、纱布、工业器材等集中到中央，统一调节国内供求，组织对外贸易，控制市场；全国物资由中财委统一调度、合理使用，各地物资调度由贸易部统一指挥。三是统一全国现金管理。指定中国人民银行为国家现金调度的总机构并代理国库，在全国范围内迅速建立起人民银行的分支机构。一切军政机关、学校、团体和国营企业的现金，一律存入国家银行。

通过上述一系列有效措施的实施，不仅增加了财政收入，而且控制了

① 毛泽东. 毛泽东文集：第 5 卷. 北京：人民出版社，1996：335.

财政支出。当年 4 月全国财政收支已经接近平衡，物价走势也基本稳定下来。1950 年财政收支接近平衡，在当年全国财政收支概算中安排赤字为 18.7%，但到该年结束时财政赤字仅为 4.3%。毛泽东评价其意义不下于淮海战役，刘少奇也评价"这是除开人民解放军在前线上的胜利以外，中央人民政府成立以来为人民所做的一件最大的工作"①。

3. 合理调整工商业

1950 年 4 月以后全国出现了市场滞胀、需求不足局面。5 月主要产品产量与 1 月份相比，棉布减少 38%、绸缎减少 47%、卷烟减少 59%、烧碱减少 41%、普通纸减少 31%，私营工业生产减少、开工不足，私营商业则纷纷歇业或缩小规模，1950 年第二季度仅上海、北京、天津、武汉、广州、重庆、西安、济南、无锡、张家口 10 个城市中企业就开业了 5 903 家、歇业了 12 750 家，歇业户数多于开业户数为 6 847 家。"五月中旬全国各地工商业者都叫喊货卖不出去。"② 这种情况的出现有很多原因，国民党政府经济崩溃的滞后效应是重要原因，经济发展不合理和"统一财政经济"政策力度过大也是重要原因。如何解决城市私营工商业困难背后的公私关系、劳资关系、城乡关系不正常问题被摆到了人民政府面前。

早在 1949 年 4 月，毛泽东在与陶鲁笳等人谈话时就指出："我们的经济政策就是要处理好四面八方的关系，实行公私兼顾、劳资两利、城乡互助、内外交流的政策。"③ 针对出现的新问题，毛泽东在 1950 年 4 月 13 日的一次会议上提出："今后几个月内政府财经领导机关的工作重点，应当放在公营企业与私营企业以及公私企业各个部门的相互关系方面，极力克服无政府状态。根据共同纲领的规定，'在经营范围、原料供给、销售市

① 刘少奇. 刘少奇选集：下卷. 北京：人民出版社，1985：15.
② 陈云. 陈云文选：第 2 卷. 北京：人民出版社，1995：128.
③ 陶鲁笳. 毛主席教我们当省委书记. 北京：中央文献出版社，1996：128.

场、劳动条件、技术设备、财政政策、金融政策等方面，调剂各种社会经济成分在国营经济领导之下，分工合作、各得其所'必须充分实现，方有利于整个人民经济的恢复和发展。现在已经发生的这方面的某些混乱思想，必须澄清。"① 1950 年 6 月，他重申了上述任务。毛泽东等确定调整工商业由陈云领导中财委部署具体工作，目的就是发挥各方面的积极性。

合理调整工商业，是实现财政经济状况好转的重要条件。其基本精神是：在统筹兼顾的方针下，逐步消灭经济中的盲目性和无政府状态，切实改善公私关系、劳资关系和产销关系，使各种经济成分在社会主义经济领导下，分工合作，各得其所，以促进整个国民经济的恢复和发展。具体做法是：

第一，调整公私工商业关系和调整税收，在限制其消极面的同时发挥其积极作用。主要措施包括：一是扩大国家对私营工业的加工订货和收购包销；二是划分公私经营范围；三是调整价格政策；四是调整贷款政策，降低存贷利率，增加贷款；五是调整税负，减轻农业税，减少工商税税种和税目，降低税率。调整公私关系是"调整工商业"的主要内容，有利于发挥私营工商业的积极作用。

第二，调整劳资关系，在"发展生产、劳资两利"原则下，私营企业纷纷建立劳资协商会议，通过劳资协商订立集体合同。主要措施包括：一是劳资间的问题，采用协商办法解决；二是既要保障工人的利益，又要使资本家能获得合理利润，以利于恢复发展生产；三是"降低工资，劳资团结，渡过难关"。

第三，调整产销关系，通过召开系列全国性企业会议，公私代表共同协商，按照以销定产原则制定以产定销计划，合理分配生产任务。具体措

① 中国社会科学院，中央档案馆. 中华人民共和国经济档案资料选编：工商体制卷. 北京：中国社会科学出版社，1992：826.

施包括：一是对供过于求的行业，实行限额生产；二是国营、合作社、私营商业都应采取多种形式努力推销，扩大城乡交流；三是1950年下半年中央财经各部门召开了一系列专业会议，如粮食、食盐、煤炭、橡胶、毛麻、针织、进出口贸易等会议，公私代表坐到一起协商解决产销平衡问题。

调整工商业系列政策使私营经济很快摆脱了困境。从1950年秋开始，各地市场转入活跃，市场交易大幅度回升。1951年更是私营工商业发展很好的一年，全国私营工业总产值比1950年增长39%。它不仅帮助私营工商业渡过了因市场急剧波动造成的困难，繁荣了整个经济，而且由于采取了有计划的加工、订货、统购、包销，使国家掌握了更多的工业品，用以调剂市场、稳定物价，满足农民对生产资料和生活资料的需要，在一定程度上把它们纳入国家计划的轨道，从而使国营经济的领导地位更加巩固，促进了全国财政经济状况的根本好转。

4. "三反""五反"斗争

"三反""五反"斗争是新中国继抗美援朝、土地改革和镇压反革命三大运动之后开展的又一次群众性的社会改革运动。对于中国共产党和人民政府来说，能不能保持光荣的革命传统，坚持坚定的反腐倡廉，抵制不良习气的腐蚀干扰，决定着党的执政地位和执政效果。早在中共七届二中全会上，毛泽东就告诫全党在夺取全国政权后，要继续保持艰苦奋斗的作风，警惕糖衣炮弹的进攻。1951年11月，中共东北局和华北局分别向中央报告了一些干部贪污浪费的事例，特别是华北天津地委刘青山、张子善严重贪污的事例，这引起了毛泽东、党中央的高度重视。1951年12月1日，《中共中央关于实行精兵简政、增产节约、反对贪污、反对浪费和反对官僚主义的决定》发布，指出进城两三年来，严重的贪污案件不断发生，必须彻底揭露一切大中小贪污事件，开展"三反"斗争。通过充分发动群众，发扬民主，形成了新中国成立以来声势浩大的廉政运动。运动查出犯有贪污罪或多吃多占、占公家便宜错误者120万人，其中受刑事处分者占3.64%，受行政处分者占20.8%，免予处分者占75.56%，42名贪污犯罪者被枪毙。

"三反"斗争牵出了一些不法资产阶级的各种违法活动。1952年1月26日，《中共中央关于首先在大中城市开展"五反"斗争的指示》发布，要求配合"三反"斗争，依靠工人阶级、团结守法的资产阶级及其他市民，向违法的资产阶级开展一个大规模的坚决的彻底的反对行贿、反对偷税漏税、反对盗骗国家财产、反对偷工减料和反对盗窃国家经济情报的斗争。"五反"斗争始终贯彻了党的"五反"、生产两不误政策，按照"既有利于清除资产阶级的'五毒'，又有利于团结资产阶级发展生产和营业"①的原则，将私营工商户分为守法户、基本守法户、半守法半违法户、严重违法户和完全违法户五类，分别采取不同的办法进行处理。对于绝大多数资本家的违法所得的退财补税，一般在核算上和期限上也采取了从宽处理的原则。

1952年4月，中央人民政府公布了《中华人民共和国惩治贪污条例》，这个条例对惩治贪污腐败提供了重要的法律依据。至1952年10月，"三反""五反"斗争基本结束。"三反""五反"斗争对于新中国成立初期党的组织建设和纪律建设，对于在广大干部群众中倡导廉洁奉公、惩治贪污腐败，对于在整个社会中形成反腐倡廉的良好风气，都发挥了十分重要的作用。

---

① 中共中央文献研究室.建国以来重要文献选编：第3册.北京：中央文献出版社，1992：184.

六、全面恢复国民经济

用什么样的速度恢复国民经济，这是对新生人民政权的极大考验。战后各国都面临着同样的恢复国民经济的任务，中国则又因为抗美援朝战争的爆发，增加了恢复国民经济的困难。在这种情况下，一面调动各种资源全力满足抗美援朝战争的需要，一面克服千难万险努力恢复国民经济，其压力和难度是我们今天所无法想象的。毛泽东提出并经中共中央确定实行"三年准备，十年建设"方针，按照"巩固国防、稳定物价、全面恢复"的经济工作总方针，进行了三年的艰苦奋斗。中国人民终于全面恢复了国民经济，为即将开展的大规模社会主义工业化建设准备了良好的条件。

1. 全面恢复国民经济运行

在新中国成立前后，我们"建立经济工作的领导机构，着手统一全国财经管理，努力制止持续多年的通货膨胀，实现社会经济稳定。这是我们党从推翻国民党的政权到掌握全国政权过程中所面临的新课题，也是对我们党执政能力的一次考验"[1]。在1949—1952年，全面恢复国民经济运行，按照"公私兼顾、劳资两利、城乡互助、内外交流"基本方针，各项经济建设与发展事业逐渐恢复，各类所有制企业相继恢复生产，新创办的企业大量涌现，尤其是国营经济企业的恢复发展更快。

旧中国没有为新中国留下可观的经济遗产。到1949年10月新中国成立时，我国钢铁工业只有7座高炉、12座平炉、22座小电炉，钢铁生产能力降到最低；发电设备总数仅剩114.6万千瓦左右，许多企业生产用电和城市生活用电无法保障；铁路通车里程仅仅维持在1.1万公里，全国铁路处于半

---

[1] 薄一波. 若干重大决策与事件的回顾（上）. 北京：中共中央党校出版社，2008：48.

瘫痪状态。全国全部工业固定资产仅仅为 124 亿元。在三年恢复时期，国家投入预算内基建投资 66.3 亿元，约占同期国家财政收入的 17.7%；此外，地方自筹资金 12.1 亿元。按当时比价，仅预算内基建拨款就相当于 4 639 万两黄金或 33.1 亿元银元。三年新增固定资产 59 亿元，社会总产值由 1949 年的 557 亿元增至 1952 年的 1 015 亿元，增长 82%。[①]

三年投资主要方向为兴修水利、恢复交通运输和恢复工业生产。其中工业固定资产由 1949 年的 128 亿元增加到 1952 年的 158 亿元，三年增加的工业固定资产相当于旧中国近百年积累的工业固定资产的 25%。在投资比例和重点上也较好地体现了恢复国民经济的任务要求，工业尤其是重工业是首要的投资重点，农业特别是水利建设是投资重点。1952 年的工业投资占总投资的 38.8%，其中重工业占 29.5%，轻工业占 9.3%；农业投资占总投资的 13.4%，其中水利投资占 9.4%。这样的投资结果是十分明显的：一是重工业得到迅速恢复，投资重点就是恢复建设一批能源项目，如鹤岗、辽源、阜新等主要煤矿基地，抚顺电厂、小丰满电厂等电力企业，鞍钢、抚顺铝厂等原材料工业项目；恢复建设沈阳冶炼厂、葫芦岛锌厂等东北有色金属工业基地；恢复建设华东地区的铜官山冶炼厂和新建上海冶炼厂，逐步形成华东铜生产基地；中南地区恢复建设一批钨矿；西南地区恢复建设重庆冶炼厂、昆明冶炼厂和云南锡业公司等；开始开采新疆可可托海稀有金属矿石。二是轻纺工业得到恢复发展，其中投资 3.5 亿元主要用于建设咸阳、邯郸、武汉三地三个新棉纺织厂，总规模为 15.88 万锭、2 592 台织机；建设设备先进的经纬纺织机械厂和沈阳、郑州纺织机械厂和哈尔滨亚麻纺织厂；在新疆、湖南、河北、浙江等省（区）安排一批棉纺织和黄麻纺织项目。三是城市经济恢复和城市建设取得显著成

---

① 曾培炎. 中国投资建设 50 年. 北京：中国计划出版社，1999：1，2，47.

效，中央财经委员会1952年召开了第一次城市建设工作会议，会议确定：从中央到地方建立健全城市建设管理机构；开展城市规划，有计划、有步骤地进行城市建设；划定建设范围，包括自来水、煤气、电车、公共汽车、轮渡、排水、公园绿地、防洪、桥梁等；结合国家经济建设重点，按照城市性质与工业建设比重，对城市分类排队建设等。到1952年底，全国有设市城市157个，城市化水平达到12.5%。[①]

　　具体而言，第一，工农业总产值大幅度增长。1952年工农业总产值达810亿元，比1949年增长73.8%；按照1952年不变价格计算，比新中国成立前最高水平的1936年增长20%。其中，工业总产值达到349亿元，比1949年增长145.1%，年均增长34.8%；农业总产值达到483.9亿元，比1949年增长48.4%，年均增长14.1%。第二，国民收入和财政收入显著增长。按可比价格计算，1952年国民收入比1949年增长69.8%；财政总收入1950—1952年达到361.07亿元，财政总支出为362.19亿元，1952年财政收入比1950年增长181.7%，连续两年收大于支，并且实现略有结余。第三，五种经济成分在国民经济中所占比重有明显变化。国营经济比重大幅度提升，国营工业在整个工业中所占比重，从1949年的34.7%升至1952年的56%，国营工业总产值年均增长57%；国营商业在全社会商品批发总额中所占比重，从1950年的23.2%升至1952年的60.5%。第四，现代工业得到较大发展。在工业总产值中，1952年现代工业产值达220.5亿元，年均增长40.7%。农轻重的比例发生较大变化，1949年为69.9∶22.1∶8.0，1952年则为58.5∶26.7∶14.8；同期在工业结构中，轻工业比重由73.4%降至64.3%，重工业比重则由26.6%增至35.7%。

---

① 曾培炎. 中国投资建设50年. 北京：中国计划出版社，1999：48-50.

2. 全面恢复工农业生产

日本帝国主义的长期军事侵略和殖民掠夺以及国民党政府悍然挑起内战的破坏，使中国工农业生产都受到严重影响。1949 年主要农产品产量与抗战前最高年产量相比，粮食下降 24.5%，棉花下降 47.7%，花生、油菜籽和芝麻三大油料作物合计下降 61.6%，黄红麻下降 66.1%，桑蚕茧、柞蚕茧分别减少 86% 和 87.2%，茶叶下降 81.8%[①]；大牲畜存栏数减少 16.1%，生猪减少 26.5%，羊只减少 32.3%，家禽减少 42%，水产品下降 70%。[②] 工业遭受战争的破坏更为严重，几乎所有工业到 1949 年都滑到了历史低点。与历史最高年产量相比，原煤产量下降 48.4%，原油产量下降 22.5%，发电量下降 28.3%，钢产量下降 82.9%，生铁产量下降 86.1%，水泥产量下降 71.2%，平板玻璃产量下降 16.3%，硫酸产量下降 77.8%，纯碱产量下降 14.6%，金属切削机床产量下降 70.4%，纱产量下降 26.5%，布产量下降 32.3%，原盐产量下降 23.7%，糖产量下降 51.2%，卷烟产量下降 22.2%。[③]

第一，农业生产的恢复与发展事关国家的稳定与发展，是人民政府最重要的经济工作内容。通过土地改革从根本上解决了束缚农业生产发展的封建剥削制度，通过提倡农业合作组织增强了农业生产克服各种发展困难的能力，通过兴修水利、开垦荒地等措施从农田基本建设方面增强了农业发展潜力并组织大量劳动力投入农田基本建设，通过发放农业贷款等帮助农民克服了暂时经济困难，通过促进城乡商品交流活跃了农村经济。到 1952 年，全国农业生产基本恢复到历史最高水平，主要农产品产量如粮食、棉花、糖料、黄红麻、烤烟等都超过了历史最高水平，其中粮食超出

---

① 朱荣. 当代中国的农业. 北京：当代中国出版社，1992：50.

② 徐矾，李易方. 当代中国的畜牧业. 北京：当代中国出版社，1991：22.

③ 国家统计局. 中国统计年鉴（1984）. 北京：中国统计出版社，1984：249.

9.3%，棉花超出 53.6%。

第二，到 1952 年底，伴随着整个工业恢复与发展目标的完成，主要工业产品产量均已超过历史最高水平（见表 1-1）。

表 1-1　　　　　1950—1952 年主要工业产品恢复发展情况①

产品名称	单位	1950 年	1951 年	1952 年	1952 年为1949 年产量的百分比（%）	1952 年为新中国成立前最高产量的百分比（%）
纱	万吨	43.7	48.7	65.6	200.6	147.10
布	亿米	25.2	30.6	38.3	202.6	137.30
火柴	万箱	613.6	754.7	909.9	135.6	105.90
原盐	万吨	246.4	434.6	494.1	165.4	126.30
糖	万吨	24.2	30.0	45.1	225.5	109.80
卷烟	万箱	184.8	200.2	265.0	164.4	112.30
机制纸	万吨	14.0	24.0	37.0	344.4	106.50
原煤	亿吨	0.43	0.53	0.66	206.2	106.55
原油	万吨	20.0	30.0	43.6	363.6	137.50
发电量	亿千瓦时	45.5	57.5	72.6	168.8	121.70
钢	万吨	60.6	89.6	134.9	853.7	146.30
生铁	万吨	97.8	144.8	192.9	771.6	107.20
成品钢材	万吨	40.9	66.9	112.9	806.4	191.20
水泥	万吨	141.0	240.0	286.0	433.3	124.90
平板玻璃	万箱	135.0	181.0	213.0	197.2	165.10
硫酸	万吨	4.9	14.9	19.0	474.9	105.60
纯酸	万吨	16.0	18.5	19.2	218.1	186.40
烧碱	万吨	2.3	4.8	7.9	526.6	658.30
切削机床	万台	0.3	0.6	1.37	856.2	253.70

第三，交通运输、邮电通信、水利设施都得到恢复和发展，尤其是交通运输的恢复与发展更是十分迅速。铁路的修复对于确保经济大动脉畅通至关重要，1949 年修复铁路 8 300 公里，桥梁 2 715 座。到 1950 年底，修

————————

① 国家统计局.中国统计年鉴（1984）.北京：中国统计出版社，1984：220-226，249.

复铁路已达 14 089 公里，基本保证了铁路畅通。到 1952 年底，在修复原有铁路线基础上，新建来睦线（广西来宾至睦南关）、成渝线（成都至重庆）、天兰线（甘肃天水至兰州）三条铁路，全国通车里程达 24 578 公里。铁路货物周转量大幅度提高，达到 601 亿吨公里，超过历史最高水平 50%。公路运输面貌也大为改观，三年间抢修恢复近 14 000 公里，改建 8 000 公里，新建 1 700 多公里，全国公路通车里程从 1949 年底的 8.07 万公里增至 1952 年底的 13 万公里。国有汽车完成货运 420 余万吨、货物周转量 2.7 亿吨、客运 4 100 余万人、旅客周转率 11 亿人公里，分别比 1949 年提高 180%、126%、92% 和 65%。[①]

3. 全面恢复商业和贸易

全面恢复商业和贸易对于新中国内外商品交流和国内市场活跃具有重要意义，而商业和贸易的恢复对于工农业生产和人民生活也具有积极的推动作用。1950 年全社会商品零售总额为 170.56 亿元，1951 年增至 208.84 亿元，1952 年更增至 246.88 亿元，三年间，商业社会总产值由 1949 年的 68 亿元增至 1952 年的 113 亿元，增长 66.2%；商业上缴国家财政收入也由 1950 年的 10.7 亿元增至 1952 年的 41.73 亿元。由于城乡商业的恢复与发展，商业对农副产品的采购量明显增加，由 1950 年的 80 亿元增至 1952 年的 129.7 亿元，增长 62.1%；农民净货币收入由 1949 年的 68.5 亿元增至 1952 年的 127 亿元，增长 85.4%，农民购买力提高近 80%。[②] 随着商业的恢复与发展，国营商业企业从 1950 年的 7 638 个增加到 1952 年的 31 444 个，农村供销合作社从 1949 年的 20 133 个增加到 1952 年的 32 788 个。与此同时，比较稳定的物资储备制度开始建立，1952 年不含

① 武力. 中华人民共和国经济史：增订版上卷. 北京：中国时代经济出版社，2010：158.
② 董志凯.1949—1952 国民经济分析. 北京：中国社会科学出版社，1996：181-182.

国家储备和出口储备，主要物资如原煤储备达 1 703.1 万吨，生铁达 30.5 万吨，钢材达 68.9 万吨，木材达 654.5 万立方米，水泥达 44.6 万吨①，储备数量和规模都已比较可观。

虽然由于朝鲜战争的爆发，对资本主义国家的贸易出现明显下滑，但是对社会主义国家的贸易则大幅增长。1950—1952 年我国进出口贸易总额分别为 11.3 亿美元、19.6 亿美元和 19.4 亿美元，其中出口分别为 5.5 亿美元、7.6 亿美元和 8.2 亿美元，进口分别为 5.8 亿美元、12 亿美元和 11.2 亿美元。导致这一时期对外贸易"入超"的原因，一是中国主要出口商品是初级产品，在对外贸易中处于不利地位，例如 1950 年出口产品中初级产品占 90.7%，1952 年仍占 82.2%；二是中国恢复和发展国民经济需要进口大量工业制品特别是机器设备等，不得不增加进口。

4. 扩大就业和改善人民生活

中国共产党和人民政府的根本宗旨就是为人民服务。这在国民经济恢复时期的各项政策中表现得尤为突出，因而确保了全面恢复和改善人民生活取得显著的成效。

第一，广大农民生活水平明显提高。尤其是随着土地改革顺利完成，绝大多数贫苦农民无偿获得了大量土地，免除了向封建地主缴纳的地租剥削，生活水平显著提高，绝大部分地区基本解决了温饱问题。农业人口人均社会商品零售额由 1950 年的 21.7 元升至 1952 年的 30.7 元；1952 年农村居民人均消费粮食 192 公斤、食用植物油 1.7 公斤、食糖 0.6 公斤、肉类 5.5 公斤、棉布 4.6 米。

第二，针对 1949 年城市存在大量失业人口的状况，人民政府通过努力恢复生产，不断增加城市就业工作。据不完全统计，从 1950 年 7 月到

---

① 武力. 中华人民共和国经济史：增订版上卷. 北京：中国时代经济出版社，2010：145.

1953 年底，全国以工代赈达 280 万人次，领取失业救济金 460 余万人次，到 1951 年底有 220 万失业人员实现重新就业。从 1949 年至 1952 年，全国职工人数由 809 万人增至 1 603 万人，增长 98.1%；职工工资增长 60%～120%，年人均货币工资达 446 元。另据国家统计局研究，1951 年工人实际工资已达到旧中国的最高水平（1936 年）。在 1952 年全国工资改革中，国家机关工作人员和文教卫生领域工作人员工资提高 15% 全 31% 不等，提升了城市人口的购买力。此外，《共同纲领》明确规定了"公私企业目前一般应实行八小时至十小时的工作制"[①]，1951 年 2 月政务院颁布了《中华人民共和国劳动保险条例》等确保劳动者权益的法规。

第三，人民政府在保障人民生活水平方面还规定了最低工资水平，继续遵循 1948 年 8 月在《关于工资问题给东北局的指示》中确定的"最低工资应保证维持连本人在内两个人的生活"，并不断根据生产发展水平逐步提高最低工资水平。这就促进了城乡居民消费水平和消费结构的提升。1952 年全国居民人均消费水平为 76 元，其中农业居民 62 元，城镇居民 148 元；城镇居民储蓄存款余额为 8.8 亿元，人均储蓄 12 元。

第四，教育卫生事业发展迅速，各级各类在校生人数大幅提高，由 1949 年占人口总数的 4.76% 猛增至 1952 年的 9.47%，其中每万人中的中学生由 23 人增至 55 人，小学生由 450 人增至 889 人。政府还大规模开展业余教育和扫盲活动，受益人数众多。人民群众的医疗卫生水平更是可以从医疗卫生机构数量的激增中看得很清楚。各级各类卫生机构从 1949 年的 3 670 个增至 1952 年的 38 987 个，其中尤其是以服务基层群众的门诊部（所）的增速为最快，从 769 个增至 29 050 个。针对威胁我国人民健康的天花、鼠疫、霍乱等传染病，国家确定卫生工作的重点是做好积极的

---

① 中共中央文献研究室，中央档案馆. 建党以来重要文献选编（1921—1949）：第 26 册. 北京：中央文献出版社，2011：764.

预防，成立中国药品生物制品检定所，并在六大行政区建立北京、上海、长春、兰州、武汉、成都生物制品研究所，大量生产疫苗。

第二节　过渡时期总路线和有计划的经济建设

从 1953 年开始，在中国共产党过渡时期总路线的指引下，大规模、有计划的社会主义改造和社会主义建设同时推进。在经济关系变革方面，相继开展了轰轰烈烈的社会主义改造运动，迅速建立起了以公有制为主体的社会主义基本经济制度；在经济建设方面，围绕"一五"计划和"156项工程"开展了前所未有的社会主义工业化建设，初步建立起了比较完整的国民经济体系和工业体系。与此同时，开始积极探索中国社会主义建设道路并取得了初步成效。

一、过渡时期总路线的提出

在中国建立社会主义制度并发展社会主义经济，是中国共产党的奋斗目标。在中国建立社会主义制度不能照搬苏联的模式，必须经过新民主主义革命和建设阶段，再进入社会主义革命和建设阶段，这是中国共产党领导中国革命的"两步走"战略。[①] 新中国成立之后特别是在国民经济恢复时期结束之后，向社会主义转变就提到了党和国家的议事日程上。

面对满目疮痍的经受长期战争破坏的国民经济，中国共产党最早对医治战争创伤、恢复国民经济作了比较长时期的安排。当时包括毛泽东在内

---

① 毛泽东. 毛泽东选集：第 2 卷. 北京：人民出版社，1991：666 - 685. 中国共产党七届二中全会确定了"两步走"的理论. 毛泽东. 毛泽东选集：第 4 卷. 北京：人民出版社，1991：1424 - 1439.

的党和国家领导人都认为，新中国成立后的首要任务还不是立即转变为社会主义社会，而是迅速地恢复和发展国民经济，开始大规模的国家工业化建设，使新民主主义的政治、经济、文化形态有相当程度的发展，为中国稳步地由农业国转变为工业国，由新民主主义国家转变为社会主义国家奠定基础。1950 年毛泽东还认为"在各种条件具备了以后，在全国人民考虑成熟并在大家同意了以后，就可以从容地和妥善地走进社会主义的新时期"①。1951 年 2 月他又提出"三年准备、十年计划经济建设"的设想。可见，这时还没有明确提出向社会主义经济过渡的问题。

1952 年 9 月 24 日，毛泽东在中央书记处会议上首次提出："我们现在就要开始用十年到十五年的时间基本上完成到社会主义的过渡，而不是十年或者以后才开始过渡。"② 这说明毛泽东关于中国向社会主义过渡的思想发生了变化，他的建议为中共中央书记处所接受。10 月，毛泽东委托刘少奇就中国向社会主义过渡问题在赴苏联参加苏共十九大时征求斯大林的意见，刘少奇比较详细地书面介绍了中国共产党的战略设想、时间安排和过渡路径，斯大林表示赞成。③ 1953 年 2 月，毛泽东在外出考察过程中通过与地方负责人谈话了解农业合作社的情况后，认为"多数农民是愿意走社会主义道路的，因为这是一条由穷变富的道路，关键是我们领导采取什么态度"，并逐步形成了"农业不先搞机械化，也能实现合作化，中国不一定仿照苏联的做法"的思想。④ 他在武汉与中共中南局负责人谈话时提出："新民主主义是向社会主义过渡的阶段。在这个过渡阶段，要对私人工商业、手工业、农业进行社会主义改造。""国家实现对农业、手工业和私营工商业的社会主义改造，从现在起大约需要三个五年计划的时

---

① 毛泽东.毛泽东文集：第 6 卷.北京：人民出版社，1999：80.
② 中共中央党史和文献研究院.毛泽东年谱：第 4 卷.北京：中央文献出版社，2023：603.
③ 中共中央文献研究室.毛泽东传：第 3 册.北京：中央文献出版社，2011：1204 - 1206.
④ 中共中央党史和文献研究院.毛泽东年谱：第 5 卷.北京：中央文献出版社，2023：29.

间，这是和逐步实现国家工业化同时进行的。"他还谈到了具体改造的途径问题："个体农业，要用合作社和国营农场去代替，手工业要用现代工业去代替。""对民族资产阶级，可以采取赎买的办法。"①

1953 年 6 月 15 日，毛泽东在中央政治局会议上首次比较完整地阐述了过渡时期总路线。他指出："从中华人民共和国成立，到社会主义改造基本完成，这是一个过渡时期。党在过渡时期的总路线和总任务，是要在十年到十五年或者更多一些时间内，基本上完成国家工业化和对农业、手工业、资本主义工商业的社会主义改造。"他强调说："党在过渡时期的总路线是照耀我们各项工作的灯塔。不要脱离这条总路线，脱离了就要发生'左'倾和右倾的错误。"他认为在过渡问题上发生急躁情绪就要犯"左"倾错误，而在当时仍然坚持"确立新民主主义社会秩序"、"由新民主主义走向社会主义"和"确保私有财产"则是右倾错误，认为"我们提出逐步过渡到社会主义，这比较好"。为了向全党和全国人民解释宣传过渡时期总路线，毛泽东还主持编写了《为动员一切力量把我国建设成为一个伟大的社会主义国家而斗争——关于党在过渡时期总路线的学习和宣传提纲》。该提纲于 1953 年 12 月公开出版发行，成为对过渡时期总路线的权威解释。由此，在全国掀起了学习过渡时期总路线的热潮。1953 年底，过渡时期总路线的完整表述最终确定下来：从中华人民共和国成立，到社会主义改造基本完成，这是一个过渡时期。党在这个过渡时期的总路线和总任务，是要在一个相当长的时期内，逐步实现国家的社会主义工业化，并逐步实现国家对农业、手工业和资本主义工商业的社会主义改造。这条总路线是照耀我们各项工作的灯塔，各项工作离开它，就要犯右倾或"左"倾的错误。1954 年 9 月，过渡时期总路线被写入第一届全国人民代表大会

---

① 中共中央党史和文献研究院.毛泽东年谱：第 5 卷.北京：中央文献出版社，2023：31 - 32，33.

通过的《中华人民共和国宪法》。

过渡时期总路线的提出，标志着中国共产党对新民主主义和社会主义的认识发生了重大转变，党的指导思想和政策基础开始从实行以《共同纲领》为纲领的新民主主义经济制度转向实行以过渡时期总路线为纲领的社会主义经济制度，新民主主义经济制度和经济体制不再是一个相对稳定的经济制度和经济体制，以逐步改造各种非公有制经济、消灭私有制为主要内容的社会主义改造提上了议事日程。

1955 年 3 月，中国共产党全国代表会议在北京召开，毛泽东在会议开幕词中向全党提出了要在大约三个五年计划内实现过渡时期总路线中提出的总任务，在大约几十年内把我国建设成为一个强大的高度社会主义工业化的国家的宏伟目标。他指出："我们现在是处在新的历史时期。一个六万万人口的东方国家举行社会主义革命，要在这个国家里改变历史方向和国家面貌，要在大约三个五年计划期间内使国家基本上工业化，并且要对农业、手工业和资本主义工商业完成社会主义改造，要在大约几十年内追上或赶过世界上最强大的资本主义国家，这是决不会不遇到困难的，如同我们在民主革命时期所曾经遇到过的许多困难那样，也许还会要遇到比过去更大的困难。但是，同志们，我们共产党人是以不怕困难著名的。我们在战术上必须重视一切困难。对于每一个具体的困难，我们都要采取认真对待的态度，创造必要的条件，讲究对付的方法，一个一个地、一批一批地将它们克服下去。"[1] 这种高瞻远瞩的视野和铿锵有力的态度，充分体现了中国共产党人推进中国向社会主义过渡的伟大自信。

---

[1] 毛泽东. 毛泽东文集：第 6 卷. 北京：人民出版社，1999：392－393.

二、计划经济体制的建立

在传统社会主义政治经济学中，社会主义是计划经济这一点是不容置疑的原则，这主要是源于苏联社会主义建设的经验。

1. 计划经济体制的理论基础

早在苏联开始进行社会主义建设时，列宁就根据苏联国情创造性地发展了马克思主义，为社会主义计划经济准备了理论基础。苏联国家工业化和计划经济体制存在的根本理论依据主要有以下几个方面：

第一，社会主义工业化是在计划经济条件下进行的，它克服了生产资料私有制基础之上资本主义工业化的不可克服的内在矛盾。列宁在谈到国家对整个国民经济进行集中领导时，提出要"组织计算，监督各大企业，把全部国家经济机构变成一架大机器，变成一个使亿万人都遵照一个计划工作的经济机体"①。科学的计划是经常自觉保持平衡的计划，是使国民经济较快发展的计划。实际上，社会主义工业化与资本主义工业化的显著不同点之一，就是发展进程的计划性。社会主义工业化的计划性，是使它优于资本主义工业化的基本因素。

第二，社会主义工业化必须首先确保生产资料优先增长。列宁在论述建立社会主义大工业时，十分强调生产资料优先增长的理论。在他看来，这不仅符合马克思关于社会再生产的一般原理，而且更适用于社会主义比较落后的物质技术基础及迅速发展社会生产力的要求。生产资料优先增长根本体现为重工业的优先发展，特别是最基本重工业部门的优先增长。十月革命后，列宁尖锐地指出："不挽救重工业，不恢复重工业，我们就不

---

① 列宁. 列宁选集：第3卷.3版. 北京：人民出版社，2012：437.

能建成任何工业，而没有工业，我们就会灭亡，而不能成为独立国家。"①
"'重工业'，是社会主义的主要基础。"② 但是，重工业不能脱离农业和轻
工业而孤立发展，重工业即生产资料的生产归根到底是为发展消费资料服
务的。列宁指出："社会产品的第Ⅰ部类（生产资料的生产）能够而且应
当比第Ⅱ部类（消费品的生产）发展得快。但是决不能由此得出结论说，
生产资料的生产可以完全不依赖消费品的生产而发展，也不能说二者毫无
联系。……生产消费（生产资料的消费）归根到底总是同个人消费联系
着，总是以个人消费为转移的。"③ 总之，苏联社会主义工业化道路的核
心思想——优先发展重工业，是列宁最早提出并付诸实施的。

第三，社会主义工业化只能主要依靠甚至完全依靠国内积累或内部积
累，不能像资本主义国家那样掠夺和剥削他国人民。社会主义原则决定了
社会主义国家工业化积累资金的方式和途径与资本主义工业化根本不同，
既不能靠剥削本国人民、增加人民的经济负担来进行积累，也不能靠对外
扩张、掠夺他国财富来进行积累，只能靠"内部积累"，即靠各行各业、
全体人民的"厉行节约"。在一定时期内，农民所作出的贡献将会更大一
些。为此，列宁积极提倡开展劳动竞赛，指出在劳动群众中蕴藏着巨大的
力量，苏维埃政权的工作就是为这些力量的发挥扫清道路。当然，社会主
义工业化的内部积累并不完全排除利用资本主义国家的资金、技术和经验，
列宁提出的租让制和合营企业就是利用资本主义国家经济力量的最早尝试。
他曾经写下这样一个公式："苏维埃政权＋普鲁士的铁路管理制度＋美国
的技术和托拉斯组织＋美国的国民教育等等等等＋＋＝总和＝社会主
义"④。社会主义就是集人类文明于一体的社会制度。

---

① 列宁. 列宁全集: 第43卷. 2版. 北京: 人民出版社, 2017: 286.
② 同①215.
③ 列宁. 列宁全集: 第4卷. 3版. 北京: 人民出版社, 2013: 44.
④ 列宁. 列宁文稿: 第3卷. 北京: 人民出版社, 1978: 94.

2. 建立计划经济体制

新中国与苏联的国情有很大不同，中国不可能完全照搬苏联模式。但是，中国的计划经济体制还是学习和借鉴了苏联计划经济的许多做法。正如李富春所说：新中国"开始了有计划的国民经济建设"。我们最主要的任务"就是有计划地发展我国的社会主义工业，促进农业和手工业的合作化，使我国由落后的农业国变为社会主义的工业—农业国。只有实现国民经济计划化和正确指导全国经济的发展，才能完成这些复杂而巨大的任务"[①]。为此，我们主要学习和借鉴了苏联的计划经济模式，在我国建立起了高度集中统一的计划经济体制。

新中国经济建设是在国家的组织领导和管理下有计划地进行的。国家通过一定的组织系统，采取适当的管理方式对生产、流通、分配和消费过程进行指导、协调和监督，从而形成一套计划管理体制，直接指挥并制约着国民经济的发展。尤其是在国民经济恢复时期，国家将一切重要的经济权力都集中到中央，把全国的财政收支、物资调度、现金管理等都集中统一管理起来，这对于国家财政经济状况的根本好转起了重要作用。1950年3月政务院通过了《关于统一国家财政经济工作的决定》，此后又陆续发布了《关于决算制度、预算审核、投资的施工计划和货币管理的决定》《基本建设工作暂行办法》《货币管理实施办法》等，形成了初具规模和比较成形的计划经济体制和投资管理体制。中央人民政府政务院财经委员会在陈云的领导下，为恢复国民经济作了大量卓有成效的工作，特别是突出了计划引领的积极作用。1950年8月下旬，中财委召开计划会议，讨论编制1951年计划和三年奋斗目标，提出当时的主要任务是搞好经济调整和恢复，为将来大规模经济建设做好准备。1951年11月下旬，中财委召

---

① 李富春. 李富春选集. 北京：中国计划出版社，1992：109.

开全国计划会议，提出当时基本建设的投资重点是重工业、铁路和水利，并对 1952 年 29 种主要工业产品生产控制数字进行了安排，对提高国营工业比重进行了规划。

在进行国家工业化建设中，为了更好地发挥这种制度和体制优势，进一步学习和借鉴苏联经验，推动集中统一领导的计划管理体制逐步完备，党和政府建立起了从上到下垂直领导的计划管理机构，直接计划管理的范围不断扩大，包括生产、投资、物资、劳动工资等方面的管理权日趋集中。在国民经济恢复时期建立起来的集中统一管理投资体制，主要特征体现为四个统一：一是统一基本建设投资计划管理制度；二是统一建设项目管理制度；三是统一基本建设资金拨付与管理制度；四是统一基本建设投资管理机构。

1952 年 11 月，为了更好地指挥和领导大规模计划经济建设，中央人民政府成立了国家计划委员会。由高岗担任主席，邓子恢担任副主席，陈云、彭德怀、林彪、邓小平、饶漱石、薄一波、彭真、李富春、习仲勋、黄克诚、刘澜涛等担任计委委员，并从全国调集一批熟悉经济工作的干部充实到该机构中。当时国家计划委员会是一个具有很高集中统一领导职能的政府机构，直接隶属中央人民政府，与当时的政务院平级，并各有分工。国家计委的主要职能和任务就是制定国民经济发展的年度计划和中长期规划。

1954 年 2 月，中共中央发出《关于建立与充实各级计划机构的指示》，明确要求中央人民政府所属各经济部门和文教部门，必须建立和健全计划机构，并把计划机构逐级建立到基层工作部门和基层企业单位。这些计划机构在业务上与国家计委的有关各局建立经常密切的联系。各大区行政委员会、各省（市）、省属市及县（旗）人民政府，应设立计划委员会，各级计划委员会在业务上同时受上级计划机关及国家计委的指导。例如，从投资管理体制来看，"一五"时期基本确立了高度集中的管理体制，基本建设投资由国家计划部门统一安排，直接负责决策相关投资规模、投资结构、投资布局、项目安排等事宜，企业和建设单位只是国家计划的执行者；国家计划管理主要通过指标控制来实现，各部门、各地区必须严格执行计划指标，无权增减调整指标；所有建设资金由国家财政统收统支、无偿划拨使用。这种投资管理体制的基本特征包括如下几点：一是国家计划部门集中了投资决策权和管理权；二是确立了投资要素中央统一调配制度；三是强化了建设资金统一拨付与管理制度；四是形成了重点建设制度以确保包括"156项工程"等顺利完成；五是加强了基本建设计划管理机构和项目管理制度。① 总之，随着"一五"计划的完成，我国高度集中统一的计划经济体制也建立起来。

事实上，最早的计划经济体制是在东北解放区开始建立的。1949年东北解放区就已经制定了比较详尽的经济计划，开始进行大规模计划建设了。在东北解放区的国营工业企业和铁路部门，学习和借鉴苏联的企业管理方式和计划管理方法，计划管理已经得到比较普遍的推广。新中国成立后，国家大力推动企业进行民主改革，并学习和借鉴苏联工业管理和企业管理体制，在国营企业中建立起了一套与苏联管理体制类似的管理体制。1953年开始执行第一个五年计划，我国国民经济管理体制更是学习和借鉴了苏联模式，形成了高度集中的经济管理体制。到1956年底，随着社会主义改造的基本完成，逐步形成了以指令性计划为主、指导性计划为辅的计划经济体制。

我国计划经济体制的形成，既有源于中国自己实践经验的总结和提炼，也有来自国外成功发展经验的借鉴和尝试。例如，在农业、财政、金

---

① 曾培炎. 中国投资建设50年. 北京：中国计划出版社，1999：222-224.

融、物价等领域形成的宏观管理体制，则主要来自中国自己经验的总结，具有明显的中国特色；而在工业交通、基本建设、物资管理、劳动工资等领域形成的部门管理体制，则主要是学习和借鉴苏联经济建设的经验与做法。在学习和借鉴苏联经验的过程中，中国共产党还是保持着清醒的认识，那就是一定要从中国的实际出发。例如，在制定计划时陈云就指出："苏联专家搞的表太复杂，不能完全照办，必须和我们的现状结合起来。中国是农业国，不可能把每家有几个鸡、几头猪都统计起来。中国开始建设时，计划的线条是粗的，将来由粗到细。"①

3. 实施统购统销政策

与计划经济体制紧密联系的就是统购统销政策。实行统购统销政策的目的，主要是为了确保国家工业化建设和城市快速发展需要，解决人民生活必需的粮食等农副产品的供求尖锐矛盾。这被称为是新中国成立初期财政经济领域的第二个"战役"。

在 1952 年 7 月至 1953 年 6 月的粮食年度里，国家收到粮食 547 亿斤，支出粮食 587 亿斤，收支相抵，有赤字 40 亿斤。加之国家所掌握的粮食实行"以公粮征收为主、以市场收购为辅"的办法（二者比例在 1951—1952 年粮食年度为 61∶39，在 1952—1953 年粮食年度为 56∶44）以及 1953 年 5 月中央提出实行"少征多购"方针，这些导致 1953 年夏粮征收和收购预计都将大幅减少，对于国家经济建设而言是手中缺粮，心中发慌，粮食形势十分严峻。陈云受命研究并提出解决问题的办法，经过认真深入的调查研究和紧张有序的政策设计，统购统销政策被中央认可并推行开来。

1953 年 10 月 16 日，中共中央发布《关于实行粮食的计划收购与计

---

① 陈云.陈云文选：第 2 卷.北京：人民出版社，1995：137.

划供应的决议》，同日，中央还发出了《关于粮食统购宣传要点》。11 月 19 日，政务院下达《关于实行粮食的计划收购和计划供应的命令》，开始实行控制粮食资源的经济政策。统购统销政策的主要内容如下：一是计划收购，即"生产粮食的农民应按国家规定的收购粮种、收购价格和计划收购的分配数字将余粮售给国家"。粮食统购价格则维持在当时城市出售价格的基础上，以不赔不赚为原则。二是计划供应，即对县以上城市、农村集镇、缺粮的经济作物产区人民，一般地区缺粮户和灾民实行粮食计划供应。当时城乡需要保障粮食供应的人口近 2 亿人，接近全国人口的 1/3。三是市场管理，"一切从事粮食经营和加工的国营、地方国营、公私合营、合作社经营的商店和工厂，必须统一归当地粮食部门领导"，所有私营粮商一律不许私自经营粮食，农民运粮进城出售，由国营粮店或合作社收购。国家严格控制粮食市场。四是中央统一管理，粮食"所有方针政策的确定，所有收购量与供应量，收购标准与供应标准，收购价格与供应价格等，都必须由中央统一规定或经中央批准；地方则在既定的方针政策原则下，因地制宜，分工负责，保障其实施"①。之后将统购统销逐步扩大至棉花、纱布、食用油等主要农产品，将其纳入国家计划管理范围，保证国家建设和人民生活基本需求。统购统销政策直到 1985 年才被粮棉合同定购制度所代替，直到 1992 年底我国才彻底放开主要农产品市场。

实行统购统销政策的直接原因是要解决严峻的粮食购销矛盾，深层次原因就是要促进农业的社会主义改造。

从统购统销政策实施效果来看，其消极面和局限性日益凸显。第一，它是强制牺牲农民部分权益的政策，长期实行这一政策必然严重伤害广大农民群众的生产积极性。第二，它是工农业产品价格"剪刀差"

---

① 薄一波. 若干重大决策与事件的回顾：上. 北京：中央党校出版社，2008：180-198.

形成的根本原因,严重阻碍了农村积累的增加和农村经济发展。第三,它固化了城乡二元经济结构,是我国农村经济长期落后的重要因素之一。中国亿万农民群众为国家经济发展作出的牺牲和贡献应该被牢牢铭记。

第三节　"一五"计划和社会主义工业化的起步

社会主义工业化通常是指现代工业部门在社会主义国民经济中取得优势地位的过程。即用现代经济要素和科学技术装备工业,进而装备农业和国民经济的其他部门,使国家由落后的农业国转变为先进的工业国的过程。按照马克思的设想,社会主义社会是在资本主义社会高度发达的基础上产生的,资本主义社会为社会主义社会准备好了基本的物质技术条件,因而,社会主义社会不存在发展或实现工业化的问题。然而,现实中的社会主义制度都不是在马克思所设想的高度发达的资本主义国家产生的,而是在经济文化比较落后的国家和地区产生的,这就提出了一个尖锐的问题,即社会主义的物质技术基础和社会经济基础怎样建立?列宁创造性地发展了马克思主义,选择了在社会主义条件下进行工业化建设的道路,创立了社会主义国家工业化的先例。

一、社会主义工业化的起步

在一个脱胎于半殖民地半封建社会的国家建设社会主义、实现国家工业化,新中国面临十分繁重的历史任务。经过国民经济恢复时期的艰苦努力,主要工农业产品产量已经达到或者超过历史最好时期,但是整个工业的基础还是十分薄弱。1952年中国的工业水平实际上仍低于1860年的英国、1890 年的法国，接近 1910 年的俄国。^① 早在 1945 年 4 月，毛泽东就指出："没有独立、自由、民主和统一，不可能建设真正大规模的工业。没有工业，便没有巩固的国防，便没有人民的福利，便没有国家的富强。""在新民主主义的政治条件获得之后，中国人民及其政府必须采取切实的步骤，在若干年内逐步地建立重工业和轻工业，使中国由农业国变为工业国。""中国工人阶级的任务，不但是为着建立新民主主义的国家而斗争，而且是为着中国的工业化和农业近代化而斗争。"^② 1949 年 3 月召开的中共七届二中全会，标志着党的工作重心的转移和转变，即由以乡村为中心转移到以城市为中心、从以革命为中心转变到革命与建设并重上来。

　　1950 年，刘少奇论述了加快国家工业化建设的愿望，指出："中国劳动人民的生活水平和世界许多先进国家比较起来，还是很低的。他们还很穷困，他们迫切地需要提高生活水平，过富裕的和有文化的生活。这是全国最大多数人民最大的要求和希望，也是中国共产党和人民政府力求实现的最基本的任务。""只有工业化和电气化，才能建立中国强大的经济力量和国防力量。""我们为了筹集资金去建设我们的工业以创造将来更好的生活，在我们不饿不冻并能保持通常的健康的条件下，我们尽可能多节省一点，少花费一点，以便由国家积累起来，去加快工业化的速度。"我们的工业化道路不同于资本主义国家的工业化道路，"能在工业化的过程中相应地逐步地提高劳动人民的生活水平，避免失业、饥饿和破产的痛苦，并且不需要去侵略其他的民族和国家，更不需要进行战争"^③。

---

　　① B. R. 米切尔 . 帕尔格雷夫世界历史统计：欧洲卷（1750—1993）. 4 版 . 北京：经济科学出版社，2002；B. R. 米切尔 . 帕尔格雷夫世界历史统计：亚洲、非洲和大洋洲卷（1750—1993）. 3 版 . 北京：经济科学出版社，2002.

　　② 毛泽东 . 毛泽东选集：第 3 卷 . 北京：人民出版社，1991：1080，1081.

　　③ 中共中央文献研究室，中央档案馆 . 建国以来刘少奇文稿：第 2 册 . 北京：中央文献出版社，2005：8.

1952 年 12 月中共中央发布的《关于编制一九五三年计划及五年建设计划纲要的指示》进一步提出："国家大规模的经济建设业已开始。这一建设规模之大，投资之巨，在中国历史上都是空前的。为了加速国家建设，除应动员全国力量，集中全国人力和财力以赴外，必须加强国家建设的计划工作，使大规模建设能在正确的计划指导下进行，避免可能发生的盲目性。"[1] 什么叫国家基本工业化？工业在国民经济中的比重，至少要达到 51％，或者达到 60％吧！按照苏联的经验，工业比重要达到 70％才算工业化，我们现在还差 42％。我国的工业化，工业比重也要达到70％。[2] 在当年年底首次明确提出中国要实行的是社会主义工业化。社会主义工业化的基本特点有：一是将发展重工业作为工业化的中心环节，二是优先发展国营经济并逐渐实现对其他经济成分的改造。

为什么在"一五"计划中要将重工业放到这么重要的地位？李富春曾经介绍说："把发展国家的重工业作为五年建设的中心环节。这是需要巨额的资金、较长的时间和比较复杂的技术，才能做到的。但是，我们必须坚持这一方针而不能选择另外的方针。因为只有建设国家的重工业，即发展冶金、燃料、电力、机械、基本化学等工业，才能建立我国工业的坚实基础；才能保障国防的巩固和国家的安全；才能建立强大的经济力量，保证我国国民经济的完全独立和社会主义经济力量的迅速增长；才能给轻工业以广阔发展的前途，给农业的改造提供物质和技术的条件，使我国经济不断增长，人民的生活不断改善。"[3]

可以说，实现国家工业化代表了中国共产党和中国人民对建立自己的国民经济体系和现代工业体系的迫切愿望。尽快实现社会主义工业化，是

---

[1] 中共中央文献研究室.建国以来重要文献选编：第 3 册.北京：中央文献出版社，1992：448.

[2] 毛泽东在中共中央政治局会议上的讲话（1953 年 6 月 15 日）.党的文献，2003（4）.

[3] 李富春.李富春选集.北京：中国计划出版社，1992：110 - 111.

中国人民自鸦片战争以来梦寐以求的目标。国际历史经验和我国当时的具体国情都要求我们只能并必须选择社会主义工业化道路，即以较快速度优先发展重工业，同时重视发展轻工业和农业，有计划地进行社会主义建设。

优先发展重工业势必会增加积累、挤占消费，从而必然会影响到人民群众当前生活水平的改善。对此，毛泽东专门论述了"施仁政"问题，指出："所谓仁政有两种：一种是为人民的当前利益，另一种是为人民的长远利益，例如抗美援朝，建设重工业。前一种是小仁政，后一种是大仁政。两者必须兼顾，不兼顾是错误的。那末重点放在什么地方呢？重点应当放在大仁政上。现在，我们施仁政的重点应当放在建设重工业上。要建设，就要资金。所以，人民的生活虽然要改善，但一时又不能改善很多。就是说，人民生活不可不改善，不可多改善；不可不照顾，不可多照顾。照顾小仁政，妨碍大仁政，这是施仁政的偏向。"① 可以说，把重工业优先发展的道理讲透了。

二、第一个五年计划的编制与实施

国民经济有计划按比例地发展，是社会主义经济的内在规律和要求；制定社会经济发展的中长期计划，则是国家对社会经济发展实施宏观计划管理的重要环节。

1. 第一个五年计划的编制

1951 年 2 月，中央财政经济委员会根据中共中央提出的"三年准备，十年计划经济建设"的思想，开始试编第一个五年计划。编制工作领导小

---

① 中共中央党史和文献研究院 . 毛泽东年谱：第 5 卷 . 北京：中央文献出版社，2023：163－164.

组成员为周恩来、陈云、薄一波、李富春、宋劭文等,具体工作由中财委计划局负责。1951 年 11 月,全国计划工作会议向各地布置了编制长期计划的任务。1952 年 3 月,中财委将《关于加强计划工作大纲》下发各大区,要求各大区于 6 月底前分别提出本区五年计划、十年远景的方针任务,主要指标和轮廓计划,并提出对全国长期计划的建议。

1952 年 8 月,周恩来、陈云、李富春率中国政府代表团赴苏谈判并争取苏联对中国计划经济建设的支持,代表团携带了向苏联提出的我国五年建设的基本任务、指导方针和主要经济指标,主要有《关于编制五年计划轮廓的方针》《中国经济状况和五年建设的任务(草案)》和《三年来中国国内主要情况及今后五年建设方针的报告提纲》等。代表团在苏联期间与斯大林等苏联领导人进行了沟通,并将斯大林的建议带回。1952 年 12 月中共中央发出《关于编制一九五三年计划及五年建设计划纲要的指示》,明确了以下原则:一是按照"边打、边稳、边建"的方针从事建设,必须由此来考虑全国工业建设的投资、速度、重点、分布和比例;二是必须以发展重工业为大规模建设的重点,以有限的资金和建设力量首先保证重点工业的基本建设,特别是确保那些对国家起决定作用的、能迅速增强国家工业基础的主要工程的完成;三是合理利用现有工业基础和现有设备,充分发挥现有企业的潜力,这是制定生产计划的最主要的问题,应按照平均先进的技术经济定额来重新制定定额标准;四是必须以科学的态度从事计划工作,使我们的计划正确地反映客观经济发展的规律。

由李富春带队的中国代表团与苏联方面进行了深入的谈判。在交换意见之余,苏联方面还专门安排了苏联计划委员会负责人和有关专家,向中国代表团专题介绍了苏联计划经济建设的经验和做法,包括:国民经济计划工作的组织和国民经济计划的平衡方法、工业生产计划、黑色冶金计划、有色冶金计划、燃料工业计划、电力工业计划、机器制造工业计划、基本建设计划、劳动计划、干部教育及技术人员与工人的分配计划、人民财政收支计划、商品周转计划、生产费与周转费计划、农业计划、财务计划、物资技术供应与物资平衡计划、统计工作、新技术计划等。此外，还请苏联建设事业委员会、冶金部的专家讲授了"苏联建设事业委员会机构设置""都市改建问题""苏联地质工作问题"等专题。[①]

1953 年 4 月初，中苏双方正式进入关键谈判阶段，中方由李富春主谈，苏方由米高扬主谈。米高扬向李富春通报了苏方对我国"一五"计划的意见，主要是从社会主义阵营考虑，中国工业化首先是要发展重工业；要保证五年计划的完成，最好是超额完成；要注意培养自己的专家；要加强地质勘探等基础性工作；要大力发展手工业和小工业；要大力发展农业；要巩固人民币，扩大购买力，发展商品流通；工业总产值增长要大于职工人数增长，劳动生产率提高速度要大于工资增长速度；技术人员增长速度要大于工人增长速度；等等。[②] 这些建议对于中国编制和执行五年计划都是很有帮助的。1953 年 5 月 15 日，中苏两国在莫斯科签订了《关于苏维埃社会主义共和国联盟政府援助中华人民共和国中央人民政府发展中国国民经济的协定》和议定书，苏联承诺援助中国新建和改建 91 个工业建设项目。1954 年，苏联同意向中国提供 5.2 亿卢布的长期贷款，帮助中国新建 15 个援助项目，连同国民经济恢复时期援助的 50 个项目，共156 项工程。

1954 年 2 月，中央成立了编制五年计划纲要的八人工作小组，由陈云、高岗、李富春、邓小平、邓子恢、习仲勋、贾拓夫、陈伯达等组成，陈云担任组长，开始编制详细具体的"一五"计划草案。8 月，八人工作小组审议国家计委提出的《中华人民共和国发展国民经济的第一个五年计

---

①　袁宝华. 袁宝华回忆录. 北京：中国人民大学出版社，2018：118.

②　同①119.

划草案（初稿）》。9 月，送毛泽东审阅。10 月，毛泽东、刘少奇、周恩来
又在广州集中，用二十来天时间共同审核该草案。11 月，由陈云主持召
开中央政治局会议，仔细讨论了"一五"计划的方针任务、发展速度、投
资规模、工农业关系、建设重点和地区布局，又提出了许多修改意见和建
议。陈云在"一五"计划制定过程中贡献巨大。

1955 年 6 月 18 日，国务院讨论并通过了中共中央提交的"一五"计
划草案，决定将这个草案提请一届全国人大二次会议审议。1955 年 7 月
30 日，一届全国人大二次会议正式审议并通过了国务院提交的中共中央
主持拟定的"一五"计划。

2. "一五"计划的内容和效果

"一五"计划是中国共产党和新中国人民政府制定的第一个中长期国
民经济和社会发展计划，也是中国有史以来的第一个中长期国民经济和社
会发展计划。它包括绪言和 11 章，共计 11 万余字。"一五"计划的基本任
务是：集中主要力量进行以苏联帮助我国设计的 156 个建设单位为中心的、
由限额以上的 694 个建设单位组成的工业建设，建立我国的社会主义工业化
的初步基础；发展部分集体所有制的农业生产合作社，并发展手工业生产
合作社，建立对农业和手工业的社会主义改造的初步基础；基本上将资本
主义工商业分别纳入各种形式的国家资本主义轨道，建立对私营工商业的
社会主义改造的基础；并提出了 12 项具体任务。例如，在工业建设方面，
提出建立和扩建电力工业、煤矿工业和石油工业；建立和扩建现代化的钢
铁工业、有色金属工业和基本化学工业；建立制造大型金属切削机床、发
电设备、冶金设备、采矿设备和汽车、拖拉机、飞机的机器制造工业等。

"一五"计划时期我国实行的是高度集中统一的投资管理体制，投资
决策权包括投资规模、投资方向、投资布局和基本建设项目投资等高度集
中于中央，由中央政府直接安排。"一五"计划的主要计划指标包括以下

内容：一是基本建设投资合计 427.4 亿元。其中工业部门 248.5 亿元，占 58.2%；工业新建和改建限额以上施工单位 694 个，加上农林水利、运输邮电、文教卫生等，全部限额以上施工单位 1 600 个，限额以下 6 000 多个。二是工农业总产值由 1952 年的 827.1 亿元增加到 1957 年的 1 249.9 亿元，增长 51.1%，年均增长 8.6%。其中工业总产值由 270.1 亿元增至 535.6 亿元，年均增长 14.7%；生产资料生产年均增长 17.8%，消费资料生产年均增长 12.4%；国营工业比重由 52.8% 增至 61.3%，私营工业比重由 39% 降至 12.2%。三是农业及副业总产值由 1952 年的 483.9 亿元增至 1957 年的 596.6 亿元，年均增长 4.3%。四是运输和邮电部门投资总额为 89.9 亿元，其中基建投资 82.1 亿元，仅铁路建设就为 56.7 亿元，新建铁路干支线约 4 084 公里，公路 10 000 公里以上。五是社会商品流转额 1957 年将比 1952 年增长 80% 左右，国营与合作商业由 34% 增至 54.9%，私营商业由 66% 降至 45.1%。六是新建高等学校 60 所，总数达到 208 所，在校生人数增长 127.4%，派遣留学生 10 100 人（其中 9 400 人派往苏联）；培养熟练工人 92 万人；在校高中生增长 178%，初中生增长 78.6%，小学生增长 17.9%。七是人民生活方面，工人、职员平均工资增长 33%，农村购买力提高一倍。应该说这个计划指标是很高的，需要经过一番艰苦奋斗才能完成。

在实际执行中，"一五"计划各项计划指标都提前完成和超额完成。第一，完成基本建设投资合计 588.5 亿元，超过 7 亿两黄金，年均投资完成额都超过三年恢复时期所完成的投资总和。其中国家预算内投资 531.2 亿元，占基本建设投资的 90.3%；中央政府直接管理的项目投资占 82%，地方则占 18%。① 其中国家对经济和文教部门基建投资 493 亿元，超计划

① 曾培炎. 中国投资建设 50 年. 北京：中国计划出版社，1999：53.

15.3%，限额以上施工单位 921 个，新增 227 个；1957 年底，全部投产 428 个，部分建成 109 个。第二，国内生产总值增速明显，年均达到 9.1%。1957 年工业总产值达到 704 亿元，年均增长 18%；其中生产资料生产年均增长 25.4%。五年计划规定的 46 种主要工业产品产量中，27 种提前完成，钢产量达 535 万吨，增长近三倍；煤产量达 1.31 亿吨，增长近一倍。工业在工农业总产值中的比重从 41.5% 提高至 56.5%。第三，1957 年农副业总产值达到计划规定的 101%，其中粮食为 102%，棉花为 100.3%。农业生产条件大幅改善，扩大耕地 5 867 万亩，新增灌溉面积 1.1 亿亩，农用拖拉机从 2 006 台增至 24 629 台。第四，1957 年底，全国铁路通车里程达 29 862 公里，增加 22%，宝成、鹰厦铁路、武汉长江大桥先后建成。公路通车里程达 25.5 万公里，增加一倍，康藏、青藏、新藏公路建成通车。第五，国家财政收入总计达到 1 354.9 亿元，从中拨出 39.2% 用于国家预算内投资，支持国家工业化建设；1957 年社会商品零售总额比 1952 年增长 71.3%。"一五"后期由于供应紧张，出现了行政方法代替市场调节趋势。第六，高等学校总数达到 229 所，在校生人数为 44.1 万人，增长 1.3 倍；中等专业学校在校生为 77.8 万人，增长 22.3%；普通中学在校生为 628.1 万人，增长 1.5 倍；小学在校生为 6 428.3 万人，增长 25.8%。全国科研机构 580 多个，研究人员为 2.8 万人，增长两倍多。第七，1957 年全国人均消费 102 元，比 1952 年的 76 元提高 34.2%。职工总数为 3 101 万人，增长 93.4%；国营企业职工年均工资为 637 元，增长 42.8%。

"一五"计划时期我国经济建设所取得的成就，如同李富春所概括的那样："在第一个五年计划期间，基本上完成了对农业、手工业和资本主义工商业的社会主义改造，从而确立了社会主义经济制度，结束了中国几千年来阶级剥削制度的历史，为中国生产力的迅速发展开辟了广阔的道路；积极进行了以重工业为中心的工业建设，发展了工业生产，从而建立了我国社会主义工业化的初步基础；农业也取得了重大成就，大量增产了粮食和各种经济作物，从而基本上保证了日益增长的粮食和消费品工业发展的需要；新建了大量的铁路、公路、船舶、电报电话线路，从而基本上满足了工农业发展和人民生活的需要；广泛地发展了文化教育和科学研究事业，从而逐步改善了科学技术人才缺乏的状况，并适当提高了人民的文化水平。在工农业发展的基础上，人民的生活也有了很大的改善。"[1]

一是全国人口中农业人口和非农业人口数量及比例发生了明显变化（见表1-2）。

表1-2　　　　　　全国人口中农业人口与非农业人口数量及比例

年份	人口总数（万人）	非农业人口（万人）	非农业人口占比（%）	农业人口（万人）	农业人口占比（%）
1949	54 167	5 765	10.64	48 402	89.36
1952	57 482	7 163	12.46	50 319	87.54
1957	64 653	9 949	15.39	54 704	84.61

二是"一五"时期国内生产总值增长迅速，三大产业比例关系显著变化（见表1-3）。

表1-3　　　　1953年和1957年国内生产总值及三大产业比例关系

年份	国内生产总值（亿元）	第一产业生产总值（亿元）	第一产业占比（%）	第二产业生产总值（亿元）	第二产业占比（%）	第三产业生产总值（亿元）	第三产业占比（%）
1953	824.0	378.0	45.87	192.5	23.36	253.5	30.77
1957	1 068.0	430.0	40.26	317.0	29.68	321.0	30.06

三是主要农产品产量有了较大增长（见表1-4）。

---

[1] 李富春. 李富春选集. 北京：中国计划出版社，1992：221.

表 1 - 4 　　　　　　　1949—1957 年主要产品产量

年份	粮食（万吨）	棉花（万吨）	油料（万吨）	黄红麻（万吨）	糖料（万吨）	茶叶（万吨）	水果（万吨）	大牲畜年底头数（万头）	猪年底头数（万头）	羊年底只数（万只）	肉类产量（万吨）	水产品产量（万吨）
1949	11 318	44.4	256.4	1.9	283.3	4.1	120.0	6 002	5 775	4 235	220.0	45.0
1952	16 392	130.4	419.3	15.3	759.5	8.2	244.3	7 646	8 977	6 178	338.5	167.0
1957	19 505	164.0	419.6	15.1	1 189.3	11.2	324.7	8 382	14 590	9 858	398.5	312.0

四是主要工业产品产量的增幅显著，国家工业生产能力大幅提升（见表 1 - 5 和表 1 - 6）。

表 1 - 5 　　　　　　　1949—1957 年主要工业产品产量

年份	纱（万吨）	布（亿米）	呢绒（万米）	丝（万吨）	机制纸及纸板（万吨）	糖（万吨）	原盐（万吨）	食用植物油（万吨）	卷烟（万箱）
1949	32.7	18.9	544	0.18	11	20	299	44	160
1952	65.6	38.3	423	0.56	37	45	495	98	265
1957	84.4	50.5	1 817	0.99	91	86	828	110	446

表 1 - 6 　　　　1949—1957 年标志工业生产能力的主要工业产品产量

年份	原煤（亿吨）	原油（万吨）	天然气（亿立方米）	发电量（亿千瓦时）	生铁（万吨）	钢（万吨）	成品钢材（万吨）	水泥（万吨）	平板玻璃（万重量箱）	木材（亿立方米）	硫酸（万吨）	化肥（万吨）	化学农药（万吨）	金属切削机床（万台）
1949	0.32	12	0.07	43	25	16	13	66	91	567	4.0	0.6	—	0.16
1952	0.66	44	0.08	73	193	135	106	286	198	1 233	19.0	3.9	0.2	1.37
1957	1.31	146	0.70	193	594	535	415	686	430	2 787	63.2	15.1	6.5	2.80

3. "156 项工程"建设

在"一五"计划建设项目中，苏联帮助我们设计并援助建设的"156 项工程"（实际施工的工程为 150 项）具有特别重要的意义，大部分填补了我国工业空白。"156 项工程"涵盖了国防、钢铁、有色金属、机械、船舶、航空、电子、化工、能源等 14 个工业领域。其中 106 项民用工业工程，仅投资了 156.1 亿元人民币，就使我国的工业生产能力和技术水平前进了一大步，为后来的工业化奠定了坚实的基础。"156 项工程"是中国近现代以来引进规模最大、效果最好、作用最大的工业化建设高潮，被称为工业化奠基之役。从"156 项工程"产业结构来看，主要出于以下三种考虑：一是针对朝鲜战争爆发后的国际形势和中国国防工业极端薄弱的情况，将国家安全放在紧迫的地位加以考虑；二是旧中国重工业基础非常薄弱，重工业已经成为工业化中的瓶颈部门；三是既考虑到利用原来的工业基础，又考虑到备战和改善过去的地区布局不平衡。主要可以分为这样几类：

（1）国防工业共 44 项。它们是航空工业 12 项：南昌飞机厂、株洲航空发动机厂、沈阳飞机厂、沈阳航空发动机厂、西安飞机附件厂、西安发动机附件厂、陕西兴平航空电器厂、宝鸡航空仪表厂、哈尔滨飞机厂、哈尔滨航空发动机厂、南京航空液压附件厂、成都飞机厂（成都航空发动机厂）；电子工业 10 项：如北京电子管厂、西安电力机械制造公司等；兵器工业 16 项；航天工业 2 项；船舶工业 4 项。这些项目为我国国防工业建设奠定了坚实的基础，并带动了其他工业项目和现代产业的发展。

（2）冶金工业共 20 项。它们是钢铁工业 7 项：鞍山钢铁公司、本溪钢铁公司、吉林铁合金厂、富拉尔基特钢厂、武汉钢铁公司、热河（承德）钒钛厂、包头钢铁公司；有色金属 13 项：抚顺铝厂、哈尔滨铝加工厂、吉林炭素厂（电极厂）、洛阳铜加工厂、白银有色金属公司、株洲硬质合金厂、杨家杖子钼矿、江西大吉山钨矿、江西西华山钨矿、江西岿美山钨矿、云南锡业公司、云南东川铜矿、云南会泽铅锌矿。完成投资 46.61 亿元，新增固定资产 38.13 亿元，极大地加强了我国钢铁工业基地和有色金属工业建设。

（3）能源工业 52 项。它们是煤炭工业 25 项：峰峰中央洗煤厂、峰峰通顺三号立井、大同鹅毛口立井、潞安洗煤厂、辽源中央立井、阜新海州露天煤矿、阜新平安立井、阜新新邱一号立井、抚顺西露天矿、抚顺东露天矿、抚顺龙凤矿、抚顺老虎台矿、抚顺胜利矿、通化湾沟立井、兴安台二号立井、鹤岗东山一号立井、鹤岗新安台十号立井、兴安台洗煤厂、双鸭山洗煤厂、城子河洗煤厂、城子河九号立井、淮南谢家集中央洗煤厂、平顶山二号立井、焦作中马村立井、铜川王石凹立井；电力工业 25 项：北京热电厂、石家庄热电厂、太原第一热电厂、太原第二热电厂、包头四道沙河热电厂、包头宋家壕热电厂、阜新热电厂、抚顺电厂、大连热电厂、丰满水电站、吉林热电厂、富拉尔基热电厂、佳木斯发电厂、郑州第二热电厂、洛阳热电厂、三门峡水利枢纽、武汉青山热电厂、株洲热电厂、重庆电厂、成都热电厂、云南个旧电厂、西安热电厂、陕西户县热电厂、兰州热电厂、乌鲁木齐热电厂；石油工业 2 项：兰州炼油厂、抚顺第二制油厂。“一五”时期能源工业为了适应国民经济发展需要，充分利用原有矿区，积极开始建设新的煤炭基地，逐步改善煤炭工业布局。

（4）机械工业 24 项。它们是：沈阳风动工具厂、沈阳第一机床厂、沈阳电缆厂、沈阳第二机床厂、长春第一汽车制造厂、哈尔滨量具刃具厂、哈尔滨电表仪器厂、哈尔滨锅炉厂、哈尔滨汽轮机厂、哈尔滨电机厂、第一重型机械厂、哈尔滨电碳厂、哈尔滨轴承总厂、洛阳滚珠轴承厂、洛阳矿山机械厂、洛阳第一拖拉机厂、武汉重型机床厂、湘潭船用电机厂、西安高压电瓷厂、西安开关整流器厂、西安绝缘材料厂、西安电力电容器厂、兰州石油机械厂、兰州炼油化工机械厂等。完成投资 38.47 亿元，新增固定资产 30.25 亿元，新增金属切削机床制造能力13 549台，设备自给率达到 62%，初步建立起了比较完整的机械工业构架。

（5）化学工业和轻工业共 10 项。它们是化学工业 7 项：太原化工厂、太原氮肥厂、吉林氮肥厂、吉林染料厂、吉林电石厂、兰州氮肥厂、兰州合成橡胶；轻工业（包括医药）共 3 项：华北制药厂、太原制药厂、佳木斯造纸厂。完成投资 13.61 亿元，新增固定资产 8.75 亿元，我国开始有能力生产高级染料、航空油漆、塑料、抗菌素、飞机轮胎及特种橡胶制品等。[①]

此外，为了确保"一五"计划建设目标的实现，建材工业安排限额以上项目 21 个，完成投资 6.33 亿元。重点发展水泥生产、扩大建材品种、采用新技术装备，建设了山西大同、甘肃永登、新疆乌鲁木齐、云南昆明、四川江油、河南洛阳 6 个水泥厂和湖南株洲、河南洛阳两个平板玻璃厂。[②]

4. 对外贸易的积极变化

在国民经济恢复时期和第一个五年计划时期，中国的对外贸易出现了许多积极的变化。突出表现在中国与欧洲国家和亚非国家的经济贸易关系也在逐步改善，开始突破以美国为首的西方国家对中国实施的贸易禁运和经济封锁。一是中国与亚洲国家和非洲国家的贸易明显增长。1950—1957年，中国对亚洲各国的贸易额由 34 834 万美元增至 70 584 万美元，增长了 102.6%，其中与日本的贸易额由 4 719 万美元增至 11 473 万美元，与斯里兰卡的贸易额从无增至 6 153 万美元；中国对非洲各国的贸易额由 1 214 万美元增至 6 166 万美元，增长了 407.9%，其中与埃及的贸易额由 313 万美元增至 4 865 万美元。二是中国对欧洲的贸易额增长迅速。1950—1957 年，与欧洲的贸易额由 52 276 万美元增至 230 296 万美元，增长 340.5%，其中与奥地利的贸易额由 11 万美元增至 1 091 万美元，与法国的贸易额由 591 万美元增至 3 672 万美元，与联邦德国的贸易额由 1 942 万美元增至 5 745 万美元，与瑞典的贸易额由 261 万美元增至 3 197 万美

---

① 袁宝华. 袁宝华回忆录. 北京：中国人民大学出版社，2018：139 - 140；董志凯. 中华人民共和国经济史（1953—1957）：上册. 北京：社会科学文献出版社，2011：126.

② 曾培炎. 中国投资建设 50 年. 北京：中国计划出版社，1999：53.

元，与瑞士的贸易额由 618 万美元增至 4 081 万美元，与英国的贸易额由
7 351 万美元增至 10 228 万美元。此外，中国与大洋洲的贸易额也显著增
长，1950—1957 年中国与澳大利亚的贸易额也由 462 万美元增至 2 179 万
美元。[①] 可见，新中国奉行的国际战略和外交政策得到了越来越多国家的
认可，中国与欧洲主要国家的经济贸易关系不断改善。

当然，中国与苏联东欧等社会主义国家的对外贸易是当时中国对外贸
易的主要部分，一直保持着较高的增长速度。1950—1954 年其贸易额占
中国贸易总额的比重不断增大，分别为 26%、61%、72%、75% 和
80.55%，其中中苏之间的贸易额从 1950 年的 14 亿卢布增加到 1957 年的
54 亿卢布。

苏联援华总顾问阿尔希波夫 1995 年在与中国访问者交流时回忆道：
"苏联帮助中国建立了飞机、坦克、火炮和无线电工厂，提供了当时最现
代化的仪器和设备、先进的军械样品，如飞机、坦克等。我们还帮助中国
建立了生产潜艇的工厂和相应的基地。对苏联提供的设备，中国是用易货
贸易方式支付的，军工技术是用优惠贷款支付的。中国向苏联提供了某些
战略物资，如锡、锡精矿等。中国还向苏联提供了大量的日用消费品。"
20 世纪"50 年代，苏联缺少可兑换的外币，我们请求中国用外币支付一
部分我们供应的货物。中国每年向我们提供 1 亿～1.2 亿美元，这笔钱主
要来自国外的侨汇。1959 年至 1960 年，中国侨汇情况严重复杂化，便向
我们提供黄金，由我们拿到国际市场出售，从而弥补了苏联外汇的不
足"。[②] 苏联帮助中国建设了许多现代化工业体系的骨干企业，向中国提
供了大量先进技术装备和先进技术知识。同样，中国也竭尽所能支援苏联

[①] 《中国对外经济贸易年鉴》编辑委员会. 中国对外经济贸易年鉴 1984. 北京：中国对外贸易
出版社，1984.

[②] 曲青山，高永中. 新中国口述史（1949—1978）. 北京：中国人民大学出版社，2015：244 -
245.

的社会主义建设,包括稀有金属、生活必需品、外汇等。

中国正在恢复和建设中的国民经济虽然面临巨大困难,但是中国也义无反顾地承担了艰巨的国际主义义务,全力支援抗美援朝。朝鲜战争爆发后,中国先后有 290 万人参与抗美援朝,登记确认牺牲 197 653 人,消耗各种物资 560 多万吨,各项直接支出达到 62 亿元。在朝鲜半岛停战后中国又向朝鲜提供了大量无偿援助。与此同时对周边国家的建设也进行了力所能及的援助。例如:援助越南抗击法国侵略者及战后医治战争创伤、恢复经济活动;对蒙古国、柬埔寨、尼泊尔等国也进行了大量经济和技术援助。

三、"一五"计划的成功经验

"一五"时期我国经济建设的基本经验最根本的一条就是:抓住时机,大力发展重工业,迅速改变了我国国民经济落后面貌和国民经济结构落后局面。

第一,"一五"计划时期优先发展重工业是迅速改变我国经济落后面貌、加速实现社会主义工业化的必然要求。"一五"计划的基本任务是,在进行社会主义改造的同时,集中主要力量进行以 156 个建设单位为中心的、由限额以上的 694 个建设单位组成的工业建设,并以重工业建设作为经济建设的中心,占工业部门基本建设投资的 85%,迅速建立起了我国社会主义工业化的初步基础。相对于 1952 年,1957 年在社会总产值增长70.9%、国民收入增长 53% 的情况下,全国人民消费水平也增长了22.9%。积累占国民收入使用额的 24.2%,财政收入占国民收入使用额的 33.9%,固定资产投资额占国家财力(财政收入总额和预算外收入)的 42.4%。在当时情况下,这是一个比较合适的比例,被称为"二、三、四"比例关系。[①]

第二,"一五"计划时期我国国民经济出现了高速的发展和深刻的变化,工业在国民经济中的地位发生了明显变化。在工农业总产值中,工业总产值所占的比重由1952年的43.1%提高到1957年的56.7%,工业生产能力成倍提高,工业生产取得的成就远远超过了旧中国百年来所达到的水平。到1957年,钢产量达535万吨,原煤产量达1.3亿吨,发电量达193.4亿千瓦时,分别比1949年增加了32.9倍、2倍和3.5倍。在工业的带动下,国民经济高速发展。

第三,"一五"计划时期较好地解决了农业、轻工业的发展问题,使国民经济各部门的发展能够做到统筹兼顾、全面发展。"一五"期间,我国完成的基本建设投资总额达588.5亿元,其中经济和文教部门的基本建设投资总额达493亿元。在实际完成的投资总额中,工业部门占56%,农林水利部门占8.2%,运输邮电部门占18.7%。尤其是各级各类教育事业迅速发展,办学条件明显改善。在各级政府充分利用各类空间改建校舍基础上,国家还安排教育基本建设投资超过16.2亿元,新建和扩建校舍2 349万平方米,占国家预算内基本建设投资总额的3.1%。

更为重要的是,"一五"计划时期较好地解决了经济发展的几个难题:在经济发展布局上,基本建设投资及投资金额在限额以上的工业建设单位,有一半左右安排在内地,有效调整和改变了我国工业布局不合理的状况;在经济建设规模、效益和速度上,坚持建设与国力相适应,工业、农业生产平均每年增长指标既积极又稳妥;坚持把发展生产同改善人民生活恰当地结合起来,积累和消费的比例关系比较协调;坚持把争取外援与自力更生结合起来,在积极争取苏联援助的同时,强调我国经济建设要以国

---

① 曾培炎.中国投资建设50年.北京:中国计划出版社,1999:61.

内力量为主。

第四节　社会主义经济制度的初步建立

在中国共产党的经济理论与经济实践中，中国由半殖民地半封建经济形态通过新民主主义经济形态走向社会主义经济形态，是近现代中国发展的历史逻辑、理论逻辑和实践逻辑，新民主主义经济形态是其中不可逾越的发展阶段，新民主主义经济形态的前途就是社会主义经济形态。新民主主义社会也不是独立的社会形态，而是向社会主义转变的过渡性社会形态。正是因为如此，中国共产党和毛泽东创造性地提出了中国由新民主主义经济形态向社会主义经济形态过渡的理论和过渡时期总路线。

在 20 世纪 50 年代，我国向社会主义过渡主要是通过社会主义改造完成的。社会主义改造就是国家对农业、手工业和资本主义工商业等非社会主义经济通过实行国有化或集体化的路径，将其改造成为社会主义经济关系的过程。进行三大改造是新中国经济发展的必然选择，国民经济的迅速恢复和大规模开展的国家工业化，都要求加快调整各种非社会主义经济关系。1952 年与 1957 年各种经济成分在国民收入中的比重：国营经济由19％增加到 33％，合作经济由 1％增加到 56％，公私合营经济由 1％增加到 8％，资本主义经济则由 7％到基本消灭，个体经济由 72％降至 3％。三大改造的完成确立了社会主义基本经济制度，使中国发生了最深刻、最伟大的社会变革，半殖民地半封建社会的经济基础彻底被革除。

一、农业的社会主义改造

在逐步实现国家对生产资料私有制的社会主义改造过程中，农业的社会主义改造具有决定性的意义。因为我国当时有 5 亿多农业人口，农业是国民经济的基础。农民个体经济是劳动者的私有制。在土地改革完成之后，农民怎样才能走上共同富裕的道路，避免两极分化，并有利于采用先进技术和大型农业机械，迅速提高农业生产力，适应社会主义工业化的需要，这是必须认真对待和解决的问题。

我国对农业的社会主义改造，就是通过使农民组织起来走合作化的道路，把小农经济逐步改造成社会主义集体经济的方式实现的，从流通领域切断农民同资本主义的联系，从生产领域逐步将农民劳动者私有制改造成社会主义集体所有制。

1. 农业社会主义改造的必要性

土地改革之后，中国农村社会形成了大量的小生产。小生产使传统农业的经营方式、生产技术、劳动组织完整地保留下来，改造传统农业的历史任务远未完成。在农业中汪洋大海般的小生产不可能为社会主义工业化创造必要的经济、社会条件，而且二者之间的冲突和矛盾日渐显露出来：一是以个体小农的小规模经营为特征的农业与以社会化大生产为主要内容的社会主义工业化之间存在矛盾。据一些地方调查数据，土地改革后贫雇农平均每户只有 12.5 亩耕地，1/2 头耕牛，2/5 部犁，1/11 部水车；中农平均每户只有 19 亩耕地，9/10 头耕畜，7/10 部犁和 1/7 部水车，一户还配不起一套生产工具。因此不可能为社会主义工业化提供更多的农产品和资金积累。[①] 二是建立在生产资料私有制基础之上的个体小农经济与以国营经济为主体的社会主义初级工业化之间存在着矛盾。最突出的矛盾就是个体农业无法满足和保证国家工业化所需要的商品粮食和原材料供应。三是个体小农经济的小商品生产的整体无计划性与社会主义工业化的有计

---

① 柳随年，等．中国社会主义经济简史．哈尔滨：黑龙江人民出版社，1985：66．

划性之间也存在着矛盾。个体小农经济生产的自给性和盲目性不可能保证持续稳定地提供社会主义工业化所需要的农副产品，从而直接危及工业化的发展和国家经济计划的贯彻执行。因此，必须对土地改革后涌现出的个体小农经济进行社会主义改造，使之适应计划经济体制的要求，成为社会主义经济的重要组成部分。

由于新中国成立初期，国家不可能向农业投入大量资金、技术等，因而选择了改变个体农业劳动组织形式和农村经济关系的途径。在改造过程中，发挥了强大的政治优势即组织领导力量和社会动员力量，并激发了广大农民群众对社会主义新生活的向往，广泛动员并大力推进农业合作化。1953 年 12 月，中共中央通过的《关于发展农业生产合作社的决议》指出：孤立的、分散的、守旧的、落后的个体经济限制着农业生产力的发展，农业与社会主义工业化的矛盾日益突出。中国共产党在农村工作中的最根本的任务，就是教育和促进农民群众逐步组织起来，逐步实行农业的社会主义改造，使农业能够由落后的小规模的个体经济变为先进的大规模生产的合作经济，使农民能够逐步摆脱贫困状况而取得共同富裕和普遍繁荣的生活。

2. 农业社会主义改造的进程

对农业进行社会主义改造，就是要使农民组织起来走合作化道路，从流通领域切断农民与资本主义的联系，从生产领域逐步将农民劳动者私有制改造成社会主义集体所有制。在这个改造过程中，国家按照自愿互利、典型示范和国家帮助的原则，实行了从临时互助组和常年互助组，发展到半社会主义性质的初级农业生产合作社，再发展到社会主义性质的高级农业生产合作社的过渡形式。中国农业合作化运动采取了三个互相衔接的步骤、经历了三个发展阶段。

第一阶段是 1949—1952 年，为农业互助合作的初期发展阶段，以互助组为主要形式，分为临时互助组和常年互助组。互助组由几户或十几户农民按照自愿互利原则组织起来，共同劳动，换工互助，以解决成员之间缺少劳力、耕畜和农具的困难。[①] 农业生产互助组比个体农户有明显的优势，它利用集体劳动的特点，克服个体小农的自身局限性和条件约束，解决了农民生产上的困难，提高了劳动效率。

第二阶段是 1953—1955 年上半年，为农业合作化快速发展阶段，以初级农业生产合作社为主要形式。1953 年 12 月中共中央发布了《关于发展农业生产合作社的决议》，掀起了从 1954 年开始的大办初级社的热潮。1953 年底全国初级社有 1.4 万个，1954 年 6 月增至 9 万多个，同年年底猛增至 50 万个，1955 年春又猛增至超过 67 万个。合作社的规模也不断扩大，1953 年每社平均为 18.2 户，1954 年末达到 25.7 户。初级农业生产合作社是以土地入股、统一经营为特点的合作组织。即社员将私有的土地、耕畜、大型农具等生产资料交合作社统一经营和使用，由合作社付给适当的报酬；社员在分工和协作的基础上组织集体劳动，产品统一分配。社员留有自留地并可经营家庭副业。初级社的生产关系已具有半公有制性质。初级社和互助组一样，也具有集体劳动的特点，但由于土地等重要生产资料归合作社统一使用，解决了互助组不能解决的集体劳动和分散经营之间的矛盾，有利于农业生产力的发展。

第三阶段是 1955 年下半年至 1956 年，为农业合作化的狂热发展阶段，以高级农业生产合作社为主要形式。1955 年 7 月，毛泽东作了题为

---

① 1950 年全国有农业生产互助组 280 万个，参加农户 1 150 万户，占农户总数的近 11%。到 1951 年底，互助组已发展到 467.75 万个，参加农户 2 100 万户，占农户总数的 19.2%。实际上在 1955 年我国绝大多数农民都已参加了互助合作组织，这一年互助组增至 714.7 万个（其中常年互助组 317.2 万个），参加农户 6 038.9 万，占农户总数的 50.7%，这不包括已参加农业生产合作社的农户。互助组农产品产量增长幅度各地不同，湖北等省三个乡的典型调查表明，常年互助组农产品产量比个体农户高 41%；个人收入增长幅度也不一样，据对陕西老区四个乡的典型调查表明，常年互助组比个体农户高 29%。

《关于农业合作化问题》的报告，全面肯定了初级社向高级社的快速过渡和所有制的快速升级，指出：这是五亿多农村人口的大规模的社会主义革命运动，带有极其伟大的世界意义。我们应当积极地热情地有计划地去领导这个运动，而不是用各种办法去拉它向后退。强调指出，应当爱惜农民和干部的任何一点微小的社会主义积极性，而不应当去挫折它。同年9月和12月，毛泽东为《中国农村的社会主义高潮》一书写了两篇序言，进一步号召并肯定了农村合作化急速发展的趋势。这样一来，农业合作化运动以迅猛的速度发展。1955年底，全国共有高级社1.7万个，入社农户470万户，占农户总数的4%。1956年6月，高级社增至31.2万个，入社农户占农户总数的63.2%，平均每社246.4户；到年底，高级社又增至54万个，入社农户占农户总数的87.8%，平均每社199户。加上参加初级社的农户，到1956年底，入社农户达11 783万户，占农户总数的96.3%。到1956年底，中国农村已基本上实现了农业合作化。高级农业生产合作社是完全公有制性质的集体经济组织，生产资料归集体所有，集体劳动，按劳分配。高级社劳动组织的基本形式是固定生产队；在生产管理中曾普遍实行过"三包一奖制度"，即包工、包产、包生产投资和超额奖励制度；在分配中实行按劳分配，并兼顾国家、集体、个人三者利益。

通过农业合作化运动，在我国广大农村建立起了以低级公有制为基础的农业生产组织和农村集体经济。这样，不仅从经济上消除了农村私有经济膨胀和农民两极分化产生的可能性，而且也从组织上有效地确保了农业对社会主义初级工业化的巨大经济贡献。

二、手工业的社会主义改造

由于我国现代工业起步较晚，手工业生产在国民经济中占有相当大的比重。据 1952 年的统计，全国手工业从业人员为 736.4 万人，加上兼营手工业生产的农民，达 1 930 万人；手工业产值为 73.17 亿元，占工业总产值的 21.36%，占工农业总产值的 8.8%。我国的手工业就其与农业分离的程度及与现代工业的关系来说，大致可分为四种类型：一是从属于家庭农业的家庭手工业；二是作为农民家庭兼业的手工业；三是独立经营的个体手工业；四是雇工经营的工场手工业。其中第三种类型在数量上最多。在过渡时期总路线中，个体手工业要通过手工业生产合作社发展逐步转变为社会主义集体所有制企业，这是对个体手工业进行社会主义改造的主要形式。到 1956 年 6 月底，全国组织起来的手工业者已占手工业者总数的 90%。

1. 手工业社会主义改造的必要性

1953 年 12 月公布的《关于党在过渡时期总路线的学习和宣传提纲》指出："分散的个体手工业的生产是十分落后的，不能使用新的技术，在生产和销售中会遇到许多不可克服的困难，并且会受到私商的剥削。同时，个体手工业是小商品经济，它也是不稳固的，如果听其自发地发展，也会走资本主义的道路，就是少数人发财、大多数人破产的痛苦的道路。因此，必须对个体手工业进行社会主义的改造，引导手工业劳动者走社会主义的道路。""把手工业者逐渐组织到各种形式的手工业合作社（手工业生产小组、手工业生产供销社、手工业生产合作社等）中去，是国家对手工业实行社会主义改造唯一的道路。""手工业者一方面虽是劳动者，但同时又是私有者，因此，必须经过说服、示范和国家援助的方法，提高手工业劳动者的社会主义觉悟，使他们自觉自愿地组织到手工业合作社中。"[①]

---

① 中共中央文献研究室．建国以来重要文献选编：第 4 册．北京：中央文献出版社，1993：721，772.

2. 手工业社会主义改造的进程

在国民经济恢复时期，手工业合作化就已经取得了明显进步。1950年7月，第一次全国合作社工作者代表会议召开并成立了中华全国合作社联合总社，以加强对合作社工作的领导。到1952年6月，全国手工业合作社社员达23万人，合作社达2 000多个。据对全国896个合作社的统计，社员20人以上的占80%。[①] 1953年11月、12月间，第三次全国手工业生产合作会议根据过渡时期总路线的精神，确定了对个体手工业进行社会主义改造的方针和政策，即"在方针上，应当是积极领导，稳步前进；在组织形式上，应当是由手工业供销生产小组，手工业供销生产合作社到手工业生产合作社；在方法上，应当是从供销入手，实行生产改造；在步骤上，应当是由小到大，由低级到高级"[②]。会议还确定手工业合作化的对象是手工业独立劳动者、家庭手工业者、手工业工人；发展合作社的重点应是手工业比较集中的城市和集镇。这次会议之后，手工业合作化逐渐被纳入国家计划指导范围，逐步与国营工业、国营商业和合作社商业建立起供产销联系，通过价格订货、统购包销等形式进行生产经营。

1954年手工业合作化运动进入普遍发展阶段。11月国务院成立手工业管理局。12月召开第四次全国手工业生产合作会议，成立中华全国手工业合作社联合总社筹备委员会。1954年，全国个体手工业者人数约为2 000万人，产值约为93亿元。其中个体手工业约为800万人，产值约为68亿元；农民兼营商品性手工业生产的约为1 200万人，产值约为25亿元。[③] 随着合作社的发展，这一年组织起来的合作社已达4.1万个，社员为113万人；到1955年上半年，合作社发展到近5万个，社员人数接近

---

① 季龙. 当代中国的集体工业：上册. 北京：当代中国出版社，1991：129.
② 中共中央文献研究室. 建国以来重要文献选编：第6册. 北京：中央文献出版社，1993：210.
③ 薛暮桥，等. 中国国民经济的社会主义改造. 北京：人民出版社，1959：85.

150 万人。

手工业合作化运动掀起高潮则是在 1955 年 7 月毛泽东作了《关于农业合作化问题》的报告之后。毛泽东在 12 月《中国农村的社会主义高潮》一书的序言中明确指出："中国的手工业和资本主义工商业的社会主义改造，也应当争取提早一些时候去完成，才能适应农业发展的需要"①。在这种"热火朝天"的背景下，手工业合作化也开始加速，1955 年下半年合作社又发展到 6.46 万个，社员达 220.6 万人。12 月，第五次全国手工业生产合作会议决定："必须在'全面规划，加强领导'的方针下，坚决克服右倾保守思想，加速对手工业的社会主义改造，积极发展合作组织。要求组织起来的比重在 1956 年达到 74%，1957 年达到 90% 以上。同时，要求完全社会主义性质的生产合作社社员，1957 年达到社（组）员总数的 80% 以上，最迟在 1958 年把其余的半社会主义性质的生产合作社（组）全部过渡完毕。"②

到 1956 年 6 月底，全国组织起来的合作社已超过 10 万个，入社的手工业者已占手工业者总数的 90%。到这年年底，全国手工业合作社达 9.91 万个，社员达 509.1 万人；合作社成员已占全部手工业从业人员的 91.7%，手工业合作组织的产值已占全部手工业产值的 92.9%；手工业产值占全国工业总产值的 16.6%，占全国工农业总产值的 9.1%。可以说全国手工业的社会主义改造基本完成。

客观来看，这种简单的、大规模的全部合并，造成的"要求过急，改变过快，工作过粗，形式过于简单划一"问题，显然不符合手工业的特点和生产经营水平，对个体手工业生产力造成了一定程度的破坏。

---

① 中共中央党史和文献研究院.建国以来毛泽东文稿：第 10 册.北京：中央文献出版社，2023：335.
② 季龙，郑惠.中国手工业合作社和城镇集体工业的发展：第 1 卷.北京：中共党史出版社，1992：362.

三、资本主义工商业的社会主义改造

对资本主义工商业的社会主义改造是当时工作的重点。

在国民经济恢复时期，资本主义工商业得到了较快的发展。尤其是在国家对资本主义工商业采取利用、限制的政策指导下，引导和鼓励资本主义工商业转变为国家资本主义经济，公私合营经济得到了很大发展。1952年，公私合营经济企业已达 1 000 多户，产值占全国工业产值比重从 1949 年的 2% 提高到 1953 年的 6%。

1. 资本主义工商业社会主义改造的必要性

资本主义工商业在新中国究竟应该怎样发展？这是当时社会各界都十分关注的问题。资本主义工商业既有资本主义经济自发发展的内在要求，也有接受社会主义制度下遵纪守法的历史必要。毛泽东在 1952 年 9 月曾经指出：资本主义工商业正通过公私合营、加工订货、工人监督、资本公开等发生了性质的变化，变成新式资本主义。[①] 1953 年 2 月，毛泽东提出了对民族资产阶级，可以采取赎买的办法。1953 年以前，中共中央对于工商业的公私合营是很谨慎的，严格遵循迫切需要发展、符合国家投资计划、资本家真正自愿三个原则。正如毛泽东在 1953 年评论的那样，"西向让三，南向让再"。

1953 年 5 月，中央统战部对民族工商业进行了深入调研，李维汉向中共中央和毛泽东报送了《资本主义工业中的公私关系问题》的报告，提出并论述了把国家资本主义作为改造资本主义工商业的主要形式，受到中共中央和毛泽东的高度重视。

---

① 中共中央文献研究室.建国以来重要文献选编：第 7 册.北京：中央文献出版社，1993：434.

对资本主义工商业进行改造主要是通过国家资本主义三种形式具体推进的。国家资本主义的低级形式是由政府或国营企业向私营企业加工订货、统购包销，从流通领域将私营企业与国营经济联系起来，这是国民经济恢复时期的主要形式。国家资本主义的中级形式是在低级形式基础上，加强对私营企业的合同管理、加强企业内部工人党监督等，这是1953—1955年的主要形式。国家资本主义的高级形式是公私合营，即由政府或国营企业以投资入股的方式与私营企业在内部产权层面进行结合。毛泽东对国家资本主义在改造资本主义工商业中的作用进行了深入研究，指出："中国现在的资本主义经济，其绝大部分是在人民政府管理之下的，用各种形式和国营社会主义经济联系着的，并受工人监督的资本主义经济。这种资本主义经济已经不是普通的资本主义经济，而是一种特殊的资本主义经济，即新式的国家资本主义经济。它主要地不是为了资本家的利润而存在，而是为了供应人民和国家的需要而存在。""这种新式国家资本主义经济是带着很大的社会主义性质的，是对工人和国家有利的。"[1] 这就为形成对资本主义工商业采取利用、限制、改造的方针起了定调的作用。

2. 资本主义工商业社会主义改造的进程

从1949年10月到1956年底，对资本主义工商业的社会主义改造大致经历了两个不同阶段。

1949—1952年为第一个阶段。在这个阶段，中国共产党和人民政府主要根据《共同纲领》提出的"公私兼顾、劳资两利"和在国营经济领导下"分工合作、各得其所"的原则，对私营工商业实行利用、限制的政策。即利用其有利于国计民生和恢复发展经济的积极作用，限制其不利于国计民生的消极作用。严格地讲，这个阶段还不能算作社会主义改造，只

---

[1]　毛泽东. 毛泽东文集：第6卷. 北京：人民出版社，1999：282.

能说它为后来的社会主义改造准备了相当有利的条件。

1953—1956 年为第二个阶段。在这个阶段，中国共产党和人民政府对私营工商业的政策突出了"改造"的含义，即通过"公私合营"的形式，逐步地有计划地"和平赎买"私人资本主义经济。公私合营作为对私人资本主义企业的改造方式，大致经历了三个发展时期：第一个时期是个别企业的公私合营，主要存在于国民经济恢复时期；第二个时期是政府有计划有目的地扩大公私合营企业的规模，主要存在于 1953—1955 年；第三个时期是全行业的公私合营，主要存在于 1955 年底至 1956 年。

1953—1955 年三年间，公私合营工业企业户数分别为 1 036 家、1 746 家和 3 193 家，企业职工人数分别为 27.01 万人、53.33 万人和 78.49 万人，企业总产值分别为 20.13 亿元、50.86 亿元和 71.88 亿元，占全部工业总产值的比重分别为 5.7％、12.3％和 16.1％。① 促使私营企业自愿接受公私合营的因素还有市场关系的变化，1954 年底由于国家物资供应紧张引发的经济运行紧张影响到了私营企业，许多私营企业面临着严峻的原料、资金、渠道和经营压力，纷纷要求政府支持和扶持。

公私合营高潮则是在 1955 年底出现的。1956 年 1 月起，全国掀起资本主义工商业的社会主义改造高潮。1 月底私营工商业集中的上海、天津、广州、武汉、西安、重庆、沈阳等大城市，以及 50 多个中等城市，相继实现了全行业公私合营。北京于 1956 年 1 月仅用 10 天就实现了全市私营工商业的公私合营。1956 年 3 月底，除西藏等民族地区外，全国基本上实现了全行业公私合营。全国原有资本主义工业 88 000 余户，到 1956 年底已有 99％实现了公私合营，组成了 33 000 多个公私合营企业；

---

① 董志凯，等．中华人民共和国经济史（1953—1957）：上册．北京：社会科学文献出版社，2011：258.

有超过 48 200 名个体手工业者也参加了公私合营。①

到 1956 年底，全国公私合营的私股为 24 亿元，其中工业 17 亿元，商业 6 亿元，交通运输业 1 亿元。公私合营企业原资本家可以获得一个固定的股息，根据 1956 年 7 月国务院发布的《关于对私营工商业、手工业、私营运输业的社会主义改造中若干问题的指示》，规定全国公私合营企业的定息户，不分工商、不分大小、不分盈余亏损户、不分地区、不分行业、不分老合营新合营，统一规定为年息 5%。先规定发放 10 年，然后视情况再定。据 1957 年统计，全国拿定息的私方在职人员为 81 万余人，平均每人每年拿定息 148 元，可见当时的私营工商业规模是很小的。

通过公私合营途径对资本主义工商业进行社会主义改造，使这些企业的产权关系、企业管理、生产运营、工人地位等都发生了根本的改变，政府对公私合营企业完全按照国营企业的计划模式管理，企业投资计划、生产计划、供销计划等纳入国家计划。对资本主义工商业的社会主义改造是我国经济领域的一场深刻社会革命。

四、通过和平改造实现经济制度变革

中国社会主义经济制度的初步建立是通过社会主义的和平改造实现的，这是中国社会主义革命的伟大创造。马克思主义经典作家没有论述过像中国这样一个在半殖民地半封建社会废墟的国家建立社会主义经济制度的问题，苏联和东欧国家则采取了没收资产阶级财产建立国营经济的办法建立社会主义经济。中国共产党结合中国具体实际，创造性地提出并探索出了通过和平改造建立社会主义经济制度的理论和实践路径。

---

① 董志凯，等. 中华人民共和国经济史（1953—1957）：上册. 北京：社会科学文献出版社，2011：259.

1. 和平改造的历史依据和现实可能

1954 年 9 月，刘少奇在一届全国人大一次会议上作的《关于中华人民共和国宪法草案的报告》中系统地论述了中国共产党和人民政府选择和平改造的历史依据。

第一，建立社会主义经济制度就必须消灭资本主义剥削制度，这是毋庸置疑的社会经济制度变革。中国对农业、手工业和资本主义工商业的社会主义改造是在中国共产党和无产阶级已经夺取了政权之后进行的，这就使中国能够通过和平改造来建立社会主义经济制度。刘少奇指出："在人民的讨论中有不少的人问：为什么宪法草案序言中说我国的人民民主制度能够保证我国通过和平的道路来消灭剥削，建成社会主义社会呢？""为要建成社会主义社会，还要消灭资本主义的剥削制度。这是进一步的社会变革。在资本主义国家中，工人阶级和其他劳动群众要实行这种社会变革，必须经过推翻资产阶级专政的国家制度的革命。但是，我国现在的政治经济状况是同资本主义国家完全不同的。我国已经建立了工人阶级领导的人民民主的国家制度。"[①]

第二，建立社会主义经济制度就必须使国营经济占据主导地位，形成国营经济领导下的国民经济发展格局。在 20 世纪 50 年代的各种经济成分中，社会主义经济成分不断扩大，非社会主义经济成分不断缩小，这就为中国通过和平道路建立社会主义经济制度提供了必要条件和路径。刘少奇指出："我国已经有了日益强大的社会主义的国营经济，这种国营经济已经成为整个国民经济的领导力量，而资本主义经济在我国已经不占统治地位。因此，我国的社会主义革命也就同资本主义国家不相同。我们可以依

---

① 中共中央文献研究室. 刘少奇论新中国经济建设. 北京：中央文献出版社，1993：253.

靠现在这样的国家机关和社会力量来逐步地进行社会主义改造。"①

第三，在新民主主义革命和建设中，中国特定的半殖民地半封建社会使工人阶级同民族资产阶级结成反帝反封建的联盟，并为新中国的成立共同奋斗，这也为中国通过和平改造建立社会主义经济制度创造了条件。刘少奇指出："国家对资本主义工商业的社会主义改造，将经过一个相当长的时间，并通过各种不同形式的国家资本主义来逐步实现。我们将让资本家们有一个必要的时间在国家和工人阶级的领导下逐步接受改造。"② 而"工人阶级的国家领导权和工农的巩固联盟，社会主义经济在国民经济中的领导地位，国内统一战线的关系，并加上有利的国际条件，就是我国所以能够通过和平道路消灭剥削制度、建成社会主义社会的必要条件"③。

三大改造的完成，标志着我国以单一公有制和计划经济为特征的社会主义经济制度初步建立。

2. 社会主义改造过程中的缺点和偏差

将一个半殖民地半封建社会的旧中国带进社会主义社会的新中国，初步建立社会主义经济制度，这是前所未有的最为深刻的社会变革。新中国社会主义经济制度初步建立面临的生产力和生产关系发展、经济基础和上层建筑协调的艰巨性、复杂性、多样性，要远远大于第二次世界大战后成立的所有其他社会主义国家，它考验着中国共产党和人民政府的执政能力。从生产力和生产关系发展的角度看，新中国成立初期国民经济主要构成是建立在一家一户个体农业基础上的传统农业经济，现代工业和手工业在国民经济中所占比重仍然很低，整体生产力发展不平衡不充分的状况与我们要建立的社会主义国家工业化差距很大。在这种生产力基础上的生产

---

① 中共中央文献研究室. 刘少奇论新中国经济建设. 北京：中央文献出版社，1993：253 - 254.
② 同①254.
③ 同①255.

关系也是复杂多样的，有个体农业和个体手工业的新民主主义生产关系，有民族工商业的资本主义生产关系，有没收官僚资本建立国营企业的社会主义生产关系，这种生产关系与我们要建立的社会主义生产关系同样差距很大。如何在发展和解放生产力的基础上促进生产力整体更加具有内在动力、生产关系更加具有内部活力，发挥生产关系对生产力发展的积极促进作用，是需要处理好的重大经济和政治问题。从经济基础和上层建筑协调的角度看，新中国成立初期的经济处于由新民主主义经济向社会主义经济过渡时期，脱胎于半殖民地半封建经济的新民主主义经济基础并不具备建立社会主义经济制度的条件，必须有效改变这种经济基础才更加有助于社会主义经济制度的建立。中国共产党领导建立新中国并逐步建立社会主义经济制度，这是由党的革命性质和历史使命决定的，必须充分发挥上层建筑对经济基础的能动作用，也就是必须发挥党和政府促进社会主义经济基础的推动作用。从理论上说，正确处理这两对关系是比较抽象和简单的，但是在实际工作过程中则是比较具体和复杂的。

首先，将社会主义改造进程与社会主义改造目标有效结合起来并不容易。例如，我们党对个体小农经济的发展前途很早就有科学的认识，毛泽东在 1943 年 11 月的《组织起来》一文中就明确指出："在农民群众方面，几千年来都是个体经济，一家一户就是一个生产单位，这种分散的个体生产，就是封建统治的经济基础，而使农民自己陷于永远的穷苦。克服这种状况的唯一办法，就是逐渐地集体化"[①]，农业集体化在中国的具体道路就是农业合作化。但是农业合作化怎样在不损害生产力的基础上推进？农业合作化具体道路究竟应该怎么走？是否广大农村只有这样一种合作化模式和道路？这些问题可以在农业合作化实践中探索并找到答案。1955 年

---

① 毛泽东 . 毛泽东选集：第 3 卷 . 北京：人民出版社，1991：931.

下半年掀起的农业合作化高潮使这些问题都无法很好解决，这就给此后我国农村经济发展留下了许多发展困难和问题。

其次，将社会主义改造进度和社会主义改造节奏有效结合起来并不容易。例如，对资本主义工商业进行社会主义改造是我国社会主义革命和建设的根本任务，随着我国大规模的社会主义国家工业化建设的开展，将民族工商业纳入国家统一计划之内进行计划管理是必然趋势，绝不是可改造可不改造那样简单的问题。《中共中央关于资本主义工商业改造问题的决议》明确指出："在资本主义企业中的工人职员群众已经不愿意照旧生活下去，资产阶级也已经不能照旧生活和控制下去"[1]。但是，如何在充分发挥工商业在经济领域的积极作用的同时进行改造，究竟应该选择什么样的具体改造途径，同样面临着准备不足的问题。1955年底掀起的对资本主义工商业的社会主义改造高潮，很短的时间内在全国迅速完成，给企业管理和发展遗留下许多长期没有解决好的问题。

最后，将社会主义改造方式和社会主义改造结果有效结合起来并不容易。例如，党和国家对于民族资产阶级的改造创造性地采取了和平赎买的办法，这是其他社会主义国家从来没有采取过的消灭一个阶级的做法。毛泽东1957年1月在省市自治区党委书记会议上说："出这样一点钱，就买了这么一个阶级，把他们的政治资本剥夺干净了。全中国知识、文化、技术比较高的就是这个阶级"，"这个政策中央是仔细考虑过的"[2]。但是在对资本主义工商业者的企业进行改造后，如何发挥这些工商业者的市场开拓、企业管理、生产调度以及企业家精神等方面，则可以采取的方式方法不多。其中不少工商业者被排挤出企业管理和企业经营之外，他们的积极

---

[1] 中央档案馆，中共中央文献研究室. 中共中央文件选集（1949年10月—1966年5月）：第22册. 北京：人民出版社，2013：268.

[2] 中共中央党史和文献研究院. 毛泽东年谱：第6卷. 北京：中央文献出版社，2023：67.

作用无法发挥。

总之，应该指出，在改造中，也有缺点和偏差。从 1955 年夏季以后，对社会主义改造要求过急，工作过粗，改变过快，形式也过于简单划一，以致在长期内遗留了一些问题。但正像中共中央《关于建国以来党的若干历史问题的决议》中指出的那样："在一个几亿人口的大国中比较顺利地实现了如此复杂、困难和深刻的社会变革，促进了工农业和整个国民经济的发展，这的确是伟大的历史性胜利。"① 中国共产党提出过渡时期总路线并付诸实施，"创造性地完成了由新民主主义革命向社会主义革命的转变，使中国这个占世界四分之一人口的东方大国进入了社会主义社会，成功实现了中国历史上最深刻最伟大的社会变革。新民主主义革命的胜利，社会主义基本制度的确立，为当代中国一切发展进步奠定了根本政治前提和制度基础"②。

---

① 中共中央文献研究室. 改革开放三十年重要文献选编：上册. 北京：中央文献出版社，2008：189.

② 习近平. 论中国共产党历史. 北京：中央文献出版社，2021：53.

第二章 经济建设道路的探索与曲折发展

社会主义基本制度确立以后，如何在中国建设社会主义，是中国共产党和人民政府面临的崭新课题。以毛泽东同志为主要代表的中国共产党人对适合中国情况的社会主义建设道路进行艰苦探索。以苏联的经验教训为鉴戒，提出要创造新的理论、写出新的著作，把马克思列宁主义基本原理同中国实际进行"第二次结合"，找出在中国进行社会主义革命和建设的正确道路，制定把我国建设成为一个强大的社会主义国家的战略思想。从1956年到1976年，在大约20年的时间内，既有中国经济建设道路探索的理论成果和实践成果，也有脱离中国国情出现的严重挫折和曲折发展。

第一节 中国经济建设道路的初步探索

1956—1957年，以毛泽东同志为核心的党的第一代中央领导集体开始对适合中国国情的社会主义建设道路进行卓有成效的探索，取得了重大的理论成果，集中体现在中共八大的正确路线、《论十大关系》和《关于正确处理人民内部矛盾的问题》之中。中国革命的道路是中国共产党把马克思主义与中国实践相结合的产物，中国并没有完全照搬苏联等国家的模式，通过暴力革命直接进入社会主义社会，而是从中国的实际出发，通过无产阶级领导的新民主主义革命过渡到社会主义社会。1949 年 7 月，斯大林在与到访的刘少奇等交谈时说："关于马克思主义，在一般的理论方面，也许我们苏联人比你们知道得多一些，但把马克思主义的一般原则应用到实际中去，则你们有许多经验值得我们学习。在过去，我们已经向你们学习了很多。"① 这应该是当时社会主义阵营各国都普遍认同的观点。

一、探索中国的经济建设道路

"一五"计划的超额完成，为我国探索中国自己的经济建设道路、建立相对独立完整的工业体系和国民经济体系、实现国家工业化奠定了重要基础，中国可以也应该走出一条自己的建设道路。三大改造的基本完成，标志着我国由新民主主义经济过渡到社会主义经济，建立起了以单一公有制和计划经济为特征的社会主义经济制度和经济体制。这些都使中国共产党和人民政府加深了对中国国情的认识，积累了经济建设的丰富经验，为探索中国自己的经济建设道路创造了条件。

1. 探索经济建设道路的必要性

从 1955 年 12 月开始，为了准备中国共产党第八次全国代表大会，思考和研究三大改造完成后中国经济建设的道路，刘少奇从 1955 年 12 月至 1956 年 3 月先后听取了中央和国务院 37 个部门主要负责人的工作汇报，

---

① 中共中央文献研究室. 刘少奇传：下册. 北京：中央文献出版社，1998：651.

详细询问和了解各个部门、各个行业的生产能力、技术水平、设备状况、产品流通和干部职工情况。毛泽东也在思考举行中共八大的相关问题，但他更关心中国社会主义长远发展的一些问题。在 1956 年 1 月最高国务会议讨论《一九五六年到一九六七年全国农业发展纲要（草案）》时，毛泽东阐述了他如何评价三大改造，指出："社会主义革命的目的是为了解放生产力。农业和手工业由个体的所有制变为社会主义的集体所有制，私营工商业由资本主义所有制变为社会主义所有制，必然使生产力大大地获得解放。这样就为大大地发展工业和农业的生产创造了社会条件。"我们要大发展，"要在几十年内，努力改变我国在经济上和科学文化上的落后状况，迅速达到世界上的先进水平。"①

1956 年 2 月 14 日至 4 月 24 日，毛泽东认真听取了国务院 35 个部委的汇报，边听汇报边讨论。1956 年 4 月，他又开始审阅各省、市、自治区党委的汇报材料和工交部门数百个重要工厂及建设工地给中央的书面报告。这一系列调查研究的目的，就是要总结国内外经济建设的经验与教训，调动国内外一切积极因素，探索一条比苏联、东欧各国发展得更好更快的建设道路。

与此同时，苏联和东欧国家在经济建设中存在的问题，特别是重工业的超常规发展造成的国民经济比例严重失调问题，高度集中的经济管理体制所带来的官僚主义、经济效益低下等问题，引起了中国的高度关注和重视。尤其是以下两个方面的问题：一是对工业化战略和政策的反思与探索，即对农轻重关系、积累与消费关系、经济增长速度、对外经济关系的再认识；二是对经济体制的反思和探索，即对所有制结构、计划与市场关系、中央与地方关系、政府与企业关系、企业内部的党政关系等的再认

---

① 毛泽东. 毛泽东文集：第 7 卷. 北京：人民出版社，1999：1，2.

识。针对在学习和借鉴苏联等国家的经验中出现的偏差，毛泽东提出必须处理好学习与创新的关系，学习应是有分析有批判地学习，不能照搬照抄、机械搬用。毛泽东说："最近苏联方面暴露了他们在建设社会主义过程中的一些缺点和错误，他们走过的弯路，你还想走？过去我们就是鉴于他们的经验教训，少走了一些弯路，现在当然更要引以为戒。"①

1956年4月4日，毛泽东在一次会议上提出："最重要的是要独立思考，把马列主义的基本原理同中国革命和建设的具体实际相结合。民主革命时期，我们吃了大亏之后才成功地实现了这种结合，取得了新民主主义革命的胜利。现在是社会主义革命和建设时期，我们要进行第二次结合，找出在中国怎样建设社会主义的道路。"② 毛泽东提出的"第二次结合"的思想与理论对于在新的历史时期把马克思主义基本原理同中国具体实际相结合，对于我国坚持独立自主、自立自强的建设与发展道路具有重要的理论指导意义。

2. 《论十大关系》

1956年4月25日，毛泽东在中共中央政治局扩大会议上发表了题为《论十大关系》的著名讲话。在《论十大关系》中，他把探索中国自己的社会主义建设道路的任务提到全党面前，并论述了中国经济建设的一系列重要原则。这十大关系是：第一，关于重工业和轻工业、农业的关系。毛泽东说：必须优先发展生产资料的生产，但是决不可以因此忽视生活资料尤其是粮食的生产。强调必须正确处理农轻重的比例关系，更多地发展轻工业和农业。从国外经验教训来看，苏联农业滞后问题比较严重、东欧国家轻重工业不平衡问题比较严重。第二，关于沿海工业和内地工业的关

---

① 毛泽东.毛泽东文集：第7卷.北京：人民出版社，1999：23.
② 中共中央党史和文献研究院.毛泽东年谱：第5卷.北京：中央文献出版社，2023：557.

系。毛泽东说：我国全部轻工业和重工业，都有约70％在沿海，只有30％在内地。鉴于"一五"计划建设的项目主要安排在东北地区和内地省份，提出要平衡工业发展布局，强调要更多地利用和发展沿海工业。第三，关于经济建设和国防建设的关系。毛泽东说：要把军政费用降到适当的比例，增加经济建设费用。运用更多资金多开设一些工厂、多制造一些机器。第四，关于国家、生产单位和生产者个人的关系。毛泽东说：必须兼顾国家、集体和个人三个方面，特别要照顾农民的利益，给企业一定的权力和一定的独立性。第五，关于中央和地方的关系。毛泽东说：在巩固中央统一领导的前提下，扩大地方权力，让地方办更多的事情。有两个积极性比有一个积极性好得多。第六，关于汉族和少数民族的关系。毛泽东说：着重反对大汉族主义，也要反对地方民族主义，执行好民族区域自治政策。第七，关于党和非党的关系。毛泽东说：长期共存，互相监督。第八，关于革命和反革命的关系。毛泽东认为，反革命因素是消极因素、破坏因素，但已经大为减少，社会镇反要少捉少杀。第九，关于是非关系。毛泽东说：党内外都要分清是非，对犯错误的人要"惩前毖后，治病救人"，帮助改正错误，允许继续革命。第十，关于中国和外国的关系。毛泽东说：一切民族、一切国家的长处都要学，资本主义国家先进的科学技术和企业管理中科学的方法也要学习。①

在起草中共八大开幕词过程中，毛泽东还思考了中国实现国家工业化的时间表问题。在这个时间表中有两个时间节点：一是实现初步工业化的时间，二是接近或赶上世界上工业最发达国家的时间。他写道："到那时，即到一九六七年第三个五年计划完成的时候，工业产值将占百分之六十几，农业产值将占百分之三十几，这样我国就可以说基本上有了现代工业

---

① 毛泽东. 毛泽东文集：第7卷. 北京：人民出版社，1999：23-49.

了，就可以说初步地工业化了。但是我国是一个具有六亿人口的国家，到第三个五年计划完成的时候，按照每年增加一千二百万人计算，那时将有七亿几千万人口，按照每人占有各项主要工业产品的数量来说，我国要进一步工业化，要接近或者赶上世界上工业最发达的国家，那就需要几十年才有可能。"他还认为，中国建设所需要的和平环境是可以争取到的，因为"需要一个持久的和平环境，并且愿意为和平事业努力，争取避免再发生一次世界大战的人们，占了人类的大多数，这种趋势还会发展"。①

《论十大关系》的基本方针就是："我们一定要努力把党内党外、国内国外的一切积极的因素，直接的、间接的积极因素，全部调动起来，把我国建设成为一个强大的社会主义国家。"② 正如他后来在《十年总结》中所说："前八年照抄外国的经验。但从一九五六年提出十大关系起，开始找到自己的一条适合中国的路线。"③

二、中共八大和党的工作重心的转移

1956 年 9 月 15 日至 27 日，中国共产党第八次全国代表大会召开。这是新中国成立后中国共产党召开的第一次全国代表大会，也是在我国完成了过渡时期的基本任务、开始进行社会主义建设的关键时刻召开的重要会议。会前毛泽东说："我国是一个东方国家，又是一个大国。因此，我国不但在民主革命过程中有自己的许多特点，在社会主义改造和社会主义建设的过程中也带有自己的许多特点"④。

---

① 中共中央文献研究室.毛泽东传：第 4 册.北京：中央文献出版社，2011：1493，1494.
② 毛泽东.毛泽东文集：第 7 卷.北京：人民出版社，1999：43.
③ 中共中央文献研究室.建国以来重要文献选编：第 13 册.北京：中央文献出版社，1996：418.
④ 中共中央党史和文献研究院.毛泽东年谱：第 5 卷.北京：中央文献出版社，2023：603.

1. 中共八大明确国内主要矛盾和主要任务

中共八大和八大的政治报告都是围绕着社会主义建设这个主题，特别是以毛泽东《论十大关系》为指导思想，就中国社会主义建设一系列重大问题作出了回答。毛泽东在开幕词中明确了大会的任务，就是"总结从七次大会以来的经验，团结全党，团结国内外一切可能团结的力量，为了建设一个伟大的社会主义的中国而奋斗"①。刘少奇代表中共中央作了政治报告。

中共八大对于中国社会主义建设事业作出的重大决策主要有：第一，对中国当时社会的阶级关系和主要矛盾作出了科学的分析和判断。明确宣布：国内的主要矛盾已经不再是无产阶级和资产阶级的矛盾，而是人民对于建立先进的工业国的要求同落后的农业国的现实之间的矛盾，已经是人民对于经济文化迅速发展的需要同当前经济文化不能满足人民需要的状况之间的矛盾。我国的社会主义和资本主义谁战胜谁的问题，现在已经解决了。"革命的暴风雨时期已经过去了，新的生产关系已经建立起来，斗争的任务已经变为保护社会生产力的顺利发展"②。社会主要矛盾性质的变化要求我们适时地转变头脑和工作作风。第二，及时地提出了党的工作重心由过渡时期的革命与建设并举，转移到社会主义经济建设上来。"我们党现时的任务，就是要依靠已经获得解放和已经组织起来的几亿劳动人民，团结国内外一切可能团结的力量，充分利用一切对我们有利的条件，尽可能迅速地把我国建设成为一个伟大的社会主义国家。"③ 中共八大对当时我国的形势与任务的估计和评价是符合实际的，对社会主义建设道路的探索也是沿着正确的方向进行的。第三，明确提出在社会主义阶段，全

---

① 毛泽东. 毛泽东文集：第7卷. 北京：人民出版社，1999：114.
② 中共中央文献研究室. 建国以来重要文献选编：第9册. 北京：中央文献出版社，1994：93.
③ 同②40.

党全国人民的主要任务，"已经由解放生产力变为保护和发展生产力"①，尽快把我国建设成先进的工业强国。毛泽东在开幕词中提出："我们现在也面临着和苏联建国初期大体相同的任务。要把一个落后的农业的中国改变成为一个先进的工业化的中国，我们面前的工作是很艰苦的，我们的经验是很不够的。因此，必须善于学习。""我们决不可有傲慢的大国主义的态度，决不应当由于革命的胜利和在建设上有了一些成绩而自高自大。""即使我们的工作得到了极其伟大的成绩，也没有任何值得骄傲自大的理由。虚心使人进步，骄傲使人落后，我们应当永远记住这个真理。"② 第四，重申了"既积极又稳妥可靠"的既反保守又反冒进的经济建设总方针。刘少奇提出："发展速度必须是积极的，以免丧失时机，陷入保守主义的错误；又必须是稳妥可靠的，以免脱离经济发展的正确比例，使人民的负担过重，或者使不同的部门互相脱节，使计划不能完成，造成浪费，那就是冒险主义的错误。"③ 大会提出要在三个五年计划或者再多一点时间内，在我国建成一个基本上完整的工业体系的战略设想。正如《中共中央关于党的百年奋斗重大成就和历史经验的决议》所总结的那样，"党的八大根据我国社会主义改造基本完成后的形势，提出国内主要矛盾已经不再是工人阶级和资产阶级的矛盾，而是人民对于经济文化迅速发展的需要同当前经济文化不能满足人民需要的状况之间的矛盾，全国人民的主要任务是集中力量发展社会生产力，实现国家工业化，逐步满足人民日益增长的物质和文化需要"④。

中共八大确定的引人关注的重大决策还有：要进一步扩大民主，健全法制，着手制定比较系统完备的法律体系；要用和平谈判的方式，使台湾

---

① 中共中央文献研究室.建国以来重要文献选编：第10册.北京：中央文献出版社，1994：141.
② 毛泽东.毛泽东文集：第7卷.北京：人民出版社，1999：117.
③ 刘少奇.刘少奇选集：下卷.北京：人民出版社，1985：227.
④ 中共中央关于党的百年奋斗重大成就和历史经验的决议.北京：人民出版社，2021：10-11.

重新回到祖国的怀抱，争取和平解决台湾问题；要以和平共处五项原则为基础，准备同一切尚未同我国建交的国家建立正常的外交关系，我们也同样具有同美国和平共处的愿望；等等。中共八大制定的正确路线标志着我们对社会主义的认识和对中国自己的社会主义建设道路的探索达到了新的水平。

在中共八大会议上，陈云在发言中提出了适合中国国情的社会主义经济体制的比较完整的构想，尤其是"三个主体，三个补充"的思想更为突出。即：在工商业经营方面，国家经营和集体经营是主体，一定数量的个体经营是补充；在工农业生产方面，计划生产是主体，按照市场变化而在国家计划许可范围内的自由生产是补充；在市场方面，国家市场是主体，国家领导下的自由市场是补充。① 这个建议为大会决议所吸收。1957 年 1 月，陈云又提出："建设规模的大小必须和国家的财力物力相适应。适应还是不适应，这是经济稳定或不稳定的界限。像我们这样一个有六亿人口的大国，经济稳定极为重要。建设的规模超过国家财力物力的可能，就是冒了，就会出现经济混乱；两者合适，经济就稳定。"②

1957 年 2 月，毛泽东在最高国务会议上发表《如何处理人民内部的矛盾》（后改为《关于正确处理人民内部矛盾的问题》）的讲话。这篇讲话根据我国社会主义社会主要矛盾的变化，把正确处理人民内部矛盾作为国家政治生活的主题提了出来，从理论上进一步阐述和发展了中共八大的正确路线。他指出，社会主义社会存在着敌我之间和人民内部两类性质的矛盾，前者是对抗性的矛盾，需要用强制的、专政的办法去解决，后者是非对抗性的，只能用民主的、说服教育的、"团结——批评——团结"的方法去解决。

---

① 陈云. 陈云文选：第 3 卷. 北京：人民出版社，1995：13.
② 同①52.

中国共产党和毛泽东对于中国社会主要矛盾和主要任务的认识取得了巨大飞跃，中国社会主义建设正在开启一个崭新的历史时期。

2. 通过《关于发展国民经济的第二个五年计划的建议的报告》

周恩来在中共八大会议上作了《关于发展国民经济的第二个五年计划的建议的报告》，总结了"一五"计划执行中的经验与教训，包括：应该根据需要和可能，合理地规定国民经济的发展速度，把计划放在既积极又稳妥可靠的基础上，以保证国民经济比较均衡地发展；应该使重点建设和全面安排相结合，以便国民经济各部门能够按比例地发展；应该增加后备力量，健全物资储备制度；应该正确处理经济和财政的关系，财政收入必须建立在经济发展的基础上，财政支出必须首先保证经济的发展。报告提出了"二五"计划的基本任务：第一，继续进行以重工业为中心的工业建设，推进国民经济的技术改造，建立我国社会主义工业化的巩固基础；第二，继续完成社会主义改造，巩固和扩大集体所有制和全民所有制；第三，在发展基本建设和继续完成社会主义改造的基础上，进一步地发展工业、农业和手工业生产，相应地发展运输业和商业；第四，努力培养建设人才，加强科学研究工作，以适应社会主义经济文化发展的需要；第五，在工业农业生产发展的基础上，增强国防力量，提高人民的物质生产和文化生活的水平。

第二个五年计划主要指标是：1962年工农业总产值比1957年原计划增长75%左右，工业总产值增长一倍左右，农业总产值增长35%左右；职工和农民平均收入增长25%～30%，1962年国民收入有可能比1957年增加50%；基本建设投资在全部财政收入中的比例由"一五"计划时期的35%增加到40%左右，积累在国民收入中所占的比重可以稍高于第一个五年计划已经达到的水平。1962年钢产量由1957年的1 050万吨增加到1 200万吨，煤产量由1957年的19 000万吨增加到21 000万吨，粮食达到 5 000 亿斤左右，棉花达到 4 800 万担左右。第二个五年计划基本建设总投资将比第一个五年计划增长一倍左右。这个计划指标应该是比较符合中国发展实际和发展可能的，如果按照这个计划指标安排国民经济发展进度，取得较好的经济成就是完全可以期待的。正如周恩来在报告中所提出的："八大规定的建设方针是，'为了把我国由落后的农业国变为先进的社会主义工业国，我们必须在三个五年计划或者再多一点的时间内，建成一个基本上完整的工业体系'"①，应该根据需要和可能，合理地规定国民经济的发展速度，把计划放在既积极又稳妥可靠的基础之上，以保证国民经济比较均衡地发展。

李富春在发言中专门谈了计划工作的基本要求和经验教训，即要通过系统地了解和研究中国经济情况的办法来进一步认识和掌握经济发展的客观规律；加强综合平衡、全面安排的工作，掌握有计划按比例发展的规律；适应新的情况，按照集中统一和因地制宜相结合的原则来改善计划体制和方法。②薄一波在发言中提出，今后若干年内在通常的情况下，我国国民收入中积累部分的比重，不低于 20% 或者略高一点；我国国民收入中国家预算收入的比重，不低于 30% 或者略高一点；我国国家预算支出中基本建设支出的比重，不低于 40% 或者略高一点。③

在此之前的 1956 年 1 月，中共中央提出了《一九五六年到一九六七年全国农业发展纲要（草案）》（简称《纲要（草案）》）。《纲要（草案）》规定：从 1956 年开始，在 12 年内粮食每亩平均产量，在黄河、秦岭、白龙江、黄河（青海境内）以北地区，由 1955 年的 150 多斤增加到 400 斤；在黄河以南，淮河以北地区，由 208 斤增加到 500 斤；在淮河、秦岭、白

---

① 周恩来. 周恩来选集：下卷. 北京：人民出版社，1984：232.

② 李富春. 李富春选集. 北京：中国计划出版社，1992：183 - 187.

③ 房维中. 中华人民共和国经济大事记（1949—1980 年）. 北京：中国社会科学出版社，1984：179.

龙江以南地区，由 400 斤增加到 800 斤。棉花（皮棉）每亩平均产量，按照各地情况，由 1955 年的 35 斤（全国平均数）分别增加到 40 斤、60 斤、80 斤和 100 斤。为此，提出了 12 条农业增产措施，即：兴修水利；增加肥料；改良旧式农具和推广新式农具；推广优良品种；扩大复种面积；多种高产作物；实行精耕细作，改进耕作方法；改良土壤；保持水土；保护和繁殖耕畜；消灭虫害和病害；开垦荒地，扩大耕地面积。5 条推广先进经验的方法是：由各省、市、自治区收集当地的丰产经验，编印成书，传播推广；举办农业展览会；各级政府定期召开农业劳动模范会议，奖励丰产模范；组织合作社之间的参观和评比，交流增产经验；在总结先进经验的基础上，组织技术传授，发动农民和干部学习外社外乡外县外省（市、自治区）的先进的管理经验和技术知识。

在 1956 年 1 月中共中央召开的知识分子问题会议上，周恩来深刻阐述了科学技术在社会主义建设中的重要性和知识分子的地位与作用，宣布知识分子"是工人阶级的一部分"，号召"向现代科学进军"[①]。这对于广大知识分子积极投身于社会主义建设是很大的鼓舞，对于从旧中国走过来的知识分子来说是政治上的信任，对于新中国培养的广大知识分子来说是事业上的鼓舞。

1956 年 12 月，中共中央同意国务院科学规划委员会党组提出的《1956—1967 年科学技术发展远景规划纲要（修正草案）》，这个文件明确提出：现代世界科学技术正处在日新月异的发展过程中，我们只有充分利用现代一切科学技术成就，并通过自己的努力来充实和发展这些成就，才能保证社会生产力的不断提高。该文件提出并规划了对我国国民经济和科学技术发展十分重要的 13 个方面 57 项重要科学技术任务，13 个方面包

---

① 周恩来. 周恩来选集：下卷. 北京：人民出版社，1984：162，185.

括：自然条件及自然资源；矿冶；燃料和动力；机械制造；化学工业；建筑；运输和通信；新技术；国防；农、林、牧；医药卫生；仪器、计量和国家标准；若干基本理论问题和科学情报。这两个文件对于我国农业生产的发展和科学技术的发展都起到了重要的作用。

综上所述，可见在中共八大前后，中国共产党和党的领导人把马克思列宁主义基本原理与中国实际进行"第二次结合"，找出了中国社会主义革命和建设的道路，确定了中国建设强大的社会主义国家的战略思想。

第二节　经济建设出现挫折和国民经济全面调整

中共八大之后，全国各条战线、各个方面都呈现出一派蓬勃发展的局面，如果能够始终坚持中共八大的正确路线，中国社会主义革命和建设将会避免许多挫折和曲折。但是，经济建设不是一帆风顺的。在中国经济发展相对落后、经济建设困难重重的压力下和急于改变贫穷落后面貌的强烈愿望推动下，我国经济发展指导思想和经济建设从 20 世纪 50 年代中后期开始偏离正确的轨道，出现了"左"的错误，特别是 1958 年中共八大二次会议以后掀起的"大跃进"运动，给中国国民经济造成了严重的破坏。面对严峻的经济困难，中国共产党率领中国人民认真总结经验教训，进行了为期五年的国民经济调整，到 1965 年使国民经济恢复到了正常发展的水平。

一、急躁冒进与经济建设"大跃进"

毛泽东关于社会主义时期"不断革命"的思想是他一贯坚持的重要思想。在他看来，只有不断进行革命，才能巩固和捍卫社会主义，反对和防止资本主义复辟。这种革命不仅要在政治领域进行，而且要在经济领域进行；不仅要在党内进行，而且要在党外进行。在经济领域，就是要不断地对生产关系、对所有制结构进行向更加单纯的社会主义过渡的调整；在党外进行，就是要广泛发动群众，通过群众运动的方式推进社会主义革命和建设。

1. 赶超英国口号的提出与批评反冒进

毛泽东根据这种"不断革命"的理论，提出在我国社会主义经济建设中，必须反对庸俗的平衡论或均衡论，反对消极的平衡方法。他号召中国人民应该有一个远大的规划，要在几十年内，努力改变我国在经济上和科学技术上的落后状态，迅速达到世界上的先进水平。在他的鼓舞下，各行各业纷纷提出或制定了很高的发展目标和指标，经济生活中过热的情绪急剧升温。他在 1955 年底还提出：不要出现"两翼"（指三大改造）走在前面，"主体"（指工业化）落在后面的现象。这一思想在 1955 年 12 月毛泽东为《中国农村的社会主义高潮》一书收录的《发动妇女投入生产，解决了劳动力不足的困难》一文所写的按语中也充分表达出来。他反复强调要反对经济建设中的右倾保守思想，并且预见社会主义中国将会"出现从来没有被人们设想过的种种事业，几倍、十几倍以至几十倍于现在的农作物的高产量。工业、交通和交换事业的发展，更是前人所不能设想的"[①]。

1957 年 11 月，在莫斯科举行的各国共产党和工人党代表会议上，赫鲁晓夫提出了苏联要在 15 年赶超美国的行动口号，引起了与会各国共产党的热烈反响。苏联这种赶超资本主义发达国家的战略思想对中国的影响更是深远。实际上毛泽东早在第一个五年计划期间就开始酝酿在短时间内赶超英美的战略。18 日，毛泽东在大会上发表讲话时提出："中国从政治

[①] 毛泽东. 毛泽东文集：第 6 卷. 北京：人民出版社，1999：458.

上、人口上说是个大国，从经济上说现在还是个小国。""要把中国变成一个真正的大国。""赫鲁晓夫同志告诉我们，十五年后，苏联可以超过美国。我也可以讲，十五年后我们可能赶上或者超过英国。"① 25日，《人民日报》发表社论："在十五年以后，苏联将在按人口计算的产量方面超过美国。可以预期，在同一期间，或者稍多一点时间，中国可能在钢铁和其他重要工业产品的产量方面赶上或者超过英国。到那个时候，社会主义阵营将在和平竞赛中把帝国主义阵营更远地抛在后面。"毛泽东在莫斯科的讲话迅速在中国共产党和中国人民中间引发了热烈的响应。1957年12月2日，刘少奇代表党中央在中华全国总工会第八次全国代表大会上公开宣布：在15年内，我们要与苏联赶超美国同步，全面赶上或超过英国。

在社会主义经济建设和经济发展中，建设规模要与国力相适应是一条重要的原则。鼓舞人心的目标和愿景是政治生活的特征，实事求是的平衡和工作是经济建设的要求。针对1955年底以后出现的经济过热现象和急于求成、盲目冒进的倾向，刘少奇、周恩来、陈云等作了很大努力予以纠正。1956年1月20日，周恩来在中共中央召开的知识分子问题会上就呼吁：不要搞那些不切实际的事情，要"使我们的计划成为切实可行的实事求是的，不是盲目冒进的计划"。周恩来提醒人们"不要光看到热火朝天的一面。热火朝天很好，但应小心谨慎。要多和快，还要好和省，要有利于提高劳动生产率"。② 领导干部头脑发热了应用冷水洗洗。1956年4月，面对因急于求成造成的各种物资与财政的紧张状况，周恩来又提出：搞计划必须注意实事求是，一切要为平衡而奋斗。《人民日报》发表了一篇题为《要反对保守主义，也要反对急躁情绪》的社论，进一步提醒人们要反对急躁冒进。

在 1956 年底到 1957 年初，针对我国经济生活中出现的急于求成的倾向，陈云反复提醒计划指标必须切合我国实际，必须兼顾人民生活与国家经济建设，制定计划必须做好三大平衡（即财政收支平衡、银行信贷平衡、物资供需平衡）。1957 年 1 月 18 日，他出席中共中央召开的各省市自治区党委书记会议时发表了题为《建设规模要和国力相适应》的讲话，指出：“建设规模的大小必须和国家的财力物力相适应。适应还是不适应，这是经济稳定或不稳定的界限。像我们这样一个有六亿人口的大国，经济稳定极为重要。建设的规模超过国家财力物力的可能，就是冒了，就会出现经济混乱；两者合适，经济就稳定。当然，如果保守了，妨碍了建设应有的速度也不好。但是，纠正保守比纠正冒进要容易些。因为物资多了，增加建设是比较容易的；而财力物力不够，把建设规模搞大了，要压缩下来就不那么容易，还会造成严重浪费。”①

对于反冒进的提法，毛泽东从一开始就不赞同。从 1956 年底开始，毛泽东在党内越来越严厉地批评反冒进。在 1957 年 9 月 20 日至 10 月 9 日召开的中共八届三中全会上，毛泽东作了《做革命的促进派》的讲话，尖锐地批评了反冒进，“去年这一年扫掉了几个东西。一个是扫掉了多、快、好、省”，“还扫掉农业发展纲要四十条”，“还扫掉了促进委员会”。②毛泽东对反冒进的严厉指责，迫使当时主持中央和国务院工作的负责人不断检讨。1957 年 11 月 13 日，《人民日报》发表了一篇经毛泽东审阅同意的《发动全民，讨论四十条纲要，掀起农业生产的新高潮》的社论。社论对反冒进进行了公开的批评，认为“有些人害了右倾保守的毛病，像蜗牛

---

① 陈云. 陈云文选：第 3 卷. 北京：人民出版社，1995：52.
② 中共中央文献研究室. 建国以来重要文献选编：第 10 册. 北京：中央文献出版社，1994：605，606.

一样爬行得很慢，他们不了解在农业合作化以后，我们就有条件也有必要在生产战线上来一个大的跃进。这是符合客观规律的"①。这是第一次在党报上公开使用"大跃进"一词。毛泽东对柯庆施在中共上海市一届二次会议上所作的题为《乘风破浪，加速建设社会主义的新上海》的报告十分欣赏，《人民日报》在 1958 年 1 月 25 日转载了这个报告。在 1958 年 1 月的杭州会议和南宁会议、3 月的成都会议、4 月的武汉会议②上继续严厉批评反冒进。这些会议在严厉批评反冒进和"右倾保守"的氛围中，完成了全党对"大跃进"运动的思想准备。

2. 社会主义建设总路线的提出

在 1958 年 3 月 8 日至 26 日召开的成都会议上，毛泽东提出了社会主义建设总路线。总路线的基本点是：正确处理人民内部矛盾，调动一切积极因素；巩固全民所有制和集体所有制以及建立在以这种所有制为主的经济基础上的大团结；重工业优先发展，农轻重并举；集中领导、全面规划、分工协作，中央与地方、大中小企业并举；建设现代化工业、现代化农业、现代化科学文化的伟大社会主义国家。总路线是批评反冒进的直接产物，体现了经济建设"大跃进"的基本思想，肯定了冒进的经济工作指导方针。

----

① 中国革命博物馆党史研究室.共和国重大历史事件述实.北京：人民出版社，1999：146.

② 杭州会议是指中共中央于 1958 年 1 月 3 日至 4 日在浙江杭州召开的华东四省一市党委第一书记会议。毛泽东在会议上提出了"不断革命"的思想。南宁会议是指中共中央于 1958 年 1 月 11 日至 22 日在广西南宁召开的有部分中央领导人和部分中央部委、地方负责人参加的工作会议。会议讨论了 1958 年国民经济计划、财政预算及工作方法等问题，毛泽东严厉批评了反冒进并提出了中央地方"两本账"的工作方法及积极平衡的思想。成都会议是指中共中央于 1958 年 3 月 9 日至 26 日在成都举行的有中央领导人、中央有关部门负责人和大部分省、市、自治区党委第一书记参加的工作会议。成都会议的中心议题是总结新中国成立以来的工作，研究经济建设问题，确立社会主义建设总路线，会议通过了《中共中央关于一九五八年计划和预算第二本账的意见》等 40 多个文件。武汉会议是指中共中央于 1958 年 4 月 1 日至 9 日在湖北武汉召开的工作会议。这次会议是成都会议的补充，会议听取了河南省关于一年实现农业发展纲要四十条的规划报告和安徽省大搞水利突击的情况报告。

1958 年 5 月，中共八大二次会议根据毛泽东的建议，通过了社会主义建设总路线，即鼓足干劲，力争上游，多快好省地建设社会主义。总路线是 1958—1978 年中国经济建设的基本指导，反映了人民群众迫切需要改变我国经济文化落后状况的普遍愿望和要求，是凝聚全体人民共识的建设旗帜。

但在实际工作中，人们把总路线的核心理解为追求和实现高速度。总路线积极的一面是反映了广大人民迫切要求改变我国经济文化落后状况的普遍愿望；消极的一面是片面强调高速度和人的主观能动性，产生了"用最高的速度来发展我国的社会生产力"、"速度是总路线的灵魂"和"快，这是多快好省的中心环节"等认识，忽视或违背了国民经济有计划按比例发展和生产关系一定要适应生产力性质的规律，从而使我国经济从 1958 年开始受到很大的损失。1958 年 6 月 1 日，《红旗》杂志和《人民日报》发表了毛泽东 4 月写的题为《介绍一个合作社》的文章。这篇文章从河南"一个苦战二年改变了面貌的合作社"的事例中得出结论："由此看来，我国在工农业生产方面赶上资本主义大国，可能不需要从前所想的那样长的时间了。""六亿人口是一个决定的因素。人多议论多，热气高，干劲大。从来也没有看见人民群众像现在这样精神振奋，斗志昂扬，意气风发。"在他看来，中国"一穷二白"会促使"穷则思变，要干，要革命。一张白纸，没有负担，好写最新最美的文字，好画最新最美的画图"[①]。高度评价并充分肯定革命干劲和工作热情的极端重要性，这无疑给已经发热的头脑又加了一把"火"。

这种气氛导致在经济建设中，主观主义、好大喜功日益盛行并蔓延开来。把优先发展重工业的战略片面理解为重工业可以摆脱其他工业部门和

产业部门一花独放。特别是在 1958 年进入全面建设社会主义时期之后，由于社会主义建设经验不足，对经济发展规律和中国经济情况认识不足，以及在成绩面前滋长了骄傲自满情绪，急于求成，夸大了主观意志和主观努力的作用，中共中央没有经过认真的调查研究和试点，发动了"大跃进"运动和人民公社化运动。

"大跃进"和人民公社化运动的一个重要目标，就是要在最短的时间内使工农业主要产品产量成倍增长、社会主义生产关系迅速建立。在持续三年之久的"大跃进"运动中，我国国民经济遭受严重挫折，给人民生活造成了极大苦难。

3. "大跃进"运动的全面发动

在 1958 年 3 月成都会议上，中共中央接受了毛泽东提出的"生产计划要有两本账"的观点，即"生产计划三本账。中央两本账，一本是必成的计划，这一本公布；第二本是期成的计划，这一本不公布。地方也有两本账。地方的第一本就是中央的第二本，这在地方是必成的；第二本在地方是期成的"①。成都会议通过了国家计委提出的实现"大跃进"的 1958 年第二本账，即比 2 月上旬全国人民代表大会刚刚通过的计划"高了许多"的"一个多快好省的账"。具体要求是：工业总产值 1958 年比 1957 年增长 33%，农副业增长 16.2%，财政收入增长 20.7%，基本建设投资增长 41.5%，钢铁煤炭等主要工业产品增长 30%～35%，粮食增长 16.6%，棉花增长 24.8%。② 可见，这第二本账的计划指标已经严重脱离客观实际了。成都会议标志着开始把整个国民经济计划纳入"大跃进"的轨道了。

---

① 毛泽东. 毛泽东文集：第 7 卷. 北京：人民出版社，1999：347.
② 中共中央文献研究室. 中华人民共和国国民经济和社会发展计划大事辑要. 北京：红旗出版社，1987：118－119.

1958 年 5 月 5 日至 23 日中共八大二次会议在北京召开，这是一次发动"大跃进"的党代表大会。刘少奇代表中央作的工作报告全面阐述了社会主义建设总路线。他指出："建设速度的问题，是社会主义革命胜利后摆在我们面前的最重要的问题。我们的革命就是为了最迅速地发展社会生产力。我国经济本来很落后，我国的外部还有帝国主义，只有尽可能地加快建设，才能尽快地巩固我们的社会主义国家，提高人民的生活水平。""我们现在正经历着我国历史上伟大的飞跃发展的时代。我们的党，我们的国家，现在需要大批敢想敢说敢做的人，敢于破除迷信、革新创造的人，敢于坚持真理、为真理冲锋陷阵、树立先进和革命旗帜的人，依靠这样的人，我们才能够领导全国人民跃进再跃进，多快好省地完成伟大的社会主义建设事业。"[①] 会议期间，毛泽东于 1958 年 5 月 18 日在《卑贱者最聪明，高贵者最愚蠢》的批语中提出："我国七年赶上英国、再加八年或者十年赶上美国"[②]。这就把在莫斯科提出的 15 年赶上和超过英国的目标又提前了。

中共八大二次会议之后，国家经济计划指标不断刷新，超英、赶美的时间表继续提前。毛泽东 1958 年 6 月 21 日在军委扩大会议上提出：我们 3 年基本上超过英国，10 年超过美国，有充分把握。次日在《两年超过英国》的报告中批示："两年是可能的。这里主要是钢。只要一九五九年达到了二千五百万吨，我们就在钢的产量上超过英国了。"[③] 6 月，钢铁工业部门开始拟定"大跃进"目标，1958 年钢产量由 820 万吨升至 850 万吨、再升至 1 000 万吨，后经毛泽东提议确定 1 070 万吨，即比 1957 年钢产量 535 万吨翻一番。冶金部党组向中央和毛泽东提交了一份《产钢计划》

①　中共中央文献研究室.建国以来重要文献选编：第 11 册.北京：中央文献出版社，1995：305，322.

②　中共中央党史和文献研究院.毛泽东年谱：第 6 卷.北京：中央文献出版社，2023：353.

③　同②374.

称，1959 年"钢的产量可以超过 3 000 万吨，1962 年的生产水平将可能争取达到 8 000 万吨～9 000 万吨以上"。"大跃进"运动由追求钢产量的高指标、高速度开始而拉开了帷幕。与此同时，各大协作区纷纷召开农业会议，提出各自的农业"大跃进"指标。例如，农业部 1958 年 6 月中旬向中央政治局提出的"二五"期间农业所要达到目标的报告，提出粮、棉产量在 5 年中都要翻一番。

1958 年 8 月 23 日，国家计委向中共中央报送了经过大幅度调高的"二五"计划意见书。这个意见书是在"全面大跃进"的形势下提出的，主要内容是到 1962 年，我国不仅可以提前建设成为一个具有现代工业、现代农业和现代科学文化的社会主义国家，而且可以为开始向共产主义过渡创造条件。到那个时候，全国就能建成强大的独立完整的工业体系，各协作区就能建成比较完整的、不同水平和各有特点的工业体系。到那个时候，农业劳动就能实现半机械化和机械化，有条件的农村基本上实现电气化，90％以上耕地实现水利化。到那个时候，主要科学技术就能赶上世界先进水平，全国就能普及中等教育。并据此提出"二五"期间一系列高指标：农业总产值平均每年增长速度安排为 30％左右，工业总产值平均每年增长速度安排为 53％左右。到 1962 年，粮食产量设想达到 15 000 亿斤，棉花达到 15 000 万担，比 1957 年增长三倍左右。钢产量达到 8 000 万吨，原煤 9 亿吨，发电量 3 000 亿千瓦时，棉纱 2 600 万件，比 1957 年增长五六倍甚至十几倍。"二五"期间，基本建设战线将进一步拉长，重工业建设项目安排 1 000 个以上；五年基本建设投资 3 850 亿元，比"一五"时期完成的基本建设投资总额 588.5 亿元增长 5.5 倍。①

1958 年 8 月 17 日至 30 日，中共中央在北戴河举行政治局扩大会议，

---

① 房维中．中华人民共和国经济大事记（1949—1980 年）．北京：中国社会科学出版社，1984：222-223；曾培炎．中国投资建设 50 年．北京：中国计划出版社，1999：63．

讨论 1959 年的国民经济计划及当前的工业生产、农业生产和农村工作等问题。会议提出了"以钢为纲，全面跃进"方针，号召 1958 年为生产1 070 万吨钢而奋斗。会议通过了《中共中央政治局扩大会议号召全党全民为生产一千零七十万吨钢而奋斗》《关于一九五九年计划和第二个五年计划问题的决定》《关于在农村建立人民公社问题的决议》等 37 个文件。在中共中央批准"二五"计划意见书的同时，要求国家计委立即会同各地区依据这个意见书，编制出分省、市、自治区的计划草案。北戴河会议以后，全国迅速掀起了大规模的大炼钢铁运动和人民公社化运动。

第一，以大炼钢铁为特征的工业"大跃进"。

1958 年的工业战线是最紧张的一年。面对农业夏粮大丰收的形势，农村中开始刮起了高估产、"放卫星"的风潮，这就给工业"大跃进"带来了更大的压力。1958 年 1 月至 8 月，全国仅生产钢 400 万吨，离 1 070万吨钢的生产目标还有很大差距，要在剩下的四个月生产 800 多万吨钢，只能是在小高炉、小转炉（即通常所称的"小洋群"）之外，大搞土法炼钢的群众运动了。在钢铁高指标的指引下，全国掀起了大炼钢铁的高潮。尤其是 1958 年 9 月 1 日《人民日报》发布《中共中央政治局扩大会议号召全党全民为生产一千零七十万吨钢而奋斗》的公报，指出"这是全党全民当前最重要的政治任务"。之后全国各地各级党委第一书记挂帅，大搞群众运动，共建立各种小洋炉、小土炉上百万座，数千万群众纷纷参与土法炼钢，砍树挖煤，找矿炼铁，"小土群"遍地开花。

不少地方群众为了大炼钢铁，把居民家中使用的铁锅等都投入炼钢炉，一些地方把城门上的铁钉、公路上的金属隔离都拆卸了；大中型钢铁企业也大搞群众运动，打破正常的生产秩序和合理的规章制度，例如鞍山钢铁公司提出"大风高温，多装快炼"，无法保证钢铁生产质量；各个地方和部门也"以钢为纲，全面跃进"，放了不少钢铁生产"卫星"。大炼钢铁最紧张的时候，包括冶金部在内的许多部委机关大院里也盘起了不少小土炉来炼钢，不少省、市、县机关和文、教、卫单位也投入大炼钢铁的热潮中。到 12 月 19 日，中共中央宣布：1 070 万吨钢的指标已经完成。1958 年底全国钢产量达到 1 108 万吨，可是合格的钢仅有 800 多万吨，其他 400 多万吨钢基本上是不能用的土钢土铁。①据称，全国参加大炼钢铁的人数有 6 000 余万人，最高时曾高达 9 000 万人。

"以钢为纲，全面跃进"的结果就是各行各业都要支援"钢铁元帅升帐"，为大炼钢铁让路。其后果就是造成了国家资源的巨大浪费、人力物力财力的巨大消耗；农业生产特别是 1958 年秋收受到严重冲击，丰收之年出现大量减产，大片山林农田因大炼钢铁被毁坏，造成的损失和破坏长期难以恢复；轻重工业发展严重失调，轻工业发展受到抑制，人民生活受到严重影响；大炼钢铁带来了国家职工的快速增长，由 2 451 万人猛增至4 532 万人。

第二，以大放"卫星"为特征的农业"大跃进"。

继大炼钢铁带来的工业"大跃进"之后，农业部门也确定了"以粮为纲"的口号，掀起了农业生产"大跃进"。伴随着各地农业生产组织形式的变革，1958 年全国各地掀起了农田水利建设的高潮。中共中央在这一年 8 月关于水利工作的指示中，盛赞广大农民"打破社界、乡界、县界以至省界的大力协作"和"自带工具口粮无偿地进入山区进行水土保持，到处去兴修水库、打机井、修渠道、开运河、挑水抗旱等等，这些都是伟大共产主义风格的具体表现"，提出"只要再苦战两冬两春，全国现有耕地，基本上完成水利化是完全可能的"。在这一指示的要求下，1958 年、1959 年两个冬春全国水利设施开工数多达 1 000 多座，完成土石方数量巨大。

---

① 袁宝华. 袁宝华回忆录. 北京：中国人民大学出版社，2018：148.

1960 年全国施工的水利设施达 1 789 座，许多大型水库和大型灌区都是这时开工兴建的。1958 年 6 月开始修建密云水库，人力投入最多时达 20 万人；同年 9 月修建丹江口水利枢纽工程，人数最多时也达 10 余万人。在这样短的时间内如此大规模兴修水利设施，所花费的人力、物力、财力之巨可想而知。

8 月 29 日，中共中央发出了《关于深耕和改良土壤的指示》，提出深耕土地是农业增产技术措施的中心，是努力的主要方向。要求各地把一切可能深耕的土地全部深耕一遍，并且每三年轮流深耕一遍；深耕的标准是一尺以上，丰产田二尺以上；土层太薄的田地要在两三年内，采取"借客土"的办法，把土层加厚到一尺以上；全国需要改良的 33 000 万亩盐碱地、红土壤等贫瘠土地，要求两三年内全部改完。10 月底，《人民日报》从各地"高产卫星"的经验中提出要推行毛泽东倡导的"三三制"，即用总耕地的 1/3 种庄稼、1/3 种树种草、1/3 休闲的耕作制度，确定实行少种、高产、多收的方针，大搞大面积高产丰产田，放弃了不少低产贫瘠田，1959 年全国粮食播种面积比 1958 年减少 1 160 万公顷。与此同时，从 1958 年夏收开始，在一些地方出现了虚报产量的现象，在《人民日报》等主要媒体上纷纷出现农业高产的报道，引发了比较严重的"放卫星"的浮夸风。1958 年 8 月 27 日，《人民日报》通栏标题宣传"人有多大胆，地有多大产"。

8 月，在北戴河召开的中央政治局扩大会议乐观地估计"共产主义在我国的实现，已经不是什么遥远将来的事情了"。在这种气氛下，对我国农业发展的预期和估计严重脱离了实际，竟预计在 1957 年粮食产量仅 3 700 亿斤的基础上 1958 年粮食产量可达 6 000 亿～7 000 亿斤，并要求 1959 年粮食产量达到 8 000 亿～10 000 亿斤。面对这个根本无法实现的目标，农村实际工作中开始了日趋严重的大刮"共产风"、浮夸风、瞎指挥风、强迫命令风和干部特殊化风这"五风"。

第三，愈演愈烈的"跃进"思路。

1958 年工业和农业领域的"大跃进"并没有真正带来经济大发展，这种做法很快导致了严重的经济困难和重大经济比例关系失调。到 1959 年，经济情况更为严峻。粮、棉、钢、煤四大指标都难以落实，各地物资紧张局面开始显现。我国"一五"时期形成的计划管理体制在"大跃进"中也受到很大冲击，开始由以中央和中央各部门集中统一管理为主转变为以地方管理为主，即由"条条为主"转变为"块块为主"。

三年"大跃进"造成了很大浪费，大批已建项目和在建项目不能正常生产或使用，特别是成千套小高炉、小转炉、小轧机只得就地报废。而农业生产遭受的破坏最为突出，农民付出的牺牲最为巨大。高估产导致高征购，尤其是 1959 年粮食征购困难又被误认为是农民"瞒产私分"。一些地方出现了"高压"征购的方式，甚至连农民的口粮和种子粮也被征购，造成了农民生产生活的严重困难。

二、人民公社化运动

中国农业究竟应该走一条什么样的发展道路，这对于刚刚获得解放的广大农民群众和刚刚夺取政权的人民政府来说，的确是一个十分迫切又难以处理好的问题。亿万农民群众希望过上美好生活的热情和共产党人急于使农民摆脱贫穷面貌的理想，是 20 世纪 50 年代促进农村经济发展的现实要求和政策取向。

1. 人民公社化运动的缘起

早在农业合作化时期，毛泽东就有在中国农村建立"大社""公社"的思想。1955 年毛泽东在《大社的优越性》按语中写道："现在办的半社会主义的合作社，为了易于办成，为了使干部和群众迅速取得经验，二、三十户的小社为多。但是小社人少地少资金少，不能进行大规模的经营，不能使用机器。这种小社仍然束缚生产力的发展，不能停留太久，应当逐步合并。有些地方可以一乡为一个社，少数地方可以几乡为一个社，当然会有很多地方一乡有几个社的。不但平原地区可以办大社，山区也可以办大社。"①

1958 年 3 月成都会议通过的《中共中央关于把小型的农业合作社适当地合并为大社的意见》提出：我国农业正在迅速地实现农田水利化和耕作机械化，在这种情况下，农业生产合作社如果规模过小，在生产的组织和发展方面势必将产生许多不便。为了适应新的形势，在有条件的地方，将小型的农业合作社有计划地适当地合并为大型的农业合作社是必要的。同时，还通过和下发了《中共中央关于农业机械化问题的意见》，规定"在七年内（争取五年内做到）基本上实现农业机械化和半机械化，实现农业生产力的大发展"②。7 月 16 日，《红旗》杂志发表的题为《在毛泽东同志的旗帜下》的文章提出，按毛泽东同志所说，我们的方向，应是逐步地把工（工业）、农（农业）、商（交换）、学（文化教育）、兵（民兵即全民武装）组成一个大公社，从而构成我国社会的基本单位。这样，人们便可以看得见我国将由社会主义逐步过渡到共产主义的为期不远的远景，从而在不远的将来，胜利地到达伟大的共产主义社会。

毛泽东关于在农村把工农商学兵组成一个大公社，构成我国社会基本单位的思想则推动了农村人民公社体制的形成。

———————————

①　中共中央文献研究室. 建国以来重要文献选编：第 7 册. 北京：中央文献出版社，1993：225.

②　中央档案馆，中共中央文献研究室. 中共中央文件选集（1949 年 10 月—1966 年 5 月）：第 27 册. 北京：人民出版社，2013：323.

2. 人民公社化运动全面开展

1958 年 8 月初，毛泽东视察河北省徐水县，称赞当地农业社"组织军事化，行动战斗化，生活集体化"，指示要搞人民公社。8 月 6 日毛泽东视察河南农村，对新乡县七里营人民公社大加赞扬，说"'人民公社'是一个好名字，包括工农兵学商，管理生产，管理生活，管理政权，'人民公社'前面加上个地名，或者加上群众所喜欢的名字"①。同时还概括了人民公社的特点为"一曰大，二曰公"。8 月 9 日毛泽东视察山东省历城县北园乡小屯农业社时说："还是办人民公社好，它的好处是，可以把工、农、商、学、兵合在一起，便于领导。"② 8 月 13 日，《人民日报》发表毛泽东在视察河南、河北、山东时的上述谈话。从此，"人民公社好"传遍全国各地，小社并大社的工作转成直接办人民公社的热潮。

1958 年 8 月北戴河会议通过的《中共中央关于在农村建立人民公社的决议》（简称《决议》）对人民公社给予了极高的评价，认为建立人民公社是形势发展的必然，是逐步过渡到共产主义的基本方针。人民公社发展的主要基础是我国农业生产全面的不断的跃进和五亿农民愈来愈高的政治觉悟。建立农林牧副渔全面发展、工农商学兵相互结合的人民公社，是指导农民加速社会主义建设，提前建成社会主义并逐步过渡到共产主义所必须采取的基本方针。《决议》宣布："共产主义在我国的实现，已经不是什么遥远将来的事情了，我们应该积极地运用人民公社的形式，摸索出一条过渡到共产主义的具体途径"。会议还在通过的《中共中央关于今冬明春在农村中普遍展开社会主义和共产主义教育的指示》中提出："工农商学兵合一，乡社合一的人民公社，是现阶段建设社会主义的最好的一种组织

---

① 中共中央党史和文献研究院. 毛泽东年谱：第 6 卷. 北京：中央文献出版社，2023：404.
② 杨胜群，田松年. 共和国重大决策的来龙去脉（1949—1965）. 南京：江苏人民出版社，1995：289.

形式，也将是未来的共产主义社会的基层单位。"①

《决议》规定了办社的具体步骤——并大社、转公社一气呵成，并对公社的规模作出了具体规定。《决议》公布仅一个多月时间，全国农村就基本上实现了人民公社化。据统计到 1958 年 9 月底，全国共建立人民公社 23 384 个，入社农户占总农户的 90.4%，少数省则实现 100% 入社；平均每个公社有农户 4 797 户，全国已有 94 个县建立以县为单位的县人民公社或县联社。② 到 1958 年底，全国 74 万个农业合作社合并组建成 26 425 个人民公社，参加农户占全国农户的 99% 以上，参加公社的农民达 1.2 亿户；平均 28.5 个农业合作社并成一个人民公社。同时，人民公社兴办公共食堂 265 万个，在公共食堂吃饭的人数占农村人口的 70%～80%；还建有托儿所、幼儿园 475 万个，幸福院 10 万余个。③

随着人民公社"公有化"程度的提高，"共产风"、浮夸风、干部特殊化风、强迫命令风、生产瞎指挥风等"五风"愈刮愈烈，问题愈来愈多。一些地方提出了"吃饭不要钱""放开肚皮吃饭"等口号。河北徐水县制定了《关于加速社会主义建设向共产主义迈进的规划草案》，提出 1959 年基本完成社会主义建设并开始向共产主义过渡，1963 年进入共产主义社会。"到那时候，吃什么有什么，穿什么有什么，要什么有什么。"还发布了《中共徐水县委员会关于人民公社实行供给制的试点草案》，取消社员按劳取酬制度，在全县实行供给制，对全县人民实行"十五包"，开始向共产主义迈进。随后，山东省寿张县、山东省范县（今属河南省）、河南省修武县等都提出了"跑步进入共产主义"的目标。人民公社由农业合作社转变而来，但已

---

① 中共中央文献研究室. 建国以来重要文献选编：第 11 册. 北京：中央文献出版社，1995：450，453.

② 武力，郑有贵. 中国共产党"三农"思想政策史（1921—2013）. 北京：中国时代经济出版社，2013：300.

③ 胡绳. 中国共产党的七十年. 北京：中共党史出版社，1991：366.

不是单纯的农村集体经济组织了。它既是一种工农商学兵相结合的基层组织单位，又是我国社会主义国家政权的基层政权单位。创办时期人民公社的特点十分明显：一是在所有制上，生产资料全部归公社所有，三级所有，队为基础；二是在劳动组织上，实行生产组织"军事化"管理，统一调度，集体劳动；三是在分配制度上，采取工资制和供给制相结合的办法，脱离农民生活实际；四是在生活形态上，推行生活集体化，举办公共食堂。可见，创办初期的人民公社体制严重脱离了中国农业生产、农村经济和农民生活的具体实际，不仅没有促进反而阻碍了中国农业生产和农村经济的发展。

3. 纠"左"的努力与反复

1958 年秋冬，"大跃进"和人民公社化运动的严重后果开始显现出来。一些农村发生了杀牲口、砍树、藏粮等现象，一些地方遭灾歉收后仍然高报产量并征收过头粮，一些地方急于提出"向共产主义过渡"的口号。1958 年工业和农业领域的"大跃进"并没有真正带来经济大发展，这种做法很快导致了严重的经济困难和重大经济比例关系失调。

从 1958 年 10 月中旬起，毛泽东赴河北、河南、湖北等省调查研究。11 月，他在郑州主持召开有中央和地方部分领导人参加的工作会议（即第一次郑州会议），这时他已经有了比较清晰的纠"左"的思路，对"大跃进"中一些地方拆散家庭问题、取消商品生产和商品交换问题、资产阶级法权问题、高指标问题和工作方法问题等都谈了重要意见。他对徐水人民公社进行"共产主义试点"的做法是不赞同的，在 1958 年 11 月郑州会议上批评了徐水人民公社的做法。他对一些人认为中国无产阶级在农村，农民是无产者，工人是小资产阶级等看法，提出批评并指出："有的同志读马克思主义教科书时是马克思主义者，一碰到实际问题就要打折扣。"[1]

---

① 毛泽东．毛泽东文集：第 7 卷．北京：人民出版社，1999：435 - 437.

可见，人民公社化运动中的许多做法并不是毛泽东的初衷。正是在他的批评下，徐水人民公社所进行的"共产主义试点"才告结束。

他号召大家读两本书即斯大林的《苏联社会主义经济问题》和《马克思恩格斯列宁斯大林论共产主义社会》。他指出："要联系中国社会主义经济革命和经济建设去读这两本书，使自己获得一个清醒的头脑，以利指导我们伟大的经济工作。"[①] 他还建议有时间的话可以再读一读苏联人编的《政治经济学教科书》。

之后，他又在武昌主持召开中央政治局扩大会议，围绕人民公社问题和 1959 年国民经济计划安排问题进行讨论，重点讨论了高指标和浮夸风问题。毛泽东提出"压缩空气"，降低指标特别是钢铁生产指标。毛泽东主持的这两次会议都批评了急于由集体所有制向全民所有制过渡、由社会主义向共产主义过渡，企图过早地取消商品生产和商品交换的错误思想倾向。

1958 年 11 月 28 日至 12 月 10 日，中共八届六中全会在武昌举行，会议讨论了《关于人民公社若干问题的决议》和《关于一九五九年国民经济计划的决议（草案）》。会议决议指出："无论由社会主义的集体所有制向社会主义的全民所有制过渡，还是由社会主义向共产主义过渡，都必须以一定程度的生产力发展为基础。""我们既然热心于共产主义事业，就必须首先热心于发展我们的生产力，首先用大力实现我们的社会主义工业化计划"。"继续发展商品生产和继续保持按劳分配的原则，对于发展社会主义经济是两个重大的原则问题，必须在全党统一认识。"[②] 会议对 1959 年国民经济计划指标进行了一些压缩，但是压缩得并不彻底，许多指标仍然远

---

　① 毛泽东. 毛泽东文集：第 7 卷. 北京：人民出版社，1999：432.

　② 中共中央文献研究室. 建国以来重要文献选编：第 11 册. 北京：中央文献出版社，1995：606，607，611.

远高于实际可能达到的水平。中共八届六中全会后，各地相继开展整顿人民公社的工作，刹住急于向全民所有制和共产主义过渡的势头。

1959年7月2日至8月1日，中共中央在江西庐山召开中央政治局扩大会议。会议期间，彭德怀给毛泽东写了一封信，认为"大跃进"有失有得。毛泽东认为彭德怀的这封"意见书"表现了"资产阶级的动摇性"，是"右倾机会主义的纲领"，致使党内工作方向出现逆转，从纠"左"转而反右。随后召开的中共八届八中全会继续批判彭德怀及其"意见书"是"右倾机会主义分子向党进攻，妄图篡党夺权的纲领"，从而在全党开展"反右倾"斗争，纠正"大跃进"错误的努力戛然而止。

全国在"反右倾、鼓干劲"的要求下，掀起了继续进行"大跃进"的高潮。各种名目的"大办"一哄而上，大办钢铁，大办粮食，大办县、社工业等。钢铁工业高指标持续上升，农村"五风"日益严重，国民经济比例关系严重失调。1958—1960年三年间，基本建设投资完成1 007亿元，比"一五"期间五年完成的基本建设投资还多70%多，而三年间国家财政收入仅增长8.4%。尤其是积累率不断攀升，三年分别达到33.9%、43.8%、39.6%，如此高的积累率只能是以牺牲人民群众的消费利益为代价。工农业比例严重失调，按1957—1960年可比价值计算，工业总产值增长1.3倍，农业总产值下降22.8%；工业内部比例关系也严重失调，钢铁工业"一花独放"，挤占了其他工业部门的发展，尤其是轻工业严重滞后。

三、国民经济的全面调整

持续三年之久的"大跃进"运动，给刚刚走完过渡时期并开始进行的社会主义建设造成了巨大的损失。在"左"的思潮推波助澜下，违反科学的盲目冒进和脱离理性的群众运动，不仅没有促进我国的国民经济迅速发展，反而使 1956 年前后出现的国民经济健康发展的势头遭受挫折。这可以从 1960—1965 年的有关经济数据中略见一斑，其中，各年国内生产总值分别为 1 470.1 亿元、1 232.3 亿元、1 162.2 亿元、1 248.3 亿元、1 469.9 亿元和 1 734 亿元，各年人均国内生产总值分别为 220 元、187 元、175 元、183 元、210 元和 242 元。不尊重客观经济规律，势必就要遭到客观经济规律的报复。进入 20 世纪 60 年代以后，党和国家认真总结"大跃进"的历史教训，开始了对国民经济的艰苦调整。这次国民经济调整是在十分艰难的条件下进行的"伤筋动骨"的调整，经过五年左右的艰苦调整国民经济才恢复到正常的发展状态。

1. 国民经济出现严重困难

"大跃进"和人民公社化运动是中国共产党在探索中国自己的建设道路过程中的一次严重失误，希望在较短时期内较快地发展国民经济的良好愿望和实际经济效果之间出现了巨大的反差。客观地讲，在"大跃进"期间我国工业特别是重工业得到了显著增长：在中央和地方的大量资金投入中，一批重点项目或重大项目开工或建成，先后施工建设的大中型项目有 2 200 多个，大约有 1 000 个建成；各地上马的小型工业项目有 9 万多个；全民所有制工业企业固定资产在三年左右的时间中增加了一倍还多，从 1957 年的 334.6 亿元增长到 1960 年的 721.8 亿元。例如：大冶冶炼厂于 1960 年 4 月建成投产，生产出第一包冰铜、第一炉粗铜；白银有色金属公司露天矿、选矿厂、冶炼厂在这一时期建成投产；湖南株洲硬质合金厂于 1958 年 4 月建成投产，生产的钨、钼、钽、铌等填补了我国合金制品的空白；兰州炼油厂于 1959 年 3 月正式投产，一期设计规模为年加工原油 100 万吨；哈尔滨汽轮机厂于 1958 年投产，设计制造了我国第一台 2.5 万千瓦汽轮机；洛阳第一拖拉机制造厂于 1959 年 11 月建成投产，生产"东方红"牌拖拉机，是我国特大型机械制造企业；华北制药厂于 1958 年

6月建成投产，开创了我国大规模生产抗生素药品的历史，结束了我国青霉素、链霉素依赖进口的历史。这些建设成就都在那一段经济建设和经济发展史中留下了珍贵的历史记忆。

"大跃进"在经济建设上打了一场"烂仗"，对社会生产力造成了极大的破坏。第一，它加剧了国民经济比例关系的严重失调。从1958年到1960年三年，我国的积累率分别高达33.9％、43.8％和39.6％，各种经济关系均十分紧张；工农业比例失调，重工业大大超前并畸形发展。三大产业比例1957年为43.3：31.2：25.5，1958年为34.3：30.5：35.2，1959年为25.1：31.1：43.8，1960年为21.8：26.1：52.1。第二，它造成了国家财政困难和商品市场的空前紧张。由于大大超过国力的工业建设和财政支出，财政赤字增加和国库空虚，人民生活必需的各种商品严重短缺。第三，农业生产遭受极大破坏，不仅严重挫伤了广大人民群众的生产积极性，而且也极大地破坏了农村的社会生产力。特别是高估产和高征收，使农村多年积累起来的经济实力受到严重削弱和侵犯，加之自然灾害的影响，我国农村粮食生产急剧滑坡，三年间粮食产量分别仅为4 000亿斤、3 400亿斤和2 870亿斤，1960年的产量仅相当于1951年的水平。仅将1960年与1957年相比，主要农产品中粮食减产26％、棉花减产35％、油料减产54％、大牲畜减少13％。第四，经济困难导致人民生活水平急剧下降，不少人得了浮肿病等各类疾病，非正常死亡人口明显增加。第五，苏联政府于1960年7月照会中国外交部，决定召回全部在华的1 390名苏联专家，并单方面撕毁了中苏两国政府签订的12个协议、343个专家合同和合同补充书，废除了257个科学技术合作项目。这使得我国250多个企业和事业单位的建设处于停顿或半停顿状态①，加重了我国经济建

---

① 阎明复．阎明复回忆录（二）．北京：人民出版社，2015：589．

设的困难。

2. 大兴调查研究之风

毛泽东号召全党上下保持清醒头脑，大兴调查研究之风。1960 年 6 月中央政治局在上海召开扩大会议，主要讨论 1960 年国民经济计划，总结自 1953 年以来的经济建设工作。毛泽东在《十年总结》中回顾了新中国成立以来的经济建设发展过程，开始提出"大跃进"、人民公社化运动中的某些教训，并指出："我们对于社会主义时期的革命和建设，还有一个很大的盲目性，还有一个很大的未被认识的必然王国，我们还不深刻地认识它。我们要以第二个十年时间去调查它，去研究它，从其中找出它的固有的规律，以便利用这些规律为社会主义的革命和建设服务。"[①] 他在思考中还提到了价值法则、等价交换、自给生产、交换生产等问题，他已经提出了坚持实事求是的思想路线，总结新中国成立以来建设经验教训的问题。

毛泽东多次提倡领导干部要学习一点政治经济学，带头研读斯大林的《苏联社会主义经济问题》和苏联的《政治经济学教科书》，并组织读书小组。例如，他提出："究竟中国国民经济有计划发展的客观经济法则是什么？是不是就是我们这个总路线这一套？我们总路线这一套是不是完全反映或者相当程度地反映了客观法则？"又如，他提出如何认识社会主义商品生产和商品交换问题时指出："现在，我们有些人大有要消灭商品生产之势。他们向往共产主义，一提商品生产就发愁，觉得这是资本主义的东西，没有分清社会主义商品生产和资本主义商品生产的区别，不懂得在社会主义条件下利用商品生产的作用的重要性。这是不承认客观法则的表现"，"商品生产，要看它是同什么经济制度相联系，同资本主义制度相联

---

① 毛泽东. 毛泽东文集：第 8 卷. 北京：人民出版社，1999：198.

系就是资本主义的商品生产，同社会主义制度相联系就是社会主义的商品生产"。① 在国民经济发展遭遇挫折之时，毛泽东和他的读书小组于 1959 年 12 月至 1960 年 2 月集中研读了《政治经济学教科书》，并表示要下决心搞通社会主义政治经济学这门学问。

进行调查研究是中国共产党优良的工作方法和工作作风，在发展顺利的时候要进行调查研究，在发展经受挫折的时候更要进行调查研究。

在 1961 年 1 月的中央工作会议和中共八届九中全会上，毛泽东号召全党上下保持清醒头脑，大兴调查研究之风。他在分析这几年工作中出现的问题后提出，干部特别是领导干部要做到情况明，决心大，方法对，"今年搞一个实事求是年"。对于经济发展和经济工作出现的困难，他提出："今年、明年、后年搞扎实一点，不要图虚名而招实祸。"他对出席会议的干部提出："我希望同志们回去之后，要搞调查研究，把小事撇开，用一部分时间，带几个助手，去调查研究一两个生产队、一两个公社。在城市要彻底调查一两个工厂、一两个城市人民公社。""这些年来，我们的同志调查研究工作不做了。要是不做调查研究工作，只凭想像和估计办事，我们的工作就没有基础。所以，请同志们回去后大兴调查研究之风，一切从实际出发，没有把握就不要下决心。"② 他在中共八届九中全会上再次提出："希望今年这一年，一九六一年成为一个调查年，大兴调查研究之风。调查要在实际中去调查，在实践中才能认识客观事物。"③

可以说，重新提倡调查研究是 20 世纪 60 年代初期我们党的工作的重要转变和各条战线调整政策制定的思想先导。

---

① 中共中央党史和文献研究院. 毛泽东年谱：第 6 卷. 北京：中央文献出版社，2023：504 - 506.
② 中共中央党史和文献研究院. 毛泽东年谱：第 7 卷. 北京：中央文献出版社，2023：523 - 524.
③ 同②526.

3. 调整国民经济的"八字方针"

正是在这种情况下，中央下决心在"二五"计划剩下的两年时间里进行调整。

面对我国国民经济出现的严重困难，党和国家领导人的头脑开始冷静下来。从 1960 年到 1962 年初的"七千人大会"前，是国民经济调整的第一个阶段。

在这一阶段，中共中央对国民经济调整主要作了这样一些工作：一是认识到我国处在"一个很困难的形势"之中，调整时期相当长，要退够退足。二是为扭转农村被动局面，在一些地区试行了"定产到田、责任到人"办法，即"责任田"。三是注意政治方面调整，调整知识分子政策、甄别平反受到错误处理的党员、干部。

1960 年 8 月下旬，周恩来、李富春在主持研究 1961 年国民经济计划控制数字时提出了"调整、巩固、充实、提高"的调整国民经济"八字方针"。周恩来指出："调整的目的，是为了更好地扩大再生产，巩固是为了再前进，充实是为了搞好配套，使生产能力得到充分发挥。"他还特别强调指出："执行这八字方针的任务是很紧张的，绝不是轻松的，问题是我们要主动的有秩序的有计划的紧张。"[1] 毛泽东在 1960 年 12 月 24 日至 1961 年 1 月 13 日召开的中央工作会议上说：现在看来，搞社会主义建设不要那么十分急。十分急了办不成事，越急就越办不成，不如缓一点，波浪式地向前发展。这同人走路一样，走一阵要休息一下。军队行军有大休息、小休息、劳逸结合、有劳有逸。两个战役之间也要休息整顿。他还提出：调查研究极为重要。[2] 可以说，重新提倡调查研究是 20 世纪 60 年代

---

① 中共中央文献研究室. 周恩来年谱（1949—1976）：中卷. 北京：中央文献出版社，1997：379.

② 毛泽东. 毛泽东文集：第 8 卷. 北京：人民出版社，1999：236，234.

初期我们党的工作的重要转变和各条战线调整政策制定的思想先导。其他党和国家领导人也深入基层，就工、农、商、文教等领域作了大量调查研究，从而使党在各条战线上的工作被重新纳入了正确的轨道。

1961 年 1 月 14 日至 18 日，中共八届九中全会着重讨论了 1961 年国民经济计划和贯彻此前中央发出的《关于农村人民公社当前政策问题的紧急指示信》以及农村整风整社问题，听取了李富春作的《关于 1960 年国民经济计划执行情况和 1961 年国民经济计划主要指标的报告》。根据我国经济工作中出现的比例关系严重失调和严重不平衡问题，决定从 1961 年起对整个国民经济实行"调整、巩固、充实、提高"的方针，这标志着终止了"大跃进"的一系列政策。会后，按照"八字方针"制定和出台了一系列经济调整政策，开始对国民经济进行"伤筋动骨"的全面调整。1961 年 3 月，毛泽东在广州召开的中央工作会议上说：我们吃了很大亏，我也有责任。强调要情况明、决心大、方法对，并说我们的问题是情况不明、决心不大、方法不对。

李富春受周恩来委托主持调整工作，他同薄一波一起"压缩空气"，通过控制需求的办法解决需求与供给之间的严重不平衡问题，首先就是压缩基本建设投资规模。在 1961 年五六月中央工作会议上，陈云、李富春提出"要退够站稳，按比例前进"。毛泽东提出三个第一：农业第一，市场第一，出口第一。

1962 年 1 月 11 日至 2 月 7 日，中共中央在北京召开了扩大的中央工作会议，出席会议的有中央、各中央局、各省市自治区党委、地委、县委、重要厂矿党委和军队的负责干部，共计 7 000 多人，人们习惯地称之为"七千人大会"。"七千人大会"是中国共产党执政后召开的一次规模空前的大会，与会各级干部发扬民主、开展批评与自我批评，初步总结了 1958 年"大跃进"以来的经验教训。

毛泽东在总结教训时说："至于建设强大的社会主义经济，在中国，五十年不行，会要一百年，或者更多的时间。在你们国家，资本主义的发展，经过了好几百年。十六世纪不算，那还是在中世纪。从十七世纪到现在，已经有三百六十多年。在我国，要建设起强大的社会主义经济，我估计要花一百多年。""中国的人口多、底子薄，经济落后，要使生产力很大地发展起来，要赶上和超过世界上最先进的资本主义国家，没有一百多年的时间，我看是不行的。也许只要几十年，例如有些人所设想的五十年，就能做到。果然这样，谢天谢地，岂不甚好。但是我劝同志们宁肯把困难想得多一点，因而把时间设想得长一点。三百几十年建设了强大的资本主义经济，在我国，五十年内外到一百年内外，建设起强大的社会主义经济，那又有什么不好呢？从现在起，五十年内外到一百年内外，是世界上社会制度彻底变化的伟大时代，是一个翻天覆地的时代，是过去任何一个历史时代都不能比拟的。""要准备着由于盲目性而遭受到许多的失败和挫折，从而取得经验，取得最后的胜利。由这点出发，把时间设想得长一点，是有许多好处的，设想得短了反而有害。"对于出现的问题，毛泽东说："凡是中央犯的错误，直接的归我负责，间接的我也有份，因为我是中央主席。"①

继"七千人大会"后，刘少奇于 1962 年 2 月 21 日至 23 日在中南海西楼主持召开中央政治局常委扩大会议（被称为"西楼会议"），继续落实调整的方针。陈云在会议上作了重要发言。他概括指出经济困难的五个主要表现，即：农业有很大减产；基本建设规模超过了国家财力物力的可能性；用多发钞票弥补财政赤字的做法导致了通货膨胀；出现了相当严重的投机倒把现象；城市人民的生活水平下降。提出了克服困难的六条措施，

---

① 毛泽东.毛泽东文集：第 8 卷.北京：人民出版社，1999：301，302，296.

即：把十年经济规划（1963—1972 年）分为恢复阶段和发展阶段两个阶段，恢复阶段类似非常时期；减少城市人口，精兵简政；采取一切办法制止通货膨胀；尽力保证城市人民最低生活；把一切可能的力量用于农业增产；计划机关主要注意力要转移到农业增产和制止通胀上。① 这个发言得到了中共中央和毛泽东的赞同，并要陈云在国务院扩大会议上讲话。2 月 26 日，陈云在国务院扩大会议上作了《目前财政经济的情况和克服困难的若干办法》的讲话，并成为此后经济工作的指导性方针。按照陈云的意见，国民经济就是要做好四个适应：要把建设规模调整到同经济的可能性相适应，同工农业生产水平相适应的程度；要把工业生产战线调整到同农业提供的粮食和原料的可能性相适应，同工业本身提供原料、材料、燃料和动力的可能性相适应的程度；要把文教事业的规模和行政管理的机构缩小、精简到同经济水平相适应的程度；要把城镇人口减少到同农村提供商品粮食、副食品的可能性相适应的程度。只有这样，才能完全摆脱被动局面。②

与此同时，决定恢复中央财经小组，任命陈云为组长，李富春、李先念为副组长，开始全面落实调整国民经济各项措施。主要措施包括：第一，调整农业生产关系，加强农业战线。明确规定人民公社实行以生产队为基本核算单位的三级所有，实行按劳分配；返还自留地，鼓励发展家庭副业，恢复农村集市贸易；减少粮食征购量，使农民得以休养生息；国家大力加强对农业的支援。第二，坚决缩短基本建设战线，压缩重工业生产。1962 年与 1960 年相比，基建投资总额减少 82.4％，重工业产值下降 58.6％，钢减少 1 200 万吨。第三，对工业企业实行关停并转，精减职工，减少城市人口。全国工业企业数由 1959 年的 31.8 万个减少到 1962

① 陈云. 陈云文选：第 3 卷. 北京：人民出版社，1995：192-206.
② 曾培炎. 中国投资建设 50 年. 北京：中国计划出版社，1999：65.

年的 19.7 万个。全国共减少职工 1 887 万人，减少城镇人口 2 600 万人。第四，消灭财政赤字，稳定市场，改善人民生活。

陈云在 1962 年 3 月 7 日至 8 日召开的中央财经小组会议上进一步提出调整意见：一是对国民经济按照两个阶段安排，先搞五年计划，主要任务是恢复；二是对 1962 年年度计划的重工业和基本建设进行"伤筋动骨"的调整，有多大余力，搞多少基本建设，把重点真正放在农业和市场上；三是坚持综合平衡，就是要按比例发展，搞经济不讲综合平衡寸步难行。周恩来将陈云的建议表述成为一副对联：上联"先抓吃穿用"，下联"实现农轻重"，横批"综合平衡"。[①]

调整是一项艰苦的工作。1961 年 1 月，中共中央作出《关于调整管理体制的若干暂行规定》，强调经济管理权要集中到中央、中央局、省（市、自治区）三级，将 1958 年以来各级下放的不适当的人、财、物权一律收回，实行生产和建设全国一盘棋、上下一本账，基本恢复了集中统一的管理体制。例如对投资建设方面的调整就是立足于四个转变：一是投资规模由恶性膨胀向同财力、物力相适应转变，工业要退够，基本建设要退够；二是投资的分配和使用由"以钢为纲"向按农、轻、重为序安排转变，大力压缩重工业投资，调整投资结构和方向；三是基本建设管理权限由放得过多、过散、过下向恢复集中统一转变；四是由否定一切规章制度向重申严格按基本建设程序办事转变，恢复和重建投资管理的规章制度。[②] 在调整中，有相当一批项目停建下马。例如 1960 年全国施工的大中型项目有 1 815 个，到 1963 年压缩到 1 017 个，从基本建设"上马金、下马银"的投资经验来看，真可谓是"伤筋动骨"的调整了。对于在建项目按照轻重缓急安排施工顺序，同时按照缩（缩小建设规模）、慢（放慢建

---

① 中共中央文献研究室. 陈云年谱：下卷. 北京：中央文献出版社，2000：114 - 115.
② 曾培炎. 中国投资建设 50 年. 北京：中国计划出版社，1999：227，65.

设速度)、并(合并相同项目,减少重复建设)、简(厉行节约,适当简化)、结(即将建成项目,结尾建成)、保(重要和急需项目,集中财力物力保证如期投产)等方式进行安排。

中共中央在 1961 年相继制定并颁布了关于农业、工业、商业和手工业有关文件,包括《农村人民公社工作条例(草案)》(亦称"农业六十条",也有人称之为"人民公社的宪法")、《国营工业企业工作条例(草案)》(亦称"工业七十条")、《关于改进商业工作的若干规定(试行草案)》(亦称"商业四十条")和《关于城乡手工业若干政策问题的规定(试行草案)》(亦称"手工业三十五条"),落实和推动各个行业和各个方面的整顿工作。这些文件和措施都有效地促进了国民经济的调整与恢复。

4. 继续对国民经济进行调整

在社会主义经济建设实践和国民经济调整过程中,毛泽东对发展工业和发展农业同时并举的主张进行了理论概括,逐步形成了"以农业为基础、以工业为主导"的经济思想。1962 年 9 月中共八届十中全会明确提出:"当前的迫切任务是:贯彻执行毛泽东提出的以农业为基础、以工业为主导的发展国民经济的总方针,把发展农业放在首要地位,正确处理工业与农业的关系,坚决把工业部门的工作转移到以农业为基础的轨道上来。"[①]

1963 年 9 月 6 日至 27 日召开的中央工作会议确定,从 1963 年起,再用 3 年时间,继续进行调整、巩固、充实、提高的工作,作为第二个五年计划(1958—1962 年)到第三个五年计划(1966—1970 年)之间的过渡阶段。在这个阶段中,调整工作主要是工业的各个部门,要认真做好提高质量、增加品种、填平补齐、成龙配套的工作;并要搞好设备更新和专业

---

① 中共中央党史和文献研究院. 毛泽东年谱:第 8 卷. 北京:中央文献出版社,2023:150 - 151.

化协作。要贯彻以农业为基础、以工业为主导的发展国民经济的总方针。

在继续调整阶段，按照国民经济发展的客观规律和重大比例关系要求，对于在"大跃进"中明显表现为薄弱环节的部门给予较大关注和较多支持，对一些行业和部门提出了调整投资的思路和原则，如对工业生产建设提出按次序安排投资，即先生产、后基建，先采掘、后加工，先维修、后制造，先配套、后主机，先质量品种、后数量等。一是增加采掘、采伐工业投资，努力改变煤炭工业短板局面，加强矿井的开拓、延伸、掘进和巷道维修，提高煤炭产量，到1965年底基本还清了1.4亿吨开拓欠账；加强森林采伐区道路修筑，为森林工业采伐和运输创造有利条件，到1965年木材产量达3 978万立方米，比1961年增长1 784万立方米；采矿业加强掘进、开拓和剥离工程，到1965年金属矿山、化工矿山、辅助材料等先后达到采掘（采剥）比例基本正常。二是加快燃料、原材料工业建设，有计划进行大中型煤矿（井）的建设，保证了原煤产量稳步增长，1965年原煤产量为2.32亿吨，接近1958年水平；1963年建设的有色金属和黑色金属矿山有60多个重点工程，包括国民经济急需的铁、锰、镁、铜、锡、铅、锌等矿种，1965年有色金属工业产量达到历史最高水平；非金属矿山建设步伐也进一步加快，仅1963年建设的硫铁矿就有包括向山硫化铁选矿厂在内的14个，还有湖北荆襄磷矿、贵州开阳磷矿，并为许多水泥厂建设了石灰石矿山。对石油工业投资显著增加，1961—1965年占工业投资比重平均达7.44%，大庆油田、胜利油田、大港油田处于开发建设中，到1965年石油产量达1 131万吨。炼油工业也因我国试制成功了催化裂化、延迟焦化、铂重整、尿素脱蜡、催化剂制造等炼油设备而迅速增加，1965年石油加工能力达1 412万吨，是1960年的2.3倍。三是许多工业内部的薄弱环节得到加强，这一时期重点加强薄弱环节，填补缺门，完成配套，维护设备，机械工业把投资集中用于发展化肥设备、精密机床、炼油设备、国防军工配套设备和原子能设备、仪器仪表等缺门短线产品,电力工业集中增加配套,填平补齐 200 多万千瓦机组设备。

从 20 世纪 60 年代开始,在毛泽东的批准下,中国从日本、西欧引进成套设备和技术,填补了一些行业技术和设备方面的空白。1961—1963 年还从国外引进了 14 个成套设备项目和最新的石油化工技术,1964—1965 年从日本、法国等国引进了液压件、电动气动量仪、重型汽车 3 个成套项目和玻璃电极、微电机等 7 项技术和设备。可以说在这一时期,我国的化肥、化纤、塑料、合成洗涤剂和电子工业等新兴工业都打下了初步基础。①

我国经济管理体制改革的探索取得积极成效。1961 年 10 月国家计委提出的《关于改进计划工作的几项规定》经中共中央原则同意试行,其中就体现了经过"大跃进"后,我国对社会主义经济建设规律有了更深刻的认识,例如提出计划工作要按比例办事,加强综合平衡;既要安排生产消费,又要安排生活消费;年度计划必须和长期计划密切结合;对集体所有制经济实行不同于全民所有制经济的间接计划管理;按照需要和可能的原则安排基本建设投资;实行先生产、后基建的方针等。②

特别值得提出的是在 20 世纪 60 年代初,毛泽东、刘少奇、周恩来和邓小平开始考虑借鉴西方工业发达国家管理企业的方法,即组织托拉斯。毛泽东说,我们工业建设可以走托拉斯的道路,托拉斯是工业发达国家找到的比较进步的组织管理形式。他们设想在中国工业企业中试办托拉斯,以经济方法管理经济。1964 年 8 月,中共中央、国务院批转国家经济委员会党组《关于试办工业、交通托拉斯的意见的报告》,批准在全国试办 12 个托拉斯,其中全国性托拉斯 9 个,即烟草公司、医药公司、地

---

① 曾培炎. 中国投资建设 50 年. 北京:中国计划出版社,1999:69-72.
② 同①227-228.

质机械仪器公司、盐业公司、汽车公司、橡胶公司、拖拉机内燃机配件公司、纺织机械公司、制铝工业公司；地方性托拉斯 3 个，即华东煤炭工业公司、京津唐电力公司、长江航运公司。报告指出，用托拉斯的组织形式来管理工作，是工业管理体制上的一项重大改革。刘少奇对试办托拉斯进行了深入思考，他认为在办托拉斯方面，"资本主义和社会主义都给我们提供了一些参考资料，但都没有完整的经验，要我们自己创造"。"可以考虑托拉斯有三种形式：一种是人权、财权、物权全部统，工厂全部收；另一种是只统一计划、价格、原材料供应和产品销售；第三种是只管计划、安排任务、交流经验。"办托拉斯就是"要把经济组织起来，要有计划"。"组织起来，就可以搞专业化、标准化、系列化，提高质量，增加品种，降低成本，提高劳动生产率。这样，对国家有利，对地方有利，对整个社会都有利。"[①] 在我国试办托拉斯是经济管理体制改革的重要探索，收到了良好的效果。

还需要看到，国民经济调整之所以取得积极成效，其中重要的一条就是在毛泽东的支持下，以刘少奇、周恩来、邓小平等为代表的党和国家领导人领导了国民经济调整工作，并形成了强有力的中央经济工作领导体系和领导力量。

到 1965 年，五年的国民经济调整全面完成。全国工业固定资产和主要产品产量都有较大增长，工农业总产值超过了 1957 年，主要工农业产品产量都达到或超过了 1957 年；农、轻、重比例关系发生了明显变化，农业的基本建设和技术改造大规模地展开，各个经济部门在新的基础上得到比较协调的发展；我国基础工业和新兴产业都得到了很大发展，取得了明显的经济成就，尤其是科学技术取得了突出成果，1964 年我国成功地

---

① 刘少奇. 刘少奇选集：下卷. 北京：人民出版社，1985：474，475.

爆炸了第一颗原子弹；不少经济技术指标创新中国成立以来的最高水平，国民经济重新走上正常发展轨道。我国后来赖以进行现代化建设的物质技术基础，很大一部分是这一时期建立起来的。

5. 提出"四个现代化"奋斗目标

中国共产党是中国现代化事业的坚强领导者。早在新中国成立初期，中国共产党和毛泽东就提出了中国要实现现代化的思想。从那时起，从实现"四个现代化"到实现中国的现代化，再到实现中国式现代化，已经成为几十年来广大人民群众的强烈愿望。

在调整国民经济的过程中，中国共产党仍然在思考着我国的长期经济社会发展目标。1963 年 8 月，在中共中央《关于工业发展问题》起草委员会会议上，周恩来提出："经过一九六三至一九六五年三年过渡和一九六六至一九七五年十年规划，基本建立一个独立的国民经济体系。国民经济体系不仅包括工业，而且包括农业、商业、科学技术、文化教育、国防各个方面。工业国的提法不完全，提建立独立的国民经济体系比只提建立独立的工业体系更完整。苏联就光提工业化，把农业丢了。"[1]

1964 年 12 月，周恩来在三届全国人大一次会议上的《政府工作报告》中提出："今后发展国民经济的主要任务，总的说来，就是要在不太长的历史时期内，把我国建设成为一个具有现代农业、现代工业、现代国防和现代科学技术的社会主义强国，赶上和超过世界先进水平。为了实现这个伟大的历史任务，从第三个五年计划开始，我国的国民经济发展，可以按两步来考虑：第一步，建立一个独立的比较完整的工业体系和国民经济体系；第二步，全面实现农业、工业、国防和科学技术的现代化，使我国经济走在世界的前列。"具体而言，"第三个五年计划时期，是实现上述

---

① 中共中央文献研究室．建国以来重要文献选编：第 16 册．北京：中央文献出版社，1997：614．

第一步任务的一个关键时期。这个时期的工作做好了，再经过大约两个五年计划的时间，就可以有把握地使我国建立起一个独立的比较完整的工业体系和国民经济体系。"① 可见，在严峻困难面前，党仍然提出努力把我国逐步建设成为一个具有现代农业、现代工业、现代国防和现代科学技术的社会主义强国，领导人民开展全面的大规模的社会主义建设。如果没有后来的"文化大革命"，"四个现代化"的建设步伐一定会更快一些。

在国民经济调整时期，中国涌现出不少先进典型，它们为克服严峻经济困难、争取工农业生产好转作出了重要的贡献。其中最为突出的就是20世纪60年代我国经济战线的两面旗帜——大庆和大寨，它们是工业战线和农业战线艰苦奋斗的典范。大庆油田是我国石油战线的一面光辉旗帜，在调整时期其石油产量以平均每年 23.5％ 的速度递增，1961—1965年其产量占全国石油产量的比重都超过 50％，最高达 73.7％。几十年来在十分困难的条件下和十分艰苦的环境中，大庆油田坚持自力更生、艰苦奋斗，创造出一个又一个奇迹，涌现出一大批铁人王进喜式的中国工人阶级的先进代表。大庆的经验是：开展强有力的政治工作，特别是"两论"② 起家的经验；独立自主、自力更生、艰苦创业的精神；依靠群众和实行以"岗位责任制"为中心的企业管理制度；建设"工农结合，城乡结合，有利生产，方便生活"的社会主义新矿区；加强党对企业的绝对领导，建设一套革命化的领导班子和一支素质良好、技术过硬、吃苦耐劳、具有"三老""四严""四个一样"③ 作风的职工队伍。正是由于大庆油田的巨大贡献，1963 年 12 月 2 日，周恩来在二届全国人大四次会议上庄严

---

① 周恩来. 周恩来选集：下卷. 北京：人民出版社，1984：439.

② "两论"即《实践论》《矛盾论》。

③ "三老"是指对待事业，要当老实人、说老实话、办老实事。"四严"是指对待工作，要有严格的要求、严密的组织、严肃的态度、严明的纪律。"四个一样"是指白天和黑天干工作一个样，坏天气和好天气干工作一个样，领导不在场和领导在场干工作一个样，没人检查和有人检查干工作一个样。

宣告："我国需要的石油，现在可以基本自给了。"在我国改革开放前农业战线持续最久、影响最大的活动，就是农业学大寨运动。在这场持续了长达 20 年的学习运动中，大寨人那种不畏困难、改造大自然的精神传遍全国。大寨是新中国成立后，我国农村坚持自力更生、艰苦奋斗、战天斗地改变落后局面的榜样，是 20 世纪 60 年代农业战线上树立的自力更生、奋发图强的典型。周恩来把大寨的基本经验概括为：政治挂帅、思想领先的原则，自力更生、艰苦奋斗的精神，爱国家爱集体的共产主义风格。毛泽东高度评价了大庆和大寨先进典型，号召工业学大庆、农业学大寨，极大地鼓舞了中国人民自力更生、奋发图强的精神，有力地促进了国民经济的整顿工作。今天的人们不应忘记他们在最艰苦时期的奋斗精神。

四、国民经济的恢复与发展

1957—1965 年是我国国民经济在曲折中发展的时期，既有在探索中国经济建设道路中的积极成就，也有在经济发展中的严重失误。这里既有来自中央领导集体的政策和决策失误，也有来自基层群众的盲目和蛮干失误。尽管如此，在这一历史时期我国经济建设还是取得了一定的进展和成就，这些成就是中国共产党及领袖们和中国人民艰苦奋斗的结果，不应被历史忘记。

1. "三五"计划的制定

"三五"计划本应是 1963 年至 1967 年的国民经济计划，由于"大跃进"造成的经济困难和前后五年之久的国民经济调整，"三五"计划就成为 1966 年至 1970 年的国民经济计划了。

1963 年初，由李富春、李先念等 8 人组成中央计划领导小组来研究编制长远国民经济计划和"三五"计划，该领导小组提出了"三五"计划时期集中力量解决人民的吃穿用的意见。中共中央书记处同意了这个意见。据此，1964年4月底，国家计委提出了《第三个五年计划（1966—1970）的初步设想（汇报提纲）》，规定"三五"计划的基本任务是："第一、大力发展农业，基本上解决人民的吃穿用问题；第二、适当加强国防建设，努力突破尖端技术；第三、与支援农业和加强国防相适应，加强基础工业，继续提高产品质量，增加产品品种，增加产量，使我国国民经济建设进一步建立在自力更生的基础上。相应地发展交通运输业、商业、文化、教育、科学研究事业，使国民经济有重点、按比例地向前发展。"[①]这个计划将农业投资提高到总投资额的20%，大大高于前两个五年计划的7.1%和11.3%的水平。

对于"三五"计划如何安排，1964年4月解放军总参谋部作战部的一份报告认为，在国家经济建设如何防备敌人突然袭击方面，我们的工业建设及布局和国防建设及布局，都还存在很多问题。这就引起了毛泽东从更深层次的国防建设和战略布局的角度考虑"三五"计划安排。他下决心改变原定"三五"计划时期国民经济建设的部署，把抓战备作为"三五"计划的中心任务。毛泽东决定成立一个专门制定计划的新班子，由时任石油工业部部长的余秋里等人组成，称为"小计委"，专门研究战略问题，组织进行"三五"计划的编制。他在听取余秋里汇报时指示说：计划要考虑三个因素，第一是老百姓，不要丧失民心；第二是打仗；第三是灾荒。五年基本建设投资控制在800亿元到900亿元，建设项目不要搞那么多。农轻重次序要颠倒一下，吃穿用每年略有增加就好。

1965年9月上旬，国家计委向中共中央和毛泽东报送了《关于第三个五年计划安排情况的汇报提纲（草稿）》（简称《汇报提纲（草稿）》），

---

① 中共中央文献研究室. 建国以来重要文献选编：第18册. 北京：中央文献出版社，1998：448.

提出：“三五”计划必须立足于战争，从准备大打、早打出发，积极备战，把国防建设放在第一位，加快三线建设，逐步改变工业布局。在具体安排上，设想“三五”计划期间基本建设投资总额为850亿元，计划施工的大中型项目共2 000个左右；预期到1970年的各项指标是：粮食4 400亿～4 800亿斤，钢产量1 600万吨，原煤2.8亿～2.9亿吨，发电量1 100亿千瓦时，原油1 850万吨，工农业总产值2 700亿～2 750亿元，平均每年递增9%，农业总产值平均每年递增5%～6%，工业总产值平均每年递增11%。

这个计划安排彻底改变了1964年4月底所提出的计划安排。《汇报提纲（草稿）》已经将基本建设投资安排的顺序由农、轻、重转变为重、农、轻。1965年9月至10月，中央工作会议讨论通过了该汇报提纲。但后来由于“文化大革命”的发生，该汇报提纲未能形成正式发展国民经济的“三五”计划，也未能付诸批准实施。“三五”期间中国国民经济发展主要是靠很不完备的年度计划来支撑的，不过这些年度计划所依据的方针和原则都是该汇报提纲确定的方针和原则。

2. 国民经济在波动中增长

中国国民经济在“大跃进”和调整时期的基本特点有以下几个：第一，在“大跃进”和国民经济调整时期国民经济出现了巨大的波动，但还是在这种波动中有所增长。在探索中国自己的经济建设道路过程中，出现了“大跃进”这样严重的偏差和失误，给经济建设和人民生活带来了严重损失。但这是探索发展道路过程中的损失，是全体人民头脑发热的失误，既有中央领导集体决策的失误，也有人民群众违背建设规律的失误，但是我国国民经济还是在波动中继续前进。特别是全面压缩基本建设投资规模，为减少财政支出、缓解财政紧张创造了条件。1961—1965年基建拨款占财政支出总额比重为28.1%，不仅低于三年“大跃进”时期的

54.8%，而且低于"一五"时期的 37.6%。"大跃进"时期财政赤字累计高达 169.4 亿元，调整时期财政赤字明显减少，并且做到了略有盈余。第二，在"大跃进"和国民经济调整时期我国社会总产值和国民收入有明显提高。按当年价格计算，1965 年社会总产值达 2 695 亿元，国民收入达 1 387 亿元；工农业生产总值达 2 235 亿元，其中：农业总产值 833 亿元，工业总产值 1 402 亿元。1958—1965 年主要部门基建投资达 1 627.98 亿元，有 936 个大中型项目建成投产。中国工业体系和国民经济体系建设的步伐没有后退，尤其是现代化建设的物质技术基础有所增强，国民经济各部门开始协调发展，工农业生产超过 1957 年的水平，新兴工业部门、新产品、新品种不断涌现，我国成功爆炸了原子弹、氢弹。第三，工业整体生产能力和技术水平提高，1965 年与 1957 年相比，全国全民所有制工业企业固定资产原值增长了两倍，达到 1 040 亿元。主要工业品产量增长明显，其中：钢产量 1 223 万吨，增长 1.29 倍；原煤产量 2.32 亿吨，增长 77.1%；发电量 676 亿千瓦时，增长 2.5 倍；原油产量 1 131 万吨，增长 6.75 倍；天然气产量 11 亿立方米，增长 14.71 倍；水泥产量 1 634 万吨，增长 1.38 倍。我国工业的机械装备水平进一步提高，全国工业企业机床和锻压设备拥有量分别增长 1.4 倍和 1.1 倍，一些机械工业产品已接近或达到世界先进水平。第四，基础工业和重点企业发展明显，特别是影响中国工业化的发展瓶颈显著缓解，新建和扩建了一批重要企业。例如，对于钢铁工业项目在调整时期不是采取"一刀切"都下马，而是根据不同条件"该关掉的关掉，该保留的保留，该发展的发展"，有一批小型钢铁企业成长为中型钢铁企业。[①] 与 1957 年相比，1965 年全民所有制企业固定资产投资增长了 1.76 倍；建设了十大钢厂（包括武汉钢铁公司、包头钢铁公

---

① 袁宝华. 袁宝华回忆录. 北京：中国人民大学出版社，2018：170.

司的建成，攀枝花钢铁公司的筹建，鞍山钢铁公司的扩建等）和若干重要有色金属冶炼厂、煤炭企业、发电厂等。

3. 工业结构和地区结构改善

中国工业结构和地区结构在"大跃进"和调整时期有了较明显改善。第一，由于工业特别是基础工业是这一时期发展的重点，因而建立起了一定规模的国民经济体系和工业体系，工业提供的生产资料和生活资料开始普及，能源工业、冶金工业、机械工业等生产能力和技术水平大幅度提高。例如，煤炭、电力、石油供应局面明显改善；钢和钢材品种增多，可以生产建设需要的高温合金钢、精密合金钢、高纯金属、有色稀有金属；形成了冶金、采矿、电站、石化等工业设备制造及飞机、汽车、工程机械制造等基本行业。与此同时，与农业生产紧密相关的化肥、农药、农机制造及修理等支农工业部门投资，由"大跃进"时期的 4.86％增至调整时期的 7.86％；与人民生活紧密相关的食品、纺织、造纸等工业部门投资，由"大跃进"时期的 9.5％增至调整时期的 12％。第二，整体工业特别是装备工业从无到有，自给率明显提升，主要机械设备到 1964 年自给率达90％以上；电子工业、原子能工业、航天工业从无到有、从小到大；到1965 年已经能够生产雷达、广播电视发射设备、电视中心设备、无线电通信设备、原子射线仪、各种气象仪、水声设备、电话交换机、电子计算机、电视机等。第三，沿海和内地的工业都得到进一步加强和发展，原有沿海地区的工业基地得到加强，内地和边疆地区现代工业有了较大发展。在全国基建投资中，中、西部地区投资所占比重不断上升，"一五"时期为 46.8％，"二五"时期提高至 56％，1963—1965 年升至 58.3％。尤其是 1964 年提出三线建设战略之后，中、西部更是成为投资重点地区，内地工业产值在全国工业产值中的比重由 1957 年的 32.1％提高到 1965 年的35％。

4. 交通运输长足发展

中国交通运输在"大跃进"和调整时期取得了长足进步。第一，1958—1965 年全国新增铁路营运里程 9 698 公里，有 12 条干线建成或部分建成。1965 年与 1957 年相比，铁路货运量增加 50.67％，客运量增加 31.93％。第二，建成或部分建成的铁路干线包括：包兰线（包头至兰州）、兰青线（兰州至青海西宁）、兰新线（兰州至新疆乌鲁木齐）建成通车，西北地区连成一个有效的铁路网。与此同时，成昆铁路（成都至昆明）、贵昆铁路（贵阳至昆明）、湘黔铁路（湖南株洲至贵州贵阳）、川黔铁路（四川重庆至贵州贵阳）、湘桂铁路（湖南衡阳至广西南宁）等开工建设，西南地区也将连成一个有效的铁路网。第三，公路、水路、航空事业都取得了较大发展。全国大部分县、镇修筑了公路、通了汽车。沿海港口恢复发展，新增十多个万吨深水泊位。远洋航运开辟了通往东南亚、欧洲、非洲的三条航线。

5. 农业基本建设增强

中国农业基本建设在"大跃进"和国民经济调整时期得到增强。第一，大型水利设施建设明显改善，仅大中型水利建设施工项目就达 290 多项，其中建成 150 多项。困扰中国农业经济发展的淮河、黄河、海河流域都得到了重点治理，水患受到遏制。第二，全国灌溉面积大幅度增加，特别是随着水利设施建设的加快，农田灌溉面积数量和比例显著提高，在全部耕地中灌溉面积占比从 1957 年的 24.4％上升至 1965 年的 32％。第三，农业机械化和化学肥料使用程度提高。机耕面积占比从 2.4％上升至 15％，机灌面积占比从 4.4％上升至 24.5％，每亩耕地用电量由 0.1 度上升至 2.4 度。此外，植树造林、推广良种、改良土壤、控制水土流失、建立气象预报等也取得很大进展。

正如中共十一届六中全会通过的《关于建国以来党的若干历史问题的

决议》所指出的："我们现在赖以进行现代化建设的物质技术基础，很大一部分是这个期间建设起来的；全国经济文化建设等方面的骨干力量和他们的工作经验，大部分也是在这个期间培养和积累起来的。这是这个期间党的工作的主导方面。"[①]

第三节 "文化大革命"时期经济的曲折发展

1966—1976 年中国发生的"文化大革命"严重背离了中国共产党第八次全国代表大会确定的正确路线，错误估计当时我国阶级斗争的形势，夸大修正主义和资本主义复辟的危险性，导致中国出现了持续十年之久的内乱。特别是毛泽东后来提出了"以阶级斗争为纲"和"无产阶级专政下继续革命"的口号和理论，这就使他对许多我国实行的正确的经济理论、经济体制和经济政策的认识和评价出现了严重的偏差。加之林彪、江青两个反革命集团乘机兴风作浪、大肆破坏，造成了极为严重的思想混乱和经济动荡。

"文化大革命"可以分为这样三个阶段：第一阶段是"文化大革命"爆发和"造反夺权"阶段，从 1966 年"文化大革命"开始到 1969 年 4 月中共九大召开；第二阶段是全国形势相对稳定和"备战备荒"阶段，从 1969 年 4 月中共九大到 1973 年 8 月中共十大召开；第三阶段是邓小平出来工作并开始全面整顿国民经济和"批邓、反击右倾翻案风"阶段，从 1973 年 8 月中共十大召开到 1976 年 10 月粉碎"四人帮"。从国民经济发展演变来看，与"文化大革命"这三个阶段相对应的，第一阶段是国民经济遭受严重冲击出现急剧动荡阶段，第二阶段是相对稳定且国民经济管理

---

① 中共中央文献研究室. 改革开放三十年重要文献选编：上册. 北京：中央文献出版社，2008：192.

系统开始逐渐发挥作用阶段，第三阶段则是对国民经济进行全面整顿取得成效并遭受挫折阶段。

一、"文化大革命"使国民经济遭受严重冲击

对中国社会主要矛盾的误判，是"文化大革命"爆发的重要理论根源。1957 年 10 月，毛泽东在中共八届三中全会上指出，无产阶级和资产阶级的矛盾、社会主义道路和资本主义道路的矛盾，仍然是当前我国社会的主要矛盾。这就根本改变了中共八大确定的正确方针。1959 年七八月间中共中央在江西庐山召开的旨在纠正"左"的错误的政治局扩大会议，也因为彭德怀给毛泽东的一封信被说成是"右倾机会主义的反党纲领"，而演变成为反右的会议。1962 年 9 月，在中共八大十次会议上，毛泽东提出了系统的论述：在整个社会主义社会，始终存在无产阶级和资产阶级之间的阶级斗争，存在社会主义和资本主义两条路线的斗争，阶级斗争和资本主义复辟的危险性，必须年年讲、月月讲。1963 年 2 月，在总结一些地方进行社会主义教育的经验时，他提出了"阶级斗争，一抓就灵"，号召全党"千万不要忘记阶级斗争"。1964 年 9 月在中共中央为开展社会主义教育运动制定的《关于农村社会主义教育运动中一些具体政策的规定（修正草案）》中，首次提出了"以阶级斗争为纲"的口号。

1. "文化大革命"的全面发动

毛泽东对于在一线负责国民经济调整工作的中央领导人的做法存在着不同的看法，同时加上对中国共产党内可能出现"赫鲁晓夫"式人物的担心，加剧了他对当时中国发展形势严峻性的忧虑。1965 年 8 月，毛泽东与外宾谈话时说："中国也有两种前途，一种是坚决走马列主义的道路，社会主义的道路，一种是走修正主义的道路。我们有要走修正主义道路的

社会阶层，问题看我们如何处理。我们采取了一些措施，避免走修正主义道路，但谁也不能担保几十年后会走什么道路。"① 在他看来，阶级斗争在中国共产党内的反映，就是形成了一个"走资本主义道路的当权派"。

1966 年 5 月 16 日，中共中央政治局扩大会议通过了毛泽东主持起草的指导"文化大革命"的纲领性文件《中国共产党中央委员会通知》（即"五一六"通知），标志着"文化大革命"的全面启动。通知要求全党："高举无产阶级文化革命的大旗，彻底揭露那批反党反社会主义的所谓'学术权威'的资产阶级反动立场，彻底批判学术界、教育界、新闻界、文艺界、出版界的资产阶级反动思想，夺取在这些文化领域中的领导权。而要做到这一点，必须同时批判混进党里、政府里、军队里和文化领域的各界里的资产阶级代表人物。"② 认为资产阶级代表人物是一批反革命的修正主义分子，他们现在正睡在我们的身旁。同时成立新的中央文化革命小组来领导这场运动，由陈伯达、康生、江青、张春桥等负责。6 月 1 日《人民日报》发表《横扫一切牛鬼蛇神》社论，提出"破四旧"（旧思想、旧文化、旧风俗、旧习惯）。8 月 7 日，毛泽东撰写的《炮打司令部——我的一张大字报》在中共八届十一中全会上印发。他严厉指责在一线工作的中央领导"站在反动的资产阶级立场上，实行资产阶级专政"，开始了对刘少奇、邓小平的批判。次日，全会通过的中共中央《关于无产阶级文化大革命的决定》（即十六条）指出："运动的重点，是整党内那些走资本主义道路的当权派"。

1966 年 8 月 18 日至 11 月下旬，毛泽东共计 8 次接见全国的红卫兵和大中学校学生，共计被接见人数高达 1 100 万人次，这极大地助长了全国混乱的局面。10 月 5 日，中共中央批发《关于军队院校无产阶级文化大

---

① 中共中央党史和文献研究院. 毛泽东年谱：第 8 卷. 北京：中央文献出版社，2023：517.
② 中共中央文献研究室. 毛泽东传：第 6 册. 北京：中央文献出版社，2011：2376.

革命的紧急指示》，取消运动由党委领导的规定，使"踢开党委闹革命"合法化。许多属于我国社会主义阶段必须和必然具有的东西，被斥为修正主义或资本主义的东西加以批判和废除，而许多同社会主义格格不入的东西却被当作社会主义的东西大加称赞、积极提倡，从而导致"左"的错误日益严重，经济工作开始受到越来越大的干扰和破坏。

2. 国民经济遭受严重冲击

本来1966年我国经济形势已经开始好转，这一年也是"三五"计划的第一年。人们期待着刚刚走出经济困难的中国经济向着进一步恢复发展的方向前进。但是，"文化大革命"的爆发使刚刚恢复的国民经济又出现了剧烈波动，造成了严重的后果。一是全国各地红卫兵免费大串连，造成各主要城市住宿紧张、粮食供应紧张、交通运输紧张和各级财政紧张，社会秩序受到严重干扰。到1966年底，交通运输秩序混乱，铁路积压货物估计达1 000万吨。二是企事业单位临时工、合同工开始造反，要求转为正式职工，并在北京成立"全国红色劳动者造反总团"，占领全总大楼和劳动部，揪斗各级干部，扰乱劳动纪律。三是各级生产指挥系统受到冲击。1966年新增固定资产比上年减少20亿元，固定资产交付使用率由上年的93.6%降至70.4%，大中型项目的投资率由上年的22.9%降至18.1%。

中央领导层对毛泽东发动"文化大革命"的理解不同，在"文化大革命"爆发时，刘少奇、邓小平、周恩来等在一线工作的负责人都希望把"抓革命、促生产"结合起来，不要影响经济工作。但是，夺权和造反运动导致国民经济处于无政府状态。我国的经济指挥体制和管理系统被打乱，这就使得经济指挥系统七零八落，业务部门陷于瘫痪，生产调度指挥不灵，一线工作陷入停顿，国民经济几近失控。临时成立的派性组织和群众组织根本不懂经济管理。许多经济领导工作岗位的负责人被打倒、被批斗、靠边站，其中许多人被关进牛棚，甚至被迫害致死，包括刘少奇、邓小平、陈云、李富春、邓子恢、薄一波等国家领导人和一批各部部长以及省、市、自治区负责人。年度计划和长期计划无法发挥应有的作用，1968年竟成为没有年度经济计划的一年。1968年底才开始编制1969年度国民经济计划，1969年工农业生产有所好转，但执行结果仍未达到1966年的规模和水平。中共九大形势比较稳定之后，1970年经济发展才取得了较好的进展，并于1971年开始制定第四个五年计划。一些地方群众在夺权中出现了严重的派性，出现了武斗局面，破坏工厂企业、银行仓储、交通运输事件频频发生。调整时期形成的许多行之有效的国民经济管理制度受到严厉批判，被指为修正主义"管、卡、压"和复辟资本主义，包括工业七十条、商业四十条、科技十四条、高教六十条和生产责任制、质量检查和安全操作规程、厂长负责制、按劳分配制度等，都被废除或冲击。

1968年10月召开的中共八届十二中会议批准了《关于叛徒、内奸、工贼刘少奇罪行的审查报告》，作出了把刘少奇"永远开除出党，撤销其党内外一切职务"的错误决议，刘少奇遭受残酷迫害，于1969年11月12日在开封去世。这是"文化大革命"期间最大的冤案，各地区各行业各单位都要揪出刘少奇的"代理人"，全国受到株连的人数众多。

在这种严峻形势下，指挥领导我国国民经济运转的经济工作负责人仍然忍辱负重，坚守岗位。周恩来对国务院负责经济工作的余秋里、谷牧说："你们可得帮我把住经济工作这个关啊！经济基础不乱，局面还能维持；经济基础一乱，局面就没法收拾了。所以，经济工作一定要紧紧抓住，生产绝不能停。生产停了，国家怎么办？不种田了，没有粮食吃，人民怎么能活下去？还能闹什么革命？"①

---

① 中共中央文献研究室. 周恩来年谱（1949—1976）：下卷. 北京：中央文献出版社，1997：56.

1966—1968 年中国经济出现剧烈波动，正常的工交生产受到严重冲击。一是部分企业停工停产，生产设备遭受破坏。许多工交企业被迫停工停产，全国最大的一批钢铁企业处于半停产状态。例如，1967 年 11 月全国 32 座大型高炉已有 14 座停产、4 套大型初轧机有 2 套停开、29 套主要成品轧机有 14 套停开；1967 年底煤炭部直属矿务局日产水平仅相当于正常水平的 50%；许多生产设备遭到破坏，为此后的生产恢复带来了严重困难。二是国民经济主要指标持续下降。1967 年与 1966 年相比，工农业总产值完成 2 104.5 亿元，下降 9.6%；钢产量下降 32.8%，煤炭产量下降 18.3%，棉纱产量下降 13.6%，铁路货运量下降 21.6%；国家预算内基建投资完成率为 64.5%，固定资产交付使用率降至 50.6%，劳动生产率比上年下降 19.2%，财政收入完成计划的 68.8%，赤字为 22.5 亿元。国家陷入新的经济困难之中。

1968 年是"文化大革命"时期我国国民经济跌至谷底的一年。交通运输和煤炭生产问题导致钢铁、电力生产无法正常运转，生产量不断下降，从而致使国民经济整体出现问题。人民群众正常的生活秩序也被打乱，对"文化大革命"的不满情绪在酝酿和积累。

3. 经济理论和经济政策受到批评

在"文化大革命"中，经济理论战线和经济工作中极左思潮盛行，许多在社会主义建设中行之有效的政策和措施都被扣上走资本主义道路的帽子而受到批判和清算。

这种批判在 1967 年夏季迎来高潮。6 月 5 日，《解放日报》发表题为《发展社会主义，还是复辟资本主义？——评"工业七十条"》的长篇文章，把《国营工业企业工作条例（草案）》指责为"瓦解社会主义经济、复辟资本主义的黑纲领"，并罗列罪名，横加指责。例如：规定企业是经济组织，任务是生产，这是抹杀阶级斗争，鼓吹生产第一；规定党委领导下的厂长负责制和总工程师对技术工作的总负责，是取消党的领导，推行资产阶级专政；强调按劳分配，是钞票挂帅；强调经济核算、增加盈利，是利润挂帅；建立严格的规章制度，是大搞资产阶级"管、卡、压"；提倡学习外国先进经验，是"崇洋媚外"；等等。

8 月 23 日，《文汇报》《解放日报》《支部生活》联合发表题为《两条根本对立的经济建设路线》的文章，全面地否定了新中国成立以来的经济建设基本方针。该文旨在批判刘少奇主持中央一线工作时的正确主张和探索，指责他反对政治挂帅和反对群众运动，说他提倡"按经济办法管理经济"是"让资本主义的价值规律支配一切"，说他 1949 年在天津的讲话和 1958 年批评群众运动"一轰而起"是"一长制""专家路线"的"资产阶级专政"等。11 月 23 日，《人民日报》《红旗》《解放军报》发表题为《中国农村两条道路的斗争》的长篇文章，不点名地指责刘少奇是"富农经济的狂热鼓吹者""扼杀农业合作化的头号走资派"，"三自一包"是复辟资本主义的黑风等。

"文化大革命"否定新中国成立以来党在探索社会主义建设道路上的理论成果，否定党在社会主义建设过程中的正确实践，造成了严重的思想混乱和理论混乱。例如，在广大农村社队，把"农业六十条"中规定的公社社员耕种少量自留地、经营少量家庭副业和出售少量家庭农副业产品，都当作"资本主义自发倾向"加以批判；把一些公社社员到农贸市场上出售留给自己的剩余农副产品，都当作"搞自发"或"投机倒把"加以批判；一些地方还通过开展大批判来促进上交自留地运动，一些地方通过批判"工分挂帅"取消按劳计工办法。在广大厂矿企业中，通过批判"物质刺激"取消了艰苦工种（如高空、高温、井下作业等）工人的劳保待遇；通过批判所谓"修正主义的管、卡、压"取消了企业正常的管理制度；通过大搞大批判等思想教育取消了附加工资、夜班补贴等合理补助。这些错误做法给"文化大革命"期间国民经济的发展造成了难以克服的巨大困难。

二、中共九大的召开，国民经济形势趋于稳定

1969 年 4 月，中国共产党第九次全国代表大会召开，这是距中共八大召开 13 年之后召开的全国代表大会。大会系统论述了毛泽东提出的"无产阶级专政下继续革命的理论"，指出这一理论是进行"文化大革命"的理论指导并被写入中共九大和党章。毛泽东给会议的定调是：总结经验，落实政策，准备打仗。希望大会开成"团结的大会、胜利的大会"，反映出他的内心很不平静。

1. 中共九大和"无产阶级专政下继续革命的理论"

中共九大肯定的"无产阶级专政下继续革命的理论"的核心思想，就是在无产阶级取得政权并建立了社会主义制度的条件下，还有必要进行一个阶级推翻一个阶级的政治大革命，"文化大革命"就是这种"继续革命"应当采取的方式。这一理论早在 1967 年 11 月 6 日于两报一刊发表的《沿着十月社会主义革命开辟的道路前进》一文中就进行了系统概括。即：必须用马列主义对立统一的观点观察社会主义社会；在社会主义社会历史中，还存在阶级、阶级矛盾、阶级斗争，存在着社会主义同资本主义两条道路的斗争，存在着资本主义复辟的危险性，必须把政治和思想战线的社会主义革命进行到底；无产阶级专政下的阶级斗争"依然是政权问题"，"无产阶级必须在上层建筑其中包括各个文化领域中对资产阶级实行全面的专政"；要把那些被"党内一小撮走资本主义道路的当权派"篡夺了的权力坚决夺回到无产阶级手中；无产阶级专政下继续进行的革命，最重要的是开展"无产阶级文化大革命"；"无产阶级文化大革命"在思想领域中

的根本纲领是"斗私批修"。文章把"无产阶级专政下继续革命的理论"称为"在马克思主义发展史上树立了第三个伟大的里程碑"。

中共九大选举产生的中央政治局实施了党的领导层的"大换血",林彪、江青两个反革命集团的主要成员都进入中央政治局,原来的一批党的领导人被排挤出中央政治局和中央领导层,林彪被确定为毛泽东的接班人并写入党章总纲。中共九大之后,尽管"左"的错误未能纠正,但是全国政治形势出现了短暂的稳定。

2. 国民经济指挥系统逐步恢复

以周恩来等为代表的党和国家领导团队,顶着来自各方面的压力和干扰,竭尽全力维护着全国工农业生产的正常进行。

第一,充实扩大国务院业务组。"文化大革命"开始后,国民经济管理和指挥系统受到严重冲击。1967年春,周恩来为了维持国民经济运行,与李富春、李先念等商议,组成国务院业务组,讨论决定有关国民经济重要问题。1969年7月,经毛泽东同意进一步扩大业务组,国务院业务组成员由周恩来(主要负责外交、科学、统战)、谢富治(主要负责公安、政法)、李先念(主要负责财政、银行、外贸、卫生)、纪登奎(主要负责农业、商业)、李德生(主要负责国防,后增水电、体育)、李富春(主要负责冶金、水电、机械、轻纺)、余秋里(主要负责计划、铁路、交通、邮电)、粟裕(主要负责国防工业)、苏静(主要负责计委、建委、石油、煤炭、化工)组成,周恩来任组长,李先念、纪登奎任副组长。

国务院业务组是"文化大革命"期间我国国民经济的领导机构,承担着"文化大革命"前国务院领导经济工作的职能。业务组下设政工组、计划组、生产组等,具体负责全国经济计划、经济管理和生产调度工作。

第二,逐步恢复国务院各部委工作。在国务院业务组的指导下,1969年9月开始恢复国务院各部委机构,从原62个部门缩减至27个部门,包括国家计划革命委员会，国家基本建设革命委员会，冶金工业部，第一机械工业部，燃料化学工业部，水利电力部，交通部，轻工业部，第二、第三、第四、第五、第六、第七工业部，农林部，财政部（保留中国人民银行名义），商业部，对外贸易部，外交部，对外经济联络部，公安部，卫生部，中科院等。国务院机构虽然经过大幅度压缩和调整，但可以开展日常管理工作。

3. 严峻的国际形势与经济建设的战略调整

第一，"备战备荒为人民"战略的确定。我国社会主义建设的国际环境始终是不安定和不安全的，尤其是在 20 世纪六七十年代美、苏两个超级大国推行霸权主义政策，使国际冷战格局处于最紧张最严峻的时期。美、苏两个超级大国对中国社会主义建设也心存警戒，总是试图干涉中国内政，尤其是苏联陈重兵于中苏边界，对中国构成严重军事威胁。此外，台湾国民党当局在美国支持下叫嚣"反攻大陆"，印度尼西亚政府大量驱逐华侨，印度在中印边界挑起事端，美国侵越战争战火蔓延至中越边界。在这种背景下，毛泽东在 1965 年 1 月谈到"三五"计划时提出"备战备荒为人民"，1966 年 3 月在给刘少奇关于农业机械化问题的复信中谈道："第一是备战，人民和军队总得先有饭吃有衣穿，才能打仗，否则虽有枪炮，无所用之。第二是备荒，遇了荒年，地方无粮棉油等储蓄，仰赖外省接济，总不是长久之计。一遇战争，困难更大。而局部地区的荒年，无论哪一个省内常常是不可避免的。几个省合起来来看，就更加不可避免。第三是国家积累不可太多，要为一部分人民至今口粮还不够吃、衣被甚少着想；再则要为全体人民分散储备以为备战备荒之用着想；三则更加要为地方积累资金用之于扩大再生产着想。"① 随着国际形势的日趋严峻，"备战

① 毛泽东.毛泽东军事文集：第 6 卷.北京：军事科学出版社，中央文献出版社，1993：405.

备荒为人民"上升到国家战略的高度。

第二，中苏关系急剧恶化。1969年中苏关系急剧恶化，毛泽东提出："我们要准备打仗。"3月，中苏两国边防军队在黑龙江省珍宝岛等地区发生武装冲突，这种冲突断断续续持续到同年8月。后因周恩来与途经北京的柯西金会谈而逐步缓解。面对这种国际形势，毛泽东在中共九届一中全会上提出："我们要准备打仗。""而主要的，是要有精神上的准备。"林彪提出了"用打仗的观点观察一切，检查一切，落实一切"的口号。为此，一是1969年10月中央发出了"关于紧急疏散的通知"，在京的党和国家领导人、大批党政军领导干部先后"战备疏散"到外地。之后，国务院对于各部门人员、科研设计单位、在京高校等都提出了疏散、搬迁设想。直到年底，全国的备战状态才逐渐解除。二是人民防空工作空前开展。1969年中央决定成立全国性的人民防空领导小组，各地也成立同样的人防领导小组。在全国范围内广泛开展群众性的挖防空洞、防空壕的活动。三是在对国际形势预判失误的前提下，得出了第三次世界大战即将爆发的错误判断，从而使比较混乱的国民经济与准备打仗混合在一起，国防工业和国防科研投资大幅度上升。1969—1971年三年间，两项投资在国家基建总投资中比重平均高达11％。

1972年12月，中央传达毛泽东的指示——"深挖洞，广积粮，不称霸"，各地的备战气氛依然很高。许多城市再次掀起了修建地下防空设施的高潮，不少地方广大群众参与其中，修建了大量简陋的地下防空设施。

4.《"四五"纲要（草案）》的制定

计划是经济发展的基本依据，第四个五年计划纲要是1971—1975年的国民经济计划。1970年2月至3月国务院召开的全国计划工作会议制定了1970年国民经济计划，会上研究、讨论、制定了《第四个五年计划纲要（草案）》（简称《"四五"纲要（草案）》），并专题座谈了军工、劳动工资、基本建设、体制改革等问题，会议在批判"条条专政"思想的影响下要求加快企业下放步伐。

1970 年 8 月 23 日至 9 月 6 日间，在江西庐山召开的中共九届二中全会将《"四五"纲要（草案）》作为参考文件印发。1971 年 3 月，中共中央在批转 1970 年国民经济计划时，将《"四五"纲要（草案）》的部分计划指标作为附件下发。《"四五"纲要（草案）》的总要求就是要狠抓备战，集中力量建设战备后方，建立不同水平、各有特点、各自为战、大力协作的经济协作区，初步建成我国独立的、比较完整的工业体系和国民经济体系。该文件提出的"四五"时期的主要任务：一是根据毛泽东提出的经过四个五年计划"可以有 3 500 万到 4 000 万吨钢"的设想，提出 1975 年产钢 3 500 万至 4 000 万吨，钢生产能力达到 4 000 万吨以上。到 1975 年，东北、华北、华东、中原和西南经济协作区钢的生产能力都将达到 600 万吨以上，各省、市、自治区都要有一批中小钢铁企业，许多地、县也将建立起自己的小矿山、小铁矿、小钢厂，形成大中小结合、星罗棋布的钢铁工业布局。二是将内地建成一个部门比较齐全、工农业协调发展的强大战略后方。内地的工业建设要大分散、小集中，不搞大城市，工厂布局要"靠山、分散、隐蔽"，特殊、重要工厂的关键设备和车间，有的要"进洞"。对基建项目区分轻重缓急进行排队，狠抓投产项目，急需、容易的项目先上；狠抓有关布局和备战的骨干项目；狠抓薄弱环节和配套项目；重点安排一批与发展规划相衔接的建设工程。周恩来提出"四个第一"：军工第一、三线第一、配套第一、质量第一。三是根据经济发展和备战需要，将全国划分为西南、西北、中原、华南、华东、华北、东北、山东、闽赣、新疆十个经济协作区。每个大的协作区都要有计划有步骤地建设冶金、国防、机械、燃料动力、化学等工业，同时建设比较强大的农业、轻工业和比较发达的交通运输业，山东、闽赣、新疆地区要建立小而全的经济体系。四是农业要以粮为纲，全面发展，粮食不足的省、市、自治区要尽快做到粮食、油料自给有余，扭转南粮北调状况。要求 1975 年按照全国农业人口平均每人一亩稳产高产农田，耕作机械化程度达到 40％～50％。五是大力发展地方"五小"工业。各省、市、自治区都要建立自己的小钢铁厂、小机械厂、小化肥厂、小煤矿、小水泥厂等，形成为农业服务的地方工业体系。力争在一两年内把每个县的农机修造厂都建设起来，三五年内做到每个公社和有条件的大队都有修配站。六是加快石油、天然气和电力工业建设，积极改变燃料构成。到 1975 年，石油、天然气、水电在我国燃料动力结构中所占比重，由 1969 年的 17％上升到 31％～38％，煤炭比重由 83％降为 62％～69％。江南各省、市、自治区要力争1972 年做到煤炭自给，扭转北煤南运状况。

此外，《"四五"纲要（草案）》提出要搞好企业下放，精简机构。在1969 年 2 月至 3 月召开的全国计划会议上就提出了企业要以地方管理为主，中央直属企业可以分为地方管理、中央管理和双重管理三种形式，并计划 1970 年内将国务院所属大部分工业企业下放给地方管理；少数企业由中央部和地方双重管理，以地方管理为主；极少数大型或骨干企业由中央部和地方双重管理，以中央部管理为主。1970 年 3 月，在《关于国务院工业交通各部直属企业下放地方管理的通知（草案）》推动下，中央企业管理权过急过快下放。这是中央在条块关系上从"以条条为主"向"以块块为主"的倾斜。这次下放的企事业单位有 3 082 个，其中包括鞍山钢铁公司、大庆油田、长春第一汽车制造厂、开滦煤矿、吉林化学工业公司等 2 400 多个大型企业，这是新中国成立以来经济管理体制和企业管理体制的一次重要调整。企业下放之后，中央各部属企事业单位仅剩下 500个，比 1965 年减少 86.5％，工业产值仅占国营工业总产值的 8％。一些企业被层层下放，对企业管理和企业经营造成了很大的困惑与困难。

在当时背景下，《"四五"纲要（草案）》所确定的计划指标也是很高的。1973 年 7 月国家计委拟定了《"四五"纲要（修正草案）》，对计划指标进行了调整，不少指标有所压缩。例如，钢产量下调到 3 200 万～3 500 万吨，后又调整到 3 000 万吨，实际上这个指标也还是很高。

三、九一三事件后对国民经济的调整

1971 年 9 月发生的九一三事件震惊了中国和世界。1971 年 9 月 13 日，林彪、叶群、林立果外逃，飞机在蒙古国温都尔汗坠毁，林彪反革命集团覆灭。这是"文化大革命"期间重大的政治事件，对于当时中国政局的影响巨大，客观上宣告了"文化大革命"理论与实践的破产。

1. 对国民经济的初步整顿

九一三事件后，周恩来在毛泽东的支持下主持中共中央日常工作。他在极其困难的情况下开始排除干扰，努力消除林彪等极左思潮的影响，尽力纠正"文化大革命"中的一些极端做法，批判极左思潮、无政府主义，整顿国民经济，推动各方面工作出现了一些转机。主要措施有：一是进一步落实干部政策，恢复一批被打倒或靠边站的各级干部的名誉和工作，使一大批有领导工作经验和经济管理经验的领导干部重新走上了领导工作岗位。二是批判极左思潮，正确处理政治与业务的关系。他借助毛泽东针对林彪集团所说的"这些所谓左派，其实就是反革命。总后台叫林彪"的谈话，批判极左思潮，鼓励各级干部抓生产、抓业务，政治挂帅"就是要挂在业务上"，开始扭转被极左思潮搞混乱了的思想认识。三是整顿和加强企业管理。在 1971 年底到 1972 年初的全国计划工作会议期间，重点恢复了岗位责任制、考勤制、技术操作规程、质量检验、设备管理与维修、安全生产、经济核算制等。四是整顿经济管理。1973 年 2 月，国家计委根据周恩来的指示起草了《关于坚持统一计划，加强经济管理的通知》，提出了 10 条规定以恢复正常的经济管理制度。五是纠正农村"左"的错误。1971 年 12 月中央发出《关于农村人民公社分配问题的指示》，要求落实该指示规定的各项政策措施。六是进行经济调整。针对"三个突破"，进行艰苦的经济调整。

《关于坚持统一计划，加强经济管理的通知》是初步整顿国民经济管理的重要文件，10 条规定具有很强的针对性。文件内容包括：坚持统一计划，搞好综合平衡，主要是搞好中央和地方的平衡，反对各行其是；基本建设要集中力量打歼灭战，提高投资效果，不许乱上基建项目、随意扩大建设规模和增减建设内容；职工总数、工资总额和物价控制权属于中央，任何地方、部门和个人无权擅自增加和改变；严格执行物资分配计划和订货合同，保证物资调度和协作关系，不许弄虚作假、虚报冒领；加强资金管理，严格财经纪律，严禁拖欠、挪用税款和利润，不准用银行贷款和企业流动资金搞基本建设；中央下放的大中型企业由省、市、自治区或少数省属市管理，不能再层层下放；整顿企业，按照党委领导下的厂长负责制原则，建立强有力的生产指挥系统；坚持按劳分配原则，实行计时工资加奖励的办法，少数重体力劳动可以实行计件工资，实行考工晋级制度；加强纪律性，对违反纪律、违法乱纪行为，要给予批评教育和处分制裁；加强党对经济工作的一元化领导，坚持政治和业务的统一，政治挂帅要挂到业务上。虽然该文件因为张春桥的反对而被强令收回，但是其影响已经显现出来。

2. 国民经济运行开始好转

中共九大召开之后，政治局势趋于稳定，1971 年国民经济继续有所好转。与此同时，国民经济出现了"三个突破"问题，即到 1971 年、1972 年，职工人数突破了 5 000 万人，分别达到 5 318 万人、5 610 万人；

工资支出突破了 300 亿元，分别达到 302 亿元、340 亿元；粮食销量突破了 800 亿斤，分别达到 855 亿斤、917 亿斤。"三个突破"反映出的是积累率过高、基建规模过大、职工人数骤增问题，超出了当时国民经济的承受能力。

对此，在周恩来的支持下，从 1973 年开始对国民经济进行调整。采取的主要措施有：一是控制和压缩基本建设规模，适当调整投资结构，减少在建项目，压缩民工人数；二是加强劳动工资管理，管理工资总额计划；三是解决粮食购销差额问题，加强对农业的支援，发展粮食生产，整顿城镇粮食统销，压缩不合理供应，控制职工人数和吃商品粮人口，增加丰收地区粮食征购，压缩民工过高粮食补贴；四是拟定《"四五"纲要（修正草案）》，调减钢铁等计划指标。调整的效果很快就显现出来，1973 年各项主要经济指标都完成和突破了计划。

遗憾的是，在"三个突破"问题刚刚得到有效控制之后，1974 年又因"批林批孔"运动爆发，全国政治经济的稳定形势又一次遭到破坏，工业生产急剧下滑，煤炭欠产、铁路堵塞、财政赤字、市场紧张。

3. "批林批孔"运动对国民经济的干扰

1974 年初，毛泽东发动"批林批孔"运动。其目的不仅是想从思想根源上把对林彪集团的批判引向深入，而且是要宣传所谓历史上的法家主张变革、儒家反对变革，来维护"文化大革命"。江青等人则借"批林批孔"运动把攻击的矛头对准了病重的周恩来等老干部。一是以批判孔子的"克己复礼""兴灭国，继绝世，举逸民"为名，含沙射影地攻击周恩来等人让老干部复出、恢复"文化大革命"前某些正确的政策措施、发展经济等做法；二是大肆吹捧吕后等历史上的女政治家，借机为江青抬轿子、造声势；三是到处树立"反潮流"的典型，制造事端，破坏稳定。

受政治形势影响，经济战线也出现了反复，刚刚恢复的正常生产秩序再次受到冲击。一些地方出现了"不做吨位的奴隶""不做定额的奴隶""不做制度的奴隶""不为错误路线生产"等错误口号,工业生产和企业管理混乱局面再次出现。1974年2月1日,《人民日报》刊登了上海港务局第五装卸区工人的大字报《要当码头的主人 不做吨位的奴隶》。编者按说:大字报"抓住了当前企业管理中的要害问题,具有普遍的现实意义",认为"党委不抓大事,文化大革命中已被批判了的东西也有可能重新出现,社会主义企业仍然有可能走到修正主义上去!"当月,江青以美国康宁公司将蜗牛外形的玻璃工艺品作为礼物赠送给中国彩色显像管生产线赴美考察团为由,指责这是美国在"侮辱我们,说我们爬行",认为引进彩色显像管是"屈辱于帝国主义的压力",是"崇洋媚外",制造了一场荒诞不经的"蜗牛事件"。6月,王洪文又诬蔑中国向国外购买船只是"迷信外国资产阶级的'假洋鬼子'",是修正主义路线。10月,江青又借上海江南造船厂建造的万吨轮"风庆"号远航一事,指责"有少数崇洋媚外、买办资产阶级思想的人专了我们的政"。正是这类干扰和阻挠,严重影响了国民经济的发展。1974年国民经济再次陷入下滑的泥潭。

极左思潮根深蒂固,在文教领域往往表现得更为突出。例如,1973年的"白卷事件"① 就成为导火索,引发了新一轮甚嚣尘上的极左思潮。1973年国家开始在工农兵中招收大学生,这是应对高等教育严重破坏的权宜之计,实际上根本无法解决我国各条战线对高层次、高水平人才的需要。但是这一措施也受到了"白卷事件"的严重冲击,产生了恶劣的

---

① "白卷事件"是指1973年辽宁下乡知青张铁生参加大学招生文化考试,三门课(语文、数学、物理化学)共考了105分,其中物理化学6分。他在考卷背后给领导写了一封信,对文化考试提出批判。此信被时任辽宁省革委会副主任的毛远新得知并在《辽宁日报》上发表。该报在配发的编者按中说:张铁生对物理化学这门课的考试,似乎交了"白卷",然而对整个大学招生的路线,交了一份颇有见地、发人深省的答卷。此后《人民日报》转载,张铁生被树为"反潮流"的榜样,被铁岭农学院录取。这个事件对于全国的影响特别是对于纠正"文化大革命"对教育战线的破坏,都起到了很坏的作用。

影响。

4. "四三方案"的实施

"四三方案"是"文化大革命"期间我国最重要的引进成套设备项目的计划，主要引进国家是美国、联邦德国、法国、日本、荷兰、瑞士、意大利等西方国家。1973 年 1 月，根据周恩来的指示，国家计委向国务院提出了《关于增加设备进口、扩大经济交流的请示报告》，建议在 3～5 年内引进价值 43 亿美元的成套设备。此后又增加了一些项目，计划总额达到 51.4 亿美元，到 1977 年底实际对外签约成交 39.6 亿美元。结合国产设备，共兴建了 26 个大型工业项目，到 1979 年底，完成基建投资约 240亿元。

"四三方案"主要引进项目包括：化学纤维成套设备 4 套，即上海石油化工总厂、天津石油化纤厂、辽阳石油化纤厂、四川维尼纶厂；石化成套设备 3 套，即北京石油化工总厂、吉林石化公司、北京化工二厂；大化肥成套设备 13 套，即沧州化肥厂、辽河化肥厂、大庆化肥厂、湖北化肥厂、洞庭湖化肥厂、泸州天然气化工厂、赤水河天然气化工厂、云南天然气化工厂、栖霞山化肥厂、安庆化肥厂、广州化肥厂、齐鲁第二化肥厂、四川化工厂；烷基苯成套项目 1 套，即南京烷基苯厂；大型电站成套项目 3 套，即天津北大港电厂、唐山陡河电厂、赤峰元宝山电厂；钢铁成套项目 2 套，即 1.7 米连续式轧板机（冷轧机、热轧机）、南京钢铁公司氯化球团；43 套机械化综合采煤机组；当时国际先进水平的透平压缩机、燃气轮机、工业汽轮机等单个项目。

"四三方案"提出了在引进技术设备项目时必须遵循以下原则：一是坚持独立自主、自力更生的方针，"要集中力量，切切实实地解决国民经济中几个关键问题"。二是学习与独创相结合。周恩来提出"一学、二用、三改、四创"，即在消化、吸收后，再创新、改革。三是有进有出，进出平衡。四是新旧结合，节约外汇。引进项目尽量建在老厂，利用原有的公用工程及生活设施，减少投资。五是当前与长远兼顾。六是进口设备大部分放在沿海，小部分放在内地。"这6条原则成为中国第二次大规模引进成套技术设备的指导方针。"[①]

在"文化大革命"时期，实施"四三方案"取得了积极的成效。它有效地缓解了中国国民经济中吃、穿、用等方面的发展"瓶颈"和严重制约；它增加了中国对西方资本主义发达国家经济技术发展水平的了解；它拓展了中国与西方资本主义发达国家的经济技术交流与合作；它为中国对外经济技术交流与合作和现代化企业管理造就了一批优秀的人才。

四、1975年的全面整顿和"文化大革命"的结束

1974年全国形势出现明显波动，国民经济又一次出现下滑局面。毛泽东在第四届全国人民代表大会期间作出了"安定团结"和"把国民经济搞上去"的指示，周恩来在《政府工作报告》中重提"四个现代化"和"两步走"设想，这都为邓小平在1975年进行全面整顿创造了重要条件。

1. 1975年对国民经济的全面整顿

1975年1月，四届全国人大一次会议在北京召开。周恩来在《政府工作报告》中重申了三届全国人大一次会议提出的"两步走"蓝图："第一步，用十五年时间，即在一九八〇年以前，建成一个独立的比较完整的工业体系和国民经济体系；第二步，在本世纪内，全面实现农业、工业、国防和科学技术的现代化，使我国国民经济走在世界的前列。"指出："我们要在一九七五年完成和超额完成第四个五年计划，这样就可以为在一九

---

① 陈锦华. 国事忆述. 北京：中共党史出版社，2005：15，16.

八〇年以前实现上述的第一步设想打下更牢固的基础。从国内国际的形势看，今后的十年，是实现上述两步设想的关键十年。在这个时期内，我们不仅要建成一个独立的比较完整的工业体系和国民经济体系，而且要向实现第二步设想的宏伟目标前进。"[①]

第一，中共十大及其后的形势。

1973 年 8 月 24 日至 28 日，中国共产党第十次全国代表大会召开。这次大会是在九一三事件之后召开的大会，批准了开除林彪及其集团主要成员的党籍。大会政治报告肯定了"九大的政治路线和组织路线都是正确的"，号召全党"坚持无产阶级专政下的继续革命"，坚持"无产阶级文化大革命"，强调毛泽东提出的"天下大乱，达到天下大治。过七八年又来一次"是客观规律，并预言"党内两条路线斗争将长期存在，还会出现十次、二十次、三十次"。特别是认为林彪集团是形"左"实右，把批判其"极右实质"作为首要任务。可见，中共十大不仅没有纠正"左"的错误，反而使"左"倾思潮再次泛滥。大会选举产生了新的中央领导集体，以江青为首的"四人帮"登上了中国政治舞台的最前列。

第二，对国民经济的整顿。

根据毛泽东"要把国民经济搞上去"的指示，邓小平排除"四人帮"的干扰、破坏，坚决着手对国民经济进行整顿。1974 年底 1975 年初，毛泽东在思考中央领导层的工作安排时，提出由邓小平担任中共中央副主席、国务院第一副总理、中央军委副主席兼中国人民解放军总参谋长，主持中央工作。全面整顿构成了 1975 年中国最大的亮点。

一是整顿铁路运输秩序。

1975 年 2 月 15 日，邓小平要万里、谷牧、袁宝华到他家里讨论经济

---

① 周恩来. 周恩来选集：下卷. 北京：人民出版社，1984：479.

整顿事宜。他提出整顿国民经济要从整顿铁路秩序抓起，铁路的特点是"高大半"（高度集中、经济大动脉、半军事化管理）。当时铁路的混乱局面也是最为严重的，抓住整顿铁路交通秩序这个关键，有利于推动对国民经济的全面整顿。2月25日至3月8日，中共省、市、自治区委员会主管工业的书记会议在北京召开，邓小平在会上作了《全党讲大局，把国民经济搞上去》的讲话。他特别强调实现"四个现代化"的"两步走"设想"就是大局"，"全党全国都要为实现这个伟大目标而奋斗"。"只敢抓革命，不敢抓生产，说什么'抓革命保险，抓生产危险'。这是大错特错的。""怎样才能把国民经济搞上去？分析的结果，当前的薄弱环节是铁路。铁路运输的问题不解决，生产部署统统打乱，整个计划都会落空。所以中央下决心要解决这个问题，今天就要发出《中共中央关于加强铁路工作的决定》。"强调解决铁路问题的办法，是必须强化集中统一；必须建立必要的规章制度，增强组织纪律性；反对派性，闹派性已经严重地妨碍了大局，是大是大非问题。尤其是对于那些"利用派性混水摸鱼，破坏社会主义秩序，破坏国家经济建设，在混乱中搞投机倒把，升官发财"的人，"不处理不行"。邓小平提出，"要从大局出发，解决问题不能拖"。①

这种鲜明的态度和果断的作风极大地鼓舞了铁路工作战线的广大干部群众，铁道部在万里领导下，调整了若干铁路单位的领导班子，抓了一批帮派和派性头目，恢复了一批规章制度。全国铁路堵塞严重的枢纽局、站问题得到解决，全国20个铁路局除南昌局外都超额完成运输任务。整顿铁路秩序和《中共中央关于加强铁路工作的决定》带动了各行各业的整顿，推动全国工交生产，打破了国民经济停滞不前的局面。

二是整顿钢铁生产秩序。

---

① 邓小平. 邓小平文选：第2卷.2版.北京：人民出版社，1994：4-7.

按照邓小平的建议，1975 年 5 月 8 日至 29 日召开钢铁工业座谈会。邓小平于 5 月 29 日在会议上作了《当前钢铁工业必须解决的几个问题》的讲话，提出了整顿钢铁工业的四条措施：一是必须建立坚强的领导班子。要敢字当头，一不软、二不散、三不懒，要找不怕被打倒的人进领导班子。指挥部不强，作战就没有力量。二是必须坚决同派性作斗争。加强铁路工作的决定下达后，对各行各业都有很大的影响和推动，对坚持闹派性的人，该调的就调，该批的就批，该斗的就斗。要发动群众同他斗，寸步不让，而且要有声势，不能冷冷清清。三是必须认真落实政策，要给群众落实政策，把群众的积极性调动起来，特别要注意发挥有经验的干部、老工人、技术骨干、老模范的积极性。四是必须建立必要的规章制度。要发动群众把必要的规章制度建立、健全起来。执行规章制度宁可要求严一些，不严就建立不起来。[①] 钢铁工业座谈会之后，全国钢铁企业开始逐步恢复正常的生产秩序。

三是整顿工业生产秩序。

在整顿铁路运输秩序、整顿钢铁生产秩序之后，邓小平组织召开计划工作务虚会，开始推进整个经济工作的整顿。7 月中旬，国务院委托国家计委起草《关于加快工业发展的若干问题》（"工业二十条"）。同时开始为编制第五个五年计划和十年长远规划做准备。计划工作务虚会从 1975 年 6 月 16 日一直开到 8 月 11 日。务虚会分为两个阶段：第一阶段主要讨论如何加快经济发展问题；第二阶段则分为理论、体制、钢铁、工业和企业管理、基本建设、机械工业规划、改进计划工作、轻工农林商业等八个小组进行专题研究，后又增加文教、科技两个小组。国务院听取了各小组的结果汇报。

---

① 邓小平. 邓小平文选：第 2 卷. 2 版. 北京：人民出版社，1994：8-11.

针对当时经济生活中存在的乱和散的问题，务虚会提出必须狠抓整顿，强调集中。在计划体制上，提出要实行自下而上、上下结合、块块为主的办法，国家计划既不能层层加码，也不能随便减少；在企业管理体制上，提出跨省市的铁路、邮电、电网、长江航运、民航、输油管和远洋航运、重要的科研设计单位、专业施工队伍以及大油田等少数关键企业、关键建设项目，要以中央各部委为主管理，其余的由地方管理，但不能层层下放；在物资管理体制上，物资部门管通用物资，专业部门管专业物资，设备成套走向以地区成套为主；在财政体制上，推行收支挂钩、总额分成的办法，大中型企业的折旧基金中央集中 20%～30%。此外，还提出要整顿软、懒、散班子；对职工要严格训练、严格要求；要建立岗位责任制等各项生产管理制度并严格执行。务虚会还就如何发展钢铁工业、调整机械工业、缩短基本建设战线、安排好轻工市场、发展科学技术等问题提出了一些意见。可见，务虚会释放出了强烈的全面整顿工业生产秩序的信号。

在这种氛围中通过的"工业二十条"是一个针对"文化大革命"混乱局面而提出的解决问题的系统办法，提出了发展工业的一系列重大方针政策问题。例如，一是不能把搞好生产当作"唯生产力论"和业务挂帅来批判，学习理论必须促进安定团结，促进生产发展；二是要调整"勇敢分子"当权的领导班子，要把坏人篡夺的权力夺回来；三是要划清造反派、反潮流分子同先进分子的界限，提出继续在职工中划分造反派和保守派是错误的；四是要建立以岗位责任制为中心的生产管理制度，建立强有力的独立工作的生产指挥系统；五是必须虚心学习外国一切先进东西，有计划有重点地引进国外先进技术；六是不劳动者不得食，各尽所能，按劳分配，是社会主义原则，搞平均主义不利于调动群众的社会主义积极性；七是所有干部、工人、科技人员都要走又红又专的道路；八是必须加强纪律性，对违反纪律的行为要批评教育，严重的给予处分，直至开除厂籍。[①]
与"工业二十条"相配合，各部门也开始着手起草具体的管理条例，工业
生产秩序向好趋势越来越明显。

第三，全面整顿受挫与"批邓、反击右倾翻案风"。

对国民经济领域和工业生产领域的整顿是邓小平全面整顿的重要组成
部分。1975 年的全面整顿，所涉及的领域要广泛得多。例如，1975 年 1
月 25 日、7 月 14 日邓小平在参加军队工作会议上，都提出了军队要整顿
的问题，指出军队存在肿、散、骄、奢、惰问题。[②] 7 月 4 日，邓小平在
对中央读书班第四期学员的讲话中，提出要加强党的领导，整顿党的作
风。8 月 3 日，邓小平在国防工业重点企业会议上提出国防工业企业整顿
问题。9 月 26 日，邓小平在听取中国科学院负责人汇报《关于科技工作
的几个问题（汇报提纲）》时说："如果我们的科学研究工作不走在前面，
就要拖整个国家建设的后腿。""我们有个危机，可能发生在教育部门，把
整个现代化水平拖住了。"[③] 实际上提出了科技教育要整顿的问题。9 月 27
日和 10 月 4 日，邓小平更是明确提出各方面都要整顿。他指出："当前，
各方面都存在一个整顿的问题。农业要整顿，工业要整顿，文艺政策要调
整，调整其实也是整顿。要通过整顿，解决农村的问题，解决工厂的问
题，解决科学技术方面的问题，解决各方面的问题。""现在问题相当多，
要解决，没有一股劲不行。要敢字当头，横下一条心。"[④]

对国民经济的全面整顿收效十分明显，一度混乱的国民经济运行系统
和指标系统得到明显加强。各项主要经济指标完成情况良好，按照《"四
五"纲要（修正草案）》规定的指标来衡量，工农业总产值完成计划的

---

① 房维中．中华人民共和国经济大事记．北京：中国社会科学出版社，1984：547，551．

② 邓小平．邓小平文选：第 2 卷．2 版．北京：人民出版社，1994：1-3，15-24．

③ 同②32，34．

④ 同②35．

101.7％，其中农业完成 104.5％，工业完成 100.6％。主要产品产量完成情况：粮食为 103.5％，棉花为 96.5％，钢为 79.7％，原煤为 109.5％，原油为 110.1％，发电量为 103.1％，棉纱为 96.8％，铁路货运量为 98.7％，预算内基建投资为 101.6％，财政收入为 98％。

对于邓小平领导的全面整顿工作，以江青为首的"四人帮"是激烈反对的。他们不断在毛泽东那里告状，认为邓小平在搞"右倾翻案"。这就触及了毛泽东的底线，引起了对邓小平整顿工作的不满，在他看来"文化大革命"是不能否定的。其间邓小平转给毛泽东的一封反映清华大学负责人问题的信，更使毛泽东感到邓小平全面整顿的问题严重。11 月下旬，中央召开"打招呼会议"并传达毛泽东认可的《打招呼的讲话要点》时指出："清华大学出现的问题绝不是孤立的，是当前两个阶级、两条道路、两条路线斗争的反映。这是一股右倾翻案风。""有些人总是对这次文化大革命不满意，总是要算文化大革命的账，总是要翻案。"① 从此掀开了"批邓、反击右倾翻案风"运动。

"批邓、反击右倾翻案风"是毛泽东发动的最后一次大规模政治运动。"四人帮"利用这一运动，再次打倒了一大批领导干部，并给邓小平等人罗织各种罪名。受到严重冲击并被再次打倒的各部门负责人有张爱萍、万里、胡耀邦、徐今强、胡乔木、周荣鑫等。"四人帮"组织力量集中批判邓小平主持工作时形成的三个文件，将其诬蔑为"三株大毒草"。他们诬蔑《论全党全国各项工作的总纲》"是邓小平复辟资本主义的政治宣言"，《中国科学院工作汇报提纲》是邓小平"反对无产阶级在整个上层建筑领域对资产阶级实行全面专政的一个修正主义标本"，《关于加快工业发展的若干问题》"则是邓小平洋奴买办的经济思想和一整

---

① 中共中央文献研究室. 邓小平年谱（1975—1997）：上卷. 北京：中央文献出版社，2004：113.

套修正主义的办企业路线的写照"。运动的结果就是邓小平再次被打倒，"四人帮"把他描绘成从资产阶级"民主派到走资派"，并鼓动各领域层层抓"走资派"。

2. "文化大革命"的结束

1976 年中国共产党和新中国的主要缔造者周恩来、朱德和毛泽东相继逝世，全党全国人民陷入空前的悲痛之中，中国的前途命运令无数中国人民担忧。这一年 7 月 28 日河北省唐山市发生里氏 7.8 级地震，造成 242 769 人死亡，164 851 人重伤；8 月 16 日和 23 日四川松潘、平武之间发生里氏 7.2 级地震，波及若干地区。自然灾害给人民的生命财产造成了巨大的损失，抗震救灾任务空前艰巨。这一年"批邓、反击右倾翻案风"运动甚嚣尘上，导致全国主要工业品没有按计划完成指标，新建大型项目比上年少了一半，企业由于管理混乱而严重亏损，成为新中国成立 20 多年来投资效益最差的年份之一。

这一年 10 月 6 日，面对"四人帮"篡党夺权活动日益猖獗，中共中央一举粉碎了王洪文、张春桥、江青、姚文元"四人帮"，打碎了他们篡党夺权的图谋，结束了"文化大革命"的动乱，挽救了中国共产党、挽救了中国社会主义事业，并推动党和国家事业翻开了新的一页。

"文化大革命"时期是中国社会主义建设过程遭受挫折最严重、付出代价最沉重的时期，"文化大革命"是探索中国社会主义建设道路过程中的严重失误，它使社会主义制度优越性的发挥遭受了空前挫折，严重挫伤了中国人民的革命与建设热情。正如《中共中央关于党的百年奋斗重大成就和历史经验的决议》所指出的："毛泽东同志在关于社会主义社会阶级斗争的理论和实践上的错误发展得越来越严重，党中央未能及时纠正这些错误。毛泽东同志对当时我国阶级形势以及党和国家政治状况作出完全错误的估计，发动和领导了'文化大革命'，林彪、江青两个反革命集团利用毛泽东同志的错误，进行了大量祸国殃民的罪恶活动，酿成十年内乱，使党、国家、人民遭到新中国成立以来最严重的挫折和损失，教训极其惨痛。"①"文化大革命"的沉痛教训永远不能忘记！

3. 人民群众对"文化大革命"的抵制和经济建设成就

在"文化大革命"中，正是由于广大干部和人民群众对极左错误的抵制和对生产活动的投入，才使"文化大革命"对国民经济的破坏受到一定程度的限制。社会秩序虽然十分混乱，但是工农业生产活动和经济建设并没有中断；国民经济发展虽然遭到严重干扰，出现了巨大损失，但仍取得了明显进展（见表 2-1）。

表 2-1   1966—1976 年国内生产总值增长情况

年份	国内生产总值（亿元）	国内生产总值指数（上年＝100）	人均国内生产总值（元）	人均国内生产总值指数（上年＝100）
1966	1 892	110.7	257	107.6
1967	1 797.4	94.3	238	91.9
1968	1 747.4	96	226	93.5
1969	1 965.7	116.9	247	113.7
1970	2 283.4	119.3	279	116.1
1971	2 460.8	107.1	293	104.2
1972	2 556.5	103.8	297	101.3
1973	2 760.6	107.8	313	105.3
1974	2 832.2	102.3	315	100.2
1975	3 044.3	108.7	332	106.8
1976	2 993.6	98.4	322	96.9

资料来源：国家统计局。

"文化大革命"期间尽管林彪、江青集团的破坏给国民经济带来了难以估量的损失，但是在全国人民的辛勤劳动和周恩来、邓小平等的不懈努

---

① 中共中央关于党的百年奋斗重大成就和历史经验的决议 . 北京：人民出版社，2021：13-14.

力下，我国国民经济仍然在困难中前进。1965—1976 年，工农业总产值从 2 235 亿元增至 4 536 亿元，翻了一番；工业总产值从 1 402 亿元增至 3 278 亿元，增长 1.34 倍；农业总产值从 833 亿元增至 1 378 亿元，增长 65.4%；国营企业固定资产从 1 446 亿元增至 3 728 亿元，增长 157.8%，其中国有工业企业从 962 亿元增至 2 494 亿元，增长 159.3%。主要工业产品产量明显增加，钢产量从 1 223 万吨增至 2 046 万吨，增长 67.3%；能源产量从 18 824 万吨标煤增至 50 340 万吨标煤，增长 167.4%。

在"三五"（1966—1970 年）和"四五"（1971—1975 年）计划期间，全国累计完成基建投资 2 595 亿元，全部建成投产的大中型项目有 1 485 个，新增固定资产 1 576 亿元。10 年中，工农业总产值平均每年增长 8.7%，其中农业增长 4%，工业增长 10.4%。

"三五"计划时期虽然经历了 1966—1968 年严重动乱的冲击，但自 1969 年开始全国形势相对稳定，工农业生产结束了连续两年下降的局面，出现了一次新的经济建设高潮。"三五"计划建设得到迅速恢复，到 1970 年工农业生产取得大幅度增长，工农业总产值实际比 1965 年增长 58.1%，其中工业总产值增长 73.7%，农业总产值增长 21.4%。相继建成了成昆铁路、湘黔铁路、湘渝铁路等，建设了丹江口、葛洲坝、乌江等大中型水电站。

"四五"计划时期虽然国民经济发展几经周折，但经过各方面的整顿，社会主义建设在一些重要领域仍然取得了一定进展，建立了独立的比较完整的工业体系和国民经济体系。1975 年工农业总产值比 1970 年实际增长 42.7%。中美两国关系开始走向正常化，中国在联合国的一切合法权利得到恢复。实施"四三方案"，从国外大规模引进成套设备和单机，一批重点工程开始施工建设。国防和科技战线取得不少突破，第一艘核潜艇建成并完成试航。

第四节　以三线建设为重点的大规模工业建设

三线建设是 20 世纪六七十年代围绕增强中国国防工业防御能力和抗打击能力而进行的大规模国防工业建设。三线建设是对中国工业结构的一次大调整：一是地区结构调整，即工业交通运输的地区布局重点从东部和中部地区转移到西部地区；二是产业结构调整，即将产业发展重点由农业和农用工业转移到国防工业和重工业。

一、三线建设大规模开展

三线建设就是为打仗作准备。按照打仗的要求来看，中国工业布局和产业结构问题较大：一是工业过于集中于大城市，60％的主要民用机械工业和 52％的国防工业集中于 14 个百万人以上的大城市；二是大城市过于集中于沿海地区，14 个百万人城市、25 个 50 万人城市在沿海地区，防御措施薄弱；三是主要铁路枢纽、桥梁和港口码头多位于大城市附近，防御设施薄弱；四是大部分水库的紧急泄洪能力小，应对战时破坏压力大。这种工业布局和产业结构是历史形成的，很难在短时期内改变。三线建设就是试图主要从国防工业、重工业等领域进行一些调整，主要是指西南地区和西北地区的国防工业、重工业建设。三线包括四川、贵州、云南、陕西、甘肃、青海、宁夏，河南、湖北、湖南三省的西部，广东的北部，广西的西北部，山西西部，共计 13 个省、自治区。① 其中西南（云、贵、

---

① 1983 年底，国务院决定成立三线建设调整改造规划办公室时，明确三线建设调整改造规划的范围是：四川（包括重庆市）、贵州、云南、陕西和河南、湖北两省的西部地区。1984 年 6 月又将甘肃列入规划范围。曾培炎. 中国投资建设 50 年. 北京：中国计划出版社，1999：81 - 82.

川）和西北（陕、甘、宁、青）俗称大三线；二线是指一、三线之间的中间地区；一、二线地区各自的腹地又俗称小三线。

为了推动三线建设顺利进行，国务院成立了三线建设专案小组，由李富春任组长，罗瑞卿、薄一波任副组长；设立西南、西北三线建设指挥部，负责人分别是李井泉、刘澜涛等。三线建设是中央和毛泽东对当时国际形势和环境的应对之策。三线建设得到了全国人民的支持，参与这项工程的有数千中高级领导干部、数万科技人员、数十万工程管理和生产骨干、数百万建筑安装人员和解放军（铁道兵、工程兵）指战员、百余万民兵民工，总数超过 400 万人。

三线建设规模之大、时间之长、动员之广、行动之快，在新中国建设史上是空前的。建设中采取"边勘察、边设计、边施工"的方针，投资规模和建设速度都是史无前例的，特别是 1969—1971 年出现了投资和建设高潮。但是建设初期采取"大分散、小集中""建设中小城镇"的方针，后期执行"靠山、分散、隐蔽"方针，导致布局过于分散。

二、三线建设主要项目

按照中央和毛泽东的设想，这一时期几乎所有新建工业项目和国防项目都安排在三线建设上。例如，1970 年 2 月全国计划工作会议拟定当年计划和"四五"计划纲要时，强调建设重点是大三线建设，规定 1970 年计划一半以上用于三线建设。在三线建设重点安排上，一是交通运输建设：重点进行 10 条铁路干线建设；二是煤炭基地建设：重点安排贵州六盘水和陕西渭北煤炭基地建设；三是电力建设：重点安排刘家峡、龙羊峡、葛洲坝等水电站建设；四是其他重点建设：主要部署石油、钢铁、机械、化工等领域的建设。

从 1964 年开始直到 1980 年，共有 13 个省、自治区参与其中，历经三个五年计划；投入建设资金 2 052 亿元，建成大中型企业和科研单位近 2 000 个，约占全国的 1/3；初步改变了内地基础工业薄弱、交通落后、资源开发水平低下状况；初步建立起具有相当规模、门类齐全、科研与生产结合的战略大后方现代工业交通体系；带动内地经济发展并形成内地新兴工业城市 30 个左右；形成固定资产原值 1 400 亿元。

三线建设建立了雄厚的生产基地和一批尖端科研实验基地，包括布点在重庆的常规兵器工业基地，1975 年生产能力占全国一半；布点在川、贵、陕的电子工业基地，生产门类齐全、元器件与整机配套、军民用兼有；布点在川、陕的核战略武器科研生产基地，从事铀矿开采提取、元件制造以及核动力、核武器研制；布点在贵、陕、川、鄂的航空工业，1975年占全国生产能力的 2/3；布点在川、陕、贵、鄂、湘的航天工业基地，共包括 96 个项目，从事战略导弹、战术导弹、火箭动力系统研制生产，设有卫星地面测控中心、西昌卫星发射中心；布点在川、鄂、桂、云、赣的船舶工业基地，从事船舶、船用设备、水中兵器生产。

三线建设建成的全民所有制企业数量和大中型骨干企业数量均占全国机械行业的1/3，形成生产能力占全国的 1/3。机械工业企业有四川德阳第二重型机械厂、洛阳矿山机器厂、湖北第二汽车制造厂、四川汽车制造厂等；钢铁工业和有色金属工业企业有四川西南铝加工厂、甘肃金川镍矿、甘肃白银铜矿、四川攀枝花钢铁公司、四川江油长城钢厂、贵州水城钢铁厂、陕西略阳钢铁厂、河南舞阳钢厂等；纺织工业企业有新乡粘胶纤维厂、安阳化学纤维厂、平顶山锦纶帘子布厂、兰州化学纤维厂、四川维尼纶厂、湖北化纤厂、武汉合成纤维厂等。

三线建设相继建成 10 条干线：川黔铁路（四川重庆至贵州贵阳）、贵昆铁路（贵阳至昆明）、成昆铁路（成都至昆明）、湘黔铁路（湖南株洲至贵州贵阳）、襄渝铁路（襄樊至重庆）、阳安铁路（阳平关至安康）、太焦铁路（太原至焦作）、焦枝铁路（焦作至枝城）、枝柳铁路（枝城至柳州）、青藏铁路（青海西宁至格尔木）。加上支线和专线，新增铁路 8 046 公里，三线建设地区拥有铁路从 1964 年的 19.2％增至 34.7％。其中成昆线建设集中反映了三线建设的困难程度，这条铁路线需要翻越崇山峻岭，70％的地段地势险恶、地质结构复杂，干线还要跨越大渡河、金沙江等，施工建设难度之大是中国筑路史上所罕见。该铁路线全长 1 093.8 公里，仅桥梁就有 991 座、总长 92.7 公里，修凿隧道和明洞 427 座、总延长 341 公里，沙马拉达隧道长达 6 379 米，桥梁和隧道总长度占全线总长度的 39.4％。

三、三线建设与战略后方

"三五"时期为了备战的需要，国家提出了一、二、三线战略布局和建设三线的方针：一线是地处战略前沿的地区，三线是作为全国战略后方的地区，二线则是处在一线和三线中间的地带。三线建设在很大程度上改变了中国工业布局不平衡的状况，建设了第二汽车制造厂、攀枝花钢铁厂、山东兖矿等工业企业和大型煤矿。国防和科技战线成果显著，成功进行了导弹发射核武器试验，爆炸了第一颗氢弹，成功进行了地下核试验，发射了第一颗人造地球卫星"东方红一号"，启用了第一套全自动长途电话设备。

三线建设促进了我国国防工业的显著发展，增强了我国的国防实力和经济实力，支持了我国在国际舞台上坚决反对帝国主义和霸权主义的斗争，同时带动了我国西南地区和西北地区的发展。在三线建设地区涌现出了几十个新兴工业城市，包括攀枝花、六盘水、绵阳、十堰、西昌等；生长出了一批科研机构和大专院校，促进了当地文化科技事业的发展；出现了项目带动城市、城市带动周边的开发和建设模式，医疗卫生事业等都得到很大发展，提高了当地人民的生活质量和健康水平。

四、三线建设存在问题

三线建设也存在一些问题，由于计划差、规模大、投资多、要求急，对国民经济的冲击不小。特别是建设规模过大，战线拉得过长，超过了国家和人民的经济承受能力；工业布局和产业结构比较分散，超过了实际需要，造成产能过剩；一些项目匆匆上马，缺乏周密论证，导致个别项目地质条件、资源条件不具备；整体建设互不配套，综合效益比较低下，部分项目中途下马或长期无法投产；职工生活环境偏僻，职工队伍不稳，部分项目缺乏必要生活条件保障；等等。

第三章 开启改革开放和社会主义现代化建设新时期

"文化大革命"结束，"中国向何处去"又成为摆在中国人民面前的头等重要的问题。经过几十年的艰苦奋斗，中国人民在建设社会主义国家进程中取得了伟大的成就，一个比较完整的国民经济体系和工业体系已经建立起来，建立起了比较雄厚的社会主义经济基础和物质基础。但是，在社会主义建设道路的探索中却始终存在着巨大的动荡，极左思潮对于中国社会主义建设的干扰十分严重。如何才能找到一条中国社会主义建设道路，就成为中国共产党和中国人民进行探索的历史主题。

可喜的是，十一届三中全会以后，以邓小平同志为主要代表的中国共产党人，团结带领全党全国各族人民，深刻总结新中国成立以来正反两方面经验，围绕什么是社会主义、怎样建设社会主义这一根本问题，借鉴世界社会主义历史经验，创立了邓小平理论，解放思想，实事求是，作出了把党和国家工作中心转移到经济建设上来、实行改革开放的历史性决策，深刻揭示了社会主义本质，确立了社会主义初级阶段基本路线，明确提出走自己的路、建设中国特色社会主义，科学回答了建设中国特色社会主义的一系列基本问题，制定了到 21 世纪中叶分三步走、基本实现社会主义现代化的发展战略，成功开创了中国特色社会主义。[①]

第一节　开创中国特色社会主义事业

邓小平等老一代中国共产党人旗帜鲜明地反对"两个凡是"的错误观点，支持开展真理标准问题大讨论，推动了全国各个领域各个方面的拨乱反正。1978 年 12 月召开的党的十一届三中全会，重新确立了解放思想、实事求是的思想路线，停止使用"以阶级斗争为纲"的错误提法，确定把全党工作的着重点转移到社会主义现代化建设上来，作出实行改革开放的重大决策，实现了党的历史上具有深远意义的伟大转折。

一、中共十一届三中全会的召开与具有深远意义的伟大转折

粉碎"四人帮"是一个大快人心的事件。但是当时的党中央对"文化大革命"及其错误理论并没有深刻的认识，没有能够给党和国家带来思想、政治、经济等方面实质性的转变，人民群众积压已久的对未来的美好希望也并没有马上到来。1977 年 2 月 7 日，《人民日报》、《红旗》杂志、《解放军报》发表社论《学好文件抓住纲》并提出了"两个凡是"：凡是毛主席作出的决策，我们都坚决维护；凡是毛主席的指示，我们都始终不渝地遵循。这就从理论上背离了马克思主义基本原理，在实践上为新形势下坚持真理、修正错误设置了障碍。一场思想领域的拨乱反正呼之欲出。

---

① 中共中央关于党的百年奋斗重大成就和历史经验的决议. 北京：人民出版社，2021：15-16.

1. 拨乱反正，走出两年"徘徊"

针对粉碎"四人帮"之后中国共产党的思想路线，邓小平已经有了成熟的想法和建议。1977 年 4 月 10 日，尚未恢复工作的邓小平在给中共中央的信中，针对"两个凡是"的错误提法，提出"我们必须世世代代地用准确的完整的毛泽东思想来指导我们全党、全军和全国人民，把党和社会主义的事业，把国际共产主义运动的事业，胜利地推向前进"[①]。陈云、叶剑英、聂荣臻、徐向前等老一辈领导人也反复强调实事求是的优良传统，抵制"两个凡是"。在 7 月召开的中共十届三中全会通过了《关于恢复邓小平同志职务的决议》。邓小平在会上作了重要讲话，特别针对"两个凡是"，系统论述了完整地准确地理解毛泽东思想的问题。他不断提出要用准确的完整的毛泽东思想作为指导，就是"要对毛泽东思想有一个完整的准确的认识，要善于学习、掌握和运用毛泽东思想的体系来指导我们各项工作。只有这样，才不至于割裂、歪曲毛泽东思想，损害毛泽东思想"。他还指出："毛泽东同志倡导的作风，群众路线和实事求是这两条是最根本的东西。"[②] 复出后的邓小平没有计较个人得失，立即着手狠抓科学技术和教育事业等各项事业的整顿与发展。他十分关注战后资本主义的发展，反复强调研究资本主义国家的重要性。例如，他提出我国要赶上世界先进水平，要从科学和教育着手；提出我国的教育和教材要吸收世界先进的东西，洋为中用；提出要研究资本主义国家服务行业发展问题，解决我们面临的就业问题；提出要研究资本主义国家的社会结构，开辟新的社会领域；等等。

1977 年 8 月 12 日至 18 日，中共十一大在北京召开。全党和全国人民对这次党的代表大会抱着巨大的期待。大会政治报告总结了同"四人帮"

---

① 中共中央文献研究室. 邓小平思想年谱（1975—1997）. 北京：中央文献出版社，1998：26.
② 邓小平. 邓小平文选：第 2 卷. 2 版. 北京：人民出版社，1994：42，45.

的斗争，宣告历时 10 年的"文化大革命"结束，重申在 20 世纪内把我国建设成为社会主义现代化强国的根本任务。但这次大会没有从根本上着手纠正"文化大革命"的"左"倾错误理论、政策和口号。例如，一方面要求集中力量"把国民经济搞上去"，另一方面又继续强调"把无产阶级专政下的继续革命进行到底"。针对这种状况，邓小平在大会闭幕致辞中，提出了五个"一定要恢复和发扬"的问题，即一定要恢复和发扬党的群众路线，实事求是，批评和自我批评，谦虚谨慎、戒骄戒躁、艰苦奋斗，民主集中制等五个方面的优良传统和作风。① 这对于开创崭新的历史局面具有重要的启发意义。邓小平就是希望从中共十一大开始，真正把中国共产党的优良传统和作风恢复起来，真正能够把马克思主义的政治路线、思想路线和组织路线恢复起来。他没有计较个人得失，深刻思考着世界经济发展的趋势和世界科技革命的动向，思考着中国如何找到一条符合自己国情的实现现代化的道路。但是，面对当时盛行的僵化和"左"的错误，要真正打破这种僵局，首先必须解放思想。

《实践是检验真理的唯一标准》的发表引发了关于真理标准问题的大讨论，实现了一次难得的思想大解放。在胡耀邦等人的努力下，《光明日报》于 1978 年 5 月 11 日在头版发表了《实践是检验真理的唯一标准》的文章，次日《人民日报》《解放军报》和上海、江苏、福建、河南等四家省报转载，接着各地报纸相继转载，产生了巨大的影响。6 月 2 日，邓小平在全军政治工作会议上的讲话中系统论述和反复强调了实事求是的精神，这实际上是对《实践是检验真理的唯一标准》一文的强有力支持。6 月至 8 月间中国理论界、科学界纷纷参与到真理标准问题的大讨论之中。真理标准问题大讨论为中共十一届三中全会作了思想准备。

① 中共中央文献研究室. 邓小平思想年谱（1975—1997）. 北京：中央文献出版社，1998：34-35.

　　经济领域的拨乱反正也轰轰烈烈开展起来，主要是围绕按劳分配问题的讨论开始的。《人民日报》发表了《驳姚文元按劳分配产生资产阶级的谬论》和《贯彻执行按劳分配的社会主义原则》等文章，提出按劳分配是社会主义原则，绝不是产生资本主义和资产阶级的经济基础和条件；奖金、计件工资同计时工资一样，都是实现按劳分配原则的行之有效的报酬形式；我国当前的问题不是按劳分配原则实行"过了头"，而是还没有得到应有的充分实现。1977年、1978年经济学界在北京相继召开按劳分配讨论会，参会人员由100余人增至上千人，讨论的内容也越来越广泛，包括按劳分配规律和物质利益原则问题、劳动报酬的形式问题、农村按劳分配及其形式，分配形式、分配政策、分配制度等问题。关于按劳分配问题的讨论推动了经济理论的活跃，有关价值规律、社会主义商品生产等经济理论问题的讨论也逐步开展起来。例如，1978年5月22日，国务院财贸小组理论组在《人民日报》上发表了题为《驳斥"四人帮"诋毁社会主义商品生产的反动谬论》的文章，指出社会主义商品生产与资本主义商品生产存在着本质区别，社会主义商品生产不会产生资本主义，社会主义国家可以利用商品经济的基本规律即价值规律为社会主义服务。又如，1978年10月6日，《人民日报》刊发了胡乔木题为《按照经济规律办事，加快实现四个现代化》的文章，呼吁实现现代化就必须按照经济规律办事，不能按照长官意志办事。邓小平十分关注按劳分配等经济理论的大讨论，1977年9月6日他在会见外宾时说："过去'四人帮'不提倡搞生产，认为搞生产就是'唯生产力论'，就是'不革命'，就是'走资本主义道路'。他们反对按劳分配原则。所谓按劳分配，就是多劳多得，少劳少得，不劳不得。现在，我们要恢复按劳分配的原则。"[①]

---

　　①　中共中央文献研究室.邓小平思想年谱（1975—1997）.北京：中央文献出版社，1998：38-39.

2. 中共十一届三中全会和实现伟大转折

1978 年 11 月至 12 月先后召开的中央工作会议和中共十一届三中全会，是两个思想不断解放、内容紧密相连的重要会议。中央工作会议于 1978 年 11 月 10 日至 12 月 15 日召开，这次会议发挥了关键性的承上启下作用：一是对全国范围进行的真理标准大讨论等作了总结，并将讨论成果升华为政治上和理论上的定论；二是为中共十一届三中全会作了政治上理论上组织上的准备。中共十一届三中全会于 1978 年 12 月 18 日开幕，12 月 22 日闭幕。邓小平在中央工作会议上作的《解放思想，实事求是，团结一致向前看》的讲话，为中共十一届三中全会作了充分准备。

中央工作会议原定主题是讨论经济工作。根据邓小平的提议，会议首先讨论关系全局的问题，即从 1979 年 1 月起把全党工作的着重点转移到社会主义现代化建设上来。会议开始后，陈云、谭震林等提出要解决好当时困扰人们思想和实际的思想问题和历史问题，由此激发了与会代表们对包括"文化大革命"、历史上的冤假错案等许多问题的讨论。诚如习近平所指出的："党的十一届三中全会是在党和国家面临何去何从的重大历史关头召开的。当时，世界经济快速发展，科技进步日新月异，而'文化大革命'十年内乱导致我国经济濒临崩溃的边缘，人民温饱都成问题，国家建设百业待兴。党内外强烈要求纠正'文化大革命'的错误，使党和国家从危难中重新奋起。"[①] 中央工作会议成为一次党内思想解放的会议。

会议期间，中共中央为 1976 年天安门事件平反，使支持"真理标准"大讨论的与会代表受到了极大鼓舞。华国锋就"两个凡是"问题作了检讨。邓小平在闭幕会上作了题为《解放思想，实事求是，团结一致向前看》的讲话，这个讲话实际上成为随后召开的中共十一届三中全会的主题

---

① 习近平. 在庆祝改革开放 40 周年大会上的讲话. 北京：人民出版社，2018：2.

报告。江泽民评价说："这篇讲话，是在'文化大革命'结束以后，中国面临向何处去的重大历史关头，冲破'两个凡是'的禁锢，开辟新时期新道路、开创建设有中国特色社会主义新理论的宣言书。"①

这篇讲话的核心内容，一是充分肯定了实践是检验真理的唯一标准问题的大讨论，并希望各级党委推动解放思想、开动脑筋。邓小平指出："一个党，一个国家，一个民族，如果一切从本本出发，思想僵化，迷信盛行，那它就不能前进，它的生机就停止了，就要亡党亡国。"实事求是"是无产阶级世界观的基础，是马克思主义的思想基础。过去我们搞革命所取得的一切胜利，是靠实事求是；现在我们要实现四个现代化，同样要靠实事求是"。二是深刻论述了民主集中制，特别是发扬经济民主的问题。他指出："现在我国的经济管理体制权力过于集中，应该有计划地大胆下放，否则不利于充分发挥国家、地方、企业和劳动者个人四个方面的积极性，也不利于实行现代化的经济管理和提高劳动生产率。应该让地方和企业、生产队有更多的经营管理的自主权。""要切实保障工人农民个人的民主权利，包括民主选举、民主管理和民主监督。"三是指出这次会议"解决了一些过去遗留下来的问题，分清了一些人的功过，纠正了一批重大的冤案、错案、假案。这是解放思想的需要，也是安定团结的需要。目的正是为了向前看，正是为了顺利实现全党工作重心的转变"。四是提出："各方面的新情况都要研究，各方面的新问题都要解决，尤其要注意研究和解决管理方法、管理制度、经济政策这三方面的问题。"要解决经济管理工作中机构臃肿、层次重叠、手续繁杂、效率极低、政治空谈淹没一切的问题，学会用经济方法管理经济。在管理制度上要特别注意加强责任制，解决名曰集体负责、实际无人负责问题，为此要采取扩大管理人员的权限，

---

① 江泽民. 江泽民文选：第2卷. 北京：人民出版社，2006：9-10.

善于选用人才、量才授予职责，严格考核、赏罚分明等措施。在经济政策上"要允许一部分地区、一部分企业、一部分工人农民，由于辛勤努力成绩大而收入先多一些，生活先好起来"。这样"就会使整个国民经济不断地波浪式地向前发展，使全国各族人民都能比较快地富裕起来"。①

正是在中央工作会议作了充分思想和理论准备的基础上，中共十一届三中全会顺利举行。会议原则上通过了关于农业、农村问题的两个文件和1979年、1980年国民经济计划安排，通过了充满新时代信息的《中国共产党第十一届中央委员会第三次全体会议公报》，把改革开放的信息传遍中国大地。②

第一，全会肯定了对"两个凡是"方针和思想僵化现象的批评，高度评价了关于实践是检验真理的唯一标准问题的大讨论。全会认为，关于实践是检验真理的唯一标准问题的大讨论，对于促进全党同志和全国人民解放思想，端正思想路线，具有深远的历史意义。全会指出："只有全党同志和全国人民在马列主义、毛泽东思想的指导下，解放思想，努力研究新情况新事物新问题，坚持实事求是、一切从实际出发、理论联系实际的原则，我们党才能顺利地实现工作中心的转变，才能正确解决实现四个现代化的具体道路、方针、方法和措施，正确改革同生产力迅速发展不相适应的生产关系和上层建筑。"③ 从而重新确立了马克思主义实事求是的思想路线，实现了党在思想路线上的拨乱反正。

第二，全会彻底抛弃"以阶级斗争为纲"，决定从1979年起全党工作的着重点应该转移到以经济建设为中心的社会主义建设上来。全会指出社会主义社会的阶级斗争，"应该按照严格区别和正确处理两类不同性质的

---

① 邓小平. 邓小平文选：第2卷.2版. 北京：人民出版社，1994：140-153.
② 中国共产党第十一届中央委员会第三次全体会议公报. 人民日报，1978-12-24.
③ 中共中央文献研究室. 改革开放三十年重要文献选编：上册. 北京：中央文献出版社，2008：19.

矛盾的方针去解决，按照宪法和法律规定的程序去解决，决不允许混淆两类不同性质矛盾的界限，决不允许损害社会主义现代化建设所需要的安定团结的政治局面"①。党在这一时期对于工作重点转移问题的认识，比以往任何时期都要深刻得多、坚定得多。不仅把工作重点转移看成是形势发展的需要，是实现四个现代化的需要，而且还是发展社会主义事业的需要，是关系党和国家命运的战略决策，是全国人民的根本利益。这就为彻底抛弃"以阶级斗争为纲"，顺利实现全党工作重点转移，实现政治路线的拨乱反正奠定了基础。

第三，全会提出了新时期改革开放的任务，指出："实现四个现代化，要求大幅度地提高生产力，也就必然要求多方面地改变同生产力发展不适应的生产关系和上层建筑，改变一切不适应的管理方式、活动方式和思想方式，因而是一场广泛、深刻的革命。"因此，"根据新的历史条件和实践经验，采取一系列新的重大的经济措施，对经济管理体制和经营管理方法着手认真的改革，在自力更生的基础上积极发展同世界各国平等互利的经济合作，努力采用世界先进技术和先进设备，并大力加强实现现代化所必需的科学和教育工作"。②我国经济建设必将重新高速度地、稳定地向前发展，这是毫无疑义的。这就使改革开放的酝酿正式成为社会主义现代化建设的总方针。

第四，全会指出现在我国经济管理体制的一个严重缺点是权力过于集中，应有领导地大胆下放，让地方和工农业企业在国家统一计划的指导下有更多的经营管理自主权；应着手大力精简各级经济行政机构，把大部分职权转交给企业性的专业公司或联合公司；应坚决实行按经济规律办事，

---

① 中共中央文献研究室.改革开放三十年重要文献选编：上册.北京：中央文献出版社，2008：15.

② 同①15，16.

重视价值规律的作用，注意把思想政治工作和经济手段结合起来；应在党的一元化领导之下，认真解决党政企不分、以党代政、以政代企的现象，实行分级分工分人负责。充分发挥中央部门、地方、企业和劳动者个人四个方面的主动性、积极性、创造性，使社会主义经济的各个部门各个环节普遍地蓬蓬勃勃地发展起来。这就使我国以企业为核心的经济体制改革顺利开展起来。

此外，中共十一届三中全会还研究了其他问题，包括"文化大革命"中发生的一些重大政治事件，也讨论了"文化大革命"前遗留下来的某些历史问题；关于提高农产品收购价格等一系列促进农业发展的政策措施；关于对国民经济进行调整，纠正比例失调状况的意见，明确了实事求是、量力而行的经济建设方针；关于加强社会主义民主与法制和党的建设问题。全会还提出要正确对待毛泽东的历史地位和毛泽东思想的科学体系，为坚持和发展毛泽东思想指明了方向。

中共十一届三中全会在我国经济发展进程中具有伟大历史意义。习近平指出：我们党之所以在上个世纪七十年代作出实行改革开放的历史性决策，主要取决于三点：一是取决于对"文化大革命"的深刻反思，二是取决于对中国发展落后的深刻反思，三是取决于对国际形势的深刻反思。[1]

3. 调整国内社会关系和国际经济关系

第一，制定《关于建国以来党的若干历史问题的决议》。

1981 年 6 月 27 日，中共十一届六中全会通过了《关于建国以来党的若干历史问题的决议》，这是一份具有深远意义的重要文件。它所要解决的基本问题就是如何看待新中国成立以后党的历史、如何评价"文化大革命"、如何评价毛泽东思想和毛泽东晚年的错误。如果不能正确地

---

[1]　习近平. 论坚持全面深化改革. 北京：中央文献出版社，2018：4.

回答这些问题，党内外的疑惑就会不断增多，势必干扰适合中国国情的社会主义现代化建设的正确道路。《关于建国以来党的若干历史问题的决议》要解决的核心问题，就是肯定毛泽东的历史功绩和毛泽东思想的指导地位，把毛泽东思想与他晚年的错误严格区分开来。在这一核心问题上，中国共产党表现出了"政治智慧、政治良心和政治勇气的结合"，是"大智大仁大勇"①。

其基本内容如下：一是对新中国 32 年来中国共产党的历史进行了科学的分析和正确的总结，实事求是地评价了这一期间出现的重大历史事件，分清了功过是非。二是实事求是地评价了毛泽东在中国革命中的历史地位，科学地论述了毛泽东思想的基本内容和作为党的指导思想的伟大意义。三是肯定了中共十一届三中全会以来逐步确立的适合中国国情的建设社会主义现代化国家的正确道路，并首次从十个方面进行了概括。四是强调党和国家的工作重点必须转移到以经济建设为中心的社会主义现代化建设上来，大力发展社会生产力，逐步改善人民的物质文化生活，进一步指明了中国社会主义事业和党的工作继续前进的方向。

第二，平反冤假错案，调整社会关系。

中共十一届三中全会以后，本着实事求是的态度开始有步骤地妥善处理和平反冤假错案：包括对反"右派斗争"严重扩大化划定的"右派分子"进行甄别改正，到 1980 年 6 月共改正错划为"右派"的人数超过 54 万，为他们恢复了政治名誉，并对他们的生活和工作重新作了安排；为刘少奇平反昭雪，彻底摘掉了强加在他头上的"叛徒、内奸、工贼"的罪名，恢复了他应有的荣誉。使受刘少奇冤案影响的近 3 万人得以平反昭雪。到 1982 年底，全国大规模平反冤假错案工作基本结束，共纠正了

---

① 欧阳淞，高永中 . 改革开放口述史 . 北京：中国人民大学出版社，2014：139.

300 多万名干部的冤假错案，恢复了 47 万多名共产党员的党籍。这对于开辟改革开放和现代化建设新局面起到了无法估量的巨大作用。

同时积极调整社会经济关系，引导人们团结一致向前看。主要包括：一是从 1979 年 1 月起，摘掉地主、富农分子的帽子，给予他们人民公社社员待遇，其子女成分也一律定为社员；为国民党起义、投诚人员落实政策，宽大释放在押原国民党县团级以下党、政、军、特人员；将小商、小贩、小手工业者及其他劳动者从原工商业者中区别出来，恢复劳动者身份。二是从 1979 年 4 月起，落实党的民族和宗教政策，给被错定为"地方民族主义分子"者摘帽；恢复爱国宗教组织，各地寺观教堂陆续修复开放；纠正侨务政策"左"的错误，恢复设置侨务机构，褒扬侨胞爱国爱乡热情。三是从 1981 年起进一步落实知识分子政策，按照国家干部对待，尽可能为他们改善工作条件和生活条件。1979 年 11 月开始施行《中华人民共和国自然科学奖励条例》，12 月，开始颁发工程技术、农业、编辑、外语、经济、会计等专业技术干部评定职称的暂行规定；1980 年 2 月全国人大通过《中华人民共和国学位条例》。尊重知识、尊重人才蔚然成风。四是恢复各民主党派、全国工商联和各人民团体及其活动，鼓励它们发展新会员，增添新血液，承担参政议政职能。

第三，积极调整国家间关系，主要把自己的事情做好。

根据中国的实际，开始减少对越南、阿尔巴尼亚等国家的经济援助。在 20 世纪 60 年代，中国一度超过自己的经济力量向一些社会主义国家和广大亚非拉国家提供了大量经济帮助，尤其是对越南、阿尔巴尼亚等国家的援助更是当时最主要的援外工作内容。据统计截至 1972 年，在同中国建交的 86 个国家中，有 49 个国家向中国提出援助要求，对外援助总金额超过 400 亿元，其中对越南、阿尔巴尼亚、朝鲜的援助占 80%。例如，援越抗美工作持续时间最长，仅 1971—1973 年三年间向越南就提供了超过

71 亿元的援助。截至 1976 年，中国向越南提供的援助金额总计达 200 多亿美元，向越南派出工程、防空部队等 32 万人，专家、顾问 2 万多人。[①]又如，坦赞铁路是一条贯通东非和中南非的交通干线，也是东非交通的大动脉，东起坦桑尼亚的达累斯萨拉姆，西到赞比亚的卡皮里姆波希，全长 1 860.5 公里。铁路 1970 年 10 月动工，中国设计施工人员克服了设计技术复杂、施工困难异常的挑战，5 万多名铁路建设者奋战 6 年，终于在 1976 年 5 月完成全线工程收尾和设备安装配套等工作，为中国与坦赞两国的友谊矗立了不朽的丰碑。与此同时，中方贷款承担的援坦项目有 100 多个，援赞项目 28 个，包括公路、纺织厂、服装厂、农具厂、农场、玉米加工厂、糖厂、烟厂、皮革皮鞋厂、体育场、医院、电台等。[②] 在改革开放初期，邓小平明确表示我们要办好自己的事情，向这些国家转达了中国不可能再像过去那样提供经济援助了。

同时，进一步改善与西方国家的关系，特别是与美国实现了正式建交，为中国的改革开放创造了比较有利的国际环境。在邓小平和美国总统卡特的推动下，1978 年 12 月 15 日两国签署了《中美建交公报》，1979 年 1 月 1 日正式生效。这就拓展了中美两国及中国与世界各国经济交流的渠道，国际大企业家纷至沓来，争抢着与中国发展经济贸易关系，开拓中国市场。中美建交对于发展两国关系和维护世界和平具有深远影响，中美关系已经成为当今世界最具潜力、最有影响的双边关系之一。

4. 确立党的基本路线

在改革开放新的历史时期，中国共产党的基本路线应该怎样表述？这

① 《李先念传》编写组. 李先念传（1949—1992）：下册. 北京：中央文献出版社，2009：915，917. 中国对越南的援助是慷慨无私的，也是超过承受能力的。仅以 1972 年数据为参考，当年我国 GDP 为 2 518.1 亿元，全国职工资总额为 409.6 亿元，城乡储蓄余额为 105.2 亿元，财政收入为 766.56 亿元，外汇储备为 5.43 亿美元。

② 《李先念传》编写组. 李先念传（1949—1992）：下册. 北京：中央文献出版社，2009：934 - 935.

是邓小平等党的领导人最为关心的重大问题。在理论和实践探索的基础上，以经济建设为中心，坚持四项基本原则、坚持改革开放的"一个中心、两个基本点"的基本路线已经形成。

以经济建设为中心，就是要使党和国家的工作中心转移到社会主义建设上来。1978 年 9 月，邓小平就指出："我们是社会主义国家，社会主义制度优越性的根本表现，就是能够允许社会生产力以旧社会所没有的速度迅速发展，使人民不断增长的物质文化生活需要能够逐步得到满足。按照历史唯物主义的观点来讲，正确的政治领导的成果，归根结底要表现在社会生产力的发展上，人民物质文化生活的改善上。如果在一个很长的历史时期内，社会主义国家生产力发展的速度比资本主义国家慢，还谈什么优越性？"[①] 1980 年初，邓小平强调指出："要加紧经济建设，就是加紧四个现代化建设。四个现代化，集中起来讲就是经济建设。""如果四个现代化不在八十年代做出决定性的成绩，那它就等于遭到了挫折。所以，对于我们的建设事业说来，八十年代是很重要的，是决定性的。""我们从八十年代的第一年开始，就必须一天也不耽误，专心致志地、聚精会神地搞四个现代化建设。搞四个现代化建设这个总任务，我们是定下来了，决不允许再分散精力。""现在要横下心来，除了爆发大规模战争外，就要始终如一地、贯彻始终地搞这件事，一切围绕着这件事，不受任何干扰。"[②] 这实际上成为中国共产党的坚定信念。

坚持四项基本原则，坚持改革开放，是紧密联系、不可偏废的两个基本点。四项基本原则就是坚持社会主义道路、坚持人民民主专政、坚持中国共产党的领导、坚持马克思列宁主义毛泽东思想。1979 年 3 月 30 日，邓小平在中央理论工作务虚会上发表讲话，提出"我们要在中国实现四个

---

① 邓小平.邓小平文选：第 2 卷 . 2 版 . 北京：人民出版社，1994：128.
② 同①240，241，249.

现代化，必须在思想政治上坚持四项基本原则。这是实现四个现代化的根本前提"，指出"如果动摇了这四项基本原则中的任何一项，那就动摇了整个社会主义事业，整个现代化建设事业"。① 他敏锐地感到中国改革开放和现代化建设事业始终存在着来自国内外的不确定因素的影响，特别是来自西方一些国家"和平演变"的威胁。1981 年中共十一届六中全会提出，四项基本原则是全党团结和全国各族人民团结的共同的政治基础，也是社会主义现代化建设事业顺利发展的根本保证。一切偏离四项基本原则的言论和行动都是错误的，一切否定和破坏四项基本原则的言论和行动都是不能容许的。

坚持改革开放是新时期我国社会主义建设的基本国策。中共十一届三中全会已经将改革开放确定为我国社会主义建设的基本战略。邓小平最早开始思考我国的对外开放问题，他在 1977 年 5 月 12 日与中国科学院负责人的谈话中就提到，中国在清朝时搞闭关自守，"四人帮"也是搞闭关自守。科学研究方面的先进东西是人类劳动的成果，为什么不接受？接受这些东西有什么可耻的？整个国家赶超世界先进水平，科学研究是先行官。9 月 14 日，他在会见外宾时又进一步阐述道："'四人帮'说，宁要没有文化的社会主义，不要有文化的资本主义。社会主义制度的优越性表现在它的文化、科学技术水平应该比资本主义发展得更快、更先进，这才称得起社会主义，称得起先进的社会制度。"9 月 25 日，他在会见外宾时更进一步指出："我们实现四个现代化，是要使用世界上的一切先进技术。搞现代化，理所当然不是拿落后的技术作出发点，而是用世界的先进成果作出发点。"② 正是在邓小平的大力推动下，我国对外开放的大门逐步打

---

① 邓小平. 邓小平文选：第 2 卷.2 版. 北京：人民出版社，1994：164，173.
② 中共中央文献研究室. 邓小平思想年谱（1975—1997）. 北京：中央文献出版社，1998：27，40，43.

开了。

　　社会主义制度在中国的确立、巩固和发展，是我国近现代史上发生的最伟大、最深刻的变革。为了确保我国沿着社会主义方向顺利、健康地发展，必须始终坚持四项基本原则，这是全国人民根本利益的必然要求。改革开放已经是一项深入人心的伟大事业，没有改革开放，就不可能有中国的现代化。改革开放就是解放和发展社会生产力。改革是社会主义制度的自我完善，是推动社会前进的内在动力。这条基本路线在中共十三大上被确立为中国共产党在社会主义初级阶段的基本路线，并被表述为：领导和团结全国各族人民，以经济建设为中心，坚持四项基本原则，坚持改革开放，自力更生，艰苦创业，为把我国建设成为富强、民主、文明的社会主义现代化国家而奋斗。

　　在坚持"一个中心、两个基本点"的同时，邓小平开始不断思考中国经济发展的目标问题，特别是实现"小康社会"问题。1979 年 10 月，他在中共省、市、自治区委员会第一书记座谈会上说："我们开了大口，本世纪末实现四个现代化。后来改了个口，叫中国式的现代化，就是把标准放低一点。""现在我们力量不行。现在我们的国民生产总值人均大概不到三百美元，要提高两三倍不容易。""四个现代化这个目标，讲空话是达不到的。"① 1979 年 12 月，他在会见日本首相大平正芳，回答大平正芳询问中国现代化蓝图时说道："我们要实现的四个现代化，是中国式的四个现代化。我们的四个现代化的概念，不是像你们那样的现代化的概念，而是'小康之家'。到本世纪末，中国的四个现代化即使达到了某种目标，我们的国民生产总值人均水平也还是很低的。要达到第三世界中比较富裕一点的国家的水平，比如国民生产总值人均一千美元，也还得付出很大的努

① 邓小平．邓小平文选：第 2 卷．2 版．北京：人民出版社，1994：194，195．

力。就算达到那样的水平，同西方来比，也还是落后的。所以，我只能说，中国到那时也还是一个小康的状态。"① 从那时起，建设小康社会就成为中国人民的光荣的奋斗目标。

二、国民经济调整"八字方针"

从中共十一届三中全会召开到 1980 年可以被视为按照"八字方针"对国民经济进行调整的时期。这次对国民经济的调整取得了积极成效，对于 20 世纪 80 年代我国经济开局良好起到了重要作用。

1. "五五"计划和在恢复中前进的经济

结束"文化大革命"，为我国经济发展创造了条件。特别是在重申实现农业、工业、国防、科学技术现代化和把我国建设成为社会主义现代化强国的推动下，全国人民以极大的政治热情和生产积极性投入各项建设工作，使国民经济停滞、倒退的局势迅速扭转，工农业生产得到较快恢复。1977 年和 1978 年，工农业总产值平均每年增长 11.5%，其中农业总产值年增长 5.3%，工业总产值年增长 13.9%。两年间，能源生产增长 24.7%，化肥增长 65.8%，化纤增长 94.8%，铁路货运增长 30.9%，国家财政收入增长 44.4%。

但是，在这些数字背后，我国经济建设中"左"的错误思想和做法并没有得到纠正，急于求成的思想又重新滋长起来，片面追求"大干快上"的局面再次出现。例如，在工业方面：出现了追求高指标、扩大基本建设规模、大规模引进国外设备的情况；提出了到 20 世纪末，工业主要产品产量分别接近、赶上和超过最发达的资本主义国家的要求；各项经济技术

① 邓小平. 邓小平文选：第 2 卷 . 2 版 . 北京：人民出版社，1994：237.

指标分别接近、赶上和超过世界先进水平；1977 年上半年经济恢复标志着"国民经济新的跃进局面正在出现"等等。

在 1975 年 1 月四届人大一次会议之后，邓小平主持党中央和国务院日常工作，着手编制《一九七六年到一九八五年发展国民经济十年规划纲要（草案）》（简称《十年规划纲要（草案）》），其中包含了第五个五年计划和第六个五年计划设想。"五五"计划提出后三年（1978—1980 年），我国要建立独立的比较完整的工业体系和国民经济体系。由于不久之后出现的"反击右倾翻案风"运动，《十年规划纲要（草案）》实际上未能执行。"文化大革命"结束后，制定长期经济发展计划再次提到党和国家工作议程上。1977 年 12 月，中共中央、国务院批准并下达了国家计委《关于 1976—1985 年国民经济发展十年规划纲要（修订草案）》，提出了许多超越实际可能的发展要求。1978 年 2 月 26 日至 3 月 5 日召开的五届人大一次会议通过了修订的《1976—1985 年发展国民经济十年规划纲要》，规定国家计划建设和续建 120 个大型项目，其中要建设 10 个大油气田、10 个大型钢铁基地、9 个有色金属基地、8 个煤炭基地、30 个大电站、6 条铁路新干线、5 个重点港口等，要求到 1985 年钢产量达到 6 000 万吨，石油达到 2.5 亿吨，在 2000 年以前全面实现现代化，使国民经济走在世界前列。

根据计划安排，从 1978 年到 1985 年基本建设投资相当于过去 28 年的总和，每年要投资 700 亿元，超出了当时国家的资源、财力、技术力量，违反了客观经济规律，并导致国家基建投资迅速膨胀。1977 年为 382 亿元，1978 年为 501 亿元，积累在国民收入使用额中所占比例由 1976 年的 30.9％不断攀升，1977 年为 32.3％，1978 年为 36.5％。

中共十一届三中全会以后不久，中央对此作了修正。

从"五五"计划执行情况来看，1977 年至 1978 年间社会总产值、工农业总产值、国民收入连续两年大幅度增长，主要工农业产品的产量恢复或者超过了历史最高水平。1977 年，工农业生产总值达到 5 055 亿元，超过计划的 4.4％，比上年增长 10.4％。1978 年社会总产值为 6 846 亿元，比 1977 年增长 13.1％。1978 年国民生产总值达到 3 678.7 亿元，比 1977 年增长 13％，比 1976 年增长 22.9％。财政收入和支出连续两年大幅度增加，但收入略有节余，扭转了 1974 年到 1975 年连续两年财政赤字、财政收支恶化的状况。中共十一届三中全会使全党工作重点转移到社会主义现代化建设上来。会议强调必须按照客观经济规律办事，初步提出了调整、改革的任务和措施，预示着国民经济发展即将摆脱困境，进入新的不断探索发展道路的时期。

2. 经济比例关系出现新的失衡

争取国民经济快速发展是人民群众的愿望，但是上述"新的跃进"则加剧了经济比例关系的失衡，许多"文化大革命"时期遗留的问题不仅没有得到解决，反而在这一时期又进一步加剧了。一是积累率过高，与消费比例严重失调。从 1970 年以来积累率一直保持在 30％以上，1978 年提高到 36.5％。这种高积累既超出国力可能，又影响人民生活。二是农、轻、重比例严重失调。农业发展缓慢，农副产品缺乏，仅 1978 年就进口粮食 139.1 亿斤、棉花 1 901 万担、动植物油 5.8 亿斤，农业严重制约国民经济发展；轻工业发展困难，市场上消费品供应紧张，市场商品可供量与购买力差额在 1978 年高达 100 多亿元。三是基本建设规模过大。1977 年列入计划的 38 种产品的新增生产能力有 22 种没有完成计划；1978 年在建大中型项目 1 773 个，比上年增加 290 个，当年建设项目投产率只有 5.8％。四是经济效益低。到 1978 年底全国约有 1/3 的企业生产秩序不正常，国营工业企业每百元工业产值提高的利润比历史最高水平低了 1/3，流通环节多、渠道少、周转慢，许多物资积压严重，基本建设周期长、浪费大。所以，这样的"新跃进"势必难以为继。

针对出现的"新跃进"，敢于指陈问题也很不容易。吴波把问题点透了："长期以来，从上到下，从中央到地方，形成一种'左'比右好的思想，现在要一下子把它扭转过来是很不容易的。"① 陈云反复提醒要保持清醒的头脑，他在 1979 年初审阅《国务院关于下达一九七九、一九八〇两年经济计划的安排（草案）》的信上批示："我认为不要留缺口，宁可降低指标。宁可减建某些项目。"随后又在一份报告上批示指出："有物资缺口的不是真正可靠的计划"。② 3 月，李先念也强调要保持预算、外汇、市场、信贷"四大平衡"。③ 陈云、李先念致信中共中央，建议在国务院下设财政经济委员会，作为研究制定财经工作方针政策和决定财经工作大事的决策机构，并提出了 6 条意见，包括：前进的步子要稳，避免反复和出现大的"马鞍形"；国民经济能做到按比例发展就是最快的速度；现在国民经济没有综合平衡，比例失调情况相当严重；要有两三年的调整时期；钢的指标必须可靠；借外债必须充分考虑还本付息的支付能力。④ 在 1979年 3 月 21 日至 23 日召开的中央政治局会议上，邓小平提出现在的中心任务是调整，会议同意国家计委提出的用三年时间调整国民经济的方案。会后，国务院财政经济委员会成立，陈云、李先念分别担任正、副主任，姚依林为秘书长。

3. "八字方针"的制定与实施

1979 年 4 月 5 日至 28 日，中央工作会议集中讨论了经济问题，正式确定对国民经济按照"调整、改革、整顿、提高"的方针进行调整，坚决

---

① 《李先念传》编写组. 李先念传（1949—1992）：下册. 北京：中央文献出版社，2009：1086.

② 中共中央文献研究室. 陈云年谱：下卷. 北京：中央文献出版社，2000：233.

③ 同①1087.

④ 同②240.

纠正前两年经济工作中的失误,认真清理长期存在的左倾错误影响,提出:经济建设必须适合我国国情,符合经济规律和自然规律;必须量力而行,循序渐进,经过论证,讲求实效,使生产的发展同人民生活的改善密切结合;必须在坚持独立自主、自力更生的基础上,积极开展对外经济合作和技术交流。邓小平提出:"在经济比例失调的条件下,下决心进行必要的正确的调整,是我们的经济走向正常的、稳定的发展的前提。"[①] 李先念针对经济调整工作作了报告。他指出:"这次我们及时提出调整国民经济,既是为了在经济战线上巩固前两年多所取得的巨大成果,也是为了给今后的发展创造更好的条件,为我们在实行全党全国工作重点的转移之后创造一个更加良好的新开端。"他回顾了新中国建设的历史,强调"历史的经验告诉我们,凡是国民经济各方面的综合平衡搞得比较好,计划留有余地,不搞脱离实际的高指标,比例关系比较协调,在生产组织上不搞瞎指挥的时候,发展就快;否则,发展就慢,甚至下降倒退",提出这次贯彻落实"八字方针"是"边调整边前进,在调整中改革,在调整中整顿,在调整中提高。这完全是一个积极的方针,不是消极的方针;是鼓劲的方针,不是泄气的方针"。[②]

对国民经济进行调整是一件十分棘手的事情。争取经济大发展的热情和基本建设投资的惯性使1979年和1980年仍然保持了较高的速度。1979年和1980年国家预算内投资和自筹投资分别达到523.48亿元和558.9亿元[③],比1978年的501亿元分别高出4.49%和11.56%。针对这种情况,1980年11月中央工作会议决定从1981年起对国民经济按照"八字方针"进行一次大的调整。

① 邓小平.邓小平文选:第2卷.2版.北京:人民出版社,1994:161.
② 中共中央文献研究室.三中全会以来重要文献选编:上册.北京:人民出版社,1982:119,121.
③ 曾培炎.中国投资建设50年.北京:中国计划出版社,1999:96.

"八字方针"确定调整国民经济的主要措施包括：一是缩短基本建设战线，停建缓建一批项目。例如1981年基本建设预算内外投资实际完成442.9亿元，比上一年减少115.98亿元，停缓建大中型项目151个，22个大型引进项目中有9个项目缓建。二是确定优先发展轻工业，改变消费品供不应求的局面。在能源和原材料、贷款、运输、外汇、技术改造、基本建设等方面实行优先政策，保障轻工业发展速度超过重工业。三是提高主要农副产品价格，并增加职工工资。大力安排待业人员就业。四是加大工业内部整顿和调整，关、停、并、转一批效益低下企业。五是改革管理体制和财政体制。虽然在具体的调整工作中存在着不同的意见，特别是涉及许多部门、许多地方、许多项目，各方面要求发展和增加投资的愿望十分强烈。但是总体上来说，按照"八字方针"进行的国民经济调整工作还是进行得比较顺利，取得了积极的成效。

其间，按照"八字方针"要求对国营企业的恢复性整顿也取得了显著成效。1977—1982年是企业恢复性整顿阶段，主要是以开展"工业学大庆"和贯彻实施中共中央《关于加快工业发展若干问题的决定（草案）》（工业三十条）为主要内容。企业恢复性整顿的主要工作包括：一是整顿企业领导班子，以恢复企业原有领导体制、恢复厂长职能开始，进而提出按照"革命化、年轻化、知识化、专业化"要求，建设好企业领导班子；二是改善经营管理，扭亏增盈，进而提出建立健全经济责任制和按劳分配制度，使企业经营效益与职工物质利益挂钩；三是扩大企业自主权，恢复企业管理的规章制度，进而提出推行全面经济核算、全面质量管理；四是实行民主管理，充分调动广大职工当家作主的积极性，切实保障职工民主权利；五是加强企业思想政治工作和职工队伍建设；六是整顿财经纪律，纠正损公肥私、滥发奖金、截留上缴利润、拖欠贷款和偷税等问题。企业恢复性整顿取得了显著的效果，1981年工业总产值达到5 399.8亿元，比

1976 年的 3 278 亿元增加 64.7%，年均增长 10.5%。

三、开辟中国特色社会主义建设道路

改革开放的伟大事业呼唤并需要系统正确的理论指导和切实可行的行动纲领。1982 年 9 月 1 日至 11 日，中共十二大在北京举行。邓小平主持了大会开幕式并致开幕词，指出这次大会是党的第七次全国代表大会以来的一次最重要的会议。"完成这次代表大会的任务，我们党对于社会主义现代化建设的指导思想就会更加明确，党的建设就能够更加适合新的历史时期的需要，党的最高领导层就能够实现新老合作和交替，成为更加朝气蓬勃的战斗指挥部。"① 中共十二大的召开，标志着中国共产党成功实现了具有重大历史性意义的转变，提出了建设有中国特色社会主义的重大课题，全面开创了社会主义现代化建设的新局面。

1. 建设有中国特色社会主义

邓小平在改革开放新的历史时期对马克思科学社会主义的重大理论贡献，就是明确提出并不断丰富建设有中国特色社会主义理论，这一理论体系在中共十五大上被概括为邓小平理论。

邓小平在中共十二大上首次明确提出建设有中国特色的社会主义。他说："我们的现代化建设，必须从中国的实际出发。无论是革命还是建设，都要注意学习和借鉴外国经验。但是，照抄照搬别国经验、别国模式，从来不能得到成功。这方面我们有过不少教训。把马克思主义的普遍真理同我国的具体实际结合起来，走自己的道路，建设有中国特色的社会主义，这就是我们总结长期历史经验得出的基本结论。"

---

① 邓小平. 邓小平文选：第 3 卷. 北京：人民出版社，1993：1.

他提出有中国特色社会主义建设的基本原则是："中国的事情要按照中国的情况来办，要依靠中国人自己的力量来办。独立自主，自力更生，无论过去、现在和将来，都是我们的立足点。中国人民珍惜同其他国家和人民的友谊和合作，更加珍惜自己经过长期奋斗而得来的独立自主权利。任何外国不要指望中国做他们的附庸，不要指望中国会吞下损害我国利益的苦果。我们坚定不移地实行对外开放政策，在平等互利的基础上积极扩大对外交流。同时，我们保持清醒的头脑，坚决抵制外来腐朽思想的侵蚀，决不允许资产阶级生活方式在我国泛滥。"[1] 他还特别强调了经济建设是核心，是解决国际国内问题的基础。

胡耀邦代表中共中央向大会作了《全面开创社会主义现代化建设的新局面》的报告，提出党在新的历史时期的总任务是：团结全国各族人民，自力更生，艰苦奋斗，逐步实现工业、农业、国防和科学技术现代化，把我国建设成为高度文明、高度民主的社会主义国家。报告从我国实际出发，围绕总任务，制定了我国经济建设的战略目标、战略重点、战略步骤和一系列方针政策。提出从 1981 年到 20 世纪末的 20 年，我国经济建设的总的奋斗目标是，在不断提高经济效益的前提下，力争使全国工农业的年总产值翻两番，即由 1980 年的 7 100 亿元增加到 2000 年的 28 000 亿元左右，使人民的物质文化生活可以达到小康水平。把到 20 世纪末的奋斗目标由原来的实现四个现代化改为实现小康水平，这符合我国经济发展相对落后和发展很不平衡的实际，充分考虑了我国实现现代化的长期性和艰巨性，从指导思想上解决了长期存在的急于求成和急躁冒进情绪。为实现这一战略目标，重要的是解决农业问题，能源、交通运输问题和教育、科技问题，把它们作为战略重点。为了实现 20 年奋斗目标，在战略部署上

---

① 邓小平. 邓小平文选：第 3 卷. 北京：人民出版社，1993：2 - 3.

要分两步走：前十年主要是打好基础，积蓄力量，创造条件；后十年要进入一个新的经济振兴时期。

2. 中共十二届三中全会与《中共中央关于经济体制改革的决定》

1984 年 10 月 20 日，中共十二届三中全会在北京举行。全会认真研究和总结了我国经济体制改革和对外开放的成功经验，一致通过了《中共中央关于经济体制改革的决定》（以下简称《决定①）。《决定》根据马克思主义基本原理同中国实际相结合的原则，阐明了加快以城市为重点的整个经济体制改革的必要性、紧迫性，规定了改革的方向、性质、任务和各项基本方针政策，是指导我国经济体制改革的纲领性文件。以此为标志，中国改革开放进入一个全面改革的新时期。

在会议召开之前的 10 月 10 日，邓小平对来华访问的联邦德国总理科尔说："过几天我们要开十二届三中全会，这将是一次很有特色的全会。前一次三中全会重点在农村改革，这一次三中全会则要转到城市改革，包括工业、商业和其他行业的改革，可以说是全面的改革。无论是农村改革还是城市改革，其基本内容和基本经验都是开放，对内把经济搞活，对外更加开放。虽然城市改革比农村复杂，但是有了农村改革的成功经验，我们对城市改革很有信心。""十二届三中全会的决议公布后，人们就会看到我们全面改革的雄心壮志。我们把改革当作一种革命"②。

《决定》总结新中国成立以来特别是中共十一届三中全会以来经济体制改革的经验，初步提出和阐明了经济体制改革的一系列重大理论和实践问题。作为指导经济体制改革的纲领性文件，根据我国社会主义经济是"有计划的商品经济"理论，对我国经济体制改革的主要内容作出规定，

---

① 本书中涉及多个中共中央各类决定、决议或意见等，为叙述简洁，在相关小节的阐述过程中均简称为《决定》《决议》《意见》等，分别代指相关内容中的文件。

② 邓小平. 邓小平文选：第 3 卷. 北京：人民出版社，1993：81-82.

对改革的性质、改革的基本任务作了明确界定。同时，该文件对许多重大问题都作了说明和部署，提出了关系我国未来改革的一系列新思想和新观点。

《决定》的主要内容如下：一是阐明加快以城市为重点的整个经济体制改革的必要性和紧迫性。指出农村改革的成功经验，农村经济发展对城市的要求，为以城市为重点的整个经济体制的改革提供了极为有利的条件。二是提出改革是为了建立充满生机的社会主义经济体制。系统阐明了经济体制改革的对象、任务、性质和判断标准。三是指出城市企业是工业生产、建设和商品流通的主要的直接承担者，是社会生产力发展和经济技术进步的主导力量。四是提出建立自觉运用价值规律的计划体制，发展社会主义商品经济是我国经济体制改革的目标。五是提出建立合理的价格体系，充分重视经济杠杆的作用，并阐明现行价格体系的弊端及其改革的重要性。六是提出实行政企职责分开，正确发挥政府机构管理经济的职能。七是提出建立多种形式的经济责任制，认真贯彻按劳分配原则。指出农村实行承包责任制的基本经验同样适用于城市，建立以承包为主的多种形式的经济责任制，使承包责任制在城市生根、开花、结果。八是提出积极发展多种经济形式，进一步扩大对外的和国内的经济技术交流。九是起用一代新人，造就一支社会主义经济管理干部的宏大队伍。十是加强党的领导，保证改革的顺利进行。

《决定》深刻论述了我国经济体制改革的一系列新观点、新理论，第一次准确地提出了对社会主义经济的科学表述，实现了中国特色社会主义理论的重大突破；系统阐述了我国经济体制改革各个领域的主要内容和任务，特别是对主要计划在城市进行的经济体制改革进行了全面部署；科学论证了我国经济体制改革是在新的历史起点上中国共产党的一场深刻的自我革命和自我完善，是顺应历史发展趋势的主动选择，而不是对自己历史的背叛。

邓小平对其给予高度评价，他说："这个决定，是马克思主义的基本原理和中国社会主义实践相结合的政治经济学。我有这么一个评价。但是要到五年之后才能够讲这个话，证明它正确。"① 10 月 22 日在中央顾问委员会第三次全体会议上他再次说道："这次经济体制改革的文件好，就是解释了什么是社会主义，有些是我们老祖宗没有说过的话，有些新话。""我们要向世界说明，我们现在制定的这些方针、政策、战略，谁也变不了。为什么？因为实践证明现在的政策是正确的，是行之有效的。人民生活确实好起来了，国家兴旺发达起来了，国际信誉高起来了，这是最大的事情。改变现在的政策，国家要受损失，人民要受损失，人民不会赞成，首先是八亿农民不会赞成。"②

陈云也对其给予了很高的评价，他说："一九八一年我曾说过，这个改革的意义，不下于五十年代对资本主义工商业的改造。为什么这样说？因为，对工商业的改造是要消灭剥削，正在进行的体制改革则是要打破'大锅饭'。平均主义'大锅饭'实质上也是不干活的人占有干活的人的劳动成果，打破这个'大锅饭'，将会大大调动广大工人、农民、知识分子和干部进行四化建设的积极性，使我国的生产力获得一次新的大解放。"③

四、社会主义初级阶段理论的提出

中共十三大于 1987 年 10 月 25 日至 11 月 1 日在北京举行，邓小平

① 中共中央文献研究室.邓小平思想年谱（1975—1997）.北京：中央文献出版社，1998：297.
② 邓小平.邓小平文选：第 3 卷.北京：人民出版社，1993：91，83－84.
③ 陈云.陈云文选：第 3 卷.北京：人民出版社，1995：336－337.

主持大会开幕式，赵紫阳代表党中央作《沿着有中国特色的社会主义道路前进》的工作报告。中共十三大是我国改革开放历史进程中一次重要的会议，这次会议在关系我国社会主义长远发展的一系列重大问题上实现了理论创新，提出并阐述了社会主义初级阶段的理论，确立了我国经济的"三步走"现代化发展战略，对我国社会主义所处的历史阶段和我国未来几十年间的经济发展作了系统科学的概括，规定了深化我国经济体制改革的主要方面，将我国改革开放推向了新的阶段。

1. 中国特色社会主义理论不断完善

邓小平对中共十三大报告寄予很大期望。他在1987年2月与中央负责同志谈话时明确表态："为什么一谈市场就说是资本主义，只有计划才是社会主义呢？计划和市场都是方法嘛。只要对发展生产力有好处，就可以利用。它为社会主义服务，就是社会主义的；为资本主义服务，就是资本主义的。""十三大报告要在理论上阐述什么是社会主义，讲清楚我们的改革是不是社会主义。要申明四个坚持的必要，反对资产阶级自由化的必要，改革开放的必要，在理论上讲得更加明白。"[①] 他要求报告把中共十一届三中全会以来进行的改革的性质讲清楚，阐明我们的改革是巩固和完善社会主义，而不是搞资本主义。这样就可以把全党和全国人民的认识统一起来，更加勇敢、更加大胆地投入改革。这就为中共十三大的召开奠定了良好的理论基础。

中共十三大报告指出，我国经济体制改革已经取得重大成就，给社会主义注入了新的活力。为了加快和深化改革，必须加深对我国经济体制改革性质的科学理解。这里所说的科学理解，就是要从我国社会主义初级阶段的本质特征上认识问题、解决问题。例如，我国改革开放以来形成的以

---

① 邓小平. 邓小平文选：第3卷. 北京：人民出版社，1993：203.

公有制为主体、多种所有制经济共同发展，允许私营经济存在和发展，这些都是由社会主义初级阶段生产力的实际状况所决定的，整个社会生产力的发展阶段是无法超越的。又如，我国改革开放以来发展生产资料市场、金融市场、技术市场和劳务市场，发行债券、股票等，这些都是伴随社会化大生产和商品经济的发展必然出现的，并不是资本主义所特有的。再如，我国原有体制的那种直接向企业下达过多的指令性指标，实行统购统销和供给制式的分配，并不是社会主义制度必然要求的固定不变的东西，现在如果不改革就会成为发展生产力的障碍。

中共十三大报告指出：社会主义有计划商品经济的体制，应该是计划与市场内在统一的体制。这就必须明确：第一，社会主义商品经济同资本主义商品经济的本质区别在于所有制基础不同。建立在公有制基础上的社会主义商品经济为在全社会自觉保持国民经济的协调发展提供了可能，我国改革的任务就是要善于运用计划调节和市场调节这两种形式和手段，利用市场调节决不等于搞资本主义。第二，必须把计划工作建立在商品交换和价值规律的基础上。以指令性计划为主的直接管理方式不能适应社会主义商品经济发展的要求，不能把计划调节和指令性计划等同起来，国家对企业的管理应逐步转向以间接管理为主。第三，计划和市场的作用范围都是覆盖全社会的。新的经济运行机制，总体上来说应当是"国家调节市场，市场引导企业"的机制。国家运用经济手段、法律手段和必要的行政手段，调节市场供求关系，创造适宜的经济和社会环境，引导企业正确地进行经营决策。

2. 提出社会主义初级阶段理论

中共十三大的理论创新和理论贡献集中到一点，就是提出社会主义初级阶段理论，明确我国还处在社会主义初级阶段。这个理论包括两层含义：第一，我国社会已经是社会主义社会，我们必须坚持并且不能离开社会主义；第二，我国的社会主义还处在初级阶段，我们的一切工作都必须从这个实际出发，而不能超越这个阶段。社会主义初级阶段，不是泛指任何国家进入社会主义都会经历的起始阶段，而是特指我国在生产力落后、商品经济不发达条件下建设社会主义必然要经历的特定阶段。社会主义初级阶段理论是邓小平和中国共产党对我国基本国情所作的重要判断和概括，也是重大的理论创新。

中共十三大报告指出：在中国这样落后的东方大国中建设社会主义，是马克思主义发展史上的新课题。我们面对的情况，既不是马克思主义创始人设想的在资本主义高度发展的基础上建设社会主义，也不完全相同于其他社会主义国家。照搬书本不行，照搬外国也不行，必须从国情出发，把马克思主义基本原理同中国实际结合起来，在实践中开辟有中国特色的社会主义道路。报告特别提出，正确认识我国社会现在所处的历史阶段，是建设有中国特色的社会主义的首要问题，是我们制定和执行正确的路线和政策的根本依据。社会主义初级阶段包括了从社会主义改造基本完成，到社会主义现代化基本实现的上百年时间。在社会主义初级阶段，发展社会生产力所要解决的历史课题，是实现工业化和现代化。就是说，要使我们国家摆脱贫穷和落后状态，由农业人口占多数的手工劳动为基础的农业国变为非农产业人口占多数的现代化工业国，由自然经济半自然经济占很大比重的国家变为市场经济高度发达的国家，由科学技术比较落后的国家变为科学技术比较发达、信息化带动工业化的国家。

中共十三大报告还系统地论述了社会主义初级阶段的基本路线。这个基本路线就是：领导和团结全国各族人民，以经济建设为中心，坚持四项基本原则，坚持改革开放，自力更生，艰苦创业，为把我国建设成为富强、民主、文明的社会主义现代化国家而奋斗。报告强调指出：坚持社会主义道路、坚持人民民主专政、坚持中国共产党的领导、坚持马克思列宁主义毛泽东思想这四项基本原则，是我们的立国之本。坚持改革开放的总方针，是中共十一届三中全会以来党的路线的新发展，它赋予四项基本原则以新的时代内容。坚持四项基本原则和坚持改革开放这两个基本点，相互贯通，相互依存，统一于建设有中国特色的社会主义的实践。不能以僵化的观点看待四项基本原则，否则就会怀疑以至否定改革开放的总方针，也不能以自由化的观点看待改革开放，否则就会离开社会主义轨道。

3. 确立"三步走"发展战略

邓小平在 1987 年对中国经济发展战略又进行了一系列论述，标志着他"三步走"发展战略构想的最后形成。1987 年 4 月 30 日他在会见外宾时说：我们确定的目标是"第一步在八十年代翻一番。以一九八〇年为基数，当时国民生产总值人均只有二百五十美元，翻一番，达到五百美元。第二步是到本世纪末，再翻一番，人均达到一千美元。实现这个目标意味着我们进入小康社会，把贫困的中国变成小康的中国。那时国民生产总值超过一万亿美元，虽然人均数还很低，但是国家的力量有很大增加。我们制定的目标更重要的还是第三步，在下世纪用三十年到五十年再翻两番，大体上达到人均四千美元。做到这一步，中国就达到中等发达的水平。这是我们的雄心壮志。"[①] "三步走"发展战略到这个时候已经十分系统了，邓小平热切希望并关注着中国的中长期发展，他希望通过中国人民的艰苦努力，真正实现中华民族的伟大复兴。在他的战略构想中，一是到 20 世纪末，把贫穷的中国变成小康的中国；二是到 21 世纪中叶，中国达到中等发达国家的水平。这两个奋斗目标成为激励全体中国人民艰苦奋斗、奋发图强的强大精神动力。

中共十三大接受"三步走"发展战略并明确指出："党的十一届三中

---

① 邓小平．邓小平文选：第 3 卷．北京：人民出版社，1993：226．

全会以后，我国经济建设的战略部署大体分三步走。第一步，实现国民生产总值比一九八〇年翻一番，解决人民的温饱问题。这个任务已经基本实现。第二步，到本世纪末，使国民生产总值再增长一倍，人民生活达到小康水平。第三步，到下个世纪中叶，人均国民生产总值达到中等发达国家水平，人民生活比较富裕，基本实现现代化。然后，在这个基础上继续前进。"[①] "三步走"发展战略与我国社会主义初级阶段有着紧密的联系，社会主义初级阶段与"三步走"发展战略不仅在时间上是一致的，也就是到21世纪中叶，社会主义初级阶段完成之际，也是"三步走"发展战略实现之时；而且"三步走"发展战略本身就是中国社会主义初级阶段的经济发展战略。

"三步走"发展战略对中国经济发展的重要性不言而喻。中国现代化建设需要有一个清晰可行的中长期经济发展战略，这是中国共产党在领导中国人民进行社会主义建设、进行改革开放和现代化建设过程中得出的重要经验。没有一个目标明确、措施得当、步骤清晰的中长期的经济发展战略，我们的现代化建设前景就很迷茫，发展方向就很混乱，人民群众建设现代化的干劲就不容易集中，在实际工作中就容易产生盲目性。因此，必须制定一个立足于中国国情的、符合我国实际发展需要的中长期经济发展战略。如果我们制定的经济发展战略低估了我们的发展能力，低于我们发展的实际可能，那么这就是一个缺乏指导性和前瞻性的战略；如果我们制定的经济发展战略超越了我们的实际能力和发展水平，那么这个战略就无法实现，经济建设就会出现曲折。邓小平对"三步走"发展战略和我国经济的长远发展充满信心。他在1987年10月会见外宾时说："我们现在真正要做的就是通过改革加快发展生产力，坚持社会主义道路，用我们的实

---

① 中共中央文献研究室. 改革开放三十年重要文献选编：上册. 北京：中央文献出版社，2008：478.

践来证明社会主义的优越性。要用两代人、三代人甚至四代人来实现这个目标。到那个时候，我们就可以真正用事实理直气壮地说社会主义比资本主义优越了。"①

第二节　农村经济体制改革率先取得突破

在"文化大革命"中，由于政治上的动乱和"左"的错误思潮泛滥，不但未能很好地纠正人民公社化运动以来的错误，反而将国民经济调整时期有关农村的调整方针当作修正主义加以批判。许多地方大刮农村所有制"升级""过渡"风，大批"三自一包"（即自留地、自由市场，实行自负盈亏和包产到户），把自留地指责为"资本主义的复辟地"，把"包产到户"指责为"刮单干风"，强迫农民搞"三献一并"（献自留地、宅边地、自有果树，并队"升级"）；借批判资本主义复辟之由，把农民从事家庭副业如编织、采集、饲养等斥为"资本主义尾巴"，统统砍掉；平均主义盛行，生产上"大呼隆""磨洋工"现象普遍，取消并关闭农贸市场，搞"赶社会主义大集"。1976 年农民年人均分配只有 62.8 元，其中现金部分仅占 23.7％，即每人 14.9 元。全国相当一部分农民尚未解决温饱问题，生活非常困难。

一、农村经济体制改革从试点到铺开

"文化大革命"结束后，中国经济发展面临的困难是多方面的，其中广大农村中的经济发展问题更为突出。农村经济体制改革就是在这种困难

---

① 邓小平. 邓小平文选：第 3 卷. 北京：人民出版社，1993：256.

的背景下开始探索的。

1. 农村经济发展面临的困境

"文化大革命"结束后，中国农村经济发展究竟应该实行什么样的政策、走什么样的道路，这都需要给予理论和实践上的回答。显然，当时对这些问题还没有找到合适的答案，实践中仍然沿着"农业学大寨"的思想和路径在走。其间，于 1976 年 12 月召开的第二次全国农业学大寨会议、1977 年 10 月至 11 月召开的普及大寨县工作座谈会和 1978 年 1 月召开的第三次全国农业机械化会议，继续推行"左"的路线，提出了一系列无法实现的高指标。例如，提出掀起农业学大寨、普及大寨县的新高潮，到 1980 年全国有三分之一的县建成大寨县，各省、市、自治区都实现粮、棉、油、猪"上纲要"、超计划，基本上实现全国农业机械化，使农、林、牧、副、渔主要作业的机械化水平达到 70% 以上；认为"农业生产新跃进的形势正在到来"，提出到 1980 年全国粮食要达到 7 000 亿斤，棉花产量达到 6 000 万担～6 750 万担的高指标，到 20 世纪末主要农产品的单位面积产量要达到或者超过世界先进水平；在肯定"三级所有、队为基础"制度的同时，强调实现基本核算单位由生产队向大队过渡是大趋势，并确定 1977 年冬和 1978 年春在全国选择 10% 左右的大队实行大队核算；继续强调在农村进行"基本路线"教育，并把它作为农村的一项长期的任务等。

在农村经济政策中的这种"左"的错误思潮，到了中共十一届三中全会才有所改变。这次会议认为："总的看来，我国农业近二十年来的发展速度不快，它同人民的需要和四个现代化的需要之间存在着极其尖锐的矛盾。"农村中"政社合一"的人民公社体制使经营管理、生产调度过于集中，平均主义"大锅饭"不利于调动农民群众的积极性，国家对农业的巨大投入都被这种低效益的经济体制所抵消，到 1978 年全国尚有 2.5 亿人口没有解决温饱问题。"我国农业问题的这种严重性、紧迫性，必须引起全党同志的充分注意。"①

中共十一届三中全会肯定了中央工作会议提出的关于提高农产品收购价格等一系列促进农业发展的政策措施，同意将《中共中央关于加快农业发展若干问题的决定（草案）》和《农村人民公社工作条例（试行草案）》下发讨论和试行。这两份文件中虽然还有"左"的思想遗留，例如写进了"不许包产到户"等内容，但是文件总的精神是解放思想，搞活经济。全会提出了当前发展农业生产的一系列政策措施和经济措施。其中重要的是：人民公社、生产大队和生产队的所有权和自主权必须受到国家法律的切实保护；不允许无偿调用和占有生产队的劳力、资金、产品和物资；公社各级经济组织必须认真执行按劳分配的社会主义原则，按照劳动的数量和质量计算报酬，克服平均主义；社员自留地、家庭副业和集市贸易是社会主义经济的必要补充部分，任何人不得乱加干涉；人民公社要坚决实行三级所有、队为基础的制度，稳定不变；人民公社各级组织都要坚决实行民主管理、干部选举、账目公开。全会指出，为了保证整个国民经济的迅速发展，"必须首先调动我国几亿农民的社会主义积极性，必须在经济上充分关心他们的物质利益，在政治上切实保障他们的民主权利"②。这就在指导思想上支持了刚刚兴起的农村经济体制改革，启动了我国农村经济体制改革的进程。

2. 安徽等地农村改革的试点

我国农村改革看起来似乎是很偶然发生的，但是其中却具有很深刻的历史必然性。安徽省是最早开始进行家庭联产承包责任制探索的地方，这

---

① 中共中央文献研究室．三中全会以来重要文献选编（上）．北京：人民出版社，1982：178.
② 同①7.

与该省农村经济面临的严峻形势分不开。安徽省作为农业大省，却长期解决不了吃饭问题，由于"左"的错误严重，农村人民群众生活十分困难。1977年，万里担任安徽省委第一书记时，"全省28万多个生产队，只有10%的生产队能维持温饱；67%的队人均年收入低于60元，40元以下的约占20%"①。大约90%的生产队处于生产靠贷款、吃粮靠返销、生活靠救济状态，其中10%的生产队在饥饿线上挣扎。万里深感"看来经济上的拨乱反正，比政治上的拨乱反正更艰巨，不搞好经济上的拨乱反正，政治上的拨乱反正也搞不好"。他给自己提出的要求就是"拿出百分之八十的时间和精力，来研究和解决农村问题"②。全国农村千篇一律地开展"农业学大寨"活动，不仅没有缓解全省农业生产和农民生活的困难，反而加重了他们的困难。"所谓'学大寨'实际就是推广'大批促大干'，取消自留地，不准搞家庭副业，推行'大寨式'的'大概工'。最糟糕的是强调算政治账，不必算经济账。"他尖锐地指出："只学一个典型，只念大寨'一本经'，这本身就不科学，就不实事求是。何况这时学大寨，并不是学它如何搞农业生产，搞山区建设，而主要是学它如何把阶级斗争的弦绷紧，如何'大批促大干'。"③不探索一条新的发展道路，我国农业、农村和农民问题就没有出路。

1977年11月，安徽省委《关于当前农村经济政策几个问题的规定》（亦称"安徽六条"）下发，提出搞好人民公社经营管理；加速生产发展；尊重生产队自主权，农活可以责任到人；减轻生产队和社员负担，分配要兑现；粮食分配兼顾国家、集体、个人利益；允许正当家庭副业，多出部分可到集市出售。这个文件受到了农民群众的热烈欢迎。1978年夏秋之

---

① 欧阳淞，高永中. 改革开放口述史. 北京：中国人民大学出版社，2014：11.
② 同①22-23.
③ 同①10-11.

际，安徽省遭遇特大干旱，全省受灾农田达 6 000 多万亩。省委决定借地度荒，搞好秋收，激发了农民对"包产到户"的积极性。

1978 年末，凤阳县小岗村 18 户农民在一张契约上按下一个个血红指印。契约上说："我们分田到户，每户户主签字盖章，如以后能干，每户保证完成每户的全年上交和公粮，不在（再）向国家伸手要钱要粮。如不成，我们干部作（坐）牢杀头也干（甘）心，大家社员也保证把我们的小孩养活到十八岁。"小岗村"包干到户"一年大变样，一举夺得了全省生产冠军，全年粮食产量由原来的年均 1 万多公斤增至 66 185 公斤，还收获了 17 600 公斤油料，养了 135 头猪。这个合作化以来从未向国家交过一斤粮食的"三靠队"（即生产靠贷款，吃粮靠返销，生活靠救济），1979 年第一次向国家交公粮 12 497 公斤，超过政府计划 7 倍，卖给国家油料 12 466 公斤，是既定任务的 80 倍，归还了 800 元贷款。[①] 农民自己总结道："大包干，大包干，直来直去不拐弯；交了国家的，留够集体的，剩下都是自己的。"1978 年安徽实行包产到户的生产队达 1 200 个，第二年发展到 38 000 个，约占全省生产队总数的 10％。[②]

中央对安徽省农村改革给予了高度关注，1980 年 5 月邓小平肯定了农村改革的方向。中国农村经济体制改革的一个显著特点，就是在前进的道路尚不清楚时，充分允许各地进行试点，允许在理论和实践中进行争论、表达各自不同的意见，充分运用试点的事实来说话，推动在实践中达成一致。万里后来说：中国特色社会主义怎么搞？就是需要"摸着石头过河"。"石头是什么？就是实践，就是群众，就是要到实践中去摸群众的意愿、群众的要求，摸清历史的脉络、历史的趋势。这是我们的传家宝，但

---

① 彭森，陈立，等. 中国经济体制改革重大事件（上）. 北京：中国人民大学出版社，2008：41.
② 陈锡文，赵阳，罗丹. 中国农村改革 30 年回顾与展望. 北京：人民出版社，2008：50.

长期的'左'倾错误使我们把它弄丢了。"①

四川也是最早开始改革探索的地方。邓小平在 1978 年春天出访途经成都时，将"安徽六条"推荐给了四川省委第一书记，并说在农村政策方面，你们的思想要解放一些。实际上在此之前的 1977 年底，四川省广汉县就推行了包产到户。1978 年 2 月，四川省委制定了《关于目前农村经济政策几个主要问题的规定》（即"四川十二条"）。四川省农村推行各种形式的责任制，没有出现像安徽省那样的较大反复和意见冲突，因而广大农村在执行过程中创造了不少好的经验和做法。例如，广汉县金鱼公社率先实行"分组作业，定产定工，超产奖励"的责任制。邓小平后来谈起农村改革初期的情况时说："有两个省带头，一个是四川省，那是我的家乡；一个是安徽省，那时候是万里同志主持。我们就是根据这两个省积累的经验，制定了关于改革的方针政策。"② 同期，在贵州、甘肃、内蒙古、河南等地也开始了各种形式的包产到户探索。

3. 家庭联产承包责任制的突破性进展

农村家庭联产承包责任制的推广，带动了整个农村改革不断深化并出现了新中国成立以来少有的好形势。一是家庭联产承包责任制深入人心并广泛推行，到 1984 年底，全国 569 万个生产队中有 99％以上实行了包产到户和包干到户；二是粮食总产量逐年增长，1984 年全年粮食产量达8 000 亿斤，人均 800 斤，接近世界人均水平，我国宣布已经基本解决了温饱问题；三是农业结构发生了较为明显的变化，农副产品大幅度增加，城乡商品贸易活跃；四是农村经济结构积极调整，农业和非农业的比例关系发生有益变化，非农产业所占比例不断提升，1984 年非农产业产值已

---

① 欧阳淞，高永中. 改革开放口述史. 北京：中国人民大学出版社，2014：18-19.

② 邓小平. 邓小平文选：第 3 卷. 北京：人民出版社，1993：238.

占 36.5%；五是农民生活水平明显改善，农民收入大幅度增加，1978 年全国农村储蓄 55.7 亿元，到 1984 年已达到 438.1 亿元，增长了近 7 倍。

正是由于党和国家高度重视，中共十二届三中全会《中共中央关于经济体制改革的决定》颁布后，中国农村经济体制改革以不断完善家庭联产承包责任制为中心内容，更进一步推动了家庭联产承包责任制迅速推广。广大农民群众热烈拥护这一制度，也成为其迅速推开的重要力量。"家庭联产承包责任制是在农村土地集体所有的前提下，通过农村集体经济组织内部的家庭承包方式，将农村集体土地发包给农民，实现了农村土地所有权与经营权的'两权分置'。"[1] 它调动了广大农民群众的生产积极性，促进了农业生产的发展和农民生活的改善。到 1990 年，承包经营农户占农村总户数的 96.3%，家庭承包经营的耕地面积占耕地总面积的 98.6%，农村经济第一产业收入的 95.4% 来自家庭经营；在农村各经营层次中，家庭经营收入占农村经济总收入的 58.6%。这一年全国有 208.9 万户转包或转让土地，不到总农户的 1%。农村居民生活水平的显著改善，仅以 1990 年与 1978 年相比，农民人均纯收入从 133.6 元增至 629.8 元；在总农户中，困难户和特困户减少，富余户和小康户增多；人均 200 元以下的农户由 82.6% 降至 1.4%，人均 500 元以上的农户由 1.6% 升至 57.4%，其中 500～1 000 元的富余户为 42.3%，1 000 元以上的小康户为 15.1%。

4. 中央一号文件的正确引领

从 1982 年开始，中共中央连续多年以每年的一号文件来论述"三农"问题的政策方针，这是一个极具实质性和象征性、根本性和标志性的重大事件。就像期待喜鹊报春一样，广大农民每年都期盼着一号文件给他们带来实实在在的利好消息。

---

① 谢伏瞻. 中国改革开放：实践历程与理论探索. 北京：中国社会科学出版社，2021：28.

1982 年 1 月中共中央批转了 1981 年 12 月的《全国农村工作会议纪要》（即 1982 年中央一号文件），明确肯定了包产到户的社会主义性质，将其称为家庭联产承包责任制，指出这是一种新型的统分结合、双层经营的农业生产经营体制。这一概括本身就是一次重大的理论提炼和理论创新，不仅为农村改革提供了更为广阔的天地并广泛地为人们所认识和接受，而且成为我国农村经济理论的重要突破并极大地丰富了中国特色社会主义理论。文件指出目前实行的各种责任制，包括小段包干定额计酬、专业承包联产计酬、包产到户、包产到组、包干到组等，都是社会主义生产责任制。1983 年 1 月中共中央印发的《当前农村经济政策的若干问题》（1983 年中央一号文件）明确将包产到户、包干到户责任制概括为"联产承包责任制"，并指出分户承包的家庭经营与合作化前的个体经济有着本质的区别，是合作经济中的一个经营层次，是一种新型的家庭经济。1984 年 1 月中共中央印发《关于一九八四年农村工作的通知》（1984 年中央一号文件），要求稳定和完善生产责任制，提出发展商品生产，扩大生产规模，减轻农民负担，延长土地承包期 15 年以上，同时鼓励土地向种田能手集中。1985 年 1 月中共中央、国务院发出《关于进一步活跃农村经济的十项政策》（1985 年中央一号文件），提出改革农产品统派购制度，实行合同订购和市场收购，大力调整农村产业结构等 10 条措施，特别指出农民将从主要按国家计划生产转变到面向市场需求生产，国家对农业的计划管理将由主要依靠行政领导转变到主要依靠经济手段。1986 年 1 月中共中央、国务院发布《关于一九八六年农村工作的部署》（1986 年中央一号文件），提出落实政策，深入改革，改善农业生产条件，组织产前产后服务，推动农村经济持续稳定协调发展。1987 年 1 月中共中央发出《把农村改革引向深入》通知，提出继续深化农村经济体制改革，其根本出发点就是发展社会主义商品经济，促进农业现代化，使农村繁荣富裕起来。

此外，1991 年 11 月 25 日至 29 日中共十三届八中全会通过了《中共中央关于进一步加强农业和农村工作的决定》，提出把以家庭联产承包为主的责任制、统分结合的双层经营体制作为我国乡村集体经济组织的一项基本制度长期稳定下来，并不断充实完善。

二、乡镇企业的快速发展

农村经济的发展必然带动农村非农产业的发展。1958 年"大跃进"时在人民公社中举办的农村工业，主要是对当地生产的农产品的简单加工和手工制造、农业生产工具的制作和修理、当地工业原料的开发和利用等。这些农村工业企业不仅规模小，技术落后，而且主要是为了满足本公社农民的需要。20 世纪 60 年代，农村乡镇企业基本上处于停顿阶段。20 世纪 70 年代初，乡镇企业又一次复苏，小钢铁厂、小煤矿、小农机厂、小化肥厂、小水泥厂等"五小"企业有了缓慢发展。但是，在"左"的思想影响下，相当一部分乡镇企业被当作资本主义经济而被取缔。到 1976 年，社队两级企业总产值仅为 272 亿元。"文化大革命"结束后又有了一定发展，1978 年全国社队企业总数为 152.4 万个，就业人数为 2 826.5 万人，总收入为 431.4 亿元。

1. 乡镇企业快速发展

乡镇企业的真正发展是在中共十一届三中全会以后，随着党和政府对经济工作指导思想的转变以及一系列支持、扶助乡镇企业政策的贯彻实施，广大农村中形成了乡镇企业蓬勃发展的热潮。到目前为止，农村工业几乎遍及各种轻工业部门、相当一部分重工业部门和服务业领域。农村非农产业已经初具规模，成为我国农业工业化、农村现代化的重要力量。在农村经济体制改革进程中乡镇企业异军突起，也成为这一时期集体经济企业和民营经济企业的重要摇篮。

1984 年 2 月，农牧渔业部在向中央作的《关于开创社队企业新局面的报告》中提出：社队企业已成为国民经济的一支重要力量，是农业现代化发展的必然要求，因此，今后的发展应加强计划指导和实行市场调节相结合，调整结构，优先发展食品、饲料工业和建材、建筑业，能源工业，积极推进技术进步。乡镇企业的优势是：独立核算、自负盈亏，不吃大锅饭，不捧铁饭碗，因而竞争性强；投资少、费用低，自主权比较大，容易应用科研成果；船小好掉头，容易适应市场需要，很快转产。

1985 年国家明确提出调整农村产业结构，积极发展多种经营的方针，为乡镇企业的发展创造了前所未有的良好条件和环境。随着农业生产和农村经济的发展，农村经济实力大大提升，从农业中分离出来的剩余劳动力增加，这就为乡镇企业的快速发展创造了条件。乡镇企业的发展对我国农村经济发展、农业经济结构和产业结构转变，都起到了巨大的促进作用。乡镇企业产品不仅丰富了国内城乡市场，满足了人民群众的消费需求，而且开始走向国际市场，成为当时中国对外贸易的一支新型生力军。

到 20 世纪 80 年代后期，国家允许并保护农民自带口粮进城务工经商，这就给了农村劳动力更大的自由流动权。同时，乡镇企业在吸纳农村剩余劳动力方面发挥着不可替代的作用，1985 年乡镇企业就业人数已达6 979 万人，但是据估计，在 20 世纪 80 年代中期全国农业劳动力中，剩余劳动力占 30%～40%，绝对人数高达 1 亿～1.5 亿。[1] 农村劳动力转移仍然是一项十分艰巨的任务。

2. 乡镇企业带动农村产业结构变化

1987 年，乡镇企业总产值超过农业总产值，高达 4 764.26 亿元，占

---

① 谢伏瞻. 中国改革开放：实践历程与理论探索. 北京：中国社会科学出版社，2021：130.

农村社会总产值的50.43%；1990年又增至8 461.64亿元，占农村社会总产值的53.9%。乡镇企业吸纳的就业人数达9 264.75万人，其中乡办、村办两级企业就业人数为4 592.45万人。在一些关系国计民生的工业产品生产中，乡镇企业产量占比越来越高，例如到1990年，33.7%的原煤、31.5%的水泥、38.3%的机制纸及纸板、63%的呢绒、60%的服装、80%的农机具、90%以上的砖瓦都是由乡镇企业生产的。乡镇企业的历史贡献不容低估，它有效地推动了农村产业结构的调整，缩小了城乡居民生活水平差距，加快了小城镇建设，改善了集体福利事业，促进了农业现代化。

1989—1990年，由于治理整顿和宏观经济环境的影响，乡镇企业遇到了较大的冲击。企业数减少了37.76万个，就业人数减少了280.7万人。1992年之后，乡镇企业又出现一个发展高潮。总之，经过十几年的发展，乡镇企业的素质明显提高。一是乡镇企业技术人员和技术队伍迅速扩大。1990年底全国乡镇企业已经拥有139.4万技术人员，占职工总数的2.8%，而1986年底这一数字还仅是4‰。二是乡镇企业职工队伍中初中以上文化程度的比例显著提升。1990年底乡镇企业职工中这一比例由1986年的不足40%上升到近70%。正因为如此，乡镇企业对应用技术的研制和开发能力日益增强，对国内外新技术和新工艺的吸收、消化能力以及新产品的开发能力都有明显的提高，推出了一批填补国内或省内空白的新产品。一些乡镇企业获得国家星火奖、国家科学技术进步奖、国家发明奖；不少乡镇企业获国家质量管理奖、部质量管理奖；不少乡镇企业科研人员和科研成果获农业部科技进步奖、农业部个人科技进步奖；不少乡镇企业产品获国优产品、部优产品称号等。

乡镇企业产业结构逐步趋向合理。乡镇企业在"七五"期间（1986—1990年）根据国家产业政策进行了认真的调整，在全国产业结构的占比中，乡镇企业在轻工业中的占比为58.8%，在重工业的原材料工业中的占比为 17.0%，在加工工业中的占比为 69.7%；关停并转了一批浪费能源、原材料和严重污染环境、经济效益差的企业。乡镇企业 1990 年全员劳动生产率比 1978 年提高 5.9 倍，1986—1990 年平均每年增长 20.1%。

3. 乡镇企业对农村经济发展的贡献

随着乡镇企业的发展壮大，它对国民经济和社会发展的贡献越来越大。仅在"七五"期间，在全国社会总产值净增量中，乡镇企业就占 31.5%；乡镇企业总产值在全国社会总产值中所占的比重，由 1985 年的 16.6%上升到 25%。在全国工业总产值净增量中，乡镇企业占 37.7%；乡镇工业产值在全国工业总产值中所占的比重，从 18.8%上升到 30%。在农村社会总产值净增量中，乡镇企业占 67%；乡镇企业总产值在农村社会总产值中所占的比重，从 43.4%上升到 60%。我国农村经济初步形成了以农业为基础，以乡镇企业为主体，农工商建运服全面发展的新格局。在全国出口创汇净增量中，乡镇企业占 28%；乡镇企业创汇占国家外汇收入的比重，由不足 14%上升到 21.6%。乡镇企业在"七五"期间共安排农村剩余劳动力 2 220 万人，占全国就业人数（除农业家庭承包经营外）净增量的 57.6%；乡镇企业从业人员占农村劳动力的比重，由 18.8%增加到 22%，造就了一代新型农民。"七五"期间，乡镇企业对农村各项事业建设投资 450 亿元，以工补农、以工建农 270 亿元。农民净增收入的一半以上来自乡镇企业。总之，中国乡镇企业已成为国民经济发展不可替代的推动力量，成为农村经济的重要支柱，成为增加国家财政收入和农民收入的重要来源，成为国家出口创汇的生力军，成为稳定农村、稳定全局的重要因素，为巩固农村基层政权、巩固工农联盟、提高民族素质、缩小"三大差别"作出了重要的贡献。

邓小平 1987 年 6 月在会见外宾时说："农村改革中，我们完全没有预料到的最大的收获，就是乡镇企业发展起来了，突然冒出搞多种行业，搞商品经济，搞各种小型企业，异军突起。这不是我们中央的功绩。乡镇企业每年都是百分之二十几的增长率，持续了几年，一直到现在还是这样。乡镇企业的发展，主要是工业，还包括其他行业，解决了占农村剩余劳动力百分之五十的人的出路问题。农民不往城市跑，而是建设大批小型新型乡镇。"①

城乡中小企业发展必然面临许多过去的思想禁区、政策盲区和制度空白，如何引导和保护城乡各种所有制中小企业健康发展，特别是引导和保护民营中小企业健康发展，就成为考验党和政府的重要一关。例如，城乡民营中小企业都涉及"雇工"问题。在原有观念和体制中，是坚决不允许"雇工"存在的，因为这是已经被社会主义革命彻底否定了的剥削制度或剥削方式。安徽芜湖有个个体经营户年广九以炒制瓜子闻名，因其营销手段灵活，生产规模不断扩大，逐步采取雇工经营方式进行生产，从而招来了各方面的非议，一些人甚至主张要"动"他。邓小平得知后说：不能动，一动人们就会说政策变了，得不偿失。1987 年邓小平再次谈到了民营企业的雇工问题，其基本思想还是整体不要动。到 1990 年，全国农村有 8 人以上雇工的私营企业共 6.04 万家，雇工共 99.7 万人，每户平均雇工 16.5 人。

城乡民营中小企业的发展和"雇工"的出现，势必带来贫富分化问题，这也是当时引起许多争议的问题。早在中共十一届三中全会之前的中央工作会议上，邓小平就明确表示："要允许一部分地区、一部分企业、一部分工人农民，由于辛勤努力成绩大而收入先多一些，生活先好起来。一部分人生活先好起来，就必然产生极大的示范力量，影响左邻右舍，带动其他地区、其他单位的人们向他们学习。这样，就会使整个国民经济不

---

① 邓小平. 邓小平文选：第 3 卷. 北京：人民出版社，1993：238.

断地波浪式地向前发展，使全国各族人民都能比较快地富裕起来。"他还强调说："这是一个大政策，一个能够影响和带动整个国民经济的政策"①。在此后他始终坚持这一个"大政策"，多次强调不能变。例如，1980年1月他指出："我们提倡按劳分配，对有特别贡献的个人和单位给予精神奖励和物质奖励；也提倡一部分人和一部分地方由于多劳多得，先富裕起来。这是坚定不移的。"② 1983年1月，他重申"农村、城市都要允许一部分人先富裕起来，勤劳致富是正当的。一部分人先富裕起来，一部分地区先富裕起来，是大家都拥护的新办法，新办法比老办法好"。如何评价工作的好坏？他提出"各项工作都要有助于建设有中国特色的社会主义，都要以是否有助于人民的富裕幸福，是否有助于国家的兴旺发达，作为衡量做得对或不对的标准"③。

三、改革人民公社制度，建立乡级政府

人民公社制度一度是我国农村最重要的制度和农村社会的存在方式，是1958—1985年我国农村实行的政社合一的制度。人民公社化是我国农村一场广泛、深刻、影响巨大的社会变革，既要求农、林、牧、副、渔全面发展，又要求工、农、兵、学、商互相结合。1962年《农村人民公社工作条例（修正草案）》规定：人民公社"是我国社会主义社会在农村中的基层单位，又是经济组织，又是政权组织，既管理生产建设，又管理财政、粮食、贸易、民政、文教卫生、治安、民兵和调解民事纠纷及其他基层行政任务，实行工农兵学商结合，成为经济、文化、政治、军事等的统一体"。

---

① 邓小平. 邓小平文选：第2卷. 2版. 北京：人民出版社，1994：152.
② 同①258.
③ 邓小平. 邓小平文选：第3卷. 北京：人民出版社，1993：23.

1. 改革人民公社制度

农村人民公社体制的变革，从 1979 年春由四川个别地方率先进行，到 1984 年底全国各地基本完成，前后共用了 6 年左右的时间，大体经历了三个阶段。从 1979 年 3 月开始试点，到 1982 年 12 月新宪法颁布为第一阶段，全国有 9 个省（市）51 个县（区）的 213 个公社进行试点。第二阶段是 1982 年 12 月到 1983 年秋，新宪法正式确定设立乡政权，改人民公社为农村集体经济的一种组织形式。政社分设在全国广泛展开。全国有 28 个省（自治区、直辖市）967 个市（县、区）的 10 693 个公社开展建乡工作。1983 年 10 月至 1984 年底为第三阶段，在中共中央、国务院《关于实行政社分开，建立乡政府的通知》的要求下，到 1984 年底，全国已有 99％以上的农村人民公社完成了政社分设，建立了 9.1 万个乡（镇）政府，同时成立了 92.6 万个村民委员会。到 1985 年春，全国农村人民公社政社分开建立乡政府的工作全部结束。人民公社制度宣告终结。

2. 建立农村专业合作经济组织

1984 年 1 月，中央一号文件指出，为了完善农业统一经营和分散经营相结合的体制，一般应设立代表农民群众管理公有土地、为农户提供各种服务、兴办集体企业的地区性合作经济组织。农民可不受地区限制，自愿参加和组成不同形式、不同规模的各种专业合作经济组织。农村经济组织形式和规模可以多种多样，不要自上而下强行推行某一种模式。在这一思想的指导下，我国农村多种形式的经济联合组织如雨后春笋般涌现出来。这种经济联合是在自愿、平等、互利的基础上，家庭、集体、国家不同经济主体之间为满足各自需要而建立起来的经济协作关系。大致有三种基本形式：一是专业性经济联合，即从事同一种专业生产或经营的企业进行的联合；二是农工商综合性联合，即农副产品的生产、加工和销售的联合；三是产前产后社会服务性联合，即产前提供信息、原料和技术设备，产中进行技术指导，产后进行运输、贮藏、销售、反馈市场信息等。各种经济联合的大量涌现，反映了我国农业生产发展和农产品商品化的客观要求，也是联产承包责任制进一步发展的必然趋势。

3. 取消统派购制度

与此同时，在我国农村实行了 30 年之久的统派购制度也退出历史舞台。在原有高度集中的计划体制中，在国家工业化繁重任务要求下，对粮食等主要农产品实行统购统销制度是确保计划经济体制运转和工业化进行的基石之一。从 1953 年开始，国家除了对粮食实行统购统销外，还对生猪、鸡蛋、糖料、桑丝、蚕茧、黄红麻、烤烟、水产品等实行派购，品种多达 132 种。有学者估计，1953—1978 年国家以工农业产品价格剪刀差形式从农业中提取的经济剩余高达 6 000 亿～8 000 亿元。[①] 国家对城镇居民的粮食等基本生活必需品提供最基本的保障并实行严格的限价政策。城镇居民均需凭票购买所需粮食、布匹、食用油、猪肉等生活资料，生活必需品凭票定量供应。1983 年之后，这一制度已经开始失去存在的价值，1984 年统派购品种减至 38 种，1985 年国家不再对农村下达指令性的收购计划，改用合同收购方式收购国家需要的粮食，同时实行"缩小合同订购数量，扩大市场议购"方式。国家对主要农产品的统派购制度最终被取消。

四、农业生产水平与农民生活水平的提高

农村经济体制改革带来了新中国成立以来我国农村从未有过的大好形

---

① 温铁军. 中国农村基本经济制度研究："三农"问题的世纪反思. 北京：中国经济出版社，2000：177.

势，农业生产迅速发展，农民生活显著改善，我国农村发生了历史性的变化。

1979 年，国家决定从夏粮收购开始将粮食统购价格提高 20%，超购部分再加价 50%，并相继提高了包括棉花、油料、畜产品、水产品等 18 种主要农产品的收购价。与此同时，在 1979 年和 1980 年将供应农村的农业机械、化肥、农药、农用塑料等农用工业品的出厂价和销售价降低 10%～15%。据计算，1979 年 18 种主要农产品收购价平均提高 24.8%。① 受其影响，这一年全国农产品收购价总指数上升 22.1%，1980 年又上升 7.1%，两年合计上升 29.2%。② 1979 年全国主要农产品收购提价总额达 72 亿元，平均每个农民增收 8 元。③

家庭联产承包责任制和主要农产品收购价格提高成为推动农业生产和农村经济发展的重要动力。1984 年我国粮食产量达到 40 731 万吨，比 1977 年的 28 273 万吨增长了 44%，平均每年递增 5.4%；棉花总产量由 4 098 万担增加到 12 516 万担，增长了 2.05 倍，平均每年递增 17.3%；农业总产值由 1 253 亿元增至 3 214 亿元，扣除物价上涨因素，增长 69%，平均每年增长 7.8%。由于我国改革的不协调，虽然主要农产品收购价格提高了，但是销售价格却没有什么变动，从而出现了越来越巨大的购销价格倒挂，1978 年国家购销价格倒挂补贴为 55.6 亿元，1979 年增至 136.02 亿元，1984 年更达 320.85 亿元。特别是 1985 年以后，由于城市经济体制改革成为改革的主战场，城乡经济都向工业倾斜，加之在农村经济工作中的某些措施失当，农业生产出现了新的徘徊。但是，此时农村产业结构因乡镇企业的兴起而发生了明显的变化。

---

① 王振川. 中国改革开放新时期年鉴（1979）. 北京：中国民主法制出版社，2015：183-184.
② 谢伏瞻. 中国改革开放：实践历程与理论探索. 北京：中国社会科学出版社，2021：32.
③ 成致平. 万紫千红总是春：中国十一届三中全会决议提高农产品价格获得丰硕成果. 价格理论与实践，2018（8）.

农村经济体制改革的 10 多年，是新中国成立以来我国农业发展最好的时期，也是农民得到实惠最多的时期。1980—1990 年农村社会总产值由 2 792.1 亿元增至 16 619.2 亿元；农业总产值由 1 922.6 亿元增至 7 662.1 亿元。1978—1990 年主要农产品产量也大幅度增加，其中粮食产量由 30 477 万吨增至 44 624 万吨，增长 46.4%；棉花产量由 216.7 万吨增至 450.8 万吨，增长 108%；油料产量由 521.8 万吨增至 1 613.2 万吨，增长 209%；水果产量由 657 万吨增至 1 874.4 万吨，增长 185.3%；大牲畜年底头数由 9 389 万头增至 13 021.3 万头，增长 38.7%；猪牛羊肉产量由 856.3 万吨增至 2 513.5 万吨，增长 193.5%；水产品产量由 466 万吨增至 1 237 万吨，增长 165.5%。随着农业生产的发展，农业机械的拥有量也大幅度提高，农业技术水平和技术装备已大为改观。1978—1990 年，农业机械总动力由 11 750 万千瓦增至 28 707.7 万千瓦；农用大中型拖拉机由 55.7 万台增至 81.3 万台；农用小型拖拉机由 137.3 万台增至 698.1 万台；联合收割机由 18 987 台增至 38 719 台；农用载重汽车由 73 770 辆增至 624 384 辆。农业中化肥施用量也由 884 万吨增至 2 590.3 万吨。

农民生活水平提高的速度更是新中国成立以来所没有的。1949—1978 年间，由于农业发展缓慢且波动很大，农民生活水平很少提高，农民年人均纯收入由 43.8 元升至 133.6 元，增加了 89.8 元，每年平均增加 3.1 元，扣除物价上涨因素，实际增加额更小。从 1978 年开始，农民生活水平开始有了明显的改变，农民年人均纯收入 1990 年为 629.8 元。农民终于摆脱了只能够求生存的消费模式，开始对消费有所选择。在总农户中，困难和特困户减少，富余和小康户增多。1978—1990 年，年人均纯收入 200 元以下的农户由 82.6% 降为 1.4%；人均 500 元以上的农户由 1.6% 升至 57.4%。其中 500~1 000 元的富余户为 42.3%，1 000 元以上的小康户为 15.1%。农民的消费水平和消费结构已不能与过去同日而语。随着农村经济体制改革的深入发展和农业生产的持续增长，我国农村经济和农民生活水平还将继续大幅度地提高。

第三节 城市经济体制改革全面推进

我国改革开放的历史进程选择从农村开始并在较短时间内取得巨大成功，不仅为即将在全国开展的改革开放创造了良好的条件和环境，更为城市经济体制改革特别是国有企业改革提供了坚实的基础和有益的经验。在城市经济体制改革初期，核心是正确处理中央、地方、企业和职工的关系问题。城市经济体制和国有企业管理体制的特殊性决定了它的改革难度更大。

中共十一届三中全会就指出：现在我国经济管理体制的一个严重缺点是权力过于集中，应该有领导地大胆下放，让地方和工农业企业在国家统一计划的指导下有更多的经营管理自主权；应该着手大力精简各级经济行政机构，把它们的大部分职权转交给企业性的专业公司或联合公司；应该坚决实行按经济规律办事，重视价值规律的作用，注意把思想政治工作和经济手段结合起来，充分调动干部和劳动者的生产积极性；应该在党的一元化领导之下，认真解决党政企不分、以党代政、以政代企的现象，实行分级分工分人负责，加强管理机构和管理人员的权限和责任，减少会议公文，提高工作效率，认真实行考核、奖惩、升降等制度。采取这些措施，才能充分发挥中央部门、地方、企业和劳动者个人四个方面的主动性、积极性、创造性，使社会主义经济的各个部门各个环节普遍地蓬蓬勃勃地发展起来。全会指出，城乡人民的生活必须在生产发展的基础上逐步改善，必须坚决反对对人民生活中的迫切问题漠不关心的官僚主义态度。这就使我国以企业为核心的经济体制改革顺利开展起来。

一、城市经济体制改革试点

走在城市经济体制改革前列的是四川省，这里与安徽省一样，也静悄悄地发生着变革。

在原有计划经济体制中，我国国有企业面临的困难和问题并不比农村小，国有企业不仅被计划体制紧紧"捆绑"，而且还承担着沉重的社会负担。袁宝华在谈到长期困扰企业发展的问题时提出了以下几点：一是企业"办社会"，企业不仅是经济组织，还是社会组织，出现了"政府办企业，企业办社会"的怪相，"三个人的饭五个人吃"，企业吃国家的"大锅饭"，职工吃企业的"大锅饭"，企业背上了沉重的社会包袱。二是来自各方面的摊派众多，所谓"上至国务院，下至街道办"都可以向企业伸手摊派，企业是"唐僧肉"，都想吃一口。三是企业找政府办事难，"拜不完的庙，磕不完的头"，南方某国有企业要上个项目，申报过程共盖了 745 个公章。行政部门"门难进、脸难看、事难办"。计划经济条件下管理层次繁多、职能交叉复杂，政出多门、相互内耗。不改变这样的管理体制则企业无法生存。[1]

1. 城市经济体制改革从试点到推广

1978 年 10 月，也就是在中共十一届三中全会召开之前，四川省委就已经在 6 个企业进行了扩大企业自主权的改革试点。[2] 1979 年 6 月 25 日，作为试点企业之一的宁江机床厂首次在《人民日报》第四版上登载生产资

---

[1] 袁宝华. 袁宝华回忆录. 北京：中国人民大学出版社，2018：431 - 432.

[2] 1978 年 10 月，四川省委、四川省人民政府决定在宁江机床厂、重庆钢铁公司、成都无缝钢管厂、四川化工厂、新都县氮肥厂和南充丝绸厂 6 个国营工业企业进行扩大企业自主权试点，逐户核定利润指标和增产增收目标，允许在计划完成后提留少量利润，并允许给职工发放少额奖金。

料广告，这是新中国成立以来《人民日报》刊登的第一个商业广告。继四川省进行扩大企业自主权改革试点之后，其他省市也相继开始进行扩大企业自主权试点工作。1979 年 5 月，国家经委等 6 个部门提出了"扩权十条"，并决定在北京、天津、上海选择首都钢铁公司、北京内燃机总厂、北京清河毛纺厂、天津自行车厂、天津动力机厂、上海汽轮机厂、上海柴油机厂和上海彭浦机器厂 8 个企业进行扩权试点。到 1980 年 6 月，扩权试点企业已发展到 6 600 多个，占全国预算内工业企业的 16% 左右，产量和利润分别占 60% 和 70% 左右。1981 年 5 月 20 日，国家经委等 10 个部门联合印发了《贯彻落实国务院有关扩权文件，巩固提高扩权工作的具体实施暂行办法》，将扩权探索取得的成果规范化、制度化。

袁宝华后来在回忆这一时期扩大企业自主权的改革时说："扩大企业自主权虽然只是初步的，让利也是有限的，但已显示了它的政策威力，给企业带来了许多具有重要意义的变化。"这些变化包括：企业开始形成具有内在动力的经济单位，把国家、企业、职工三者利益统一起来，把企业经济责任、经济效果和经济利益结合起来；企业开始重视发挥市场调节的作用，普遍增强了经营观念、市场观念、服务观念和竞争观念；企业开始有了一些生产发展资金，可以用于挖、革、改，做到花钱少、收效快，有利于加快企业发展和技术改造；企业领导人员、管理人员和技术人员得到了自主经营的锻炼，涌现出一批有才干的经营管理者；企业在发展生产的基础上逐步改善职工生活，1979 年企业发放的奖金约相当于职工两个半月的标准工资，体现了按劳分配的原则，调动了广大职工的积极性。[①]

1982 年 1 月，中共中央、国务院下发《关于国营工业企业进行全面整顿的决定》，决定从这一年起再用两三年时间，分期分批对国营企业进

---

① 袁宝华. 袁宝华回忆录. 北京：中国人民大学出版社，2018：427-428.

行全面整顿。企业全面整顿的主要内容包括：一是整顿和完善经济责任制，改进企业经营管理，搞好全面计划管理、质量管理和经济核算工作；二是整顿和加强劳动纪律，严格执行奖惩制度；三是整顿财经纪律，健全财会制度；四是整顿劳动组织，按定员定额组织生产，有计划地进行全员培训，克服人浮于事、工作散漫现象；五是整顿和建设企业领导班子，加强对职工的思想政治教育。全面整顿的目标就是"三项建设，六好要求"①。企业全面整顿取得了十分明显的成效，全国国有大中型企业基本完成整顿任务，企业领导班子素质有了新的提高，企业经济责任制不断发展完善，企业管理现代化取得一定进展，企业职工队伍建设和思想政治工作取得新成就，劳动组织整顿取得初步成效，企业职工队伍素质有所提高，建立健全企业财务制度并加强经济核算，培养和锻炼一批懂企业管理并从事企业整顿的干部队伍，等等。②

随着城市经济改革和企业扩权改革的不断推进，能否在原有放权让利的基础上，进一步加快企业内部改革来扩大企业自主权呢？1984 年 3 月 22 日，在福州参加福建省厂长（经理）研究会成立大会的 55 名厂长、经理，给省委领导写信要求加快推进改革、扩大企业自主权，题目就是《请给我们"松绑"》。在这封信中，厂长、经理向省委领导要的五项权力是：副厂长以下干部任免权；破除干部"终身制"和"铁交椅"；企业有权支配使用奖励基金；准许企业在完成国家计划指标的情况下开展自销和协作；试行厂长（经理）负责制。这是来自被"捆绑"很久的企业的呼声，是发自企业经营者内心的呼声。

---

① 三项建设是逐步建设起一种既有民主又有集中的领导体制，逐步建设起一支又红又专的职工队伍，逐步建设一套科学文明的管理制度。六好要求是国家、企业、个人三者兼顾好，产品质量好，经济效益好，劳动纪律好，文明生产好，政治工作好的企业。袁宝华. 袁宝华回忆录. 北京：中国人民大学出版社，2018：414.

② 袁宝华. 袁宝华回忆录. 北京：中国人民大学出版社，2018：416-420.

1984 年 5 月 10 日，国务院批复了国家经委上报的《关于进一步扩大国营工业企业自主权的暂行规定》（即新的"扩权十条"），进一步赋予企业更大的自主权。这个文件明确规定了企业在生产计划、产品销售、产品价格、物资选购、资金使用、资产处理、机构设置、人事劳动、工资奖金、联合经营等方面拥有更大的生产经营自主权，这是对原有计划经济体制的又一次较大的突破。

2. 推行经济责任制和城市综合改革试点

在扩大企业自主权的同时，受农村经济体制改革的影响，我国开始推行经济责任制和新的财政体制。实行经济责任制是将改革步骤深入企业内部，通过承包划分国家与企业、企业与职工之间的责权利关系，贯彻按劳分配原则，调动企业和职工的积极性。这一改革从 1981 年春季开始，首先在山东省的企业中试点，在增收节支、提高财政收入等方面取得了很好的成效。1981 年 10 月，国务院同意转发国家经委等制定的《关于实行工业生产经济责任制若干问题的意见》，经济责任制迅速推行到全国 3.6 万个工业企业中，这对 1981 年全国基本消除财政赤字和 1982 年工业产值超计划增长 4% 起到了良好作用。到 1984 年，全国各地各种形式的经济责任制蓬勃发展起来。

商业系统的改革也逐步开展。针对原有流通体制渠道单一、环节众多、产销脱节等问题，加快建立多渠道、少环节、产销结合的流通体制。同时，以扩大自主权和实行经济责任制为重点，大力推进商业企业内部体制改革。1983 年，国家在商业企业中全面推行承包责任制。1984 年 7 月，国务院批转商业部《关于当前城市商业体制改革若干问题的报告》，主要措施是推行政企分开，扩大企业权利，加强行政管理；改革日用工业品三级批发层次，批发站与市批发公司合并；建立城市贸易中心，形成开放式、多渠道、少环节的批发体制；小型国营零售商业、餐饮企业转为集体经营或租赁给经营者个人经营；普遍实行经营承包责任制；正确执行价格政策，严禁转嫁负担。

城市经济体制综合改革也适时推出，核心就是探索各项改革同步配套进行，加强城乡一体化改革的途径。先后选择中等城市进行试点，1981年批准湖北省沙市进行改革试点，次年又批准江苏省常州市进行改革试点。城市经济体制综合改革试点主要集中的领域是工业管理体制探索、计划体制改革探索、财政体制改革探索、流通体制改革探索、银行体制改革探索、物资管理体制改革探索、价格体制改革探索、劳动工资人事体制改革探索、科技体制改革探索、城市建设体制改革探索等等。在取得了一定经验和成效后，1983年开始选择在重庆市进行试点，次年又批准武汉市进行试点。从中型城市再到大型城市的综合改革试点的成功进行，为即将开始的大规模城市经济体制改革积累了经验。

3. 发展多种经济形式和多种经营方式

我国许多改革措施的出台都有许多不得不为之的无奈，却在这种"无奈"中开辟了一条崭新的道路。1979年"上山下乡"运动彻底结束，来自两个方面的就业压力陡然增加：一是之后几年间将有千万之巨的回城知识青年需要安排就业；二是每年尚有大批城市中学毕业生需要就业。就业问题成为城市的头号社会问题。在这种背景下，传统的计划经济的惯性思维根本无法解决问题，只能从经济形式和经营方式上寻找突破。

在1980年8月的全国劳动就业会议上，中央提出大力发展城镇集体和个体经济，解决城镇就业问题，并要求大力扶植兴办各种类型的自负盈亏的合作社经济，鼓励和扶持城镇个体经济的发展。到1980年底，全国先后吸收了城镇待业人员651万人就业，其中：全民所有制单位招工和补员240万人，占37%；集体单位招工和补员280万人，占43%；个体工商业招工40万人，占6%；临时工91万人，占14%。

1981 年 10 月 17 日，中共中央、国务院在《关于广开就业门路，搞活经济，解决城镇就业问题的若干规定》中明确了政策：在社会主义公有制经济占优势的根本前提下，实行多种经济形式和多种经营方式长期并存，是我们党的一项战略决策，绝不是一种权宜之计。1978—1983 年，集体所有制企业职工数由 2 048 万人增至 2 744 万人，城镇个体劳动者从 15 万人增至 231 万人。

二、城市经济体制改革的顶层设计

中国经济体制改革的突出特征是试点改革与顶层设计紧密结合。所谓顶层设计就是要牢牢树立改革的全局观，要加强对改革的目标、战略、路径和效果的研究，发挥顶层设计对改革实践的指导和引领作用。从 20 世纪 80 年代中期开始，特别是在推进城市经济体制改革过程中，顶层设计发挥了重要作用。

1. 改革是社会主义制度的自我完善

中国经济体制改革是在中国共产党领导下，坚持和完善中国特色社会主义道路、理论、制度、文化。改革是中国社会主义制度自我完善的根本途径，是中国共产党和中国人民大踏步赶上时代的重要法宝，是坚持和发展中国特色社会主义的必由之路，是决定当代中国命运的关键一招。中国经济体制改革始终坚持解放思想、实事求是、与时俱进、求真务实，坚持马克思主义指导地位不动摇，坚持科学社会主义基本原则不动摇，勇敢推进理论创新、实践创新、制度创新、文化创新以及其他各方面创新，不断赋予中国特色社会主义以鲜明的实践特色、理论特色、民族特色、时代特色，形成了中国特色社会主义道路、理论、制度、文化，以伟大的实践彰显了科学社会主义的鲜活生命力，使社会主义在中国显示出巨大的优越性。中国的经济体制改革不是对社会主义理论和道路的改弦更张，这是从中国经济体制改革的第一天起就确立起来的根本指导原则。

中国的经济体制改革也不排斥各种有利于社会主义发展的有效途径和办法。早在1985年10月23日，邓小平会见美国高级企业家代表团时就明确表示："社会主义和市场经济之间不存在根本矛盾。问题是用什么方法才能更有力地发展社会生产力。我们过去一直搞计划经济，但多年的实践证明，在某种意义上说，只搞计划经济会束缚生产力的发展。把计划经济和市场经济结合起来，就更能解放生产力，加速经济发展。""我们吸收资本主义中一些有用的方法来发展生产力。现在看得很清楚，实行对外开放政策，搞计划经济和市场经济相结合，进行一系列的体制改革，这个路子是对的。"①

2. 积极探索适合国情的改革方案

中国的改革开放就是始终坚持从中国的实际出发，结合中国国情进行大胆探索，这些探索在20世纪80年代取得了积极的成效。

面对中共十二届三中全会《中共中央关于经济体制改革的决定》通过之后改革全面推开的局面，如何更好地推进改革成为各方面高度关注的重大问题。1985年在中国社科院攻读硕士研究生的郭树清等向中央有关部门提交了《全面改革亟需总体规划——事关我国改革成败的一个重大问题》的报告。6月，国家体改委组建经济体制改革总体规划研究小组，7月初提交了《经济体制改革总体规划构思》的初稿。这一构思提出了中国体制改革的目标模式、过渡方法和阶段划分、环境治理和条件准备、第一阶段实施步骤等四个部分。核心问题是市场体系建设，主张市场化取向改革。该构思认为：社会主义经济是有计划的商品经济。经济体制改革的实

---

① 邓小平. 邓小平文选：第3卷. 北京：人民出版社，1993：148-149.

质是在坚持社会主义道路的前提下，彻底承认我国经济的商品经济性质，改变计划与市场互相分离、互相对立的状态，打破宏观和微观大一统的局面，建立一个计划与市场、宏观与微观相对独立有机统一的经济体制。该构思提出了"社会主义市场体系"问题，提出了经济内部只能有一套指导参数，即受到计划调节的市场关系。计划实现的手段主要是经济参数调整、法律条例保障、直接数量管理、公共事业经营。该构思提出分两个阶段实现目标模式：第一阶段以理顺基本经济关系为重点，建立一个较为完善的商品市场，实现以市场统一价格为中心的全面配套改革；第二阶段以非基本经济关系为重点，建立起较为完善的市场体系，完成由直接控制型体制向间接控制型体制的过渡。[①] 这一构思在当时引起了各方面的高度关注，对于从顶层设计角度探索中国经济体制改革产生了重要的影响。

1987 年 10 月，国家体改委尝试开门搞规划，委托不同的专家团队组成课题组，研究 1988—1995 年经济体制改革的中期规划，即 3 年、5 年、8 年的中期规划（又称"三五八规划"）。当时共组成了九个课题组，均由相关部门和单位的著名经济学家为首席专家，各自组织一批专家学者搞方案。各个方案虽然各不相同，存在差异，但是有关经济体制改革的主要路径分歧集中在以价格改革为主线还是以企业改革为主线上。

坚持以价格改革为主线的建议思路认为：改革旧的经济体制，必须要有一个较为正常的市场环境。而建立一个健全的市场体系，现行的价格体系是重大障碍。因此，必须首先改革价格体制，放开价格，才能使经济进入健康发展的轨道。其他课题组也认为，价格改革的目标是改革价格的形成机制，最终理顺价格，形成由市场理顺价格的机制。主张以价格改革为主线的意见对 1988 年"价格闯关"的影响是不言而喻的。

---

① 彭森，陈立，等．中国经济体制改革重大事件（上）．北京：中国人民大学出版社，2008：211-224．

坚持以企业改革为主线的建议思路认为：设计中国经济体制改革的总体思路是应该把企业制度的改革放在首位。其基本理由是商品价格以生产要素价格为基础，生产要素价格又以所有权为基础。所以价格说到底是市场当事人之间转让所有权的交易条件。没有有效的所有权结构，就不可能约束企业和消费者有效的财产权利关系，也就不可能有真正合理的价格体系。而且我国是短缺经济，在存在较多的数量配额的情况下，价格和价格水平的调整对经济恢复均衡的作用是微乎其微的。中国的企业不具有真正商品生产者法人的自由度，放开价格只能加剧短缺条件下的经济混乱，而不能收到第二次世界大战后联邦德国和日本价格改革带来的效果。[①]

三、全面推进城市经济体制改革

1984—1988 年间，城市经济体制改革按照中共十二届三中全会通过的《中共中央关于经济体制改革的决定》的指导思想和原则，在全国轰轰烈烈地开展起来。改革涉及城市经济体制特别是国有企业管理体制各个领域，各个方面都取得了很大进展。

1. 以国有企业改革为核心

在中共十二届三中全会《中共中央关于经济体制改革的决定》指导下，城市经济体制改革围绕搞活大中型企业全面展开。当时的思路就是扩权、减税、让利。具体措施：一是进一步扩大企业自主权，赋予企业内在发展动力和活力。按照国务院 1985 年 9 月颁布的《关于增强大中型国营工业企业活力若干问题的暂行规定》，提出按照政企分开、简政放权原则，

---

① 彭森，陈立，等. 中国经济体制改革重大事件（上）. 北京：中国人民大学出版社，2008：301 - 307.

从提高经营管理水平、强化职工队伍素质、制定经营发展战略等 14 个方面扩大企业自主权，为进一步搞活企业创造了条件。二是进一步发展横向经济联系，促进横向经济联合。根据国务院 1986 年 3 月颁布的《关于进一步推动横向经济联合若干问题的规定》，提出发展横向经济联合是发展社会主义商品经济的客观要求，也是经济体制改革的重要内容。坚持在自愿的基础上遵循扬长避短、形式多样、互利互惠、共同发展的原则，以企业间的联合为重点，提倡以大中型国营企业为骨干、以优质名牌产品为龙头的多种形式的经济联合。三是按照"三个条例"即 1986 年 9 月国务院颁布的《全民所有制工业企业厂长工作条例》《中国共产党全民所有制工业企业基层组织工作条例》《全民所有制工业企业职工代表大会条例》的要求，进一步明确了企业中厂长、党的组织和职工代表大会的职责、任务和权限，贯彻厂长（经理）负责制。

1986 年国务院提出了"七五"时期国有企业改革的主要任务：一是进一步增强企业活力，使之成为相对独立的经济实体，成为自主经营、自负盈亏的商品生产者和经营者，完善企业行为机制，加强企业自我约束；二是进一步发展社会主义商品市场、金融市场和劳务市场，理顺价格关系，逐步完善市场体系；三是国家对企业的管理逐步由直接控制为主转向间接控制为主，建立新的宏观经济管理体系。

在 20 世纪 80 年代国营企业改革中，也曾经学习和借鉴农村经济体制改革经验，试行过承包制。1987 年 6 月国务院作出在全国范围内推广承包制的决定；1988 年承包制进一步推开，试行外贸大包干制、财政大包干制，信贷也酝酿大包干。企业扩权和利改税都没有能够触及国有企业所有权和经营权关系，经营自主权难以落实，利改税又导致"鞭打快牛、苦乐不均"，结果导致国家税收自 1985 年后连续 22 个月滑坡，这就加速了企业承包制的呼声的出现。1986 年 12 月，国务院作出《关于深化企业改革增强企业活力的若干规定》，要求推行各种形式的经营承包责任制，给经营者以充分的自主权作为深化企业改革、增强企业活力的重要内容。较早实行承包制试点的是首钢公司，1979—1986 年首钢公司利润年均递增20％，承包制改革试点成效显著。1987 年国家要求在所有权与经营权适当分离的原则下全面推行经营承包责任制，到当年年底全国 80％以上的国有大中型企业实行了经营承包责任制。当时主要形式有"双保一挂"、上缴利润递增包干、上缴利润基数包干、微利亏损企业的利润包干或亏损包干、行业投入产出包干等。1988 年 2 月采取比较规范的"两包一挂"：包上缴国家利润、包技术改造任务，工资总额与经济效益挂钩，实际上就是"包死基数、确保上缴、超收多留、欠收自补"。承包制取得了短时期的效益，但长期效益并不理想。20 世纪 80 年代末 90 年代初，国有企业基本上 1/3 明亏，1/3 潜亏，1/3 盈利。问题的症结是：没有解决好政企不分问题；难以消除企业行为短期化倾向；承包指标多变，合同约束软化；阻碍要素流动和产业结构调整。在承包制推行过程中，一些国有中小企业还采取了租赁制。

经过国有企业改革的不断深化，我国国有企业面貌发生了很大改变。一是企业经营思想向适应社会主义商品经济开放型转变；二是企业经营机制向增强企业活力方向转变；三是企业领导人向经营型转变；四是企业领导体制向厂长负责制转变；五是企业组织向多元化转变；六是企业管理重点向以人为中心的现代化管理转变；七是企业质量管理重点向全面质量管理转变；八是企业管理技术向科学化、现代化转变；九是企业战略规划向主动适应市场需求转变；十是企业建设向双文明建设转变。[①] 但是，在整个 20 世纪 80 年代的国有企业改革中，"放权让利"的改革思路始终无法

---

① 袁宝华. 袁宝华回忆录. 北京：中国人民大学出版社，2018：422.

走出"一放就乱、一收就死"的怪圈，国有企业还是无法真正成为可以独立经营的市场主体。

2. 投融资体制改革

我国城市经济体制改革的一个重要领域就是投融资体制改革。在1979—1987年改革起步阶段的主要内容，就是缩小指令性计划范围、推动建设实施市场化，包括实行建设资金有偿使用、改革投资计划管理和实行各种形式的投资包干制等改革。

第一，开辟多种建设资金渠道并实行有偿使用制度。国家对基建项目由财政预算拨款改为银行贷款（"拨改贷"），并由1979年的试点到1984年全面推开；从1980年开始改革长期以来由中央"统收统支"的财政分配体制，在中央和地方实行"分灶吃饭"的财政包干体制，扩大地方财政职权；国内银行逐年扩大固定资产投资贷款业务和规模，为间接融资逐渐成为资金融通的主导方式奠定了基础；开征国家能源交通重点建设基金和建筑税，到1987年底国家共征收建设基金709亿元、建筑税90亿元，不仅增加了重点建设资金，也弥补了财政资金不足；探索发行重点建设债券和企业债券，1987年发行重点企业债券10.3亿元、重点建设债券55亿元和国家建设债券29.5亿元；逐步完善利用外资管理制度，从1979年开始相继制定和发布了一系列法律、法规和政策，为利用外资促进我国国民经济与社会发展创造了条件。

第二，改革投资计划管理体制。建立技术改造投资管理制度，引导企业挖潜、革新、改造工作；国家1986年正式编制全社会固定资产投资计划，缩小指令性计划范围，扩大指导性计划和市场调节范围，对全社会固定资产投资实行分类计划和指导；放宽固定资产投资计划管理权限，简化项目审批程序，扩大地方政府和企业的投资决策自主权。

第三，改革建设项目前期工作，推进建设实施市场化。成立中国国际工程咨询公司，借鉴国际先进的技术经济评价方法，将建设项目可行性研究报告及评估工作正式纳入项目决策程序；在建设施工领域大力推行建设项目投资包干责任制，对勘察设计单位推行技术经济承包责任制，试行建筑安装工程招标和工程承包制，在建设实施领域率先引入市场竞争机制。

第四，进一步完善重点建设项目管理制度。在国家五年计划中正式编制建设前期工作计划，对建设项目按建设进程分类管理，例如1982年国家选定279个建设前期工作重点项目列入"六五"计划，按照投产、续建、新开工、预备和建设前工作等五类进行动态管理；对建设项目实行"五定"，即定建设规模、定投资总额、定建设工期、定投资效果、定外部协作条件，未经"五定"项目不得列入国家计划；按合理工期组织建设并抓好配套工程建设、项目收尾和竣工验收等工作环节。

1988年国务院颁布《关于投资管理体制的近期改革方案》，比较系统地提出了投资管理体制改革的基本任务和主要措施。内容包括：对重大和长期建设投资实行分层次管理，加重地方的重点建设责任；国家颁布产业政策，开始建立以产业政策为核心的投资宏观调控体系；建立中央基本建设基金制度，对预算内基本建设投资按经营性和非经营性分别进行管理；建立证券交易市场，为发展直接融资创造条件；成立国家专业投资公司，用经济办法对经营性投资进行管理。①

3. 财政体制和金融体制改革

财政体制和金融体制改革由于涉及面广，改革难度很大。在第一步利

---

① 曾培炎. 中国投资建设50年. 北京：中国计划出版社，1999：229-245.

改税的基础上，1984 年又开始准备进行第二步利改税工作①，并决定从当年 10 月 1 日起推行。第二步利改税比较充分地发挥了税收的经济杠杆作用，但是由于第一步利改税政策的不足及第二步利改税是在价格不合理、短时期又难以解决的背景下进行的，所以出现了"鞭打快牛"的现象，使一些效益较好的大中型企业发展积极性受到影响。所以，利改税的改革被承包经营责任制所取代。

我国金融体制改革就是要突破原有的单一的中央银行体制②，银行不能只是国家财政的金库，要发挥货币、信贷、利率等宏观经济的调节杠杆作用。为此推出的改革措施主要包括：一是中央银行和专业银行分设。中国农业银行、中国工商银行、中国人民保险公司、中国建设银行相继恢复或设立，中国国际信托投资公司和地方信托机构建立，初步形成以中央银行为中心，以专业银行为主体，其他金融机构并存，政企职责分开的金融体系。二是改革统存统贷的信贷资金管理办法，实行"统一计划、划分资金、实贷实存、相互融通"的新管理办法。三是扩大贷款范围，改变单一银行信用形式，试办诸如商业信用、卖方信贷、票据贴现、消费信用和信托业务等，一些地方出现了多种集资形式。四是提高利率水平，重视发挥利率作用，专业银行和地方银行有一定的利率管理权。五是改革外汇管理体制和外汇信贷制度，经营外汇金融机构由一家变为多家，中央银行实行

---

① 第一步利改税是国家在 1979 年试点的基础上进行的，将企业上交国家利润的大部分改为征收所得税。1983 年 1 月普遍推开，对盈利的国营企业的部分利润改为按照 55% 税率征收所得税，税后利润以一定比例上缴，其余留给企业，比例一定三年不变；对小型国营企业按照八级超额累进税率征收所得税，税后企业自负盈亏，对留利较多企业征收一定的承包费。第二步利改税指 1984 年 10 月起将企业以往向国家上缴的税款和利润改为所得税、产品税、增值税、营业税等 11 个税种上缴，由"税利并存"过渡到"以税代利"，企业留利比例提到 26.3%，税后利润归企业自己安排使用。把企业与国家的关系用法律形式固定下来，解决企业吃国家"大锅饭"的问题，也保证国家财政稳步增长。

② 我国在计划经济时期实行的中央银行体制形成于新中国成立之初。1948 年 12 月中国人民银行在石家庄成立，由各根据地银行合并改组形成。中国人民银行是政府的银行，代理财政金库、发行货币、管理金融行政并办理商业银行业务。

集中管理。六是恢复国内保险业务，建立保险的经济补偿制度，到 1985 年保险险种增加到 100 多种。七是加强经济核算，改变银行系统原统收统支的财务管理制度。八是将国家预算内基建投资全部由拨款改由建设银行贷款，1986 年进一步实施拨款和贷款办法，对盈利项目实行贷款。九是创立金融市场，提高资金使用效率，增加筹资渠道，开发多种金融资产。

在计划经济体制时期，中国四大银行即中国人民银行、中国建设银行、中国银行和中国农业银行的分工是：中国人民银行负责货币发行、吸收城市存款、发放流动资金和小量固定资产投资的贷款，代理财政收入；中国建设银行负责管理财政部门对固定资产投资的拨款，也将拨款部分地用作固定资产投资的贷款；中国银行负责管理外汇收支、吸收外币存款并小量地经营外币贷款；中国农业银行主管农村中的储蓄存款，发放国家支援农业的贷款，随农产品的收购和销售而发放和回收商业部门所需要的流动资金。四大银行的关系实际上是中国人民银行一统天下，其他三家银行如同其下属机构，从而使中央银行、专业银行和商业银行功能混乱错位。薛暮桥于 1981 年最早提出中国人民银行应成为国家的中央银行。1983 年 3 月，国务院经济研究中心在研究了各国金融制度和经验之后提出设立"银行的银行"即中央银行的意见。1984 年 1 月 18 日，中国人民银行理事会成立，中国人民银行总行专门行使中央银行职能，用经济办法管理全国金融事业，其业务职能则剥离赋予 1984 年自上而下成立的中国工商银行及其分支机构。1985 年 1 月，中国工商银行正式分离出来，中国人民银行脱离具体信贷和储蓄业务，专门行使中央银行职能。

4. 劳动制度和分配制度改革

劳动制度和分配制度是城市经济体制改革的难点，因为这主要涉及广大人民群众的切身利益。原有的劳动计划体制无法适应社会主义商品经济的要求，改革的主要措施如下：一是允许经济特区和外商投资企业自行编制和制定劳动工资计划，赋予它们充分的用人自主权和工资分配权。二是从 1984 年开始在一些地方试点职工人数增长同生产增长按一定比例挂钩浮动的管理办法，1987 年将试点范围扩大到全国 18 个省（市、区）、89 个县市进行。对于企业招用工人，明确规定面向社会、公开招收原则，废除了企业内招和子女顶替做法。三是继续加大劳动制度改革，1986 年在企业新招工人中全面实行劳动合同制，鼓励企业和职工双向选择、平等协商，通过签订劳动合同这种形式，用法律手段来确立和调整劳动关系。到 1987 年，在新招工人中已全部实行劳动合同制。四是从 1986 年开始恢复劳动仲裁制度，按照国务院发布的暂行规定，对处理劳动争议的范围、机构、程序和工作原则都作了明确规定。

从 1985 年开始，国家决定对企业、机关、事业单位的工资制度和工资管理制度进行全面改革。一是在国有大中型企业中实行工资总额同企业经济效益按比例浮动的办法，国家对企业工资实行分级管理，不断扩大企业内部分配自主权。这项改革措施到 1990 年已基本上得到普遍实行。二是机关事业单位行政人员和技术人员工资由职务等级工资，改为以职务工资为主要内容的结构工资，由基础工资、职务工资、工龄津贴、奖励工资四个部分组成。

20 世纪 80 年代中后期的城市经济体制改革是艰巨的。城市经济体制改革远比农村经济体制改革要复杂得多，城市经济体制改革遇到的震荡和风险也远比农村经济体制改革大得多。我们从那个年代的改革中随处可见披荆斩棘、乘风破浪的豪迈！

四、价格闯关与治理整顿

我国的改革开放焕发出前所未有的发展活力和发展动力，推动着 20

世纪 80 年代我国经济的快速发展。但是这一快速发展是在新旧体制摩擦交替中进行的，是在各方面改革并不配套的环境中进行的，所以总是会出现这样那样的问题和矛盾。在中共十三大召开前夕，邓小平在会见外宾时说："我们走的路还会有曲折，错误也是难免的，但我们力求及时总结经验，不要犯大的错误，更不要因为小的曲折而缩手缩脚，不敢大胆前进。""共产党也难免犯错误，但只要坚持实事求是，坚持改革，走自己的路，不犯大的错误，我们的事业就会蓬勃发展。"[1] 这就是对待改革开放中出现问题和曲折的实事求是的态度。

1. 价格"双轨制"的制度安排

20 世纪 80 年代中国改革开放的形势前所未有的宽松和顺利，高涨的经济改革热情、宽松的宏观经济政策、火热的项目投资建设，都加剧了货币投放快速增长，通货膨胀的威胁也如影随形。大约从 1984 年开始，我国经济中就已经出现了社会需求过旺、工业发展速度过快、信贷和货币投放过多、物价涨幅过高、经济秩序混乱"四过一乱"的苗头。中共十二届三中全会之后又接着出现了一个加速发展期，导致"四过一乱"再次扩大，新旧体制矛盾与摩擦加剧。其中价格"双轨制"成为各种发展矛盾的焦点，但是国家直到 1987 年还没有就如何进行价格改革下最后的决心。

价格"双轨制"是我国从计划经济向市场经济转变过程中的一种特殊制度安排，它既有其适应我国渐进式经济体制改革而存在的历史必然性，也有其以体制外带动体制内变革的便捷可行的政策选择因素。这种价格"双轨制"势必导致存在巨大经济风险，增加经济体制改革的不确定性。尤其是到 1988 年，"双轨制"的负面作用已十分严重，许多物资计划内价格和计划外价格之差巨大。有学者估计，当时"双轨制"下每年的价差、

---

① 邓小平. 邓小平文选：第 3 卷. 北京：人民出版社，1993：256，257.

利差和汇差总额达 2 000 亿～3 500 亿元，占国民生产总值的 20%～30%。① 例如，普通钢材价格每吨计划内为 700 元，而每吨计划外则高达 1 800 元。国家各种统配物资往往通过各种不法渠道流向市场，严重扰乱了经济秩序，也使国家指令性计划失去了严肃性。面对这种情况，国家决定下最大决心解决价格改革问题，加快"价格闯关"，长痛不如短痛！由此，价格体系的改革上升为经济体制改革的重点和关键。

2. "价格闯关"的实施和叫停

1988 年 4 月 1 日，经国务院批准从即日起调高粮、油、糖等部分农产品收购价格。4 月 5 日，国务院发出《关于试行主要副食品零售价格变动给职工适当补贴的通知》，将主要副食品肉、蛋、菜、糖列入补贴范围，将暗补改为明补，由补贴商品经营者改为直接补贴给职工。随后彩色电视机实行浮动价格，导致国产机型的价格普遍上浮 20%～30%；7 月底放开名烟名酒价格，烟酒价格很快上扬。

1988 年 5 月 30 日，中共中央政治局扩大会议决定对物价和工资制度进行改革。价格改革总方向是，少数重要商品和劳务价格由国家管理，绝大多数商品价格放开由市场调节。目标是用五年左右的时间，初步理顺价格关系。工资改革总要求是，在价格改革过程中，通过提高和调整工资、适当增加补贴，保证大多数职工实际生活水平不降低，并能随生产的发展而有所改善。初步方案经 8 月 5 日至 9 日国务院常务会议讨论后，提交中央政治局会议讨论并原则通过。

1988 年，全国物价总指数在 1987 年已上涨 7.3% 的基础上，又连月大幅度上涨，6 月已达 16.5%，7 月又增至 19.3%。1988 年 8 月 19 日，《人民日报》发表政治局会议公报，报道价格改革方案基本内容，结果引

---

① 彭森，陈立，等. 中国经济体制改革重大事件（上）. 北京：中国人民大学出版社，2008：312.

发了意想不到的恐慌。价格改革方案公布后，担心物价上涨的情绪达到了顶点，继而引发了一场多年少见的全国性抢购商品和大量提取储蓄存款风潮。"抢购"和"挤兑"波及全国各大中城市和乡村，几乎所有商品都成为抢购对象，银行挤兑也随之发生。

面对全国物价上涨这一异常敏感问题，面对物价猛涨、人心不稳的严重局面，8月30日李鹏主持召开国务院常务会议，重提"稳定经济、深化改革"的方针。同日，国务院发出《关于做好当前物价工作和稳定市场的紧急通知》，对价格改革进行了重新阐释，承诺国务院将采取有力措施，确保1989年的社会商品零售价格上涨幅度明显低于1988年。这次会议实际上为"价格闯关"画上了句号。

3. 治理经济环境，整顿经济秩序

1988年9月26日至30日召开的中共十三届三中全会批准了中央政治局向这次会议提出的治理经济环境、整顿经济秩序、全面深化改革的方案。治理经济环境主要是压缩社会总需求，抑制通货膨胀；整顿经济秩序主要是整顿经济生活中特别是流通领域中出现的各种混乱现象。

1989年春夏之交的政治风波之后，6月23日至24日召开的中共十三届四中全会对中央领导机构成员进行了调整，选举江泽民为中央委员会总书记，提出坚定不移地坚持中共十一届三中全会以来的路线、方针和政策，坚定不移地贯彻"一个中心、两个基本点"的基本路线。要特别注意抓好四件大事：一是彻底制止动乱、平息反革命暴乱，严格区分两类不同性质的矛盾，进一步稳定全国局势；二是继续搞好治理整顿，更好地坚持改革开放，促进经济持续、稳定、协调地发展；三是认真加强思想政治工作，努力开展爱国主义、社会主义、独立自主、艰苦奋斗的教育，切实反对资产阶级自由化；四是大力加强党的建设，大力加强民主和法制建设，坚决惩治腐败，切实做好人民普遍关心的事情，决不辜负人民对党的

期望。

治理经济环境的主要措施如下：一是压缩投资规模。1989年全社会固定资产投资规模要压缩500亿元，相当于1988年实际投资的20％；对重点产业采取倾斜政策，对涉外项目采取保护政策；调整投资结构，把投资规模管起来。二是控制消费基金过快增长。坚决压缩社会集团购买力。三是采取一系列措施稳定金融。严格控制货币发行，办发保值储蓄，开辟多种渠道吸收社会游资，引导购买力分流。四是克服经济过热现象，把1989年工业增长速度降到10％甚至更低一些。

整顿经济秩序的主要措施如下：一是坚决刹住乱涨价风。开展物价、财务、税收大检查，制止一切违反国家规定哄抬物价行为。二是整顿公司，政企分开，官商分开，惩治"官倒"。所有公司必须限期同党政机关脱钩，依法经营。三是尽快确立重要产品的流通秩序。立即制止高价抢购粮食、棉花和生丝等产品的"大战"。四是加强宏观监督体系建设。在党中央集中统一指挥下，强化计划、银行、财政、税收、海关、铁路等部门的宏观控制职能，充分发挥这些部门的监督作用，形成严密的监督系统。五是制止各方面对企业的摊派、抽头和盘剥。

推动公司整顿是关键的一招。首先从人民群众反映强烈的一些公司入手进行整顿。1989年8月15日，国家审计署领导在国务院全体会议上公布了对国务院直属五大公司的审计结果，中国康华发展总公司、中国农村信托投资公司、光大实业公司、中国工商经济开发公司和中国国际信托投资公司等都不同程度存在违法活动，对这五个公司没收非法所得、处以罚款和追补税金达5 133万元。8月17日，中共中央、国务院作出《关于进一步清理整顿公司的决定》。从1990年开始，国务院及各部门以煤炭市场为突破口，清理整顿各类依靠生产资料价格"双轨制"而层层盘剥、转手倒卖、牟取暴利的皮包公司。到1990年底全国撤并各类公司10万多个，占原有公司总数的 35.2%。[1]

1989—1991 年的治理整顿使过热的经济明显降温，供求失衡的矛盾明显缓解，经济秩序明显好转，进出口贸易由逆差转顺差，经济表现出健康稳定的发展趋向。但是，治理整顿就如同一枚硬币的两面，一方面是经济乱象得到有效遏制，经济社会日趋良性发展；另一方面是国民经济的难关尚未渡过，一些深层次的结构和体制问题还没有根本解决。加之国家此时正处在新旧两种经济体制的转换时期，人们的经济诉求与政治诉求相互交织，衍生出了许多新情况新问题。例如，对企业的整顿往往首先是从查私营企业偷税漏税着手，延伸到清理整顿国营企业体系之外的新兴企业的违规行为。来自政治和经济上的双重压力使许多私营企业经营者产生了不必要的恐慌，积极性受到打击。

第四节 形成对外开放整体格局

在改革开放时期，邓小平深刻分析了当时的国际国内环境，作出了社会主义中国可以与西方资本主义国家在和平共存的环境中相互学习的科学判断和战略决策。他认为中国应该勇敢面对世界发展变化的局面，大胆实行改革开放并主动打开国门，要争取在和平与合作的环境中向西方资本主义国家学习。

一、中国的发展离不开世界

在"文化大革命"结束之后，邓小平开始思考我国的对外开放问题。

---

[1] 彭森，陈立，等.中国经济体制改革重大事件（上）.北京：中国人民大学出版社，2008：342.

他在恢复工作之后，就利用各种场合倡导学习和借鉴国外先进的科学技术和优秀成果。

1. 对外开放的战略抉择

中共十一届三中全会前后，邓小平根据国际形势的变化和国内建设的需要，已经下定决心作出了对外开放的战略抉择。1978 年 10 月，邓小平在接见外宾时说："中国在历史上对世界有过贡献，但是长期停滞，发展很慢。现在是我们向世界先进国家学习的时候了。""我们过去有一段时间，向先进国家学习先进的科学技术被叫作'崇洋媚外'。现在大家明白了，这是一种蠢话。我们派了不少人出去看看，使更多的人知道世界是什么面貌。关起门来，固步自封，夜郎自大，是发达不起来的。""要实现四个现代化，就要善于学习，大量取得国际上的帮助。要引进国际上的先进技术、先进装备，作为我们发展的起点。"他还明确指出："我们引进先进技术，是为了发展生产力，提高人民生活水平，是有利于我们的社会主义国家和社会主义制度。"[①]

中共十一届三中全会提出了改革开放总方针。全会肯定了中央工作会议及之前关于改革开放政策的酝酿，提出了改革开放的任务。全会指出：保持必要的社会政治安定，按照客观经济规律办事，我们的国民经济就高速度地、稳定地向前发展，反之，国民经济就发展缓慢甚至停滞倒退。现在，我们实现了安定团结的政治局面，恢复和坚持了长时期行之有效的各项经济政策，又根据新的历史条件和实践经验，采取一系列新的重大的经济措施，对经济管理体制和经营管理方法着手认真的改革，在自力更生的基础上积极发展同世界各国平等互利的经济合作，努力采用世界先进技术和先进设备，并大力加强实现现代化所必需的科学和教育工作。因此，我国经济建设必将重新高速度地、稳定地向前发展，这是毫无疑义的。这就

---

① 邓小平. 邓小平文选：第 2 卷 .2 版 . 北京：人民出版社，1994：132，133.

使改革开放的酝酿正式成为社会主义现代化建设的总方针。

为了借鉴国外经济建设与发展的经验，加快我国社会主义现代化建设，中共中央、国务院先后派出多个代表团到西方发达国家考察。在这些代表团中，以谷牧为团长的政府经济代表团最引人注目，代表团于1978年5月2日至6月6日访问了法国、瑞士、比利时、丹麦、联邦德国五国，代表团感触最深的是中国与当时西欧发达国家在科学技术和经济建设方面的差距，他们在联邦德国看到一家年产5 000万吨褐煤的露天煤矿只需要2 000名工人，而中国生产相同数量的煤则需要16万名工人，两国相差79倍；在法国看到马赛钢铁厂年产350万吨钢，职工只有7 000人，中国武钢年产钢230万吨，却需要6.7万名工人，劳动生产率相差13.6倍；法国戴高乐机场十分繁忙，一分钟起落一架飞机，一小时起落60架，而北京首都国际机场半小时起落一架，一小时起落两架，还搞得手忙脚乱。中央政治局专门听取了代表团的访欧汇报：一是第二次世界大战后，西欧发达国家的经济确有很大发展，尤其是科技日新月异，我们已经落后很多，它们在社会化大生产的组织管理方面也有很多值得借鉴的经验；二是它们的资金、商品、技术要找市场，都看好与中国发展关系；三是国际经济运作中有许多通行的办法，包括补偿贸易、生产合作、吸收外国投资等，我们可以研究采用。之后，邓小平又专门听取了谷牧的汇报。谷牧后来在评价邓小平的对外开放决策时说："小平同志把马克思主义的基本原理、我国处于社会主义初级阶段的基本实际以及和平发展成为当今世界主流的国际政治经济基本格局这三者结合起来，经过深思熟虑，推动党中央郑重确立和成功实施了对外开放这项基本国策，解决了社会主义必须实行对外开放和如何实行对外开放的一系列重大问题。"[1]

---

① 欧阳淞，高永中.改革开放口述史.北京：中国人民大学出版社，2014：44-54.

作为代表团成员的杨波回忆了当时考察五国农业现代化的情况："一是机械化程度高。从耕地、播种、施肥、中耕除草、收割到农产品初步加工，全部实现了机械化；家畜、家禽饲养也逐步机械化、自动化，基本上代替了手工劳动。例如，法国1955年只有拖拉机30万台，1978年已达到157万台，平均180亩耕地1台；联合收割机已达15万多台，平均每千亩谷物1.5台。""二是注重科学种田和科学养畜。它们对农业生产的各个环节都有系统的研究和严格的科学规划。比如，施肥要分析土壤成分；对种子要进行科学处理，有的则做成种子丸，涂上肥料和农药，出芽率达到100％；牲畜的饲养也有科学的配方。""三是劳动生产率大幅度提高。法国一公顷（15亩）小麦，从播种到收获，总共只要10～15个工时。全国小麦单产量比我们高出1倍，用工量则比我们少得多。法国的农业劳动力，由1946年的740万人下降到1976年的225万人，农业人口只占全国总人口的10.6％。它们生产的粮食，除供国内消费外，还进行出口。1976年净出口谷物1255万吨，约占全国谷物总产量的40％，此外，还出口大量的糖和葡萄酒，农产品出口额每年达50亿美元以上。"丹麦"生产的粮食、牛奶、猪肉，可满足3个丹麦全国人口的需要。全国平均每个农业劳动力生产粮食9.5万多斤，肉类1.7万多斤，奶类7.6万多斤。全国平均每人占有粮食2300多斤，肉类410多斤，奶类1900多斤"。

"这五个国家国民经济的现代化，基本上是在20世纪50年代中期至70年代初实现的。""这五个国家战后的经济实力增长很快。例如，联邦德国1950年国民生产总值只有972亿马克，1960年增加到3025亿马克，1970年增加到6870亿马克，1977年达到11900亿马克。人均国民生产总值折合当时的人民币计算，瑞士为18000元，丹麦为15800元，联邦德国为15500元，法国为13700元，比利时为13400元。"[①]

---

① 曲青山，吴德刚．改革开放四十年口述史．北京：中国人民大学出版社，2019：19-21.

2. 中国与国外发展的差距

刚刚打开国门的亿万民众突然发现，中国与世界的差距不是缩小了，而是拉大了。一是从整体经济发展来看，我们的发展速度还是比较缓慢。1955 年中国的 GNP 约占世界总量的 4.7%，1980 年下降到 2.5%；1960年中国的 GDP 与日本相当，1980 年仅是其四分之一；1960 年美国 GDP超过中国 4 600 亿美元，1985 年竟超过 37 000 亿美元；中国人均 GDP 约为 400 美元，仅为发达国家人均 20 000 美元的五十分之一。韩国、新加坡、我国的台湾和香港被誉为亚洲"四小龙"，它们大力实施出口导向战略，以发展对外贸易为龙头，以利用外资和技术为两翼，赢得了经济的高速增长。二是从教育发展水平来看，"四人帮"的倒行逆施使我们的教育遭受了严重的破坏。从新中国成立到 1983 年的 34 年中，我们的教育总投资为 1 348.51 亿元，平均每年只有 38.5 亿元，人均教育经费只有 10 多元，是世界上 14 个人均教育经费不足 5 美元的国家之一。不彻底改变教育落后的局面，谈其他任何发展都是空谈。三是我们的社会发展速度缓慢，发展活力不强。在改革开放之初，我国的整个社会经济发展状况居于世界较后位置，据美国埃思蒂斯教授对世界 124 个国家和地区的教育、保障、妇女、国防、经济、人口、地理、政治参与、文化多元、社会福利10 个方面 36 个社会经济指标的综合分析数据，中国社会发展水平排在第77 位。虽然这个统计指标有其意识形态和价值观念的偏差和误解，但是当时我国整体上处于比较落后的位置是无法否认的。

3. 蛇口工业区的创建

1978 年 4 月，国家计委、外贸部派遣经济贸易考察组赴香港、澳门进行实地考察。考察组回来后向党中央建议，借鉴港澳的发展经验，把靠近港澳的广东宝安、珠海两县改为两个省辖市，力争经过三五年努力，在这里建设具有相当水平的生产基地、对外加工基地和吸引港澳同胞的游览区。可见，当时各个部门都在探索对外开放的途径，其中招商局在广东省、交通部支持下提出的创建蛇口工业区的建议尤其突出。

招商局的前身是 1872 年清政府创办的近代官督商办企业——轮船招商局。它开创了中国民族航运业的先河，曾经经营大西洋、太平洋航运，并投资许多近代重要企业。1978 年袁庚奉调香港担任招商局常务副董事长，10 月他提出在沿海建立出口加工基地的设想，实现面向海外，冲破束缚，独立核算，自负盈亏，来料加工，跨国经营，适应国际市场特点，走出门去做买卖。1979 年 1 月，广东省、交通部向国务院报送了《关于我驻香港招商局在广东宝安建立工业区的报告》，具体提出了建立工业加工区的设想，中央给了招商局前所未有的大力支持。同月，中央批准了这个报告，同意将蛇口以南的半岛约 50 平方公里的土地交给招商局建立广东宝安工业区（后来实际确定为 9 平方公里）。也就在同一个月，广东省决定将宝安县改为深圳市，珠海县改为珠海市，开发建设出口基地。

招商局把一个只有海水没有淡水、长野草不长稻草的地方，建设成为享誉海内外的蛇口工业区，创立了"蛇口模式"。这里最早形成了"拓荒牛"精神，提出了"时间就是金钱，效率就是生命"口号。1982 年招商局创办第一家股份制中外合资企业——中国南山开发区股份有限公司；1987 年招商局创办了第一家由企业创办的股份制商业银行——招商银行；1988 年招商局蛇口社会保险公司和中国工商银行共同出资成立平安保险公司。邓小平曾说过：蛇口快的原因是给了他们一点权力。[①]

4. 引进"22 项工程"

"文化大革命"结束后，国家计委根据中央领导的要求，结合我国经

① 彭森，陈立，等 . 中国经济体制改革重大事件（上）. 北京：中国人民大学出版社，2008：48 - 52.

济发展的现实需要，确立了引进国外先进成套设备的计划，这就是被誉为新中国第三次大引进的项目。这些项目在按照新的"八字方针"进行调整时都基本上保留下来，在这一时期陆续在建。

1978 年签约的引进大型成套设备，即后来统称为 22 项的大工程包括：上海宝山钢铁总厂，大庆石油化工厂、齐鲁石油化工厂各 1 套 30 万吨乙烯生产装置，南京 2 套 30 万吨乙烯生产装置，吉林化学工业公司 1 套 11 万吨乙烯关键设备（1972 年"四三方案"中推迟的项目），浙江镇海炼油厂、新疆乌鲁木齐炼油厂、宁夏银川化工厂各 1 套 30 万吨合成氨和 52 万吨尿素项目，以煤炭为原料的山西化肥厂 30 万吨合成氨装置，100 套综合采煤机组，德兴铜矿基地，贵州铝厂，上海石油化工总厂化纤二期工程，仪征化纤厂，平顶山帘子线厂，山东合成革厂，兰州合成革厂，云南三聚磷酸钠工程，霍林河煤矿，开滦煤矿，陕西咸阳彩色电视显像管厂，等等。[①] 这 22 项大工程全部生产能力总规模是：炼铁 650 万吨，炼钢 670 万吨，轧钢 650 万吨，铜矿采选日处理能力 13 万吨，电解铝 8 万吨，合成橡胶 8 万吨，塑料 88.5 万吨，乙烯 120 万吨，甲醇、乙醇、丁辛醇等有机化工原料近 50 万吨，烧碱 40 万吨，合成氨 120 万吨，尼龙 66 浸胶帘子布 1.3 万吨，合成纤维 71 万吨，三聚磷酸钠 7 万吨，彩色显像管 96 万支，入洗原煤 1 200 万吨，100 套综合采煤机组采煤能力 200 万吨。这 22 套引进项目全部用汇约需 130 亿美元，按当时汇率计算约需人民币 390 亿元，加上国内配套资金 200 多亿元，总投资 600 亿元，远远超出了当时国力所能承受的范围，对当时的国民经济还是造成了很大的冲击。[②]

现在来看这 22 项大型工程除一项因建设条件不具备而被撤销外，其

---

① 陈锦华. 国事忆述. 北京：中共党史出版社，2005：97.

② 曾培炎. 中国投资建设 50 年. 北京：中国计划出版社，1999：91-92.

余一些项目虽因受到我国当时财力物力限制适当延缓或推迟，但均陆续建成投产。这次引进的技术和成套设备在当时属于世界先进水平，许多企业如今都已经成为我国大型骨干企业，有力地加快了我国工业现代化步伐，使我国基础产业上了一个新台阶。

二、广东、福建等地率先建立经济特区

最早实行对外开放试点的是广东、福建两省，习仲勋发挥了重要作用，任仲夷、项南、袁庚等人也不应被忘记。

习仲勋在 1978 年底和 1979 年 4 月两次中央工作会议上，都向中央提出允许广东对外开放先走一步的请求。他在 1979 年 4 月 8 日的中央工作会议中南组发言说：现在中央权力过于集中，地方感到办事难，没有权，很难办。他提出广东邻近港澳，华侨众多，应充分利用这个有利条件，积极开展对外经济技术交流。希望中央给点权，让广东在四个现代化中先走一步，放手干，并提出广东要求创办贸易合作区。对于这个提议，邓小平表示大力支持："广东、福建实行特殊政策，利用华侨资金、技术，包括设厂，这样搞不会变成资本主义。因为我们赚的钱不会装到华国锋同志和我们这些人的口袋里，我们是全民所有制。如果广东、福建两省八千万人先富起来，没有什么坏处。"①

1979 年 6 月，广东省委和福建省委分别向中央报送了《关于发挥广东优越条件，扩大对外贸易，加速经济发展的报告》和《关于利用侨资、外资，发展对外贸易，加速福建社会主义建设的请示报告》。7 月 15 日，中共中央、国务院批转广东省委和福建省委《关于对外经济活动实行特殊

---

① 中共中央文献研究室 . 邓小平年谱（1975—1997）：上卷 . 北京：中央文献出版社，2004：506.

政策和灵活措施的两个报告》，确定在深圳、珠海、汕头、厦门设置"出口特区"。对广东省提出的在深圳、珠海以及汕头兴办出口加工区的意见，邓小平表示赞同，并说：还是叫特区好，陕甘宁开始就叫特区嘛！中央没有钱，可以给些政策，你们自己去搞，杀出一条血路来！

1980 年 5 月，中共中央、国务院批转《广东、福建两省会议纪要》，正式将"出口特区"改为"经济特区"，明确了举办经济特区的指导思想、基本方针和管理办法。纪要提出"特区主要是实行市场调节"，"主要是吸收侨资、外资进行建设"。这表明，特区不仅是我国对外开放的突破口，同时也是用市场机制发展经济的试验基地。1980 年 8 月 26 日，第五届全国人大常务委员会第十五次会议审议批准建立深圳、珠海、汕头、厦门四个经济特区，并批准公布实施《广东省经济特区条例》。这是特区建设的纲领性文件，正式向全世界宣告了中国经济特区的诞生。

建设经济特区，实行对外开放，就是要充分利用国外资源，包括利用外资。李先念在 1983 年 6 月中央工作会议上表示赞同多利用一些外资，指出"这是个新问题，需要不断摸索和总结经验。世界上利用外资的国家很多，有的搞得好，有的搞得差。我们要力争搞好。要做到有利于提高我国的科学技术水平，促进民族工业的发展，增强自力更生的能力；要做到互利互惠，外国资本家不赚钱是不会干的，我们也要赚钱，而且要多赚点；要做到借外资同我国今后外汇的支付能力相适应，并同国内人民币和物资的配套能力相适应；要做到有领导有计划有重点地进行，力争搞一个成功一个，而且引进技术要以引进软件为主"①。

1984 年春节期间，邓小平先后视察了深圳、珠海、厦门三个经济特区。经过实地调查，他坚信创办经济特区是正确的，给深圳经济特区的题

---

① 李先念. 李先念论财政金融贸易：下卷. 北京：中国财政经济出版社，1992：566.

词写道："深圳的发展和经验证明，我们建立经济特区的政策是正确的。"给厦门经济特区的题词写道："把经济特区办得更快些更好些。"邓小平回到北京后要求进一步扩大对外开放。"我们建立经济特区，实行开放政策，有个指导思想要明确，就是不是收，而是放。""特区是个窗口，是技术的窗口，管理的窗口，知识的窗口，也是对外政策的窗口。""除现在的特区之外，可以考虑再开放几个港口城市，如大连、青岛。这些地方不叫特区，但可以实行特区的某些政策。我们还要开发海南岛，如果能把海南岛的经济迅速发展起来，那就是很大的胜利。"①

经济特区 40 多年的历史充分证明，建立经济特区是完全正确的决策。"深圳是改革开放后党和人民一手缔造的崭新城市，是中国特色社会主义在一张白纸上的精彩演绎。深圳广大干部群众披荆斩棘、埋头苦干，用 40 年时间走过了国外一些国际化大都市上百年走完的历程。这是中国人民创造的世界发展史上的一个奇迹。"一是"深圳奋力解放和发展社会生产力，大力推进科技创新，地区生产总值从 1980 年的 2.7 亿元增至 2019 年的 2.7 万亿元，年均增长 20.7%，经济总量位居亚洲城市第五位，财政收入从不足 1 亿元增加到 9 424 亿元，实现了由一座落后的边陲小镇到具有全球影响力的国际化大都市的历史性跨越"。二是"深圳坚持解放思想、与时俱进，率先进行市场取向的经济体制改革，首创 1 000 多项改革举措，奏响了实干兴邦的时代强音，实现了由经济体制改革到全面深化改革的历史性跨越"。三是"深圳坚持实行'引进来'和'走出去'，积极利用国际国内两个市场、两种资源，积极吸引全球投资，外贸进出口总额由 1980 年的 0.18 亿美元跃升至 2019 年的 4 315 亿美元，年均增长 26.1%，实现了由进出口贸易为主到全方位高水平对外开放的历史性跨越"。四是

---

① 邓小平. 邓小平文选：第 3 卷. 北京：人民出版社，1993：51-52.

"深圳坚持发展社会主义民主政治，尊重人民主体地位，加强社会主义精神文明建设，积极培育和践行社会主义核心价值观，实现了由经济开发到统筹社会主义物质文明、政治文明、精神文明、社会文明、生态文明发展的历史性跨越"。五是"深圳坚持以人民为中心，人民生活水平大幅提高，教育、医疗、住房等实现翻天覆地的变化，2019 年居民人均可支配收入6.25 万元，比 1985 年增长 31.6 倍；率先完成全面建成小康社会的目标，实现了由解决温饱到高质量全面小康的历史性跨越"①。

三、沿海开放城市和沿海经济开放区

1984 年三四月间，中共中央、国务院召开沿海部分城市负责人座谈会，讨论和研究了部分港口城市进一步对外开放问题，并以会议纪要形式提出了许多重要论点和具体政策。5 月 4 日，中共中央、国务院批转《沿海部分城市座谈会纪要》，决定进一步开放大连、秦皇岛、天津、烟台、青岛、连云港、南通、上海、宁波、温州、福州、广州、湛江、北海 14 个沿海港口城市。这一举措对于促进沿海港口城市的发展，进而通过对其相关经济腹地的传导作用和这些港口城市自身的辐射作用，对全国经济发展起到重大的推动作用。

1985 年 2 月，中共中央、国务院批转《长江、珠江三角洲和闽南厦漳泉三角地区座谈会纪要》，决定开放长江三角洲、珠江三角洲和闽南厦漳泉三角地区。要在这三个经济开放区逐步形成贸—工—农型的生产结构，即按出口贸易的需要发展加工工业，按加工的需要发展农业和其他原材料的生产。要围绕这一中心，合理调整农业结构，认真搞好技术引进和

---

① 习近平. 在深圳经济特区建立 40 周年庆祝大会上的讲话. 北京：人民出版社，2020：2-4.

技术改造，使产品不断升级换代，大力发展出口，增加外汇收入，成为对外贸易的重要基地。要加强同内地的经济联系，共同开发资源，联合生产名牌优质产品，交流人才和技术，带动内地经济的发展，使经济开放区成为扩展对外经济联系的窗口。三个沿海经济开放区的决定一出台，就在国内外引起强烈反响。1988 年 3 月，国务院发出《关于扩大沿海经济开放区范围的通知》，进一步扩大长江、珠江三角洲和闽南厦漳泉三角地区经济开放区范围，并将辽东半岛、山东半岛、环渤海地区的一些市、县和沿海开放城市的所辖县列为沿海经济开放区。

与中国沿海城市、沿海地区对外开放同步进行的是外贸体制改革。在计划经济体制时期，我国实行高度集中的对外贸易统制政策。这一政策体制对于保障我国对外贸易的整体安全有效增长和赚取外汇支持国家建设发挥了积极作用。但是其根本问题是：不能适应已经变化了的国际市场需要；不利于出口企业开展有效竞争；过多关注政治效益而不讲经济效益导致亏损严重；国内国际两个市场脱节、屏蔽等弊端显露。

改革开放初期为了活跃进出口业务，截至 1983 年国务院先后批准成立了 400 余家外贸公司。这些外贸公司推动了对外贸易的活跃，但又导致分散经营的新弊端出现。一时间出现了国内争货源、哄抬价格，国外争客户、竞相杀价。其结果是国家利益蒙受巨大损失。1983 年上半年，全国外贸亏损额达 42.53 亿元。为了消除这些弊端，国家确定形成了"统一管理，联合经营"的改革思路，核心内容就是对外贸易的行政管理权必须集中到对外经济贸易部，实行统一领导和归口管理，改变政出多门的现象。按照外贸持续、稳定、协调发展基本原则，从四个方面进行改革：对进出口许可证实行分级管理；调整设置对外贸易企业审批权；在主要口岸和各省、市、自治区及经济特区设立特派员办事处；下放部分外贸企业常驻中国代表机构的审批权。

随着城市改革的展开，原有对外贸易体制也开始改革。从管理体制改革来看，成立对外经济贸易部，合并原对外贸易部、对外经济联络部、进出口管理委员会和外国投资管理委员会的职能；部分下放外贸进出口总公司经营权，扩大部委、地方和企业外贸经营权；实行鼓励出口配套措施。从1988年开始，在外贸企业普遍推行承包责任制，并在轻工、工艺、服装三个行业实行自负盈亏试点。从1991年开始通过调整汇率、同意外汇留成等措施，创造平等竞争环境，取消外贸企业出口补贴，使外贸企业走向自负盈亏、自主经营、自我发展、自我约束的道路。

四、设立海南省和建立海南经济特区

海南经济特区成为我国最大的经济特区。为了推动海南经济特区的建设，国家确定实行以开放促开放的方针，采取了更加开放的特殊政策：一是实行市场经济体制；二是建立多元化经济所有制结构；三是对外交往自由，再造社会主义"香港"。此前，邓小平1984年2月曾提出用20年时间把海南岛的经济发展到台湾的水平的设想。1987年4月，李嘉诚等向谷牧提出建议，将整个海南岛辟为特别行政区，采取自由港的管理办法，由港商负责投资开发。这一建议没有得到中央的认可。1987年6月，邓小平首次公开提出建立海南经济特区的思想。

1988年4月，七届全国人大一次会议通过了设立海南省的决定，同时通过了建立海南经济特区的决定。海南经济特区的设立是我国对外开放的重大标志。

设立海南经济特区自然是一件十分利好的大事，对于海南省经济的快速发展更是一个有力的推动。仅在建省的当年，海南就吸收了489项外商投资项目，比建省前8年投资项目的总和还要多106项，海南成为中国20

世纪 80 年代后期经济开发与建设热潮的一个缩影。七届全国人大一次会议还决定在广东、福建、海南建立改革、开放综合试验区，为进一步改革和开放积累经验。"由此，我国沿海开放地带由原来的 59 个市、县，扩大到 293 个市、县，拥有 42.6 万平方公里，2.2 亿多人口，基本上所有的沿海市、县，都跨上了对外开放的骏马。"

海南建省和办经济特区 30 多年来取得了巨大的成就。"30 年来，在党中央坚强领导和全国大力支持下，海南经济特区坚持锐意改革，勇于突破传统经济体制束缚，经济社会发展取得了令人瞩目的成绩。1987 年，海南地区生产总值仅有 57.28 亿元，地方财政收入不到 3 个亿。到 2017 年，海南地区生产总值达到 4 462.5 亿元，人均地区生产总值 7 179 美元，地方一般公共预算收入 674 亿元，地区生产总值、人均生产总值、地方财政收入分别增长 21.8 倍、14.3 倍、226.8 倍，现代服务业、热带农业、新型工业迅速成长，交通、电力、水利、通信等基础设施日趋完备。改革开放取得重要突破，在农垦体制改革、'多规合一'改革、省直管市县的行政管理体制改革、航权开放等方面走在全国前列。国际交流合作空前扩大，成功举办了 18 届博鳌亚洲论坛年会。在全国率先建设生态省，大气和水体质量保持领先水平。人民生活明显改善，教育、卫生、文化等社会事业加快发展，城乡面貌发生深刻变化。经过 30 年不懈努力，海南已从一个边陲海岛发展成为我国改革开放的重要窗口。""海南经济特区是我国经济特区的一个生动缩影，海南经济特区取得的成就是改革开放以来我国实现历史性变革、取得历史性成就的一个生动缩影。"①

---

① 习近平. 在庆祝海南建省办经济特区 30 周年大会上的讲话. 北京：人民出版社，2018：3-4.

五、抓住国际产业转移机遇和扩大利用外资

中共十三大以后，参与"国际大循环"，实行"两头在外，大进大出"的思想和建议逐步在一些学者中形成。他们为了推动我国在对外开放上迈出更大步伐，向中央建议让沿海地区以更加积极的姿态参与国际经济活动，把原材料来源和产品销售这"两头"放到国际市场上去。这种建议的背景是 20 世纪 80 年代中后期世界经济版图正在发生改变，国际产业转移已成趋势，发达国家正向更高级的资本技术密集型产业演进，劳动密集型产业和产品正加速向发展中国家转移。中国沿海地区具有接纳国际产业转移的优越条件，劳动力丰富且价格低廉，科技力量相对雄厚，交通运输比较便利。加之当时中国国际贸易额只占世界的 1％，这种状况显然与中国的大国地位极不相称，中国周边一些国家也正在积极争取产业转移。国际机遇时不我待，国内条件业已成熟，他们的呼声日益强烈。

在这种情况下，国务院向中共中央提出了关于加快沿海地区对外开放和经济发展的报告。报告的主体思想就是抓住国际产业转移的有利时机，发挥中国沿海地区的比较优势，实施沿海发展外向型经济战略。内地对外经济随之被带动，中国经济可以由"内向"转上"外向"发展的轨道，使产业结构更加合理，资源利用更为有效，经济可以更上一个台阶。1988年 1 月 23 日，邓小平在审阅《沿海地区经济发展的战略问题》的报告时批示："完全赞成。特别是放胆地干，加速步伐，千万不要贻误时机。"[1]3 月 23 日，国务院颁发了《关于沿海地区发展外向型经济的若干补充规

---

[1] 中共中央文献研究室. 邓小平年谱（1975—1997）：下卷. 北京：中央文献出版社，2004：1223.

定》，批准将沿海234个市县列入沿海经济开放区。[①] 这些地区抓住千载难逢的时机，焕发出极大的改革热情，"大干快上"成为一道风景。

在改革开放初期，我国经济发展面临许多困难，资金、技术、市场等基本要素都严重不足，尤其是资金短缺成为当时亟待解决的难题。利用国际资本市场相对充裕的资金、扩大利用外资规模，成为当时改革开放的重要途径。从我国利用外资和外商在华直接投资的实际效果来看，外商投资企业对我国经济快速增长、产业结构升级、技术水平提高和国际竞争力提升，都作出了重要贡献。一是从我国制定引进吸收外商直接投资的政策日益完善可以看出这种变化。我国在这一时期先后颁布了若干法律法规，鼓励和规范外商在华投资活动，包括《中华人民共和国中外合资经营企业法》（1979年）、《中华人民共和国外资企业法》（1986年）、《中华人民共和国中外合作经营企业法》（1988年）等。此外，还出台了一批政策措施，给予外商投资企业优惠政策。二是从我国实际利用外商直接投资的增长就可以看出这种变化。在改革开放之前，我国政策不允许、实际上也几乎没有外商直接投资。外商在华直接投资是在1978年改革开放以后才开始有的。外商在华直接投资1979—1982年为17.69亿美元，1985年增至19.85亿美元，1991年更是增至43.66亿美元，1979—1991年累计达到250.58亿美元。

在我国引进和吸收外商直接投资过程中，广大爱国华侨踊跃参与、积极投资祖国经济建设。在实际利用外商直接投资总额中，来自港澳地区的投资占比始终很高，1983—1986年占比达53.6%，1987—1992年占比更是高达72.8%。[②] 此外，这一时期一些比较友好的国家也给了我国经济发

---

① 彭森，陈立，等. 中国经济体制改革重大事件（上）. 北京：中国人民大学出版社，2008：290-291.

② 江小涓. 新中国对外开放70年. 北京：人民出版社，2019：120-121.

展一定的帮助。例如，日本政府 1979 年宣布向中国提供政府发展援助（ODA）的日元贷款，贷款利率低于国际商业贷款利率。其中这一时期三批日元贷款总计约为 1.6 万亿日元，帮助中国建设了一批重要企业和基础设施，对中国经济发展和改革开放发挥了积极的推动作用。又如，世界银行在 1981—1991 年对我国的各项贷款达 121.7 亿美元，也明显地支持了我国基础设施建设和教科文卫事业发展。

第五节　在改革中实现经济快速发展

在改革开放和社会主义现代化建设进程中，编制长期国民经济和社会发展规划具有十分重要的意义。"六五"计划和"七五"计划就是在这种背景下开始编制的。

一、"六五""七五"计划的实施

"六五"计划编制时间较长，最初是作为《一九七六年到一九八五年发展国民经济十年规划纲要（草案）》的一部分开始编制的。1980 年 2 月，国务院决定重新制定中长期计划，国家计委组织有关部门开始"六五"计划（1980—1985 年）编制工作，1982 年全国计划会议着重讨论了"六五"计划草案。1982 年 12 月五届全国人大五次会议正式批准"六五"计划。"六五"计划是按照中共十二大提出的到 20 世纪末经济建设的战略部署制定的，是继"一五"计划后的一个比较完备的五年计划，是在调整中使国民经济走上稳步发展的健康轨道的五年计划。"六五"计划的具体要求是：继续贯彻执行"调整、改革、整顿、提高"方针，进一步解决过去遗留下来的阻碍经济发展的各种问题，取得财政经济根本好转的决定性胜利，并且为"七五"时期国民经济和社会发展奠定更好的基础，创造更好的条件。

"六五"计划取得了优异的经济成就：一是国民经济全面稳定增长。工农业总产值平均每年增长 11％，国民生产总值 1985 年达到 7 780 亿元，与 1980 年相比，扣除物价上涨因素，平均每年增长 10％。二是重要产品的产量大幅度增长。1985 年与 1980 年相比，钢产量增长 26.1％，煤炭产量增长 37.1％，发电量增长 35.8％，原油产量增长 17.9％，粮食产量年均增长 21.4％，棉花产量增长 92.8％。三是基本建设和技术改造取得重大成就。全民所有制单位固定资产投资总额达到 5 300 亿元，新增固定资产 3 800 亿元，建成投产大中型项目 496 个，完成更新改造项目 20 万个。四是财政状况逐年好转。财政收入平均每年增加 159 亿元，年递增 12％，实现了财政收支平衡。五是对外经济贸易和技术交流打开了新局面。我国出口额在世界的位次由 1980 年的第 28 位上升到 1984 年的第 10 位。六是全国居民收入大幅度增长，人民生活显著改善。"六五"期间国民经济发展中也存在一些困难和问题，特别是"六五"后期，在经济形势好转的情况下，固定资产投资规模过大，消费基金增长过猛，货币发行过多，对经济稳定增长产生了不利影响。

"七五"计划是国务院从 1983 年即着手组织起草的长期计划。1985 年 9 月 16 日中共十二届四中全会原则上通过了《中共中央关于制定国民经济和社会发展第七个五年计划的建议（草案）》，并于 9 月 23 日审议通过。1986 年 3 月，六届人大四次会议审议批准《中华人民共和国国民经济和社会发展第七个五年计划》。在一个新的五年计划刚刚起步的时候，国家就制定出了完整的经济和社会发展计划，这在我国社会主义计划经济史上是第一次。

"七五"期间国民经济和社会发展的主要任务是：第一，进一步为经济体制改革创造良好的经济环境和社会环境，努力保证社会总需求和总供给的基本平衡，使改革更加顺利地开展，力争在五年或更长一些时间内，基本上奠定有中国特色的新型社会主义经济体制的基础。第二，保持经济持续稳定增长，在控制固定资产投资总额的前提下，大力加强重点建设、技术改造和智力开发，在物质技术和人才方面为 20 世纪 90 年代经济和社会的继续发展准备必要的后续能力。第三，在发展生产和提高经济效益的基础上，继续改善人民生活。"七五"计划期间，由于出现了 1989 年春夏之交的严重政治风波和经济发展困难，国民经济出现了较大的波动。

二、国民经济实现快速发展

总体上看，"六五"计划和"七五"计划时期国民经济发展是良性的。正是在中国共产党建设有中国特色社会主义理论与实践的推动下，我国国民经济呈现出前所未有的良好发展局面。1978—1991 年我国国内生产总值由 3 684.8 亿元增至 22 070.9 亿元，同期人均国内生产总值由 385 元增至 1 918 元，分别增长 499％和 398％，若以不变价格计算，也分别增长 209％和 156％（见表 3 - 1）。这样的经济增长速度，令全国人民无比自豪和兴奋。

表 3 - 1　　　　　　1978—1991 年我国国内生产总值增长情况

年份	国内生产总值（亿元）	国内生产总值指数（上年＝100）	人均国内生产总值（元）	人均国内生产总值指数（上年＝100）
1978	3 684.8	111.7	385.0	110.2
1979	4 107.2	107.6	424.0	106.2
1980	4 595.7	107.8	468.0	106.5
1981	4 944.7	105.1	498.0	103.8
1982	5 383.6	109.0	534.0	107.4
1983	6 032.5	110.8	590.0	109.2

续表

年份	国内生产总值 （亿元）	国内生产总值指数 （上年＝100）	人均国内生产总值 （元）	人均国内生产总值 指数（上年＝100）
1984	7 292.4	115.2	703.0	113.7
1985	9 115.9	113.4	867.0	111.9
1986	10 395.2	108.9	974.0	107.3
1987	12 196.1	111.7	1 125.0	109.9
1988	15 206.4	111.2	1 380.0	109.4
1989	17 210.0	104.2	1 538.0	102.6
1990	18 909.6	103.9	1 666.0	102.4
1991	22 070.9	109.4	1 918.0	107.9

资料来源：国家统计局。

与此同时，三次产业和产业结构都呈现出勃勃发展生机（见表3-2）。

表3-2　　　1978—1991年我国三次产业构成及其对国内生产总值的贡献率

年份	第一产业 增加值 （%）	第二产业 增加值 （%）	第三产业 增加值 （%）	第一产业对 GDP的贡献率 （%）	第二产业对 GDP的贡献率 （%）	第三产业对 GDP的贡献率 （%）
1978	27.6	47.6	24.7	9.8	61.7	28.5
1979	30.7	46.9	22.5	20.8	53.5	25.7
1980	29.6	48.0	22.4	－4.8	85.4	19.4
1981	31.3	45.9	22.9	40.4	17.7	42
1982	32.7	44.5	22.7	38.5	28.7	32.8
1983	32.5	44.1	23.4	23.8	43.4	32.8
1984	31.5	42.8	25.7	25.0	42.6	31.9
1985	27.9	42.6	29.5	4.1	61.1	34.9
1986	26.6	43.4	30.0	9.8	53.2	37
1987	26.3	43.2	30.5	10.1	54.9	35
1988	25.2	43.4	31.4	5.3	61.2	33.5
1989	24.6	42.4	33.0	15.9	43.9	40.3
1990	26.5	41.0	32.5	40.2	39.7	20.2
1991	24.0	41.4	34.7	6.7	60.2	33.1

资料来源：国家统计局。

从我国改革开放的第一天起，中国共产党坚持我国改革开放的社会主义方向、坚持走社会主义道路的决心就始终没有动摇。改革开放绝不是对社会主义理想信念的背离和对中国社会主义制度的背离，改革开放就是要探索符合中国实际的、有中国特色的社会主义，就是要探索与资本主义并存时期社会主义建设的道路与模式，就是要找到适合中国特色社会主义的经济体制机制。这三个方面的探索是改革开放和社会主义现代化建设新时期的基本特质，结合这些基本特质就可以发现我国社会主义发展阶段的连续性和合理性。应该看到，改革开放和社会主义现代化建设新时期很好地解决了社会主义发展速度问题和社会生产力跨越发展问题，很好地解决了社会主义与资本主义之间充满竞争与合作的关系问题，很好地解决了社会主义优越性和人民生活提高问题，无视这三个方面就不可能得出科学的认识和结论。因而说这一时期为实现中华民族伟大复兴提供了充满新的活力的体制保证和快速发展的物质条件。

第四章 建立社会主义市场经济体制

1992—2001 年是中国特色社会主义事业和社会主义市场经济蓬勃兴起并实现跨世纪发展的 10 年。中国特色社会主义取得了重大理论创新成果和道路探索成就，社会主义市场经济赋予中国特色社会主义强大的生命力。中共十九届六中全会通过的《中共中央关于党的百年奋斗重大成就和历史经验的决议》指出：党的十三届四中全会以后，以江泽民同志为主要代表的中国共产党人，团结带领全党全国各族人民，坚持党的基本理论、基本路线，加深了对什么是社会主义、怎样建设社会主义和建设什么样的党、怎样建设党的认识，形成了"三个代表"重要思想，在国内外形势十分复杂、世界社会主义出现严重曲折的严峻考验面前捍卫了中国特色社会主义，确立了社会主义市场经济体制的改革目标和基本框架，确立了社会主义初级阶段公有制为主体、多种所有制经济共同发展的基本经济制度和按劳分配为主体、多种分配方式并存的分配制度，开创全面改革开放新局面，推进党的建设新的伟大工程，成功把中国特色社会主义推向 21 世纪。

1992 年 10 月 12 日至 19 日，中共十四大在北京举行。大会作出了三项重大决策：一是抓住机遇，加快发展；二是明确我国经济体制改革的目标是建立社会主义市场经济体制；三是确立邓小平建设有中国特色社会主义理论在全党的指导地位。1997 年 9 月 12 日至 18 日召开的中共十五大系统论述了邓小平理论并将其作为中国共产党的指导思想，提出了党在社会主义初级阶段的基本纲领，阐明了建设有中国特色社会主义的经济、政治、文化的基本特征和基本要求，进一步丰富和规划了"三步走"战略第三步的内容与时间表，把中国特色社会主义全面推向 21 世纪。

第一节　社会主义与市场经济的关系

经过十多年有中国特色社会主义建设和改革开放的探索，中国对符合本国国情的社会主义现代化建设和改革开放充满了信心。面对 20 世纪 90 年代纷繁复杂的国际国内环境，特别是西方一些国家借 1989 年政治风波对我国进行经济封锁和制裁，苏联解体、东欧剧变，中国能否积极勇敢地应对 20 世纪 90 年代可能出现的各种风险与挑战？能否满怀信心地迎接充满挑战与希望的 21 世纪？中国的改革开放与发展究竟应该怎么走？这些问题都是邓小平等中国共产党人和中国人民必须回答的重大问题。

一、对改革开放的怀疑和邓小平南方谈话

1989—1991 年是中国改革开放以来政治经济形势最为严峻的时期。从 1989 年开始的为期三年的治理整顿，是对国民经济主动进行的调整和收缩，由于采取了"急刹车"的做法，各种压缩投资、控制信贷、削减支出的措施纷纷出台，对国民经济尤其是民营经济的影响是巨大的；西方一

些国家以 1989 年政治风波为借口对改革开放中的中国实行经济封锁和制裁，中国面临着严峻的国际形势；国内经济体制改革中的计划与市场争论再次被挑起，各种怀疑和否定社会主义商品经济和市场机制的观点盛行一时。

1. 治理整顿与发展困境

治理整顿实质上是对国民经济的一次大调整。1989 年 11 月中共十三届五中全会通过的《中共中央关于进一步治理整顿和深化改革的决定》提出，要用三年或者更长一些时间，努力缓解社会总需求超过社会总供给的矛盾，逐步减少通货膨胀，使国民经济基本走上持续稳定协调发展的轨道，为到 20 世纪末实现国民生产总值翻两番的战略目标打下良好的基础。在治理整顿过程中，采取行政手段进行调整是最为有效也最为普遍的办法。

治理整顿也带来了新的问题：一是经济紧缩过程引发了市场疲软和销售下降、工业增速回落过猛、停工半停工企业增加等问题。二是财政支出远大于财政收入，财政困难加重。三是企业经济效益不高没有得到根本扭转，紧缩政策造成一些企业产品积压增加，尤其是生产领域盈利水平大幅度下降。四是存量结构不合理，虽然部分改善了产业结构失调、"瓶颈"约束严重等问题，但又引发了增量调整较多、存量调整较少、生产要素配置不合理、资源利用率不高等问题。五是非国有企业生存状况恶化，包括乡镇企业在内的相当一部分企业经营困难，面临关、停、并、转局面。总之，治理整顿毕竟不是改革，它是特殊时期采用的一种非常措施。经济生活中的一些深层次问题只有通过深化改革才能解决，经济发展也只有通过深化改革才能实现。

例如，对于蓬勃发展的乡镇企业来说，治理整顿带来的行政限制严重影响了它们的发展。一些地方政府把乡镇企业作为整顿的重点，提出"坚

决压乡办工业，保国营工业"，"要把兴办乡镇企业的温度降下来"，认为
"治理整顿就是要砍乡镇企业"；一些地方的银行在确定压缩贷款规模时，
对乡镇企业基本上实行贷款零增长的政策，"只收不贷"使一些乡镇企业
陷入困境；一些舆论提出乡镇企业与农业和国有企业争人力、争物力、争
资金，批评乡镇企业"以小挤大"。1989 年全国有 20 多万户乡镇企业经
过整顿被关掉。这种状况到了 1990 年 6 月国务院颁布《中华人民共和国
乡村集体所有制企业条例》之后有所转变，为乡镇企业说话的声音多了起
来。乡镇企业的发展，改变了我国农村单一的产业结构，成为我国工业化
不可缺少的一翼；创造了吸收农村剩余劳动力"离土不离乡、进厂不进
城"的路子，安置了农村剩余劳动力的一半；成为农业现代化、增强农业
后劲资金的主要来源之一。

又如，海南经济特区建设遭遇"洋浦风波"。建立海南经济特区同样
面临着要"闯出一条路"的挑战。1988 年海南只有 4.2 亿元财政收入，
如果仅仅依靠国家投入来实现用 20 年的时间使海南人均国民生产总值达
到 2 000 美元，大约需要连续投入 2 000 亿元。在国家不可能提供如此大
规模投资的情况下，海南提出了"洋浦模式"，即在维护国家主权的前提
下，让外商成片承包，有偿给予相应的土地使用权，以项目带土地，并以
低地价换取高投入、高效益。首选试点就是洋浦，中共中央认可这一做
法。在 1989 年 3 月全国政协七届二次会议上，一些政协委员对"洋浦模
式"表示强烈不满，这件事在国内外引起强烈反响。4 月 28 日，邓小平
认为"海南省委的决策是正确的，机会难得，不宜拖延，但须向党外不同
意者说清楚"[①]。1992 年 3 月，国务院批准洋浦开发区为国家级经济开发
区，海南省成立洋浦开发区管理局，到 2019 年，洋浦经济开发区 GDP 达

---

① 中共中央文献研究室. 邓小平年谱（1975—1997）：下卷. 北京：中央文献出版社，2004：
1271.

260 亿元。2007 年洋浦港成为国家第四个保税港区，是北部湾距离国际主航线最近的深水良港，是距离南海石油天然气资源和中东石油最近的石油化工及油气储备基地，是中东、非洲油气进入中国的首个节点。

2. 计划与市场等的争论

经济体制改革同样也面临着来自方方面面的各种议论。陈锦华回忆说：当时中国的改革真是"急不得，慢不得，左不得，右不得"。但是他笃定改革所追求的目标，应当是邓小平讲的解放生产力、发展生产力，对现有的宏观经济和微观经济来讲是激发生机活力、是有效的工作机制。多年丰富的实际工作经验使他感到，经济要有活力，动力在市场；解放生产力、发展生产力，都要靠市场，应把重点放在市场的改革上。[①] 1990 年 10月，他在"社会主义经济改革理论讨论会"上提出应该"深入研讨计划经济与市场调节相结合这个大题目"，并将《外国关于计划与市场问题的争论和实践以及对中国的计划与市场关系的评论》的研究报告以国家体改委的名义报送中央负责人，这份报告分析了第二次世界大战后西方国家普遍采取政府干预的政策对市场进行宏观调控，制定解决经济社会问题的中长期规划和建设重大基础设施，直至进行跨国协调。"看得见的手"与"看不见的手"相结合，开始成为世界经济体制优化的普遍趋势。资本主义国家可以用计划手段弥补市场的缺陷，社会主义国家为什么不可以利用市场机制来克服计划的弊端，以提高资源配置的效率呢？计划不是社会主义制度的"特产"，市场也不应是资本主义的"专利"。资本主义可以用计划，社会主义应当用市场。[②]

但是在当时的理论界情况则有些反常。1990—1991 年间出现了一股

①　陈锦华 . 国事忆述 . 北京：中共党史出版社，2005：208，211 - 212.

②　同①214 - 215.

反思甚至否定中共十一届三中全会以来路线方针政策和改革开放成就的风潮。这股风潮的观点集中反映在这样几个方面。一是认为中国改革开放存在姓"社"姓"资"问题，要深挖资产阶级自由化的经济根源。认为资本主义化的改革"一个是要取消公有制为主体，实现私有化；一个是要取消计划经济，实行市场化"。二是反对和攻击个体经济和私营经济，认为"如果任其自由发展，就会冲击社会主义经济"，把发展私营经济和个体经济指责为"使我们的社会主义制度通过改革开放，和平演变为资本主义制度"。三是认为改革开放中出现了"一整套资本主义化的主张"，经济上"否定公有制占主导地位和计划经济，实行全面私有化和完全市场化"。这是把对资产阶级自由化观点的批判扩展到对改革开放方向道路的争论上了。四是认为搞"市场经济，就是取消公有制，这就是说，要否定共产党的领导，否定社会主义制度，搞资本主义"。把市场经济彻底归为资本主义制度范畴，为改革开放设定了政治禁区。五是对社会主义初级阶段理论提出异议，质疑"一个中心、两个基本点"的基本路线。这就从根本上动摇了中共十一届三中全会以来的路线方针政策。①

对企业实行股份制改革也要问姓"社"姓"资"问题，张劲夫对此明确回答股份制姓"中"姓"商"。他回忆提出股份制设想时说：改革开放后"抓经济效益，就涉及对生产要素进行优化组合，改变苏联模式'大而全''小而全'的格局，组建跨地区、跨部门的企业集团"。"因为要把单一企业变成多个所有者共有的企业，就需要进行核心层的资本联合，需要确认和确定资产所有权。科学的办法，就是实行股份制"。"用定性和定量的办法使资本归属明确化，这是所有制的科学化。资本主义的私有制经过一百年发展逐步形成的这一套处理产权关系的科学方法，完全可以用来处

---

① 彭森，陈立，等. 中国经济体制改革重大事件（上）. 北京：中国人民大学出版社，2008：356－360.

理公有制的产权关系。"我们搞企业集团，是要把企业组成若干个'国家队'，使企业集团成为能够与资本主义竞争的团队，成为邓小平所说的够格的社会主义企业。"①

1991 年在上海的《解放日报》和北京的一些主流媒体之间还发生了比较激烈的"隔空"舆论交锋。如果说这些理论之争仅仅是发生在经济学界或者学术领域，倒不必那么担忧，但是这场争论已经上升为全社会关于改革开放与社会主义的理论之争和舆论之争，已经在我国人民群众中造成了一定的思想混乱，那就不可小觑了。

3. 邓小平发表南方谈话

邓小平在 1989 年政治风波之后不断告诫人们：一是要坚定坚持对有中国特色社会主义的高度自信和对西方和平演变的坚决抵制。一方面坚定地指出："要坚定不移地执行党的十一届三中全会以来制定的一系列路线、方针、政策，要认真总结经验，对的要继续坚持，失误的要纠正，不足的要加点劲。"② 另一方面提醒人们："西方世界确实希望中国动乱。不但希望中国动乱，也希望苏联、东欧都乱。美国，还有西方其他一些国家，对社会主义国家搞和平演变。"美国就是要"打一场无硝烟的世界大战。我们要警惕"③。二是要坚定坚持翻两番的战略目标，指出"综观全局，不管怎么变化，我们要真正扎扎实实地抓好这十年建设，不要耽搁。这十年时间能够实现第二个翻番，就是我们最了不起的胜利""中国能不能顶住霸权主义、强权政治的压力，坚持我们的社会主义制度，关键就看能不能争得较快的增长速度，实现我们的发展战略。"④ 三是要坚定坚持改革开

---

① 曲青山，吴德刚. 改革开放四十年口述史. 北京：中国人民大学出版社，2019：299，300.

② 邓小平. 邓小平文选：第 3 卷. 北京：人民出版社，1993：308.

③ 同②325－326.

④ 同②354，356.

放，并提出社会主义也可以搞市场经济。强调指出："我们必须从理论上搞懂，资本主义与社会主义的区分不在于是计划还是市场这样的问题。社会主义也有市场经济，资本主义也有计划控制。""不要以为搞点市场经济就是资本主义道路，没有那么回事。计划和市场都得要。不搞市场，连世界上的信息都不知道，是自甘落后。"①

抓住历史机遇发展自己，这是中国共产党及邓小平对当时国际形势作出的正确判断和关键抉择。没有几十年来毫不动摇地改革开放、发展自己，就根本谈不上社会主义制度的优势，就根本谈不上有中国特色社会主义中国的强大。1992 年在中国社会主义现代化建设和改革开放的历史进程中，又是一个将被中国人民始终铭记的年份。1 月至 2 月间，邓小平先后在武昌、深圳、珠海和上海考察并发表了一系列重要谈话，被称为"南方谈话"。这是他对我国改革开放和社会主义现代化建设若干重大问题最为系统的论述，内容丰富、观点鲜明，态度明确、坚定不移。江泽民在中共十五大报告中指出："一九九二年邓小平南方谈话，是在国际国内政治风波严峻考验的重大历史关头，坚持十一届三中全会以来的理论和路线，深刻回答长期束缚人们思想的许多重大认识问题，把改革开放和现代化建设推进到新阶段的又一个解放思想、实事求是的宣言书。"②

邓小平南方谈话的主要内容包括以下几点：第一，党的基本路线和中共十一届三中全会以来的路线、方针、政策不能动摇。革命是解放生产力，改革也是解放生产力。"不坚持社会主义，不改革开放，不发展经济，不改善人民生活，只能是死路一条。基本路线要管一百年，动摇不得。只有坚持这条路线，人民才会相信你，拥护你。""有了这一条，中国就大有希望。"第二，改革开放胆子要大一些，要大胆地试，大胆地闯。深圳的

---

① 邓小平. 邓小平文选：第 3 卷. 北京：人民出版社，1993：364.
② 江泽民. 江泽民文选：第 2 卷. 北京：人民出版社，2006：10.

经验表明，"没有一点闯的精神，没有一点'冒'的精神，没有一股气呀、劲呀，就走不出一条好路，走不出一条新路，就干不出新的事业。"在改革开放问题上迈不开步子，"说来说去就是怕资本主义的东西多了，走了资本主义道路。要害是姓'资'还是姓'社'的问题。"第三，邓小平反复强调"计划多一点还是市场多一点，不是社会主义与资本主义的本质区别。计划经济不等于社会主义，资本主义也有计划；市场经济不等于资本主义，社会主义也有市场。计划和市场都是经济手段"。他提出了"三个有利于"的标准。第四，社会主义的本质是解放生产力，发展生产力，消灭剥削，消除两极分化，最终达到共同富裕。"社会主义要赢得与资本主义相比较的优势，就必须大胆吸收和借鉴人类社会创造的一切文明成果，吸收和借鉴当今世界各国包括资本主义发达国家的一切反映现代社会化生产规律的先进经营方式、管理方法。"走社会主义道路就是要逐步实现共同富裕，"共同富裕的构想是这样提出的：一部分地区有条件先发展起来，一部分地区发展慢点，先发展起来的地区带动后发展的地区，最终达到共同富裕。"第五，抓住机遇发展自己，关键是发展经济，要力争隔几年上一个台阶。"对于我们这样发展中的大国来说，经济要发展得快一点，不可能总是那么平平静静、稳稳当当。要注意经济稳定、协调地发展，但稳定和协调也是相对的，不是绝对的。发展才是硬道理。""在今后的现代化建设长过程中，出现若干个发展速度比较快、效益比较好的阶段，是必要的，也是能够办到的。我们就是要有这个雄心壮志！"第六，影响我们的有右也有"左"，根深蒂固的是"左"。"右可以葬送社会主义，'左'也可以葬送社会主义。中国要警惕右，但主要是防止'左'。""把改革开放说成是引进和发展资本主义，认为和平演变的主要危险来自经济领域，这些就是'左'。"第七，在建设有中国特色社会主义道路上继续前进。"恐怕再有三十年的时间，我们才会在各方面形成一整套更加成熟、更加定型的制度。""如果从建国起，用一百年时间把我国建设成中等水平的发达国家，那就很了不起！从现在起到下世纪中叶，将是很要紧的时期，我们要埋头苦干。"①

1992 年 2 月 28 日，中共中央以二号文件的形式向全党传达了邓小平南方谈话。3 月 9 日至 10 日举行的中央政治局全体会议一致同意南方谈话，认真讨论了我国改革和发展的若干重大问题，要求全党要认真学习邓小平建设有中国特色社会主义的一系列重要论述，进一步提高全面贯彻执行党的基本路线的自觉性。

二、建立社会主义市场经济体制

理解贯彻邓小平南方谈话精神，核心就是要解决社会主义和市场经济的关系问题。经过深入研究和审慎思考，中共中央确定了建立社会主义市场经济体制的改革目标，把中国改革开放和社会主义现代化建设事业推向一个新的发展阶段。

1. 提出社会主义市场经济体制的改革目标

社会主义能不能与市场经济相结合？从世界发展角度讲都是一个前人没有解决的理论与实践问题。当我国宣布建设社会主义市场经济体制时，一些西方人士也是持怀疑态度的。英国撒切尔夫人就认为：社会主义市场经济不可能成功，是搞不下去的。她认为市场经济是和私有制结合在一起的，不搞私有制，市场经济怎么搞下去？② 尽管国际国内出现各种声音，我国还是坚持了社会主义市场经济的性质和含义。江泽民曾经指出：社会

---

① 邓小平. 邓小平文选：第 3 卷. 北京：人民出版社，1993：370 - 383.
② 陈锦华. 国事忆述. 北京：中共党史出版社，2005：247.

主义市场经济，"社会主义"这几个字不是多余的，不是"画蛇添足"，而是"画龙点睛"，"点睛"就是点明我们市场经济的性质是社会主义的。

陈锦华回忆道：1992 年 4 月 1 日晚，江泽民给他打电话提出"改革的下一步怎么搞？我们是不是好好研究一下，给中央提个建议"，并表示他自己也在研究这个问题。陈锦华随即召开了有广东、山东、江苏、四川、辽宁五省体改委主任参加的座谈会，大家一致认为我国改革的目标就是搞社会主义市场经济。4 月 21 日，他给江泽民、李鹏写信报告了座谈会情况，提出大家寄希望于党的十四大在计划与市场的关系上有所突破，今后应当明确提出"建立和发展社会主义市场经济"[1]。随信还附上了美国前国务卿基辛格的一封信和一篇文章。[2]

2. 江泽民系统论述社会主义市场经济体制

1992 年 6 月 9 日，经过深入思考和反复研究，江泽民在中央党校省部级干部进修班上发表了重要讲话，明确提出在我国建立社会主义市场经济体制，社会主义市场经济体制是同社会主义基本制度结合在一起的。他

---

① 陈锦华. 国事忆述. 北京：中共党史出版社，2005：208.
② 亨利·基辛格的论文《经济发展与政治稳定》，是他为参加国家体改委举办的"经济体制转换国际研讨会"准备的书面发言。他认为：一是目前有关经济体制转换的讨论大都将"纯粹的市场制度"与"纯粹的计划经济"相对比，但在现实生活中并不存在这种极端的模式，"美国无疑是所谓最开放的市场经济，但是政府在一系列部门中（石油、天然气、电讯）发挥着重要作用。反过来，即使最僵化的统制经济中也存在一些私人经济活动。经济本来就是'混合的'"。二是在世界范围内正进行着相对集中的经济向以市场为基础的经济结构转变。三是任何国家都不能不考虑其独有的历史和文化背景。一个改革方案在某个国家运转得很好，但到另一个国家则可能行不通。"道理很简单，没有两个一样的国家。"决策者们必须考虑本国经济的根本特征、资源基础、经济发展状况、经济开放程度等等。"关于如何从中央指令经济向自由市场经济转变，没有一个简单的答案。"结论是："我们正处在一个变革的时代，我们周围的经济生活在发生着重大的变化。变化的趋势错综复杂，但中心是朝着市场经济。似乎可以说，世界各地的领导人们不约而同地得出这样一个结论：总的来说，市场为持续经济发展提供了较好的基础。""向市场转变的目标被广泛接受，但实现这一目标的方式同试图改革的国家一样多，显然，没有一个'通用'的办法。改革过程必须与各个国家的经济、社会、文化环境相一致。""改革的成功取决于政治稳定。而政治稳定又会因改革过程中产生的严重经济和社会问题而受到影响。简而言之，经济发展与政治稳定密不可分。"彭森，陈立，等. 中国经济体制改革重大事件（下）. 北京：中国人民大学出版社，2008：389-390.

指出："加快经济体制改革的根本任务，就是要尽快建立社会主义的新经济体制。而建立新经济体制的一个关键问题，是要正确认识计划和市场问题及其相互关系，就是要在国家宏观调控下，更加重视和发挥市场在资源配置中的作用。"他分析和研究了资本主义在发展中运用计划调节的历史，也阐述了社会主义在改革中运用市场机制的进程，指出："大量事实表明，市场是配置资源和提供激励的有效方式，它通过竞争和价格杠杆把稀缺物资配置到能创造最好效益的环节中去，并给企业带来压力和动力。而且，市场对各种信号的反应也是灵敏迅速的。正因为有这些优点，所以市场对经济发展的积极作用，已为社会主义国家越来越多的人们所认识，过去对市场的片面认识和偏见正在被抛弃。"① 他回顾了中共十一届三中全会以来党对计划与市场的认识过程，中共十二大提出计划经济为主、市场调节为辅；中共十二届三中全会提出社会主义经济是在公有制基础上的有计划的商品经济；中共十三大提出社会主义有计划商品经济的体制是计划与市场内在统一的体制；中共十三届四中全会提出建立适应有计划商品经济发展的计划经济与市场调节相结合的经济体制和运行机制。

他提出要建立的社会主义新经济体制的重要特征，一是在所有制结构上，坚持以公有制经济为主体，个体经济、私营经济和其他经济成分为补充，多种经济成分共同发展；二是在分配制度上，坚持以按劳分配为主体，其他分配方式为补充，允许和鼓励一部分地区、一部分人先富起来，逐步实现共同富裕，防止两极分化；三是在经济运行机制上，把市场经济和计划经济的长处有机结合起来，充分发挥各自的优势作用，促进资源优化配置，合理调节社会分配。②

6月12日，邓小平对江泽民说赞成他在中央党校讲话中提出的"社

---

① 江泽民. 江泽民文选：第1卷. 北京：人民出版社，2006：198，200-201.
② 同①198-204.

会主义市场经济体制"的经济体制改革目标，并表示把这个事定下来，中共十四大报告就有了主题了。[①]

3. 中共十四大提出建立社会主义市场经济体制

1992 年 10 月 12 日至 19 日，中共十四大在北京举行，江泽民代表中央委员会向大会作了题为《加快改革开放和现代化建设步伐，夺取有中国特色社会主义事业的更大胜利》的报告。报告明确指出，我国经济体制改革确定什么样的目标模式，是关系整个社会主义现代化建设全局的一个重大问题，其核心是正确认识和处理计划与市场的关系。大会第一次明确提出建立社会主义市场经济体制的改革目标，把社会主义基本制度和市场经济结合起来，建立社会主义市场经济体制，这是改革开放在理论与实践上的又一次伟大创举。

建立社会主义市场经济体制就是要使市场在社会主义国家宏观调控下对资源配置起基础性作用，使经济活动遵循价值规律的要求，适应供求关系的变化；通过价格杠杆和竞争机制的功能，把资源配置到效益较好的环节中去，并给企业以压力和动力，实现优胜劣汰；运用市场对各种经济信号反应比较灵敏的优点，促进生产和需求的及时协调。同时也要看到市场有其自身的弱点和消极方面，必须加强和改善国家对经济的宏观调控。我们要大力发展全国的统一市场，进一步扩大市场的作用，并依据客观规律的要求，运用好经济政策、经济法规、计划指导和必要的行政管理，引导市场健康发展。

社会主义市场经济体制是中国特色社会主义重大理论创新。中共十四大提出社会主义可以搞市场经济，建立社会主义市场经济体制，这是我国

---

① 中共中央文献研究室. 邓小平年谱（1975—1997）：下卷. 北京：中央文献出版社，2004：1347‐1348.

对社会主义及其发展规律认识的重大转变和根本深化。市场经济既可以与资本主义制度结合，形成资本主义的市场经济；也可以与社会主义制度结合，形成社会主义的市场经济。从根本上说，这种结合的历史必然性来自对社会主义本质的认识深化。

社会主义的根本任务就是解放和发展社会生产力，一切有利于社会主义条件下社会生产力发展的体制机制都可以成为社会主义的组成部分。这就是"三个有利于"，即：始终坚持以是否有利于发展社会主义社会的生产力，是否有利于增强社会主义国家的综合国力，是否有利于提高人民的生活水平，作为决定各项改革措施取舍和检验其得失的根本标准的价值所在。与此同时，社会主义初级阶段理论更是为社会主义充分运用人类一切可以运用的促进社会生产力发展的体制机制提供了坚实的理论基础。

中共十四大对我国经济发展速度提出了新的要求。要求抓住机遇，加快发展，集中精力把经济建设搞上去，力争国民经济在讲求效益的前提下有一个较高的增长速度。大会对我国 90 年代的经济发展速度作了调整，一是从原定的国民生产总值平均每年增长 6% 调整至 8% 到 9%；二是到 20 世纪末国民经济整体素质和综合国力迈上一个新台阶，国民生产总值将超过原定比 1980 年翻两番的要求，人民生活由温饱进入小康；三是提出了加快经济发展必须努力实现的关系全局的十个方面的重要任务。

4. 社会主义市场经济体制纲领的制定与实施

1993 年 11 月 11 日至 14 日，中共十四届三中全会在北京召开，审议并通过了《中共中央关于建立社会主义市场经济体制若干问题的决定》（以下简称《决定》），把中共十四大确定的经济体制改革目标和基本原则加以系统化、具体化，被誉为"我国社会主义市场经济体制的第一个总体设计，也是经济体制改革进程中一座重要的里程碑"。它不仅充分体现了邓小平建设有中国特色社会主义理论、思想和观点，而且在中共十四大理论创新的基础上，又有新的发展和重大突破。

建立社会主义市场经济体制涉及我国经济基础和上层建筑许多领域的改革目标与任务的确定，需要有一系列相应的体制改革和政策调整，需要有一个可操作的总体规划。1993 年 5 月，中共中央政治局决定下半年召开中共十四届三中全会，主要内容是讨论建立社会主义市场经济体制问题，并作出建立社会主义市场经济体制的相关规定。6 月，中共中央组织了有 360 多人参加的 16 个专题调研组，就建立社会主义市场经济体制有关问题进行调查研究，包括社会主义市场经济体制的基本原则和目标、所有制问题、企业制度问题、市场体系建设、财税金融体制、分配制度、社会保障体系、农村改革、科技教育体制、法制建设等专题。

1993 年 9 月 29 日，江泽民在中南、西南十省区经济工作座谈会上阐述了对于即将召开的中共十四届三中全会中研究建立社会主义市场经济体制的若干重要问题时必须遵循的原则。他指出："建立新的经济体制是一项宏大的系统工程，越是向深入发展，复杂性和难度越大，必须配套改革，循序渐进，重点突破。""文件力求体现从我国的国情出发，按照解放思想、实事求是的原则，既要有一个比较完整的总体设想，又要紧紧抓住当前改革和发展中的突出矛盾和问题重点突破；既要体现市场经济的一般规律，吸收和借鉴国外的成功经验，又要体现社会主义制度的本质特征，总结我们自己的实践经验；既要体现抓住时机、加快建立新体制的紧迫性，又要考虑到建立和完善新体制需要有一个发展过程，注意到它的渐进性；既要有一定的思想高度，又要能指导实际工作，便于操作。总之，我们要不失时机地推进改革，加快建立社会主义市场经济体制。"[1]

《决定》由 10 个部分 50 条构成，指出："社会主义市场经济体制是同

---

[1] 江泽民. 论社会主义市场经济. 北京：中央文献出版社，2006：130 - 131.

社会主义基本制度结合在一起的。建立社会主义市场经济体制，就是要使市场在国家宏观调控下对资源配置起基础性作用。"① 我国建立社会主义市场经济体制，必须坚持以公有制为主体、多种经济成分共同发展的方针，并提出了五个方面的根本遵循：一是进一步转换国有企业经营机制，建立适应市场经济要求，产权清晰、权责明确、政企分开、管理科学的现代企业制度；二是建立全国统一开放的市场体系，实现城乡市场紧密结合，国内市场与国际市场相互衔接，促进资源的优化配置；三是转变政府管理经济的职能，建立以间接手段为主的完善的宏观调控体系，保证国民经济的健康运行；四是建立以按劳分配为主体，效率优先、兼顾公平的收入分配制度，鼓励一部分地区一部分人先富起来，走共同富裕的道路；五是建立多层次的社会保障制度，为城乡居民提供同我国国情相适应的社会保障，促进经济发展和社会稳定。

《中共中央关于建立社会主义市场经济体制若干问题的决定》是我国建立社会主义市场经济体制的总体规划，是 20 世纪 90 年代进行经济体制改革的行动纲领。

三、确立邓小平理论的指导地位

1997 年 9 月 12 日至 18 日，中共十五大在北京举行。中共十五大是在中国改革开放和社会主义现代化建设发展的关键时刻召开的，是在世纪之交面临承前启后、继往开来历史责任与任务的背景下召开的，因而具有十分重要的意义。中共十五大的主题是："高举邓小平理论伟大旗帜，把建设有中国特色社会主义事业全面推向二十一世纪"。江泽民代表中央委员

---

① 江泽民.论社会主义市场经济.北京：中央文献出版社，2006：159.

会向大会作了同一题目的政治报告。

这一年 2 月邓小平逝世。5 月 29 日，江泽民在中央党校省部级干部进修班毕业典礼上发表了重要讲话，专门谈论了邓小平建设有中国特色社会主义理论、社会主义初级阶段、经济发展和经济体制、党的建设问题，为中共十五大作了理论准备。

1. 中共十五大提出并论述了邓小平理论

中共十五大明确提出了邓小平理论，确立了邓小平理论的历史地位和指导意义，并指出作为毛泽东思想的继承和发展的邓小平理论，是指导中国人民在改革开放中胜利实现社会主义现代化的正确理论。在当代中国，只有邓小平理论能够解决社会主义的前途和命运问题。中央建议中共十五大在党章中把邓小平理论确立为党的指导思想，表明中央领导集体和全党把邓小平开创的建设有中国特色社会主义事业全面推向 21 世纪的决心和信念，也反映了全国人民的共识和心愿。

江泽民在报告中强调指出，中共十五大的灵魂就是高举邓小平理论的伟大旗帜。"旗帜问题至关紧要。旗帜就是方向，旗帜就是形象。坚持十一届三中全会以来的路线不动摇，就是高举邓小平理论的旗帜不动摇。"邓小平理论围绕什么是社会主义、怎样建设社会主义这个根本问题，第一次比较系统地初步回答了中国社会主义建设的一系列基本问题。报告指出："在社会主义改革开放和现代化建设的新时期，在跨越世纪的新征途上，一定要高举邓小平理论的伟大旗帜，用邓小平理论来指导我们整个事业和各项工作。这是党从历史和现实中得出的不可动摇的结论。"[①] 报告指出：马克思列宁主义同中国实际相结合有两次历史性飞跃，产生了两大理论成果。第一次飞跃的理论成果是被实践证明了的关于中国革命和建设

---

① 江泽民. 江泽民文选：第 2 卷. 北京：人民出版社，2006：1，8.

的正确的理论原则和经验总结，它的主要创立者是毛泽东，中国共产党把它称为毛泽东思想。第二次飞跃的理论成果是建设有中国特色社会主义理论，它的主要创立者是邓小平，中国共产党把它称为邓小平理论。这两大理论成果都是党和人民实践经验和集体智慧的结晶。

邓小平理论是指导中国人民在改革开放中胜利实现社会主义现代化的正确理论。在当代中国，只有把马克思主义同当代中国实践和时代特征结合起来的邓小平理论，而没有别的理论能够解决社会主义的前途和命运问题。邓小平理论是当代中国的马克思主义，是马克思主义在中国发展的新阶段。

2. 邓小平理论是马克思主义的伟大理论创新

中共十五大系统论述了邓小平理论，指出这一理论之所以能够成为马克思主义在中国发展的新阶段，是因为：

第一，邓小平理论坚持解放思想、实事求是，在新的实践基础上继承前人又突破陈规，开拓了马克思主义的新境界。实事求是是马克思列宁主义的精髓，是毛泽东思想的精髓，也是邓小平理论的精髓。1978年邓小平《解放思想，实事求是，团结一致向前看》这篇讲话，是在"文化大革命"结束以后，中国面临向何处去的重大历史关头，冲破"两个凡是"的禁锢，开辟新时期新道路、开创建设有中国特色社会主义新理论的宣言书。1992年邓小平南方谈话，是在面临国际国内政治风波严峻考验的重大历史关头，坚持中共十一届三中全会以来的理论和路线，深刻回答长期束缚人们思想的许多重大认识问题，把改革开放和现代化建设推进到新阶段的又一个解放思想、实事求是的宣言书。在走向新世纪的新形势下，面对许多我们从来没有遇到过的艰巨课题，邓小平理论要求我们增强和提高解放思想、实事求是的坚定性和自觉性，一切以是否有利于发展社会主义社会的生产力、有利于增强社会主义国家的综合国力、有利于提高人民的生活水平这"三个有利于"为根本判断标准，不断开拓我们事业的新局面。

第二，邓小平理论坚持科学社会主义理论和实践的基本成果，抓住什么是社会主义、怎样建设社会主义这个根本问题，深刻地揭示社会主义的本质，把对社会主义的认识提高到新的科学水平。新时期的思想解放，关键就是在这个问题上的思想解放。我国社会主义在改革开放前所经历的曲折和失误，改革开放以来在前进中遇到的一些困惑，归根到底都在于对这个问题没有完全搞清楚。拨乱反正，全面改革，从"以阶级斗争为纲"到以经济建设为中心，从封闭半封闭到改革开放，从计划经济到社会主义市场经济，近20年的历史性转变，就是逐渐搞清楚这个根本问题的进程。这个进程，还将在今后的实践中继续下去。

第三，邓小平理论坚持用马克思主义的宽广眼界观察世界，对当今时代特征和总体国际形势，对世界上其他社会主义国家的成败，发展中国家谋求发展的得失，发达国家发展的态势和矛盾，进行正确分析，作出了新的科学判断。世界变化很大很快，特别是日新月异的科学技术进步深刻地改变了并将继续改变当代经济社会生活和世界面貌，任何国家的马克思主义者都不能不认真对待。邓小平理论正是根据这种形势，确定我们党的路线和国际战略，要求我们用新的观点来认识、继承和发展马克思主义，强调只有这样才是真正的马克思主义，墨守成规只能导致落后甚至失败。这是邓小平理论鲜明的时代精神。

第四，邓小平理论形成了新的建设有中国特色社会主义理论的科学体系。它是在和平与发展成为时代主题的历史条件下，在我国改革开放和现代化建设的实践中，在总结我国社会主义胜利和挫折的历史经验并借鉴其他社会主义国家兴衰成败历史经验的基础上，逐步形成和发展起来的。它第一次比较系统地初步回答了中国社会主义的发展道路、发展阶段、根本任务、发展动力、外部条件、政治保证、战略步骤、党的领导和依靠力量以及祖国统一等一系列基本问题,指导我们党制定了在社会主义初级阶段的基本路线。它是贯通哲学、政治经济学、科学社会主义等领域,涵盖经济、政治、科技、教育、文化、民族、军事、外交、统一战线、党的建设等方面比较完备的科学体系,又是需要从各方面进一步丰富发展的科学体系。[①]

3. 系统阐释初级阶段的基本路线和纲领

江泽民指出:"近二十年改革开放和现代化建设取得成功的根本原因之一,就是克服了那些超越阶段的错误观念和政策,又抵制了抛弃社会主义基本制度的错误主张。""面对改革攻坚和开创新局面的艰巨任务,我们解决种种矛盾,澄清种种疑惑,认识为什么必须实行现在这样的路线和政策而不能实行别样的路线和政策,关键还在于对所处社会主义初级阶段的基本国情要有统一认识和准确把握。"[②]

社会主义初级阶段理论是中国共产党和邓小平的重大理论创新。报告明确指出,社会主义是共产主义的初级阶段,而中国又处在社会主义的初级阶段,就是不发达的阶段。我国进入社会主义的时候,就生产力发展水平来说,还远远落后于发达国家。这就决定了必须在社会主义条件下经历一个相当长的初级阶段,去实现工业化和经济的社会化、市场化、现代化。这是不可逾越的历史阶段。在中国,真要建设社会主义,那就只能一切从社会主义初级阶段的实际出发,而不能从主观愿望出发,不能从这样那样的外国模式出发,不能从对马克思主义著作中个别论断的教条式理解和附加到马克思主义名下的某些错误论点出发。

---

① 江泽民. 江泽民文选:第2卷. 北京:人民出版社,2006:9-11.
② 同①13.

　　什么是社会主义初级阶段的基本特征？报告从九个方面进行了系统论述：社会主义初级阶段，是逐步摆脱不发达状态，基本实现社会主义现代化的历史阶段；是由农业人口占很大比重、主要依靠手工劳动的农业国，逐步转变为非农业人口占多数、包含现代农业和现代服务业的工业化国家的历史阶段；是由自然经济半自然经济占很大比重，逐步转变为经济市场化程度较高的历史阶段；是由文盲半文盲人口占很大比重、科技教育文化落后，逐步转变为科技教育文化比较发达的历史阶段；是由贫困人口占很大比重、人民生活水平比较低，逐步转变为全体人民比较富裕的历史阶段；是由地区经济文化很不平衡，通过有先有后的发展，逐步缩小差距的历史阶段；是通过改革和探索，建立和完善比较成熟的充满活力的社会主义市场经济体制、社会主义民主政治体制和其他方面体制的历史阶段；是广大人民牢固树立建设有中国特色社会主义共同理想，自强不息，锐意进取，艰苦奋斗，勤俭建国，在建设物质文明的同时努力建设精神文明的历史阶段；是逐步缩小同世界先进水平的差距，在社会主义基础上实现中华民族伟大复兴的历史阶段。这样的历史进程，至少需要一百年时间。至于巩固和发展社会主义制度，那还需要更长得多的时间，需要几代人、十几代人，甚至几十代人坚持不懈地努力奋斗。①

　　报告要求全党要毫不动摇地坚持党在社会主义初级阶段的基本路线，把以经济建设为中心同四项基本原则、改革开放这两个基本点统一于建设有中国特色社会主义的伟大实践。这是近二十年来我们党最可宝贵的经验，是我们事业胜利前进最可靠的保证。报告根据邓小平理论和基本路线，围绕建设富强民主文明的社会主义现代化国家的目标，进一步明确了什么是社会主义初级阶段有中国特色社会主义的经济、政治和文化，怎样

---

　　① 江泽民. 江泽民文选：第 2 卷. 北京：人民出版社，2006：13－18.

建设这样的经济、政治和文化。正是因为如此，中共十五大把中国特色社会主义事业推向了 21 世纪。

第二节　农村经济体制改革向纵深发展

农村经济体制改革在 20 世纪 80 年代取得巨大成功之后，改革与发展面临着新的形势与要求。具体而言，主要是农业特别是粮棉生产的比较效益下降，工农业产品价格剪刀差扩大，农民收入增长缓慢。所以，必须稳定党在农村的基本政策，深化农村改革，加快农村经济发展，增加农民收入，进一步增强农业的基础地位，保证到 20 世纪末农业再上一个新台阶，广大农民的生活由温饱达到小康水平。

一、"三农"问题是关系全局的重大问题

1998 年 10 月 12 日至 14 日召开的中共十五届三中全会全面研究和讨论我国"三农"问题，通过了《中共中央关于农业和农村工作若干重大问题的决定》（以下简称《决定》），提出了到 2010 年建设有中国特色社会主义新农村的奋斗目标，是我国农村经济体制改革与经济发展历史进程中具有特别重要意义的决定。

中共十五届三中全会对我国"三农"问题的认识达到了新的高度，明确提出农业、农村和农民问题是关系我国改革开放和现代化建设全局的重大问题，对 20 世纪 90 年代我国农村经济体制改革与发展提出了新的要求：一是我国农村经济发展开始进入以调整结构、提高效益为主要特征的新阶段，要大力调整农村产业结构和农业产品结构，推动农业朝着高产、优质、高效的方向发展。二是必须长期稳定并不断完善以家庭承包经营为

基础、统分结合的双层经营体制,这是农村的一项基本经济制度。发展适度规模经营,提高农业生产率和土地生产率。三是发展农村社会化服务体系,促进农业专业化、商品化、社会化。发展多样化的服务组织,形成乡村集体经济组织、国家经济技术部门和各种专业技术协会等农民联合组织相结合的服务网络。四是完善承包经营责任制,发展股份合作制,进行产权制度和经营方式的创新,进一步增强乡镇企业的活力。促进生产要素跨社区流动和组合,形成更合理的企业布局,充分利用和改造小城镇,建设新的小城镇。

1. 探索农村社会经济发展的新途径

《决定》提出了到 2010 年建设有中国特色社会主义新农村的奋斗目标。该决定还提出要完成中共十五大确定的我国跨世纪发展的宏伟任务,必须进一步加强农业的基础地位,保持农业和农村经济的持续发展,保持农民收入的稳定增长,保持农村社会的稳定。要建设有中国特色社会主义新农村,在经济方面,就要坚持农村经济体制的深入改革,实行减轻农民负担、增加农民收入的举措,并探索出一条能够促进农业科技、装备水平和综合生产能力显著提高、农产品更好地满足国民经济发展和人口增长与生活改善需求的新途径。

《决定》高度评价农村改革 20 年所取得的巨大成就和创造的丰富经验,明确指出:实行家庭联产承包责任制,废除人民公社,突破计划经济模式,发展社会主义市场经济,极大地调动了亿万农民的积极性,解放和发展了生产力,初步构筑了适应社会主义市场经济发展要求的农村新经济体制框架,带来了农村经济和社会发展的历史性巨大变化。

这个历史性巨大变化突出表现为:一是粮食和其他农产品大幅度增长,由长期短缺到总量大体平衡、丰年有余,基本解决了全国人民的吃饭问题;二是乡镇企业异军突起,带动农村产业结构、就业结构变革和小城镇发展，开创了一条有中国特色的农村现代化道路；三是农民生活水平显著提高，全国农村总体上进入由温饱向小康迈进的阶段；四是农民的思想观念顺应时代要求发生着深刻变化，农村精神文明和民主法制建设取得了明显进步。

这场伟大变革带动和促进了国家的全面改革，进而探索出一条适合国情的建设有中国特色社会主义道路，并为国民经济持续快速增长和保持社会稳定作出了重要贡献。农村改革的成功是邓小平理论的伟大胜利。继续推进农村改革，必须坚持解放思想、实事求是，一切从实际出发，牢牢掌握邓小平理论这一强大思想武器。

农村改革二十年的基本经验有：第一，必须承认并充分保障农民的自主权，把调动广大农民的积极性作为制定农村政策的首要出发点。第二，必须发展公有制为主体的多种所有制经济，探索和完善农村公有制的有效实现形式，使生产关系适应生产力发展要求。第三，必须坚持以市场为取向的改革，为农村经济注入新的活力。第四，必须充分尊重农民的首创精神，依靠群众推进改革的伟大事业。第五，必须从全局出发，高度重视农业，使农村改革和城市改革相互配合、协调发展。

2. 建设有中国特色社会主义新农村奋斗目标和方针

《决定》按照中共十五大确定的我国社会主义初级阶段的基本纲领和总体部署，从经济、政治、文化三个方面，提出了从 20 世纪末起到 2010 年，建设有中国特色社会主义新农村的奋斗目标，确定了实现这些目标必须坚持的方针。

第一，坚持以公有制为主体、多种所有制经济共同发展，不断解放和发展农村生产力。基本建立以家庭承包经营为基础，以农业社会化服务体系、农产品市场体系和国家对农业的支持保护体系为支撑，适应发展社会主义市场经济要求的农村经济体制；农业科技、装备水平和综合生产能力有显著提高，农产品更好地满足国民经济发展和人口增长、生活改善的需求；农村产业结构进一步优化，城镇化水平有较大提高；农民收入不断增加，农村全面实现小康，并逐步向更高的水平前进。

第二，坚持中国共产党的领导，加强农村社会主义民主政治建设，进一步扩大基层民主，保证农民依法直接行使民主权利。全面推进村民自治，完善乡镇人民代表大会制度；乡镇机构精干，以党支部为核心的村级组织健全，干群关系密切；加强法治，保持农村良好的社会秩序和治安环境。

第三，坚持全面推进农村社会主义精神文明建设，培养有理想、有道德、有文化、有纪律的新型农民。加强思想道德教育，倡导健康文明的社会风尚；发展教育事业，普及九年制义务教育，扫除青壮年文盲，普及科学技术知识；发展农村卫生、体育事业，使农民享有初级卫生保健；建设农村文化设施，丰富农民的精神文化生活。

《中共中央关于农业和农村工作若干重大问题的决定》提出实现我国农业和农村跨世纪发展目标，必须坚持以下 10 条方针：一是始终把农业放在国民经济发展的首位。农业是国民经济的基础。大力发展农业不仅是保障人民生活的要求，也是发展工业和第三产业的需要。调整国民收入分配格局，加大对农业的投入。加强农业立法和执法，支持和保护农业。二是长期稳定农村基本政策。以公有制为主体、多种所有制经济共同发展的基本经济制度，以家庭承包经营为基础、统分结合的经营制度，以劳动所得为主和按生产要素分配相结合的分配制度，必须长期坚持。在这个基础上，按照建立社会主义市场经济体制的要求，深化农村改革。三是不放松粮食生产，积极发展多种经营。必须稳定发展粮食生产，同时又要调整农村产业结构，实行农林牧副渔并举，并且把发展多种经营同支持和促进粮食生产结合起来，确保农产品有效供给和农民收入持续增长。四是实施科教兴农。农业的根本出路在科技、在教育。实行农科教结合，加强农业科学技术的研究和推广，注重人才培养，把农业和农村经济增长转到依靠科技进步和提高劳动者素质的轨道上来。五是实现农业可持续发展。必须加强以水利为重点的基础设施建设和林业建设，严格保护耕地、森林植被和水资源，防治水土流失、土地荒漠化和环境污染，改善生产条件，保护生态环境。六是大力发展乡镇企业，多渠道转移农业富余劳动力。立足农村，向生产的深度和广度进军，发展二、三产业，建设小城镇。开拓农村广阔的就业门路，同时适应城镇和发达地区的客观需要，引导农村劳动力合理有序流动。七是切实减轻农民负担。这是保护农村生产力，保持农村稳定的大事。坚持多予少取，让农民得到更多的实惠。农村各项建设都要尊重群众意愿，量力而行。八是实行计划生育基本国策。控制人口过快增长的重点和难点在农村。大力提倡少生优育，使农村人口同经济、社会发展相适应。九是推进农村基层民主政治建设。经济体制改革要求政治体制改革相配合。坚持和改善农村基层党组织的领导，加强乡镇政权和村民自治组织建设，依法保障农民当家作主的权利。十是物质文明建设和精神文明建设两手抓。两个文明都搞好，农村经济、社会协调发展，才是有中国特色社会主义的新农村。

二、农村经济体制改革向纵深发展

正是在建立社会主义市场经济体制的指引下，在中共十五届三中全会通过的《中共中央关于农业和农村工作若干重大问题的决定》的具体指导和规划下，中国农村经济体制改革和经济发展取得了显著的成就，农村粮食购销体系、农村产业结构和经济结构、实施《国家八七扶贫攻坚计划》、引导农村剩余劳动力外出就业、农村小城镇建设等都出现了显著的变化。

1. 粮食购销体制改革

从 1991 年开始，在粮食购销体制第一轮改革，即改革统购统销政策和体系的基础上，国家开始启动粮食购销体制的第二轮改革。这一轮改革的重点就是改革粮食流通体制，允许有条件的地方在保证完成国家定购任务的情况下，对粮食市场采取放开经营政策。例如，1991 年 2 月，提出各地要加强对议价粮油经营的领导和管理，在加强中央对粮食市场的调控能力的前提下，搞好市场调节，搞活粮食流通。5 月，全国粮食储备工作会议提出，国家掌握国家订购、专项储备两项粮食，其余粮食随行就市。10 月，国务院发布的《关于进一步搞活农产品流通的通知》提出，进一步完善农产品放管结合的购销政策，适当缩小指令性计划管理，完善指导性计划管理，更多发挥市场机制作用。1992 年 3 月，国务院同意在广东省进行粮食购销管理体制改革、放开粮食购销价格改革的试点；10 月，国务院同意浙江省从 1993 年 1 月 1 日起在全省放开粮食购销和价格。其间不少省市进行了粮食购销体制改革，不仅很好地满足了人民群众的粮食需求，也没有引起粮食市场的混乱。

1993 年 2 月，国务院颁布《关于加快粮食流通体制改革的通知》，提出粮食流通体制改革要把握有利时机，在国家宏观调控下放开价格，放开市场，增强粮食企业活力，减轻国家财政负担，进一步向粮食商品化、经营市场化方向推进。到 1993 年 4 月，全国 95％以上的县市放开了粮食价格和经营；5 月，北京最后放开粮价，至此全国粮价全部放开，随行就市。1993 年底中央农村工作会议作出粮食定购实行"保量放价"（保证数量，放开价格）的决定，从此结束了粮食价格双轨体制，实行了 40 年的粮食供应制度正式取消，"粮票"退出历史舞台。与此同时，各级各类粮食交易市场建立起来。在全国范围内形成了集市贸易、区域性批发市场、国家级批发市场相互配合的市场网络。

1995 年 2 月，中共中央、国务院作出《关于深化供销合作社改革的决定》，指出深化供销合作社改革是发展社会主义市场经济的需要，是整个农村改革的重要方面。改革的总体思路就是紧紧围绕把供销合作社真正办成农民的合作经济组织这个目标，抓紧理顺组织体制、强化服务功能、完善经济机制、加强监督管理和给予保护扶持等五个环节，以基层社为重点，采取切实有力的政策措施，使供销合作社真正体现农民合作经济组织的性质，真正实现为农业、农村和农民提供综合服务的宗旨，真正成为加强党和政府与农民密切联系的桥梁和纽带。

为了确保粮食销售安全稳定和人民群众的粮食需要，从 1995 年开始实施"米袋子"省长负责制。同时，面对 20 世纪 90 年代粮食流通体制造成粮食经营亏损严重、财政对粮食补贴负担越来越重的问题，国务院于 1998 年 4 月提出粮食流通体制改革"四分开一完善"原则，即实行政企分开、储备与经营分开、中央与地方责任分开、新老财务账目分开，完善粮食价格机制。2001 年 8 月，全国粮食工作会议出台《关于进一步深化粮食流通体制改革的意见》，将"放开销区、保护产区、省长负责、加强调控"的粮食购销市场化改革范围扩大至全国。

2. 推动农业产业化

农业产业化是深化农村经济体制改革的重要途径。《中共中央关于农业和农村工作若干重大问题的决定》指出："农村出现的产业化经营，不受部门、地区和所有制的限制，把农产品的生产、加工、销售等环节连成一体，形成有机结合、相互促进的组织形式和经营机制。这样做，不动摇家庭经营的基础，不侵犯农民的财产权益，能够有效解决千家万户的农民进入市场、运用现代科技和扩大经营规模等问题，提高农业经济效益和市场化程度，是我国农业逐步走向现代化的现实途径之一。"[1]

---

[1] 中共中央文献研究室. 改革开放三十年重要文献选编：下册. 北京：人民出版社，2008：984.

实际上，农业产业化从 20 世纪 80 年代后期开始就一直是一些地方作为解决农业深层次矛盾的突破口，并以此改革农业和农村经济产业组织形式、农业资源配置方式、农业再生产经营机制和农业管理体制。例如，1987 年山东省诸城提出"商品经济大合唱"、贸工农一体化发展思路；1993 年山东省潍坊提出"确立主导产业，实施区域布局，依靠龙头带动，发展规模经营"方针；黑龙江省尚志县、河北省玉田县和陕西省礼泉县实行贸工农一体化、产加销一条龙改革等。经济学界从 1995 年起就开始了对农业产业化的理论探讨，一些学者提出农业产业化"具有商品化生产、专业化经营、社会化服务、企业化管理、合理化组织等五个基本特点"。一些学者提出农业产业化"七化"观点，即产品商品化、布局区域化、生产专业化、经营规模化、管理企业化、服务社会化、经营一体化。

在 20 世纪 90 年代，我国农业产业化在实践中创造了多种形式。例如，一是公司＋农户形式，即以公司或企业为龙头，联结农户和生产基地，通过市场—龙头—基地（农户）的运行方式，把分散的农户组织到主导产业体系中，以合同或契约关系形成比较紧密的产加销一体化的经济实体。二是公司＋农户＋市民形式，就是再加上市民，以公司为龙头，优势互补，利益共存，风险共担，共同发展农业的新办法。三是专业市场＋农户形式，即通过培育农产品市场，带动区域专业化生产和产加销一体化经营。通过厂商与农户签订合同或建立联合，进行产销联营，农户按合同生产、交换，厂商按合同收购、销售，利润合理分配。四是合作经济组织＋农户形式，即由社区生产性合作组织、流通合作组织、信用合作组织及各类股份合作组织或股份合作企业、乡镇企业等作为龙头企业，与农户进行生产、加工、销售联合，形成种养加、产供销、贸工农等多种一体化经营。五是中介组织＋农户形式，即以中介组织（主要是行业协会）为依托，在某一农产品产加销各环节上实行跨区域联合经营。六是农业实验基地＋农户形式，以农业科学实验基地为龙头，实行科研、生产、加工、销售一体化经营，引导千家万户走向市场，等等。

在农业产业化进程中，乡镇企业的发展发挥了重要的推动作用。经过10多年的发展，相当一批乡镇企业已经成为各相关行业的龙头企业或重要企业。1995年11月，农业部公布首批全国乡镇企业集团名单，327家企业榜上有名，包括横店集团、海德集团、天津尧舜集团、天津津美集团、天津津海集团、江苏华西集团、天津万全集团、江苏龙山鳗业集团等。

农业产业化是在社会主义市场经济条件下，通过将农业生产的产前、产中、产后诸环节整合为一个完整的产业系统，实现种养加、产供销、贸工农一体化经营，提高农业的增值能力和比较效益，形成自我积累、自我发展的良性循环的发展机制。中国农业经济学者詹武早就提出：农业产业化要"达到生产专业化、经营规模化、管理规范化、服务社会化，推进农业和农村经济的现代化"。"农业现代化发展的深度和广度，决定着农业和农民富裕的程度。""过去，我们说：'无农不稳，无工不富，无商不活'，仿佛农业只能解决温饱和稳定的问题，不能解决富裕的问题。那是农业生产和农业现代化处在较低水平时的情况。随着农业现代化水平的全面提高，农业和农民富裕程度也相应提高，'无农不稳'四个字，要变成'无农不稳、无农不富'八个字，农业应该也可能建成具有自我发展、自我积累能力的致富产业。"①

在农业产业化过程中，乡镇企业的作用也得到了很好发挥。1992—1996年是乡镇企业迅猛发展的时期，就业人数年均增长7％，总产值年均增长45.4％，增加值年均增长42.8％。从1997年开始，乡镇企业进入到

---

① 宋涛. 干部经济读本. 南京：江苏人民出版社，1995：335，336.

加快改革和转型升级阶段，随着《中华人民共和国乡镇企业法》的正式实施和中共中央、国务院转发农业部《关于我国乡镇企业情况和今后改革与发展意见的报告》，国家按照"积极扶持，合理规划，分类指导，依法管理"的方针，推动"采取多种形式，积极支持和正确引导乡镇企业深化改革，明晰产权关系"。相当一批乡镇企业迅速成长为各个行业的重点企业和龙头企业。

3. 实施《国家八七扶贫攻坚计划》

在 1994 年 2 月 28 日至 3 月 3 日召开的全国扶贫开发工作会议上，国务院宣布从当年起实施《国家八七扶贫攻坚计划》，提出从 1994 年到 2000 年，国家集中人力、物力、财力，动员社会各界力量，力争用 7 年左右的时间，基本解决全国农村 8 000 多万贫困人口的温饱问题。也就是通过阶段性攻坚，使国家于 1993 年新确定的 592 个贫困县的绝大多数贫困户年人均收入达到 500 元以上（以 1990 年不变价格计算），要为贫困地区创造较为稳定的解决温饱问题的基础条件，改善其基础设施和逐步改变教育文化卫生的落后状况。正如江泽民所指出的那样："到本世纪末，我们解决了八千万人的温饱问题，占世界人口五分之一的中国人民的生存权这个最大最基本的人权问题，从此就彻底解决了。这不仅在我们中华民族的历史上是一件大事，而且在人类发展史上也是一个壮举。"[1]

国家高度关注《国家八七扶贫攻坚计划》的实施，在 1996 年 9 月举行的中央扶贫工作会议上，江泽民号召进一步统一全党的认识，动员全社会力量，加大扶贫开发的力度，坚决实现国家八七扶贫攻坚计划。我国贫困问题始终是阻碍经济社会发展的一大难题，1978—1995 年全国农村贫困人口从 25 000 万人减少到 6 500 万人，占全国总人口的比重由 26% 下降

---

[1]　江泽民. 论社会主义市场经济. 北京：中央文献出版社，2006：165.

到 5.4％，这是一个巨大的历史性成就。但是扶贫攻坚任务的特点决定了越是留在最后的贫困人口，其困难程度越大。这些贫困人口主要集中在中西部的深山区、石山区、荒漠区、高寒山区、黄土高原区、边疆地区、地方病高发区和水库库区，地域偏远，交通闭塞，生态环境恶化，经济发展缓慢。中央认为，今后五年不管扶贫任务多么艰巨，时间多么紧迫，都要下决心打赢这场攻坚战，啃下这块硬骨头。到 20 世纪末基本解决贫困人口温饱问题的目标决不能动摇。① 10 月，中共中央、国务院作出了《关于尽快解决农村贫困人口温饱问题的决定》，对解决贫困人口温饱问题作了详细的规定。②

《国家八七扶贫攻坚计划》的基本要求就是由救济式扶贫转向开发式扶贫，这是扶贫工作的重大改革，也是扶贫工作的基本方针。改革开放以来的开发式扶贫实践说明，把贫困地区干部群众的自身努力同国家的扶持结合起来，开发当地资源，发展商品生产，改善生产条件，增强自我积累、自我发展的能力，是摆脱贫困的根本出路。为此，各贫困地区和贫困人口要把农业生产尤其是粮食生产搞上去；要下苦功夫，花大气力，改变生产条件，改善生态环境；要积极推广各种实用技术，推动科技进步。与此同时，国家要求各级党政机关都要充分发挥自己的职能作用，帮助贫困地区搞好开发和建设。确定京、津、沪三个直辖市，沿海六个经济比较发达的省，四个计划单列市，分别对口帮扶西部十个省区。

新中国成立以来特别是改革开放以来，国家广泛动员社会力量，投入巨额资金，开展了有计划、有组织、大规模的扶贫开发，为解决农村贫困地区问题进行了艰苦工作，贫困人口占农村总人口的比重从 1978 年的

---

① 江泽民. 江泽民文选：第 1 卷. 北京：人民出版社，2006：547，548.
② 《关于尽快解决农村贫困人口温饱问题的决定》确定了东部 13 个省市对口帮扶西部 10 个省区的扶贫协作安排，即北京帮内蒙古，天津帮甘肃，上海帮云南，广东帮广西，江苏帮陕西，浙江帮四川，山东帮新疆，辽宁帮青海，福建帮宁夏，深圳、青岛、大连、宁波帮贵州。

30.7％下降为 2000 年的 3％左右，《国家八七扶贫攻坚计划》已基本完成，我国确立的在 20 世纪末基本解决农村贫困人口温饱问题的战略目标已基本实现，我国在扶贫开发工作中取得了举世瞩目的成就。我国扶贫开发的主要经验就是政府主导、社会动员，立足发展、坚持开发，因地制宜、综合治理，自强不息、艰苦创业。进入 21 世纪，我国扶贫开发要向更高水平迈进，第一个 10 年的奋斗目标是：尽快解决少数贫困人口的温饱问题，进一步改善贫困地区的基本生产生活条件，巩固温饱成果，提高贫困人口的生活质量和综合素质，加强贫困乡村的基础设施建设，逐步改变贫困地区社会、经济、文化的落后状态，为达到小康水平创造条件。①

4. 引导农村剩余劳动力外出就业

在原有计划经济体制下，农民的流动是受到严格限制的。与农村人民公社制度紧密相关，在农业生产领域实行土地集体所有制，严禁集体土地流转；在农业劳动力管理领域实行集体劳动，严禁农业劳动力自由流动；在产品分配领域实行严格按照城市和农村居民划分的实物与福利制度；在农产品流通领域实行统购统销政策，由国家垄断经营主要农产品。与这种基本经济制度相配套的，还包括户籍制度、住宅制度、粮食制度、副食品供给制度、生产资料供给制度、教育制度、医疗制度、劳保与养老保险制度等，这些制度共同构筑起城乡隔离的篱笆。1964 年 8 月，国务院批转了《公安部关于处理户口迁移的规定》，该文件明确规定"从农村迁往城市、集镇，从集镇迁往城市的，要严加限制。从小城市迁往大城市，从其他城市迁往北京、上海两市的，要适当限制"。这就堵死了农村人口迁往城镇的大门。

农村经济体制改革解放了农村生产力，各种对农村剩余劳动力的限制

---

① 江泽民. 江泽民文选：第 3 卷. 北京：人民出版社，2006：247-249.

措施也随之开始松动，一些地区出现了农民离土又离乡的流动。1992 年随着改革开放不断深化，经济发达地区、农村乡镇企业等都创造了吸纳大量农村剩余劳动力的机会，越来越多的农村剩余劳动力走出乡村，出现了成为一个时代标志性事物的"民工潮"。

第一产业产值在我国国内生产总值中的比重一直在降低，1992 年为21.8％，2001 年降为 14.4％。第一产业就业人数占全部就业人数的比重也同样出现了下降，1992 年第一产业就业人数约为 38 699 万人，占全部就业人数的 58.5％；2001 年则为 36 368.5 万人，占全部就业人数的50％。农村居民收支和恩格尔系数也发生了较大变化，1992 年农村居民人均纯收入为 784 元，其中工资性收入为 184.4 元、家庭经营纯收入为561.6 元，恩格尔系数为 0.576；2001 年农村居民人均纯收入增至2 366.4元，其中工资性收入为 771.9 元、家庭经营纯收入为 1 459.6 元，恩格尔系数为 0.477。一些省区如四川省、河南省等成为农村剩余劳动力输出大省。有学者将农村剩余劳动力外出就业称为是继 1949 年新中国成立、1978 年中共十一届三中全会实行家庭联产承包责任制之后的第三次解放农民。

三、实施发展农村小城镇战略

城镇化是一个国家现代化的重要指标。中国城市化率在新中国成立之后有过一段缓慢增长时期，这主要是实行国家工业化战略和控制城市人口规模政策导致的结果。1949 年我国农业人口和非农业人口分别为48 402万人和 5 765 万人，非农业人口仅占全部人口的 10.64％；1979 年分别改变为 79 047 万人和 18 495 万人，非农业人口占全部人口的 18.96％，30年间仅提高了 8.3 个百分点，年均增长 0.28 个百分点，比同类发展中国家低 20 个百分点。

　　改革开放和社会主义现代化建设极大地焕发了城市经济发展和地方经济发展的活力，特别是伴随着农村经济体制改革和农村经济发展涌现出了规模不等的大批小城镇。这是新旧体制转换过程中社会主义市场经济发展的必然产物，它既反映了广大农民群众向往城市化的历史趋势，也反映了经济体制改革向纵深发展的大胆创新和探索。特别是1992年我国确立建立社会主义市场经济体制之后，大批农村剩余劳动力加速向第二产业和第三产业转移，更是推动了各地小城镇的发展。1993年5月，国务院发出批转民政部《关于调整设市标准的报告》，放宽了设市的标准，对于每平方公里人口密度400人以上、100～400人、100人以下，达到一定人口和经济指标的县可以设市撤县；对于市区从事非农产业的人口25万人以上，其中市政府驻地具有非农业户口的从事非农产业的人口20万人以上；工农业总产值30亿元以上且工业产值占80％以上；地区生产总值25亿元以上；第三产业产值超过第一产业且在地区生产总值中占比超过35％；地方本级预算内财政收入超过2亿元并已成为若干市县范围内中心城市的县级市，可以升格为地级市。1993年10月，建设部召开全国村镇建设工作会议，确立了以小城镇建设为重点的村镇建设方针，会后经国务院同意颁发了《关于加强小城镇建设的若干意见》。1995年4月，国家体改委等11个部委联合下发《小城镇综合改革试点指导意见》。1997年6月，国务院批转公安部《小城镇户籍管理制度改革试点方案》和《关于完善农村户籍管理制度意见》的通知。这些措施进一步促进了城镇化发展，许多中小城市特别是小城镇纷纷出现。

　　中共十五届三中全会再次将小城镇建设提升到"大战略"的高度，号召各地在发展小城镇中走出一条具有中国特色的城市化之路。会议明确提出：发展小城镇有利于乡镇企业相对集中，更大规模地转移农村富余劳动力；有利于改善农民生活，提高农民素质；有利于增加收入，扩大内需，推动国民经济更快增长，是一项农村经济和社会发展的大战略。2000 年 7 月，中共中央、国务院发布《关于促进小城镇健康发展的若干意见》，提出加快城镇化进程的时机和条件已经成熟，抓住机遇，适时引导小城镇健康发展应当成为当前和今后较长时期农村改革与发展的一项重要任务。2001 年 3 月，国务院批转公安部《关于推进小城镇户籍管理制度改革的意见》，进一步放宽了小城镇户籍限制，标志着在小城镇已经废除了城乡分隔制度。与此同时，20 世纪 90 年代后期市场经济活力持续增强，在珠江三角洲、长江三角洲等地区逐步形成具有相当规模的城市群，人口集聚和经济集聚效应带动了城市集聚效应更加明显。其中 2001 年中国加入世界贸易组织，中国的开放型经济实现跨越式发展，沿海、沿边、沿江城市商业更加兴旺，市场经济更加繁荣，城市成长更加快速。1992 年我国农业人口和非农业人口分别为 84 799 万人和 32 372 万人，非农业人口占全部人口的 27.63％；2002 年分别为 78 241 万人和 50 212 万人，非农业人口占全部人口的 39.09％，10 年间提高了 11.46 个百分点。

全国大中型城市数量和城市人口规模也出现了明显变化。到 2002 年在全国 660 个城市中，人口超过 400 万人的城市有 10 个，人口为 200 万～400 万人的城市有 23 个，人口为 100 万～200 万人的城市有 138 个，人口为 50 万～100 万人的城市有 279 个，人口为 20 万～50 万人的城市有 171 个，人口为 20 万人以下的城市有 39 个。

第三节　城市经济体制改革与经济发展

建立社会主义市场经济体制是一件前无古人的伟大事业，此前世界上没有一个国家进行过这样的理论探索和经济实践，如何具体地进行这项伟大实践？20 世纪 90 年代的中国就是在理论和实践上不断进行着大胆的探索。

一、社会主义市场经济体制的基本框架

中共十四届三中全会通过的《中共中央关于建立社会主义市场经济体制若干问题的决定》（以下简称《决定》），描绘了社会主义市场经济体制的基本框架，是 20 世纪 90 年代乃至 21 世纪中国经济体制改革的总体规划和行动纲领。它紧紧围绕中共十四大确立的"社会主义市场经济体制是同社会主义基本制度结合在一起的"和"我们要建立的社会主义市场经济体制，就是要使市场在社会主义国家宏观调控下对资源配置起基础性作用"这两个根本论断来指导设计。《决定》对于城市经济体制改革的主要方面进行了具体规划和设计。

1. 国有企业必须建立现代企业制度

《决定》指出："以公有制为主体的现代企业制度是社会主义市场经济体制的基础。"[①] 面对我国实行社会主义市场经济体制的新形势、新挑战，我国国有企业必须进一步深化改革，必须解决其生存与发展的深层次问题，必须加大进行企业制度层面的创新。这就是要建立现代企业制度，尤其是国有大中型企业，是建立现代企业制度的主力军。

现代企业制度有五个基本特征：一是产权关系明晰，企业中的国有资产所有权属于国家，企业拥有包括国家在内的出资者投资形成的全部法人财产权，成为享有民事权利、承担民事责任的法人实体。二是企业以其全部法人财产，依法自主经营，自负盈亏，照章纳税，对出资者承担资产保值增值的责任。三是出资者按投入企业的资本额享有所有者的权益，即资

---

① 中共中央文献研究室. 改革开放三十年重要文献选编：上册. 北京：中央文献出版社，2008：734.

产受益、重大决策和选择管理者等权利。四是企业按照市场需求组织生产经营，以提高劳动生产率和经济效益为目的，政府不直接干预企业的生产经营活动。五是建立科学的企业领导体制和组织管理制度，调节所有者、经营者和职工之间的关系，形成激励和约束相结合的经营机制。所有企业都要向这个方向努力。建立现代企业制度，是发展社会化大生产和市场经济的必然要求，是我国国有企业改革的方向。

2. 发挥市场机制作用和发展市场体系

《决定》指出："发挥市场机制在资源配置中的基础性作用，必须培育和发展市场体系。当前要着重发展生产要素市场，规范市场行为，打破地区、部门的分割和封锁，反对不正当竞争，创造平等竞争的环境，形成统一、开放、竞争、有序的大市场。"① 建立社会主义市场经济体制，尤其是要把我国市场体系尽快建立起来，没有一个完整的市场体系，社会主义市场经济体制也就难以建立和运转。

为了更好地发挥市场机制在资源配置中的基础性作用，20 世纪 90 年代需要做好的主要工作有：一是发挥市场机制在资源配置中的基础性作用，大力培育和发展市场体系。尤其要根据我国的实际情况，着重发展生产要素市场，规范市场行为，打破地区、部门的分割和封锁，反对不正当竞争，创造平等竞争的环境，形成统一、开放、竞争、有序的大市场。二是推进价格改革，建立主要由市场形成价格的机制。在保持价格总水平相对稳定的前提下，放开竞争性商品和服务的价格，调顺少数由政府定价的商品和服务的价格，取消生产资料价格双轨制，加速生产要素价格市场化进程，建立和完善少数关系国计民生的重要商品的储备制度，平抑市场价

---

① 中共中央文献研究室. 改革开放三十年重要文献选编：上册. 北京：中央文献出版社，2008：736.

格。三是改革商品流通体系，进一步发展商品市场。探索建立大宗农产品、工业消费品和生产资料的批发市场，严格规范少数商品期货市场试点，国有流通企业要转换经营机制、参与市场竞争、提高经济效益、发挥主导作用，构造大中小相结合、各种经济形式和经营方式并存、功能完备的商品市场网络，推动流通现代化。四是将培育市场体系的重点放在发展金融市场、劳动力市场、房地产市场、技术市场和信息市场上等。

3. 转变政府职能，建立完善和有效的宏观调控体系

《决定》指出："转变政府职能，改革政府机构，是建立社会主义市场经济体制的迫切要求。"① 建立完善和有效的宏观调控体系是社会主义市场经济体制的内在要求，也是社会主义市场经济区别于资本主义市场经济的根本特点之一。

《决定》提出了20世纪90年代需要做好的主要工作：一是加快转变政府职能，改革政府机构。政府管理经济的职能，主要是制定和执行宏观调控政策，搞好基础设施建设，创造良好的经济发展环境。同时，要培育市场体系、监督市场运行和维护平等竞争，调节社会分配和组织社会保障，控制人口增长，保护自然资源和生态环境，管理国有资产和监督国有资产经营，实现国家的经济和社会发展目标。政府运用经济手段、法律手段和必要的行政手段管理国民经济，不直接干预企业的生产经营活动。二是宏观调控的主要任务是保持经济总量的基本平衡，促进经济结构的优化，引导国民经济持续、快速、健康发展，推动社会全面进步。宏观调控主要采取经济办法，要在财税、金融、投资和计划体制的改革方面迈出重大步伐，建立计划、金融、财政之间相互配合和制约的机制，加强对经济

---

① 中共中央文献研究室．改革开放三十年重要文献选编：上册．北京：中央文献出版社，2008：738.

运行的综合协调。三是明确提出了财税体制、金融体制、投资体制、计划体制等重要领域的改革任务和改革目标，提出合理划分中央与地方经济管理权限，发挥中央和地方两个积极性。

4. 建立健全社会主义市场经济体制的若干保障制度

第一，建立合理的个人收入分配制度。《决定》指出："个人收入分配要坚持以按劳分配为主体、多种分配方式并存的制度，体现效率优先、兼顾公平的原则。劳动者的个人劳动报酬要引入竞争机制，打破平均主义，实行多劳多得，合理拉开差距。坚持鼓励一部分地区一部分人通过诚实劳动和合法经营先富起来的政策，提倡先富带动和帮助后富，逐步实现共同富裕。"[①]

第二，建立多层次的社会保障体系。《决定》指出："建立多层次的社会保障体系，对于深化企业和事业单位改革，保持社会稳定，顺利建立社会主义市场经济体制具有重大意义。社会保障体系包括社会保险、社会救济、社会福利、优抚安置和社会互助、个人储蓄积累保障。社会保障政策要统一，管理要法制化。社会保障水平要与我国社会生产力发展水平以及各方面的承受能力相适应。城乡居民的社会保障办法应有区别。提倡社会互助。发展商业性保险业，作为社会保险的补充。"[②]

二、国有企业改革

20 世纪 90 年代的国有企业改革是在建立社会主义市场经济体制的指

---

① 中共中央文献研究室. 改革开放三十年重要文献选编：上册. 北京：中央文献出版社，2008：741.

② 同①741 - 742.

导下蓬勃开展的。中共十五大系统论述了社会主义基本经济制度，明确指出以公有制为主体，多种所有制经济共同发展，是我国社会主义初级阶段的一项基本经济制度。这一基本经济制度的依据是，我国是社会主义国家，必须坚持公有制作为社会主义经济制度的基础；我国处在社会主义初级阶段，需要在公有制为主体的条件下发展多种所有制经济；一切符合"三个有利于"的所有制形式都可以而且应该用来为社会主义服务。公有制经济在国民经济中起主导作用，主要体现在控制力上；公有制的实现形式可以而且应当多样化；非公有制经济是我国社会主义市场经济的重要组成部分。

1. 国有企业改革进入新阶段

20世纪90年代我国国有企业改革进入新阶段。1992年1月，全国经济体制改革工作会议上提出1992年国有企业改革的重点是转换企业经营机制，把企业办成自主经营、自负盈亏、面向市场的经济实体，有效解决当时国有企业1/3亏损、1/3潜亏问题。1992年7月，国务院颁布《全民所有制工业企业转换经营机制条例》，提出企业转换经营机制的目标是：使企业适应市场的要求，成为依法自主经营、自负盈亏、自我发展、自我约束的商品生产和经营单位，成为独立享有民事权利和承担民事义务的企业法人。该条例对企业转换经营机制必须遵循的原则作了规定，还对落实企业经营自主权，特别是生产经营决策权、投资决策权、产品定价权、进出口经营权、人事劳动权、工资奖金分配权等都作了具体规定。《全民所有制工业企业转换经营机制条例》颁行后，逐步在全国国有大中型企业中进行试点，到9月已有近万家企业试点。国有企业转换经营机制的一个难点就是政府机构改革必须到位，陈锦华曾回忆说："通过这个文件的起草，我深切地感受到，企业不是不想成为市场的主体，而是各种各样的'婆婆''姑姑'有意无意地拦住它们，要它们服从领导，听从管理。我由此感到，政府机构不改革，职能不转换，企业要享有充分的自主权，自主地走向市场，是难以做到的。"①

各地在落实《全民所有制工业企业转换经营机制条例》试点中，创造了多种新的改革模式，除股份制和股份合作制外，还创造了包括投入产出总承包模式、委托承包经营模式、子公司兼并母公司模式、工商联姻式兼并模式、"一长多厂"兼管模式和仿"三资"企业模式等多种形式。一些地方还进行了完全市场化企业探索，包括运用国有企业资产折价作股与外商合资"嫁接"、将国有企业转为合资企业、对国有企业实行产权转让等。1992年以后，我国国有企业改革出现了新的变化：一是由重点突破向整体推进转变，二是由政府主导型改革向企业自主改革转变。

我国国有经济面临的长期低效率是进行国有企业改革的重要因素。20世纪90年代国有经济的低效率拖累了我国国家整体竞争力，耗用了全社会70%的资源，产出只有30%。不改变这种局面，整个国家的经济局面也很难改变。到1996年底，我国32.2万户预算内国有企业负债率为71%，给银行造成了1万多亿元的不良资产，冗员在3 000万以上。1997年9月，中共十五大提出国有企业三年改革与脱困目标，即用三年左右的时间，通过改革、改组、改造和加强管理（即"三改一加强"），使大多数国有大中型企业摆脱困境，力争到2000年底大多数大中型骨干企业初步建立现代企业制度。盛华仁在1999年全国两会期间提到："根据新的划分标准，我国国有大中型企业共有6 840个，加上在国民经济中有重要影响的亏损企业800多个，总量有7 600多个，其中亏损企业2 340个，占总数的30%左右。我们的目标是今明两年每年使1/3左右的亏损企业消除亏损。"到2001年1月，我国已基本实现了国有企业改革和脱困的三年目

---

① 陈锦华. 国事忆述. 北京：中共党史出版社，2005：233.

标，大多数国有大中型企业已经扭亏为盈，初步建立起现代企业制度。

2. 建立现代企业制度

《决定》指出："建立现代企业制度，是发展社会化大生产和市场经济的必然要求，是我国国有企业改革的方向。"[①] 现代企业制度就是"适应市场经济要求，产权清晰、权责明确、政企分开、管理科学"的企业制度。国家体改委研究报告将现代企业制度概括为：明晰的产权关系；健全的法人制度；严格分开的政企职责；灵活的产权关系；依法规范的企业行为。1994 年 11 月，国务院在北京召开全国建立现代企业制度试点工作会议，决定选择 100 户不同类型的国有大中型企业，从 1994 年底至 1996 年底进行建立现代企业制度的试点。选择的企业涉及汽车、纺织、航天、冶金等重要工业部门，目的就是探索在新的市场经济条件下，如何将传统的国有企业转变成高效益、具有竞争性的现代公司。试点企业本着"产权清晰、权责明确、政企分开、管理科学"的要求，在清产核资、明确企业法人财产权基础上，逐步建立了国有资产出资人制度，建立了现代企业制度的领导体制和组织制度框架，初步形成了企业法人治理结构。从试点企业效果来看，试点企业生产经营总量稳步增长，国有控股企业和实行有限责任公司制的企业生产经营增长较快。

1996 年 7 月，李铁映提出建立现代企业制度既是理论问题，更是实践问题，书本上找不到现成的答案，要从我国企业改革的实践出发，广泛吸收借鉴世界各国企业制度的长处，进行制度创新。他总结了三年来企业试点的九条经验：一是产权多元化有利于搞活企业；二是建立科学、规范的领导体制和组织机构，是企业的制度保障；三是以市场为导向的严格科

---

① 中共中央文献研究室. 改革开放三十年重要文献选编：上册. 北京：中央文献出版社，2008：812.

学管理，是现代企业的基本特征和基本属性；四是以国有资产管理体制改革为突破口，推进政企分开；五是国有企业改革必须综合配套，整体推进；六是建立现代企业制度必须切实解决企业债务、社会负担问题；七是建立现代企业制度必须坚持加强和改善企业党的领导；八是现代企业制度必须全心全意依靠工人阶级，调动广大工人群众的积极性，参与企业改革和发展；九是组建大公司大集团是经济改革和发展的重大战略。[①] 但是，在我国建立现代企业制度的进展并不十分顺利，其中一个关键因素是国有企业覆盖面广、战线拉得长、社会责任负担重。在建立现代企业制度过程中，是否需要在所有行业、所有领域都要拥有国有企业的问题再次被提了出来。

从搞活各类国有企业到"抓大放小"，这是国有企业改革整体部署的一次重要调整，就是要"抓住关键少数，放开一般多数"。按照中央的要求，"重点抓好一批大型企业和企业集团，以资本为纽带，连结和带动一批企业的改组和发展，形成规模经济，充分发挥它们在国民经济中的骨干作用。区别不同情况，采取改组、联合、兼并、股份合作制、租赁、承包经营和出售等形式，加快国有小企业改革步伐"[②]。从 1996 年开始，在"抓大"的指导思想指引下，国家确定了对 1 000 户重点企业分类指导方案，围绕支柱产业、优势企业、名牌产品，集中力量抓好一批大型企业和企业集团，带动一大批关联企业调整和改组，促进生产要素向这些大型优势企业流动。1996 年 3 月，李铁映指出："'抓大'和'放小'是一个问题的两个方面，两者相辅相成。有了一批大型企业和企业集团，就能体现国家实力，就能有效地带动一大批小型企业健康发展，对危困企业的调整余地就大了；小企业进一步放开搞活了，既可以建立和形成为大企业配套

---

① 李铁映 . 改革 开放 探索（下）. 北京：中国人民大学出版社，2008：692 - 708.

② 中共中央文献研究室 . 十四大以来重要文献选编（中）. 北京：人民出版社，1997：1873.

服务、从事专业化生产经营的企业群体，也可以吸纳更多的劳动力，创造市场活力，减轻大企业的负担。搞好大的和放活小的都很重要，可以构成合理的国民经济结构和市场主体结构，两者不可偏废。"①

3. 组建国有企业"航空母舰"

国有企业改革坚持抓大放小，其中组建国有企业"航空母舰"是重要的一招。中共十五大报告明确提出："以资本为纽带，通过市场形成具有较强竞争力的跨地区、跨行业、跨所有制和跨国经营的大企业集团。"事实上，组建国有企业"航空母舰"的设想很早就有了，20世纪80年代上海就创造了"四个一个头"的办法，即核心企业一个头对上承包，一个头工效挂钩，一个头财务结算，一个头统贷统还。

国务院于1990年提出组建100家大型企业集团的设想，并于1991年12月批转了国家计委等《关于选择一批大型企业集团进行试点的请示》，首批选了55家。进行大型企业集团试点的目的是：促进企业组织结构的调整；推动生产要素合理流动；形成群体优势和综合功能；提高国际竞争能力；提高宏观调控的有效性。试点企业集团必须具备的条件是：必须有一个实力强大、具有投资中心功能的集团核心；必须有多层次的组织结构；企业集团的核心企业与其他成员企业之间，要通过资产和生产经营的纽带组成一个有机的整体；企业集团的核心企业和其他成员企业，各自都具有法人资格。选择试点企业集团遵循的原则是：符合国家经济发展战略和产业政策，在生产建设、出口创汇中占有重要地位；提倡采取公有制企业间相互参股的形式，协调中央和地方、核心企业与成员企业之间的利益关系，充分调动各方面的积极性；提倡发展跨地区、跨部门的竞争性企业集团，不搞行业垄断和地区封锁；坚持政企职责分开；既要积极引导，又要慎重稳妥，切忌一哄而起。试点企业集团享有政策方面的许多优惠。国家计委等还发布了《试点企业集团审批办法》，有关部门赋予它们在生产计划、基建投资和技改投资、进出口、物资能源供应、财务、信贷、工资等方面实行国家计划单列。其中一些集团还获得国有资产授权经营，这些企业包括：东风汽车集团、东方电气集团、中国重型汽车集团、第一汽车集团、中国五矿集团、天津渤海化工集团和贵州航空工业集团。到1995年，试点企业集团发展到56家，后又增至57家。

1997年4月，国务院批转国家计委等《关于深化大型企业集团试点工作的意见》，提出要按照建立现代企业制度和搞好整个国有经济的要求，重点抓好一批大型企业集团，连结和带动一批企业的改组和发展，促进结构调整，形成规模经济，提高国有资产的营运效率和效益，积极发挥大型企业集团在国民经济中的骨干作用。其主要内容包括：深化企业集团试点工作的必要性和目的；建立以资本为主要联结纽带的母子公司体制；进一步增强试点企业集团母公司的功能；多渠道增补试点企业集团资本金，发挥其在结构调整中的作用；加强对试点企业集团的监督、考核；扩大大型试点企业集团的范围和条件；做好试点企业集团的组织和领导工作。文件特别指出，深化大型企业集团试点工作要达到的目的是：在国民经济的关键领域和关键行业中形成一批大型企业集团，积极发挥大型企业集团在国民经济中的骨干作用；20世纪末大型企业集团母子公司初步建立现代企业制度，建立以资本为主要联结纽带的母子公司体制；推动生产要素的合理流动和资源的优化配置，连结和带动一批企业的改组和发展，形成规模经济，增强在国内外市场上的竞争力；提高国有资产的营运效率和效益，确保国有资产的保值增值；转变政府职能，逐步实现政企分开。《关于深化大型企业集团试点工作的意见》提出了扩大大型企业集团试点的具体要求，随后大型企业集团试点企业由57家增加至120家。

国家要求企业集团试点要切实做好六方面工作：一是要加快大型企业集团的现代企业制度建设，关键是要抓好试点企业集团母公司按照《中华人民共和国公司法》进行规范和改制；二是要依靠企业集团具有独特的产品、独特的技术，建立企业集团真正的市场优势；三是要在结构调整中促进企业集团的发展，积极支持它们对国有资产存量进行重组，把调整存量资产与企业转换机制结合起来；四是要加强企业集团内部管理制度的建设；五是要加强试点企业集团经营者队伍的建设；六是要进一步推进各项配套改革。1998 年 3 月，国家体改委印发了《关于企业集团建立母子公司体制的指导意见》，目的就是指导企业集团确立母子公司的出资关系，建立资本联结纽带，完善集团功能；规范母子公司的权利、义务关系，充分发挥企业集团的整体优势；促进集团成员企业的公司制改造，加快建立现代企业制度；培育多元投资主体，优化国有资本结构。《关于企业集团建立母子公司体制的指导意见》为加快企业集团建立现代企业制度步伐，促进企业集团规范、健康发展提供了模式。

组建大型企业集团逐渐由中央要求转变为地方政府和大企业的自觉行动。但在这一过程中，也出现了贪大求快、"凑大个"的做法。在国务院机构改革中，一些部门改制为行政性公司，其原有政府职能没有变，却增加了经济实体的公司身份，其聚合全行业力量进而垄断市场的性质十分明显。中央部分行业主管部门也力图通过国有资产授权经营，将自己转为行业性控股公司。这种被经济学家称为"产权关系行政化"的倾向损害了国有经济"航空母舰"的试点建设。

1998 年 1 月，国家计委宏观经济研究院的一份报告指出了企业集团发展的问题：有些企业集团以为把一些重要企业纳入集团内部，就能很快进入到世界级大企业行列；有些企业集团进行大规模扩张，兼并了许多没有优势的企业；有些地方政府和政府部门热衷于实行"拉郎配"，或者全行业成建制地变成一个大公司。这只可能把核心企业、好企业拖垮。报告提出，不要把规模经济等同于经济规模，不要不切实际地追求多元化经营，不能过分强调低成本扩张，不能认为资产经营高于生产经营。

4. "待业保险"和"再就业"

在国有企业"抓大放小"改革进程中也存在着许多思想认识上的混乱，一些人认为"放小"会把公有制变为私有制、削弱公有制的主体地位、导致国有资产流失等。对此，李铁映曾专门进行了论述。他指出："所有制性质与所有制的实现形式没有必然联系。同一所有制性质可以有多种实现形式，不同的所有制性质也可以采用同一实现形式。""企业的组织形式和企业经营方式，是手段，不是目的，不存在姓'资'姓'社'的问题。公司制、承包、租赁、托管、委托经营、兼并、收购、出售和股份制等，都是手段，公有制都可以采用。我国国有企业数量众多，大小不一，类型各异，所处行业和地位不同，国家对不同企业的经营目标要求也不同，这就决定了国有经济的实现形式必然是多样化的。"[①]

在我国国有小企业改革过程中采取的主要形式包括：改造成混合型企业；出售部分国有资产成为股份制企业；通过清产核资形成非国有比重超过国有比重的股份制企业；将债券变股份形成企业职工入股企业；租股结合使企业家成为核心，形成股份合作制企业；国有资产租赁形成租赁合约上的个体式经营；国有资产租赁收回成本实现民有民营；兼并重组形成企业集团；公开拍卖实现民有民营；依法实施破产。到 2001 年底，全国国有小型工业企业改制已达 81.6%。一些有发展潜力的小企业逐步向"专、精、特、新"方向发展。

允许企业破产是我国国有企业改革实践中遇到的严峻挑战。1986 年

---

① 李铁映. 改革 开放 探索（下）. 北京：中国人民大学出版社，2008：626.

沈阳防爆器械厂宣告破产，这是第一家宣告破产的国有企业。1986 年 12 月，《中华人民共和国企业破产法（试行）》颁布。国有企业破产最大的问题是职工安置问题，国家政策重点支持纺织、煤炭、有色、冶金、军工等行业国有大中型亏损企业的关闭破产、安置职工等。在 1986 年 7 月颁行的《国营企业职工待业保险暂行规定》基础上，国务院又于 1993 年 4 月颁布了经过修改、补充和完善的《国有企业职工待业保险规定》，从而形成了我国失业保险制度的雏形。到 1995 年底，全国参加企业职工失业保险的在职职工有 8 238 万人，占国有企业职工总数的 72.78%；同年失业保险基金收入 35.29 亿元，支出 18.87 亿元，当年结余 16.42 亿元，历年滚存结余 68.42 亿元。1995 年领取失业救济金的城镇失业人员达 153 万人。

解决好国有企业改革中下岗职工"再就业"问题，不仅成为我国经济生活中的重要课题，而且成为建立社会主义市场经济体制的重要内容。1997 年 1 月，国务院召开全国国有企业职工再就业工作会议，提出"鼓励兼并、规范破产、下岗分流、减员增效、实施再就业工程"的方针。1998 年 5 月，中共中央、国务院再次召开国有企业下岗职工基本生活保障和再就业工作会议，会后发出《关于切实做好国有企业下岗职工基本生活保障和再就业工作的通知》，提出争取用 5 年左右时间初步建立适应社会主义市场经济体制要求的社会保障体系和就业机制。2002 年 9 月，中共中央、国务院召开全国再就业工作会议。江泽民指出：扩大就业，促进再就业，关系改革发展稳定的大局，关系人民生活水平的提高，关系国家的长治久安，不仅是重大的经济问题，也是重大的政治问题。同时，他提出要正确处理五个方面的关系：一是正确处理发展和扩大就业的关系，实现二者之间的良性互动；二是正确处理经济结构调整和扩大就业的关系，使经济结构调整和劳动力结构调整协调推进；三是正确处理深化改革和扩大就业的关系，坚持减员增效和促进再就业相结合、职工下岗分流和社会承受能力相适应原则；四是正确处理城乡经济协调发展和扩大就业的关系，把引导农村富余劳动力转移和解决"三农"问题紧紧联系起来；五是正确处理完善社会保障体系和扩大就业的关系，通过实行"两个确保"①解决保障基本生活的当务之急，通过促进再就业解决下岗失业人员的根本出路，通过完善社会保障体系为深化改革和扩大就业提供保障。②

5. 国有经济"有进有退，有所为有所不为"

1999 年 9 月，中共十五届四中全会专门讨论了我国国有企业改革问题，并通过《中共中央关于国有企业改革和发展若干重大问题的决定》。这是我国国有企业改革进程中一次重要的会议，会议审议通过的《中共中央关于国有企业改革和发展若干重大问题的决定》是指导我国国有企业改革与发展的行动纲领。

《中共中央关于国有企业改革和发展若干重大问题的决定》明确指出："综合国力越来越成为决定一个国家前途命运的主导因素。我们要增强国家的经济实力、国防实力和民族凝聚力，就必须不断促进国有经济的发展壮大。包括国有经济在内的公有制经济，是我国社会主义制度的经济基础，是国家引导、推动、调控经济和社会发展的基本力量，是实现广大人民群众根本利益和共同富裕的重要保证。"这一决定对于国有企业地位和作用给予充分肯定，指出"国有企业是我国国民经济的支柱。发展社会主义社会的生产力，实现国家的工业化和现代化，始终要依靠和发挥国有企业的重要作用"。"必须敏锐地把握国内外经济发展趋势，切实转变经济增长方式，拓展发展空间，尽快形成国有企业的新优势。"这一决定还对国

---

① "两个确保"是指确保企业离退休人员基本养老金按时足额发放、确保国有企业下岗职工基本生活。

② 江泽民. 江泽民文选：第 2 卷. 北京：人民出版社，2006：506，510 - 512.

有企业在我国经济体制改革中的中心环节进行了进一步论述，指出："国有企业改革是整个经济体制改革的中心环节。建立和完善社会主义市场经济体制，实现公有制与市场经济的有效结合，最重要的是使国有企业形成适应市场经济要求的管理体制和经营机制。必须继续解放思想，实事求是，以有利于发展社会主义社会的生产力、有利于增强社会主义国家的综合国力、有利于提高人民的生活水平为根本标准，大胆利用一切反映现代社会化生产规律的经营方式和组织形式，努力探索能够极大促进生产力发展的公有制多种实现形式，在深化国有企业的改革上迈出新步伐。"

这一决定提出了我国国有企业改革的目标任务，指出："到二〇一〇年，国有企业改革和发展的目标是：适应经济体制与经济增长方式两个根本性转变和扩大对外开放的要求，基本完成战略性调整和改组，形成比较合理的国有经济布局和结构，建立比较完善的现代企业制度，经济效益明显提高，科技开发能力、市场竞争能力和抗御风险能力明显增强，使国有经济在国民经济中更好地发挥主导作用。"《中共中央关于国有企业改革和发展若干重大问题的决定》提出了国有企业改革与发展的 10 条指导方针，即：以公有制为主体，多种所有制经济共同发展；从战略上调整国有经济布局和改组国有企业；改革同改组、改造、加强管理相结合；建立现代企业制度；推动企业科技进步；全面加强企业管理；建立企业优胜劣汰的竞争机制；协调推进各项配套改革；全心全意依靠工人阶级，发挥企业党组织的政治核心作用；推进企业精神文明建设等。

这一决定提出了从战略上调整国有经济布局和结构的指导思想和原则。指导思想就是在社会主义市场经济条件下，国有经济在国民经济中的主导作用主要体现在控制力上。一是国有经济的作用既要通过国有独资企业来实现，更要大力发展股份制，探索通过国有控股和参股企业来实现。二是国有经济在关系国民经济命脉的重要行业和关键领域占支配地位，支

撑、引导和带动整个社会经济的发展，在实现国家宏观调控目标中发挥重
要作用。三是国有经济应保持必要的数量，更要有分布的优化和质的提
高；在经济发展的不同阶段，国有经济在不同产业和地区的比重可以有所
差别，其布局要相应调整。指导原则就是从战略上调整国有经济布局，要
同产业结构的优化升级和所有制结构的调整完善结合起来，坚持有进有
退，有所为有所不为。对国有经济在整个国民经济中的比重会有所减少问
题，这一决定指出："只要坚持公有制为主体，国家控制国民经济命脉，
国有经济的控制力和竞争力得到增强，这种减少不会影响我国的社会主义
性质。"

三、经济体制改革取得突破性进展

从中共十四大到中共十五大的五年，我国的经济体制改革全面推进、
成效明显，按照建立社会主义市场经济体制的总体要求和规划蓝图，积极
推进了包括财政、税收、金融、外贸、计划、投资、价格、流通、住房和
社会保障等体制改革。过去曾经很难有效推动的各个领域的改革，在总体
目标和规划蓝图的指引下均取得了关键性突破和成效。市场在资源配置中
的基础性作用明显增强，宏观调控体系的框架初步建立，中国特色社会主
义市场经济体制释放出了潜力巨大的改革红利，显示出了朝气蓬勃的生命
力。特别是财税、金融、投资、计划和外贸体制改革成为标志性的"五项
改革"。

需要说明的是，在20世纪90年代的经济体制改革中，借鉴和听取海
外专家的意见已经成为一种惯例。例如：1994年5月举办的"中国北京
国际高级经济论坛会议"；7月在北戴河召开的"控制通货膨胀政策高级
国际研讨会"；7月在香山饭店举行的"现代企业制度高级国际研讨会"；

8月在北京京伦饭店召开的"中国经济体制的下一步改革国际研讨会"。"京伦会议"主要讨论微观经济学问题，被认为是微观经济学最新发展在中国的传播，并与"巴山轮会议"相提并论。会后，如"公司治理结构""有限理性""不对称信息""不完全契约""内部人控制""逆向选择""道德风险""现金拍卖""结构性商谈"流行开来。

1. 计划与投资体制改革

在我国计划经济体制下，计划体制和投资体制是紧密联系在一起的。计划是投资的依据，投资是计划的实施。20 世纪 90 年代我国计划体制改革的主要内容包括：一是进一步转变计划管理职能，国家计划总体上实行以市场为基础的指导性计划；二是突出国家计划的宏观性、战略性、政策性，把重点放在中长期计划上，综合协调宏观经济政策和经济杠杆的运用；三是建立新的国民经济核算体系，完善宏观经济监测预警系统。

这一时期我国投资体制改革的主要方面是：打破了传统计划经济体制下高度集中的投资管理模式，初步形成了投资主体多元化、资金来源多渠道、投资方式多样化、项目建设市场化的新格局。可以看出，投融资体制改革逐步深化，投融资渠道进一步拓宽，投融资方式实现多样化，初步建立了项目法人责任制、招标投标制、合同制、工程监理制。

这一时期投资体制的基本特点有：一是建立项目分类管理投资体制。将投资项目分为公益性、基础性和竞争性三类，分别采用政府投资建设、政府投资为主、企业投资建设的方式。确立了企业为基本的投资主体地位。二是完善金融机构职能分工。形成四大商业银行和三大政策性银行专业分工、各司其职的格局，允许建设项目业主和贷款商业银行互相选择，商业银行运作更加体现市场化。三是建立投资责任约束与风险约束机制。实施项目法人责任制与资本金制度，强化"谁投资、谁决策、谁承担风险"原则。四是完善宏观调控体系，改善宏观调控方式。五是公开招标制度逐步立法化。公开招标制度通过立法的形式确定下来，加强了市场化竞争环境建设，有助于进一步规范招标活动，提高经济效益，保证项目质量，保护国家利益、社会公众利益以及投标当事人合法权益。六是加强投资建设监督及配套服务体系。七是进一步加大简政放权力度。

2. 财政体制改革：实行分税制

20世纪80年代我国中央和地方的财政关系采取"分灶吃饭"，并根据不同地区情况实行"一省（市、区）一率"体制。具体做法就是地方对中央收入递增包干、总额分成、增收分成、定额上解。总的思路就是"包"，即地方对中央实行上解"承包"。但在实际操作中却出现了地方采取"藏富于企业"的办法，造成"不增长"假象；然后又通过各种摊派收取企业费用归地方支配。在这种情况下，实行分税制成为一种主要思路。从1993年9月开始，朱镕基带队进行调研和说服工作，走了17个省、市、区，历时70多天。

在此基础上，按照"统一税法、公平税负、简化税制、合理分权"的原则，1993年12月国务院颁布《关于实行分税制财政管理体制的决定》，决定从1994年1月1日起改革现行地方财政包干体制，实行分税制财政管理体制。这次分税制改革的指导思想就是要进一步理顺中央与地方的财政分配关系，更好地发挥国家财政的职能作用，增强中央的宏观调控能力，促进社会主义市场经济体制的建立和国民经济持续、快速、健康发展。分税制改革的原则和主要内容有：一是按照中央与地方政府的事权划分，合理确定各级财政的支出范围；二是根据事权与财权相结合的原则，将税种统一划分为中央税、地方税和中央地方共享税，并建立中央税收和地方税收体系，分设中央与地方两套税务机构分别征管；三是科学核定地方收支数额，逐步实行比较规范的中央财政对地方的税收返还和转移支付制度；四是建立和健全分级预算制度，硬化各级预算约束。

分税制改革很快就取得了显著成效。1994 年税收增加 900 多亿元。1994—2002 年，全国财政收入年均增长 17.5%，其中，中央财政收入占全国财政收入的比重提高了 33 个百分点，年均增长 16.7%，地方财政收入年均增长 19%。中央财政充实后，对重点工程建设的投资力度明显加大，中央向地方的转移支付金额年均增长 36%。

3. 金融体制改革：三大体系建设

1993 年 7 月，全国金融工作会议提出了我国金融体制改革的目标是建立三大体系。1993 年 12 月国务院作出《关于金融体制改革的决定》，明确提出我国金融体制改革的目标是：建立在国务院领导下，独立执行货币政策的中央银行宏观调控体系；建立政策性金融与商业金融分离，以国有商业银行为主体、多种金融机构并存的金融组织体系；建立统一开放、有序竞争、严格管理的金融市场体系。《关于金融体制改革的决定》还明确了金融体制改革的具体措施：一是确立强有力的中央银行宏观调控体系。把中国人民银行办成真正的中央银行，其主要职能是对金融机构实行严格的监管，保证金融体系安全、有效地运行。二是建立政策性银行。目的就是实现政策性金融和商业性金融分离，以解决国有专业银行身兼二任问题，割断政策性贷款与基础货币的直接关系，确保中国人民银行调控基础货币的主动权。政策性银行要加强经营管理，坚持自担风险、保本经营、不与商业性金融机构竞争的原则，其业务受中国人民银行监管。三是把国家专业银行办成真正的国有商业银行。四是建立统一开放、有序竞争、严格管理的金融市场。五是改革外汇管理体制，协调外汇政策与货币政策。外汇管理是中央银行实施货币政策的重要组成部分。我国外汇管理体制改革的长期目标是实现人民币可兑换。六是正确引导非银行金融机构稳健发展。七是加强金融业的基础建设，建立现代化的金融管理体系。

金融体制改革的具体进程如下：一是八届全国人大三次会议于 1995

年 3 月审议通过了《中华人民共和国中国人民银行法》，这是中国的中央银行法，也是新中国第一部金融大法。二是先后组建了独立运转的三家政策性银行，即国家开发银行、中国进出口银行和中国农业发展银行，专门办理政策性信贷业务。国家开发银行承担为国家大型重点项目提供专项贷款业务；中国进出口银行主要为大宗进出口贸易提供专项贷款，为大型成套机电设备进出口提供信贷服务；中国农业发展银行承担国家粮油储备、农副产品合同收购和为农业基本建设发放专项贷款，并代理财政支农资金的拨付和监督。三是实行专业银行商业化。1995 年 5 月 10 日，第八届全国人大常委会第十三次会议通过《中华人民共和国商业银行法》，自 7 月 1 日起施行。它是调整和规范商业银行的设立、变更、终止及其业务活动的基本法律，旨在与国际金融制度接轨。工、农、建、中四大商业银行由"事业单位"变为独立经营的企业。四是支持城市合作银行发展。1995 年 9 月 7 日，国务院决定自 1995 年起在大中城市分期分批设立城市合作银行，城市合作银行是在城市信用合作社的基础上，由城市企业、居民和地方财政投资入股组成的股份制商业银行，其主要任务是：融通资金，为本地区经济的发展，特别是城市中小企业的发展提供金融服务。

4. 外贸体制改革

我国在坚持扩大内需方针的同时，丝毫没有放松扩大出口的努力，深化外贸体制改革。1994 年 1 月，国务院作出《关于进一步深化对外贸易体制改革的决定》，提出我国对外贸易体制改革的目标是：统一政策、放开经营、平等竞争、自负盈亏、工贸结合，推行代理制，建立适应国际经济通行规则的运行机制。具体内容主要包括：一是改革外汇管理体制，促进对外贸易发展。二是运用法律、经济手段，完善外贸宏观管理，使对外贸易按客观经济规律运行，充分利用国际国内两个市场、两种资源，优化资源配置。三是转换外贸企业经营机制，逐步建立现代企业制度。四是强化进出口商会的协调服务职能，完善外贸经营的协调服务机制。五是保持外贸政策的统一性，增强外贸管理的透明度。

20世纪90年代外贸体制改革的主要内容包括以下几个方面：一是面对亚洲金融危机，我国坚持人民币不贬值，果断采取一系列鼓励出口的政策措施。坚持实施市场多元化战略和以质取胜战略，大力开拓新兴市场，着力改善出口商品结构，提高质量和档次。深化外经贸体制改革，推进外贸经营主体多元化，提高口岸管理水平和通关能力。二是我国鼓励有条件的各类所有制企业走出去，开拓国际市场，到境外投资办企业，带动设备、零部件出口和劳务输出。根据不同国家的情况，分别采取不同的投资、合作方式。对发展中国家特别是周边国家提供经济技术援助，开展带资承包，投资经营，提供无息、低息贷款。这样，既有利于巩固传统友谊，又有利于互惠互利、共同发展，意义重大。三是根据国际资本流动的新特点，我国抓住机遇，积极扩大利用外资，着力提高利用外资质量，把吸收外资同国内产业结构调整、国有企业改组改造、西部大开发结合起来。这就极大地推动了投资环境的改善，交通、通信设施等硬环境大为改观；努力完善法制，提高政策透明度，提供优质服务，软环境也有很大改进。这是增强对外资吸引力的根本有效之举。

第四节　全方位对外开放格局的形成

20世纪90年代中国积极构建全方位对外开放格局，按照中共十四大和中共十四届三中全会《中共中央关于建立社会主义市场经济体制若干问题的决定》的要求，加快对外开放步伐，充分利用国际国内两个市场、两种资源，优化资源配置；积极参与国际竞争与国际经济合作，发挥我国经济的比较优势，发展开放型经济，使国内经济与国际经济实现互接互补；

依照我国国情和国际经济活动的一般准则，规范对外经济活动，正确处理对外经济关系，不断提高国际竞争能力。

一、加快浦东开发开放

推动浦东开发开放是 20 世纪 90 年代中国构建全方位对外开放格局的关键一步，由此掀起了中国更深层次的对外开放热潮。上海不同于其他地方，是我国经济、金融、贸易中心。开发浦东是树立我国对外开放形象的重大决策，是向世界表明我国对外开放的坚定决心。早在 1989 年政治风波之后，邓小平就明确指出："要把进一步开放的旗帜打出去，要有点勇气。""要多做几件有利于改革开放的事情。""现在国际上担心我们会收，我们就要做几件事情，表明我们改革开放的政策不变，而且要进一步地改革开放。"① 1991 年初，邓小平在上海视察时谈到对外开放和试办经济特区时说：上海开发晚了。如果当时就确定在上海也设经济特区，现在就不是这个样子。"浦东如果像深圳经济特区那样，早几年开发就好了。开发浦东，这个影响就大了，不只是浦东的问题，是关系上海发展的问题，是利用上海这个基地发展长江三角洲和长江流域的问题。抓紧浦东开发，不要动摇，一直到建成。只要守信用，按照国际惯例办事，人家首先会把资金投到上海，竞争就要靠这个竞争。"② 上海浦东的开发开放就成为这一时期的亮点。

关于开发上海浦东说到底是个时机问题。早在 1988 年 5 月上海市政府举办的"浦东新区开发国际研讨会"上，时任上海市委书记的江泽民就阐述了开发浦东的必要性："上海作为全国最大、位置最重要的一座开放

---

① 邓小平 . 邓小平文选：第 3 卷 . 北京：人民出版社，1993：313.
② 同①366.

城市，应该更进一步改革开放。开发浦东，建设国际化、枢纽化、现代化的世界一流新市区，是完全符合党的十三大精神的。我们一定要把这件事情办成。"① 1990 年初，时任上海市市长的朱镕基向邓小平汇报开发浦东的战略设想并得到他的支持。1990 年 4 月，总理李鹏在上海宣布："中共中央、国务院决定，要加快上海浦东地区的开发，在浦东实行经济技术开发区和经济特区的政策。这是我们为深化改革、扩大开放作出的又一重大部署。"1990 年 6 月 2 日，中共中央、国务院发出《关于开发和开放浦东问题的批复》，指出"开发和开放浦东是一件关系全局的大事，一定要切实办好"。"有计划、有步骤、积极稳妥地开发和开放浦东，必将对上海和全国的政治稳定与经济发展产生极其重要的影响。"② 陈锦华回忆上海浦东开发开放时说："20 世纪 90 年代初，邓小平同志曾经讲过，上海是中国的王牌，要打好这张王牌。""上海这张王牌，只有放在世界牌桌上，才能在开放和发展上作出大文章。"③

抓住时机以开发开放浦东为龙头，带动长江三角洲和沿江地区开发开放和经济发展，这是我国在 20 世纪 90 年代初经济发展区域布局和扩大对外开放格局的一个重要战略决策。长江三角洲和沿江地区近代以来都是我国经济、科技、文化发展的第一方阵，新中国成立以来因为受到国际冷战格局和我国国防安全因素的影响，建设与发展一度受到制约。尽管如此，这里仍然是我国经济最发达的地区之一，在我国经济发展中具有举足轻重的地位和作用。1992 年 6 月，江泽民在国务院召开的长江三角洲及长江沿江地区经济发展规划座谈会上指出："这一地区将成为继沿海开放地区之后一个开发潜力最大、有可能上得最快的经济发展的先行区。可以这样

① 江泽民 . 江泽民文选：第 1 卷 . 北京：人民出版社，2006：35.
② 陈夕 . 中国共产党与经济特区 . 北京：中共党史出版社，2014：293.
③ 陈锦华 . 开放与国家盛衰 . 北京：人民出版社，2010：序，4.

说，长江三角洲和沿海地区开发开放的快慢，将在很大程度上决定我国实现第二步战略目标乃至整个社会主义现代化的进程。"① 作出这样的重要战略决策，其中重要的考量，一是向世界宣布中国的改革开放和现代化建设事业不会倒退，中国将坚持改革开放以来的一系列行之有效的路线、方针、政策；二是抓住战略发展机遇期，不落后于亚太地区其他国家的经济发展，并在增长速度方面超过它们。

浦东开发开放 30 年来，取得了举世瞩目的成就。经济实现跨越式发展，生产总值从 1990 年的 60 亿元跃升到 2019 年的 1.27 万亿元，财政总收入从开发开放初期的 11 亿元增加到 2019 年的逾 4 000 亿元，浦东以全国 1/8 000 的面积创造了全国 1/80 的国内生产总值、1/15 的货物进出口总额。在这里诞生了第一个金融贸易区、第一个保税区、第一个自由贸易试验区及临港新片区、第一家外商独资贸易公司等一系列"全国第一"。核心竞争力大幅度增强，基本形成以现代服务业为主体、战略性新兴产业为引领、先进制造业为支撑的现代产业体系，承载了上海国际经济中心、金融中心、贸易中心、航运中心、科技创新中心建设的重要功能。人民生活水平整体性跃升，2019 年浦东城乡居民人均可支配收入达到 71 647 元，人均预期寿命从 1993 年的 76.10 岁提高到 84.46 岁，城镇人均住房建筑面积从 1993 年的 15 平方米提高到 42 平方米。

二、构建全方位对外开放格局

按照中共十四大和中共十四届三中全会要求，中国的对外开放格局在 20 世纪 90 年代取得了突出的成效。

---

① 江泽民. 江泽民文选：第 1 卷. 北京：人民出版社，2006：206 - 207.

1. 发展开放型经济，增强国际竞争力

第一，实行全方位开放。继续推进经济特区、沿海开放城市、沿海开放地带，以及沿边、沿江和内陆中心城市的对外开放，充分发挥开放地区的辐射和带动作用；加快主要交通干线沿线地带的开发开放；鼓励中、西部地区吸收外资开发和利用自然资源，促进经济振兴；统筹规划，认真办好经济技术开发区、保税区，形成既有层次又各具特点的全方位开放格局。第二，进一步改革对外经济贸易体制，建立适应国际经济通行规则的运行机制。坚持统一政策、放开经营、平等竞争、自负盈亏、工贸结合、推行代理制的改革方向。加速转换各类企业的对外经营机制，按照现代企业制度改组国有对外经贸企业，赋予具备条件的生产和科技企业对外经营权，发展一批国际化、实业化、集团化的综合贸易公司。改革进出口管理制度，取消指令性计划，减少行政干预；对少数实行数量限制的进出口商品的管理，按照效益、公正和公开的原则，实行配额招标、拍卖或规则化分配。第三，积极引进外来资金、技术、人才和管理经验。改善投资环境和管理办法，扩大引资规模，拓宽投资领域，进一步开放国内市场。创造条件对外商投资企业实行国民待遇，依法完善对外商投资企业的管理。引导外资重点投向基础设施、基础产业、高新技术产业和老企业的技术改造，鼓励兴办出口型企业。发挥我国资源和市场的比较优势，吸引外来资金和技术，促进经济发展。

中共十五大明确提出：面对经济、科技全球化趋势，我们要以更加积极的姿态走向世界，完善全方位、多层次、宽领域的对外开放格局，发展开放型经济，增强国际竞争力，促进经济结构优化和国民经济素质提高。这实际上给我国经济发展和经济结构调整提出了新的要求，那就是要更加积极地实行对外开放，抓住战略机遇期形成我国新的对外开放格局；要更加积极地走向世界市场，发展开放型经济，开拓广阔的市场空间；要更加积极地运用有利于我国经济和科技发展的外部因素，加快经济结构优化升级和国民经济素质提高。这些要求在中国面向 21 世纪新挑战、积极参与经济全球化进程中，都得到了很好的推进。

2. 积极参与国际经济技术合作和竞争

20 世纪 90 年代我国面临着十分复杂的国际格局变化和国际关系挑战，其中最大的挑战来自苏联解体、东欧剧变，战后资本主义和社会主义两大阵营的对抗因此而发生改变。作为被美国等西方国家视为最大社会主义国家的中国，受到了它们更大的政治经济打压和意识形态围攻。

这一时期中国积极参与国际经济合作和竞争，以一个崭新的负责任大国的形象开展了一系列重大国际活动，为中国经济社会发展赢得了宝贵的发展时机和发展空间，取得了突出的成就。其基本特点有：一是我国提出要积极致力于发展以不结盟、不对抗、不针对第三方为主要特征的新型大国关系。据此分别与俄罗斯、美国、法国、英国、日本及欧盟成员国等建立了发展面向 21 世纪双边关系的基本框架。与其他发达国家的关系也取得了新的进展。二是我国积极发展与周边国家的睦邻友好关系，维护和平与稳定，促进共同发展。成为东盟"全面对话伙伴国"，与印度建立面向21 世纪的建设性合作伙伴关系，与巴基斯坦构筑面向 21 世纪的全面合作伙伴关系，与中亚五国建交并形成"上海五国机制"（中国、哈萨克斯坦、吉尔吉斯斯坦、俄罗斯、塔吉克斯坦），奠定上海合作组织基础。积极参与朝鲜半岛和平稳定磋商与对话。三是加强与广大发展中国家的友好合作关系，召开中非合作论坛，促进与拉美和加勒比国家关系发展，中国根据反对霸权主义和强权政治、维护广大发展中国家权益原则，继续以联合国为中心参与多边外交各领域活动，推动建立国际政治经济新秩序。四是中国以更加开放的姿态积极参加一系列地区性多边组织，坚定支持在平等参与、协商一致、求同存异、循序渐进原则下开展多形式、多层次、多渠道的区域性对话与合作，2001 年在上海成功举办亚太经合组织（APEC）第九次领导人非正式会议。

最能够反映中国对外经济发展的就是中国对外贸易发展情况，这一时期中国对外贸易增速明显，1992—2001 年我国进出口总额年均增长18.55%，其中出口年均增长 18.79%，进口年均增长 18.3%。这十年间呈现出前期增长迅速，后期有所放缓的局面。1992—1996 年中国进出口总额年均增速高达 27.54%，其中出口年均增速为 28.06%，进口年均增速为 27%，体现出邓小平南方谈话和中共十四大之后中国经济社会快速发展的基本特点。1997—2001 年中国进出口总额年均增速为 11.82%，其中出口年均增速为 11.86%，进口年均增速为 11.77%，亚洲金融危机等外部因素对我国进出口的影响显而易见。1992—2001 年我国对外贸易情况见表 4 - 1。

表 4 - 1　　　　　　　1992—2001 年我国对外贸易情况

年份	进出口总额（亿元）	出口（亿元）	进口（亿元）	贸易差额（亿元）
1992	9 119.62	4 676.29	4 443.33	232.96
1993	11 271.02	5 284.81	5 986.21	−701.4
1994	20 381.9	10 421.84	9 960.06	461.78
1995	23 499.94	12 451.81	11 048.13	1 403.68
1996	24 133.86	12 576.43	11 557.43	1 019
1997	29 967.24	16 660.68	13 306.56	3 354.12
1998	26 849.68	15 223.54	11 626.14	3 597.4
1999	29 896.23	16 159.77	13 736.46	2 423.31
2000	39 273.25	20 634.44	18 638.81	1 995.63
2001	42 183.62	22 024.44	20 159.18	1 865.26

资料来源：国家统计局。

三、沉着应对亚洲金融危机

1997 年爆发的亚洲金融危机是对改革开放中的中国的一次大考。这场金融危机从东南亚迅速蔓延到整个亚洲，日本、韩国等经济强国都受到了很大冲击。东南亚各国纷纷采取货币贬值政策，而且一贬再贬。但是改革开放的中国经受住了这场严重的金融危机和经济压力的考验，坚持人民币不贬值，不仅使自己渡过了危机，同时力挽狂澜为亚洲不少国家特别是新加坡这样的金融国家渡过危机作出了巨大的牺牲和特别的贡献。1999年3月，朱镕基铿锵有力地说：中国在这场风暴中"站得笔直"。

中国能够采取积极应对措施的一个重要原因是中国改革开放取得了巨大成就，不仅积累了比较雄厚的物质基础，而且凝聚了巨大的精神力量。这为我们成功克服亚洲金融危机带来的冲击创造了有利条件，也有力地证明了我国的改革开放"方向是正确的，信念是坚定的，步骤是稳妥的，方式是渐进的，取得的成就是巨大的"①。

1. 亚洲金融危机的爆发

亚洲金融危机是从1997年7月2日泰国宣布放弃固定汇率制而实行浮动汇率制开始的。由于国际炒家对泰铢的操控，当天泰铢兑美元汇率下降17%，导致外汇及金融市场出现混乱。此后，菲律宾比索、印度尼西亚盾、马来西亚林吉特等相继成为国际炒家的攻击对象。8月，一向坚挺的新加坡元受到攻击。10月下旬，香港联系汇率制受到攻击，23日香港恒生指数大跌1 211.47点，28日下跌1 621.80点。11月中旬韩国爆发金融风暴，11月17日韩元兑美元汇率跌至1 008：1，12月13日跌至1 737.6：1。因日本在韩投资因素，又引发日本不少银行和企业出现危机，日元兑美元汇率1997年6月约为115：1，1998年4月降为133：1，五六月间一度跌至接近150：1。俄罗斯受到冲击，调整卢布兑美元汇率，并宣布卢布贬值70%。亚洲经济受到重创。

---

① 江泽民. 江泽民文选：第2卷. 北京：人民出版社，2006：62.

亚洲金融危机的诱因是多方面的：一是国际游资和国际炒家牟利的炒作，当时全球约有 7 万亿美元国际流动资本；二是亚洲一些国家外汇政策存在漏洞，外债结构不合理和外债过多，特别是保持固定汇率和金融自由化之间的张力控制不够；三是本国不良资产膨胀和依赖外债促进发展的透支性经济增长；四是出口导向战略造成的发展中国家互相挤压引发国际收支不平衡；五是经济全球化的不良影响，资本流动冲击和国际分工不合理。

亚洲金融危机爆发后，国内外都十分关注中国。如果中国在这场突如其来的危机中站不住脚跟，那就必然会使危机进一步蔓延，对整个亚洲甚至全世界的经济都会产生严重冲击。

2. 积极应对金融危机

中国人民银行行长戴相龙于 1997 年 8 月 17 日阐述了中国的立场：中央银行将坚决执行适度从紧的货币政策，同时适当调节宏观调控力度，改进金融服务，促进国民经济持续、快速、健康发展。央行采取了三方面措施：一是合理掌握贷款增量，国家银行严格控制信贷规模，切实加强现金管理。同时，安排好产品有市场、有效益、还款付息能力有保证企业的流动资金贷款，支持产品有市场、经济效益好的在建工程加快建设进度，适当扩大科技贷款的投入。二是加大对经济结构调整的力度。对一些效益好的、还款付息有保证的基础建设项目，允许其由借外债改为适当增加人民币贷款。积极按条件发放"安居工程"贷款，适当增加居民购房抵押贷款，促进中低档商品房的销售。支持企业横向联合，培育企业集团，支持经济区内大型企业的战略性改组。按照有关法规用好国家银行呆账准备金，支持企业兼并、破产和再就业。三是及时研究和完善信贷政策，支持在市场中有竞争能力的中小企业的发展。

为防范和化解金融风险，创造良好的金融环境，中央银行进一步加强对金融机构的监督力度，坚决取缔非法设立的金融机构和非法金融活动，防范和打击各种金融犯罪活动。

1997 年 11 月 17 日至 19 日，中共中央、国务院在北京召开全国金融工作会议。这是一次在关键时刻召开的重要会议，会议的目的就是正确估量当前经济、金融形势，充分认识进一步深化金融改革和整顿金融秩序、防范和化解金融风险的重要性和紧迫性，明确做好这项工作的总体要求、指导原则、主要任务和重要措施。江泽民在讲话中指出："中央作出进一步深化金融改革和整顿金融秩序、防范和化解金融风险的部署，是审时度势、见微知著、把握大局、因势利导的重要决策。"他同时提出了具体要求：一是按照建立社会主义市场经济体制的要求，加快和深化金融改革，切实把银行办成真正的银行。他指出："把银行办成真正的银行，核心问题是要正确认识和处理政府、企业和银行的关系。应该看到，现在金融风险因素加大，很大程度上是由行政干预和社会信用紊乱造成的。""要通过深化改革，建立符合社会主义市场经济规律的新型的政府和银行关系、银行和企业关系。"二是切实加强金融法制建设，依法规范和维护社会主义市场经济的金融秩序。"依法治理金融，是贯彻依法治国基本方略的重要方面。健全金融法制，严肃金融法纪，是建立良好的金融秩序，保障金融安全、高效、稳健运行的根本要求。""目前，国际金融市场游资充斥，金融投机活动猖獗，金融危机迭出。我们既要继续积极稳步地扩大金融对外开放，又必须高度警惕和十分重视防范涉外金融风险，防止国际游资、金融投机活动和利率汇率波动对我国包括证券在内的金融市场造成冲击。"三是积极推进两个根本性转变，为金融良性循环创造好的经济环境。"经济领域的许多问题逐渐向金融领域转移，是造成金融风险加大的重要原因。只有大力推进经济体制和经济增长方式的根本性转变，才能为彻底解决金融领域中的问题创造好的经济条件和环境。""为此，要继续实施适度从紧的财政货币政策，保持宏观经济环境的稳定。"①

3. 危机中的中国担当

1998 年 11 月 18 日，江泽民在亚太经合组织第六次领导人非正式会议上指出，这场金融危机是在经济全球化趋势加速发展的国际背景下发生的，给世人提供了重要的启示。一是经济全球化趋势是当今世界经济和科技发展的产物，给世界各国带来了发展的机遇，同时也带来了严峻的挑战和风险，向各国特别是发展中国家提出了如何维护自己的经济安全的新课题。二是经济全球化趋势要求各国积极参与国际经济合作，但各国在扩大开放时应根据本国的具体条件，循序渐进，注重提高防范和抵御风险的能力。三是经济全球化趋势使各国经济的相互依存、相互影响日益加深。一旦某些国家和地区发生经济危机，不仅发展中国家会深受其害，发达国家也难以置身其外。全球化的经济需要全球性的合作。国际社会的所有成员都应本着责任与风险共担的精神，共同维护世界经济的稳定发展。四是经济全球化趋势是在不公正、不合理的国际经济旧秩序没有根本改变的情况下发生和发展的，因而势必继续加大穷国与富国的发展差距。根本的出路在于努力推动建立公正合理的国际经济新秩序，以有利于各国共同发展。他提出了中国应对这场金融危机的三点主张：一是加强国际合作，制止危机蔓延，为受这场危机冲击的国家和地区恢复经济增长创造有利的外部环境。二是改革和完善国际金融体制，确保国际金融市场安全有序运行。三是尊重有关国家和地区为克服这场危机自主作出的选择。这场金融危机也给中国经济发展造成了不利影响和很大压力，但是中国政府采取了高度负责的态度。中国在国际货币基金组织安排的框架内，通过双边渠道，向有关国家提供了援助。中国从保持经济持续增长和维护国际经济发展的大局

---

① 江泽民 . 江泽民文选：第 2 卷 . 北京：人民出版社，2006：72，74，75 - 76.

出发，作出人民币不贬值的决策。为此，中国付出了很大的代价。

中国坚持"坚定信心，心中有数，未雨绸缪，沉着应付，埋头苦干，趋利避害"的方针，从容应对了这场突如其来的金融危机。中国坚持人民币汇率稳定，虽然遭受了一定的损失，但是它不仅确保了我国经济社会的稳定和人民生活的安全，而且也是对香港金融稳定的有力支持，是对亚洲和世界经济稳定的重要贡献。中国之所以能够这样做，是因为改革开放以来我国取得的成就和积累的经济实力。江泽民在 1998 年 2 月中共十五届二中全会上总结这场金融危机的深刻教训和启示时指出："一是，一个国家特别是一个大国的经济发展，必须建立在坚实的物质技术基础和合理的经济结构之上，必须有自己强大的基础产业，否则经不起困难和风险的冲击。二是，现在国与国的经济联系日益紧密，相互影响越来越大，谁也不可能关起门来搞现代化建设，不可能回避经济全球化的趋势和激烈复杂的国际竞争。问题的关键在于，既要敢于又要善于参与这种经济全球化条件下的国际经济技术合作和竞争，既要充分利用其中可以利用的各种有利条件和机遇来发展自己，又要清醒认识和及时防范其中可能带来的各种不利影响和风险，稳步推进对外开放。""如何趋利避害、掌握主动权，始终是摆在我们面前的大问题。""三是，经济发展是社会全面进步的基础，但它不是孤立进行的。在集中力量发展经济的过程中，要高度重视民主法制建设和精神文明建设，不断加强反腐倡廉工作。""在这三个问题上，亚洲一些国家发生的这场金融危机进一步向世人敲起了警钟。"[1]

四、加入世界贸易组织的抉择

对于中国为什么要加入世界贸易组织，江泽民作出了系统的回答：

---

[1] 江泽民. 江泽民文选：第 2 卷. 北京：人民出版社，2006：102.

"加入世界贸易组织,有利于我们按照国际通行规则办事,改善我国经济发展的外部环境,直接参与国际经济规则的制定,维护我国权益;有利于我国根据国际市场竞争的要求,加快经济结构调整和科技进步,提高产业和产品的竞争力,提高国民经济整体素质和竞争力;有利于我们建立一套适应国际通行做法的外经贸法制体系,促进在经济工作中依法办事,促进社会主义市场经济发展;有利于我们在更大范围、更广领域、更高层次上参与国际经济技术合作,改善我国的贸易投资环境,增加贸易机会,增强对外资的吸引力,更有效地利用国内国外两个市场、两种资源,发挥比较优势,把我国对外开放提高到一个新水平;有利于海峡两岸实现'三通',特别是解决通商问题,促进两岸经贸关系进一步发展。"① 这五个"有利于"就是我国加入世界贸易组织的基本思考和基本理由。

1. 加入世界贸易组织的谈判

世界贸易组织的前身是关贸总协定。1971 年中国恢复在联合国的合法席位后,关贸总协定(GATT)缔约方全体表决剥夺了台湾当局的观察员地位,但由于 GATT 义务的"契约性"特点,中国没有恢复在 GATT 的席位。1982 年 11 月,中国获得了关贸总协定观察员身份并提出中国"复关"三原则:一是中国是"恢复"关贸总协定创始缔约国地位,不是加入或者重新加入;二是中国以关税减让方式为承诺条件,而不是以承担具体进口增长义务为条件恢复缔约国地位;三是中国以发展中国家的身份恢复并享受与其他发展中成员相同的待遇,承担与我国经济贸易水平相适应的义务。1986 年 7 月,中国向关贸总协定正式提出恢复关贸总协定缔约国地位申请,这是中国"入世"历程的起点。之后一些西方国家借口1989 年政治风波制裁中国,使谈判又回到起点。

1992 年中国确立了建立社会主义市场经济体制的改革目标，也解决了中国市场经济地位问题。1993 年 11 月江泽民在西雅图会晤克林顿并强调中国"复关"三原则。1994 年关贸总协定部长级会议决定成立世界贸易组织并代替关贸总协定，中国与 122 个缔约方都签署了最后文件。但是以美国为首的西方国家对中国提出了许多苛刻要求，要求中国作为"发达国家"加入世贸组织。1995 年 6 月，世贸组织总理事会接受中国为世贸组织观察员。

1997 年美国克林顿政府开始重新定位世界政治格局，把中美关系视为战略合作伙伴关系，中美有关"入世"的谈判步伐加快。面对种种谈判困难，我国确立了灵活掌握谈判时机和分寸的策略，相继提出了"态度积极、方法灵活、善于磋商、不可天真"和"态度积极、坚持原则、我们不急、水到渠成"等工作方法。1999 年 11 月 10 日，中美最后一次谈判在北京举行。11 月 15 日凌晨，中央政治局常委和政治局在京委员一致作出"入世"决策，中美达成《中美关于中国加入世界贸易组织的双边协议》。

2. 加入世界贸易组织的意义

2001 年 11 月 10 日，在卡塔尔首都多哈举行的世界贸易组织会议通过了中国加入问题议案。中国为"复关"和加入 WTO 作出了长期不懈的努力，这充分表明了中国深化改革和扩大开放的决心和信心。加入 WTO 不仅有利于中国，而且有利于所有的 WTO 成员，有助于多边贸易体制的发展。它必将对新世纪的中国经济和世界经济产生广泛和深远的影响。

加入世界贸易组织对于处在改革开放时期的中国来说，既是一个巨大的机遇，也是一个巨大的挑战。江泽民指出："面对经济全球化趋势的发展，我们既要积极参与，又要善于保护自己，努力把不利因素变为有利因素，特别是要把经济命脉和某些关键高新技术的知识产权牢牢掌握在国家手里。要充分考虑加入世界贸易组织以后我国经济面临的新机遇新挑战，研究趋利避害的应对政策措施。"①

在 2002 年 2 月，中共中央举办了省部级主要领导干部国际形势与世界贸易组织专题研究班，深入研究和探讨了世界贸易组织的基本规则和我国加入世界贸易组织需要应对的工作。江泽民系统论述了中国加入世界贸易组织的必要性，提出我国要在世界贸易组织的大框架下，进一步深入研究、统筹规划、巧于应对、趋利避害。他指出：我国"核心的问题就是要在激烈的国际竞争中掌握主动。在当今世界综合国力竞争日益激烈的情况下，掌握主动权越来越重要"。要想在激烈的国际竞争中牢牢掌握主动权，第一，必须坚定不移地把我们自己的事情办好，不断增强我们的综合国力和国际竞争力。"任何时代的国际竞争，都是以实力为基础的。一个国家没有一定的实力，不仅谈不上到国际舞台上去开展竞争，而且往往要被人家欺负。""中国经济的快速发展和市场的巨大潜力，对世界各国产生了越来越大的吸引力。""坚持以经济建设为中心，坚持改革开放，艰苦奋斗，埋头苦干，不断增强我国的经济实力、国防实力、民族凝聚力，是做好对外工作的坚强保证。发展是硬道理，财大才能气粗，落后就要挨打。这是我们必须始终牢记的重要历史经验。"② 第二，必须坚持改革开放，建立和完善社会主义市场经济体制。当今世界是开放的世界，中国就是要形成一套有效的体制机制，创造一个有利于开放的经济社会环境。建设社会主义市场经济体制，从根本上是从中国社会主义建设与发展角度出发的，同时也是充分考虑到市场经济的世界普遍性。"要在经济全球化的条件下坚持实行对外开放，实施好'引进来'和'走出去'相结合的开放战略，不断增强我国经济的国际竞争力和对国外企业的吸引力，必须通过改革建立并不断完善社会主义市场经济体制，不断形成有利于对外开放的体制和环

① 江泽民. 江泽民文选：第 2 卷. 北京：人民出版社，2006：564.

② 同①444.

境。"第三，必须善于从国际国内政治大局出发考虑问题，切实维护我国的国家安全和根本利益。"中国的发展，需要加入世界贸易组织。同时，中国是发展中国家，我们只能接受与我国经济发展水平相适应的谈判条件。""我们绝不会为了加入世界贸易组织，拿国家的利益和安全做交易。""在开展对外工作和对外斗争中，必须从国内外政治的大局考虑问题，对政治方面的事务应该这样做，对经济和其他方面的事务也应该这样做。只有首先从政治上掌握主动权，其他问题才能迎刃而解。"①

加入世界贸易组织，标志着我国对外开放进入了一个新的阶段。

第五节　改革开放和现代化建设的显著成就

20 世纪 90 年代是中国改革开放事业顺利发展的时期，改革开放和社会主义现代化建设到了一个新的历史阶段，各个领域都取得了举世瞩目的巨大成就。特别是在 90 年代中后期中国实现了高增长、低通胀，国家综合国力空前提升。对此，美国学者约瑟夫·斯蒂格利茨曾说："我看你们中国领导人才应当得诺贝尔经济学奖。"美联储主席格林斯潘等也说：中国人对市场经济这一套了如指掌，最杰出的经济学家在中国。②

仅以 1992—2001 年我国国内生产总值增长情况看，我国从 1992 年的 27 295.6 亿元猛增至 112 157.3 亿元，一举跃上了 10 万亿元台阶。如果以不变价格计算，2001 年国内生产总值是 1992 年的 2.3 倍（见表 4-2）。

---

① 江泽民. 江泽民文选：第 3 卷. 北京：人民出版社，2006：442-460.

② 彭森，陈立，等. 中国经济体制改革重大事件（下）. 北京：中国人民大学出版社，2008：532.

表 4 - 2　　　　　　　1992—2001 年我国国内生产总值增长情况

年份	国内生产总值 （亿元）	国内生产总值指数 （上年＝100）	人均国内生产总值 （元）	人均国内生产总值 指数（上年＝100）
1992	27 295.6	114.3	2 343.0	112.9
1993	35 819.7	113.9	3 040.0	112.6
1994	48 862.2	113.1	4 100.0	111.8
1995	61 649.4	111.0	5 117.0	109.8
1996	72 210.6	110.0	5 931.0	108.8
1997	80 225.0	109.3	6 522.0	108.2
1998	85 863.9	107.9	6 914.0	106.9
1999	91 378.9	107.7	7 294.0	106.8
2000	101 308.6	108.6	8 024.0	107.7
2001	112 157.3	108.3	8 818.0	107.5

资料来源：国家统计局。

三次产业和产业结构明显改善，第二产业和第三产业健康发展，尤其是第三产业对经济发展的贡献率显著提升（见表 4 - 3）。

表 4 - 3　　　1992—2001 年我国三次产业构成及对国内生产总值的贡献率

年份	第一产业 增加值 （％）	第二产业 增加值 （％）	第三产业 增加值 （％）	第一产业 对 GDP 的 贡献率（％）	第二产业 对 GDP 的 贡献率（％）	第三产业 对 GDP 的 贡献率（％）
1992	21.2	43.0	35.8	8.1	62.7	29.2
1993	19.2	46.0	34.8	7.6	64.0	28.4
1994	19.4	46.0	34.7	6.3	65.8	27.9
1995	19.5	46.5	34.0	8.6	62.2	29.2
1996	19.2	46.8	33.9	9.2	61.6	29.2
1997	17.8	46.8	35.4	6.4	58.3	35.2
1998	17.0	45.4	37.5	7.1	58.8	34.1
1999	15.9	45.0	39.1	5.5	56.0	38.5
2000	14.5	45.1	40.4	4.1	58.6	37.3
2001	13.8	44.3	41.9	4.6	46.0	49.4

资料来源：国家统计局。

一、加强宏观调控，实现"软着陆"

受到邓小平南方谈话和中共十四大确立建立社会主义市场经济体制的目标的鼓舞，中国经济于 1992 年开始再一次走上了高速发展的轨道。1993 年我国国内生产总值达到 35 819.7 亿元，首次突破 3 万亿元大关，比上年增长 13.9%。与此同时出现了经济过热问题，突出表现为"四热、四高、三乱"。所谓"四热"就是开发区热、房地产热、股票热、集资热；所谓"四高"就是高固定资产投资、高信贷投放、高货币发行、高物价上涨；所谓"三乱"就是乱集资、乱拆借、乱设金融机构。例如，1992 年以后各地纷纷设立开发区，甚至县、乡都设立开发区。据统计，到 1993 年初，全国乡镇以上开发区已有 8 700 多个，其中国家批准的开发区仅有 95 个，占用土地 1.5 万平方公里，出现了开而不发、无商可招的窘境。又如，1992 年一年之内，全国成立了 4 000 多家房地产开发公司，5 000 多家房地产经营公司，一时间批地、占地、圈地，炒地皮、炒楼房、炒楼花盛行，出现了席卷全国的炒房地产热潮。再如，1992 年我国 GDP 增长 14.3%，当年投资总额达 9 636 亿元，比 1991 年增加 28.2%；1993 年我国 GDP 增长 13.9%，当年投资总额达 13 072.3 亿元，比 1992 年增加 35.7%。这就拉动了 1993 年物价明显上涨，全国零售物价上涨 13%，大城市生活物价上涨 22%。可见，1993 年经济过热的特点是热得快、热得猛，是投资饥渴症和政府换届双重效应的叠加。[①]

针对这一次经济过热，我国坚决实行有效的宏观调控。1993 年 6 月，中共中央、国务院发布《关于当前经济情况和加强宏观调控的意见》（又

[①]　陈锦华. 国事忆述. 北京：中共党史出版社，2005：260 - 264.

称"十六条"），全面展开了强有力的宏观调控。"十六条"主要内容为：一是严格控制货币发行，稳定金融形势；二是坚决纠正违章拆借资金；三是灵活运用利率杠杆，增加储蓄存款；四是坚决制止各种乱集资；五是严格控制信贷总规模；六是专业银行要保证对储蓄存款的支付；七是强化中央银行金融宏观调控能力；八是建立政策性银行，实现政策性金融与商业性金融分离；九是限期完成国库券发行任务；十是完善有价证券发行和规范市场管理，坚决取缔有价证券黑市交易；十一是改进外汇管理办法，稳定外汇市场价格；十二是加强房地产市场宏观管理，促进健康发展；十三是强化税收征管，堵住减免税漏洞；十四是对在建项目审查排队，严格控制新开工项目；十五是积极稳妥推进物价改革，抑制物价总水平过快上涨；十六是严格控制社会集团购买力过快增长。

这是在建立社会主义市场经济体制条件下，对经济过热问题主要通过宏观调控手段进行的调整。这次既没有主要采取行政手段进行调控，也没有采取"急刹车"方式进行调控，而是坚持搞好总供给和总需求的总量平衡，实行适度从紧的财政、货币政策，控制物价，调整经济结构，针对经济和社会发展中的不同情况，实行有上有下、有进有退、进退适度的灵活调控措施，既有效地抑制了通货膨胀，又保证了经济的持续快速增长。1996年成功实现了国民经济"软着陆"，为建立我国宏观调控体系积累了丰富的经验。

1994年3月，国务院审议通过了《九十年代国家产业政策纲要》，根据我国发展实际，提出了20世纪90年代国家产业政策要解决的重要课题。主要内容是：不断强化农业的基础地位，全面发展农村经济；大力加强基础产业，努力缓解基础设施和基础工业严重滞后的局面；加快发展支柱产业，带动国民经济的全面振兴；合理调整对外贸易结构，增强我国产业的国际竞争能力；加快高新技术产业发展的步伐，支持新兴产业的发展和新产品开发；继续大力发展第三产业。同时，优化产业组织结构，提高产业技术水平，使产业布局更加合理。《九十年代国家产业政策纲要》的制定和颁布，对于我国产业结构转型升级发挥了积极的指导作用。

二、"八五"计划时期经济建设与发展

1991—1995 年是"八五"计划时期。这一时期以邓小平南方谈话和中共十四大为标志，我国改革开放和社会主义现代化建设进入了新的发展阶段，我国社会生产力、综合国力、人民生活水平都迈上了一个新台阶。具体而言，第一，国民生产总值年均增长 12%，是新中国成立以来增长最快、波动最小的五年，提前五年实现了国民生产总值比 1980 年翻两番的目标。第二，我国经济体制改革取得了突破性进展，确立了建立社会主义市场经济体制的目标和基本框架，市场在资源配置中的基础性作用不同程度地得到发挥。第三，1990 年国家开始实施生产资料价格"双轨制"并轨。1992 年国家开始逐渐放开生产资料价格，这一年 8 月底国家管理的生产资料和交通运输价格由 1991 年底的 737 种减少到 89 种。1993—1994 年间，钢铁、机械、煤炭、原油等重要生产资料的价格相继实现并轨。到 1996 年，中国的价格"双轨制"结束。第四，东部沿海地区经济快速发展，充分利用新一轮经济发展良好时机和地区资金、技术、人才、地缘优势，发展资金技术密集和外向程度高的产业，进一步扩大和提高了对外开放与参与国际经济竞争的范围和程度，对国内经济的示范和引领作用显著增强。第五，在农业稳定发展和粮食等农产品产量稳步增长的基础上，粮食和食用油等实现敞开供应，粮票等票证开始退出历史舞台。水利设施建设明显加快，长江三峡工程、黄河小浪底工程和北江飞来峡水利枢纽工程相继开工建设，引大入秦工程如期建成。黄淮海平原灌溉等一批水

利工程相继建成，农村人畜饮水工程取得很大进展，农田灌溉面积净增200万公顷。第六，通信、汽车、电子、石化等重要产业引进了一批先进技术，一些重要产业的技术装备达到了20世纪80年代末的国际水平。汽车、电子、石化等产业生产能力快速增长，形成了年产15万辆轿车、45万吨乙烯、300万台彩电的生产基地。铺设长途光缆干线10万公里，电话交换机总容量新增5 895万门，年均增长42%。第七，交通、通信等基础设施和钢铁、能源等基础工业迅速发展，很大程度上缓解了国民经济发展"瓶颈"制约。新增铁路营业里程3 000公里，复线3 848公里，电气化2 973公里，基本建成京九、宝中、集通新线和兰新复线，大大增强了铁路客货运输能力；新建和改造公路9.2万公里，其中高等级公路8 000公里；新建和改建沿海港口中级以上泊位170个，增加吞吐能力1.38亿吨；新建和改造一批机场，客机座位增长1.4倍。第八，对外开放总体格局基本形成，五年累计进出口总额超过1万亿美元，进出口额位居世界第11位，利用外资额位居世界第2位。尤其是轻工、纺织产品在国际市场上显示出比较优势，出口大幅增加。

1995年国民生产总值达到5.76万亿元，上了一个很大的台阶；其中第一产业年均增长4.1%，第二产业年均增长17.3%，第三产业年均增长9.5%；国有单位固定资产投资累计完成4.3万亿元，其中基本建设投资完成2.3万亿元，技术改造投资完成1.1万亿元，相继建成大中型基建项目845个，限额以上重点技术改造项目374个。

1995年我国主要工农业产品产量都达到历史最高水平，比1990年有显著增长，例如粮食产量达46 500万吨，增加1 900万吨；肉类产量达5 000万吨，增加2 140万吨；水产品产量达2 538万吨，增加1 230万吨；原煤产量达129 800万吨，增加22 000万吨；原油产量达14 900万吨，增加1 078万吨；天然气产量达174亿立方米，增加21.78亿立方米；

发电量达 1 万亿千瓦时，增加 3 780 亿千瓦时；钢产量达 9 400 万吨，增加 2 800 万吨；10 种有色金属产量达 425 万吨，增加 190 万吨；化肥产量达 2 450 万吨，增加 570 万吨；汽车产量达 150 万辆，增加 99 万辆；彩色电视机产量达 1 958 万台，增加 925 万台；集成电路产量达 3.1 亿块，增加 2 亿块；等等。

三、"九五"计划和"十五年规划"

1995 年 9 月，中共十四届五中全会召开。会议通过的《中共中央关于制定国民经济和社会发展"九五"计划和二〇一〇年远景目标的建议》宣布："经过八十年代以来三个五年计划时期的努力，原定到二〇〇〇年国民生产总值比一九八〇年翻两番的任务将于一九九五年提前完成。"该建议提出"九五"时期国民经济和社会发展的主要奋斗目标是：全面完成现代化建设的第二步战略部署，2000 年在我国人口将比 1980 年增长 3 亿左右的情况下，实现人均国民生产总值比 1980 年翻两番；基本消除贫困现象，人民生活达到小康水平；加快现代企业制度建设，初步建立社会主义市场经济体制。2010 年的主要奋斗目标是：实现国民生产总值比 2000 年翻一番，使人民的小康生活更加富裕，形成比较完善的社会主义市场经济体制。要进一步推进经济管理体制和运行机制的规范化、法制化，更好地优化资源配置，显著提高国民经济的技术水平和整体素质，实现经济和社会可持续发展。实现"九五"计划和 2010 年远景目标的关键是实行两个具有全局意义的根本性转变：一是经济体制从传统的计划经济体制向社会主义市场经济体制转变，二是经济增长方式从粗放型向集约型转变，从而促进国民经济持续、快速、健康发展和社会全面进步。

《中共中央关于制定国民经济和社会发展"九五"计划和二〇一〇年

远景目标的建议》还提出了今后 15 年必须贯彻的九条方针和五项任务。九条方针的主要内容是：保持国民经济持续、快速、健康发展；积极推进经济增长方式转变，把提高经济效益作为经济工作的中心；实施科教兴国战略，促进科技、教育与经济紧密结合；把加强农业放在发展国民经济的首位；把国有企业改革作为经济体制改革的中心环节；坚定不移地实行对外开放；实现市场机制和宏观调控的有机结合，把各方面的积极性引导好、保护好、发挥好；坚持区域经济协调发展，逐步缩小地区发展差距；坚持物质文明和精神文明共同进步，经济和社会协调发展。五项任务的主要内容是：坚持以公有制为主体、多种经济成分共同发展的方针，深化国有企业改革，建立现代企业制度；积极发展和完善市场体系，充分发挥市场机制的作用；转变政府职能，形成以间接方式为主的宏观调控体系；进一步扩大对外开放，完善对外经济体制；加强经济法治建设，建立和完善与新体制相适应的法律体系。与此同时，决定对区域发展战略进行重大调整：要更加重视支持内地的发展，实施有利于缓解差距扩大趋势的政策，积极朝着缩小差距的方向努力，即从东部地区优先发展调整为区域协调发展。

江泽民在中共十四届五中全会闭幕会上发表了《正确处理社会主义现代化建设中的若干重大关系》的讲话，系统论述了新时期带有全局性的十二大关系，即：改革、发展、稳定的关系；速度和效益的关系；经济建设和人口、资源、环境的关系；第一、二、三产业的关系；东部地区和中西部地区的关系；市场机制和宏观调控的关系；公有制经济和其他经济成分的关系；收入分配中国家、企业和个人的关系；扩大对外开放和坚持自力更生的关系；中央和地方的关系；国防建设和经济建设的关系；物质文明建设和精神文明建设的关系。[①] 这是对我国改革开放和社会主义现代化建

---

① 江泽民. 江泽民文选：第 1 卷. 北京：人民出版社，2006：460 - 475.

设的理论与实践的高度概括和总结。

四、高增长低通胀的经济发展

20 世纪 90 年代中后期，中国经济实现了前所未有的高增长低通胀局面，实现了世界银行都没有预期到的经济发展成果。根据世界银行统计得出的"通货膨胀率"规律，发展中国家通货膨胀率变化趋势是：低收入国家由于增长速度慢，经济中市场化、货币化程度低等因素，其通货膨胀率也低，平均为 9% 左右，但进入工业化加速发展期之后，通货膨胀率便显著上升；中等收入的发展中国家年通货膨胀率平均为 62% 左右，由中等收入到上中等收入发展阶段，通货膨胀率更进一步上升；上中等收入国家通货膨胀率平均为 87%，只有到高收入阶段，通货膨胀率才开始降低。

中国实现高增长低通胀，打破了世界银行的规律性认识。一是中国在中等收入阶段，通货膨胀率基本控制在 10% 以下，有些年份很低；二是中国产业结构明显改善，到 1996 年我国已经完成了由低收入国家到下中等收入国家的结构性进展；三是中国市场化进展显著，按照世界银行的评价，全世界体制转轨国家市场化指数平均为 4.4，中国则为 5.5，国家计委报告称中国总体市场化程度达 65%，从资源配置方式看，已接近"准市场经济"；四是中国宏观经济调控体制深刻变化，以经济手段为主、以间接调控为主的宏观经济运行及调控机制正在形成，特别是中央银行宏观调控体系的初步建立，包括货币发行、信用总量调控、基础货币管理、基准利率调节。

尤其是伴随着社会主义市场经济体制的逐步建立，长期困扰我国发展的"短缺经济"状态发生了深刻的变化，我国经济逐步完成了由"卖方市场"向"买方市场"的转变。在计划经济时期和改革开放初期，我国社会经济总体上呈现商品短缺、供应紧张局面，表现为计划经济体制的典型形态——"短缺经济"，解决"短缺经济"的方式只能是计划供应。所以与人民生活相关的商品供应则表现为"票证经济"特点，各种商品供应票证有 40 多种，个别城市多达 65 种之多。中共十四大确立了建立社会主义市场经济体制的目标之后，中国开始逐步告别"短缺经济"。从 1993 年全国680 种商品供求情况来看，供求基本平衡和供过于求的商品占 91.6%，供不应求的商品仅占 8.4%。

1996—1997 年是我国买方市场形成时期。1997 年上半年消费品供不应求的商品占 5.3%，供大于求和供求平衡的商品达 94.7%。正是因为如此，消费拉动经济发展的作用越来越大，已经成为社会生产最重要的引导力量。国家越来越多地通过"扩大内需""拉动内需""拉动消费"等政策措施来促进经济发展、防止经济波动。从 1998 年开始，扩大内需已经成为国家贯彻始终的标志性政策，几乎可以说动用了一切宏观调控手段如财政政策、货币政策、收入政策、区域发展政策、消费政策等来拉动消费。从对外贸易发展中也可以看出，我国经济增长模式也开始由 20 世纪 80 年代中期的出口拉动型增长，逐步转变为 20 世纪 90 年代中期特别是亚洲金融危机之后的内需拉动型增长。

与我国经济健康发展相配套的是，20 世纪 90 年代我国建立起了最低生活保障制度。早在新中国成立后，国家就构建了一套基本的社会救济制度，在广大农村主要是建立"五保户"（保吃、保穿、保医、保住、保葬或保教）制度，由社队集体经济扶持，国家民政部门酌情补贴；在城镇主要是建立救济困难户的制度。1993 年 6 月，上海率先出台城市居民最低生活保障线制度，并与职工最低工资线、失业保险衔接，构成上海三条保障线的基本框架，同时制定了农村居民最低生活保障线，构筑起社会救助工作机制。1994 年 5 月，第十次全国民政会议提出构建社会救助体系问题，并部署在东部沿海地区进行试点。到 1999 年 9 月，全国 667 个大、中、小城市和 1 638 个县人民政府所在地的镇（县城），全部建立了这项制度。2003 年，全国城市"低保"对象达到 2 235 万人，共投入低保资金 140 亿元，基本实现了应保尽保。

五、"九五"计划时期经济建设与发展

1996—2000 年是中国"九五"计划时期。我国国民经济和社会发展取得了巨大的成就。这既得益于我国改革开放激发了经济发展的动力与活力，也得益于国家实施的科教兴国战略和可持续发展战略。

1. 充分激发经济发展动力与活力

"九五"期间，我国经济发展成效显著：第一，国民经济持续快速健康发展，综合国力进一步增强。国内生产总值由 1996 年的 72 210.6 亿元增加到 2000 年的 101 308.6 亿元，平均每年增长 8.8%。人均国民生产总值比 1980 年翻两番的目标已经超额完成。财政收入由 1996 年的 7 408 亿元增加到 2000 年的 13 395 亿元，平均每年增长 15.9%。第二，产业结构调整取得积极进展。粮食等主要农产品生产能力明显提高，实现了农产品供给由长期短缺到总量基本平衡、丰年有余的历史性转变。信息产业等高新技术产业迅速成长。基础设施建设成绩显著，能源、交通、通信和原材料的"瓶颈"制约得到缓解。第三，经济体制改革全面推进，社会主义市场经济体制初步建立。国有大中型企业建立现代企业制度的改革取得重要进展。大多数国家重点企业进行了公司制改革，其中相当一部分在境内外上市。企业扭亏增盈成效显著，2000 年国有及国有控股工业企业实现利润 2 392 亿元，为 1997 年的 2.9 倍。国有大中型企业改革和脱困的三年目标基本实现。在公有制经济进一步发展的同时，私营、个体经济有了较快

发展。市场体系建设继续推进，资本、技术和劳动力等要素市场迅速发展，市场在资源配置中的基础性作用明显增强。第四，对外开放水平不断提高，全方位对外开放格局基本形成。对外经贸体制改革稳步推进，外向型经济迅速发展。2000 年进出口总额达 4 743 亿美元，其中出口 2 492 亿美元，分别比 1995 年增长 69％和 67％。出口商品结构改善，机电产品和高技术产品所占比重提高。对外开放领域逐步扩大，投资环境继续改善。吸收外资规模增大，质量提高。五年累计实际利用外资 2 894 亿美元，比"八五"时期增长 79.6％。国家外汇储备 2000 年底达 1 656 亿美元，比 1995 年底增加 920 亿美元。第五，人民生活继续改善，总体上达到小康水平。农村居民人均纯收入和城镇居民人均可支配收入，2000 年分别达到 2 253 元和 6 280 元，平均每年实际增长 4.7％和 5.7％。市场商品丰富，居民消费水平不断提高，社会消费品零售总额平均每年增长 10.6％。城乡居民住房、电信和用电等生活条件有较大改善。居民储蓄存款余额五年增长 1 倍多，股票、债券等其他金融资产迅速增加。农村贫困人口大幅度减少，《国家八七扶贫攻坚计划》基本实现。随着"九五"计划的完成，我们实现了现代化建设第二步战略目标，为实施"十五"计划、开始迈向第三步战略目标奠定了良好基础。

主要工农业产品产量 2000 年都达到历史最高水平，比 1995 年有显著增长，例如油料产量 2 954.8 万吨，水果产量 6 225.1 万吨，肉类产量 6 125.4 万吨，水产品产量 4 278.5 万吨，布产量 277 亿米，原油产量 16 300 万吨，天然气产量 272 亿立方米，发电量 1.36 万亿千瓦时，钢产量 13 146 万吨，化肥产量 3 186 万吨，汽车产量 207 万辆，彩色电视机产量 3 936 万台，等等。

2. 提出科教兴国战略和可持续发展战略

20 世纪 90 年代是世界科技革命快速发展的时期，科学技术对经济社会发展的推动作用日益明显，各国都将其作为增强综合国力、提升国际地位的重要举措。中国紧紧抓住这次世界科技革命的机遇，大力实施科教兴国战略和可持续发展战略，对中国特色社会主义事业的发展起到了强有力的推动作用。

科学技术是第一生产力，这是被实践无数次检验的科学论断。1992年3月，国务院颁布《国家中长期科学技术发展纲领》，规划了面向21世纪的科技发展。1993年7月，第八届全国人大常委会第二次会议通过了新中国成立以来第一部关于科学技术的法律——《中华人民共和国科学技术进步法》。1995年5月，中共中央、国务院进一步作出《关于加速科学技术进步的决定》，正式提出科教兴国战略，要求把经济建设转移到依靠科技进步和提高劳动者素质的轨道上，加速实现国家的繁荣强盛。同年5月26日至30日，中共中央、国务院在北京召开全国科学技术大会，江泽民在讲话中指出："没有强大的科技实力，就没有社会主义现代化。""创新是一个民族进步的灵魂，是一个国家兴旺发达的不竭动力。如果自主创新能力上不去，一味靠技术引进，就永远难以摆脱技术落后的局面。"①在此后若干年，全社会形成了鼓励广大科技人员建功立业的良好环境和氛围，国家从2000年开始设立国家最高科学技术奖，奖励那些作出了杰出贡献的科学家。

1993年2月，中共中央、国务院颁布《中国教育改革和发展纲要》，提出到20世纪末形成具有中国特色的、面向21世纪的社会主义教育体系的基本框架。1995年3月，八届全国人大三次会议通过了《中华人民共和国教育法》，1998年12月教育部制定了《面向二十一世纪教育振兴行动计划》，相继提出并实施了加强重点高校建设的"211工程"和创建若

---

① 江泽民．江泽民文选：第1卷．北京：人民出版社，2006：428，432．

干所具有世界先进水平的一流大学和一批一流学科的"985 工程"。

在 1992 年联合国环境与发展大会后，中共中央、国务院批准并转发《关于出席联合国环境与发展大会的情况及有关对策的报告》，明确提出将实施可持续发展战略。1995 年 9 月，中共十四届五中全会提出要实现经济与社会的相互协调和可持续发展。1996 年 3 月，八届全国人大四次会议批准的政府工作报告明确提出：实施科教兴国战略和可持续发展战略，对于今后 15 年的发展乃至整个现代化的实现，具有重要意义。到这时，可持续发展战略已经上升为我国经济社会发展的一个重大战略。

六、中国国际地位的空前提高

实现香港、澳门顺利回归是历史留给中华民族的重大任务，是包括港澳同胞在内的全体中国人民的共同愿望。为了争取香港、澳门顺利回归，几十年来中国政府作出了积极的努力，邓小平提出并不断完善"一国两制"的伟大构想，坚持"一国两制，港人治港"和"一国两制，澳人治澳"的设想，充分尊重了港澳同胞的切身利益和诉求。

1. 香港成功回归祖国

1984 年 12 月，《中英联合声明》正式签署，两国在解决香港问题上前期合作基本顺利。但是 1989 年后英国错误判断形势，不断在香港平稳过渡中设置障碍，特别是港督彭定康抛出"宪制改革"方案，企图将香港变为一个独立或半独立的政治实体，目的就是希望长期维持英国在香港的利益、阻挠中国对香港恢复行使主权。1992 年底，中国提出"另起炉灶，两手准备"方针，并根据《中华人民共和国香港特别行政区基本法》，加紧恢复行使主权和筹建特别行政区准备工作。1996 年 1 月，香港特别行政区筹备委员会成立。

1997 年 6 月 30 日，江泽民率中国政府代表团抵达香港，出席中英香港政权交接仪式。7 月 1 日零时零分，中国国旗在香港升起。中国人民解放军驻港部队进驻香港。香港特别行政区首任行政长官董建华和第一届政府主要成员宣誓就职。与此同时，国务院将新华社香港分社更名为中央人民政府驻香港特别行政区联络办公室，作为中央政府授权的工作机构继续在香港地区履行职责。

香港至此终于回到祖国的怀抱，结束了被英国殖民统治 100 多年的屈辱历史。

2. 澳门顺利回归祖国

澳门回归祖国一直进行得比较顺利，这主要是由于中葡双方一直保持着良好的合作关系，有关澳门回归问题的谈判进展也比较顺利。

1998 年 4 月，澳门特别行政区筹备委员会成立，并制定了第一届政府推选委员会具体产生办法。1999 年 12 月 19 日午夜至 20 日凌晨，中葡两国政府举行澳门政权交接仪式，江泽民宣布中国政府对澳门恢复行使主权。何厚铧当选为澳门特别行政区首任行政长官。国务院将新华社澳门分社更名为中央人民政府驻澳门特别行政区联络办公室，作为中央政府授权的工作机构继续在澳门地区履行职责。

第五章　全面建设小康社会与科学发展

21 世纪头 20 年，对于中国来说是一个必须紧紧抓住并且可以大有作为的重要战略机遇期。可以说，这是我国实现现代化建设第三步战略目标必经的承上启下的发展阶段，也是完善社会主义市场经济体制和扩大对外开放的关键阶段。在这一时期，我国提出到 2020 年国内生产总值比 2000年翻两番的具体战略目标。中国共产党和中国政府深刻认识到了实现这一宏伟目标的重要性，科学分析国内国际大局并得出基本判断：机遇大于挑战，希望多于困难，有利条件胜于不利因素，要把握机遇，急起直追，力争使我国在 21 世纪的国际竞争中处于更加主动的地位。实践证明中国抓住了难得的重要历史发展机遇期。中共十九届六中全会通过的《中共中央关于党的百年奋斗重大成就和历史经验的决议》指出：党的十六大以后，以胡锦涛同志为主要代表的中国共产党人，团结带领全党全国各族人民，在全面建设小康社会进程中推进实践创新、理论创新、制度创新，深刻认识和回答了新形势下实现什么样的发展、怎样发展等重大问题，形成了科学发展观，抓住重要战略机遇期，聚精会神搞建设，一心一意谋发展，强调坚持以人为本、全面协调可持续发展，着力保障和改善民生，促进社会公平正义，推进党的执政能力建设和先进性建设，成功在新形势下坚持和发展了中国特色社会主义。

第一节　中国特色社会主义理论与实践的丰富发展

在 21 世纪第一个 10 年，中国特色社会主义理论得到了进一步丰富和发展。以江泽民同志为核心的中共中央和以胡锦涛同志为总书记的中共中央在中国特色社会主义建设中，进行了伟大的实践创新和可贵的理论探索，取得了以"三个代表"重要思想和科学发展观为标志的理论成果，把中国特色社会主义事业推向新的阶段。

一、全面建设小康社会纲领的制定和"三个代表"重要思想的确立

如何正确认识世纪之交的中国国内国际形势与发展趋势，这不仅关系到中国能否准确把握中国与世界发展和变化的大趋势，也关系到中国能否正确确定中国国内发展战略和国际战略。在进入 21 世纪后，中国仍将面临改革开放以来始终面临的三大历史任务：推进我国社会主义现代化建设、完成祖国统一、维护世界和平与促进共同发展。中国就是要在此基础上沿着中国特色社会主义道路，实现中华民族的伟大复兴。

1. 全面建设小康社会纲领的制定

21 世纪对于中华民族的伟大复兴而言，是一个十分重要且关键的时期。在 20 世纪末，中国共产党准确把握了国际形势的发展变化，牢牢抓住了快速发展的战略机遇期，实现了初步建立社会主义市场经济体制和第

二步战略目标。2000 年 10 月，中共十五届五中全会审议通过了《中共中央关于制定国民经济和社会发展第十个五年计划的建议》（以下简称《建议》），为我国经济和社会发展制定了新的蓝图。《建议》提出：从新世纪开始，我国将进入全面建设小康社会，加快推进社会主义现代化的新的发展阶段。今后五到十年，是我国经济和社会发展的重要时期，是进行经济结构战略性调整的重要时期，也是完善社会主义市场经济体制和扩大对外开放的重要时期。制定"十五"计划，要把发展作为主题，把结构调整作为主线，把改革开放和科技进步作为动力，把提高人民生活水平作为根本出发点。

中国共产党第十六次全国代表大会于 2002 年 11 月 8 日至 14 日在北京召开，会议的主题是：高举邓小平理论伟大旗帜，全面贯彻"三个代表"重要思想，继往开来，与时俱进，全面建设小康社会，加快推进社会主义现代化，为开创中国特色社会主义事业新局面而奋斗。江泽民代表第十五届中央委员会向大会作了题为《全面建设小康社会，开创中国特色社会主义事业新局面》的报告，这个报告是新世纪新阶段的"政治宣言"。

中共十六大高度评价了我国胜利实现现代化建设"三步走"战略的第一步、第二步目标，人民生活总体上达到小康水平。大会指出这是社会主义制度的伟大胜利，是中华民族发展史上一个新的里程碑。同时大会也指出我国达到的小康还是低水平的、不全面的、发展很不平衡的小康，还有许多问题需要在发展中解决。例如：我国生产力和科技、教育还比较落后，实现工业化和现代化还有很长的路要走；城乡二元经济结构还没有改变，地区差距扩大的趋势尚未扭转，贫困人口还为数不少；人口总量继续增加，老龄人口比重上升，就业和社会保障压力增大；生态环境、自然资源和经济社会发展的矛盾日益突出；发达国家在经济科技等方面占优势的压力始终存在；经济体制和其他方面的管理体制还不完善；民主法制建设和思想道德建设等方面还存在一些不容忽视的问题；等等。

中共十六大报告确定：21世纪头20年是中国一个必须紧紧抓住并且可以大有作为的重要战略机遇期。我们要在21世纪头20年，集中力量，全面建设惠及十几亿人口的更高水平的小康社会，使经济更加发展、民主更加健全、科教更加进步、文化更加繁荣、社会更加和谐、人民生活更加殷实。这是实现现代化建设第三步战略目标必经的承上启下的发展阶段，也是完善社会主义市场经济体制和扩大对外开放的关键阶段。报告对于全面建设小康社会的经济社会目标作了明确规定，指出：在优化结构和提高效益的基础上，国内生产总值到2020年力争比2000年翻两番，综合国力和国际竞争力明显增强。基本实现工业化，建成完善的社会主义市场经济体制和更具活力、更加开放的经济体系。城镇人口的比重较大幅度提高，工农差别、城乡差别和地区差别扩大的趋势逐步扭转。社会保障体系比较健全，社会就业比较充分，家庭财产普遍增加，人民过上更加富足的生活。

报告明确提出："全面建设小康社会，最根本的是坚持以经济建设为中心，不断解放和发展社会生产力。"① 报告根据世界经济科技发展新趋势和我国经济发展新阶段的要求，提出21世纪头20年经济建设和改革的主要任务是：完善社会主义市场经济体制，推动经济结构战略性调整，基本实现工业化，大力推进信息化，加快建设现代化，保持国民经济持续快速健康发展，不断提高人民生活水平。前10年要全面完成"十五"计划和2010年的奋斗目标，使经济总量、综合国力和人民生活水平再上一个大台阶，为后10年的更大发展打好基础。报告提出了八个方面的具体任务和要求：一是走新型工业化道路，大力实施科教兴国战略和可持续发展

---

① 江泽民. 江泽民文选：第3卷. 北京：人民出版社，2006：544.

战略；二是全面繁荣农村经济，加快城镇化进程；三是积极推进西部大开发，促进区域经济协调发展；四是坚持和完善基本经济制度，深化国有资产管理体制改革；五是健全现代市场体系，加强和完善宏观调控；六是深化分配制度改革，健全社会保障体系；七是坚持"引进来"和"走出去"相结合，全面提高对外开放水平；八是千方百计扩大就业，不断改善人民生活。[①]

2002 年中共十六大在中国改革开放和社会主义现代化历史进程中具有重要的意义，将"三个代表"重要思想写入党章，使之成为党的指导思想的重要组成部分；形成了以胡锦涛同志为总书记的新的中央领导集体，开始擘画中国新世纪头十年的经济社会发展和国际战略；提出了 21 世纪头 20 年全面建设小康社会的奋斗目标。

2. 确立"三个代表"重要思想的指导地位

"三个代表"重要思想是中国特色社会主义伟大实践的基本经验总结。2000 年 2 月，江泽民在广东调研时提出："要把中国的事情办好，关键取决于我们党，取决于党的思想、组织、作风、纪律状况和战斗力、领导水平。"[②] 中国共产党之所以赢得了人民的拥护，是因为在革命、建设、改革各个历史时期始终坚持"三个代表"重要思想，并通过制定正确的路线方针政策，为实现国家和人民的根本利益而不懈奋斗。2001 年 7 月 1 日，江泽民在庆祝建党 80 周年大会上对"三个代表"重要思想进行了系统、全面的阐述。

2002 年 5 月 31 日，江泽民在中央党校省部级干部进修班毕业典礼讲话中指出："三个代表"同马克思列宁主义、毛泽东思想和邓小平理论一

---

①　江泽民．江泽民文选：第 3 卷．北京：人民出版社，2006：544－552.

②　同①1.

脉相承,反映了当代世界和中国的发展变化对党和国家工作的新要求。"三个代表"是我们党的立党之本、执政之基、力量之源,是加强和改进党的建设、推进我国社会主义制度自我完善和发展的强大理论武器。贯彻"三个代表"重要思想,关键在坚持与时俱进,核心在坚持党的先进性,本质在坚持执政为民。贯彻好"三个代表"重要思想,必须使全党始终保持与时俱进的精神状态,不断开拓马克思主义理论发展的新境界;必须把发展作为党执政兴国的第一要务,不断开创现代化建设的新局面;必须最广泛最充分地调动一切积极因素,不断为中华民族伟大复兴增添新力量;必须以改革的精神推进党的建设,不断为党的肌体注入新活力。江泽民强调指出:坚持解放思想、实事求是的思想路线,弘扬与时俱进的精神,是党在长期执政条件下保持先进性和创造力的决定性因素。我们党能否始终做到这一点,决定着中国的发展前途和命运。坚持与时俱进,就一定要看到《共产党宣言》发表一百五十多年来世界政治、经济、文化、科技等发生的重大变化,一定要看到我国社会主义建设发生的重大变化,一定要看到广大党员干部和人民群众工作、生活条件和社会环境发生的重大变化,一定要充分估计这些变化对我们党执政提出的严峻挑战和崭新课题。①

江泽民在中共十六大报告中全面总结了改革开放特别是1989年中共十三届四中全会以来的宝贵经验,指出13年来的实践,加深了我们对什么是社会主义、怎样建设社会主义,建设什么样的党、怎样建设党的认识,积累了十分宝贵的经验。这些经验集中体现在这样十个方面:坚持以邓小平理论为指导,不断推进理论创新;坚持以经济建设为中心,用发展的办法解决前进中的问题;坚持改革开放,不断完善社会主义市场经济体制;坚持四项基本原则,发展社会主义民主政治;坚持物质文明和精神文

---

① 江泽民. 在中央党校省部级干部进修班毕业典礼上的讲话. 人民日报,2002-06-01.

明两手抓，实行依法治国和以德治国相结合；坚持稳定压倒一切的方针，正确处理改革发展稳定的关系；坚持党对军队的绝对领导，走中国特色的精兵之路；坚持团结一切可以团结的力量，不断增强中华民族的凝聚力；坚持独立自主的和平外交政策，维护世界和平与促进共同发展；坚持加强和改善党的领导，全面推进党的建设新的伟大工程。

上述十条经验是中国共产党领导人民建设中国特色社会主义必须坚持的基本经验。这些经验归结起来就是"三个代表"重要思想：中国共产党必须始终代表中国先进生产力的发展要求，始终代表中国先进文化的前进方向，始终代表中国最广大人民的根本利益。这是坚持和发展社会主义的必然要求，是中国共产党艰辛探索和伟大实践的必然结论。[①]

中共十六大报告对于我国 21 世纪初期的发展趋势作出了大有可为的重要战略机遇期的科学判断，这是指导我国在 21 世纪初期努力推进改革开放和社会主义现代化建设的重要依据。

二、国际环境与挑战和新世纪新阶段新特征

中共十四大提出我国经济体制改革的目标是建立社会主义市场经济体制，并根据这一目标要求在 20 世纪 90 年代对我国经济体制进行了全面改革，使建立社会主义市场经济体制取得了关键性突破和历史性成就。在 21 世纪初期，我国经济体制改革的主要任务和重点工作应该怎样确定，如何加快我国改革开放和社会主义现代化建设，这就成为中国共产党和中国人民必须作出回答的重大时代问题。

---

① 江泽民. 江泽民文选：第 3 卷. 北京：人民出版社，2006：533 - 536.

1. 国际环境与挑战

进入 21 世纪的中国面临着前所未有的发展机遇和更为复杂的国际环境，尤其是国际因素越来越成为影响中国发展的重要因素。那么，整个国际形势和国际格局将会发生什么样的变化？中国特色的社会主义现代化建设将会出现什么样的局面？这都是一心一意从事改革开放和现代化建设、正在日益崛起的中国需要认真研究和对待的。特别是 2001 年"9·11"事件之后，许多非传统因素对于世界局势的发展变化产生着越来越大的影响。

"9·11"事件发生后，国际形势骤然紧张。中国国际战略也增加了新的不确定性因素。中国表明坚决反对和谴责任何形式的恐怖主义活动，恐怖主义是国际公害，提出联合反对恐怖主义。中国提出：打击恐怖主义要有真凭实据，要有明确目标，不要伤及无辜；打击恐怖主义要在《联合国宪章》的宗旨和原则的范围内行动，要经过联合国安理会讨论；打击恐怖主义要有长远观点，要有利于世界的和平与发展。从长远的角度来看，世界发展的大趋势并没有因"9·11"事件而发生根本改变，中国的三个基本判断不会改变，即：一是和平与发展作为当今时代的主题不会改变；二是世界多极化的发展趋势不会改变；三是我们面临的国际环境依然是机遇大于挑战。

中国比较顺利地应对了"9·11"事件对世界经济发展造成的不利影响，在国际上坚决主张打击各种形式的恐怖主义，捍卫了中国的国家利益和国际主张，同时也沉重打击了包括"东突"民族分裂势力在内的各种恐怖组织和恐怖活动。

2. 新世纪新阶段新特征

2007 年 10 月 15 日至 21 日，中共十七大在北京召开，胡锦涛在报告中高度评价了改革开放的伟大成就。他指出："改革开放是党在新的时代条件下带领人民进行的新的伟大革命，目的就是要解放和发展社会生产力，实现国家现代化，让中国人民富裕起来，振兴伟大的中华民族；就是要推动我国社会主义制度自我完善和发展，赋予社会主义新的生机活力，建设和发展中国特色社会主义；就是要在引领当代中国发展进步中加强和改进党的建设，保持和发展党的先进性，确保党始终走在时代前列。"①

　　报告系统总结和分析了我国新世纪新阶段的一系列新的阶段性特征，特别是从中共十六大至中共十七大这五年的发展实践中所表现出来的新的阶段性特征。一是经济实力显著增强，同时生产力水平总体上还不高，自主创新能力还不强，长期形成的结构性矛盾和粗放型增长方式尚未根本改变；二是社会主义市场经济体制初步建立，同时影响发展的体制机制障碍依然存在，改革攻坚面临深层次矛盾和问题；三是人民生活总体上达到小康水平，同时收入分配差距拉大趋势还未根本扭转，城乡贫困人口和低收入人口还有相当数量，统筹兼顾各方面利益难度加大；四是协调发展取得显著成绩，同时农业基础薄弱、农村发展滞后的局面尚未改变，缩小城乡、区域发展差距和促进经济社会协调发展任务艰巨；五是社会主义民主政治不断发展、依法治国基本方略扎实贯彻，同时民主法制建设与扩大人民民主和经济社会发展的要求还不完全适应，政治体制改革需要继续深化；六是社会主义文化更加繁荣，同时人民精神文化需求日趋旺盛，人们思想活动的独立性、选择性、多变性、差异性明显增强，对发展社会主义先进文化提出了更高要求；七是社会活力显著增强，同时社会结构、社会组织形式、社会利益格局发生深刻变化，社会建设和管理面临诸多新课题；八是对外开放日益扩大，同时面临的国际竞争日趋激烈，发达国家在经济科技上占优势的压力长期存在，可以预见和难以预见的风险增多，统

① 胡锦涛．胡锦涛文选：第2卷．北京：人民出版社，2016：617．

筹国内发展和对外开放要求更高。^①

这些新的特征既反映了我国改革开放特别是经济体制与经济发展已经取得的伟大成就，也反映了我国改革开放特别是经济体制与经济发展还存在的各种体制性障碍，这也就决定了我国在 21 世纪第一个 10 年必须要做好的各项工作的内容。

三、完善社会主义市场经济体制的重大决策

中共十六大为进入新世纪新阶段的中国指明了前进的方向，开启了中国特色社会主义事业新的伟大征程。面对经济体制与经济发展存在的问题，中共十六大提出的一项重大任务就是"建成完善的社会主义市场经济体制和更具活力、更加开放的经济体系"，这就为进一步深化改革确立了总方向和依据。

2003 年 10 月 11 日至 14 日，中共十六届三中全会在北京召开。全会审议通过了《中共中央关于完善社会主义市场经济体制若干问题的决定》（以下简称《决定》）。在改革的关键时期，这一决定以完善我国社会主义市场经济体制为目标，提出了一系列新思路、新观点，从全局上打造经济改革的新蓝图，这些理论上的新突破对中国的经济体制改革产生了极大的推动作用。

1. 完善社会主义市场经济体制的指导思想和主要任务

全面建设小康社会，最根本的是坚持以经济建设为中心，不断解放和发展社会生产力。这一决定重点就当前和今后一个时期需要解决的重要体制问题提出改革目标和任务，作出决策和部署，提出了深化经济体制改革

---

① 胡锦涛. 胡锦涛文选：第 2 卷. 北京：人民出版社，2016：622 - 623.

的指导思想和原则、完善社会主义市场经济体制的目标和任务，并对深化和完善社会主义市场经济体制改革的各个方面进行了整体规划和布局。

胡锦涛提出了中共十六届三中全会《决定》的重要指导原则：要牢固树立协调发展、全面发展、可持续发展的科学发展观，把加大结构调整力度同培育新的经济增长点结合起来，把推进城市发展和推进农村发展结合起来，把发挥科学技术的作用和发挥人力资源的优势结合起来，把发展经济和保护资源环境结合起来，把对外开放和对内开放结合起来，努力走出一条生产发展、生活富裕、生态良好的文明发展道路。[①]

《决定》提出了完善社会主义市场经济体制的目标和任务：按照"五统筹"即统筹城乡发展、统筹区域发展、统筹经济社会发展、统筹人与自然和谐发展、统筹国内发展和对外开放的要求，更大程度地发挥市场在资源配置中的基础性作用，增强企业活力和竞争力，健全国家宏观调控，完善政府社会管理和公共服务职能，为全面建设小康社会提供强有力的体制保障。同时，《决定》提出了七项主要任务：完善公有制为主体、多种所有制经济共同发展的基本经济制度；建立有利于逐步改变城乡二元经济结构的体制；形成促进区域经济协调发展的机制；建设统一开放竞争有序的现代市场体系；完善宏观调控体系、行政管理体制和经济法律制度；健全就业、收入分配和社会保障制度；建立促进经济社会可持续发展的机制。

《决定》提出深化经济体制改革的原则，即五个"坚持"：坚持社会主义市场经济的改革方向，注重制度建设和体制创新；坚持尊重群众的首创精神，充分发挥中央和地方两个积极性；坚持正确处理改革发展稳定的关系，有重点、有步骤地推进改革；坚持统筹兼顾，协调好改革进程中的各种利益关系；坚持以人为本，树立全面、协调、可持续的发展观，促进经

---

① 彭森，陈立，等．中国经济体制改革重大事件（下）．北京：中国人民大学出版社，2008：742.

济社会和人的全面发展。

正是因为如此，21世纪第一个10年我国经济改革的主攻方向是重点领域和关键环节，包括：巩固和发展公有制经济特别是增强国有经济活力、控制力和影响力方面的改革；鼓励和引导非公有制经济进入更宽广领域，促进混合所有制经济发展方面的改革；提高和改善宏观调控体系和调控力度方面的改革；确定新的发展方针，促进经济从"又快又好"发展转向"又好又快"发展；等等。

2. 完善社会主义市场经济体制的总体部署

完善社会主义市场经济体制是一项系统工程，需要不断深化各个方面的改革，不可能仅仅依赖若干领域的改革突破来实现。这表明关于我国经济体制改革的全局观、系统观、整体观有了很大发展和提高。《决定》正是从11个方面对完善社会主义市场经济体制进行了全方位的部署和布局，成为21世纪头10年中国经济体制改革的重要内容。随着一项又一项改革措施相继落地，中国经济体制改革迈出了坚实的步伐。该决定直接论述的关于经济体制改革的重要内容包括：

第一，进一步巩固和发展公有制经济，鼓励、支持和引导非公有制经济发展。坚持公有制的主体地位，发挥国有经济的主导作用。积极推行公有制的多种有效实现形式，加快调整国有经济布局和结构。大力发展国有资本、集体资本和非公有资本等参股的混合所有制经济，实现投资主体多元化，使股份制成为公有制的主要实现形式。推动国有资本更多地投向关系国家安全和国民经济命脉的重要行业和关键领域，增强国有经济的控制力。同时，大力发展和积极引导非公有制经济，清理和修订限制非公有制经济发展的法律法规和政策，消除体制性障碍。放宽市场准入，允许非公有资本进入法律法规未禁入的基础设施、公用事业及其他行业和领域。建立归属清晰、权责明确、保护严格、流转顺畅的现代产权制度，有利于维护公有财产权，巩固公有制经济的主体地位；有利于保护私有财产权，促进非公有制经济发展；有利于各类资本的流动和重组，推动混合所有制经济发展；有利于增强企业和公众创业创新的动力，形成良好的信用基础和市场秩序。

第二，完善国有资产管理体制，深化国有企业改革。建立健全国有资产管理和监督体制。把政府公共管理职能和国有资产出资人职能分离，即"政企分开"；建立国有资本经营预算制度和企业经营业绩考核体系，完善授权经营制度，建立健全国有金融资产、非经营性资产和自然资源资产等的监管制度。完善公司法人治理结构。按照现代企业制度要求，规范公司股东会、董事会、监事会和经营管理者的权责，完善企业领导人员的聘任制度。加快推进和完善垄断行业改革。对垄断行业要放宽市场准入，引入竞争机制。国有资本主要集中在关系国家安全和国民经济命脉的重要行业和关键领域。

第三，深化农村改革，完善农村经济体制。土地家庭承包经营是农村基本经营制度的核心，要长期稳定并不断完善以家庭承包经营为基础、统分结合的双层经营体制，依法保障农民对土地承包经营的各项权利。健全农业社会化服务、农产品市场和对农业的支持保护体系。深化农村税费改革。完善农村税费改革试点的各项政策，取消农业特产税，加快推进县乡机构和农村义务教育体制等综合配套改革。

第四，完善市场体系，规范市场秩序。加快建设全国统一市场，大力推进市场对内对外开放，加快要素价格市场化，废止妨碍公平竞争、设置行政壁垒、排斥外地产品和服务的各种分割市场的规定，打破行业垄断和地区封锁，也就是说，标准的市场经济中关于"商品和各种要素自由流动和充分竞争"的假设将在全国范围逐渐成为现实。大力发展资本和其他要素市场。积极推进资本市场的改革开放和稳定发展，扩大直接融资。建立健全社会信用体系。增强全社会的信用意识，加快建设企业和个人信用服务体系。建立信用监督和失信惩戒制度。逐步开放信用服务市场。

第五，继续改善宏观调控，加快转变政府职能。进一步健全国家计划和财政政策、货币政策等相互配合的宏观调控体系，完善统计体制，健全经济运行监测体系，加强各宏观经济调控部门的功能互补和信息共享，提高宏观调控水平。转变政府经济管理职能，深化行政审批制度改革，把政府经济管理职能转到主要为市场主体服务和创造良好发展环境上来。深化投资体制改革。进一步确立企业的投资主体地位，实行谁投资、谁决策、谁收益、谁承担风险。国家只审批关系经济安全、影响环境资源、涉及整体布局的重大项目和政府投资项目及限制类项目，其他项目由审批制改为备案制，由投资主体自行决策，依法办理用地、资源、环保、安全等许可手续。

第六，完善财税体制，深化金融改革。按照简税制、宽税基、低税率、严征管的原则，稳步推进税收改革。推进财政管理体制改革，健全公共财政体制，明确各级政府的财政支出责任。建立预算绩效评价体系。实行全口径预算管理和对或有负债的有效监控。加强各级人民代表大会对本级政府预算的审查和监督。深化金融企业改革。商业银行和证券公司、保险公司、信托公司等要成为资本充足、内控严密、运营安全、服务和效益良好的现代金融企业。健全金融调控机制。稳步推进利率市场化，完善人民币汇率形成机制，建立和完善统一、高效、安全的支付清算系统。改进中央银行的金融调控，维护金融运行和金融市场的整体稳定，防范系统性风险。完善金融监管体制。依法维护金融市场公开、公平、有序竞争，有效防范和化解金融风险，保护存款人、投资者和被保险人的合法权益。强化金融监管手段，提高金融监管水平。

第七，深化涉外经济体制改革，全面提高对外开放水平。完善对外开放的制度保障。按照市场经济和世贸组织规则的要求，加快内外贸一体化进程。抓住新一轮全球生产要素优化重组和产业转移的重大机遇，扩大利用外资规模，提高利用外资水平。增强参与国际合作和竞争的能力。鼓励国内企业充分利用扩大开放的有利时机，增强开拓市场、技术创新和培育自主品牌的能力，全面提高出口竞争力。继续实施"走出去"战略，完善对外投资服务体系，健全对境外投资企业的监管机制，促进我国跨国公司的发展。积极参与和推动区域经济合作。

第八，推进就业和分配体制改革，完善社会保障体系。深化劳动就业体制改革。把扩大就业放在经济社会发展更加突出的位置，实施积极的就业政策，努力改善创业和就业环境。推进收入分配制度改革。完善按劳分配为主体、多种分配方式并存的分配制度，坚持效率优先、兼顾公平，各种生产要素按贡献参与分配。加快建设与经济发展水平相适应的社会保障体系。

中共十四大和中共十四届三中全会之后经过 10 年的努力，我国初步建立起社会主义市场经济体制，各个领域各个方面按照社会主义市场经济要求，进行了比较深刻和根本的改革，极大地促进了社会生产力的发展。中共十六届三中全会通过的《中共中央关于完善社会主义市场经济体制若干问题的决定》，将完善社会主义市场经济体制作为重中之重，提出了许多创新观点和政策。从"建立"到"完善"，标志着中国共产党对于社会主义条件下发展市场经济的认识不断深化，把握和运用市场经济规律的能力不断提高。从建立社会主义市场经济体制，到完善社会主义市场经济体制，进入全面建设小康社会的新世纪新阶段，本身就是历史性的跨越。

四、建设社会主义和谐社会

在中共十六大报告阐述全面建设小康社会目标时就提出了实现社会更

加和谐的要求。中共十六届四中全会明确提出了构建社会主义和谐社会的重大战略任务，把提高构建社会主义和谐社会能力确定为加强党的执政能力建设的重要内容。2006 年 10 月，中共十六届六中全会通过了《中共中央关于构建社会主义和谐社会若干重大问题的决定》，标志着中国共产党关于社会主义和谐社会理论与实践探索达到了新的高度。

1. 建设和谐社会是社会主义的本质要求

社会和谐是中国特色社会主义的本质属性，是国家富强、民族振兴、人民幸福的重要保证。实现社会和谐、建设美好社会，是中国共产党和中国人民长期追求的目标，也是中国共产党从中国特色社会主义事业总体布局和全面建设小康社会全局出发提出的重大战略任务。它反映了建设富强民主文明和谐的社会主义现代化国家的内在要求，体现了全党全国各族人民的共同愿望。

在我国进入 21 世纪之后，随着改革开放的不断深入和社会经济的高速发展，我国各个方面和各个领域都发生了深刻的变化，经济体制深刻变革，社会结构深刻变动，利益格局深刻调整，思想观念深刻变化。这种空前的社会变革，给我国发展进步带来了巨大活力，也必然带来了这样那样的矛盾和问题。例如，城乡、区域、经济社会发展很不平衡，人口资源环境压力加大；就业、社会保障、收入分配、教育、医疗、住房、安全生产、社会治安等方面关系群众切身利益的问题比较突出；体制机制尚不完善，民主法制还不健全；一些社会成员诚信缺失、道德失范，一些领导干部的素质、能力和作风与新形势新任务的要求还不适应；一些领域的腐败现象仍然比较严重；敌对势力的渗透破坏活动危及国家安全和社会稳定。中国共产党准确把握了我国进入新世纪发展所呈现出的明显的阶段性特征，客观分析了影响社会和谐的突出矛盾与问题，提出了构建社会主义和谐社会的重大战略目标。从根本上说，构建社会主义和谐社会是一个不断化解社会矛盾的持续过程，要始终保持清醒头脑，居安思危，深刻认识我国发展的阶段性特征，科学分析影响社会和谐的矛盾和问题及其产生的原因，更加积极主动地正视矛盾、化解矛盾，最大限度地增加和谐因素，最大限度地减少不和谐因素，不断促进社会和谐。

中国要构建的和谐社会，是在中国特色社会主义道路上，中国共产党领导全体人民共同建设、共同享有的和谐社会。坚持以科学发展观统领经济社会发展全局，按照民主法治、公平正义、诚信友爱、充满活力、安定有序、人与自然和谐相处的总要求，以解决人民群众最关心、最直接、最现实的利益问题为重点，着力发展社会事业、促进社会公平正义、建设和谐文化、完善社会管理、增强社会创造活力，走共同富裕道路，推动社会建设与经济建设、政治建设、文化建设协调发展。

2. 和谐社会建设的目标和主要任务

《中共中央关于构建社会主义和谐社会若干重大问题的决定》提出到2020 年，中国构建社会主义和谐社会的目标和主要任务有：一是社会主义民主法制更加完善，依法治国基本方略得到全面落实，人民的权益得到切实尊重和保障；二是城乡、区域发展差距扩大的趋势逐步扭转，合理有序的收入分配格局基本形成，家庭财产普遍增加，人民过上更加富足的生活；三是社会就业比较充分，覆盖城乡居民的社会保障体系基本建立；四是基本公共服务体系更加完备，政府管理和服务水平有较大提高；五是全民族的思想道德素质、科学文化素质和健康素质明显提高，良好道德风尚、和谐人际关系进一步形成；六是全社会创造活力显著增强，创新型国家基本建成；七是社会管理体系更加完善，社会秩序良好；八是资源利用效率显著提高，生态环境明显好转；九是实现全面建设惠及十几亿人口的更高水平的小康社会的目标，努力形成全体人民各尽其能、各得其所而又和谐相处的局面。

在中国构建社会主义和谐社会，必须遵循六个原则，即：一是必须坚持以人为本。始终把最广大人民的根本利益作为党和国家一切工作的出发点和落脚点，实现好、维护好、发展好最广大人民的根本利益，不断满足人民日益增长的物质文化需要，做到发展为了人民、发展依靠人民、发展成果由人民共享，促进人的全面发展。二是必须坚持科学发展。切实抓好发展这个党执政兴国的第一要务，统筹城乡发展，统筹区域发展，统筹经济社会发展，统筹人与自然和谐发展，统筹国内发展和对外开放，转变增长方式，提高发展质量，推进节约发展、清洁发展、安全发展，实现经济社会全面协调可持续发展。三是必须坚持改革开放。坚持社会主义市场经济的改革方向，适应社会发展要求，推进经济体制、政治体制、文化体制、社会体制改革和创新，进一步扩大对外开放，提高改革决策的科学性、改革措施的协调性，建立健全充满活力、富有效率、更加开放的体制机制。四是必须坚持民主法治。加强社会主义民主政治建设，发展社会主义民主，实施依法治国基本方略，建设社会主义法治国家，树立社会主义法治理念，增强全社会法律意识，推进国家经济、政治、文化、社会生活法制化、规范化，逐步形成社会公平保障体系，促进社会公平正义。五是必须坚持正确处理改革发展稳定的关系。把改革的力度、发展的速度和社会可承受的程度统一起来，维护社会安定团结，以改革促进和谐、以发展巩固和谐、以稳定保障和谐，确保人民安居乐业、社会安定有序、国家长治久安。六是必须坚持在党的领导下全社会共同建设。坚持科学执政、民主执政、依法执政，发挥党的领导核心作用，维护人民群众的主体地位，团结一切可以团结的力量，调动一切积极因素，形成促进和谐人人有责、和谐社会人人共享的生动局面。

构建社会主义和谐社会的主要工作部署如下：一是要坚持协调发展、加强社会事业建设，扎实推进社会主义新农村建设，落实区域发展总体战略，实施积极的就业政策，坚持教育优先发展，加强医疗卫生服务，加快发展文化事业和文化产业，加强环境治理保护。二是要加强制度建设、保障社会公平正义，完善民主权利保障制度、法律制度、司法体制机制、公共财政制度、收入分配制度、社会保障制度。三是要建设和谐文化、巩固社会和谐的思想道德基础，建设社会主义核心价值体系，树立社会主义荣辱观，培育文明道德风尚，营造积极健康的思想舆论氛围，广泛开展和谐创建活动。四是要完善社会管理、保持社会安定有序，建设服务型政府，推进社区建设，健全社会组织，统筹协调各方面利益关系，完善应急管理体制机制，加强安全生产，加强社会治安综合治理，加强国家安全工作和国防建设。五是要激发社会活力、增进社会团结和睦，发挥人民群众的首创精神，巩固和壮大最广泛的爱国统一战线，维护香港、澳门长期繁荣稳定，推进祖国统一大业，坚持走和平发展道路。[①]

五、中共十七大和科学发展观的确立

在 20 多年的改革开放和现代化建设进程中，中国经济实现了前所未有的高速增长，各个方面、各个领域都发生了巨大的变化。但是随着人们认识的深化和提高，我国提出了要实现经济增长方式的两个根本性转变，特别是提出推动经济增长方式从粗放型增长向集约型增长转变，表明我国对于经济高速增长带来的不协调等问题有了越来越多的认识。

1. 对经济高速增长的理性认识

2003 年上半年突发的非典型性肺炎疫情给我国发展敲响了警钟。2 月中下旬，非典型性肺炎疫情在广东省局部地区首先开始流行，继而在 3 月

---

① 中共中央关于构建社会主义和谐社会若干重大问题的决定. 北京：人民出版社，2006.

上旬传播和蔓延到华北地区，4月中下旬全国26个省区市都出现疫情。到6月，抗击非典疫情才取得阶段性胜利。这次疫情引发了人们对发展问题更深入的思考，中央认为必须把促进经济社会协调发展摆到更加突出的位置。胡锦涛在7月召开的全国防治非典工作会议上指出："从今后工作来说，我们不仅要继续保持经济较快增长良好势头，而且要重视提高经济增长质量和效益；不仅要确保今年经济社会发展目标的实现，而且要高度重视研究和解决经济社会发展中存在的深层次问题；不仅要努力做好当前工作，而且要为长远发展打下良好基础。"[1]

2003年八九月间，胡锦涛在江西省考察时明确提出"科学发展观"概念，提出要牢固树立协调发展、全面发展、可持续发展的科学发展观。10月又在中共十六届三中全会上完整地提出了科学发展观，强调指出："树立和落实全面发展、协调发展、可持续发展的科学发展观，对于我们更好坚持发展才是硬道理的战略思想具有重大意义。树立和落实科学发展观，这是二十多年改革开放实践的经验总结，是战胜非典疫情给我们的重要启示，也是推进全面建设小康社会的迫切要求。"他还指出，要实现全面建设小康社会宏伟目标，"必须促进社会主义物质文明、政治文明、精神文明协调发展，坚持在经济发展的基础上促进社会全面进步和人的全面发展，坚持在开发利用自然中实现人与自然的和谐相处，实现经济社会可持续发展"[2]。

2. 科学发展观的丰富内涵

2004年3月，胡锦涛在中央人口资源环境工作座谈会上首次对科学发展观的深刻内涵、基本要求和指导意义进行了全面论述。他指出坚持以

---

① 胡锦涛. 胡锦涛文选：第2卷. 北京：人民出版社，2016：66.
② 同①104.

人为本、全面协调可持续的发展观，是从新世纪新阶段党和国家事业发展全局出发提出的重大战略思想，揭示了经济社会发展的客观规律，反映了我们党对发展问题的新认识。

胡锦涛系统论述了科学发展观的深刻内涵：坚持以人为本，就是要以实现人的全面发展为目标，从人民群众的根本利益出发谋发展、促发展，不断满足人民群众日益增长的物质文化需要，切实保障人民群众的经济、政治和文化权益，让发展的成果惠及全体人民。全面发展，就是要以经济建设为中心，全面推进经济、政治、文化建设，实现经济发展和社会全面进步。协调发展，就是要统筹城乡发展、统筹区域发展、统筹经济社会发展、统筹人与自然和谐发展、统筹国内发展和对外开放，推进生产力和生产关系、经济基础和上层建筑相协调，推进经济、政治、文化建设的各个环节各个方面相协调。可持续发展，就是要促进人与自然的和谐，实现经济发展和人口、资源、环境相协调，坚持走生产发展、生活富裕、生态良好的文明发展道路，保证一代接一代地永续发展。[①]

2007 年 10 月，中国共产党第十七次全国代表大会召开。大会的主题是：高举中国特色社会主义伟大旗帜，以邓小平理论和"三个代表"重要思想为指导，深入贯彻落实科学发展观，继续解放思想，坚持改革开放，推动科学发展，促进社会和谐，为夺取全面建设小康社会新胜利而奋斗。这次大会把科学发展观确定为党的指导思想的重要组成部分。

第二节　社会主义新农村建设

"三农"问题始终是我国改革开放和社会主义现代化建设面临的重大

---

① 胡锦涛 . 胡锦涛文选：第 2 卷 . 北京：人民出版社，2016：166 - 167.

问题。中国经济体制改革最早就是在广大农村开始的，在 20 世纪 80 年代中国农村经济得到了很大发展。自 20 世纪 90 年代开始，伴随着城市经济体制改革和对外开放的深入发展，农业作为弱势产业的特点日益表现出来，农村大量剩余劳动力需要寻找就业出路，农村经济发展面临着来自各个方面的巨大障碍。这都是进入 21 世纪的中国需要面对并必须采取措施解决的重大问题。

一、以工促农、以城带乡，促进城乡协调发展

中共十六大报告明确指出，统筹城乡经济社会发展，建设现代农业，发展农村经济，增加农民收入，是全面建设小康社会的重大任务。中共十六大之后，国家不断调整对"三农"的政策体系，加大对"三农"的扶持力度，取得了积极的成效。

1. 坚持"多予、少取、放活"的方针

解决"三农"问题首先必须统一思想。中国的现代化不可能是牺牲农业的现代化，农业在中国社会经济发展中具有举足轻重的地位和作用。2003 年 12 月，中共中央、国务院印发《关于促进农民增加收入若干政策的意见》，要求坚持 2002 年 1 月中央农村工作会议提出的"多予、少取、放活"的方针，真正解决全国农民人均纯收入连续多年增长缓慢、粮食主产区农民收入增长幅度低于全国平均水平、许多纯农户的收入持续徘徊甚至下降、城乡居民收入差距仍在不断扩大等问题。该意见提出了九个方面的政策措施：一是集中力量支持粮食主产区发展粮食产业，促进种粮农民增加收入。包括加强主产区粮食生产能力建设，支持主产区进行粮食转化和加工，增加对粮食主产区的投入等。二是继续推进农业结构调整，挖掘农业内部增收潜力。包括全面提高农产品质量安全水平，加快发展农业产

业化经营，加强农业科研和技术推广等。三是发展农村二、三产业，拓宽农民增收渠道。包括推进乡镇企业改革和调整，大力发展农村个体私营等非公有制经济，繁荣小城镇经济等。四是改善农民进城就业环境，增加外出务工收入。包括保障进城就业农民的合法权益，加强对农村劳动力的职业技能培训等。五是发挥市场机制作用，搞活农产品流通。包括培育农产品营销主体，扩大优势农产品出口等。六是加强农村基础设施建设，为农民增收创造条件。包括继续增加财政对农业和农村发展的投入，进一步加强农业和农村基础设施建设等。七是深化农村改革，为农民增收减负提供体制保障。包括加快土地征用制度改革，深化粮食流通体制改革，继续推进农村税费改革，改革和创新农村金融体制等。八是继续做好扶贫开发工作，解决农村贫困人口和受灾群众的生产生活困难。包括完善扶贫开发机制，认真安排好灾区和困难农户的生产生活等。九是加强党对促进农民增收工作的领导，确保各项增收政策落到实处。要坚持把解决好农业、农村、农民问题作为全党工作的重中之重。

《关于促进农民增加收入若干政策的意见》是一个"含金量"很高的文件。例如，"逐步降低农业税税率，2004年农业税税率总体上降低1个百分点，同时取消除烟叶外的农业特产税"，对种粮农民实行直接补贴等，都使农民可以直接受益；《关于促进农民增加收入若干政策的意见》首次提出："进城就业的农民工已经成为产业工人的重要组成部分，为城市创造了财富、提供了税收。城市政府要切实把对进城农民工的职业培训、子女教育、劳动保障及其他服务和管理经费，纳入正常的财政预算"，并提出"建立金融机构对农村社区服务的机制，明确县域内各金融机构为'三农'服务的义务"等。《关于促进农民增加收入若干政策的意见》下发后推动全国出现"种粮热""争地热"等，与之前一些年各地出现的土地抛荒情形形成鲜明反差。可以说，2004—2012年是我国农业支持保护体系的形成时期。我国开始全面探索建立农业支持保护体系，不断加大对"三农"的支持保护力度，逐步形成了以资金投入、税收支持、农业补贴、价格支持、保险支持等为主体、比较完整的农业支持保护体系。国家财政在2003—2012年用于"三农"的支出由1 754.5亿元增至12 387.6亿元，年均增长24.3%，高于国家财政支出19.9%的平均速度，农业支出占国家财政支出的比重提高至9.8%；2007—2012年对"三农"的支出包括粮食直补、良种补贴、农机具购置补贴和农资综合补贴四项总额，由513.6亿元增至1 643亿元。

实际上在进入21世纪后，国家就通过各种方式促进农村经济发展特别是农村产业发展和结构调整。例如，农业部从2002年提出产业发展行动计划，要求从这一年开始重点抓好六个方面产业发展行动计划，包括：实施优质、专用粮食等大宗农产品发展行动计划；实施畜牧业发展行动计划；实施园艺业发展行动计划；实施农产品加工业发展行动计划；实施渔业发展行动计划；实施农垦发展行动计划。8月，农业部又将农产品加工业发展行动计划进一步细化，提出重点扶持九大优势产业带加工示范项目，包括：黄淮海地区优质专用小麦产业带；东北及内蒙古东部玉米、大豆产业带；长江流域优质油菜产业带；中原地区牛羊肉产业带；东北、华北、西北地区奶业产业带；环渤海湾地区和西北黄土高原苹果产业带；中南、西南地区柑橘产业带；沿海及重点江河湖泊流域优质水产品产业带；茶叶主产区优质茶叶产业带。

又如，2004年4月农业部等六部委共同组织实施"农村劳动力转移培训阳光工程"。这项工程由政府公共财政支持，以粮食主产区、劳动力主要输出地区、贫困地区和革命老区为重点，以市场需求为导向，以受训农民转移就业为目标，开展农村劳动力转移前的职业技能培训。按照"政府推动、学校主办、部门监督、农民受益"的原则组织实施，目的就是提高农村劳动力素质和就业技能，促进农村劳动力向非农产业和城镇转移，实现稳定就业和增加农民收入，推动城乡经济社会协同发展。

再如，针对我国草原超载放牧和草原保护投入不足等原因导致的草原退化、可利用面积减少、生态功能弱化等问题，国务院决定从 2011 年起，在内蒙古、新疆（含新疆生产建设兵团）、西藏、青海、四川、甘肃、宁夏和云南 8 个主要草原牧区省（区），全面建立草原生态保护补助奖励机制。一是实施禁牧补助。对生存环境非常恶劣、草场严重退化、不宜放牧的草原，实行禁牧封育，中央财政按每亩 6 元的标准给予补助。二是实施草畜平衡奖励。对禁牧区域以外的可利用草原，在核定合理载畜量的基础上，中央财政按每亩 1.5 元的标准对未超载放牧的牧民给予奖励。三是落实对牧民的生产性补贴政策。增加牧区畜牧良种补贴，在对肉牛和绵羊进行良种补贴基础上，将牦牛和山羊纳入补贴范围；实施牧草良种补贴，对 8 省（区）0.9 亿亩人工草场，按每亩 10 元的标准给予补贴；实施牧民生产资料综合补贴，对 8 省（区）约 200 万户牧民，按每户 500 元的标准给予补贴。四是加大对牧民教育发展和牧民培训的支持力度，促进牧民转移就业。为建立草原生态保护补助奖励机制、促进牧民增收，中央财政每年安排资金 134 亿元。

2. 促进农民增收，取消农业税

21 世纪初，中国提出了全面建设小康社会的奋斗目标，小康社会建设的难点在于农村经济社会的全面发展。为此，从中央到地方都通过各种方式深入农村进行专题调研，探讨如何进一步减轻农民负担、促进农民收入较快增加。这一年里在全国开展农村税费改革试点工作。2002 年 8 月，中共中央办公厅、国务院办公厅发布了《关于对涉及农民负担案（事）件实行责任追究的暂行办法》，目的就是规范农村税费负担，推进农村税费改革。

取消农业税是这一时期具有标志意义的划时代重大事件。长期以来，我国实行城市、农村两套不同的税制，广大农民的税收负担长期高于城市居民，总税率达 8.4%。农业税一度在国家税收中所占比重很大并对国家工业化作出了巨大贡献。而进入 21 世纪，农业税在我国中央财政中的比重持续下降，大约仅占 4%，中央财政已经具备了反哺农业的能力。2004年国家宣布从当年开始，逐步降低农业税税率，计划 5 年内取消农业税。对农民实行零税负政策的意义，不仅在于农民负担的绝对数量下降，还在于它破除了对农民的不平等待遇。这就为推行城乡一体化税制扫清了障碍，为城乡统筹发展创造了条件。

2005 年中央一号文件《中共中央、国务院关于进一步加强农村工作提高农业综合生产能力若干政策的意见》，提出继续加大"两减免、三补贴"等政策，减免农业税、取消除烟叶以外的农业特产税，对种粮农民实行直接补贴，对部分地区实行良种补贴和农机具购置补贴，并提出进一步扩大农业税免征范围，加大农业税减征力度。从 2005 年开始在国家扶贫开发工作重点县实行免征农业税试点，在其他地区进一步降低农业税税率，在牧区开展取消牧业税试点。

对于取消农业税这一惠民政策，各地方反应积极，措施到位。到2005 年 2 月底，全国已有 26 个省区市宣布取消农业税。2005 年 3 月在全国两会上，温家宝在《政府工作报告》中宣布：2006 年"在全国全部免征农业税。原定 5 年取消农业税的目标，3 年就可以实现"。2005 年 12月，第十届全国人大常委会第十九次会议通过了《关于废止〈中华人民共和国农业税条例〉的决定》，从而使征收了两千多年的皇粮国税成为历史。

全面取消农业税后，与农村税费改革前的 1999 年相比，中国农民每年减负总额将超过 1 000 亿元，人均减负 120 元左右。全面取消农业税表明中国在减轻农民负担，实行工业反哺农业、城市支持农村方面取得了重要突破。

为了保护农民群众的基本利益，长期稳定农村土地经营制度，早在 1984 年中央就提出要延长农村经济体制改革过程中推行的土地承包关系，将土地承包期延长至 15 年，确立了"大稳定、小调整"的原则。1993 年又提出"在原定的耕地承包期到期之后，再延期 30 年不变"，明确了"增人不增地、减人不减地"的原则。2002 年通过的《中华人民共和国农村土地承包法》，以法律的形式将农村土地承包关系稳定了下来。

3.《中国农村扶贫开发纲要（2001—2010 年）》实施

缓解和消除贫困，最终实现全体人民的共同富裕，是社会主义的本质要求，是中国共产党和人民政府义不容辞的历史责任。到 2000 年底，除了少数社会保障对象和生活在自然环境恶劣地区的特困人口，以及部分残疾人以外，全国农村贫困人口的温饱问题已经基本解决。在此基础上，中共中央、国务院决定从 2001 年到 2010 年，集中力量，加快贫困地区脱贫致富的进程，把我国扶贫开发事业推向一个新的阶段。这一时期扶贫开发总的奋斗目标是：尽快解决少数贫困人口温饱问题，进一步改善贫困地区的基本生产生活条件，巩固温饱成果，提高贫困人口的生活质量和综合素质，加强贫困乡村的基础设施建设，改善生态环境，逐步改变贫困地区经济、社会、文化的落后状况，为达到小康水平创造条件。《中国农村扶贫开发纲要（2001—2010 年）》对扶贫开发的基本方针、对象和重点、内容和途径、政策保障、组织领导等都作了具体规定。自其实施以来，我国扶贫开发取得了新的成就，率先实现了联合国《千年发展目标》中贫困人口减半的指标，贫困地区经济实力增强，基础设施明显改善，生态恶化趋势初步得到遏制，扶贫开发工作水平明显提高。新型农村合作医疗、新型农村养老保险试点和最低生活保障制度的建立，为解决农村温饱问题作了制度性安排。扶贫开发增强了贫困地区群众自强自立精神和自我发展能力，为促进国民经济持续健康发展与社会和谐、民族团结发挥了重要作用。

2011 年 4 月，中央政治局研究审议《中国农村扶贫开发纲要 (2011—2020 年)》，认为我国仍处于并将长期处于社会主义初级阶段，经济社会发展总体水平不高，制约贫困地区发展的深层次矛盾依然存在，特别是集中连片特殊困难地区扶贫开发任务仍十分艰巨。继续实施新一轮扶贫开发，是坚持以人为本、执政为民、保障和改善民生、缩小发展差距、促进全体人民共享改革发展成果的重大举措，是全面建设小康社会、构建和谐社会的迫切需要。我国扶贫开发已经从解决温饱为主要任务的阶段转入巩固温饱成果、提高发展能力、加快脱贫致富、缩小发展差距的新阶段。要提高扶贫标准，加大投入力度，把连片特困地区作为主战场，把稳定解决扶贫对象温饱问题、尽快实现脱贫致富作为首要任务。到 2020 年，稳定实现扶贫对象不愁吃、不愁穿，保障其义务教育、基本医疗和住房；贫困地区农民人均纯收入增长幅度高于全国平均水平，基本公共服务主要领域指标接近全国平均水平，扭转发展差距扩大趋势。

二、建设社会主义新农村

解决"三农"问题不能仅从中国农业经济发展看待"三农"，必须把"三农"问题放到中国现代化建设的大格局中来统筹安排。在国家各项支持和扶持农业政策的推动下，我国农业生产和农村经济出现了向好的发展趋势。

1. 以工促农、以城带乡

2003 年 1 月，胡锦涛在中央农村工作会议上指出："为了实现十六大提出的全面建设小康社会的宏伟目标，必须统筹城乡经济社会发展，更多地关注农村，关心农民，支持农业，把解决好农业、农村和农民问题作为全党工作的重中之重，放在更加突出的位置，努力开创农业和农村工作的新局面。"中国经济进入 21 世纪后，面临着新的发展阶段，要更加关注城乡经济的协调发展。"统筹城乡经济社会发展，就是要充分发挥城市对农村的带动作用和农村对城市的促进作用，实现城乡经济社会一体化发展。这既是解决'三农'问题的重大战略，又是增强城市发展后劲的有效措施。"① 为了统筹城乡经济社会发展，一是要做好农村富余劳动力向非农产业和城镇转移，这既是工业化和现代化的必然要求，也是增加农民收入的重要途径。各地区各部门要按照"公平对待，合理引导，完善管理，搞好服务"的方针，为农民进城务工创造有利条件；各地都要善待农民工，继续清理对农民工的歧视性政策和各种乱收费，集中解决好一些企业拖欠克扣农民工工资、劳动条件差、劳动安全和职业病防护没有保障等问题。二是要提高城镇化水平，推进中国现代化进程，解决农村富余劳动力出路和农民增收问题，必须走工业化、城镇化路子，把农民从农业和农村尽可能多转移出来。把发展乡镇企业和农村服务业同发展小城镇有机结合起来，引导和鼓励乡镇企业向小城镇集中，鼓励多渠道、多形式投资兴办小城镇基础设施和公用事业，完善小城镇功能。三是要加大对农业的支持和保护力度，关键是增加投入。要进一步调整国民收入分配结构和财政支出结构，增加对农业的投入，逐步形成国家支农资金稳定增长机制。②

2004 年 9 月，胡锦涛在中共十六届四中全会上分析了世界各国农业和工业关系的演变过程，指出："综观一些工业化国家发展历程，在工业化初始阶段，农业支持工业、为工业提供积累是带有普遍性的趋向；但在工业化达到相当程度以后，工业反哺农业、城市支持农村，实现工业与农

① 中共中央文献研究室.十六大以来重要文献选编（上）.北京：中央文献出版社：2005：112，120.

② 胡锦涛.胡锦涛文选：第 2 卷.北京：人民出版社，2016：18-20.

业、城市与农村协调发展，也是带有普遍性的趋向。""要在国家总体实力不断增强的基础上，在深入挖掘农业和农村发展潜力的同时，不断加大对农业发展的支持力度，发挥城市对农村的辐射和带动作用，发挥工业对农业的支持和反哺作用，走城乡互动、工农互促的协调发展道路。"①

2006 年 2 月，胡锦涛在省部级主要领导干部建设社会主义新农村专题研讨班上的讲话中指出：我国在总体上已进入以工促农、以城带乡的发展阶段。这就表明我国国民经济发展和农村经济发展进入了一个新的阶段，国民经济各个领域、各个部门的发展都应该促进和支持农村经济的发展。这不仅是从改革开放近 30 年的历史进程来说的，也是从新中国成立近 60 年的历程来说的。作出这个判断的依据有三：一是实现经济社会又快又好发展要求我们进一步做好"三农"工作，广大农民群众迫切要求改变农村相对落后的面貌，解决"三农"问题成为全社会的共识，关心农业、关注农村、关爱农民的良好氛围已经形成；二是我国综合国力显著增强，第二、第三产业增加值占国内生产总值的比重已经达到 87.6%，城镇人口占总人口的比重已达 43%，国家财政收入持续增长，总体上具备了工业反哺农业、城市支持农村的能力；三是解决好农业和农村发展、农民增收问题，仅靠农村内部资源和力量已经不够，必须在继续挖掘农村内部资源和力量的同时，充分运用外部资源和力量，推动国民收入分配向农业和农村倾斜，依靠工业反哺和城市支持。②

在这一时期，乡镇企业改革发展的步伐进一步加快。对于乡镇企业深化改革和转型升级，国家主要采取了以下三种发展方向给予支持：一是采取股份合作制、股份制等多种形式，大力推进乡镇企业深化改革，一大批乡镇企业转变为股份制企业或私营企业；二是根据市场需求和国家需要，

---

① 胡锦涛. 胡锦涛文选：第 2 卷. 北京：人民出版社，2016：247.
② 同①248.

加快乡镇企业结构调整、技术升级和水平提升，推动一批乡镇企业走向国内国际两个市场；三是推动乡镇企业发展与小城镇建设结合，引导乡镇企业向小城镇集中，使乡镇企业成为小城镇建设的重要力量。

2. 社会主义新农村建设的要求与任务

2006 年中央一号文件《中共中央 国务院关于推进社会主义新农村建设的若干意见》（以下简称《若干意见》），明确了今后 5 年即"十一五"规划时期我国经济社会发展特别是农村经济社会发展的奋斗目标和行动纲领，提出了建设社会主义新农村的重大历史任务。

建设社会主义新农村就是要站在新的历史起点上，按照全面建设小康社会的要求和构建社会主义和谐社会的需要，对农村经济社会发展进行整体布局和规划，推动农村各项事业都取得长足发展。《若干意见》提出：全面建设小康社会，最艰巨最繁重的任务在农村。加速推进现代化，必须妥善处理工农城乡关系。构建社会主义和谐社会，必须促进农村经济社会全面进步。农村人口众多是我国的国情，只有发展好农村经济，建设好农民的家园，让农民过上宽裕的生活，才能保障全体人民共享经济社会发展成果，才能不断扩大内需和促进国民经济持续发展。

要紧紧抓住"十一五"时期，这五年是社会主义新农村建设打下坚实基础的关键时期，是推进现代农业建设迈出重大步伐的关键时期，是构建新型工农城乡关系取得突破进展的关键时期，也是农村全面建设小康加速推进的关键时期。这五年要统筹城乡经济社会发展，实行工业反哺农业、城市支持农村和"多予少取放活"的方针，按照"生产发展、生活宽裕、乡风文明、村容整洁、管理民主"的要求，协调推进农村经济建设、政治建设、文化建设、社会建设和党的建设。

《若干意见》指出：推进新农村建设是一项长期而繁重的历史任务，必须坚持以发展农村经济为中心，进一步解放和发展农村生产力，促进粮食稳定发展、农民持续增收；必须坚持农村基本经营制度，尊重农民的主体地位，不断创新农村体制机制；必须坚持以人为本，着力解决农民生产生活中最迫切的实际问题，切实让农民得到实惠；必须坚持科学规划，实行因地制宜、分类指导，有计划有步骤有重点地逐步推进；必须坚持发挥各方面积极性，依靠农民辛勤劳动、国家扶持和社会力量的广泛参与，使新农村建设成为全党全社会的共同行动。

《若干意见》提出了推进社会主义新农村建设需要努力做好的若干重点工作：一是统筹城乡经济社会发展，扎实推进社会主义新农村建设；二是推进现代农业建设，强化社会主义新农村建设的产业支撑；三是促进农民持续增收，夯实社会主义新农村建设的经济基础；四是加强农村基础设施建设，改善社会主义新农村建设的物质条件；五是加快发展农村社会事业，培养推进社会主义新农村建设的新型农民；六是全面深化农村改革，健全社会主义新农村建设的体制保障；七是加强农村民主政治建设，完善建设社会主义新农村的乡村治理机制；八是切实加强领导，动员全党全社会关心、支持和参与社会主义新农村建设。

三、到 2020 年农村改革发展的基本目标

2008 年 10 月 9 日至 12 日，中共十七届三中全会在北京召开。全会认为，我国总体上已进入以工促农、以城带乡的发展阶段，进入加快改造传统农业、走中国特色农业现代化道路的关键时刻，进入着力破除城乡二元结构、形成城乡经济社会发展一体化新格局的重要时期。会议通过了《中共中央关于推进农村改革发展若干重大问题的决定》（以下简称《决定》）。

1. 农村改革发展的目标和原则

《决定》明确指出：农业是安天下、稳民心的战略产业，没有农业现

代化就没有国家现代化，没有农村繁荣稳定就没有全国繁荣稳定，没有农民全面小康就没有全国人民全面小康。我国总体上已进入以工促农、以城带乡的发展阶段，进入加快改造传统农业、走中国特色农业现代化道路的关键时刻，进入着力破除城乡二元结构、形成城乡经济社会发展一体化新格局的重要时期。

《决定》提出了到 2020 年我国农村改革发展基本目标任务是：农村经济体制更加健全，城乡经济社会发展一体化体制机制基本建立；现代农业建设取得显著进展，农业综合生产能力明显提高，国家粮食安全和主要农产品供给得到有效保障；农民人均纯收入比 2008 年翻一番，消费水平大幅提升，绝对贫困现象基本消除；农村基层组织建设进一步加强，村民自治制度更加完善，农民民主权利得到切实保障；城乡基本公共服务均等化明显推进，农村文化进一步繁荣，农民基本文化权益得到更好落实，农村人人享有接受良好教育的机会，农村基本生活保障、基本医疗卫生制度更加健全，农村社会管理体系进一步完善；资源节约型、环境友好型农业生产体系基本形成，农村人居和生态环境明显改善，可持续发展能力不断增强。

《决定》提出了要实现上述目标，必须遵循的五个重大原则，即：必须巩固和加强农业基础地位，始终把解决好十几亿人口吃饭问题作为治国安邦的头等大事；必须切实保障农民权益，始终把实现好、维护好、发展好广大农民根本利益作为农村一切工作的出发点和落脚点；必须不断解放和发展农村社会生产力，始终把改革创新作为农村发展的根本动力；必须统筹城乡经济社会发展，始终把着力构建新型工农、城乡关系作为加快推进现代化的重大战略；必须坚持党管农村工作，始终把加强和改善党对农村工作的领导作为推进农村改革发展的政治保证。

《决定》针对一个时期一些地方出现的耕地撂荒问题，提出建立健全土地承包经营权流转制度，允许农民以转包、出租、互换、转让、股份合作等形式流转土地承包经营权，使土地在农业生产中发挥更大的效应。在国家政策引导和支持下，农村承包土地流转速度不断加快，流转面积从2007 年的 0.64 亿亩增至 2012 年的 2.7 亿亩，占家庭承包耕地总面积的比重由 5.2％提高到 21.5％。[①]

2. 中国特色农业现代化的基本要求

《决定》提出了中国特色农业现代化的基本要求，其中有关经济体制等方面的内容主要包括：第一，大力推进改革创新，加强农村制度建设。实现农村发展战略目标，推进中国特色农业现代化，必须按照统筹城乡发展要求，抓紧在农村体制改革关键环节上取得突破，进一步放开搞活农村经济，优化农村发展外部环境，强化农村发展制度保障。重点是稳定和完善农村基本经营制度，健全严格规范的农村土地管理制度，完善农业支持保护制度，建立现代农村金融制度，建立促进城乡经济社会发展一体化制度，健全农村民主管理制度。第二，积极发展现代农业，提高农业综合生产能力。发展现代农业，必须按照高产、优质、高效、生态、安全的要求，加快转变农业发展方式，推进农业科技进步和创新，加强农业物质技术装备，健全农业产业体系，提高土地产出率、资源利用率、劳动生产率，增强农业抗风险能力、国际竞争能力、可持续发展能力。重点是确保国家粮食安全，推进农业结构战略性调整，加快农业科技创新，加强农业基础设施建设，建立新型农业社会化服务体系，促进农业可持续发展，扩大农业对外开放。第三，加快发展农村公共事业，促进农村社会全面进步。建设社会主义新农村，形成城乡经济社会发展一体化新格局，必须扩大公共财政覆盖农村范围，发展农村公共事业，使广大农民学有所教、劳

[①] 魏后凯，闫坤. 中国农村发展报告 2017. 北京：中国社会科学出版社，2017：19.

有所得、病有所医、老有所养、住有所居。重点是繁荣发展农村文化，大力办好农村教育事业，促进农村医疗卫生事业发展，健全农村社会保障体系，加强农村基础设施和环境建设，推进农村扶贫开发，加强农村防灾减灾能力建设，强化农村社会管理。第四，加强和改善党的领导，为推进农村改革发展提供坚强政治保证。推进农村改革发展，关键在党。要把党的执政能力建设和先进性建设作为主线，以改革创新精神全面推进农村党的建设，认真开展深入学习实践科学发展观活动，增强各级党组织的创造力、凝聚力、战斗力，不断提高党领导农村工作水平。重点工作是完善党领导农村工作体制机制，加强农村基层组织建设，加强农村基层干部队伍建设，加强农村党员队伍建设，加强农村党风廉政建设。①

国家大力支持农业生产领域广泛使用科学技术和现代服务体系，推动双层经营责任制实现两个转变：家庭经营要向采用先进科学技术和生产手段的方向转变；统一经营要向发展农户联合与合作，形成多元化、多层次、多种形式经营服务体系的方向转变。

据农业部 2012 年 2 月的介绍，全国农业龙头企业已近 11 万家，年销售收入突破 5.7 万亿元，提供的农产品及加工制品占全国农产品出口额的 80% 以上，龙头企业已成为保障主要农产品有效供给、带动农民就业增收、建设现代农业的重要力量。截至 2012 年 2 月底，全国形成了以 1 253 家国家重点龙头企业为核心，1 万多家省级重点龙头企业为骨干，10 万多家中小型龙头企业为基础的发展格局。总之，实现全面建设小康社会的宏伟目标，最艰巨最繁重的任务在农村，最广泛最深厚的基础也在农村。

---

① 中共中央关于推进农村改革发展若干重大问题的决定. 北京：人民出版社，2008.

第三节　经济结构调整和经济增长方式转变

在 21 世纪第一个 10 年中，中国城市经济体制改革无论从广度还是深度上看，都出现了大的转变。随着经济体制改革的不断深入和社会经济的快速发展，经济结构和增长方式越来越成为我国改革开放和经济社会发展的重大战略问题。中共十六大明确提出，必须把经济结构调整和经济增长方式的转变作为关系全局的重大任务。

一、实施新型工业化战略

2002 年召开的中共十六大明确提出：坚持以信息化带动工业化，以工业化促进信息化，走出一条科技含量高、经济效益好、资源消耗低、环境污染少、人力资源优势得到充分发挥的新型工业化路子。新型工业化战略是我国进入新世纪之后，面对经济社会发展的新形势、新格局，面对我国经济发展提出的新任务、新要求，面对我国工业化进程的新特点确立起来的重要工业化战略。这是全面促进中国经济转型的重大战略决策，提出了中国在 21 世纪高速发展的基本道路。中央明确指出：实现工业化仍然是我国现代化进程中艰巨的历史性任务。信息化是我国加快实现工业化和现代化的必然选择。

1. 改革开放以来工业化取得的成就

大约从 20 世纪 70 年代后期至 20 世纪末，是我国工业化水平迅速提升的阶段。以改革开放为特征的发展阶段，为我国工业化的发展提供了坚实的基础和条件，工业化道路也开始出现转型。这一时期我国工业化是以制造业的繁荣、新兴产业的崛起和先进技术设备的引进为突出特征的。

第一，针对迅速变化的国内经济、政治形势和国际经济格局，我国工业化走出了相对封闭的自我循环的发展道路，在一个日益开放和相对和平的国际经济环境中，充分运用国际国内两个市场、两种资源，促进中国工业化水平的大幅度提升，我国整体工业化的面貌发生了深刻的变化。特别是随着我国经济体制从计划经济体制向市场经济体制的转轨，在以市场为导向的国内经济发展的推动下，在国际市场需求的拉动下，我国工业化迅速成长，尤其是制造业和第三产业得到了长足的发展，我国被誉为世界的制造业基地或制造业大国，我国的工业化建设和发展显示出丰富多彩的局面。

第二，这一时期的工业化表现为多个方面的飞速发展。一是从技术水平和技术装备来看，我国不失时机地学习引进和消化吸收国外先进技术和装备，强有力地改变了我国传统工业的面貌，大幅度地提高了我国工业化的技术水平；二是从第二产业各行业成长来看，我国的第二产业呈现出蓬勃发展的态势，许多产业从无到有、从小到大，尤其是家用电器、信息产业的发展，改变并提高了人民群众的生活质量和生活水平；三是从发展速度来看，我国保持了连续 20 多年的经济高速增长，是同期世界各国中发展最迅速的国家，推动我国工业化进入了快车道，引起了全世界的瞩目；四是从对外经济关系来看，我国经历了从大量进口到替代进口，再到出口拉动的及时转换，在我国对国际经济依存度提高的同时，世界经济也越来越依赖我国经济的发展；五是从综合国力来看，我国的综合国力大幅度提高，对世界经济的影响越来越大。可以肯定地说，这一时期我们探索出了一条适合我国自身特点的工业化水平提升之路，取得了前所未有的工业化发展成就。

2. 新型工业化战略及其基本特征

在 21 世纪之初确立新型工业化战略并走新型工业化道路，这是一个重大的战略调整和战略转变。我国确立的新型工业化战略的基本特点是：

第一，依靠内需拉动经济发展是其基本立足点。坚持以信息化带动工业化，以工业化促进信息化，着眼点主要是我国工业化水平的整体提高和发展方式的快速转型，因而扩大内需必然日益成为推动我国经济持续、快速、健康发展的重要力量。坚持扩大内需，在关注数量增加的同时更加关注质量的提高，充分满足国内工业化升级和发展方式转型需要，是我国经济发展的一项长期战略方针。我国拥有广阔的国内市场，这是我国持久发展的最大优势。面对国际市场日趋激烈的竞争和世界经济的复杂变化，立足国内需求，既可以加快提升我国经济发展的能力和水平，也可以使我国经济有较大的回旋余地，增强抵御国际经济风险的能力。

第二，落实科学发展观是其灵魂和生命力。新型工业化所表现出来的科技含量高、经济效益好、资源消耗低、环境污染少、人力资源优势得到充分发挥，只有在科学发展的条件下才能更好地实现。在跨世纪的经济发展中，实施新型工业化战略必须从多个方面加快转变：加强自主创新能力，加快对引进科学技术的吸收消化和创新，加强我国产业的创新能力建设；加快经济增长方式的转变，切实改变粗放型增长方式，推进集约型增长方式的形成、壮大和确立；确保建立在前两种基础之上的经济增长保持持续发展的态势。为此，落实科教兴国战略和可持续发展战略就显得十分重要。在这方面我国与一些经济和科技比较发达的国家之间还存在一定的差距。例如以科技进步对经济增长的贡献率而言，我国仅为33%，一些经济和科技比较发达的国家都在50%以上。

第三，坚持和平崛起是其发展基调。2001年中国加入世界贸易组织，这既给中国发展提供了良好的机遇，也提出了许多严峻的挑战。中共十六大报告提出，中国要适应经济全球化和加入世贸组织的新形势，在更大范围、更广领域和更高层次上参与国际经济技术合作和竞争，充分利用国际国内两个市场，优化资源配置，拓宽发展空间，以开放促改革促发展。改革开放以来，我国很好地运用了对我国发展有利的国际环境和条件，坚持以经济建设为中心，形成了全方位的对外开放格局。我国经济发展的成功经验表明：中国的发展离不开世界。

第四，参与经济全球化是其必要条件。改革开放以来，中国经济从封闭走向开放，从相对独立走向逐步融入全球化，中国经济并没有因此而削弱，而是越来越强大。这充分说明经济全球化并不是中国经济发展的"陷阱"，而是各国在市场和生产上的相互依存日益加深的过程。经济全球化促进了人力、资本、商品、服务、技术和信息等实现跨国界流动，优化了各种生产要素和资源的品质。我国在参与经济全球化过程中，从中国所承担的国际责任和国际义务角度积极倡导这样一些原则，即：一是不断改善现行国际规则，使之朝着有利于缩小南北贫富差距的方向发展，朝着有利于实现各国的共同发展和繁荣的方向发展，朝着有利于促进世界经济平衡、稳定和可持续发展的方向前进；二是允许各国根据自己的国情选择发展道路，并确定开放的方式和速度；三是促进各国在相互尊重的基础上加强不同文化的交流，为人类社会进步注入新的活力；四是共同应对挑战和风险，以利于实现世界各国的普遍发展和安全；五是重点不仅要促进贸易和投资自由化，更应促进科技知识的普及化。

3. 引导促进非公有制经济发展

中共十六届三中全会通过的《中共中央关于完善社会主义市场经济体制若干问题的决定》，放宽了非公有制经济的投资领域，提高了非公有制经济的法律地位。该决定指出"大力发展和积极引导非公有制经济"，"放宽市场准入，允许非公有资本进入法律法规未禁入的基础设施、公有事业及其他行业和领域。非公有制企业在投融资、税收、土地使用和对外贸易等方面，与其他企业享受同等待遇"。

2005 年 2 月，《国务院关于鼓励支持和引导个体私营等非公有制经济发展的若干意见》（简称"非公经济 36 条"）发布，继续强调指出：公有制为主体、多种所有制经济共同发展是我国社会主义初级阶段的基本经济制度。毫不动摇地巩固和发展公有制经济，毫不动摇地鼓励、支持和引导非公有制经济发展，使两者在社会主义现代化进程中相互促进，共同发展，是必须长期坚持的基本方针，是完善社会主义市场经济体制、建设中国特色社会主义的必然要求。"非公经济 36 条"提出了促进非公有制经济发展的基本思路，即进一步解放思想，深化改革，消除影响非公有制经济发展的体制性障碍，确立平等的市场主体地位，实现公平竞争；进一步完善国家法律法规和政策，依法保护非公有制企业和职工的合法权益；进一步加强和改进政府监督管理和服务，为非公有制经济发展创造良好环境；进一步引导非公有制企业依法经营、诚实守信、健全管理，不断提高自身素质，促进非公有制经济持续健康发展。

"非公经济 36 条"提出以下具体措施：一是放宽非公有制经济市场准入。主要内容包括：贯彻平等准入、公平待遇原则，允许其进入垄断行业和领域、公用事业和基础设施领域、社会事业领域、金融服务业和国防科技工业建设领域，鼓励其参与国有经济结构调整和国有企业重组，参与西部大开发、东北地区等老工业基地振兴和中部地区崛起。二是加大对非公有制经济的财税金融支持。主要内容包括：加大财税、信贷支持力度，拓宽直接融资渠道，鼓励金融服务创新，建立健全信用担保体系。三是完善对非公有制经济的社会服务。主要内容包括：大力发展社会中介服务，积极开展创业服务，支持开展企业经营者和员工培训，加强科技创新服务，支持企业开拓国内外市场，推进企业信用制度建设。四是维护非公有制企业和职工的合法权益。主要内容包括：完善私有财产保护制度，维护企业合法权益，保障职工合法权益，推进社会保障制度建设，建立健全企业工会组织。五是引导非公有制企业提高自身素质。主要内容包括：贯彻执行国家法律法规和政策规定，规范企业经营管理行为，完善企业组织制度，提高企业经营管理者素质，鼓励有条件的企业做强做大，推进专业化协作和产业集群发展。六是改进政府对非公有制企业的监管。主要内容包括：改进监管方式，加强劳动监察和劳动关系协调，规范国家行政机关和事业单位收费行为。七是加强对发展非公有制经济的指导和政策协调。主要内容包括：加强对非公有制经济发展的指导，营造良好的舆论氛围，认真做好贯彻落实工作。

2010年3月，国务院专门召开会议研究部署进一步鼓励和引导民间投资健康发展的政策措施。会议指出，改革开放以来，我国民间投资不断发展壮大，成为促进经济发展、调整产业结构、繁荣城乡市场、扩大社会就业的重要力量。进一步鼓励和引导民间投资，对于丰富和充实应对国际金融危机一揽子计划，推动各种所有制经济平等竞争、共同发展，激发经济增长的内生动力和活力，促进经济长期平稳较快发展，具有重要意义。为此，会议确定了若干政策措施：一是进一步拓宽民间投资的领域和范围。鼓励和引导民间资本进入交通电信能源基础设施、市政公用事业、国防科技工业、保障性住房建设等领域，兴办金融机构，投资商贸流通产业，参与发展文化、教育、体育、医疗、社会福利事业。二是推动民营企业加强自主创新和转型升级。支持其参与国家重大科技计划项目和技术攻关，帮助有条件的民营企业建立工程技术中心、技术开发中心等，鼓励其加大新产品开发，发展战略性新兴产业，积极参与国际竞争。三是鼓励和引导民营企业通过参股、控股、资产收购等方式参与国有企业改制重组。四是建立健全民间投资服务体系，为民间投资创造良好环境。

这些日益完善的政策措施，对于非公有制经济的发展创造了良好的环境和条件。

二、推动国有经济调整，建立国有资产管理体制

2003 年 10 月中共十六届三中全会通过的《中共中央关于完善社会主义市场经济体制若干问题的决定》（以下简称《决定》），是我国国有企业改革的重点逐步转向国有经济战略性调整和建立国有资产管理体制的重要标志。

1. 国有经济战略性调整

《决定》提出："要适应经济市场化不断发展的趋势，进一步增强公有制经济的活力，大力发展国有资本、集体资本和非公有资本等参股的混合所有制经济，实现投资主体多元化，使股份制成为公有制的主要实现形式。"这不仅是我国关于所有制理论特别是公有制理论的重大理论突破，而且是我国探索公有制与市场经济结合有效形式的重大实践突破。

《决定》进一步推动了建立现代企业制度改革的深化，明确提出要"建立归属清晰、权责明确、保护严格、流转顺畅的现代产权制度"。建立现代企业制度的实践过程表明，只有解决好产权制度，国有企业改革和建立现代企业制度才更有成效。可以说，建立健全现代产权制度，是完善基本经济制度的内在要求，是构建现代企业制度的重要基础。

推动国有经济战略性调整，国家一方面推进一批特大型国有企业重组部分资产并在海外上市，通过主辅分离和辅业改制推进一大批大中型企业重组，在三年中使全国 1 000 多家国有大中型企业实施主辅分离，涉及改制单位近万家，分流职工近 200 万人；另一方面推进国有资本向关系国民经济命脉的主要产业集中。特别是 2006 年底国资委颁布《关于推进国有资本调整和国有企业重组的指导意见》后，通过核定主业、主辅分离、资产重组、破产关闭等一系列资本经营和改革措施，引导国有资本向关系国

家安全和国民经济命脉的战略性领域、具有竞争优势和未来可能形成主导产业领域、具有较强竞争力的大型企业集团领域、企业主业领域集中。据有关数据，2003—2012 年，经过近 10 年的国有经济布局优化和调整，中央企业数量从 196 家降至 117 家，中央企业资产总额从 7.13 万亿元升至 28 万亿元，所有者权益从 3.19 万亿元增至 11 万亿元，2012 年 117 家中央企业实现利润达到 1.3 万亿元。中央企业 80% 的资产集中到国防、能源、通信、冶金、机械等行业。

对于垄断性行业也通过提高垄断行业的市场竞争度等深化改革措施，形成多家企业竞争的市场格局，主要包括电信、电力、铁路、民航等行业。具体改革措施有：一是改变计划经济体制下政企合一的体制，例如 1988 年撤销石油工业部，将其改组为中国石油天然气总公司，1998 年又将其拆分形成中石油、中石化两大企业集团；二是经过重组到海外上市，例如 1999 年中国石油天然气集团重组成立股份有限公司，2000 年于海外上市；三是推动公司分拆，形成竞争格局，例如 2003 年国家电力监管委员会成立，电力行业按照厂网分开、竞价上网思路从国家电力公司分拆出国家电网、南方电网和五大发电集团等。

深化股份制改革也是国有经济战略性调整的重要措施，特别是在国家大力发展混合所有制经济政策的指导下，相当一部分公有制企业开始了股份制改造。"2012 年，中国工业企业中股份有限公司已达 9 012 家，各类有限责任公司已达 65 511 家，混合所有制工业企业数量占规模以上工业企业总数的 26.3%，资产占 44%，主营业务收入占 38.8%，利润总额占 41.8%。截至 2012 年底，中央企业及其子企业引入非公资本形成的混合所有制企业，已经占到混合所有制企业总数的 52%。中央企业及其子企业控股的上市公司共有 378 家，上市公司中非国有股权的比例已经超过 53%；地方国有企业控股的上市公司 681 家，上市公司非国有股权的比例已经超过 60%。"①

对国有经济进行战略性调整还涉及产业布局和产业调整问题。为了应对国际金融危机对中国经济的严重冲击，2009 年初国家从缓解企业困难和增强发展后劲入手，相继制定出台了汽车、钢铁、电子信息、物流、纺织、装备制造、有色金属、轻工、石化、船舶等十大重点产业调整和振兴规划，分别提出了上百项政策措施和实施细则，对保持国民经济平稳较快发展起到了重要作用。

2010 年 2 月，国务院专题研究进一步实施产业调整和振兴规划，并明确提出了工作原则。一是立足扩大内需，巩固重点产业企稳回升势头；二是优化产业布局，严格市场准入，强化投资管理，做好有序转移；三是压缩和疏导过剩产能，加快淘汰落后产能，引导产业健康发展；四是着力推进企业兼并重组，提高产业集中度和企业竞争能力；五是加强关键领域和重要环节的技术改造，提升优化传统产业，夯实发展战略性新兴产业的基础；六是深化改革，研究建立促进调整结构和转变发展方式的体制机制。会议还特别提出，坚决控制钢铁、水泥、电解铝、焦炭、电石等行业产能总量，强化安全、环保、能耗、质量等指标的约束作用，提高落后产能企业和项目使用能源、资源、环境、土地的成本。这对于产业结构调整的作用之大可想而知。

2. 建立国有资产管理新体制

中共十六大报告明确提出："在坚持国家所有的前提下，充分发挥中央和地方两个积极性。国家要制定法律法规，建立中央政府和地方政府分别代表国家履行出资人职责，享有所有者权益，权利、义务和责任相统一，管资产和管人、管事相结合的国有资产管理体制。"这实际上就为 21

---

① 谢伏瞻．中国改革开放：实践历程与理论探索．北京：中国社会科学出版社，2021：161.

世纪初深化国有资产管理体制改革确定了基本目标和原则。

2003 年 3 月，十届全国人大一次会议批准设立国务院国有资产监督管理委员会。国务院授权国资委代表国家履行出资人职责，其主要职责包括：一是根据国务院授权，依照《中华人民共和国公司法》等法律和行政法规履行出资人职责，指导推进国有企业改革和重组；对所监管企业国有资产的保值增值进行监督，加强国有资产的管理工作；推进国有企业的现代企业制度建设，完善公司治理结构；推动国有经济结构和布局的战略性调整。二是代表国家向部分大型企业派出监事会；负责监事会的日常管理工作。三是通过法定程序对企业负责人进行任免、考核并根据其经营业绩进行奖惩；建立符合社会主义市场经济体制和现代企业制度要求的选人、用人机制，完善经营者激励和约束制度。四是通过统计、稽核对所监管国有资产的保值增值情况进行监管；建立和完善国有资产保值增值指标体系，拟订考核标准；维护国有资产出资人的权益。五是起草国有资产管理的法律、行政法规，制定有关规章制度；依法对地方国有资产管理进行指导和监督。六是承办国务院交办的其他事项。

2003 年 5 月，国务院颁布《企业国有资产监督管理暂行条例》，对机构与职责、企业负责人管理、企业重大事项管理、企业国有资产管理、企业国有资产监督等都作出明确规定。这标志着我国国有资产管理体制改革取得重大突破：一是建立起一套国有资产的监管体系，国有资产的保值增值由专门机构负责；二是明确政府是市场经济的守护人，国资监管机构是出资人的角色地位，解决了长期以来出资人实际缺位问题；三是实现了国有资产的社会管理与国资监管、出资人所有权与企业法人财产权、国资监管与国资营运"三分离"，推动了由实物监管转向价值监管、由国有资产监管转向国有资本监管、由监管国企转向监管国有资产权；四是实现了国有资产管理的理论、制度、体制和管理创新；五是建立健全了国有企业负责人选拔考核任免和激励约束制度，现代企业制度，企业分立、合并、破产、解散等常规制度，授权经营和产权管理制度，国企监事会制度等五项制度；六是优化了权利、义务、责任、管资产、管人、管事等六大要素。[①] 继国务院国资委成立后，2004 年 6 月全国 31 个省级区域都组建了国有资产监督管理委员会。2006 年 4 月国家颁布《地方国有资产监管工作指导监督暂行办法》，规范各地国资委的行为。到 2006 年底，中央和地方国资委相继出台了 1 200 多项相关监督管理规章和条例。

2004 年 7 月，《国务院关于投资体制改革的决定》颁布。这是按照中共十六届三中全会《中共中央关于完善社会主义市场经济体制若干问题的决定》要求制定的改革开放以来投资领域最全面、最系统的改革方案。深化投资体制改革的目标是：改革政府对企业投资的管理制度，按照"谁投资、谁决策、谁收益、谁承担风险"的原则，落实企业投资自主权；合理界定政府投资职能，提高投资决策的科学化、民主化水平，建立投资决策责任追究制度；进一步拓宽项目融资渠道，发展多种融资方式；培育规范的投资中介服务组织，加强行业自律，促进公平竞争；健全投资宏观调控体系，改进调控方式，完善调控手段；加快投资领域的立法进程；加强投资监管，维护规范的投资和建设市场秩序。通过深化改革和扩大开放，最终建立起市场引导投资、企业自主决策、银行独立审贷、融资方式多样、中介服务规范、宏观调控有效的新型投资体制。

三、制造业全面提升和制造业大国

在 21 世纪第一个 10 年，中国制造业的蓬勃发展成为整个世界的深刻

---

① 彭森，陈立，等. 中国经济体制改革重大事件（下）. 北京：中国人民大学出版社，2008：747 - 750.

记忆。1990 年我国制造业占全球的比重为 2.7％，居世界第九位；2000 年上升到 6.0％，居世界第四位；2007 年达到 13.2％，居世界第二位；2010 年更是达到 19.8％，居世界第一位。主要工业产品生产能力发生根本性变化，包括空调、冰箱、彩电、洗衣机、微型计算机、平板电脑、智能手机等一批家电通信产品产量均居世界首位。2000 年以后工业制成品出口占出口总值的 90％以上，技术密集型机电产品逐渐成为出口主力。

1. 迈向制造业大国

2001 年 7 月，日本通产省发表的白皮书称中国已经成为"世界工厂"，从此中国成为"世界工厂"的说法流行开来。但是从全球制造业的生产链来看，中国企业仍处在中低端，中国综合国力、制造业素质和竞争能力、拥有的自主核心技术等，都还很不够。中国学者郑必坚解释说：中国企业成功抓住了世界范围内正在进行的大规模产业转移时机，利用跨国公司将制造基地转移到具有低成本优势的地区的机遇，得以培育和发展自身的制造业。这可以说是中国企业第一次在全球分工中找到明确位置。尽管中国已经形成珠江三角洲、长江三角洲、环渤海湾三大世界级制造基地，但还不是制造业强国。从总量来看，中国的制造业产值仅占全球市场的 5％，日本则占 15％，美国更是占 20％。技术含量高的"中国制造"产品在全球市场上远未形成主流。时任联合国工业发展组织总干事的卡洛斯·马加里尼奥斯认为：中国已经日渐成为世界主要的工业品生产和供应基地。但中国由"制造大国"向"制造强国"转变，仍需一段艰苦过程。[1]

虽然中国制造业总体技术含量和影响力还存在许多不足，但是在新世纪第一个 10 年却得到了前所未有的快速发展，从稳居世界第四位不断提

---

① 彭森，陈立，等. 中国经济体制改革重大事件（下）. 北京：中国人民大学出版社，2008：793.

升，能源、化工、建材、纺织、家电、电子等 10 多个行业的百余种产品居世界第一位。

我们可以从 2001—2012 年我国工业、制造业占 GDP 比重情况看出工业和制造业在我国经济发展中的特殊重要性（见表 5-1）。

表 5-1　　　　　2001—2012 年我国工业、制造业占 GDP 比重（%）

年份	2001	2002	2003	2004	2005	2006	2007	2008	2009	2010	2011	2012
工业	39.6	39.3	40.3	40.6	41.6	42.0	41.4	41.3	39.6	40.1	40.0	38.8
制造业	31.3	31.1	32.5	32.0	32.1	32.5	32.4	32.1	31.6	31.5	32.0	31.4

资料来源：李毅中. 工业界要努力实现国家发展战略目标. 新浪财经，2021-01-17.

2. 建设创新型国家

"科学技术是第一生产力"是邓小平的名言，也是马克思主义的基本理论。进入 21 世纪后，世界新科技革命的浪潮和科技综合实力的竞争已经全面开展，各国在科学技术领域的投入日益增加，新能源、新技术、新材料层出不穷。面对汹涌澎湃的世界新科技革命浪潮，党中央作出重大战略决策，建设创新型国家，并要求必须认清形势、坚定信心、抢抓机遇、奋起直追。"建设创新型国家，核心就是把增强自主创新能力作为发展科学技术的战略基点，走出中国特色自主创新道路，推动科学技术跨越式发展；就是把增强自主创新能力作为调整产业结构、转变增长方式的中心环节，建设资源节约型、环境友好型社会，推动国民经济又快又好发展；就是把增强自主创新能力作为国家战略，贯穿到现代化建设各个方面，激发全民族创新精神，培养高水平创新人才，形成有利于自主创新的体制机制，大力推进理论创新、制度创新、科技创新，不断巩固和发展中国特色社会主义伟大事业。"①

建设创新型国家的总体目标是：到 2020 年，使我国自主创新能力显

---

① 胡锦涛. 胡锦涛文选：第 2 卷. 北京：人民出版社，2016：402-403.

著增强，科技促进经济社会发展和保障国家安全能力显著增强，基础科学和前沿技术研究综合实力显著增强，取得一批在世界上具有重大影响的科学技术成果，进入创新型国家行列，为全面建设小康社会提供强有力的支撑。国际上公认的创新型国家的共同特点是：创新综合指标明显高于一般国家，研发投入占国内生产总值的比例一般在2％以上，对外技术依存度指标一般在30％以下。与这些国家相比，中国的科技创新能力还有一定差距，需要通过建设创新型国家争取显著进步。2006年1月，中共中央、国务院发布《关于实施科技规划纲要增强自主创新能力的决定》，对建设创新型国家进行了全面部署。

正是在建设创新型国家战略的大力推动下，我国科学技术水平在此期间取得了前所未有的跨越式发展。各个方面、各个部门投入科技领域的研发经费大幅度上升，科研队伍显著扩大，具有重大影响的科研成果日益增多。例如，2003年10月15日至16日，我国自行研制的"神舟"五号载人飞船，在酒泉卫星发射中心升空，准确进入预定轨道，中国首位航天员杨利伟被送上太空并顺利完成各项预定操作任务，之后安全返回，中国成为世界上第三个独立掌握载人航天技术的国家。又如，2008年4月，我国自主建造的第一艘大型液化天然气（LNG）船交付使用，这是世界上造价最高的货运轮船，也是建造难度最大的民用船只，被誉为世界造船界"皇冠上的明珠"。

建设创新型国家，人才是关键。从1999年开始，根据教育部《面向21世纪教育振兴行动计划》中提到的到2010年高等教育规模有较大扩展、入学率接近15％的目标，我国高等教育出现了持续10年之久的扩招现象。1999年当年招生增加51.32万人，总数达159.68万人，较前一年增幅达47.4％；2003年招生382万人，高校在校人数超过1 000万人；2007年招生567万人，录取率超过50％；2011年招生675万人，录取率达72%；2012年招生685万人，考生915万人，录取率达75%。2013年高校在校总规模达到3 460万人，高等教育毛入学率达到34.5%。2012年教育部发布《关于全面提高高等教育质量的若干意见》，提出今后公办普通高校本科招生规模将保持相对稳定。持续10年的大学扩招告一段落。

3. 培育发展战略性新兴产业

什么是战略性新兴产业？它是以重大技术突破和重大需求为基础，对经济社会发展全局和长远发展具有重大引领作用，知识技术密集、物质资源消耗少、成长潜力大、综合效益好的产业。加快培育战略性新兴产业是这一时期我国经济发展的重大战略决策。

从我国经济长期发展的角度来看，加快培育战略性新兴产业具有三个方面的重大意义。一是加快我国经济发展方式转变的必然要求，是在更高起点上形成新的经济增长点的重要举措。二是努力掌握国际经济竞争主动权的必然要求，是我国抓住国际产业调整转移和生产要素优化重组的发展机遇，尽快形成参与国际经济合作和竞争新优势的重要举措。三是加快建设创新型国家的必然要求，是我国有效吸引、集聚、整合各种创新资源，推动自主创新能力大幅提升的重要举措。

加快培育战略性新兴产业的关键是要使之成为国民经济的先导产业和支柱产业。为此，国家从五个方面大力推进战略性新兴产业的成长与发展。一是着力实现重点领域突破。包括大力发展节能环保产业、新能源产业、新一代信息技术产业、生物产业、高端装备制造业、新材料产业、新能源汽车产业等。二是着力增强自主创新能力。包括完善以企业为主体、市场为导向、产学研相结合的技术创新体系，发挥国家科技重大专项核心引领作用，依托优势企业、产业集聚区、重大项目，突破一批关键共性技术等。三是着力培育市场需求。以应用促发展，为新产品应用开拓市场空间，营造良好市场环境，建立有利于战略性新兴产业发展的行业标准和重要产品技术标准体系等。四是着力深化国际合作。把"引进来"和"走出去"结合起来，推进更加广泛和深入的国际科技交流合作，更好利用全球科技成果和智力资源等。五是着力强化政策扶持。发挥我国社会主义制度集中力量办大事的政治优势，借鉴发达国家经验，建立健全科学、合理、有效的政策保障体系等。[①]

四、实施区域协调发展战略

中国区域经济发展不平衡问题是长期形成的经济发展格局，既是经济发展客观规律作用的结果，也是各种经济政策导致的结果。在 20 世纪 80 年代的改革开放中，区位发展优势作用增大，政策支持比较明显，我国东南沿海地区赢得了优先发展和快速发展的机遇，为中国的改革开放争取了重要发展机遇和积累了坚实物质基础。但是长期的东部沿海地区优先发展和"孔雀东南飞"不利于内地和西部发展，需要在适当时候加以调整。

1. 西部大开发战略

早在 1988 年 9 月，邓小平就阐述了"两个大局"的思想。他说："沿海地区要加快对外开放，使这个拥有两亿人口的广大地带较快地先发展起来，从而带动内地更好地发展，这是一个事关大局的问题。内地要顾全这个大局。反过来，发展到一定的时候，又要求沿海拿出更多力量来帮助内地发展，这也是个大局。那时沿海也要服从这个大局。"[②] 正是因为如此，中共中央认为到世纪之交，我国必须也应该关注区域协调发展问题了。

在 1995 年 9 月中共十四届五中全会上，江泽民在论述中国发展若干

① 胡锦涛. 胡锦涛文选：第 3 卷. 北京：人民出版社，2016：512-517.
② 邓小平. 邓小平文选：第 3 卷. 北京：人民出版社，1993：277-278.

重大关系时就谈到了东部地区和中西部地区的关系问题，提出"解决地区发展差距，坚持区域经济协调发展，是今后改革和发展的一项战略任务"①。1997 年 3 月，八届全国人大五次会议通过了《关于批准设立重庆直辖市的决定》，重庆成为中国第四个直辖市，并且成为面积最大（约 8.24 万平方公里）、人口最多（约 3 000 万人）的直辖市。重庆设立成为直辖市，对于西部大开发、对于带动长江上游的经济发展都具有重要意义。

1999 年 6 月，江泽民在西安主持召开西北地区国有企业改革和发展座谈会上讲话指出："我们正处在世纪之交，应该向全党全国人民明确提出，必须不失时机地加快中西部地区发展，特别是要抓紧研究实施西部地区大开发。""实施西部地区大开发，是全国发展的一个大战略、大思路。""所以用'西部大开发'，就是说，不是小打小闹，而是在过去发展的基础上经过周密规划和精心组织，迈开更大的开发步伐，形成全面推进的新局面。实施西部大开发，对于推进全国的改革和建设，对于国家的长治久安，具有重大的经济意义和社会政治意义。"② 1999 年 9 月 22 日，中共十五届四中全会正式提出"国家要实施西部大开发战略"。从此，实施西部大开发和加快中西部地区发展，成为中国现代化建设的重要组成部分。

广义的中国西部地区涵盖了 12 个省、市、自治区③，国土面积超过 678 万平方公里，占全国国土面积的 70.6%。西部大开发的目标是：力争 5～10 年时间使西部地区基础设施和生态环境建设取得突破性进展，西部大开发有一个良好的开局。到 21 世纪中叶，将西部地区建设成一个经济繁荣、社会进步、生活安定、民族团结、山川秀美的新西部。

---

① 江泽民. 江泽民文选：第 1 卷. 北京：人民出版社，2006：466.
② 江泽民. 江泽民文选：第 2 卷. 北京：人民出版社，2006：341，342.
③ 西部地区 12 个省、市、自治区主要是四川省、陕西省、甘肃省、青海省、宁夏回族自治区、新疆维吾尔自治区、重庆市、云南省、贵州省、内蒙古自治区、西藏自治区、广西壮族自治区。

西部大开发战略作为国家战略，有一系列的支持项目作为支撑，国家加大对西部投资力度，青藏铁路、西气东输、西电东送、水利枢纽、交通干线建设等重大工程相继开工；国家加大生态环境保护建设力度，退耕还林工程全面启动，天然林资源保护工程、环京津风沙源治理工程、天然草原恢复与建设试点工程全面启动，农村基础设施建设明显加快，农民生产生活条件逐步改善。西部大开发的意义是多方面的：它有利于扩大内需，推动国民经济持续快速健康发展；有利于经济结构战略性调整，促进地区经济协调发展；有利于改善各族人民的生活，实现各民族生活的共同富裕；有利于改善全国生态环境，使得中华民族的生存和发展有一个更好的环境；有利于建立全国统一市场，完善社会主义市场经济体制；有利于进一步扩大开放，更好地利用国内外两个市场、两种资源；有利于增进各民族之间的团结，维护社会稳定和边疆稳定。[①]

西部大开发紧紧抓住六大重点领域积极推进：一是突出加强生态环境保护和建设；二是继续加快基础设施重点工程建设；三是加强农村基础设施建设，加快改善农民生产生活条件；四是大力发展科技、教育，加强人才开发；五是积极发展特色经济，推进重点区域开发；六是改善投资环境，加强法治建设。

通过西部大开发，推动西部地区经济社会发展取得了突出的成就。第一，西部地区的经济总量、增长速度、财政收入等都有了很大提高。2000—2009 年，西部地区生产总值从 1.67 万亿元增至 6.69 万亿元，年均增长 12%，高于中部和东北地区的增长；同期西部地区人均生产总值由 4 624 元增至 18 257 元，年均增长 11.4%；西部地区生产总值占全国的比重由 17.1% 提高至 18.5%。西部地区地方本级财政收入大幅提高，由

① 彭森，陈立，等.中国经济体制改革重大事件（下）.北京：中国人民大学出版社，2008：731.

2000 年的 1 127 亿元增至 2009 年的 6 055 亿元，年均增长近 20%；同期
国家增加对西部的转移支付，地方财政本级支出由 2 601 亿元增至 17 549
亿元，年均增长 23.3%。西部地区固定资产投资规模不断扩大，全社会
固定资产投资总额由 2000 年的 6 111 亿元增至 49 662 亿元，年
均增长 22.9%，占各地区加总比重由 19.2% 提高至 22.1%。一批特色优
势产业迅速发展，例如相继建设了内蒙古、陕西、宁夏、贵州等亿吨级煤
炭基地，长江上游、黄河上游百万千瓦级水电基地，青海、新疆等百万吨
级钾肥项目等。第二，西部地区交通、水利、电力、通信等基础设施显著
改善。2000—2009 年西部地区累计新开工 120 项重点工程，投资总规模
超过 2 万亿元。西部地区初步形成了以大城市为中心、中小城市为支点的
路网骨架，"五纵七横"国道主干线西部路段 1.6 万公里全线贯通，八条
总长 1.8 万公里的省际干线公路大部分建成。1999—2009 年，西部地区
公路通车总里程由 53.3 万公里增至 147.7 万公里，其中高速公路由 2 529
公里增至 1.86 万公里。同期西部铁路营业里程由 2.13 万公里增至 3.27
万公里；2008 年铁路复线率和电气化率分别达到 23.2% 和 38.8%。西部
水利设施建设发展更快，2000—2009 年国家累计安排水利投资计划总额
1 206.5 亿元，年均投资 120.7 亿元，年均增速达 15.7%，高于同期全国
6.9% 的增速。建成了广西右江百色、嫩江尼尔基、宁夏黄河沙坡头等一
批大型水利枢纽工程，开展了黑河、塔里木河、石羊河等流域的综合治
理。与此同时，西气东输、西电东送工程都顺利建成。第三，生态环境保
护和治理成效取得显著进展。到 2008 年底，国家累计投资 945 亿元，完
成天然林保护工程木材减少砍伐目标，实际管护森林面积 15.3 亿亩，累
计完成生态公益林 1 586 万公顷，67.5 万富余人员得到妥善分流安置。截
至 2009 年底，全国累计造林面积达 5 516.9 万公顷，其中西部地区累计
造林面积达 3 147 万公顷，占 57%。第四，西部地区人民生活水平大幅提

高。2009 年西部地区城镇居民人均可支配收入达 14 213 元，比 1999 年增长 168%，年均增长 10.4%，其中内蒙古、宁夏、陕西、重庆、广西、甘肃、青海和贵州等省区市的增速高于全国平均水平；同期西部地区农村居民人均纯收入达 3 817 元，增长 133%，年均增长 8.9%，其中西藏、重庆、内蒙古、四川、云南和陕西等省区市增速高于全国平均水平。西部农村贫困人口由 1998 年底的 5 731 万人减少至 2008 年底的 2 649 万人。①

2. 东北地区等老工业基地振兴战略

东北老工业基地曾是新中国工业的摇篮，为建成独立完整的工业体系和国民经济体系，为我国改革开放和现代化建设作出了历史性的重大贡献。任何时候谈论中国工业化和现代化，都不能忽略东北老工业基地的历史性巨大贡献。20 世纪 90 年代以后，由于老工业基地的体制性和结构性矛盾日益显现，老工业基地历史悠久企业的设备落后和技术老化，东北老工业基地遇到了前所未有的巨大压力和困难，与沿海发达地区经济差距迅速扩大。

2003 年 10 月，中共中央、国务院发布《关于实施东北地区等老工业基地振兴战略的若干意见》，明确提出实施振兴战略的指导思想、方针任务和政策措施。振兴东北地区等老工业基地，是党中央和国务院审时度势、谋划全局，为全面建设小康社会作出的又一重大战略部署，是继实施沿海发展战略、西部大开发战略之后的又一重大战略决策。振兴东北老工业基地的目的就是要将老工业基地调整改造、发展成为技术先进、结构合理、功能完善、特色明显、机制灵活、竞争力强的新型产业基地，使之逐步成为我国经济新的重要增长区域。

2009 年 9 月，国务院又发布了《关于进一步实施东北地区等老工业

---

① 曾培炎. 西部大开发决策回顾. 北京：中共党史出版社，新华出版社，2010：407-426.

基地振兴战略的若干意见》，就振兴东北地区等老工业基地提出了9个方面28条主要措施：一是优化经济结构，建立现代产业体系。包括：加快推进企业兼并重组；大力发展非公有制经济和中小企业；做优做强支柱产业；积极培育潜力型产业；加快发展现代服务业；扶持重点产业集聚区加快发展。二是加快企业技术进步，全面提升自主创新能力。包括：加大企业技术改造力度；提高自主创新能力；促进自主创新成果产业化。三是加快发展现代农业，巩固农业基础地位。包括：大力发展现代农业；加强农业和农村基础条件建设。四是加强基础设施建设，为全面振兴创造条件。包括：加快构建综合交通运输体系；优化能源结构。五是积极推进资源型城市转型，促进可持续发展。包括：培育壮大接续替代产业；构建可持续发展长效机制；进一步加大财政政策支持力度。六是切实保护好生态环境，大力发展绿色经济。包括：加强生态建设；积极推进节能减排；加强环境污染治理。七是着力解决民生问题，加快推进社会事业发展。包括：千方百计扩大就业；积极完善社会保障体系；解决好住房、冬季取暖等突出民生问题；促进教育、卫生等社会事业发展。八是深化省区协作，推动区域经济一体化发展。包括：推进区域一体化发展；建立东北地区合作机制。九是继续深化改革开放，增强经济社会发展活力。包括：深化国有企业改革；加快推进其他领域改革；进一步扩大对外开放。

实现东北地区等老工业基地全面振兴是一项长期艰巨的历史任务。从实现中华民族伟大复兴和新的"两步走"战略角度考虑，推动东北地区等老工业基地实现新的跨越，要通过一系列政策措施阻止东北地区经济下滑的势头，加快东北地区产业结构转型升级、寻找新的产业发展和经济增长点，为东北地区最终形成独具特色的现代产业结构创造条件。

3. 促进中部崛起战略

中部地区在我国经济发展版图上具有重要意义：中部地区是全国"三

农"问题最为突出的区域，是推进新一轮工业化和城镇化的重点区域，是内需增长极具潜力的区域，在新时期国家区域发展格局中占有举足轻重的战略地位。2006 年 4 月，针对中部地区山西、安徽、江西、河南、湖北、湖南六省发展相对缓慢状况，中共中央、国务院发布《关于促进中部地区崛起的若干意见》，提出了 36 条政策措施，要把中部建成全国重要的粮食生产基地、能源原材料基地、现代装备制造及高技术产业基地以及综合交通运输枢纽。中部崛起成为继东部沿海开放、西部大开发和振兴东北地区等老工业基地之后的又一重要的国家经济发展战略。

大力促进中部地区崛起意义重大，主要表现为：一是推动中部地区转变经济发展方式，提升整体实力和竞争力，缩小与东部地区发展差距的客观需要；二是发挥中部地区区位优势，构筑承东启西、连南接北的战略枢纽，加快形成协调互动的区域发展新格局的现实选择；三是激发中部地区内需潜能，拓展发展空间，支撑全国经济长期平稳较快发展的重大举措；四是破解城乡二元结构，加快推进基本公共服务均等化，实现全面建设小康社会目标的迫切要求。中部地区崛起的总体要求是，大力实施促进中部地区崛起战略，坚持以科学发展为主题，以加快转变发展方式为主线，以扩大内需为战略基点，以深化改革开放为动力。具体而言，一是更加注重转型发展，加快经济结构优化升级，提高发展质量和水平；二是更加注重创新发展，加强区域创新体系建设，更多依靠科技创新驱动经济社会发展；三是更加注重协调发展，在工业化、城镇化深入发展中同步推进农业现代化，加快形成城乡经济社会一体化发展新格局；四是更加注重可持续发展，加快建设资源节约型和环境友好型社会，促进经济发展与人口资源环境相协调；五是更加注重和谐发展，大力保障和改善民生，使广大人民群众进一步共享改革发展成果。

2012 年 8 月，国务院作出《关于大力实施促进中部地区崛起战略的若干意见》，提出了中部地区面临的机遇与挑战：随着工业化、城镇化深入发展和扩大内需战略全面实施，中部地区广阔的市场潜力和承东启西的区位优势将进一步得到发挥；国际国内产业分工加快调整，为中部地区有序承接国内外产业转移、推动产业结构优化升级创造了良好机遇；我国改革开放深入推进，综合国力不断增强，为中部地区加快发展提供了强大动力和有力保障。但也应看到，中部地区经济结构不尽合理、城镇化水平偏低、资源环境约束强化、对外开放程度不高等矛盾和问题仍然突出，转变发展方式任务依然艰巨，促进中部地区崛起任重道远。

中部地区崛起的发展目标为：到 2020 年，中部地区经济发展方式转变取得明显成效，年均经济增长速度继续快于全国平均水平，整体实力和竞争力显著增强，经济总量占全国的比重进一步提高，区域主体功能定位更加清晰，"三基地、一枢纽"地位更加巩固，城乡区域更加协调，人与自然更加和谐，体制机制更加完善，城乡居民收入与经济同步增长，城镇化率力争达到全国平均水平，基本公共服务主要指标接近东部地区水平，努力实现全面崛起，在支撑全国发展中发挥更大作用。

根据上述发展目标，国家促进中部地区崛起采取的主要措施如下：一是稳步提升"三基地、一枢纽"地位，增强发展的整体实力和竞争力。包括：巩固粮食生产基地地位；提高能源原材料基地发展水平；壮大现代装备制造及高技术产业基地实力；加快发展服务业；强化综合交通运输枢纽地位。二是推动重点地区加快发展，不断拓展经济发展空间。包括：支持重点经济区发展；发挥城市群辐射带动作用；大力促进县域经济发展；扶持欠发达地区加快发展；支持老工业基地调整改造和资源型城市转型。三是大力发展社会事业，切实保障和改善民生。包括：加快发展教育、卫生、文化事业；千方百计扩大就业；健全社会保障体系。四是加强资源节约和环境保护，坚定不移走可持续发展道路。包括：推进资源节约型和环境友好型社会建设试点；加大环境保护和生态建设力度；大力推进节能减排；加强水利和防灾减灾体系建设。五是大力推进改革创新，增强发展的活力和动力。包括：推进重点领域改革；促进城乡一体化发展；完善自主创新体制机制；加强和创新社会管理。六是全方位扩大开放，加快形成互利共赢开放新格局。包括：大力发展内陆开放型经济；不断深化区域合作；加快区域一体化发展。七是加强政策支持。包括扶持粮食主产区经济发展；落实节约集约用地政策；加大财税金融政策支持力度；加强投资、产业政策支持与引导；完善生态补偿相关政策；完善并落实好"两个比照"政策；强化组织实施和监督检查。

4. 建设上海国际金融中心和国际航运中心

在统筹区域协调发展过程中，国家不失时机地继续大力加强经济发达地区和沿海开放地区的经济发展，推动其始终作为中国现代化建设的排头兵和主力军。2009年3月，国务院常务会议审议并原则上通过关于推进上海加快发展现代服务业和先进制造业、建设国际金融中心和国际航运中心的意见。会议认为，上海正处于经济发展转型的关键时期，发挥上海的比较优势和示范带动作用，更好地服务长三角地区、服务长江流域，服务全国，具有重要意义。会议提出的建设目标是到2020年，将上海基本建成与我国经济实力和人民币国际地位相适应的国际金融中心、具有全球航运资源配置能力的国际航运中心。

为了实现这一目标需要承担的主要任务有：一是建设比较发达的多功能、多层次金融市场体系；二是优化现代航运集疏运体系，实现多种运输方式一体化发展；三是发挥先进制造业优势，为服务业发展提供有力支撑，以服务业发展带动先进制造业实现更大发展；四是坚持以改革促发展，以改革解难题，以改革建制度；五是加强上海与长三角地区以及国内其他中心城市的相互协作和支持，加强与香港的优势互补和战略合作，形成分工合理、相互促进、共同发展格局。

在改革开放和现代化建设过程中,上海始终处于改革发展的前沿,引领时代发展的潮流。

第四节　积极参与国际经济合作与竞争

21 世纪头 20 年是中国发展难得的重要战略机遇期。中国面临的国内国际环境都为中国的和平崛起创造了前所未有的良好条件,中国的国际地位和国际影响力空前提高。2003 年 12 月,胡锦涛提出坚持中国特色社会主义道路,就要坚持走和平崛起的发展道路。[①] 次年 2 月,他又指出,要坚持和平崛起的发展道路和独立自主的和平外交政策,表达了对中国和平崛起的坚定决心和信心。

一、中国国际地位提升与中国和平崛起

进入 21 世纪,随着中国国际地位的快速提升,中国明确提出了我们必须走和平崛起的道路。

1. 坚持走和平崛起道路

中国和平崛起包括这样几个含义:一是中国和平崛起就是要充分利用世界和平的大好时机,努力发展和壮大自己;同时又用自己的发展,维护世界和平。二是中国和平崛起的基点主要放在自己的力量上,独立自主、自力更生、艰苦奋斗。依靠广阔的国内市场、充足的劳动资源和雄厚的资金储备,以及改革带来的机制创新。三是中国和平崛起离不开世界,中国

---

① 胡锦涛. 胡锦涛文选: 第 2 卷. 北京: 人民出版社, 2016: 141.

坚持开放政策，在平等互利原则下同世界一切友好国家发展经贸关系。四是中国和平崛起不会妨碍任何人，也不会威胁任何人、牺牲任何人。中国现在不称霸，将来强大了也永远不称霸。这就为中国的和平崛起赢得了国际社会更多的理解和支持。

改革开放以来，中国积极参与国际经济竞争与合作，不仅以中国经济社会较快的发展为世界提供了大量优质产品并成为世界各国的广阔市场，而且以中国的稳定发展成为世界和平和发展中国家正当权利的重要保障。就中国为世界的贡献而言，1992—2011 年中国累计实际利用外资金额达1.14 万亿美元，成为全球外资最重要的投资目的地；同期，中国从全球第十二大出口国，迅速成长为全球第一大出口国。中国也从全球生产网络的边缘角色，一跃成为世界制造业的中心。从国际市场对中国的促进而言，中国在这一过程中彻底解决了很多发展中国家普遍遇到的"双缺口"问题：外汇短缺、国民储蓄短缺。中国也从全球价值链、国际规则体系、全球金融市场等维度，深度融入了全球经济体系。[①]

外贸体制改革极大地推动了中国进出口的发展。一是大幅度减少了进出口商品的出口许可证、进口配额限制。二是大幅度下调了关税水平，中国的平均关税税率从 1990 年末的 42.5% 下调至 2011 年的 9.8%。三是在1994 年全面推行增值税后，以零税率为思路的退税政策对中国成为"世界工厂"发挥了重要作用。[②]

2. 深入参与国际治理改革

进入 21 世纪，中国以崭新的姿态积极参与国际与地区的国际政治经济活动。2001 年，中国有两项重要活动引人注目：一是"博鳌亚洲论坛"

---

① 谢伏瞻．中国改革开放：实践历程与理论探索．北京：中国社会科学出版社，2021：105.

② 同①107－108.

的创立，二是 APEC 会议在上海举行。

博鳌亚洲论坛是一个设立在中国海南博鳌的常设国际会议组织。设立亚洲论坛的倡议者是澳大利亚前总理霍克、日本前首相细川护熙和菲律宾前总统拉莫斯等。亚洲是国家众多、人口最多、历史最久、文化最丰富的大洲，亚洲也是第二次世界大战之后发展最快、成就最大的大洲，亚洲更是未来世界政治经济最具潜力、最有希望的大洲。进入新世纪，在经济全球化和区域化不断发展，欧洲经济一体化进程日趋加快、北美自由贸易区进一步发展的新形势下，亚洲各国不仅面临着巨大的机遇，同时也面临着严峻的挑战。这就要求亚洲国家既要加强与世界各国各地区的合作，也要加强亚洲国家和地区之间的交流与合作。特别是如何应对全球化对本地区国家带来的挑战，保持本地区经济健康发展，加强亚洲国家相互间的协调与合作，已成为亚洲各国面临的共同课题。

博鳌亚洲论坛就是针对亚洲区域而言，建立一个真正由亚洲人主导、从亚洲利益和观点出发、专门讨论亚洲事务、旨在增进亚洲各国之间以及亚洲与世界之间交流与合作的论坛组织。2001 年 2 月 26 日至 27 日，由 26 个发起国代表参加的亚洲论坛成立大会在博鳌举行，后来发起国增至 29 个。大会通过了《博鳌亚洲论坛宣言》《博鳌亚洲论坛章程指导原则》等纲领性文件。《博鳌亚洲论坛宣言》提出了博鳌亚洲论坛的前景、使命和战略，力争将博鳌亚洲论坛办成具有强烈亚洲色彩的高水准的论坛，通过区域经济的进一步整合，推进亚洲国家发展目标的实现。

博鳌亚洲论坛每年的主题都是紧紧围绕世界局势和亚洲需要而设定的，具有突出的针对性、开放性、包容性，吸引着越来越多的亚洲国家和其他地区国家各方面人士的高度关注。例如 2002 年首届博鳌亚洲论坛主题是"新世纪、新挑战、新亚洲：亚洲经济合作与发展"；2003 年主题是"亚洲寻求共赢：合作促进发展"；2004 年主题是"亚洲寻求共赢：一个向世界开放的亚洲”；2005 年主题是“亚洲寻求共赢：亚洲的新角色”；2006 年主题是“亚洲寻求共赢：亚洲的新机会”；2007 年主题是“亚洲寻求共赢：亚洲制胜全球经济——创新和可持续发展”；2008 年主题是“绿色亚洲：在变革中实现共赢”；2009 年主题是“经济危机与亚洲：挑战与展望”；2010 年主题是“绿色复苏：亚洲可持续发展的现实选择”；2011 年主题是“包容性发展：共同议程与全新发展”；2012 年主题是“变革世界中的亚洲：迈向健康和可持续发展”。中国领导人每年都出席会议并发表讲话，博鳌亚洲论坛是亚洲和世界了解中国的重要平台和窗口。

上海 APEC 会议是 21 世纪之初在中国举行的一次重要的国际会议。2001 年 10 月，第九次 APEC 领导人非正式会议在上海举行。包括中国国家主席江泽民、美国总统布什、俄罗斯总统普京、澳大利亚总理霍华德、加拿大总理克雷蒂安、日本首相小泉纯一郎、印度尼西亚总统梅加瓦蒂、韩国总统金大中、新加坡总理吴作栋、马来西亚总理马哈蒂尔等 21 个成员的领导人出席会议。江泽民主持会议并发表题为《加强合作，共同迎接新世纪的新挑战》的讲话，阐述了中国对世界和地区经济形势的看法，以及对推进 APEC 合作进程的主张。

APEC 是亚太地区级别最高、影响最大的区域性经济合作组织之一。当时 APEC 包括 21 个成员，总人口占世界人口 45％，GDP 占世界 55％，贸易额占世界 46％，在全球经济活动中占有举足轻重的地位。这次 APEC 会议主题是：新世纪、新挑战：参与、合作，促进共同繁荣。围绕这一主题设置的议题有：加强能力建设，开拓未来发展机遇，使各成员从全球化和新经济中受益；促进贸易与投资，推动建立更加合理的多边贸易体制；为亚太地区经济的可持续发展创造有利的宏观环境。中国利用东道国便利，让与 APEC 开放领域相关的国内各部门、行业充分了解情况，更好地制定自己的战略和政策。会议通过并发表了《领导人宣言：迎接新世纪的新挑战》《上海共识》《数字亚太经合组织战略》等文件。与会各成员领导人还利用午餐会就反对恐怖主义问题交换了意见，并发表了《亚太经合组织领导人反恐声明》。

2006 年 11 月在北京召开的中非合作论坛北京峰会是我国为推动中非友好合作在更大范围、更广领域、更高层次上全面发展的重要国际会议。来自中国和 48 个非洲国家的国家元首、政府首脑和代表团团长出席峰会。峰会的主题确定为"友谊、和平、合作、发展"，中非领导人围绕这一主题，回顾 50 年来中非友好合作历程和中非合作论坛成立 6 年来取得的成果；确立发展中非政治上平等互信、经济上合作共赢、文化上交流互鉴的新型战略伙伴关系；规划未来双方务实合作；就共同关心的重大国际问题交换看法。峰会通过了《中非合作论坛北京峰会宣言》和《中非合作论坛——北京行动计划（2007—2009)》两个文件。

胡锦涛在致辞中指出，峰会成为中国同非洲国家开展集体对话、交流治国理政经验、增进相互信任、进行务实合作的重要平台和有效机制。中国是最大的发展中国家，非洲是发展中国家最集中的大陆，中国和非洲的人口占世界人口三分之一以上。没有中国和非洲的和平与发展，就没有世界的和平与发展。在新形势下，中非共同利益在扩大，相互需求在增加。建立中非新型战略伙伴关系是中非合作的内在需要，也是促进世界和平与发展的必然要求。中非之间应深化平等互信的政治关系，拓展互利共赢的经济合作，扩大相互借鉴的文化交流，推动均衡和谐的全球发展，加强相互支持的国际合作。同时，中国将从 8 个方面扩大对非洲的支持，包括三年内对非洲国家的援助增加一倍，向非洲国家提供优惠贷款和优惠出口买方信贷，设立中非发展基金以鼓励和支持中国企业到非洲投资，免除与中国建交国家到期政府无息贷款债务，将非洲最不发达国家输华商品零关税待遇受惠商品扩至 440 多种，三年内在非洲建立 3～5 个境外经济贸易合作区，培养非洲所需各类人才等。

二、积极参与经济全球化进程

当今世界发生了深刻变化，在冷战结束之后，两极格局解体，世界出现了新的分化组合，美国成为唯一的超级大国，但是其实力和影响力都在下降；欧盟、日本、俄罗斯、中国几大力量的作用相对明显；广大发展中国家整体实力增强，表达自我诉求的愿望增强；各种区域性、洲际性、全球性组织空前活跃。同时也要看到，美国和一些西方国家对中国西化、分化的政治图谋会不断加强，中国推动世界多极化趋势和世界和平的努力将不断加强。深刻把握时代潮流和世界大势，有效推动世界多极化发展趋势，积极应对并有所作为，就是我国在世界由两极格局向多极格局演进中的基本要求。

1. 积极参与经济全球化

经济全球化是世界经济发展的历史趋势，是不以人们的意志为转移的历史过程，它深深地根植于人类作为一个整体和商品经济发展的现实基础之中。

回顾近现代世界经济发展史，我们可以发现：一是经济全球化是市场经济发展的必然产物。经济全球化的基本特征，就是商品、技术、信息、资本在全球范围内自由流动和配置，从而形成世界各个国家经济之间你中有我、我中有你的相互交织局面。特别是冷战结束之后，各国都把发展经济作为首要任务，积极走向国际市场，相互协调和竞争不断加强；以信息科技、生命科技为主要标志的新科技革命有力推动了世界经济的发展，空前加深了各国的经济联系；全球和地区贸易与投资自由化进程加快，尤其是金融市场不断拓展和金融工具不断创新；跨国公司的规模不断扩大，成为经济全球化的主要载体。

二是经济全球化的本质是现代资本主义发展的一个新现象，同时也是不同社会经济制度展示"制度优势"和开展竞争的新时期。目前正在深入发展的经济全球化是由发达资本主义国家推动起来并发挥着主导作用，因而这种经济全球化既表现为社会生产力和科学技术发展的需要，也表现为资本主义生产方式和资本主义市场经济在全球扩张的需要。这也就决定了这一轮经济全球化的最大受益者是西方发达国家，这主要是因为它们在资金、技术、人才、管理以及贸易、投资、金融等各个方面的优势，发展中国家总体上处于不利地位。与此同时，以中国为代表的实行社会主义市场经济体制的国家也要充分运用经济全球化，推动在贸易自由化和投资自由化过程中更多考虑发展中国家的利益和诉求，在经济全球化进程中要不断建立更加公正合理的国际政治经济新秩序。

三是中国要紧紧抓住重要战略机遇期，积极参与国际经济合作与竞争，充分利用经济全球化带来的各种有利条件和机遇，趋利避害，发展自己。中国需要尽力扩大有利于自身发展的因素，包括吸引外资、引进先进技术设备、学习先进管理经验、发挥比较优势等。有效防控不利因素特别是外部波动带来的经济发展不确定性和风险。中国的战略和对策，就是要坚定不移地实行对外开放政策，适应经济全球化趋势。例如，在加入世界贸易组织之前，出口配额始终是多数中国企业难以逾越的发展障碍，中国纺织业从 2005 年进入无配额时代，开始享受世界贸易组织成员的贸易自由化权益，中国纺织品服装出口额从 2001 年的 530 亿美元增至 2011 年的 2 500 亿美元，2014 年更是高达 3 069 亿美元。

积极有效运用经济全球化为中国发展创造的有利环境和条件，加快中国改革开放和社会主义现代化建设步伐，这就是 21 世纪第一个 10 年中国发展的基本特点。

表 5-2 显示出 2002—2011 年中国对外贸易快速发展。2001—2005 年中国进出口贸易年均增速高达 23.9%；其中出口年均增速为 24.5%，进口年均增速为 23.3%，体现出中国加入世界贸易组织的经济效应。2006—2010 年中国进出口贸易年均增速为 16.2%，其中出口年均增速为 16.0%，进口年均增速为 16.4%。国际金融危机等外部因素的影响显而易见。

表 5-2　　　　　　2002—2011 年中国对外贸易情况　　　　　　单位：亿美元

年份	进出口总额	出口总额	进口总额	贸易差额
2002	6 207.7	3 256.0	2 951.7	304.3
2003	8 509.9	4 382.3	4 127.6	254.7
2004	11 545.5	5 933.3	5 612.3	321.0
2005	14 219.1	7 619.5	6 599.5	1 020.0
2006	17 604.4	9 689.8	7 914.6	1 775.2
2007	21 761.8	12 200.6	9 561.2	2 639.4
2008	25 632.6	14 306.9	11 325.6	2 981.3
2009	22 075.4	12 016.1	100 590.2	1 956.9
2010	29 740.0	15 777.5	13 962.5	1 815.1
2011	36 418.6	18 983.8	17 434.8	1 549.0

注：1. 进出口数据来源于海关总署。
2. 货物进出口差额负数为逆差。
资料来源：国家统计局。

2002—2011 年，中国货物进出口总额从 6 207.7 亿美元增至 36 418.6 亿美元，增长了 4.87 倍；其中货物出口总额由 3 256 亿美元增至 18 983.8 亿美元，增长了 4.83 倍，中国成为全球第一大出口国；货物进口总额由 2 951.7 亿美元增至 17 434.8 亿美元，增长了 4.9 倍。中国货物进出口结构也有明显改善，工业制成品出口增加，初级产品进口增加。同期货物出口总额中初级产品由 285.4 亿美元增至 1 005.5 亿美元，在出口总额中的比重由 8.8% 降至 5.3%；工业制成品由 2 970.6 亿美元增至 17 978.4 亿美元，在出口总额中的比重由 91.2% 增至 94.7%。货物进口总额中初级产品由 492.7 亿美元增至 6 042.7 亿美元，在进口总额中的比重由 16.7％增至 34.7％；工业制成品由 2 459 亿美元增至 11 392.1 亿美元，在进口总额中的比重由 83.3％降至 65.3％。

中国对外直接投资规模在这一时期出现井喷式增长，2005 年之前中国对外直接投资基本上维持在 40 亿美元以下，没有很大突破。从 2005 年中国对外直接投资开始迅速飙升，到 2011 年已达 746.5 亿美元，是 2004 年的 26 倍。中国对外直接投资存量达到了 4 247.8 亿美元，排名世界第 13 位，开始迈出对外直接投资关键的一步。在美国《财富》杂志评选的世界 500 强企业中，2001 年中国有 12 家企业入选，2011 年则有 69 家企业入选。一大批中国企业和企业集团榜上有名，包括中国石化、中国石油、国家电网、中国工商银行、中国建设银行、中国移动、中国农业银行、中国银行、中国建筑、中国铁建、中国海洋石油、中国中化、中国人寿、上海汽车、东风汽车、南方电网、中国五矿、中信集团、宝钢集团、中国兵器、中国电信、中国华润等等，中国企业和企业集团方阵已经成为国际舞台上越来越活跃的经济力量。

2. 对接国际规则，履行"入世"承诺

2001—2011 年，在中国"入世"的第一个十年中，中国全面对接国际规则，履行"入世"的承诺。

第一，中国贸易和投资自由化便利化程度显著提高。我们不断扩大农业、制造业、服务业市场准入，不断降低进口产品关税税率，取消所有不符合世界贸易组织规则的进口配额、许可证等非关税措施，全面放开对外贸易经营权，大幅降低外资准入门槛。中国关税总水平由 15.3％降至 9.8％，达到并超过了世界贸易组织对发展中国家的要求。中国服务贸易开放部门达到 100 个，接近发达国家水平。我们大规模开展法律法规清理修订工作，中央政府共清理法律法规和部门规章 2 300 多件，地方政府共清理地方性政策和法规 19 万多件。中国对外开放政策的稳定性、透明度、可预见性不断提高。

第二，中国坚持实行平等互利、合作共赢的对外开放政策，有力推动世界经济发展。中国全面享受世界贸易组织成员权利，经济发展获得了良好的外部条件，同世界各国在经济、贸易、科技、文化等领域交流合作的广度和深度不断拓展。中国货物贸易额的全球排名由第六位上升到第二位，其中出口额跃居第一位，进口额累计达到 7.5 万亿美元；累计吸收外商直接投资 7 595 亿美元，居发展中国家首位；对外直接投资年均增长 40％以上，2010 年达到 688 亿美元，居世界第五位。中国每年平均进口 7 500 亿美元的商品，为贸易伙伴创造了大量就业岗位和投资机会。在华外商投资企业累计汇出利润 2 617 亿美元，年均增长 30％。

第三，中国积极承担应尽国际责任，努力推动各国共同发展。中国积极采取一系列重大政策措施，同国际社会一道应对国际金融危机，着力推动世界经济强劲、可持续、平衡增长。中国坚定支持世界贸易组织多哈回合谈判，参与国际宏观经济政策协调，参与二十国集团等全球经济治理机制建设，致力于国际货币体系、国际贸易体系、大宗商品价格形成机制等改革和完善，致力于促进经济全球化和区域经济一体化。中国高举自由贸易旗帜，反对各种形式的保护主义，推动建立公平、合理、非歧视的国际贸易体系。中国积极推动建立更加平等、更加均衡的新型全球发展伙伴关系，近 10 年累计对外提供各类援款 1 700 多亿元人民币，免除 50 个重债穷国和最不发达国家近 300 亿元人民币到期债务，承诺对同中国建交的最不发达国家 97％的税目的产品给予零关税待遇，为 173 个发展中国家和 13 个地区性国际组织培训各类人员 6 万多名，增强了受援国自主发展能力。

10 年来的实践，丰富了我们在经济全球化条件下发展中国的认识，坚定了我们实施对外开放基本国策的信心。实践证明,中国加入世界贸易组织,扩大对外开放,惠及了中国人民,也惠及了其他各国人民;中国的发展是和平的发展、开放的发展、合作的发展、共赢的发展,向世界展示了中国这个东方文明古国的勃勃生机和巨大潜力。

3. 建设持久和平共同繁荣的和谐世界

21世纪初的世界很不太平,"9·11"事件之后,地区局势冲突不断,局部战争烽烟时起,维护世界和平责任重大。2005年9月,胡锦涛在纽约联合国总部举行的联合国成立60周年首脑会议上提出努力建设持久和平共同繁荣的和谐社会的倡议。中国人民积极构建自己国家的和谐社会,深感和谐社会是人民群众的根本愿望和追求,因而十分渴望世界各国人民都能分享中国人民的理想追求,联合国的成立实际上从一定意义上也反映了世界各国人民的这种理想追求。

胡锦涛指出:要和平、促发展、谋合作是时代的主旋律。在机遇和挑战并存的重要历史时期,只有世界所有国家紧密团结起来,共同把握机遇、应对挑战,才能为人类社会发展创造光明的未来,才能真正建设一个持久和平、共同繁荣的和谐世界。建设和谐世界,当务之急是要坚持这样几个原则:一是坚持多边主义,实现共同安全。各国应该携起手来,共同应对全球安全威胁。应摒弃冷战思维,树立互信、互利、平等、协作的新安全观,建立公平、有效的集体安全机制,共同防止冲突和战争,维护世界和平安全。二是坚持互利合作,实现共同繁荣。没有普遍发展和共同繁荣,世界难享太平。要大力推动发展中国家加快发展,使21世纪真正成为人人享有发展的世纪。要推动建立健全开放、公平、非歧视的多边贸易体系。三是坚持包容精神,共建和谐世界。在人类历史上,各种文明都以自己的方式为人类文明进步作出了积极贡献,历史文化、社会制度、发展模式的差异不应成为各国交流的障碍,更不应成为相互对抗的理由。四是坚持积极稳妥方针，推进联合国改革。应通过合理、必要的改革，维护联合国权威，提高联合国效率，更好发挥联合国作用，增强联合国应对新威胁新挑战能力。①

中国倡导建设和谐世界的主张，得到世界许多国家的支持和响应。

三、应对 2008 年国际金融危机冲击

中国深受 2008 年世界金融危机的冲击和损害。由于受国际金融危机和世界经济增长明显减速影响，中国经济运行困难明显增加，主要表现为进出口下滑、工业生产放缓、部分企业生产经营困难、就业难度加大等。由于中国采取了应对积极、措施有效的一套"组合拳"，中国在世界上率先实现经济回升向好。从 2009 年第二季度起，我国经济止跌回升，全年增长 9.2%。

1. 美国引发的国际金融危机爆发

2007 年发生在美国的次贷危机逐渐演化蔓延，最终发展成全面金融危机，并向实体经济渗透，向全球蔓延，给世界经济带来了严重影响。

这场由美国引发的金融危机的诱因是美国次级房屋信贷行业违约剧增、信用紧缩。这些次级抵押贷款是美国一些贷款机构向信用程度较差和收入不高的借款人提供的贷款，早在 2006 年春季随着美国利率上升和住房价格下跌，很多次级抵押贷款的借款人无法按期偿还借款，一些次级抵押贷款机构遭受严重损失甚至破产，部分买入此类投资产品的美国和欧洲投资基金也受到重创。2007 年 8 月，美国第五大投资银行贝尔斯登宣布旗下两只对冲基金倒闭，随后花旗、美林证券、摩根士丹利、瑞银等投资

---

① 胡锦涛. 胡锦涛文选：第 2 卷. 北京：人民出版社，2016：350-356.

银行相继爆出巨额亏损,次贷危机全面爆发。2008 年 9 月,美国第四大投资银行雷曼兄弟破产,彻底击垮了全球投资者的信心,包括中国在内的全球股市持续暴跌,美、日、欧等全球主要金融市场流动性出现严重不足,形成国际性金融危机。[1] 导致次贷危机发生的更深层次因素有:一是互联网泡沫以及鼓励次级抵押贷款而导致的房地产泡沫日益膨胀;二是虚拟经济与实体经济严重脱节而出现过度膨胀,导致出现严重通货膨胀、巨额财政赤字和外贸赤字;三是美国实行赤字财政政策、高消费政策和出口管制政策,政府靠财政赤字运行,家庭靠借债来支持超前消费,贸易严重失衡并导致贸易逆差与日俱增,推动发行美元、国债、股票以及大量金融衍生品。

美国对金融危机的应对措施是不得力的,而且任由危机向其他国家蔓延,实际上就是由其他国家政府和人民为美国金融危机买单。在美国,美联储连续降息接近于零,并启动四轮量化宽松政策,房利美和房地美两大房地产抵押贷款机构接受政府注资并被接管。2009 年 2 月,美国国会参众两院通过总额为 7 870 亿美元的经济刺激计划,成为大萧条以来美国最大的经济刺激计划。美国金融危机给世界各国特别是发展中国家以及俄罗斯等造成了巨大损失。中国一度持有"两房"债券达 3 976 亿美元,影响之巨可想而知。

胡锦涛在华盛顿举行的二十国集团领导人金融市场和世界经济峰会上指出:这场金融危机"波及范围之广、影响程度之深、冲击强度之大,为上个世纪三十年代以来所罕见。造成这场金融危机的原因是多方面的,既有经济体宏观经济政策不当的原因,也有金融监管缺失的原因。对此如果没有正确认识,就难以吸取教训、避免今后发生同样的危机"。他提出了

---

[1] 胡锦涛.胡锦涛文选:第 3 卷.北京:人民出版社,2016:119.

四项改革措施：加强国际金融监管合作，推动国际金融组织改革，鼓励区域金融合作，改善国际货币体系。①

2. 中国应对国际金融危机的举措

为了应对这场突如其来的严重金融危机，最大限度减小对中国经济的损害，中国政府按照"坚定信心、冷静观察、多管齐下、有效应对"的方针，着力保障和改善民生，推出了一系列财政政策和货币政策来保障经济的稳定发展。关键就是为保持经济平稳较快发展，及时调整宏观经济政策，果断实施积极的财政政策和适度宽松的货币政策，形成进一步扩大内需、促进经济增长的一揽子计划。

第一，在财政政策方面：一是实行宽松的财政政策，包括减少税收，扩大政府支出，释放 4 万亿元拉动内需；二是促进对外贸易发展，针对进出口行业所受到的冲击，增加出口退税，确保人民币不贬值，增强出口竞争力；三是减轻企业负担；四是加强公共财政在社会保障、医疗等方面的支出，保持社会经济发展环境的稳定；五是实施产业振兴计划。

第二，在货币政策方面：一是在 2008 年 7 月对货币政策进行较大调整，调减公开市场对冲力度，相继停发 3 年期中央银行票据、减少 1 年期和 3 个月期中央银行票据发行频率，引导中央银行票据发行利率适当下行，保证流动性供应。二是实行宽松的货币政策。2008 年 9 月、10 月、11 月、12 月连续下调基准利率，下调存款准备金率，存款准备金率的下降、贷款基准利率的下降，目的是增加市场货币供应量，扩大投资与消费。三是从 2008 年 10 月 27 日开始实施首套住房贷款利率 7 折优惠，支持居民首次购买普通自住房和改善型普通住房。四是取消对商业银行信贷规划的约束。五是坚持区别对待、有保有压，鼓励金融机构增加对灾区重

---

① 胡锦涛. 胡锦涛文选：第 3 卷. 北京：人民出版社，2016：137，139.

建、"三农"、中小企业等贷款。六是加强对外经济合作与协调，包括中日韩之间的货币互换等。

2009 年 3 月 31 日，胡锦涛在出席二十国集团领导人第二次金融峰会前夕，接受了新华社采访并谈了中国的立场和主张。他指出：二十国集团领导人峰会是国际社会共同应对国际经济金融危机的重要有效平台。二十国集团领导人共商应对国际金融危机之策，对于提振民众和企业信心、稳定国际金融市场、推动恢复世界经济增长具有重要意义。当前，国际金融危机仍在蔓延和深化，国际金融市场仍处于动荡之中，全球实体经济受到的影响越来越明显。应对国际金融危机、推动恢复世界经济增长已成为当前国际社会共同面临的严峻挑战。对此，中国提出的方案主要内容包括：一是要尽快稳定国际金融市场，切实发挥金融对实体经济的促进作用，提振民众和企业信心；二是要采取符合各自国情的经济刺激举措，加强各国宏观经济政策协调，共同实现保发展、保就业、保民生；三是要努力抑制贸易和投资保护主义，减少危机对世界各国，特别是对发展中国家造成的损害；四是要按照全面性、均衡性、渐进性、实效性的原则，推动对国际金融体系进行必要改革，避免类似危机重演。[①]

第五节　经济跃居世界第二大经济体

21 世纪的第一个十年中国国民经济和社会发展都取得了举世瞩目的快速增长，各项事业都得到了大幅度的推进，人民生活得到很大改善。这十年是新中国成立以来和改革开放以来发展最好的时期之一。我国国内生产总值突破 20 万亿元、30 万亿元、40 万亿元大关，从 2002 年的

---

① 胡锦涛主席就出席二十国集团领导人第二次金融峰会有关问题接受采访. 外交部网站，2009 - 03 - 31.

123 311.9 亿元迅速增长到 2011 年的 495 707.6 亿元，增长了 302%，以不变价格计算也增长了 152.9%（见表 5-3）。

表 5-3　　　　　　　2002—2011 年我国国内生产总值增长情况

年份	国内生产总值（亿元）	国内生产总值指数（上年＝100）	人均国内生产总值（元）	人均国内生产总值指数（上年＝100）
2002	123 311.9	109.2	9 631.0	108.5
2003	139 377.3	110.1	10 818.0	109.4
2004	164 228.0	110.1	12 671.0	109.5
2005	189 907.5	111.5	14 567.0	110.8
2006	222 578.4	112.7	16 977.0	112.0
2007	274 179.7	114.2	20 805.0	113.6
2008	324 317.8	109.7	24 483.0	109.1
2009	354 521.6	109.4	26 631.0	108.9
2010	419 253.3	110.6	31 341.0	110.1
2011	495 707.6	109.5	36 855.0	108.9

资料来源：国家统计局。

一、从中共十六大到中共十八大的十年发展

21 世纪第一个十年也是从中共十六大召开到中共十八大召开的十年，这十年是中国国民经济和社会快速发展的时期。

1. 紧紧抓住重要战略机遇期

这十年最突出的特点就是中国紧紧抓住并充分运用对于我们来说是难得的重要战略机遇期，坚持把发展作为第一要务，使中国综合国力有了巨大提升。其间，中国战胜了一系列重大挑战，把中国特色社会主义事业推进到新的发展阶段。

中国坚持把自己的事情做好的立场，深化改革开放，加快发展步伐，不断提高人民群众的生活水平。坚持科学发展观和"五统筹"发展战略，开拓了经济社会发展的广阔空间。中国战胜了突如其来的非典疫情，保卫了人民生命安全，克服了对经济社会的冲击；成功应对了国际金融危机对中国经济发展的严峻挑战，捍卫了中国经济发展的整体格局，显示了大国担当的中国责任，赢得了世界各国的尊重；面对汶川地震带来的破坏，中国举国一致抗震救灾，显示了中国人民的大爱情怀和全国一盘棋的社会主义制度优势；中国成功举办北京奥运会、残奥会和上海世博会，向世界展示了中国和平崛起的发展愿望和世界经济政治秩序维护者的大国形象。特别重要的是，中国改革开放和社会主义现代化建设的蓬勃发展，提高了中国的国际地位，彰显了中国特色社会主义的巨大优越性和强大生命力，增强了中国人民和中华民族的自豪感和凝聚力。

2. 筑牢全面建成小康社会坚实基础

这一时期一个重大的变化将更为人们所牢记，那就是中国经济总量从世界第六位跃升到第二位，这是一个具有划时代意义的事件。它有力地证明了中国社会经济发生的历史性变化，即中国社会生产力、经济实力、科技实力迈上一个大台阶，人民生活水平、居民收入水平、社会保障水平迈上一个大台阶，综合国力、国际竞争力、国际影响力迈上一个大台阶，国家面貌发生了新的历史性变化。这是我国经济持续发展、民主不断健全、文化日益繁荣、社会保持稳定的时期之一，是着力保障和改善民生、人民得到实惠更多的时期之一。这一时期为全面建成小康社会奠定了坚实的基础。

从这一全球主要国家 GDP 及其排名中可以看出，2010 年中国 GDP 已经超过日本 GDP 6.84%，但仅仅是美国 GDP 的 40.6%，中美之间的经济总量差距还是十分明显的（见表 5-4）。

排名	国　家	GDP	排名	国　家	GDP
1	美　国	14.99	7	巴　西	2.21
2	中　国	6.09	8	意大利	2.13
3	日　本	5.70	9	印　度	1.68
4	德　国	3.42	10	加拿大	1.61
5	法　国	2.64	11	俄罗斯	1.52
6	英　国	2.45	12	西班牙	1.43

表 5 - 4　　　　　　2010 年主要国家 GDP 及其排名　　　　　单位：万亿美元

二、"十五"时期的经济社会发展

2000 年 10 月，中共十五届五中全会通过了《中共中央关于制定国民经济和社会发展第十个五年计划的建议》，提出："第十个五年计划期间（二〇〇一年至二〇〇五年）经济和社会发展的主要目标是：国民经济保持较快发展速度，经济结构战略性调整取得明显成效，经济增长质量和效益显著提高，为到二〇一〇年国内生产总值比二〇〇〇年翻一番奠定坚实基础；国有企业建立现代企业制度取得重大进展，社会保障制度比较健全，完善社会主义市场经济体制迈出实质性步伐，在更大范围内和更深程度上参与国际经济合作与竞争；就业渠道拓宽，城乡居民收入持续增加，物质文化生活有较大改善，生态建设和环境保护得到加强；科技教育加快发展，国民素质进一步提高，精神文明建设和民主法制建设取得明显进展。"[①] 该建议同时提出"十五"期间，要把发展作为主题，把结构调整作为主线，把改革开放和科技进步作为动力，把提高人民生活水平作为根本出发点。

据此，国务院负责编制了《中华人民共和国国民经济和社会发展第十

---

① 中共中央文献研究室.十五大以来重要文献选编（中）.北京：人民出版社，2001：1370.

个五年计划纲要》，并于 2001 年 3 月九届全国人大四次会议批准。"十五"计划主要经济发展指标是：一是经济增长速度预期为年均 7% 左右，到 2005 年，按 2000 年价格计算的国内生产总值达到 12.5 万亿元左右，人均国内生产总值达到 9 400 元。五年城镇新增就业和转移农业劳动力各达到 4 000 万人，城镇登记失业率控制在 5% 左右。价格总水平基本稳定，国际收支基本平衡。二是经济结构调整的预期目标是产业结构优化升级，国际竞争力增强。2005 年第一、二、三产业增加值占国内生产总值的比重分别为 13%、51% 和 36%，从业人员占全社会从业人员的比重分别为 44%、23% 和 33%。国民经济和社会信息化水平显著提高。基础设施进一步完善。地区间发展差距扩大的趋势得到有效控制。城镇化水平有所提高。三是人民生活水平提高的预期目标是，居民生活质量有较大的提高，基本公共服务比较完善。城镇居民人均可支配收入和农村居民人均纯收入年均增长 5% 左右。

在中国共产党的领导下，中国人民超额完成了"十五"计划规定的指标，取得了国民经济和社会发展骄人的业绩。胡锦涛在中共十七大报告中谈到中共十六大到中共十七大这五年时指出："这五年，是改革开放和全面建设小康社会取得重大进展的五年，是我国综合国力大幅提升和人民得到更多实惠的五年，是我国国际地位和影响显著提高的五年，是党的创造力、凝聚力、战斗力明显增强和全党全国各族人民团结更加紧密的五年。"[①] "十五"时期特别是从中共十六大到中共十七大这一时期我国经济社会发展的成就突出体现为：

第一，经济实力大幅提升。经济保持平稳快速发展，国内生产总值年均增长百分之十以上，经济效益明显提高，财政收入连年显著增加，物价

基本稳定。社会主义新农村建设扎实推进，区域发展协调性增强。创新型国家建设进展良好，自主创新能力有较大幅度提高。能源、交通、通信等基础设施和重点工程建设成效显著。载人航天飞行成功实现。能源资源节约和生态环境保护取得新进展。"十五"计划胜利完成，"十一五"规划进展顺利。

第二，改革开放取得重大突破。农村综合改革逐步深化，农业税、牧业税、特产税全部取消，支农惠农政策不断加强。国有资产管理体制、国有企业和金融、财税、投资、价格、科技等领域改革取得重大进展。非公有制经济进一步发展。市场体系不断健全，宏观调控继续改善，政府职能加快转变。进出口总额大幅增加，实施"走出去"战略迈出坚实步伐，开放型经济进入新阶段。

第三，人民生活显著改善。城乡居民收入较大增加，家庭财产普遍增多。城乡居民最低生活保障制度初步建立，贫困人口基本生活得到保障。居民消费结构优化，衣食住行用水平不断提高，享有的公共服务明显增强。

"十五"计划时期主要经济指标和产品产量如下：2001—2005年我国国内生产总值从112 157.3亿元增至189 907.5亿元，增长69.3％；我国粮食产量从45 264万吨增至48 402万吨，增长6.9％；我国工业增加值从43 581亿元增至76 190亿元，增长74.8％；我国固定资产投资从37 214亿元增至88 604亿元，增长138.1％；我国消费品零售总额从43 055亿元增至67 177亿元，增长56％；我国进出口总额从5 096.5亿美元增至14 219.1亿美元，增长179％；我国城乡居民储蓄存款余额从73 762亿元增至141 051亿元，增长91.2％。

主要工农业产品产量更是大幅提高，其中原煤由13.81亿吨增至22.05亿吨，原油由16 395.87万吨增至18 135.29万吨，天然气由

303.29 亿立方米增至 509.44 亿立方米，发电量由 14 808.02 亿千瓦时增至25 002.6 亿千瓦时，钢材由 16 067.61 万吨增至 37 771.14 万吨，水泥由66 103.99 万吨增至 106 884.79 万吨，平板玻璃由 20 964.12 万重量箱增至 40 210.24 万重量箱，农用化肥由 3 383.01 万吨增至 5 177.86 万吨，金属切削机床由 25.6 万台增至 51.1 万台，汽车由 234.17 万辆增至 570.49 万辆（其中轿车由 70.36 万辆增至 277.01 万辆），大中型拖拉机由 3.82 万辆增至 16.33 万辆，微型电子计算机由 877.65 万台增至 8 084.89 万台，手机由 8 032 万台增至 30 354 万台，等等。这样的发展速度举世罕见。

三、"十一五"时期的经济社会发展

2005 年 10 月，中共十六届五中全会通过了《中共中央关于制定国民经济和社会发展第十一个五年规划的建议》，明确了今后 5 年我国经济社会发展的奋斗目标和行动纲领，提出了建设社会主义新农村的重大历史任务，为做好"十一五"时期"三农"工作指明了方向。新农村建设是党中央统揽全局、着眼长远、与时俱进作出的重大决策，是一项不但惠及亿万农民而且关系国家长治久安的战略举措，是社会主义现代化建设关键时期必须担负和完成的一项重要使命。

《中共中央关于制定国民经济和社会发展第十一个五年规划的建议》提出了"十一五"时期经济社会发展的主要目标：在优化结构、提高效益和降低消耗的基础上，实现 2010 年人均国内生产总值比 2000 年翻一番；资源利用效率显著提高，单位国内生产总值能源消耗比"十五"期末降低20％左右，生态环境恶化趋势基本遏制，耕地减少过多状况得到有效控制；形成一批拥有自主知识产权和知名品牌、国际竞争力较强的优势企业；社会主义市场经济体制比较完善，开放型经济达到新水平，国际收支

基本平衡；普及和巩固九年义务教育，城镇就业岗位持续增加，社会保障体系比较健全，贫困人口继续减少；城乡居民收入水平和生活质量普遍提高，价格总水平基本稳定，居住、交通、教育、文化、卫生和环境等方面的条件有较大改善；民主法制建设和精神文明建设取得新进展，社会治安和安全生产状况进一步好转，构建和谐社会取得新进步。

根据中共中央的部署，国务院编制了《中华人民共和国国民经济和社会发展第十一个五年规划纲要》，并于 2006 年 3 月十届全国人大四次会议批准。"十一五"规划主要发展指标是：一是宏观经济平稳运行。国内生产总值年均增长 7.5％，实现人均国内生产总值比 2000 年翻一番。城镇新增就业和转移农业劳动力各 4 500 万人，城镇登记失业率控制在 5％。价格总水平基本稳定。国际收支基本平衡。二是产业结构优化升级。产业、产品和企业组织结构更趋合理，服务业增加值占国内生产总值比重和就业人员占全社会就业人员比重分别提高 3 个和 4 个百分点。自主创新能力增强，研究与试验开发经费支出占国内生产总值比重增加到 2％，形成一批拥有自主知识产权和知名品牌、国际竞争力较强的优势企业。三是资源利用效率显著提高。单位国内生产总值能源消耗降低 20％左右，单位工业增加值用水量降低 30％，农业灌溉用水有效利用系数提高到 0.5，工业固体废物综合利用率提高到 60％。四是城乡区域发展趋向协调。社会主义新农村建设取得明显成效，城镇化率提高到 47％。各具特色的区域发展格局初步形成，城乡、区域间公共服务、人均收入和生活水平差距扩大的趋势得到遏制。五是基本公共服务明显加强。国民平均受教育年限增加到 9 年。公共卫生和医疗服务体系比较健全。社会保障覆盖面扩大，城镇基本养老保险覆盖人数达到 2.23 亿人，新型农村合作医疗覆盖率提高到 80％以上。贫困人口继续减少。防灾减灾能力增强，社会治安和安全生产状况进一步好转。六是可持续发展能力增强。全国总人口控制在

136 000万人。耕地保有量保持1.2亿公顷，淡水、能源和重要矿产资源保障水平提高。生态环境恶化趋势基本遏制，主要污染物排放总量减少10%，森林覆盖率达到20%，控制温室气体排放取得成效。七是市场经济体制比较完善。行政管理、国有企业、财税、金融、科技、教育、文化、卫生等领域的改革和制度建设取得突破，市场监管能力和社会管理水平明显提高。对外开放与国内发展更加协调，开放型经济达到新水平。八是人民生活水平继续提高。城镇居民人均可支配收入和农村居民人均纯收入分别年均增长5%，城乡居民生活质量普遍提高，居住、交通、教育、文化、卫生和环境等方面的条件有较大改善。九是民主法制建设和精神文明建设取得新进展。法制建设全面推进，形成中国特色社会主义法律体系。思想道德建设进一步加强，构建和谐社会取得新进步。

"十一五"规划时期，即从中共十七大到中共十八大这五年，我国经济社会发展面对国内外环境的复杂变化和重大风险挑战，特别是国际金融危机是对改革开放30年的中国的巨大考验。在中国共产党的领导下，在全国各族人民的艰苦奋斗下，我国充分发挥社会主义制度的政治优势，充分发挥市场在资源配置中的基础性作用，很好地实现了化危为机，加速了改革开放和现代化建设，国家经济社会和国际形象都发生了历史性变化。"十一五"规划时期我国经济社会发展的成就突出体现为：

第一，经济平稳较快发展。综合国力大幅提升，2011年国内生产总值达到49.6万亿元。财政收入大幅增加。农业综合生产能力提高，粮食连年增产。产业结构调整取得新进展，基础设施全面加强。城镇化水平明显提高，城乡区域发展协调性增强。创新型国家建设成效显著，载人航天、探月工程、载人深潜、超级计算机、高速铁路等实现重大突破。生态文明建设扎实展开，资源节约和环境保护全面推进。

第二，改革开放取得重大进展。农村综合改革、集体林权制度改革、国有企业改革不断深化，非公有制经济健康发展。现代市场体系和宏观调控体系不断健全，财税、金融、价格、科技、教育、社会保障、医药卫生、事业单位等改革稳步推进。开放型经济达到新水平，进出口总额跃居世界第二位。

第三，人民生活水平显著提高。改善民生力度不断加大，城乡就业持续扩大，居民收入较快增长，家庭财产稳定增加，衣食住行用条件明显改善，城乡最低生活保障标准和农村扶贫标准大幅提升，企业退休人员基本养老金持续提高。

中共十七大以来的五年，是我国在中国特色社会主义道路上奋勇前进的五年，是我国经受住各种困难和风险考验、夺取全面建设小康社会新胜利的五年。

"十一五"规划时期主要经济指标和产品产量如下：2006—2010年我国国内生产总值从222 578.4亿元增至419 253.3亿元，增长88.1%；我国粮食产量从49 804万吨增至55 911万吨，增长12.3%；我国工业增加值从91 311亿元增至160 722亿元，增长76%；我国固定资产投资从109 998亿元增至278 122亿元，增长152.8%；我国消费品零售总额从79 145亿元增至156 998亿元，增长98.4%；我国进出口总额从17 604亿美元增至29 740亿美元，增长68.9%；我国农村居民人均纯收入从3 587元增至5 919元，增长65%；城镇居民人均可支配收入从11 759元增至19 109元，增长62.5%；城乡居民储蓄存款余额从73 762亿元增至141 051亿元，增长91.2%；我国公共财政收入从38 760亿元增至83 102亿元，增长114.4%；我国外汇储备从10 663亿美元增至28 473亿美元，增长167%。

主要工农业产品产量更是大幅提高，其中原煤由23.73亿吨增至32.35亿吨，原油由18 476.57万吨增至20 241.4万吨，天然气由585.53

亿立方米增至 948.48 亿立方米，发电量由 28 657.26 亿千瓦时增至 42 071.6 亿千瓦时，钢材由 46 893.36 万吨增至 80 276.58 万吨，水泥由 123 676.48 万吨增至 188 191.17 万吨，平板玻璃由 46 574.7 万重量箱增至 66 330.8 万重量箱，农用化肥由 5 345.05 万吨增至 6 337.86 万吨，金属切削机床由 57.3 万台增至 69.73 万台，汽车由 727.89 万辆增至 1 826.53 万辆（其中轿车由 386.94 万辆增至 957.59 万辆），大中型拖拉机由 19.89 万辆增至 33.68 万辆，手机由 48 014 万台增至 99 827.36 万台等。没有什么比真实的数字更能说明发展问题了。

此外，一些重大工程也在"十一五"规划时期完成。例如，青藏铁路于 2006 年 7 月 1 日全线开通运营。这条铁路全长 1 956 公里，是世界上海拔最高、线路最长的高原冻土铁路，这条铁路线的开通运营表明我国已经解决了在铁路修筑中遇到的多年冻土、高寒缺氧和生态脆弱三大世界性难题。又如，京沪高铁于 2011 年 6 月 30 日开通运营。这条高铁全长 1 318 公里，是世界上第一条商业运营时速达到 350 公里的高速铁路，它将京沪两地通达时间由改革开放初期的 20 多小时缩短到约 4 小时。再如，交通运输体系建设的发展有效推动了综合交通枢纽建设发展，2010 年 7 月 1 日投入使用的上海虹桥交通枢纽，总面积达 44 万平方米，内设 30 条股道和 30 个站台，实现了高铁、机场、地铁、城市公交、长途汽车等多种运输方式无缝衔接，年客流量超过 1 亿人。

四、全国人民参与的重大事件与活动

在这十年间，还有一些重大事件是不能忘记的。

1. 四川汶川地震和抗震救灾活动

2008 年 5 月 12 日 14 时 28 分，四川省阿坝藏族羌族自治州汶川县境内发生里氏 8.0 级特大地震，破坏地区超过 10 万平方公里，地震波及大半个中国及多个亚洲国家。北至北京，东至上海，南至泰国、越南，西至巴基斯坦均有震感。汶川地震极重灾区共 10 个县（市），较重灾区共 41 个县（市），一般灾区共 186 个县（市）。汶川地震共造成 69 227 人遇难，17 923 人失踪，374 643 人受伤，受灾群众达 4 625.6 万人。直接经济损失达 8 451 亿元。这是新中国成立以来破坏力最大的地震，也是唐山大地震后伤亡最严重的一次地震。

汶川地震发生后，中共中央、国务院立即作出决策，第一时间发出全国动员令，坚持"举全国之力抗震救灾""人民群众的生命高于一切"，胡锦涛、温家宝等领导人亲临一线指挥。全国迅速组织起历史上救援速度最快、动员范围最广、投入力量最多的抗震救灾活动，党中央坚持以人为本、尊重科学、果断决策、沉着应对，人民解放军及武警部队十余万人立即奔赴灾区，各省市立即派出救援团，大量志愿者进入抗震一线。党和政府还迅速制定灾区灾后恢复重建计划，决定用三年时间完成灾后恢复重建任务，并动员全国力量实行对口支援。同时，全国共接收国内外社会各界捐赠款物（截至 2008 年 9 月 25 日 12 时为止）总计 594.68 亿元。截至 2012 年 5 月，四川省纳入国家灾后恢复重建总体规划的 29 692 个项目已完工 99%，概算投资 8 658 亿元已完成投资 99.5%；地震灾区实现了"家家有房住"，基本实现了"户户有就业""人人有保障"。

这次大地震是 21 世纪初发生的重大自然灾害，2009 年国务院确定每年 5 月 12 日为全国防灾减灾日。

灾后恢复重建的伟大实践，集中体现了全心全意为人民服务的中国共产党的伟大力量，充分展示了中华民族和衷共济、团结奋斗的民族品格；集中体现了中国特色社会主义制度的优越性，充分展示了改革开放以来不断增强的综合国力；集中体现了科学发展观的重大指导意义，充分展示了

"万众一心、众志成城，不畏艰险、百折不挠，以人为本、尊重科学"的伟大抗震救灾精神；集中体现了灾区各级党委、政府对历史负责的高度自觉，充分展示了灾区人民自强奋进、顽强拼搏的不屈意志。

2. 举办 2008 年北京奥运会

2008 年 8 月 8 日至 24 日，第 29 届夏季奥林匹克运动会在北京举行，上海、天津、沈阳、秦皇岛、青岛为协办城市，香港承办马术项目。共有参赛国家及地区 204 个，参赛运动员 11 438 人；设 28 个大项、302 个小项，共有 60 000 多名运动员、教练员和官员参加。2008 年北京奥运会共创造 43 项新世界纪录及 132 项新奥运纪录，共有 87 个国家和地区在赛事中取得奖牌，中国以 51 枚金牌居金牌榜首位，是奥运会历史上首个登上金牌榜首的亚洲国家。

北京申办这次奥运会反映了全体中国人民的愿望。1993 年北京首次申请举办 2000 年奥运会未果，1998 年北京再次提出申办 2008 年第 29 届奥运会。2001 年 7 月 13 日，在莫斯科举行的国际奥委会第 112 次全会上，国际奥委会投票选定北京获得 2008 年奥运会主办权。

举办一届有特色、高水平的奥运会、残奥会，实现两个奥运会同样精彩，这是中国人民对国际社会的郑重承诺。"同一个世界、同一个梦想"表达了中国人民和世界各国人民的共同理想。2008 年 8 月 8 日晚 8 时举行了开幕式，共有 9.1 万多名观众和多国元首政要参加。开场由 2 008 名演职人员打着会发光的缶，构成中国及阿拉伯数字，倒数开幕秒数。随后由永定门至主会场，沿北京城中轴线连续施放 29 个脚印造型的烟火，象征"第 29 届奥运会一步一步走进北京"。开幕式举行了题为《美丽的奥林匹克》的文艺演出，演出分为上、下两篇，上篇展示了中国四大发明、中国文字等中华优秀历史文化元素，下篇则展示了改革开放后中国的繁荣景象。奥运会主题曲《我和你》以优美的旋律和歌声打动了许多观众的心。

北京奥运会既是一场竞技性很强的体育赛事，也是一个中华文化展示的国际舞台。开幕式使"鸟巢"成为红色的海洋和欢乐的海洋，每个人脸上都洋溢着幸福的笑容，使中国在国际社会上树立了强大的威信，展示了自己的风采。2008 年北京奥运会美轮美奂的开幕式，成为世界许多国家观众对中国产生向往的难得机会。胡锦涛指出："百年奥运梦想成功实现，这是我们在实现中华民族伟大复兴征程上的又一次历史性跨越，也是我们沿着中国特色社会主义道路奋勇前进的又一个新的起跑线。"[①]

3. 2010 年上海世界博览会

中国对外开放的大门永远是打开的。2010 年 5 月 1 日至 10 月 31 日，第 41 届世界博览会在上海举办。这也是中国举办的首届注册类世界博览会，这次博览会的主题是：城市，让生活更美好。世界博览会是由一个国家的政府主办，多个国家或国际组织参加，以展现人类在社会、经济、文化和科技领域取得的成就的国际性大型展示会。在上海举办的为期 184 天的世界博览会，吸引了来自全球的 7 308.5 万人参观。在博览会举办期间，共有 200 多个国家和地区以及 45 个国际组织参与了活动。

举办世界博览会，就是要提高公众对"城市时代"中各种挑战的忧患意识，并提供可能的解决方案；促进对城市遗产的保护，使人们更加关注健康的城市发展；推广可持续的城市发展理念、成功实践和创新技术，寻求发展中国家的可持续的城市发展模式；促进人类社会的交流融合和互相理解、互相尊重。上海世博会向世界展示了中华民族五千年灿烂文明，展示了新中国成立以来特别是改革开放以来的辉煌成就，展示了中国人民为实现全面建设小康社会目标而团结奋斗的精神风貌。同时，通过世博会期间的各种经济文化交流等活动，反映了世界经济、科技、文化、社会和生

---

① 胡锦涛. 胡锦涛文选：第 3 卷. 北京：人民出版社，2016：114.

态文明发展的时代潮流，探讨了当今世界人类发展面临的共同课题，增进了中国人民与世界各国各地区人民的相互了解和友谊，提升了中国的国际地位和影响力，增强了中国人民的民族自豪感、自信心和凝聚力。

胡锦涛在世博会总结表彰大会上指出："中国二〇一〇年上海世界博览会，是我国首次举办的综合性世界博览会，也是第一次在发展中国家举行的注册类世界博览会，举国关注，举世瞩目。"[①] 上海世博会秉承和弘扬理解、沟通、欢聚、合作的世博理念，创造和演绎了一场精彩纷呈、美轮美奂的世界文明大展示，以一届成功、精彩、难忘的世博会胜利载入世博会史册，为祖国和人民赢得了荣耀。

---

① 胡锦涛.胡锦涛文选：第3卷.北京：人民出版社，2016：469.

第六章　开创中国特色社会主义新时代（上）

2012 年 11 月，中国共产党第十八次全国代表大会在北京召开，这次大会标志着中国特色社会主义进入了新时代。中共十八大以来的 10 多年间，中国在实现中华民族伟大复兴的新时代征程上，在中国特色社会主义和改革开放与现代化建设事业上取得了历史性成就，实现了历史性变革。中国人民迎来了强起来的新的历史时期。

第一节　中国特色社会主义进入新时代

中共十八大以来，中国特色社会主义进入了新时代。中国面临的一个重大时代课题就是要从理论和实践结合方面系统回答新时代坚持和发展什么样的中国特色社会主义、怎样坚持和发展中国特色社会主义。10 多年来，在习近平新时代中国特色社会主义思想指导下，各项事业都呈现出欣欣向荣的景象，成功实现了全面建成小康社会的宏伟目标，彻底解决了困扰几千年的绝对贫困问题，国民经济和社会发展沿着高质量发展的道路取得了巨大成就，国际地位和影响力显著提高，新时代中国特色社会主义前景光明。

一、中共十八大开启中国特色社会主义新时代

中共十八大是中国共产党和新中国历史上一次具有里程碑意义的重要大会，大会特别强调了实现社会主义现代化和中华民族伟大复兴中国梦的重要意义，强调了坚持和发展中国特色社会主义的重要意义，顺利实现了中央领导集体的新老交接，开启了中国特色社会主义新时代的历史篇章。

1. 坚持和发展中国特色社会主义

中共十八大的主题是：高举中国特色社会主义伟大旗帜，以邓小平理论、"三个代表"重要思想、科学发展观为指导，解放思想，改革开放，凝聚力量，攻坚克难，坚定不移沿着中国特色社会主义道路前进，为全面建成小康社会而奋斗。在这次大会上实现了党的领导集体的新老交替，开启了中国特色社会主义的新时代。

胡锦涛代表第十七届中央委员会作了题为《坚定不移沿着中国特色社会主义道路前进，为全面建成小康社会而奋斗》的报告。[①] 报告总结了中共十六大以来所取得的伟大成就：中国共产党和中国政府面对新世纪新阶段，抓住重要战略机遇期，在全面建设小康社会进程中推进实践创新、理论创新、制度创新，强调坚持以人为本、全面协调可持续发展，提出构建社会主义和谐社会、加快生态文明建设，形成中国特色社会主义事业总体布局，着力保障和改善民生，促进社会公平正义，推动建设和谐世界，推

---

① 胡锦涛. 胡锦涛文选：第 3 卷. 北京：人民出版社，2016：612 - 660.

进党的执政能力建设和先进性建设，成功在新的历史起点上坚持和发展了中国特色社会主义。

正是因为如此，为了更好地把科学发展观体现在中国特色社会主义的时代要求中，中共十八大报告特别强调经济社会发展、以人为本、全面协调可持续和统筹兼顾的重要性，提出了四个"必须更加自觉"的要求。这既是过去10年中国特色社会主义建设宝贵经验的总结，也是未来坚持和发展中国特色社会主义的基本依据和原则。一是必须更加自觉地把推动经济社会发展作为深入贯彻落实科学发展观的第一要义，牢牢扭住经济建设这个中心，坚持聚精会神搞建设、一心一意谋发展，着力把握发展规律、创新发展理念、破解发展难题，深入实施科教兴国战略、人才强国战略、可持续发展战略，加快形成符合科学发展要求的发展方式和体制机制，不断解放和发展社会生产力，不断实现科学发展、和谐发展、和平发展，为坚持和发展中国特色社会主义打下牢固基础。二是必须更加自觉地把以人为本作为深入贯彻落实科学发展观的核心立场，始终把实现好、维护好、发展好最广大人民根本利益作为党和国家一切工作的出发点和落脚点，尊重人民首创精神，保障人民各项权益，不断在实现发展成果由人民共享、促进人的全面发展上取得新成效。三是必须更加自觉地把全面协调可持续作为深入贯彻落实科学发展观的基本要求，全面落实经济建设、政治建设、文化建设、社会建设、生态文明建设五位一体总体布局，促进现代化建设各方面相协调，促进生产关系与生产力、上层建筑与经济基础相协调，不断开拓生产发展、生活富裕、生态良好的文明发展道路。四是必须更加自觉地把统筹兼顾作为深入贯彻落实科学发展观的根本方法，坚持一切从实际出发，正确认识和妥善处理中国特色社会主义事业中的重大关系，统筹改革发展稳定、内政外交国防、治党治国治军各方面工作，统筹城乡发展、区域发展、经济社会发展、人与自然和谐发展、国内发展和对外开放，统筹各方面利益关系，充分调动各方面积极性，努力形成全体人民各尽其能、各得其所而又和谐相处的局面。

中共十八大强调指出，中国特色社会主义道路、理论体系和制度，是中国共产党和中国人民九十多年奋斗、创造、积累的根本成就，必须倍加珍惜、始终坚持、不断发展。中国特色社会主义道路是实现途径，中国特色社会主义理论体系是行动指南，中国特色社会主义制度是根本保障，三者统一于中国特色社会主义伟大实践，这是党领导人民在建设社会主义长期实践中形成的最鲜明特色。建设中国特色社会主义，总依据是社会主义初级阶段，总布局是五位一体，总任务是实现社会主义现代化和中华民族伟大复兴。中国特色社会主义，既坚持了科学社会主义基本原则，又根据时代条件赋予其鲜明的中国特色，以全新的视野深化了对共产党执政规律、社会主义建设规律、人类社会发展规律的认识，从理论和实践结合上系统回答了在中国这样人口多底子薄的东方大国建设什么样的社会主义、怎样建设社会主义这个根本问题，使我们国家快速发展起来，使我国人民生活水平快速提高起来。发展中国特色社会主义是一项长期的艰巨的历史任务，必须准备进行具有许多新的历史特点的伟大斗争。我们一定要毫不动摇坚持、与时俱进发展中国特色社会主义，不断丰富中国特色社会主义的实践特色、理论特色、民族特色、时代特色。

2. 提出实现中华民族伟大复兴的中国梦

全面建成小康社会是实现中华民族伟大复兴进程中一个具有阶段性意义的宏伟目标，是团结和鼓舞全国人民进行伟大奋斗的力量源泉。中共十八大明确提出，综观国际国内大势，我国发展仍处于可以大有作为的重要战略机遇期，要确保到 2020 年实现全面建成小康社会宏伟目标。时代的进步赋予了小康社会新的时代内容，中国要建成的小康社会应该是经济持续健康发展、人民民主不断扩大、文化软实力显著增强、人民生活水平全面提高、资源节约型与环境友好型社会建设取得重大进展的小康社会。

2012 年 11 月 29 日，习近平与新一届党的领导集体参观《复兴之路》展览时，向全国人民和全世界发出了强有力的声音，那就是实现中华民族伟大复兴的中国梦。他说："每个人都有理想和追求，都有自己的梦想。""实现中华民族伟大复兴，就是中华民族近代以来最伟大的梦想。这个梦想，凝聚了几代中国人的夙愿，体现了中华民族和中国人民的整体利益，是每一个中华儿女的共同期盼。"[①] 从此，实现中华民族伟大复兴的中国梦成为全体中国人民坚定不移的奋斗目标和伟大追求，成为中共十八大以来中国发展的时代最强音。中国人民开始了只争朝夕地实现第一个百年奋斗目标、满怀信心地向着第二个百年奋斗目标前进的伟大征程。

中国梦的本质是对实现中华民族伟大复兴的高度概括，是中国实现和平发展的强烈诉求。中国梦立足于走出了一条符合本国国情的不同于西方资本主义发展模式的新道路，这就为世界上所有不发达国家摆脱贫困、实现现代化树立了典范。

中国梦是从中国实际出发而提出的伟大梦想。习近平对于中华民族的过去、现在和未来用了"雄关漫道真如铁""人间正道是沧桑""长风破浪会有时"三句经典的诗句来概括。中国人民在中国共产党的领导下，走过了从站起来到富起来的历史一步，目前正在迈出从富起来到强起来的伟大一步。经过改革开放 40 多年的艰苦奋斗，我们比历史上任何时期都更接近中华民族伟大复兴的目标，比历史上任何时期都更有信心、有能力实现这个目标。中国梦具有明确的奋斗目标，就是要在本世纪中叶实现建成现代化强国的目标，这个目标是全体中国人民的期盼，也是全体中国人民的目标。实现中国梦的和平发展不仅会造福中国人民，也会造福全人类。中

---

① 习近平．习近平谈治国理政：第 1 卷．2 版．北京：外文出版社，2018：36.

国的发展离不开世界，世界的发展也离不开中国。共同构建人类命运共同体、实现共赢共享是中国梦的必然内涵。

中国梦也是世界的梦，因而是要重塑当今世界政治经济的格局，重绘世界政治经济的版图，重构国际政治经济秩序，不论遇到什么阻力和障碍，都不会改变这一世界历史发展的趋势。

每个时代都有属于这个时代的世界性话题。中国的发展与进步就是当今时代最有吸引力的世界性话题之一，中国梦也是当今时代最有感召力的世界性话题之一。随着中国经济总量的增强和中国国际地位的提升，随着中国国际交往的频繁和国家形象的改善，中国在世界舞台上的影响力迅速扩大，中国也成为一个越来越值得了解、越来越值得认识和越来越值得信任的国家。发挥中国的影响力就要大力推动构建人类命运共同体，这是习近平在分析和评价当今世界发展大趋势的基础上提出来的一个重要命题。其核心思想是：当今世界各国相互联系、相互依存的程度空前加深，人类越来越成为你中有我、我中有你的命运共同体。发展中的中国愿意扩大同各国的利益交汇点，推动构建人类命运共同体。

中国梦的品质是物质文明和精神文明协调发展的过程，是各类文明相互尊重、相互包容的和谐境界，将极大推动世界各类文明构建"各美其美、美美与共"的美好前景。

中国梦是拥有崇高品质的伟大追求。中国梦就是要到 2050 年实现建成现代化强国的目标，这将要求更加重视精神文明的构建和追求。按照现行发展目标，就是中国到 21 世纪中叶实现了现代化强国的建设目标，中国的人均收入水平与西方一些国家的人均收入水平也还会有差距，建设现代化强国就是使中国人民从物质上和精神上真正"强"起来。这个"强"是物质生活水平的强和精神生活水平的强的结合，要有更加符合时代发展特点的精神文明的构建和理想主义的追求。中国人民从来没有把精神文化生活排斥在理想追求之外，"中华民族的先人们早就向往人们的物质生活充实无忧、道德境界充分升华的大同世界。中华文明历来把人的精神生活纳入人生和社会理想之中。"① 实现中国梦也是一样，"一个国家、一个民族的强盛，总是以文化兴盛为支撑的，中华民族伟大复兴需要以中华文化发展繁荣为条件"②。精神生活内容表明了人的生活境界和生活品质。

3. 全面深化改革的战略部署

到中共十八大之前，改革开放已经取得了巨大的成就，许多领域和许多方面的改革都理顺了不少关系、解决了不少问题。中共十八大之后，面对新形势新任务新要求，全面深化改革，关键是要进一步形成公平竞争的发展环境，进一步增强经济社会发展活力，进一步提高政府效率和效能，进一步实现社会公平正义，进一步促进社会和谐稳定，进一步提高党的领导水平和执政能力。

中共十八大要求"必须以更大的政治勇气和智慧，不失时机深化重要领域改革，坚决破除一切妨碍科学发展的思想观念和体制机制弊端，构建系统完备、科学规范、运行有效的制度体系，使各方面制度更加成熟更加定型"。在经济体制改革方面，要加快完善社会主义市场经济体制，完善公有制为主体、多种所有制经济共同发展的基本经济制度，完善按劳分配为主体、多种分配方式并存的分配制度，更大程度更广范围发挥市场在资源配置中的基础性作用，完善宏观调控体系，完善开放型经济体系，推动经济更有效率、更加公平、更可持续发展。

中共十八大具体部署了经济体制改革的主要任务，强调坚持走中国特色新型工业化、信息化、城镇化、农业现代化道路，推动信息化和工业化

---

① 中共中央文献研究室. 习近平关于社会主义文化建设论述摘编. 北京：中央文献出版社，2017：5.

② 同①3-4.

深度融合、工业化和城镇化良性互动、城镇化和农业现代化相互协调、促进工业化、信息化、城镇化、农业现代化同步发展。中共十八大系统论述了全面深化经济体制改革、实施创新驱动发展战略、推进经济结构战略性调整、推动城乡发展一体化和全面提高开放型经济水平等问题，为中共十八大之后的经济体制改革确定了基本工作思路。

二、中共十九大谋划决胜全面建成小康社会

2017 年 10 月，中国共产党第十九次全国代表大会在北京举行，习近平在大会上作了题为《决胜全面建成小康社会 夺取新时代中国特色社会主义伟大胜利》的报告。中共十九大是在全面建成小康社会决胜阶段、中国特色社会主义发展关键时期召开的一次十分重要的大会，承担着谋划决胜全面建成小康社会、深入推进社会主义现代化建设的重大任务。这次大会事关党和国家事业继往开来，事关中国特色社会主义前途命运，事关最广大人民根本利益。大会确定了习近平新时代中国特色社会主义思想是马克思主义中国化最新成果，是当代中国的马克思主义，是中国共产党的指导思想。

1. 新时代历史方位

中共十九大是我国社会主义发展史上和中国共产党发展史上一次重要的会议，会议取得了丰硕的理论创新重大成果。

第一，中国特色社会主义进入新时代。

中共十八大是具有划时代意义的会议，开启了中国特色社会主义新时代。中共十九大进一步确认了这个新时代的重大时代意义，明确提出，经过长期努力，中国特色社会主义进入新时代，这是中国发展新的历史方位。

首先，从发展方位来看，这个新时代意味着近代以来久经磨难的中华民族迎来了从站起来、富起来到强起来的伟大飞跃，迎来了实现中华民族伟大复兴的光明前景；意味着科学社会主义在21世纪的中国焕发出强大生机活力，在世界上高高举起了中国特色社会主义伟大旗帜；意味着中国特色社会主义道路、理论、制度、文化不断发展，拓展了发展中国家走向现代化的途径，给世界上那些既希望加快发展又希望保持自身独立性的国家和民族提供了全新选择，为解决人类问题贡献了中国智慧和中国方案。

其次，从时代任务来看，这个新时代是承前启后、继往开来、在新的历史条件下继续夺取中国特色社会主义伟大胜利的时代，是决胜全面建成小康社会、进而全面建设社会主义现代化强国的时代，是全国各族人民团结奋斗、不断创造美好生活、逐步实现全体人民共同富裕的时代，是全体中华儿女勠力同心、奋力实现中华民族伟大复兴中国梦的时代，是我国日益走近世界舞台中央、不断为人类作出更大贡献的时代。

再次，从社会主要矛盾来看，进入新时代，我国社会主要矛盾已经转化为人民日益增长的美好生活需要和不平衡不充分的发展之间的矛盾。在新的发展阶段，人民美好生活需要日益广泛，不仅对物质文化生活提出了更高要求，而且在民主、法治、公平、正义、安全、环境等方面的要求日益增长，更为突出的问题是发展不平衡不充分，这是满足人民日益增长的美好生活需要的主要制约因素。我国社会主要矛盾的变化是关系全局的历史性变化，要求中国在未来的发展中必须大力提升发展质量和效益，从而更好满足人民在经济、政治、文化、社会、生态等方面日益增长的需要，更好推动人的全面发展、社会全面进步。

第二，新时代中国特色社会主义基本方略。

中共十九大系统阐述了新时代中国特色社会主义"十四个坚持"的基本方略，其中深刻论述我国经济建设和经济发展方略的内容主要有：

一是在坚持党对一切工作的领导基本方略中，要求全党增强政治意识、大局意识、核心意识、看齐意识，自觉维护党中央权威和集中统一领导，完善坚持党的领导的体制机制，坚持稳中求进工作总基调，统筹推进"五位一体"总体布局，协调推进"四个全面"战略布局，提高党把方向、谋大局、定政策、促改革的能力和定力，确保党始终总揽全局、协调各方。

二是在坚持以人民为中心的基本方略中，要求深刻认识人民是历史的创造者，是决定党和国家前途命运的根本力量。必须坚持人民主体地位，坚持立党为公、执政为民，践行全心全意为人民服务的根本宗旨，把党的群众路线贯彻到治国理政全部活动之中，把人民对美好生活的向往作为奋斗目标，依靠人民创造历史伟业。

三是在坚持全面深化改革基本方略中，强调只有社会主义才能救中国，只有改革开放才能发展中国、发展社会主义、发展马克思主义。必须坚持和完善中国特色社会主义制度，不断推进国家治理体系和治理能力现代化，坚决破除一切不合时宜的思想观念和体制机制弊端，突破利益固化的藩篱，吸收人类文明有益成果，构建系统完备、科学规范、运行有效的制度体系，充分发挥我国社会主义制度优越性。

四是在坚持新发展理念基本方略中，强调发展是解决我国一切问题的基础和关键，必须坚定不移贯彻创新、协调、绿色、开放、共享的发展理念，坚持和完善我国社会主义基本经济制度和分配制度，毫不动摇巩固和发展公有制经济，毫不动摇鼓励、支持、引导非公有制经济发展，使市场在资源配置中起决定性作用，更好发挥政府作用，推动新型工业化、信息化、城镇化、农业现代化同步发展，主动参与和推动经济全球化进程，发展更高层次的开放型经济，不断壮大我国经济实力和综合国力。

五是在坚持在发展中保障和改善民生基本方略中，提出增进民生福祉是发展的根本目的，必须多谋民生之利、多解民生之忧，在发展中补齐民生短板、促进社会公平正义，在幼有所育、学有所教、劳有所得、病有所医、老有所养、住有所居、弱有所扶上不断取得新进展，深入开展脱贫攻坚，保证全体人民在共建共享发展中有更多获得感，不断促进人的全面发展、全体人民共同富裕。

六是在坚持人与自然和谐共生基本方略中，提出建设生态文明是中华民族永续发展的千年大计，必须树立和践行绿水青山就是金山银山的理念，坚持节约资源和保护环境的基本国策，像对待生命一样对待生态环境，统筹山水林田湖草系统治理，实行最严格的生态环境保护制度，形成绿色发展方式和生活方式，坚定走生产发展、生活富裕、生态良好的文明发展道路，建设美丽中国，为人民创造良好生产生活环境，为全球生态安全作出贡献。

第三，确立中国经济发展的基本战略。

中共十九大明确提出，我国经济已由高速增长阶段转向高质量发展阶段，正处在转变发展方式、优化经济结构、转换增长动力的攻关期，建设现代化经济体系是跨越关口的迫切要求和我国发展的战略目标。必须坚持质量第一、效益优先，以供给侧结构性改革为主线，推动经济发展质量变革、效率变革、动力变革，提高全要素生产率，着力加快建设实体经济、科技创新、现代金融、人力资源协同发展的产业体系，着力构建市场机制有效、微观主体有活力、宏观调控有度的经济体制，不断增强我国经济创新力和竞争力。

中国正在由高速增长阶段向中高速增长阶段转换，这种经济增长阶段转换的重大判断是基于中国经济发展实际和世界经济发展规律而作出的科学判断。中共十九大对于我国经济发展阶段的转换作出了深刻的分析和科学的判断，随着改革开放以来我国经济持续高速增长的不断扩散，对于经济发展方式转变的认识和理解也出现了比较滞后的情况，尤其是这种发展方式一度引发了比较严重的 GDP 导向和 GDP 崇拜。推动中国经济增长阶段转换既需要思想观念上的转变，深刻认识和理解中国经济发展的实际和世界经济发展的规律，深刻认识和理解中国经济发展所处的历史阶段和国际环境，增强实现和推动增长阶段转换的自觉性和主动性，又需要遵循客观经济规律，在政策层面、制度层面作好顶层设计，充分认识到这种阶段转换的艰巨性、复杂性、长期性和风险性，作好增长动能的无缝衔接和强势推动，因势利导、扎实推进，防止犹豫不定的徘徊和各自为战的混乱。我国经济发展的历史经验表明，正确处理好国家宏观政策的力度、经济发展的速度、人民群众的承受度，是检验我国经济发展效果的三个基本维度。

为此，中共十九大提出了六大领域的改革发展任务：一是要深化供给侧结构性改革，二是要加快建设创新型国家，三是要实施乡村振兴战略，四是要实施区域协调发展战略，五是要加快完善社会主义市场经济体制，六是要推动形成全面开放新格局，形成了更加精准、更加系统、更加合理的整体改革思路和方案。

第四，确立到第二个一百年的两个阶段战略。

从中共十九大到 2020 年是全面建成小康社会决胜期，是实现第一个百年奋斗目标的关键期。我国的目标就是要建成经济更加发展、民主更加健全、科教更加进步、文化更加繁荣、社会更加和谐、人民生活更加殷实的小康社会。这个小康社会是实实在在的小康社会，要得到人民认可，经得起历史检验。

从 2020 年到 21 世纪中叶是我国实现"三步走"战略第三步战略的关键时期，是实现第二个百年奋斗目标的 30 年。中共十九大提出，综合分析国际国内形势和我国发展条件，这 30 年可以分两个阶段来安排。

第一阶段是从 2020 年到 2035 年，基本实现社会主义现代化。我国经济实力、科技实力将大幅跃升，跻身创新型国家前列；人民平等参与、平等发展权利得到充分保障，法治国家、法治政府、法治社会基本建成，各方面制度更加完善，国家治理体系和治理能力现代化基本实现；社会文明程度达到新的高度，国家文化软实力显著增强，中华文化影响更加广泛深入；人民生活更为宽裕，中等收入群体比例明显提高，城乡区域发展差距和居民生活水平差距显著缩小，基本公共服务均等化基本实现，全体人民共同富裕迈出坚实步伐；现代社会治理格局基本形成，社会充满活力又和谐有序；生态环境根本好转，美丽中国目标基本实现。

第二阶段是从 2035 年到 21 世纪中叶，在基本实现现代化基础上再奋斗 15 年，把我国建成富强民主文明和谐美丽的社会主义现代化强国。到那时，我国物质文明、政治文明、精神文明、社会文明、生态文明将全面提升，实现国家治理体系和治理能力现代化，成为综合国力和国际影响力领先的国家，全体人民共同富裕基本实现，我国人民将享有更加幸福安康的生活，中华民族将以更加昂扬的姿态屹立于世界民族之林。

2. 中共十九大经济理论创新成果

中共十八大以来，习近平深刻总结了中国特色社会主义的伟大实践和理论创新，创造性地提出了一系列重要的经济理论和经济思想，丰富和发展了马克思主义政治经济学，特别是丰富了中国特色政治经济学的内涵，拓展了中国特色政治经济学的视野，提升了中国特色政治经济学的说服力。中共十九大阐述的习近平经济思想的重大创新包括：

第一，以人民为中心的发展思想。这是我国经济发展必须始终遵循的根本原则。人民的根本利益和长远利益是中国共产党和人民政府的奋斗目标，人民的现实利益和当下需求是我们各项政策的出发点，通过市场经济和宏观调控等手段，最大程度协调各阶层人民利益、满足全体人民利益是我们各项政策的重点，这应该成为衡量我们各项经济工作合格与否的根本标尺。

第二，新时代社会主要矛盾变化。中共十九大报告指出，中国特色社会主义进入新时代，我国社会主要矛盾已经转化为人民日益增长的美好生活需要和不平衡不充分的发展之间的矛盾。历史上关于我国社会主要矛盾的表述有：中共八大将我国的主要矛盾表述为"已经是人民对于建立先进的工业国的要求同落后的农业国的现实之间的矛盾，已经是人民对于经济文化迅速发展的需要同当前经济文化不能满足人民需要的状况之间的矛盾"。中共十一届六中全会将我国的主要矛盾表述为"人民日益增长的物质文化需要同落后的社会生产之间的矛盾"。

第三，经济发展进入了新常态。进入新常态是一个历史性判断，一是中国经济发展从较低层次进入较高层次发展；二是中国经济规模日益增大；三是中国的自然资源和生态环境承受了太过沉重的经济拖累；四是中国经济面临着从中低端产业链向中高端产业链的转移；五是中国的发展离不开世界。

第四，社会主义根本任务是解放和发展生产力。发展始终是解决我国一切问题的基础和关键，发展是硬道理是不能动摇的。当前我国面临着收入分配问题、地区发展不平衡问题、生态环境破坏和污染问题等，都需要长期坚持发展是硬道理的思路才能解决。怀疑和否定发展是硬道理的思想，甚至以批判"唯生产力论"来影射批判，都是错误的。

第五，社会主义与市场经济有机结合。正确处理政府和市场的关系及发挥市场的决定性作用。这既是一个经济体制及其运转效率的问题，也是一个改革方向和发展效率的问题。在中国建立市场经济体制并以其作为起决定性作用的经济体制，是几十年来中国发展的选择，事实也证明这种选择是符合中国发展要求和经济发展规律的。同时不能也不应轻易削弱政府的宏观调控作用，政府的"手"需要在关键的时刻伸出来。

第六，协调利益矛盾及调动各方面积极性。特别要注意新"四化"同步发展，将新型工业化、信息化、城镇化和农业现代化结合起来。一是加快实施新型工业化战略，中国工业化已经进入中高级发展阶段，面临着转型升级的艰巨任务，因产业规模大、产业多、链条长，不能有失误；二是加快信息化建设，推动"互联网＋"，互联网给几乎所有业态都提供了转变和发展的机遇；三是加快城镇化建设，通过推动城镇化发展，推动社会经济结构和布局的改善；四是加快农业现代化，要让农村特别是中国的农业发展及其模式成为中国经济发展和现代化强国的重要组成部分。

第七，创新驱动发展的新定位，再次强调科学技术是第一生产力。一是中国经济发展的动力模式和动力结构必须转变，由制造向创造转变；二是中国劳动力结构已经开始发生深刻的变革，高端劳动力和科技人员形成了巨大的创新基础和队伍；三是世界经济发展特别是新科技革命的突出特征就是以科技创新和产业创新带动的增长，科技创新和产业创新是发展潮流和发展时尚；四是创新驱动发展还表现为专利技术的积累和云集，目前中国的专利技术已经居于世界前列，创新发展的科学技术支撑正在筑牢，专利技术拥有量将是创新驱动和创新型国家的标志之一，中国越来越成为世界专利技术和专利发明的最大购买国。

第八，提高开放型经济水平。要以世界资源为资源、以世界市场为市场。历史给了中国一个引领世界发展的机会，中国需要抓住这个机遇。开放型经济的"三个更"分别为："更大范围"就是要有全域的对外开放格局，中国发展给了国际资本、技术、人才、市场以更大的空间；"更宽领域"就是要尽可能地对外开放一些我们长期处于保护状态的行业和领域；"更深层次"就是要在现代化强国建设中，善于吸引更多的海外人才来华工作，西方在数次科技革命的过程中重要的一招就是各国人才的汇聚。

第九，加强党对经济工作的领导，实现稳中求进。党领导经济工作70余年，加上新中国成立之前的历史，有近百年了。其中许多成功的理论与实践、经验与做法，都是中国政治经济学的核心理念，如建设完整的国民经济体系、集中力量办大事、用经济办法管理经济、坚持以实体经济为基础、有步骤对外开放、利用外资与以我为主相结合等；一些经验和做法具有重要的国际价值，可以成为一些发展中国家经济发展的借鉴，如农业为基础、工业为主导、引进消化吸收相结合、重点突破与整体推进相结合、协调推进等。

3. 新发展阶段的历史方位和主要任务

正确认识党和人民事业所处的历史方位和发展阶段，这是中国共产党明确阶段性中心任务、制定路线方针政策的根本依据，也是中国共产党领导革命、建设、改革不断取得胜利的重要经验。

（1）新发展阶段的历史方位。

中共十九届五中全会提出，全面建成小康社会、实现第一个百年奋斗目标之后，我们要乘势而上开启全面建设社会主义现代化国家新征程、向第二个百年奋斗目标进军，这标志着我国进入了一个新发展阶段。

2021年1月11日，习近平在省部级主要领导干部学习贯彻党的十九届五中全会精神专题研讨班上发表了题为《深入学习坚决贯彻党的十九届五中全会精神 确保全面建设社会主义现代化国家开好局》的讲话，指出，新发展阶段是社会主义初级阶段中的一个阶段，同时是其中经过几十年积累、站到了新的起点上的一个阶段。新发展阶段是我们党带领人民迎来从站起来、富起来到强起来历史性跨越的新阶段。经过新中国成立以来特别是改革开放40多年的不懈奋斗，我们已经拥有开启新征程、实现新的更高目标的雄厚物质基础。新中国成立不久，我们党就提出建设社会主义现代化国家的目标，未来30年将是我们完成这个历史宏愿的新发展阶段。

习近平强调，新发展阶段是我国社会主义发展进程中的一个重要阶段。社会主义初级阶段不是一个静态、一成不变、停滞不前的阶段，也不是一个自发、被动、不用费多大气力自然而然就可以跨过的阶段，而是一个动态、积极有为、始终洋溢着蓬勃生机活力的过程，是一个阶梯式递进、不断发展进步、日益接近质的飞跃的量的积累和发展变化的过程。全面建设社会主义现代化国家、基本实现社会主义现代化，既是社会主义初级阶段我国发展的要求，也是我国社会主义从初级阶段向更高阶段迈进的要求。可以说从新中国成立后不久我国提出建设社会主义现代化国家算起来，经历过社会主义革命和建设时期、改革开放和社会主义现代化建设新时期，我国的现代化国家建设已经在全面建成小康社会阶段性目标方面取得了伟大成就，进入新发展阶段，是中华民族伟大复兴历史进程的大跨越。

我们要对建设社会主义现代化国家保持清醒的认识，在牢牢把握重要战略机遇期过程中，充分认识到我国的社会主义现代化是人口规模巨大的现代化，是全体人民共同富裕的现代化，是物质文明和精神文明相协调的现代化，是人与自然和谐共生的现代化，是走和平发展道路的现代化。在这个中国当代历史新发展阶段，我国全面建设社会主义现代化国家面临着新的任务、新的环境和新的挑战，国内国际形势也都将很不同于以往的经济社会发展。特别是从近些年的国际形势和国际环境来看，我国新发展阶段将面临不稳定性和不确定性明显增高的更加复杂的国际环境，以美国为首的西方国家对中国全面建成现代化国家的种种限制、阻挠和干扰将空前加强，这都加剧了在这一伟大历史进程中，在国际范围进行伟大斗争的艰巨性和复杂性。这就要求我们要以坚定不移地推进全面建设社会主义现代化国家的努力和决心，及时防范和化解可能发生的各种风险与挑战，推动和捍卫全面建设社会主义现代化国家和全球发展的时代主题，确保实现中华民族伟大复兴的历史进程不被延误和中断。

（2）新发展理念的思想引领。

新发展理念是创新、协调、绿色、开放、共享五大发展理念。中共十八大以来，我们党确立的创新、协调、绿色、开放、共享的新发展理念，引导我国经济发展取得了历史性成就、发生了历史性变革。新发展理念是一个系统的理论体系，回答了关于发展的目的、动力、方式、路径等一系列理论和实践问题，阐明了我们党关于发展的政治立场、价值导向、发展模式、发展道路等重大政治问题。可以说新发展理念是我们党在深刻总结国内外发展经验教训的基础上形成的，也是在深刻分析国内外发展大势的基础上形成的，集中反映了我们党对经济社会发展规律认识的深化，也是针对我国发展中的突出矛盾和问题提出来的。创新发展注重的是解决发展动力问题，协调发展注重的是解决发展不平衡问题，绿色发展注重的是解决人与自然和谐共生问题，开放发展注重的是解决发展内外联动问题，共享发展注重的是解决社会公平正义问题。坚持创新发展、协调发展、绿色发展、开放发展、共享发展，是关系我国发展全局的一场深刻变革。新发展理念强调的五个方面既是针对我国经济社会发展提出的具有极强针对性的指导方针，也是针对全球经济发展存在的严重问题的中国方案。在新发展理念的指引下，我国经济社会发展就是要实现更高质量、更有效率、更加公平、更可持续、更为安全的发展。特别是从近些年来国际经济环境的发展变化来看，全面落实新发展理念是我国积极应对百年未有之大变局的重要指导，是防范和化解国际发展环境不确定性的重要途径。

习近平特别要求全党必须完整、准确、全面贯彻新发展理念，着重强调了三个方面的重要意义。一是从根本宗旨上把握新发展理念。人民是我们党执政的最深厚基础和最大底气，为人民谋幸福、为民族谋复兴，这既是我们党领导现代化建设的出发点和落脚点，也是新发展理念的"根"和

"魂"。只有坚持以人民为中心的发展思想，坚持发展为了人民、发展依靠人民、发展成果由人民共享，才会有正确的发展观、现代化观。实现共同富裕不仅是经济问题，而且是关系党的执政基础的重大政治问题。要统筹考虑需要和可能，按照经济社会发展规律循序渐进，自觉主动解决地区差距、城乡差距、收入差距等问题，不断增强人民群众获得感、幸福感、安全感。二是从问题导向把握新发展理念。我国发展已经站在新的历史起点上，要根据新发展阶段的新要求，坚持问题导向，更加精准地贯彻新发展理念，举措要更加精准务实，切实解决好发展不平衡不充分的问题，真正实现高质量发展。三是从忧患意识把握新发展理念。随着我国社会主要矛盾变化和国际力量对比深刻调整，必须增强忧患意识、坚持底线思维，随时准备应对更加复杂困难的局面。要坚持政治安全、人民安全、国家利益至上有机统一，既要敢于斗争，也要善于斗争，全面做强自己。①

（3）新发展格局的超前布局。

新发展格局是构建以国内大循环为主体、国内国际双循环相互促进的新发展格局。这是《中共中央关于制定国民经济和社会发展第十四个五年规划和二〇三五年远景目标的建议》提出的一项关系我国发展全局的重大战略任务，需要从全局高度准确把握和积极推进。习近平指出，只有立足自身，把国内大循环畅通起来，才能任由国际风云变幻，始终充满朝气生存和发展下去。要在各种可以预见和难以预见的狂风暴雨、惊涛骇浪中，增强我们的生存力、竞争力、发展力、持续力。构建新发展格局的关键在于经济循环的畅通无阻。这就要求必须坚持深化供给侧结构性改革这条主线，继续完成"三去一降一补"的重要任务，全面优化升级产业结构，提升创新能力、竞争力和综合实力，增强供给体系的韧性，形成更高效率和

---

① 习近平. 习近平谈治国理政：第4卷. 北京：外文出版社，2022：167-173.

更高质量的投入产出关系，实现经济在高水平上的动态平衡。构建新发展格局最本质的特征是实现高水平的自立自强，必须更强调自主创新，全面加强对科技创新的部署，集合优势资源，有力有序推进创新攻关的"揭榜挂帅"体制机制，加强创新链和产业链对接。要建立起扩大内需的有效制度，释放内需潜力，加快培育完整内需体系，加强需求侧管理，扩大居民消费，提升消费层次，使建设超大规模的国内市场成为一个可持续的历史过程。构建新发展格局，实行高水平对外开放，必须具备强大的国内经济循环体系和稳固的基本盘。要塑造我国参与国际合作和竞争新优势，重视以国际循环提升国内大循环效率和水平，改善我国生产要素质量和配置水平，推动我国产业转型升级。①

加快构建以国内大循环为主体、国内国际双循环相互促进的新发展格局，实质上就是要强调在全面建设社会主义现代化国家进程中，真正解决超大型经济体发展的安全稳定、持续发展问题。我们从来没有遇到过如此超大型经济体的现代化问题，没有遇到过如此超大型经济体与外部经济体的积极互动问题，没有遇到过如此超大型经济体与其他经济体的经济贸易平衡问题。中国以往社会主义经济建设中的一些经验或许具有一定的启发意义，那就是努力借鉴我国曾经坚持的建设比较完整的工业体系和国民经济体系的历史经验，确定并系牢未来中国发展的"安全带"。这就是习近平所说的"努力炼就百毒不侵、金刚不坏之身"，这就是"加快构建新发展格局，就是要在各种可以预见和难以预见的狂风暴雨、惊涛骇浪中，增强我们的生存力、竞争力、发展力、持续力，确保中华民族伟大复兴进程不被迟滞甚至中断"的关键所在。

要牢牢把握扩大内需这一战略基点，坚持供给侧结构性改革的战略方

---

① 习近平. 习近平谈治国理政：第4卷. 北京：外文出版社，2022：174-178.

向，提升供给体系对国内需求的适配性，打通经济循环堵点，提升产业链、供应链的完整性，使国内市场成为最终需求的主要来源，形成需求牵引供给、供给创造需求的更高水平动态平衡。新发展格局绝不是封闭的国内循环，而是开放的国内国际双循环。必须把促进全体人民共同富裕摆在更加重要的位置，脚踏实地，久久为功，向着这个目标更加积极有为地进行努力。构建新发展格局是我国应对世界大变局的战略举措，也是我国顺应国内发展阶段变化、把握发展主动权的先手棋。可以设想，我国全面建设社会主义现代化国家新征程将会产生巨大的世界影响。新发展格局就是在充分考虑到我国全面建设社会主义现代化国家新征程中的各种因素，特别是中国与世界的紧密联系和互动、发展与安全的相互联系和影响等之后提出的。

三、中共二十大擘画中国式现代化宏伟蓝图

2022 年 10 月 16—22 日，中国共产党第二十次全国代表大会在北京举行，这是在全党全国各族人民迈上全面建设社会主义现代化国家新征程、向第二个百年奋斗目标进军的关键时刻召开的一次十分重要的大会。大会的主题是：高举中国特色社会主义伟大旗帜，全面贯彻新时代中国特色社会主义思想，弘扬伟大建党精神，自信自强、守正创新，踔厉奋发、勇毅前行，为全面建设社会主义现代化国家、全面推进中华民族伟大复兴而团结奋斗。习近平作了题为《高举中国特色社会主义伟大旗帜 为全面建设社会主义现代化国家而团结奋斗》的报告。这个报告深刻分析了国际国内形势，明确提出了中共二十大的主题，全面回顾和总结了中共十九大以来五年和中共十八大以来十年我国发生的伟大变革，全面系统阐述了开辟马克思主义中国化时代化新境界、中国式现代化的中国特色和本质要求

等重大理论和实践问题，科学擘画了全面建成社会主义现代化强国的宏伟蓝图和实践路径，是中国共产党团结带领全国各族人民夺取新时代中国特色社会主义新胜利的政治宣言和行动纲领，是一篇马克思主义的纲领性文献。

1. 中国式现代化的本质要求和特征

中共二十大明确提出并系统论述了中国式现代化理论与道路。中国式现代化，是中国共产党领导的社会主义现代化，既有各国现代化的共同特征，更有基于自己国情的中国特色。

中共二十大深刻阐述了中国式现代化的本质要求：坚持中国共产党领导，坚持中国特色社会主义，实现高质量发展，发展全过程人民民主，丰富人民精神世界，实现全体人民共同富裕，促进人与自然和谐共生，推动构建人类命运共同体，创造人类文明新形态。[①] 中共二十大同时系统论述了中国式现代化的五个重要特征。

中国式现代化是人口规模巨大的现代化。习近平指出："我国十四亿多人口整体迈进现代化社会，规模超过现有发达国家人口的总和，艰巨性和复杂性前所未有，发展途径和推进方式也必然具有自己的特点。我们始终从国情出发想问题、作决策、办事情，既不好高骛远，也不因循守旧，保持历史耐心，坚持稳中求进、循序渐进、持续推进。"[②] 迄今为止，在世界现代化史上从来没有一个人口如此众多的国家实现现代化，中国式现代化将创造世界现代化史上的人类奇迹，将实现人口超过14亿的全体人民的现代化，这必将改写世界现代化史的发展进程和世界现代化的历史格局。同时，如此巨大人口的现代化，其艰巨性、复杂性必然是前所未有

---

① 习近平. 高举中国特色社会主义伟大旗帜 为全面建设社会主义现代化国家而团结奋斗. 北京：人民出版社，2022：23-24.

② 同①22.

的，这就决定了中国式现代化不可能照搬外国模式，也没有外国模式可以照搬，只能走中国特色的现代化道路，必须在发展途径、推进方式上创造自己的特点。例如，2022 年 10 月 26—28 日，习近平在陕西省延安市、河南省安阳市考察时强调，全面建设社会主义现代化国家，最艰巨最繁重的任务仍然在农村。所以，中国式现代化就是要着力推进城乡融合发展，畅通城乡要素流动。推动农村产业、人才、文化、生态、组织全面振兴，促进农业农村现代化，不能也不可能走牺牲"三农"的一味追求所谓城市现代化路径。

中国式现代化是全体人民共同富裕的现代化。习近平指出："共同富裕是中国特色社会主义的本质要求，也是一个长期的历史过程。我们坚持把实现人民对美好生活的向往作为现代化建设的出发点和落脚点，着力维护和促进社会公平正义，着力促进全体人民共同富裕，坚决防止两极分化。"[1] 实现全体人民的共同富裕是中国共产党自成立以来就不懈追求的理想，也是新中国成立以来党和政府的根本追求，这是由中国社会主义制度的本质决定的。中共十八大以来，实现全体人民的共同富裕更是成为中国共产党的鲜明立场和主张，我们党和国家就是要让全体人民都过上好日子，都有机会凭自己的能力参与现代化进程，凭自己的贡献分享国家发展的成果，不能把哪个地区、哪个群体甩出去不管。例如，在实现全体人民共同富裕的道路上，不是要搞平均主义，不是要劫富济贫，而是要通过制度安排和社会倡导来推动先富帮后富、先富带后富。同时，实现全体人民共同富裕是一个长期的历史过程，不可能一蹴而就、一朝实现，但必须坚定不移地朝着这个方向努力。中共十八大以来，我们党通过打赢脱贫攻坚战，使近 1 亿农村贫困人口全部成功摆脱绝对贫困就成为一个很好的案

---

① 习近平. 高举中国特色社会主义伟大旗帜 为全面建设社会主义现代化国家而团结奋斗. 北京：人民出版社，2022：22.

例。又如，中共十八大以来，在实现全体人民共同富裕的目标下，我国城镇化率由 53.1% 上升到 64.7%。城乡居民人均可支配收入差距由 2.88：1 降至 2.5：1，人均预期寿命提高到 78.2 岁，中等收入群体逐步扩大，建立起世界上规模最大的教育体系、社会保障体系、医疗卫生体系，使全体人民的获得感、幸福感、安全感显著增强。再如，我国坚持在发展中保障和改善民生，坚持按劳分配为主体、多种分配方式并存，构建初次分配、再分配、三次分配相协调相配套的制度体系，努力提高居民收入在国民收入分配中的比重，提高劳动报酬在初次分配中的比重，完善按要素分配政策制度，规范收入分配秩序，规范财富积累机制，通过合理的制度安排把蛋糕切好分好，防止两极分化。

中国式现代化是物质文明和精神文明相协调的现代化。习近平指出："物质富足、精神富有是社会主义现代化的根本要求。物质贫困不是社会主义，精神贫乏也不是社会主义。我们不断厚植现代化的物质基础，不断夯实人民幸福生活的物质条件，同时大力发展社会主义先进文化，加强理想信念教育，传承中华文明，促进物的全面丰富和人的全面发展。"[1] 在世界现代化史上，一些国家长期陷入片面追求物质财富增长、精神世界严重匮乏的怪圈，整个国家都陷入严重的物质主义和"物欲症"[2] 中。中国式现代化的目标追求既是物质富足的现代化，又是精神富有的现代化，目的就是实现人的全面发展。在中共二十大报告中明确提出："教育、科技、人才是全面建设社会主义现代化国家的基础性、战略性支撑。必须坚持科

---

① 习近平. 高举中国特色社会主义伟大旗帜 为全面建设社会主义现代化国家而团结奋斗. 北京：人民出版社，2022：22 - 23.

② 物欲症是指西方社会中一种传染性极强的社会病，由于人们不断渴望占有更多物质，从而导致心理负担过大、个人债务沉重，并引发强烈的焦虑感。它还会对社会资源造成极大浪费。美国民意调查专家理查德·哈伍德在调查美国人的消费态度时发现："人们普遍认为：我们现在正变得越来越物质主义，越来越贪婪，越来越热衷于自己的想法，越来越自私。"约翰·格拉夫，等. 流行性物欲症. 北京：中国人民大学出版社，2006：3，5.

技是第一生产力、人才是第一资源、创新是第一动力，深入实施科教兴国战略、人才强国战略、创新驱动发展战略，开辟发展新领域新赛道，不断塑造发展新动能新优势。"① 特别是中共十八大以来，习近平创造性地解决了中华优秀传统文化与马克思主义的关系问题，鲜明提出了坚持和发展马克思主义必须同中华优秀传统文化相结合，丰富了"两个结合"的思想内涵。2021 年 3 月 22 日，他在福建考察时提出："如果没有中华五千年文明，哪里有什么中国特色？如果不是中国特色，哪有我们今天这么成功的中国特色社会主义道路？我们要特别重视挖掘中华五千年文明中的精华，把弘扬优秀传统文化同马克思主义立场观点方法结合起来，坚定不移走中国特色社会主义道路。"② 2022 年 10 月 28 日，习近平在安阳殷墟考察时提出："中华优秀传统文化是我们党创新理论的'根'，我们推进马克思主义中国化时代化的根本途径是'两个结合'。"以马克思主义激活中华优秀传统文化丰富宝库，中国式现代化就有了源源不断的源头活水。

中国式现代化是人与自然和谐共生的现代化。习近平指出："人与自然是生命共同体，无止境地向自然索取甚至破坏自然必然会遭到大自然的报复。我们坚持可持续发展，坚持节约优先、保护优先、自然恢复为主的方针，像保护眼睛一样保护自然和生态环境，坚定不移走生产发展、生活富裕、生态良好的文明发展道路，实现中华民族永续发展。"③ 纵观世界现代化史，人们就会发现伴随着这一进程的往往是自然资源的掠夺性索取和生态环境的大规模破坏，特别是一些西方发达国家的财富增长更是以发展中国家的资源枯竭和环境破坏为代价。中国是一个人口

---

① 习近平. 高举中国特色社会主义伟大旗帜 为全面建设社会主义现代化国家而团结奋斗. 北京：人民出版社，2022：33.
② 习近平. 习近平谈治国理政：第 4 卷. 北京：外文出版社，2022：315.
③ 同①23.

众多的发展中国家，资源、环境相对于一些发达国家来说更加显得脆弱，中国式现代化只能是人与自然和谐相处的现代化。中共十八大以来，习近平反复强调"绿水青山就是金山银山"的理念，大声疾呼必须走绿色发展道路，最大限度地保护我们已经比较脆弱的生态环境。这些年来，绿色发展已经深入人心，并且融入我国的制度、政策和文化之中，我国的生态环境发生了历史性、转折性、全局性变化。创新驱动在我国发展中的地位越来越重要，全社会研发投入与国内生产总值之比由2012 年的 1.91％提高到 2021 年的 2.44％，全球创新指数排名由第 34位上升到第 11 位。

中国式现代化是走和平发展道路的现代化。习近平指出："我国不走一些国家通过战争、殖民、掠夺等方式实现现代化的老路，那种损人利己、充满血腥罪恶的老路给广大发展中国家人民带来深重苦难。我们坚定站在历史正确的一边、站在人类文明进步的一边，高举和平、发展、合作、共赢旗帜，在坚定维护世界和平与发展中谋求自身发展，又以自身发展更好维护世界和平与发展。"① 可以说，以往的世界现代化史就是由发达国家对发展中国家的战争、殖民、掠夺写就的，这绝不能是走社会主义道路的中国式现代化的选择，中国式现代化的旗帜上写的是和平、发展、合作、共赢。中共十八大以来，我国发展依托我国自身超大规模市场优势，吸引全球资源要素，推动共建"一带一路"高质量发展，提升国际循环质量和水平；稳步扩大制度型开放，构建互利共赢、多元平衡、安全高效的开放型经济体系；我们不输入别国模式，坚决反对其他国家将自己的模式强加给中国，也不输出中国模式。

这个概括是中国共产党深刻总结我国和世界其他国家现代化建设

---

① 习近平. 高举中国特色社会主义伟大旗帜 为全面建设社会主义现代化国家而团结奋斗. 北京：人民出版社，2022：23.

的历史经验，对我国这样一个东方大国如何加快实现现代化在认识上不断深入、战略上不断成熟、实践上不断丰富而形成的思想理论结晶。

2. 中国式现代化"两步走"战略安排

中共二十大再次重申和全面论述了在全面建成小康社会，实现第一个百年奋斗目标后，要乘势而上开启全面建设社会主义现代化国家新征程，向第二个百年奋斗目标进军。到新中国成立一百年时，基本实现现代化，把我国建成社会主义现代化国家。从全面建成小康社会到基本实现现代化，再到全面建成社会主义现代化强国，是新时代中国特色社会主义发展的战略安排。

到 2035 年我国发展的总目标是：经济实力、科技实力、综合国力大幅跃升，人均国内生产总值迈上新的大台阶，达到中等发达国家水平；实现高水平科技自立自强，进入创新型国家前列；建成现代化经济体系，形成新发展格局，基本实现新型工业化、信息化、城镇化、农业现代化；基本实现国家治理体系和治理能力现代化，全过程人民民主制度更加健全，基本建成法治国家、法治政府、法治社会；建成教育强国、科技强国、人才强国、文化强国、体育强国、健康中国，国家文化软实力显著增强；人民生活更加幸福美好，居民人均可支配收入再上新台阶，中等收入群体比重明显提高，基本公共服务实现均等化，农村基本具备现代生活条件，社会保持长期稳定，人的全面发展、全体人民共同富裕取得更为明显的实质性进展；广泛形成绿色生产生活方式，碳排放达峰后稳中有降，生态环境根本好转，美丽中国目标基本实现；国家安全体系和能力全面加强，基本实现国防和军队现代化。在基本实现现代化的基础上，我们要继续奋斗，到本世纪中叶，把我国建设成为综合国力和国际影响力领先的社会主义现代化强国。

中共二十大报告对从 2022 年开始的未来五年也作出整体安排，提出这是全面建设社会主义现代化国家开局起步的关键时期。主要目标任务是：经济高质量发展取得新突破，科技自立自强能力显著提升，构建新发展格局和建设现代化经济体系取得重大进展；改革开放迈出新步伐，国家治理体系和治理能力现代化深入推进，社会主义市场经济体制更加完善，更高水平开放型经济新体制基本形成；全过程人民民主制度化、规范化、程序化水平进一步提高，中国特色社会主义法治体系更加完善；人民精神文化生活更加丰富，中华民族凝聚力和中华文化影响力不断增强；居民收入增长和经济增长基本同步，劳动报酬提高与劳动生产率提高基本同步，基本公共服务均等化水平明显提升，多层次社会保障体系更加健全；城乡人居环境明显改善，美丽中国建设成效显著；国家安全更为巩固，建军一百年奋斗目标如期实现，平安中国建设扎实推进；中国国际地位和影响进一步提高，在全球治理中发挥更大作用。

中共二十大对我国面临的国际国内环境与问题作出了科学判断，指出世界百年未有之大变局加速演进，新一轮科技革命和产业变革深入发展，国际力量对比深刻调整，我国发展面临新的战略机遇。同时，世纪疫情影响深远，逆全球化思潮抬头，单边主义、保护主义明显上升，世界经济复苏乏力，局部冲突和动荡频发，全球性问题加剧，世界进入新的动荡变革期。我国改革发展稳定面临不少深层次矛盾躲不开、绕不过，党的建设特别是党风廉政建设和反腐败斗争面临不少顽固性、多发性问题，来自外部的打压遏制随时可能升级。我国发展进入战略机遇和风险挑战并存、不确定难预料因素增多的时期，各种"黑天鹅""灰犀牛"事件随时可能发生。因此，前进道路上，必须牢牢把握以下重大原则：坚持和加强党的全面领导，坚持中国特色社会主义道路，坚持以人民为中心的发展思想，坚持深化改革开放，坚持发扬斗争精神。

第二节　开启全面深化改革新征程

中共十八大之后，我国的经济社会发展与改革开放是怎样的关系？我国应该怎么继续推进改革开放事业？我国的改革开放应该怎样科学布局？中共十八届三中全会很好地回答了这些问题，系统全面规划了中国的改革开放事业，并明确指出：面对新形势新任务，全面建成小康社会，进而建成富强民主文明和谐的社会主义现代化国家、实现中华民族伟大复兴的中国梦，必须在新的历史起点上全面深化改革。只有全面深化改革，才能不断增强中国特色社会主义道路自信、理论自信、制度自信、文化自信。

一、中共十八届三中全会部署全面深化改革

改革开放是当代中国发展进步的活力之源，是中国共产党和人民大踏步赶上时代前进步伐的重要法宝，是坚持和发展中国特色社会主义的必由之路。中共十一届三中全会是划时代的，开启了改革开放和社会主义现代化建设新时期。中共十八届三中全会也是划时代的，开启了新时代全面深化改革、系统整体设计推进改革新征程，开创了我国改革开放全新局面。

1. 全面深化改革是划时代飞跃

到中共十八大之前，从 1978 年开始的改革开放已经进行了 30 多年，我国社会主义各项事业都取得了历史性的发展和进步。中共十八届三中全会面临的重大改革课题，就是推进国家治理体系和治理能力现代化。国家治理体系和治理能力是一个国家制度和制度执行能力的集中体现，有了好的国家治理体系才能提高治理能力，提高国家治理能力才能充分发挥国家治理体系的效能。

2013 年 11 月，中共十八届三中全会召开，全会审议并通过了《中共中央关于全面深化改革若干重大问题的决定》（以下简称《决定》）。这是继 1993 年《中共中央关于建立社会主义市场经济体制若干问题的决定》、2003 年《中共中央关于完善社会主义市场经济体制若干问题的决定》之后，又一个对建立社会主义市场经济体制具有深远意义的决定。

《决定》深刻剖析了我国改革发展稳定面临的重大理论和实践问题，阐明了全面深化改革的重大意义和未来走向，提出了全面深化改革的指导思想、目标任务、重大原则，描绘了全面深化改革的新蓝图、新愿景、新目标，汇集了全面深化改革的新思想、新论断、新举措，反映了社会呼声、社会诉求、社会期盼，凝聚了全党全社会关于全面深化改革的思想共识和行动力量。《决定》明确指出，全面深化改革的总目标是完善和发展中国特色社会主义制度，推进国家治理体系和治理能力现代化。必须更加注重改革的系统性、整体性、协同性，加快发展社会主义市场经济、民主政治、先进文化、和谐社会、生态文明，让一切劳动、知识、技术、管理、资本的活力竞相迸发，让一切创造社会财富的源泉充分涌流，让发展成果更多更公平惠及全体人民。《决定》"合理布局了全面深化改革的战略重点、优先顺序、主攻方向、工作机制、推进方式和时间表、路线图，形成了改革理论和政策的一系列新的重大突破，是全面深化改革的又一次总部署、总动员，必将对推动中国特色社会主义事业发展产生重大而深远的影响"[①]。

全面深化改革是改革目标上的重大飞跃。在此之前，中国共产党在改革过程中的不同时期也曾提出过这样和那样的改革目标，但大多是从具体领域提出的，特别是从经济领域提出的改革目标更多一些。而且往往因为

[①] 习近平. 习近平谈治国理政：第 1 卷 . 2 版 . 北京：外文出版社，2018：73.

缺少一个改革的总体目标，各个领域改革面临的问题又不尽相同，所以许多改革目标和措施从各自领域出发，考虑本领域问题较多，兼顾其他领域改革不够，甚至更容易出现脱离中国具体实际的情况。中共十八届三中全会提出全面深化改革的总目标，并在总目标统领下明确了经济体制、政治体制、文化体制、社会体制、生态文明体制和党的建设制度深化改革的分目标。这是改革进程本身向前拓展提出的客观要求，体现了中国共产党对改革认识的深化和系统化。

为什么要部署全面深化改革？一是从社会主义诞生以来，怎样治理社会主义社会是一个并没有解决好的问题。一些国家的社会主义遭遇挫折的重要原因之一，就是没有形成有效的国家治理体系和治理能力，各种社会矛盾和问题日积月累、积重难返，必然带来严重政治后果。二是自辛亥革命以来，中国就一直在探索国家治理体系和治理能力问题，只有在中国共产党领导下才取得了显著进展。但是，从世界历史来看，经过长期剧烈社会变革之后，一个政权要稳定下来，一个社会要稳定下来，必须加强制度建设，而形成比较完备的一套制度往往需要较长甚至很长的历史时期。对中国来说，推进国家治理体系和治理能力现代化的任务必然是长期的、艰巨的、复杂的，需要进行长时间的艰辛探索和艰苦努力。[①]

2. 全面深化改革的主要内容

中共十八届三中全会《决定》对全面深化改革进行了全面部署，特别是对我国经济体制改革的主要方面作了系统、全面的论述，是此后我国推进改革开放的基本遵循和指导原则。全面深化改革要紧紧围绕使市场在资源配置中起决定性作用深化经济体制改革，坚持和完善基本经济制度，加快完善现代市场体系、宏观调控体系、开放型经济体系，加快转变经济发

展方式，加快建设创新型国家，推动经济更有效率、更加公平、更可持续发展。

主要内容包括：第一，市场在资源配置中起决定性作用。全面深化改革的重点是经济体制改革，核心问题是处理好政府和市场的关系，使市场在资源配置中起决定性作用，更好发挥政府作用。市场决定资源配置是市场经济的一般规律，市场配置资源是最有效率的形式，健全社会主义市场经济体制必须遵循这条规律，着力解决市场体系不完善、政府干预过多和监管不到位问题。大幅度减少政府对资源的直接配置，推动资源配置依据市场规则、市场价格、市场竞争实现效益最大化和效率最优化。发展社会主义市场经济，既要发挥市场作用，也要发挥政府作用，政府的职责和作用主要是保持宏观经济稳定，加强和优化公共服务，保障公平竞争，加强市场监管，维护市场秩序，推动可持续发展，促进共同富裕，弥补市场失灵。

第二，坚持和完善基本经济制度。公有制为主体、多种所有制经济共同发展是我国的基本经济制度，是中国特色社会主义制度的重要支柱，也是社会主义市场经济体制的根基。公有制经济和非公有制经济都是社会主义市场经济的重要组成部分，都是我国经济社会发展的重要基础。必须毫不动摇巩固和发展公有制经济，坚持公有制主体地位，发挥国有经济主导作用，不断增强国有经济活力、控制力、影响力。必须毫不动摇鼓励、支持、引导非公有制经济发展，激发非公有制经济活力和创造力。为此，要完善产权保护制度，积极发展混合所有制经济，推动国有企业完善现代企业制度，支持非公有制经济健康发展。国有资本、集体资本、非公有资本等交叉持股、相互融合的混合所有制经济，是基本经济制度的重要实现形式。

第三，加快完善现代市场体系。建设统一开放、竞争有序的市场体系，是使市场在资源配置中起决定性作用的基础。加快形成企业自主经营、公平竞争，消费者自由选择、自主消费，商品和要素自由流动、平等交换的现代市场体系，着力清除市场壁垒，提高资源配置效率和公平性。为此，要建立公平开放透明的市场规则，完善主要由市场决定价格的机制，建立城乡统一的建设用地市场，完善金融市场体系，深化科技体制改革。

第四，加快转变政府职能。科学的宏观调控，有效的政府治理，是发挥社会主义市场经济体制优势的内在要求。必须切实转变政府职能，深化行政体制改革，创新行政管理方式，增强政府公信力和执行力，建设法治政府和服务型政府。为此，要健全宏观调控体系，全面正确履行政府职能，优化政府组织结构。

第五，深化财税体制改革。财政是国家治理的基础和重要支柱，科学的财税体制是优化资源配置、维护市场统一、促进社会公平、实现国家长治久安的制度保障。必须完善立法、明确事权、改革税制、稳定税负、透明预算、提高效率，加快形成有利于转变经济发展方式、有利于建立公平统一市场、有利于推进基本公共服务均等化的现代财政制度，形成中央和地方财力与事权相匹配的财税体制，更好发挥中央和地方两个积极性。为此，要改进预算管理制度，完善税收制度，建立事权和支出责任相适应的制度等。

第六，健全城乡发展一体化体制机制。城乡发展不平衡不协调是我国经济社会发展的突出矛盾，城乡二元结构没有根本改变是制约城乡发展一体化的主要障碍。必须健全体制机制，形成以工促农、以城带乡、工农互惠、城乡一体的新型工农城乡关系，让广大农民平等参与现代化进程、共同分享现代化成果。为此，要加快构建新型农业经营体系，赋予农民更多财产权利，推进城乡要素平等交换和公共资源均衡配置。

第七，构建开放型经济新体制。适应经济全球化新形势，必须推动对内对外开放相互促进、"引进来"和"走出去"更好结合，促进国际国内要素有序自由流动、资源高效配置、市场深度融合，加快培育参与和引领国际经济合作竞争新优势，以开放促改革。为此，要放宽投资准入，加快自由贸易区建设，扩大内陆沿边开放。

第八，形成合理有序的收入分配格局。着重保护劳动所得，努力实现劳动报酬增长和劳动生产率提高同步，提高劳动报酬在初次分配中的比重。健全资本、知识、技术、管理等由要素市场决定的报酬机制。多渠道增加居民财产性收入。完善以税收、社会保障、转移支付为主要手段的再分配调节机制，加大税收调节力度。努力缩小城乡、区域、行业收入分配差距，逐步形成橄榄型分配格局。

二、以供给侧结构性改革为主线

在经济发展新常态条件下，中国经济发展存在的主要问题是什么？全面深化改革的重点和主线是什么？这都要求对中国经济发展进行更深刻的分析和研判。中共十九大报告明确提出：必须坚持质量第一、效益优先，以供给侧结构性改革为主线。

1. 制约高质量发展的突出问题

在我国经济发展和经济结构中，供给与需求如何保持动态平衡始终是一个尖锐的问题，供给侧在国民经济发展和经济结构调整中长期处于关键位置，改善供给结构和提高供给效能长期处于我国经济发展和结构升级矛盾的主要方面。中共十八大以来，我国供给侧能力过剩，结构性供求失衡矛盾突出。从农产品供给分析可见，高品质农产品和粮食供给难以满足国内消费者对安全绿色食品的多样化需求，国内农产品和食品的国际竞争力不强；从制造业供给分析可见，我国虽然有 220 多种工业产品产量已经高居世界第一或世界前列，大量产品产能过剩，但是在包括高端装备、集成电路芯片等高端零部件、高端材料、高端消费品在内的高端制成品方面，却不得不依赖进口；从服务业供给可见，国内需求增速显著的医疗健康、教育培训、文化娱乐、旅游休闲、法律咨询等高端服务，都不能很好地满足国内需求，而使这些需求转向海外，大量低端服务则无人问津；从基础设施供给可见，我国基础设施网络化程度不高、相互配套连接不够，导致基础设施服务效率不高，浪费比较严重。[①] 这些问题不解决，我国经济发展就不可能走出一条高质量发展的道路。

针对我国经济发展中出现的问题，习近平于 2015 年 11 月首次提出了供给侧结构性改革。他在同年 12 月中央经济工作会议中指出，推进供给侧结构性改革，是适应和引领经济发展新常态的重大创新。实行宏观政策要稳、产业政策要准、微观政策要活、改革政策要实、社会政策要托底的总体思路，着力加强结构性改革，在适度扩大总需求的同时，去产能、去库存、去杠杆、降成本、补短板，推动我国社会生产力水平整体改善，努力实现"十三五"时期经济社会发展的良好开端。2016 年 1 月，习近平系统论述了供给侧结构性改革，指出这一改革的重点是解放和发展社会生产力，用改革的办法推进结构调整，减少无效和低端供给，扩大有效和中高端供给，增强供给结构对需求变化的适应性和灵活性，提高全要素生产率。要通过一系列政策举措，特别是推动科技创新、发展实体经济、保障和改善人民生活的政策措施，来解决我国经济供给侧存在的问题。推进供给侧结构性改革，要从生产端入手，重点是促进产能过剩有效化解，促进产业优化重组，降低企业成本，发展战略性新兴产业和现代服务业，增加

公共产品和服务供给，提高供给结构对需求变化的适应性和灵活性。

供给和需求是社会主义市场经济内在关系的两个基本方面，二者是既对立又统一的辩证关系，相互依存、互为条件。需求拉动供给，新的需求催生新的供给；供给刺激需求，新的供给创造新的需求。从宏观经济管理和调控角度来看，供给侧和需求侧都是宏观经济管理和调控的基本手段。需求侧管理重在解决总量性问题，注重短期调控，主要是通过调节税收、财政支出、货币信贷等来刺激或抑制需求，进而推动经济增长。供给侧管理重在解决结构性问题，注重激发经济增长动力，主要通过优化要素配置和调整生产结构来提高供给体系质量和效率，进而推动经济增长。[①] 中国经济进入新时代所反映出来的问题，主要是集中在供给侧，因此推进供给侧结构性改革，就抓住了问题的主要方面。

2. 推进供给侧结构性改革

要促进中国经济更好地发展，也必须大力推进供给侧结构性改革，这不仅是着眼于解决现阶段中国经济社会发展遇到的问题，而且也是着眼于谋划中长期中国经济社会发展需要加强的领域。

从解决中国经济发展障碍来看，供给侧结构性改革就是去产能、去库存、去杠杆、降成本、补短板。供给侧结构性改革就是在社会主义市场经济体制下，主要从供给侧进行产业结构调整和升级、投资结构提升和优化、科技创新的优化和强化。中共十八大以来，供给侧结构性改革取得了显著进展，钢铁、煤炭等重点领域去产能状况取得积极成效，削减产能数亿吨，使供求关系有较大改善；房地产去库存也取得积极成效，在"房子是用来住的，不是用来炒的"思想指导下，一度过热的房地产逐步回归理性；企业去杠杆效果明显，企业资产负债率开始下降。尤其是在"绿水青

---

① 习近平. 习近平谈治国理政：第 2 卷. 北京：外文出版社，2017：252 - 253.

山就是金山银山"思想的指导下，环境污染受到遏制，自然环境显著改善，供给侧结构性改革成为深受人民群众拥护的举措。包括财政、金融、税收等领域政策都为供给侧结构性改革提供了强有力的政策支持。例如，中国人民银行等部门2016年4月联合发布《关于支持钢铁煤炭行业化解过剩产能实现脱困发展的意见》，引导金融机构坚持区别对待、有扶有控原则，满足钢铁、煤炭企业合理资金需求，严格控制对违规新增产能的信贷投入。支持企业债务重组和兼并重组，推动钢铁、煤炭行业结构调整优化，支持银行加快不良资产处置，依法处置企业信用违约事件。

从我国实体经济发展来看，供给侧结构性改革也大力促进了以发展先进制造业为重点的实体经济的发展。这就要求实体经济把提高供给体系质量作为主攻方向，提质升级存量供给，扩大优质增量供给，实现更高水平和更高质量的供需动态平衡。为此，一是更多聚焦先进制造业的发展，促进制造业改造升级，尽快形成我国先进制造业优势，培育若干世界级先进制造业集群，促进我国产业整体上迈向全球价值链中高端，从中培养我国经济新的增长点并形成新动能。二是大力支持和带动传统产业优化升级，瞄准国际先进标准提升产品技术、工艺装备、能效环保水平，增强制造业基础工艺、基础材料和基础零部件制造能力，提升其产品质量和附加值。三是推动互联网、大数据、人工智能和实体经济深度融合，发挥科技创新对实体经济的融合促进作用，形成新的产业形态和产业链条。加强我国各类基础设施网络建设，强化基础设施网络间的相互连通和高效衔接，发挥一体化网络效应。[①]

从国际长期发展和经验来看，一个国家的发展从根本上说要靠供给侧推动。人类历史特别是近现代历史发展都表明，每一次科技革命和产业革

---

①　本书编写组．党的十九大报告学习辅导百问．北京：党建读物出版社，学习出版社，2017：82-83．

命，都带来一次生产力的大发展和大提升，创造出难以想象的供给能力。例如，我国轿车生产技术和生产能力的提升，极大地扩展了人们的活动空间并改变了人们的生活方式，催生了多种多样的新需求；又如互联网技术的突破，空前地重塑了人们的生产方式和生活方式，使数字化生存成为一种新的需求方向。

3. 促进绿色发展和生态文明建设

绿色发展是高质量发展的应有之义，高质量发展就是追求人与自然和谐发展的发展模式和道路，绿色发展同样是追求人与自然和谐发展的发展模式和道路。只有尽最大可能地去追求二者统一基础上的发展，才是最符合人民根本利益的发展。这是将眼前利益与长远利益紧紧联系在一起的发展模式与道路。

面对未来几十年的发展和中国人口众多的特殊国情，人与自然和谐发展的课题就显得比其他国家更为紧迫、更为尖锐。坚持绿色发展就是要在建设现代化国家进程中，最大限度地约束人的盲目发展和对自然环境的破坏，最大限度地寻找人与自然的和谐底线和利益交汇点。绿色发展就是人与自然和谐相处的发展。人的成就不是破坏和远离大自然，而是维护并美化大自然，与大自然和谐相处。工业化以来的一味追求创造一个人为的工业文明和水泥世界的做法越来越为人们所诟病，当人们破坏了赖以生存的大自然之后，人们发现也破坏了自己的未来。这就是当今文明的深刻价值所在，人不能跳出自然界，人要维护自然界平衡。其中深深体现的是文明的转向，是价值的提升，也是人类寻求的智慧生存。

中国全面建设社会主义现代化国家新征程是要建设一个山川美丽、宜人宜居的现代化，建设一个以人民为中心、人的全面发展的现代化，建设一个安居乐业、幸福美满的现代化，建设一个共同富裕、福泽全球的现代化。中国现代化的规定性确定了绿色发展是中国建设社会主义现代化国家的底色和亮点。中国要坚决摒弃先污染、后治理的发展模式，坚决摒弃富者愈富、两极分化的发展模式，坚决摒弃城市繁荣、乡村凋敝的现代化，坚决摒弃物质丰富、精神匮乏的现代化。中国不能为了今天的物质财富的增加而把历史欠账增大，使未来治理困难更大、治理成本更大，预支未来的"财富"来支付今天的"破坏"。

三、全面深化改革取得历史性成就

全面深化改革是改革开放的新阶段，既要解决我国经济社会发展长期积累的一些重大困难和问题，也要奠定我国未来经济社会长期发展的坚实基础。所以，要有滚石上山、爬坡过坎的信心和决心，要有攻坚克难、勇于创新的意志和勇气。事实证明，全面深化改革取得了预期的成效，为未来更好的发展创造了良好的基础和环境。

1. 加强党对全面深化改革的领导

伴随着我国发展进入新阶段，全面深化改革进入攻坚期和深水区。这就更要求必须以强烈的历史使命感，最大限度集中全党全社会智慧，最大限度调动一切积极因素，敢于啃硬骨头，敢于涉险滩，以更大决心冲破思想观念的束缚、突破利益固化的藩篱，推动中国特色社会主义制度自我完善和发展。进一步全面深化改革的总目标是继续完善和发展中国特色社会主义制度，推进国家治理体系和治理能力现代化。成立中央全面深化改革领导小组和中央全面深化改革委员会是重要的一步。

2013年12月30日，中央政治局决定成立中央全面深化改革领导小组，习近平亲自担任组长。2014年1月22日，中央全面深化改革领导小组召开第一次会议，习近平强调指出要把握大局、审时度势、统筹兼顾、科学实施，坚定不移朝着全面深化改革目标前进。中央全面深化改革领导小组决定下设经济体制和生态文明体制改革、民主法治领域改革、文化体制改革、社会体制改革、党的建设制度改革、纪律检查体制改革 6 个专项小组。为什么要成立这样一个权威的中央全面深化改革领导小组？诚如习近平所指出的："在中国这样一个拥有 13 亿多人口的国家深化改革，绝非易事。中国改革经过 30 多年，已进入深水区，可以说，容易的、皆大欢喜的改革已经完成了，好吃的肉都吃掉了，剩下的都是难啃的硬骨头。这就要求我们胆子要大、步子要稳。胆子要大，就是改革再难也要向前推进，敢于担当，敢于啃硬骨头，敢于涉险滩。步子要稳，就是方向一定要准，行驶一定要稳，尤其是不能犯颠覆性错误。"[①] 2018 年 3 月，为了进一步加强党中央对全面深化改革的集中统一领导，强化决策和统筹协调职责，中共中央决定将中央全面深化改革领导小组改为中央全面深化改革委员会，负责全面深化改革领域重大工作的顶层设计、总体布局、统筹协调、整体推进、督促落实。

中共十八届三中全会以来，在中央全面深化改革领导小组和委员会的前后领导下，我国全面深化改革工作始终坚持我国改革开放以来总结的基本经验，即：第一，坚持党的领导，贯彻党的基本路线，不走封闭僵化的老路，不走改旗易帜的邪路，坚定走中国特色社会主义道路，始终确保改革正确方向；第二，坚持解放思想、实事求是、与时俱进、求真务实，一切从实际出发，总结国内成功做法，借鉴国外有益经验，勇于推进理论和实践创新；第三，坚持以人为本，尊重人民主体地位，发挥群众首创精神，紧紧依靠人民推动改革，促进人的全面发展；第四，坚持正确处理改革发展稳定关系，胆子要大、步子要稳，加强顶层设计和摸着石头过河相结合，整体推进和重点突破相促进，提高改革决策科学性，广泛凝聚共

识，形成改革合力。

从中共十八届三中全会到 2020 年底，各方面共推出了 2 485 项改革方案，中共十八届三中全会提出的改革目标任务总体如期完成，全面深化改革取得了预期成果。正如习近平在 2020 年 12 月 30 日十九届中央全面深化改革委员会第十七次会议上的讲话中所指出的：党的十八届三中全会以来，党中央以前所未有的决心和力度冲破思想观念的束缚，突破利益固化的藩篱，坚决破除各方面体制机制弊端，积极应对外部环境变化带来的风险挑战，开启了气势如虹、波澜壮阔的改革进程。党的十八届三中全会确定的目标任务全面推进，各领域基础性制度框架基本确立，许多领域实现历史性变革、系统性重塑、整体性重构，为推动形成系统完备、科学规范、运行有效的制度体系，使各方面制度更加成熟更加定型奠定了坚实基础，全面深化改革取得历史性伟大成就。

2. 全面深化改革的宝贵经验

习近平在总结全面深化改革的成功经验时说：回顾这些年改革工作，我们提出的一系列创新理论、采取的一系列重大举措、取得的一系列重大突破，都是革命性的，开创了以改革开放推动党和国家各项事业取得历史性成就、发生历史性变革的新局面。

第一，思想理论的深刻变革。坚持以思想理论创新引领改革实践创新，以总结实践经验推动思想理论丰富和发展，从改革的总体目标、主攻方向、重点任务、方法路径等方面提出一系列具有突破性、战略性、指导性的重要思想和重大论断，科学回答了在新时代为什么要全面深化改革、怎样全面深化改革等一系列重大理论和实践问题。

第二，改革组织方式的深刻变革。加强党对全面深化改革的集中统一领导，以全局观念和系统思维谋划推进改革，从前期夯基垒台、立柱架梁，到中期全面推进、积厚成势，再到现阶段加强系统集成、协同高效，蹄疾步稳、有力有序解决各领域各方面体制性障碍、机制性梗阻、政策性创新问题，方向目标清晰，战略部署明确，方法路径高效，实现了由局部探索、破冰突围到系统协调、全面深化的历史性转变。

第三，国家制度和治理体系的深刻变革。始终突出制度建设这条主线，不断健全制度框架，筑牢根本制度、完善基本制度、创新重要制度。在抗击新冠疫情、决胜全面建成小康社会、决战脱贫攻坚、实施"十三五"规划、推进全年经济工作等进程中，制度建设发挥了重要作用，改革的关键一招作用充分彰显。无论是从改革广度和深度看，还是从党和国家各项事业发展对改革的实际检验看，取得的重大成就都具有鲜明的时代性和实践性。

第四，人民广泛参与的深刻变革。以人民为中心推进改革，坚持加强党的领导和尊重人民首创精神相结合，坚持顶层设计和摸着石头过河相协调，坚持试点先行和全面推进相促进，抓住人民最关心最直接最现实的利益问题推进重点领域改革，不断增强人民获得感、幸福感、安全感，全社会形成了改革创新活力竞相迸发、充分涌流的生动局面。①

四、进一步全面深化改革的部署

2024 年 7 月 15 日至 18 日，中共二十届三中全会在北京举行，会议通过《中共中央关于进一步全面深化改革 推进中国式现代化的决定》（以下简称《决定》）。《决定》是具有重大时代意义的纲领性文件，它高度评价和总结了中共十八大以来全面深化改革的成功经验和伟大成就，将中共二十大报告确立的推进中国式现代化的中心任务、本质要求、重大原则、战

---

① 习近平．习近平谈治国理政：第 4 卷．北京：外文出版社，2022：232 - 234.

略部署落到实处，重点部署了未来五年的重大改革举措，旨在把中国式现代化蓝图变成现实。习近平在全会上作的《关于〈中共中央关于进一步全面深化改革、推进中国式现代化的决定〉的说明》中指出："围绕党的中心任务谋划和部署改革，是党领导改革开放的成功经验。"①《决定》要回应四个方面的"迫切需要"：凝聚人心、汇聚力量，实现新时代新征程党的中心任务的迫切需要；完善和发展中国特色社会主义制度、推进国家治理体系和治理能力现代化的迫切需要；推动高质量发展、更好适应我国社会主要矛盾变化的迫切需要；应对重大风险挑战、推动党和国家事业行稳致远的迫切需要。《决定》部署了 300 多项改革举措，将中共二十大提出的战略规划图转化成为具体的战略实施图。

1. 部署进一步全面深化改革

中共二十大以来，面对严峻复杂的国际环境和艰巨繁重的国内改革发展稳定任务，中国共产党率领人民全面建设社会主义现代化国家并迈出了坚实步伐，取得了历史性成就。巩固和发展了中国特色社会主义制度优势，根本制度日益巩固，基本制度不断完善，重要制度创新取得丰硕成果；为经济发展注入了强大动力，推动我国经济迈上高质量发展之路；许多领域实现历史性变革、系统性重塑、整体性重构，国家治理体系和治理能力现代化水平进一步提升；人民群众获得感、幸福感、安全感持续增强；推动党在革命性锻造中更加坚强有力。

将进一步全面深化改革、推进中国式现代化作为中共二十届三中全会主题的理由包括以下几点：一是推进中国式现代化面临许多复杂矛盾和问题，必须克服种种困难和阻力，需要通过进一步全面深化改革，推动生产关系和生产力、上层建筑和经济基础、国家治理和社会发展更好相适应，

---

① 中共中央关于进一步全面深化改革 推进中国式现代化的决定. 北京：人民出版社，2024：48.

为中国式现代化提供强大动力和制度保障。二是中国式现代化作为新时代新征程中国共产党的中心任务，包括进一步全面深化改革在内的党和国家一切重大战略部署，都必须紧紧围绕推进中国式现代化来谋划和展开。中共二十届三中全会通过的《决定》既是中共十八届三中全会以来全面深化改革的实践续篇，也是新征程推进中国式现代化的时代新篇，是中国共产党历史上又一重要纲领性文献。实践证明，在改革开放和社会主义现代化建设新时期，我国大踏步赶上时代靠的是改革开放；在中国特色社会主义新时代，我国取得历史性成就、发生历史性变革靠的是改革开放。进一步全面深化改革是当代中国的时代底色，要把中国式现代化的战略部署落到实处，把中国式现代化蓝图变为现实，根本在于进一步全面深化改革，不断完善各方面体制机制，为推进中国式现代化提供制度保障；面对新的形势和任务，必须进一步全面深化改革，继续完善各方面制度机制，固根基、扬优势、补短板、强弱项，不断把我国制度优势更好转化为国家治理效能；我国发展不平衡不充分的问题是社会主要矛盾变化的反映，是发展中的问题，必须进一步全面深化改革，从体制机制上推动解决；有效应对各种风险挑战，在日趋激烈的国际竞争中赢得战略主动，需要进一步全面深化改革，用完善的制度防范化解风险、有效应对挑战，在危机中育新机、于变局中开新局。

中共二十届三中全会《决定》注重全面总结经验、坚持正确方向，突出改革重点、彰显改革成色，坚持人民至上、把牢价值取向，抓好系统集成、加强整体谋划，部署了进一步全面深化改革的系统战略实施方案。《决定》由15个部分、60条内容、三大板块构成。第一板块总论部分主要阐述进一步全面深化改革、推进中国式现代化的重大意义和总体要求。第二板块分论部分以经济体制改革为牵引，全面部署各领域各方面的改革。第三板块主要提出加强党对改革的领导、深化党的建设制度改革、党风廉政建设和反腐败斗争。《决定》提出重要改革举措涉及体制、机制、制度层面内容，有的是对过去改革举措的完善和提升，有的是根据实践需要和试点探索新提出的改革举措。

《决定》开篇指出："党的十一届三中全会是划时代的，开启了改革开放和社会主义现代化建设新时期。党的十八届三中全会也是划时代的，开启了新时代全面深化改革、系统整体设计推进改革新征程，开创了我国改革开放全新局面。"① 这是党中央总结新时代以来全面深化改革重大成就作出的重要判断。

《决定》坚持把高质量发展作为全面建设社会主义现代化国家的首要任务，从多个方面对经济和民生领域改革作出全面部署。主要内容包括：

第一，构建高水平社会主义市场经济体制。《决定》提出，高水平社会主义市场经济体制是中国式现代化的重要保障。必须更好发挥市场机制作用，创造更加公平、更有活力的市场环境，实现资源配置效率最优化和效益最大化，既"放得活"又"管得住"，更好维护市场秩序、弥补市场失灵，畅通国民经济循环，激发全社会内生动力和创新活力。为此，要坚持和落实"两个毫不动摇"，构建全国统一大市场，完善市场经济基础制度。

第二，健全推动经济高质量发展体制机制。《决定》提出，高质量发展是全面建设社会主义现代化国家的首要任务。必须以新发展理念引领改革，立足新发展阶段，深化供给侧结构性改革，完善推动高质量发展激励约束机制，塑造发展新动能新优势。为此，要健全因地制宜发展新质生产力体制机制，健全促进实体经济和数字经济深度融合制度，完善发展服务业体制机制，健全现代化基础设施建设体制机制，健全提升产业链供应链

---

① 中共中央关于进一步全面深化改革 推进中国式现代化的决定. 北京：人民出版社，2024：1-2.

韧性和安全水平制度。

第三，构建支持全面创新体制机制。《决定》提出，教育、科技、人才是中国式现代化的基础性、战略性支撑。必须深入实施科教兴国战略、人才强国战略、创新驱动发展战略，统筹推进教育科技人才体制机制一体改革，健全新型举国体制，提升国家创新体系整体效能。为此，要深化教育综合改革，深化科技体制改革，深化人才发展体制机制改革。

第四，健全宏观经济治理体系。《决定》提出，科学的宏观调控、有效的政府治理是发挥社会主义市场经济体制优势的内在要求。必须完善宏观调控制度体系，统筹推进财税、金融等重点领域改革，增强宏观政策取向一致性。为此，要完善国家战略规划体系和政策统筹协调机制，深化财税体制改革，深化金融体制改革，完善实施区域协调发展战略机制。

第五，完善城乡融合发展体制机制。《决定》提出，城乡融合发展是中国式现代化的必然要求。必须统筹新型工业化、新型城镇化和乡村全面振兴，全面提高城乡规划、建设、治理融合水平，促进城乡要素平等交换、双向流动，缩小城乡差别，促进城乡共同繁荣发展。为此，要健全推进新型城镇化体制机制，巩固和完善农村基本经营制度，完善强农惠农富农支持制度，深化土地制度改革。

第六，完善高水平对外开放体制机制。《决定》提出，开放是中国式现代化的鲜明标识。必须坚持对外开放基本国策，坚持以开放促改革，依托我国超大规模市场优势，在扩大国际合作中提升开放能力，建设更高水平开放型经济新体制。为此，要稳步扩大制度型开放，深化外贸体制改革，深化外商投资和对外投资管理体制改革，优化区域开放布局，完善推进高质量共建"一带一路"机制。

第七，健全保障和改善民生制度体系。《决定》提出，在发展中保障和改善民生是中国式现代化的重大任务。必须坚持尽力而为、量力而行，完善基本公共服务制度体系，加强普惠性、基础性、兜底性民生建设，解决好人民最关心最直接最现实的利益问题，不断满足人民对美好生活的向往。为此，要完善收入分配制度，完善就业优先政策，健全社会保障体系，深化医药卫生体制改革，健全人口发展支持和服务体系。

第八，深化生态文明体制改革。中国式现代化是人与自然和谐共生的现代化。必须完善生态文明制度体系，协同推进降碳、减污、扩绿、增长，积极应对气候变化，加快完善落实绿水青山就是金山银山理念的体制机制。《决定》提出，要完善生态文明基础体制，健全生态环境治理体系，健全绿色低碳发展机制。

2. 发展新质生产力，推动高质量发展

高度重视生产力发展是中国共产党治国理政的重要经验。新中国成立以来，党领导人民仅用几十年的时间走完发达国家几百年走过的工业化道路，推动我国发展成为世界第二大经济体，创造了举世罕见的经济快速发展的奇迹，其中重要的一点就是高度重视生产力发展和生产力标准，始终坚持解放和发展社会生产力，不断增强我国的综合国力。例如，新中国成立后，毛泽东提出"不搞科学技术，生产力无法提高"，"社会主义革命的目的是为了解放生产力"。在改革开放时期，邓小平明确提出"科学技术是第一生产力"，"社会主义的任务很多，但根本一条就是发展生产力"。江泽民提出"科学技术是第一生产力，而且是先进生产力的集中体现和主要标志"。胡锦涛提出"科学技术是第一生产力，是推动人类文明进步的革命力量"。

在中国特色社会主义新时代，以习近平同志为核心的党中央把坚持高质量发展作为新时代的硬道理，一以贯之不断解放和发展社会生产力，作出一系列重大决策部署，推动我国经济迈上更高质量、更有效率、更加公平、更可持续、更为安全的发展之路，生产力水平实现了巨大提升、突破

性发展，形成了生产力发展的新的质态。习近平丰富和发展了生产力理论，明确指出"新质生产力已经在实践中形成并展示出对高质量发展的强劲推动力、支撑力"。特别是自 2023 年 7 月以来，多次论述新质生产力的思想和理论。2024 年 1 月 31 日，在二十届中央政治局第十一次集体学习时，习近平系统地阐述了关于发展新质生产力的思想和理论，明确指出："新质生产力是创新起主导作用，摆脱传统经济增长方式、生产力发展路径，具有高科技、高效能、高质量特征，符合新发展理念的先进生产力质态。它由技术革命性突破、生产要素创新性配置、产业深度转型升级而催生，以劳动者、劳动资料、劳动对象及其优化组合的跃升为基本内涵，以全要素生产率大幅提升为核心标志，特点是创新，关键在质优，本质是先进生产力。"①

为此，中共二十届三中全会《决定》提出："推动技术革命性突破、生产要素创新性配置、产业深度转型升级，推动劳动者、劳动资料、劳动对象优化组合和更新跃升，催生新产业、新模式、新动能，发展以高技术、高效能、高质量为特征的生产力。加强关键共性技术、前沿引领技术、现代工程技术、颠覆性技术创新，加强新领域新赛道制度供给，建立未来产业投入增长机制，完善推动新一代信息技术、人工智能、航空航天、新能源、新材料、高端装备、生物医药、量子科技等战略性产业发展政策和治理体系，引导新兴产业健康有序发展。以国家标准提升引领传统产业优化升级，支持企业用数智技术、绿色技术改造提升传统产业。"《决定》要求："健全相关规则和政策，加快形成同新质生产力更相适应的生产关系，促进各类先进生产要素向发展新质生产力集聚，大幅提升全要素生产率。鼓励和规范发展天使投资、风险投资、私募股权投资，更好发挥

---

① 习近平在中共中央政治局第十一次集体学习时强调：加快发展新质生产力 扎实推进高质量发展．中国政府网，2024－02－01．

政府投资基金作用，发展耐心资本。"①

新质生产力的本质特点是创新。把握新质生产力，关键在于深刻认识创新在提高生产力中的关键性作用。

第一，从历史发展特别是工业革命的历史发展来看，经验宝贵。我们要研究和吸取历次工业革命中运用先进科学技术武装自己，一跃成为世界引领性国家的成功经验。从18世纪第一次工业革命和机械化的普遍运用、19世纪第二次工业革命和电气化的普遍运用，到20世纪第三次工业革命和信息化的普遍运用，都显示出颠覆性的科技革新带来的社会生产力的大解放和生活水平的大跃升，从根本物质技术基础上改变了人类历史的发展轨迹。而一次次工业革命也为不同国家弯道超车、快速发展创造了难得的机遇，英国、德国、日本甚至苏联都曾借助工业革命的力量，一度一跃成为世界强国。而美国的经济发展史更是说明了抓住工业革命机遇的极端重要性。

第二，从当前世界科技革命和产业变革来看，时不我待。我们迎来了世界新一轮科技革命和产业变革同我国转变发展方式的历史性交汇期，面临着千载难逢的历史机遇，新质生产力应运而生并在实践中不断发展壮大。当前，新一轮科技革命和产业变革蓄势待发，一些重大颠覆性技术创新正在创造新产业新业态，信息技术、生物技术、制造技术、新材料技术、新能源技术广泛渗透到几乎所有领域，带动了以绿色、智能、泛在为特征的群体性重大技术变革。新质生产力，代表着科技革命和产业变革的新方向、新趋势，代表着先进生产力的发展方向。加快形成新质生产力，就是要在生产力发展中取得领先地位，在新领域新赛道上占据发展先机，在激烈的国际竞争中赢得发展主动权。

①　中共中央关于进一步全面深化改革 推进中国式现代化的决定．北京：人民出版社，2024：10-11.

第三，从我国高质量发展阶段的实际努力来看，要深入理解发展新质生产力的重大意义：一是发挥社会主义制度优越性、推动生产力水平加快提升的必然要求；二是全面贯彻新发展理念、扎实推动高质量发展的现实需要；三是适应新一轮科技革命和产业变革趋势、赢得发展主动权的时代要求。围绕加快形成同发展新质生产力更相适应的生产关系，《决定》提出要重点做好以下六个方面的工作：健全传统产业优化升级体制机制；强化推动高水平科技自立自强体制机制；完善推动战略性产业发展政策和治理体系；建立未来产业投入增长机制；健全促进各类先进生产要素向发展新质生产力集聚体制机制；健全促进实体经济和数字经济深度融合制度。

与此同时要大力推进五大创新：一是大力推进科技创新。新质生产力主要由技术革命性突破催生而成。科技创新能够催生新产业、新模式、新动能，是发展新质生产力的核心要素。这就要求我们加强科技创新特别是原创性、颠覆性科技创新，加快实现高水平科技自立自强。二是以科技创新推动产业创新。科技成果转化为现实生产力，表现形式为催生新产业、推动产业深度转型升级。改造提升传统产业，培育壮大新兴产业，布局建设未来产业，完善现代化产业体系。三是着力推进发展方式创新。绿色发展是高质量发展的底色，新质生产力本身就是绿色生产力。加快发展方式绿色转型，助力碳达峰碳中和。四是扎实推进体制机制创新。发展新质生产力，必须进一步全面深化改革，形成与之相适应的新型生产关系。五是深化人才工作机制创新。要按照发展新质生产力要求，畅通教育、科技、人才的良性循环，完善人才培养、引进、使用、合理流动的工作机制。

当然，要树立大力发展新质生产力的指导思想和发展战略，同时也要防止出现偏差。例如要妥善处理如下关系：颠覆性产业、未来产业与传统产业的关系；科技创新与产业创新的关系；生产关系与生产力的关系，特别是新型生产（劳动）组织形式；等等。

3. 毫不动摇巩固和发展公有制经济

我国社会主义经济制度是确保我国国民经济持续健康发展的根本保障，坚持"两个毫不动摇"，坚持促进共同富裕，是我国社会主义经济制度的巨大优势。在新发展阶段，必须正确处理经济发展中的这些基本关系，保证我国经济发展沿着新时代中国特色社会主义道路阔步前进。

中共二十届三中全会《决定》重申："坚持和落实'两个毫不动摇'。毫不动摇巩固和发展公有制经济，毫不动摇鼓励、支持、引导非公有制经济发展，保证各种所有制经济依法平等使用生产要素、公平参与市场竞争、同等受到法律保护，促进各种所有制经济优势互补、共同发展。"这是在新发展阶段必须始终坚持的根本原则。

国有企业在坚持"两个毫不动摇"中具有决定性的作用，国有企业作用发挥得如何，直接关系着其他所有制经济的发展。2020 年 6 月 30 日，十九届中央全面深化改革委员会第十四次会议审议通过了《国企改革三年行动方案（2020—2022 年）》，这是新发展阶段我国深化国有企业改革的纲领性文件，也是新发展阶段国企改革的冲锋号。根据国资委的介绍，截至 2021 年 9 月，经过一年左右时间，国有企业改革取得了明显的阶段性成效，主要体现在"两个基本完成"和"六个明显"上。

"两个基本完成"是指：一是公司制改制基本完成，从法律上厘清了政府与企业的职责边界，使企业独立市场主体地位从根本上得以确立；二是剥离国有企业办社会职能和解决历史遗留问题工作基本完成，各项指标完成率均超过 99％，进入全面扫尾阶段，为国有企业轻装上阵、公平参与市场竞争创造了有利条件。可以说这两方面的成效在国有企业改革进程中是具有历史性和标志性意义的。

"六个明显"是指：一是公司治理效能明显加强。其中董事会建设从应建尽建到规范有效不断深化，97％以上的符合"应建"标准的中央企业子企业、地方一级企业、地方各级子企业均建立了董事会，其中 78% 以上的中央企业子企业和 62% 以上的地方各级子企业实现了外部董事占多数，董事会作用得到充分发挥。二是活力效率明显提升。经理层成员任期制和契约化管理则是三项制度改革的"牛鼻子"，是最需要攻坚的关键一环，目前 74.4% 的中央企业各级子企业、61.7% 的地方各级子企业与经理层（含职业经理人）签订了有关合同或契约。同时，国有企业灵活开展了多种方式的中长期激励。截至 2021 年 6 月底，中央企业已累计实施中长期激励方案 500 个，覆盖关键岗位核心人才 13.7 万名。另外，国有企业还有序推进人员能进能出。通过改革，国有企业劳动生产率得到有效提升。2021 年上半年中央企业年化劳动生产率达到 68.5 万元/人，同比增长 30.5%。三是布局结构明显优化。其中战略性新兴产业投资布局力度持续加大，2021 年上半年中央企业共完成战略性新兴产业投资 4 102 亿元，新型基础设施投资超 1 500 亿元。国有企业积极推动"两非""两资"剥离①工作，重点亏损子企业专项治理取得明显进展，企业的主责主业更加突出。四是科技创新力度明显加大。国有企业自觉扛起科技创新大旗，2021 年上半年中央企业研发投入同比增长 37.4%，研发投入强度同比提高 0.12 个百分点。五是混改企业机制转换明显加快。截至 2021 年 6 月，中央企业和地方国有企业所属混合所有制企业户数占比分别超过 75% 和 54%，累计实施混改项目分别超过 5 000 个和 6 000 个。着力以"混"促"改"，70% 的混合所有制企业中有外部投资者派出的董事参与治理，混改企业为完善中国特色现代企业制度、深化三项制度改革②、健全激励机制等改革作出了积极贡献。六是国资监管针对性有效性明显增强。坚持授权

---

① 自 2020 年以来，国资委推动中央企业开启"两非""两资"剥离工作，"两非"是指非主业、非优势业务剥离，"两资"是指无效资产、低效资产处置。

② 国有企业三项制度改革是指劳动、人事、分配制度改革。

与监管相结合，放活与管好相统一，权责清单持续完善，管资本的方式和手段不断优化，国资监管数字化智能化水平进一步加强。国有资本投资、运营公司改革持续深入，目前中央企业共有投资公司 19 家、运营公司 2 家，地方共有投资公司 67 家、运营公司 32 家、投资运营一体化公司 17 家，在优化结构、授权经营、资本运作等方面发挥了重要作用。中央党政机关和事业单位经营性国有资产集中统一监管推进力度不断加大，目前省级经营性国有资产集中统一监管比例达 95.8%，比《国企改革三年行动方案（2020—2022 年）》印发时提高近 4 个百分点。[①]

搞好国有企业和国有经济的一个关键因素就是加强和改进国有经济管理。2023 年 4 月 21 日，二十届中央全面深化改革委员会第一次会议审议通过了《关于加强和改进国有经济管理有力支持中国式现代化建设的意见》。会议强调，加强和改进国有经济管理，要立足新时代新征程国有经济肩负的使命任务和功能定位，从服务构建新发展格局、推动高质量发展、促进共同富裕、维护国家安全的战略高度出发，完善国有经济安全责任、质量结构、资产和企业管理，深化国有企业改革，着力补短板、强弱项、固底板、扬优势，构建顶层统筹、权责明确、运行高效、监管有力的国有经济管理体系。

中国特色现代企业制度是我国国有企业的根本制度。2024 年 6 月 11 日，二十届中央全面深化改革委员会第五次会议审议通过了《关于完善中国特色现代企业制度的意见》，提出完善中国特色现代企业制度，要尊重企业经营主体地位，坚持问题导向，根据企业规模、发展阶段、所有制性质等，分类施策、加强引导。要加强党对国有企业的全面领导，完善党领导国有企业的制度机制，推动国有企业严格落实责任，完善国有企业现代

---

① 彭华岗详解当前国企改革三年行动成效：两个基本完成和六个明显. 新京报，2021-09-26.

公司治理，加强对国有资本监督管理。要鼓励有条件的民营企业建立现代企业制度，完善法人治理结构、规范股东行为、强化内部监督、健全风险防范机制，注重发挥党建引领作用，提升内部管理水平。

4. 毫不动摇鼓励、支持、引导非公有制经济发展

民营经济是推进中国式现代化的生力军，是高质量发展的重要基础。中共十八大以来，民营经济发展取得重要成就，已经成为推动我国发展不可或缺的重要力量。2012 年到 2023 年，民营企业占全国企业总量由79.4％提高至 92.3％，个体工商户由 4 000 余万户增加至 1.24 亿户。2012 年到 2023 年，民营企业进出口额年均增长 11.1％，占全国进出口总额的比重由 30％左右增长至 50％以上。2019 年开始，民营企业成为我国第一大外贸经营主体。

针对民营经济在市场准入和要素获取等方面矛盾仍较突出，民营企业产权和企业家权益保护还不充分，政策落实和服务供给还存在短板，有的地方政务诚信建设有待加强，企业账款"连环欠"问题尚需解决，有的民营企业存在发展方式粗放、管理不规范、现代企业制度建设滞后等问题。2023 年 4 月 21 日，二十届中央全面深化改革委员会第一次会议审议通过了《关于促进民营经济发展壮大的意见》，指出支持民营经济发展是党中央的一贯方针。促进民营经济发展壮大，要着力优化民营经济发展环境，破除制约民营企业公平参与市场竞争的制度障碍，引导民营企业在高质量发展中找准定位，通过企业自身改革发展、合规经营、转型升级，不断提升发展质量。要充分考虑民营经济特点，完善政策执行方式，加强政策协调性，推动各项优惠政策精准直达，切实解决企业实际困难。要把构建亲清政商关系落到实处，引导促进民营经济人士健康成长。国家发展改革委2024 年 6 月 25 日向第十四届全国人大常委会第十次会议作了《国务院关于促进民营经济发展情况的报告》，明确了着力优化民营经济发展环境等

进一步促进民营经济发展壮大的六个方面重点工作：一是着力优化民营经济发展环境；二是着力加大民营经济发展要素支持；三是着力强化民营经济发展法治保障；四是着力加强政策协调和督导落实；五是着力推动民营企业加强能力建设；六是着力营造关心支持民营经济发展的社会氛围。

我国企业走向世界的步伐越来越快，推动企业特别是国有企业快速发展，其中一个重要措施就是加快建设一批世界一流企业。2022年2月28日，十九届中央全面深化改革委员会第二十四次会议审议通过了《关于加快建设世界一流企业的指导意见》，把加快建设一批产品卓越、品牌卓著、创新领先、治理现代的世界一流企业提到了党和国家的工作日程上。要让这样一批世界一流企业在全面建设社会主义现代化国家、实现第二个百年奋斗目标进程中实现更大发展、发挥更大作用。中共十八大以来，我国出台一系列保护支持企业发展的政策措施，促进各类企业健康发展，一些行业领军企业已经形成较强的国际竞争力。支持引导这些行业领军企业和掌握关键核心技术的专精特新企业深化改革、强化创新，加大培育力度。强化企业创新主体地位，促进各类创新要素向企业集聚，推动企业主动开展技术创新、管理创新、商业模式创新。坚持壮大实体经济，推进产业基础高级化、产业链现代化，打造具有全球竞争力的产品服务。支持企业充分利用国际国内两个市场、两种资源，增强面向全球的资源配置和整合能力，将我国超大规模市场优势转化为国际竞争优势。

5. 扎实促进共同富裕

在新发展阶段，要把共同富裕摆放在更加重要的位置。这是改革开放的根本目的，是经济社会发展的根本目的，是社会主义制度的根本要求，也是中国共产党的理想追求。

2021年8月17日，中央财经委员会第十次会议研究扎实促进共同富裕问题。会议深入讨论了促进共同富裕的若干重大问题，指出改革开放后，我们党深刻总结正反两方面历史经验，认识到贫穷不是社会主义，打破传统体制束缚，允许一部分人、一部分地区先富起来，推动解放和发展社会生产力。党的十八大以来，党中央把逐步实现全体人民共同富裕摆在更加重要的位置上，采取有力措施保障和改善民生，打赢脱贫攻坚战，全面建成小康社会，为促进共同富裕创造了良好条件。我们正在向第二个百年奋斗目标迈进，适应我国社会主要矛盾的变化，更好满足人民日益增长的美好生活需要，必须把促进全体人民共同富裕作为为人民谋幸福的着力点，不断夯实党长期执政基础。

在我国，共同富裕是全体人民的富裕，是人民群众物质生活和精神生活都富裕，不是少数人的富裕，也不是整齐划一的平均主义，要分阶段促进共同富裕。要鼓励勤劳创新致富，坚持在发展中保障和改善民生，为人民提高受教育程度、增强发展能力创造更加普惠公平的条件，畅通向上流动通道，给更多人创造致富机会，形成人人参与的发展环境。要坚持基本经济制度，立足社会主义初级阶段，坚持"两个毫不动摇"，坚持公有制为主体、多种所有制经济共同发展，允许一部分人先富起来，先富带后富、帮后富，重点鼓励辛勤劳动、合法经营、敢于创业的致富带头人。要尽力而为量力而行，建立科学的公共政策体系，形成人人享有的合理分配格局，同时统筹需要和可能，把保障和改善民生建立在经济发展和财力可持续的基础之上，重点加强基础性、普惠性、兜底性民生保障建设。要坚持循序渐进，对共同富裕的长期性、艰巨性、复杂性有充分估计，鼓励各地因地制宜探索有效路径，总结经验，逐步推开。

在促进共同富裕过程中，要坚持以人民为中心的发展思想，在高质量发展中促进共同富裕，正确处理效率和公平的关系，构建初次分配、再分配、三次分配协调配套的基础性制度安排，加大税收、社保、转移支付等调节力度并提高精准性，扩大中等收入群体比重，增加低收入群体收入，合理调节高收入，取缔非法收入，形成中间大、两头小的橄榄型分配结构，促进社会公平正义，促进人的全面发展，使全体人民朝着共同富裕目标扎实迈进。

在当前条件下，促进共同富裕就是要提高发展的平衡性、协调性、包容性，加快完善社会主义市场经济体制，增强区域发展的平衡性，强化行业发展的协调性，支持中小企业发展。要着力扩大中等收入群体规模，抓住重点、精准施策，推动更多低收入人群迈入中等收入行列。要促进基本公共服务均等化，加大普惠性人力资本投入，完善养老和医疗保障体系、兜底救助体系、住房供应和保障体系。要加强对高收入的规范和调节，依法保护合法收入，合理调节过高收入，鼓励高收入人群和企业更多回报社会。要清理规范不合理收入，整顿收入分配秩序，坚决取缔非法收入。要保护产权和知识产权，保护合法致富，促进各类资本规范健康发展。要促进人民精神生活共同富裕，强化社会主义核心价值观引领，不断满足人民群众多样化、多层次、多方面的精神文化需求。要加强促进共同富裕舆论引导，为促进共同富裕提供良好舆论环境。要促进农民农村共同富裕，巩固拓展脱贫攻坚成果，全面推进乡村振兴，加强农村基础设施和公共服务体系建设，改善农村人居环境。

中国已经到了扎实推动共同富裕的历史阶段，这是中国共产党在深入分析我国经济社会发展规律和国际国内发展环境后作出的科学判断。2021年10月16日出版的第20期《求是》杂志发表了习近平《扎实推动共同富裕》文章。文章指出：共同富裕是社会主义的本质要求，是中国式现代化的重要特征。党的十八大以来，党中央把握发展阶段新变化，把逐步实现全体人民共同富裕摆在更加重要的位置上，推动区域协调发展，采取有力措施保障和改善民生，打赢脱贫攻坚战，全面建成小康社会，为促进共同富裕创造了良好条件。现在，已经到了扎实推动共同富裕的历史阶段。

适应我国社会主要矛盾的变化，更好满足人民日益增长的美好生活需要，必须把促进全体人民共同富裕作为为人民谋幸福的着力点，不断夯实党长期执政基础。文章还指出：共同富裕是全体人民共同富裕，是人民群众物质生活和精神生活都富裕，不是少数人的富裕，也不是整齐划一的平均主义，要深入研究不同阶段的目标，分阶段促进共同富裕。促进共同富裕，要把握好以下原则：鼓励勤劳创新致富，坚持基本经济制度，尽力而为量力而行，坚持循序渐进。文章明确，全体人民共同富裕是一个总体概念，是对全社会而言的，要从全局上来看。我们要实现 14 亿人共同富裕，必须脚踏实地、久久为功，不是所有人都同时富裕，也不是所有地区同时达到一个富裕水准，不同人群不仅实现富裕的程度有高有低，时间上也会有先有后，不同地区富裕程度还会存在一定差异，不可能齐头并进。这是一个在动态中向前发展的过程，要持续推动，不断取得成效。

第三节　全面推动乡村振兴和农村农业现代化

"三农"问题一直是中国经济发展必须首先面对的重大问题。中共十八大以来，我国坚持实施乡村振兴战略，就是从中国特色社会主义事业全局出发、着眼于实现"两个一百年"奋斗目标、顺应亿万农民对美好生活的向往作出的重大决策。在中国特色社会主义新时代，农业强不强、农村美不美、农民富不富，决定着亿万农民的获得感和幸福感，决定着我国全面建成小康社会的质量和水平。

一、全面实施乡村振兴战略

中共十八大以来，我国选择了实施乡村振兴战略作为解决好"三农"

问题的重要途径。中共十九大明确了我国解决"三农"问题的基本遵循，必须始终把解决好"三农"问题作为全党工作重中之重。其基本政策内涵是：一要坚持农业农村优先发展，按照产业兴旺、生态宜居、乡风文明、治理有效、生活富裕的总要求，建立健全城乡融合发展体制机制和政策体系，加快推进农业农村现代化。二要巩固和完善农村基本经营制度，深化农村土地制度改革，完善承包地"三权"分置制度。保持土地承包关系稳定并长久不变，第二轮土地承包到期后再延长三十年。深化农村集体产权制度改革，保障农民财产权益，壮大集体经济。确保国家粮食安全，把中国人的饭碗牢牢端在自己手中。三要构建现代农业产业体系、生产体系、经营体系，完善农业支持保护制度，发展多种形式适度规模经营，培育新型农业经营主体，健全农业社会化服务体系，实现小农户和现代农业发展有机衔接。促进农村一二三产业融合发展，支持和鼓励农民就业创业，拓宽增收渠道。四要加强农村基层基础工作，健全自治、法治、德治相结合的乡村治理体系。培养造就一支懂农业、爱农村、爱农民的"三农"工作队伍。

1. 坚持农业农村优先发展

中共十八大以来，党和国家对"三农"问题的重视程度是新中国成立以来特别是改革开放以来最为突出的时期。十多年来，每年中央一号文件都是有关"三农"问题内容的重要文件，都是广大农民群众最为期盼的政策甘霖。例如，2013 年中央一号文件主要内容是加快发展现代农业，进一步增强农村发展活力；2014 年中央一号文件主要内容是全面深化农村改革，加快推进农业现代化；2015 年中央一号文件主要内容是加大改革创新力度，加快农业现代化建设；2016 年中央一号文件主要内容是落实发展新理念，加快农业现代化，实现全面小康目标；2017 年中央一号文件主要内容是深入推进农业供给侧结构性改革，加快培育农业农村发展新动能；2018年中央一号文件主要内容是实施乡村振兴战略；2019年中央一号文件主要内容是坚持农业农村优先发展，做好"三农"工作；2020年中央一号文件主要内容是抓好"三农"领域重点工作，确保如期实现全面小康。这些重要文件都就有关"三农"问题提出并制定了重要政策措施和战略部署，内容实、目标实、任务实、要求实，是引导和促进我国"三农"问题不断得到根本解决的重要文件。在我国，为什么要把"三农"问题放在这么重要的地位，确保农业农村优先发展？这是由我国的基本国情和我国经济发展的实际决定的，是由我国革命、建设和改革实践的成功经验决定的。

第一，通过高度重视"三农"工作、确保农业农村优先发展筑牢了我国经济长期发展的基石。我国目前已经稳居世界第二大经济体位置，但是我国农业农村在国民经济中的地位和作用仍十分重要，农村人口仍有5.64亿，在人口总量中比重仍高达40%以上。这就是我们的国情，就是我们今天改革再出发的起点。我国的农业现代化是确保我国整体经济现代化的重要组成部分，是我国经济长期发展的基石。我国要实现第二个一百年的战略目标，建设现代化强国不可能也不会以彻底消除农村的发展为前提和代价，必须是要让农业农村的优先发展成为我国经济发展与现代化强国的重要组成部分。"小康不小康，关键看老乡"说明了全面建成小康社会的最大看点，就是农业农村优先发展的解决程度和解决力度。

第二，必须将高度重视"三农"工作、确保农业农村优先发展作为推动经济增长的新动能。中共十八大以来的中央一号文件的主要内容清晰地表明，农业农村优先发展的总要求就是产业兴旺、生态宜居、乡风文明、治理有效、生活富裕，这绝不仅仅是对我国农业农村未来的美好描述，而是解决"三农"问题必须贯彻落实的根本要求。虽然GDP仍是相当长一个时期衡量经济社会发展的基本指标，但是随着我们对发展内涵的深入理解，随着创新、协调、绿色、开放、共享的新发展理念逐步深入人心，农业农村优先发展形态也将更加丰富更加多样，其对我国经济增长和社会进步的推动作用也将更加突出。农业农村优先发展是我国经济发展和社会进步的发动机地位也将开始显现。

第三，高度重视"三农"工作、确保农业农村优先发展并使之成为实现"两个一百年"奋斗目标中实力增强最快的领域。长期来看，各国在工业化进程中均经历过城乡差距先扩大后缩小的过程，实现工农收入趋向平衡，美国花了近70年时间，而日本则花了近100年时间。我国在10年之前城乡收入比均高于3：1，自2009年以来，随着农村居民人均收入的提高，这一比例连续下降，由2009年的3.33：1降至2016年的2.72：1，再降至2019年的2.64：1。我们党在建党之初就是以废除落后的生产关系、解放广大农民为己任的，并为之奋斗了100年。让农业农村优先发展就是要通过各种方式缩小这个比例，持续有效提高农民收入。提高农民收入，不仅仅是一个经济任务和经济目标，还应该是一个政治任务和政治目标。

第四，高度重视"三农"工作、确保农业农村优先发展也是广大农民真正脱贫致富实现小康的根本途径。农业农村优先发展本身将启动我国国内最大的潜在市场，是我国发展特别是启动消费拉动的关键一步。农村人口占中国人口的大多数，农村居民的消费支出结构反映出中国最广大市场的消费趋向和消费特点。有关数据表明，农村居民之间的消费支出结构很相似，食品、居住和交通通信是其三大消费去向，所不同的是消费总金额。因而我国农村居民的消费结构有很大的拓展空间，农村市场是一个极富潜力的待开发市场。特别是随着各级政府考核目标的多元化，强调经济增长、资源环境和居民福利并重的理念将逐渐树立起来，实现人民生活幸福的目标也将日趋重要。

2. 以乡村振兴带动农业农村发展

中共十八大以来，实施乡村振兴战略还带动了农业农村经济的发展。

一是实施乡村振兴战略，激发了广大农民的创业热情，涌现出一大批新型职业农民。根据农业部介绍，新时代我国农民创业创新成效显著。截至 2015 年底，全国农民累计创办 2 505 万个中小微企业，2011—2015 年间农民工返乡创业人数累计超过 450 万。全国新型职业农民 2017 年的总量已突破 1 500 万人，人均农业经营纯收入达 2.78 万元，27.7% 的新型职业农民人均农业经营纯收入超过城镇居民人均可支配收入。新型职业农民受教育程度逐步提升，45 岁及以下的新型职业农民占 54.35%，高中及以上文化程度的新型职业农民占 30.34%。40.6% 的新型职业农民为务工返乡人员、退伍人员、科技研发推广人员、大中专毕业生等新生力量。68.79% 的新型职业农民对周边农户起到了辐射带动作用，平均每个新型职业农民带动 30 户农民。

二是实施乡村振兴战略，推动我国农民和农村面貌发生了深刻变化。例如，根据 2017 年 12 月国家统计局发布的第三次全国农业普查，我国城镇化加快推进，与 10 年前相比，我国乡镇数量减少了 8.1%，自然村减少了 3.8%，农村水电路气房等基础设施条件明显改善，接近 90% 的村通了宽带互联网。与 2006 年相比，2016 年末全国通村主要道路为水泥路面的村所占比重为 76.4%，提高了 41.2 个百分点；村内主要道路为水泥路面的村的比重为 80.9%，提高了 53.2 个百分点；村内主要道路有路灯的村的比重为 61.9%，提高了 40.1 个百分点。有 73.9% 的村生活垃圾集中处理或部分集中处理，提高了 58.1 个百分点。农村基本社会服务全面进步，2016 年末，全国有幼儿园、托儿所的村占全部村的比重为 32.3%，比 2006 年提高了 2.2 个百分点。有卫生室的村的比重为 81.9%，提高了 7.6 个百分点。

三是实施乡村振兴战略，带动我国农民生活质量和水平显著提高。第三次全国农业普查还显示，农民住房水平显著提高。2016 年末，99.5% 的农户拥有自己的住房。其中拥有 1 处住房的农户占比为 87%，比 2006 年下降 5.5 个百分点；拥有 2 处和 3 处住房的农户所占比重分别为 11.6% 和 0.9%，分别比 2006 年提高 5.2 个百分点和 0.5 个百分点；拥有商品房的农户达到 1 997 万户，占全部农户的比重为 8.7%，而 10 年前很少有农户购买商品房。农民生活质量明显改善，2016 年末，有近 1.1 亿农户饮用经过净化处理的自来水，占全部农户的比重为 47.7%，比 2006 年提高 24.6 个百分点。使用水冲式卫生厕所的农户有 8 339 万户，占全部农户的比重为 36.2%。又据相关资料，2019 年，我国农村居民人均住房建筑面积达到 48.9 平方米，而同期城镇居民人均住房建筑面积为 39.8 平方米。

3. 以乡村振兴促进城乡融合发展

在我国农业农村优先发展需要有强有力的制度保障，中共十八大以来历年中央一号文件都就我国"三农"问题提出重大政策措施和战略部署，这对于及时引导和促进农业农村优先发展起到了积极的作用。历史经验和教训表明，在新中国社会主义建设历史上，我们多次强调农业农村发展的重要性，而在实际工作中往往又很容易忽略农业农村发展，结果农业农村问题最终还是成为制约我国经济发展速度与水平的根本因素。

乡村振兴是过去人们所提的乡村城镇化的升华和超越，乡村振兴是全面振兴，其内涵更加丰富多彩，更加适应我国"两个一百年"奋斗目标的需要。我国"三农"问题的根本解决不能简单地以在广大农村推动城镇化来解决，需要有系统整体的顶层设计。乡村振兴包括了产业振兴、人才振兴、文化振兴、生态振兴、组织振兴五个方面的振兴，抓住了解决"三农"问题的关键环节。城乡融合发展是乡村振兴的前提条件和基本方式，是缩小城乡差别、促进城乡互动的现实选择。实际上我国"三农"问题本身就是在长期的城乡隔绝发展中形成的，在那种发展模式中，各方面的发展资源与注意力被放在城市，所以乡村问题只有缓解的办法，没有根本解决的途径。实现城乡融合发展，就是要不断缩小和逐步打破横亘在城乡之间的各种有形与无形的壁垒，引导各种资源向"三农"流动，促进乡村实现全面振兴。

2017 年 12 月举行的中央农村工作会议，总结了中共十八大以来实施乡村振兴战略的伟大成就：一是把解决好"三农"问题作为全党工作重中之重，贯彻新发展理念，勇于推动"三农"工作理论创新、实践创新、制度创新，农业农村发展取得了历史性成就、发生了历史性变革，为党和国家事业全面开创新局面提供了有力支撑。二是农业供给侧结构性改革取得新进展，粮食生产能力跨上新台阶，新型农业经营主体发展壮大，农村新产业新业态蓬勃发展，农业现代化稳步推进。三是农村改革取得新突破，农村承包地"三权分置"取得重大进展，农村集体产权制度改革稳步推进，玉米、大豆、棉花等重要农产品收储制度改革取得实质性成效。四是城乡发展一体化迈出新步伐，农民收入增速连年快于城镇居民，城乡居民基本医疗和养老制度开始并轨，8 000 多万农业转移人口成为城镇居民。五是农村公共服务和社会事业达到新水平，农村教育、文化、卫生等社会事业快速发展，农村水、电、路、气、房和信息化建设全面提速，农村人居环境整治全面展开。六是脱贫攻坚开创新局面，精准扶贫精准脱贫方略落地生效，6 600 多万贫困人口稳定脱贫，脱贫攻坚取得决定性进展。

实施乡村振兴战略，是解决人民日益增长的美好生活需要和不平衡不充分的发展之间矛盾的必然要求，是实现"两个一百年"奋斗目标的必然要求，是实现全体人民共同富裕的必然要求。会议指出，实施乡村振兴战略，是我们党"三农"工作一系列方针政策的继承和发展，是中国特色社会主义进入新时代做好"三农"工作的总抓手。必须立足国情农情，切实增强责任感使命感紧迫感，举全党全国全社会之力，以更大的决心、更明确的目标、更有力的举措推动农业全面升级、农村全面进步、农民全面发展，谱写新时代乡村全面振兴新篇章。第一，实施乡村振兴战略需要吸引社会资本等投资流向农业这个潜力巨大的产业和农村这块富饶广大的土地。尤其是要鼓励和吸引各类投资流向农业农村优先发展的领域，以投资增长带动收入增长，以收入增加促进投资增长；要加大财政向农业农村优先发展领域的投入，平衡国家"钱袋子"与百姓"钱袋子"的关系，尽快提升农村社会福利；要落实以人民为中心的发展思想，如习近平指出的"要体现在经济社会发展各个环节"。第二，实施乡村振兴战略需要进一步把加强农业农村基础设施建设作为关键一招。我国农业农村基础设施起点低、欠账多，发展不均衡，总体上看比较落后，已经成为制约农业农村优先发展的重要因素。必须下大决心花大力气把农业农村基础设施建设作为关键抓手，顶层设计、精心实施，这既包括公路、铁路、水运、航空、通信、供电、供水等生产生活所需的多个方面，也包括教育、医疗、科技、体育及文化发展的多个领域。第三，实施乡村振兴战略需要让农业农村优先发展为我国长期发展厚植财富、厚积资源。习近平指出：要正确处理经济发展同生态环境保护的关系，牢固树立保护生态环境就是保护生产力、改善生态环境就是发展生产力的理念。"良好生态环境是最公平的公共产品，是最普惠的民生福祉"①。

要坚持农业农村优先发展，按照产业兴旺、生态宜居、乡风文明、治理有效、生活富裕的总要求，建立健全城乡融合发展体制机制和政策体系，统筹推进农村经济建设、政治建设、文化建设、社会建设、生态文明建设和党的建设，加快推进乡村治理体系和治理能力现代化，加快推进农

---

① 中共中央文献研究室．习近平关于全面深化改革论述摘编．北京：中央文献出版社，2014：107.

业农村现代化，走中国特色社会主义乡村振兴道路，让农业成为有奔头的产业，让农民成为有吸引力的职业，让农村成为安居乐业的美丽家园。乡村振兴战略的目标任务是，到 2020 年，乡村振兴取得主要进展，制度框架和政策体系基本形成；到 2035 年，乡村振兴取得决定性进展，农业农村现代化基本实现；到 2050 年，乡村振兴，农业强、农村美、农民富全面实现。

二、农业农村全面发展和城乡统筹发展

中共十八大以来，在一系列有关"三农"的政策措施推动下，农业农村出现了前所未有的全面发展形势，城乡统筹发展取得了新的进展。尤其是在全面建成小康社会的总目标指导下，农业农村全面发展和城乡统筹发展成效明显。

1. 农业农村改革全面展开

中共十八大以来，在全面深化改革的部署下，国家有关农村经济体制改革的措施日益完善。特别是相继于 2013 年推出了坚持稳定土地承包关系，依法保障农民对承包地占有、使用、收益、流转及承包经营权抵押、担保权利；坚持农村基本经营制度，不断探索农村土地集体所有制的有效实现形式，落实集体所有权、稳定农户承包权、放活土地经营权。2014年还提出了引导农村土地经营权有序流转，发展农业适度规模经营的政策措施。正是在这样的政策指导下，2015 年 7 月安徽省农村土地承包经营权确权登记首批颁证启动仪式在凤阳县小岗村举行，农民群众拿到了《农村土地承包经营权证》。

2016 年，国家提出要进一步完善农村土地所有权承包权经营权分置办法，并要求在 2020 年底前基本完成相关改革工作任务。农村土地所有

权承包权经营权"三权分置"是一项重大改革，它不仅确保了广大农民群众的基本权益，而且有利于农业生产力的发展。在这样的政策推动下，我国农村出现了形式多样、丰富多彩的土地集约经营方式，农村家庭联产承包责任制实行后出现的土地小规模经营困境得以破解。2014 年 2 月，中国人民银行印发《关于做好家庭农场等新型农业经营主体金融服务的指导意见》，鼓励和引导银行业金融机构积极推动金融产品、利率、期限、额度、流程、风险控制等方面创新，合理调配信贷资源，扎实做好家庭农场、专业大户、农民合作社、农业产业化龙头企业等新型农业经营主体各项金融服务工作。

2016 年 12 月，中共中央、国务院《关于深入推进农业供给侧结构性改革 加快培育农业农村发展新动能的若干意见》印发，指出推进农业供给侧结构性改革，要在确保国家粮食安全的基础上，紧紧围绕市场需求变化，以增加农民收入、保障有效供给为主要目标，以提高农业供给质量为主攻方向，以体制改革和机制创新为根本途径，优化农业产业体系、生产体系、经营体系，提高土地产出率、资源利用率、劳动生产率，促进农业农村发展由过度依赖资源消耗、主要满足量的需求，向追求绿色生态可持续、更加注重满足质的需求转变。《关于深入推进农业供给侧结构性改革 加快培育农业农村发展新动能的若干意见》明确提出了新时代推进农业供给侧结构性改革、加快培育农业农村发展新动能的要求。一是优化产品产业结构，着力推进农业提质增效。具体举措是统筹调整粮经饲种植结构，发展规模高效养殖业，做大做强优势特色产业，进一步优化农业区域布局，全面提升农产品质量和食品安全水平，积极发展适度规模经营，建设现代农业产业园，创造良好农产品国际贸易环境。二是推行绿色生产方式，增强农业可持续发展能力。具体举措是推进农业清洁生产，大规模实施农业节水工程，集中治理农业环境突出问题，加强重大生态工程建设。

三是壮大新产业新业态，拓展农业产业链价值链。具体举措是大力发展乡村休闲旅游产业，推进农村电商发展，加快发展现代食品工业，培育宜居宜业特色村镇。四是强化科技创新驱动，引领现代农业加快发展。具体举措是加强农业科技研发，强化农业科技推广，完善农业科技创新激励机制，提升农业科技园建设水平，开发农村人力资源。五是补齐农业农村短板，夯实农村共享发展基础。具体举措是持续加强农田基本建设，深入开展农村人居环境治理和美丽宜居乡村建设，提升农村基本公共服务水平，扎实推进脱贫攻坚。六是加大农村改革力度，激活农业农村内生发展动力。具体举措是深化粮食等主要农产品价格形成机制和收储制度改革，完善农业补贴制度，改革财政支农投入机制，加快农村金融创新，深化农村集体产权制度改革，探索建立农业农村发展用地保障机制，健全农业劳动力转移就业和农村创业创新体制，统筹推进农村各项改革。上述重要举措的贯彻落实，为推进农业供给侧结构性改革提供了重要的政策体制保障。

随着我国农业供给侧结构性改革不断深入，许多领域相关改革措施纷纷出台。例如，2017 年 9 月国务院办公厅发布了《关于加快推进农业供给侧结构性改革大力发展粮食产业经济的意见》，根据中央要求明确提出大力发展粮食产业经济的总体要求、重点任务和保障措施等。该意见提出到 2020 年，初步建成适应中国国情和粮情的现代粮食产业体系，全国粮食优质品率提高 10 个百分点左右，粮食产业增加值年均增长 7％左右，粮食加工转化率达到 88％，主食品工业化率提高到 25％以上，主营业务收入过百亿元的粮食企业数量达到 50 个以上，大型粮食产业化龙头企业和粮食产业集群辐射带动能力持续增强，粮食科技创新能力和粮食质量安全保障能力进一步提升。

2. 确保国家农业与粮食安全

农业安全是国家安全的保障，粮食安全是社会稳定的基石。2014 年国家提出了抓紧构建新形势下以我为主、立足国内、确保产能、适度进口、科技支撑的国家粮食安全战略。习近平进一步指出，小康不小康，关键看老乡。中国要强，农业必须强；中国要美，农村必须美；中国要富，农民必须富。要确保我国粮食安全，中国人的饭碗任何时候都要牢牢端在自己手上，我们的饭碗应该主要装中国粮，靠别人解决吃饭问题是靠不住的。为此，2017年4月国务院发布《关于建立粮食生产功能区和重要农产品生产保护区的指导意见》，全面部署粮食生产功能区和重要农产品生产保护区划定和建设工作。

划定了我国粮食生产功能区9亿亩，其中6亿亩用于稻麦生产。以我国东北平原、长江流域、东南沿海优势区为重点，划定水稻生产功能区3.4亿亩；以我国黄淮海地区、长江中下游、西北及西南优势区为重点，划定小麦生产功能区3.2亿亩（含水稻和小麦复种区6 000万亩）；以我国松嫩平原、三江平原、辽河平原、黄淮海地区以及汾河和渭河流域等优势区为重点，划定玉米生产功能区4.5亿亩（含小麦和玉米复种区1.5亿亩）等。

划定了我国重要农产品生产保护区2.38亿亩（与粮食生产功能区重叠8 000万亩）。以我国东北地区为重点，黄淮海地区为补充，划定大豆生产保护区1亿亩（含小麦和大豆复种区2 000万亩）；以我国新疆为重点，黄河流域、长江流域主产区为补充，划定棉花生产保护区3 500万亩；以我国长江流域为重点，划定油菜籽生产保护区7 000万亩（含水稻和油菜籽复种区6 000万亩）；以我国广西、云南为重点，划定糖料蔗生产保护区1 500万亩；以我国海南、云南、广东为重点，划定天然橡胶生产保护区1 800万亩。

截至2018年1月，全国划定永久基本农田15.5亿亩，城市周边永久基本农田保护比例由45％上升到65％，5年间全国建设占用耕地1 560万亩，补充耕地 2 259 万亩，数量占补有余，质量总体稳定。通过粮食生产功能区和重要农产品生产保护区的建设，推动形成布局合理、数量充足、设施完善、产能提升、管护到位、生产现代化的"两区"，国家粮食安全的基础更加稳固，重要农产品自给水平保持稳定，农业产业安全显著增强。

提高粮食生产能力和粮食供应品质是农业生产发展必须关注的两个方面，控制和不断减少化肥和农药的使用是主要战略措施。2015 年 3 月，我国农业生产启动实施到 2020 年化肥使用量零增长和到 2020 年农药使用量零增长"双行动"，就是要通过提高使用效益、控制使用数量，实现零增长。多年来，我国农业生产中化肥和农药使用量均呈双增长态势。1979—2013 年的 35 年间，我国化肥使用量由 1 086 万吨增至 5 912 万吨，年均增产 5.2%。2012—2014 年农作物病虫害防治农药年均使用量达 31.1 万吨，比 2009—2011 年增长 9.2%。"双行动"旨在推进化肥减量提效、农药减量控害，积极探索产出高效、产品安全、资源节约、环境友好的现代农业发展之路。化肥使用量零增长行动主要目标是，力争到 2020 年，主要农作物化肥利用率达到 40% 以上、比 2013 年提高 7 个百分点，力争实现农作物化肥使用量零增长。

与此同时，国家不断提高各类粮食仓储企业运营效益和建设现代粮食仓储物流体系。截至 2014 年，我国拥有遍布城乡的各类粮食仓储企业 1.9 万家，仓容总量超过 3 亿吨，比新中国成立之初增长了 100 倍。粮食仓储设施布局不断优化改善，基本形成了以大连北良港、广东新沙港、上海民生港、浙江舟山港等粮食物流基地为枢纽，以各级粮食中心库为节点，以遍布全国的粮食收纳库为基础的现代粮食仓储物流体系。

粮食生产的提质增效也推动着农业生产其他领域的发展，尤其是在生态文明建设方面取得了显著成效。例如，2013 年 7 月，国家正式启动实施长江流域防护林体系建设、珠江流域防护林体系建设、太行山绿化、平原绿化三期工程（2011—2020 年）。到 2020 年，国家计划投资 2 129 亿元，完成造林 2 167.2 万公顷（包括人工造林、封山育林、飞播造林），促进工程区防护林体系更趋健全，生态状况明显改善，工程区森林覆盖率平均提升 4.1 个百分点。2015 年 4 月，国家宣布在东北、内蒙古重点国有林区全部停止天然林商业性采伐。2016 年，天然林商业性采伐在全国范围内停止，这标志着我国天然林资源从采伐利用转入保护发展的新阶段。

3. 促进城乡统筹发展

中共十八大之后不久，中央城镇化工作会议就于 2013 年 12 月召开，会议提出了加快我国城镇化必须遵循以人为本、优化布局、生态文明、传承文化等基本原则，并根据实际明确了推进农业转移人口市民化、提高城镇建设用地利用效率、建立多元可持续的资金保障机制、优化城镇化布局和形态、提高城镇化建设水平、加强对城镇化的管理等 6 项主要任务。这是改革开放以来中央召开的第一次城镇化工作会议，对引导我国城镇化健康发展发挥了积极作用。按照中国经济发展和城镇化率发展的趋势判断，到 2050 年中国的城镇化率将达到 80%，估计实际的发展速度还会提前。伴随着全面建设社会主义现代化国家进程，中国的城镇化率也将从目前的 64% 升至 80%，到那时如果中国人口为 15 亿，将有 12 亿城镇人口和非农人口，这将极大地改变中国的社会经济结构和城乡发展格局，塑造崭新的中国现代化国家面貌。尤其是中心城市和城市群将成为承载中国各种发展要素和来自世界的各种发展要素的主要空间形式，未来即将出现的知识红利、人才红利和创新红利将在城市和城市群这样的空间中迸发出来。新一轮人口向城市的大规模聚集所带来的聚集效应有可能是人类城市化以来最大的一次发展运动。而中国不同于传统的新型城市化所激发的创新发展活力、超大型市场活力，都将成为支持中国未来发展的不竭动力。可以设想，到 2050 年，在世界已经实现了现代化的人口中，将有一半以上的人口生活在中国，中国对人类进步事业的贡献将无法估量。

2014 年 3 月，中共中央、国务院印发《国家新型城镇化规划（2014—2020 年）》，提出要围绕全面提高城镇化质量，加快转变城镇化发展方式，以人的城镇化为核心，有序推进农业转移人口市民化；以城市群为主体形态，推动大中小城市和小城镇协调发展；以综合承载能力为支撑，提升城市可持续发展水平；以体制机制创新为保障，通过改革释放城镇化发展潜力，走以人为本、四化同步、优化布局、生态文明、文化传承的中国特色城镇化道路。2016 年 2 月，国务院印发《关于深入推进新型城镇化建设的若干意见》。习近平指出：我国城镇化发展已经站在新的起点上，必须从促进中国特色新型工业化、信息化、城镇化、农业现代化同步发展的高度，从战略和全局上作出部署。推进城镇化要把握住四条原则：以人为本，优化布局，生态文明，传承文化。根据有关数据，中共十八大以来，我国城镇化迈上了新的台阶，取得了骄人的成绩。截至 2020 年，我国常住人口城镇化率达到 63.89%，城市数量达 687 个；拥有上海、北京、深圳、重庆、广州、成都、天津等人口超过 1 000 万的超大城市 7 个，拥有武汉、东莞、西安、杭州、佛山、南京、沈阳、青岛、济南、长沙、哈尔滨、郑州、昆明、大连等人口为 500 万～1 000 万的特大城市 14 个；城市建成区面积增速加快，2004 年约为 3 万平方公里，2013 年达到 4.8 万平方公里，2017 年增至 5.6 万平方公里，2020 年则高达 6.1 万平方公里。城镇越来越成为现代经济要素的聚集区、经济发展的动能区、科学技术的密集区、高质量发展的创新区，2019 年我国城镇生产总值、固定资产投资占全国比重均接近 90%。

城镇化建设的快速发展与我国人口流动政策的日益调整有着紧密关系。2014 年 7 月 30 日，国务院印发《关于进一步推进户籍制度改革的意见》，提出全面放开建制镇和小城市落户限制，有序放开中等城市落户限制，合理确定大城市落户条件，严格控制特大城市人口规模，努力实现 1 亿左右农业转移人口和其他常住人口在城镇落户。该意见明确提出建立财政转移支付同农业转移人口市民化挂钩机制；完善促进基本公共服务均等化的公共财政体系；逐步理顺事权关系，建立事权和支出责任相适应的制度，中央和地方按照事权划分相应承担和分担支出责任。《关于进一步推进户籍制度改革的意见》的发布，标志着进一步推进户籍制度改革开始进入全面实施阶段。

2016 年 9 月，北京市人民政府发布《关于进一步推进户籍制度改革的实施意见》，取消农业户口，统一登记为居民户口，标志着北京建立起了城乡统一的户口登记制度。至此，全国已经有 30 个省份陆续出台文件取消了农业户口。在制度上取消农业户口与非农业户口的差别，标志着基于城乡差别的饥荒时代基本告一段落，同时也破除了二元制度下阻碍城乡交流的制度壁垒，开启了中国城乡之间双向流通的新时代。

三、打赢脱贫攻坚战

中共十八大以来，全面建成小康社会最艰巨最繁重的任务在农村，特别是在贫困地区，没有农村的小康特别是没有贫困地区的小康，就没有全面建成小康社会；强调贫穷不是社会主义，如果贫困地区长期贫困，面貌长期得不到改变，群众生活水平长期得不到明显提高，那就没有体现我国社会主义制度的优越性，那也不是社会主义，必须时不我待抓好脱贫攻坚工作。

1. 贫困是历史问题，也是现实问题

贫困是人类社会的顽疾。反贫困始终是古今中外治国安邦的一件大事。一部中国史，就是一部中华民族同贫困作斗争的历史。近代以后，由于封建统治的腐朽和西方列强的入侵，中国政局动荡、战乱不已、民不聊生，贫困的梦魇更为严重地困扰着中国人民。摆脱贫困，成了中国人民孜孜以求的梦想，也是实现中华民族伟大复兴中国梦的重要内容。

中国共产党从成立之日起，就坚持把为中国人民谋幸福、为中华民族谋复兴作为初心使命，团结带领中国人民为创造自己的美好生活进行了长期艰辛奋斗。新民主主义革命时期，中国共产党团结带领广大农民"打土豪、分田地"，实行"耕者有其田"，帮助穷苦人翻身得解放，赢得了最广大人民广泛支持和拥护，夺取了中国革命胜利，建立了新中国，为摆脱贫困创造了根本政治条件。新中国成立后，中国共产党团结带领人民完成社会主义革命，确立社会主义基本制度，推进社会主义建设，组织人民自力更生、发愤图强、重整山河，为摆脱贫困、改善人民生活打下了坚实基础。改革开放以来，中国共产党团结带领人民实施了大规模、有计划、有组织的扶贫开发，着力解放和发展社会生产力，着力保障和改善民生，取得了前所未有的伟大成就。

把解决贫困问题作为我们党治国理政的重要内容，这是中共十八大以来作出的重大战略决策。从任何一部中国历史中我们都能够看到，我国社会历史的一大顽疾就是贫困和贫困人口，这一问题长久以来始终没有能够解决好。历代政府虽有各种救助措施，但是问题始终没有化解。仍然会有一些人口如因疾病等因素导致丧失劳动能力，因举债等因素导致再生产难以为继，因家庭负担沉重等因素导致入不敷出，因自然灾害等因素导致流离失所。真正陷入贫困泥潭的贫困人口始终是政府政策扶助的难点。

中国共产党正是吸取了历史教训，提出精准扶贫、精准脱贫。精准扶贫、精准脱贫就是将主要注意力集中在贫困人口这一部分人身上，解决他们的实际困难，扶持帮助他们脱贫致富。当然，我们要看到农村贫困人口脱贫工作的长期性、艰巨性、反复性，决不能抱着一劳永逸的想法。既要实现打赢脱贫攻坚战的阶段性目标，细化方案、落实责任，又要积极谋划、采取长效措施防止贫困人口脱贫后出现返贫现象，走不出贫困"陷阱"。

在我国，乡村贫困问题是长期形成和积累起来的，乡村贫困问题本身也具有历史性，解决乡村贫困问题是一个较长的历史过程。脱贫攻坚是全面建成小康社会的硬任务，必须确保按时完成，这没有什么可商量的余地。但是贫困人口和贫困现象总是会随着时代的发展时隐时现、时强时弱，贫困线也是随着经济的发展而不断调整。所以，精准扶贫就是要将2019—2020 年必须解决的硬性任务和巩固脱贫成果的长期任务结合起来。解决近期硬任务要通力合作、扭住不放，不见成效、决不收兵；解决长期任务要保持定力和韧性，坚持城乡融合发展，特别是要引导乡村稀缺资源流向乡村，让乡村成为未来发展的热土。

2. 部署打赢脱贫攻坚战

2013 年，中共中央提出精准扶贫理念，创新扶贫工作机制。在 2015 年全国扶贫开发工作会议上，国家提出实现脱贫攻坚目标的总体要求，实行扶持对象、项目安排、资金使用、措施到户、因村派人、脱贫成效"六个精准"，实行发展生产、易地搬迁、生态补偿、发展教育、社会保障兜底"五个一批"，发出了打赢脱贫攻坚战的总攻令。

这次会议提出，我国到 2020 年要稳定实现"两不愁三保障"，即稳定实现农村贫困人口不愁吃、不愁穿，农村贫困人口义务教育、基本医疗、住房安全有保障。实现贫困地区农民人均可支配收入增长幅度高于全国平均水平，基本公共服务主要领域指标接近全国平均水平。确保我国现行标准下农村贫困人口实现脱贫，贫困县全部摘帽，解决区域性整体贫困。习近平在会议讲话中指出，消除贫困、改善民生、逐步实现共同富裕，是社会主义的本质要求，是我们党的重要使命。脱贫攻坚已经到了啃硬骨头、攻坚拔寨的冲刺阶段，必须以更大的决心、更明确的思路、更精准的举措、超常规的力度，众志成城实现脱贫攻坚目标。要坚持精准扶贫、精准脱贫，重在提高脱贫攻坚成效。要立下愚公移山志，咬定目标、苦干实干，坚决打赢脱贫攻坚战，确保到 2020 年所有贫困地区和贫困人口一道迈入全面小康社会。会后，中共中央、国务院印发《关于打赢脱贫攻坚战的决定》。2016 年 4 月，中共中央办公厅、国务院办公厅印发《关于建立贫困退出机制的意见》，明确贫困人口、贫困村、贫困县在 2020 年以前有序退出的标准和要求。

2016 年 10 月，国务院发布的《中国的减贫行动与人权进步》白皮书指出，中国的减贫行动是中国人权事业进步的最显著标志，改革开放 30 多年来，7 亿多贫困人口摆脱贫困，农村贫困人口减少到 2015 年的 5 575 万人，贫困发生率下降 5.7％，基础设施明显改善，创新迈出重大步伐，有力促进了贫困人口基本权利的实现，为全面建成小康社会打下了坚实基础。白皮书说，联合国《2015 年千年发展目标报告》显示，中国极端贫困人口比例从 1990 年的 61％下降到 2002 年的 30％以下，率先实现比例减半，2014 年又下降到 4.2％，中国对全球减贫的贡献率超过 70％。中国成为世界上减贫人口最多的国家，也是世界上率先完成联合国千年发展目标的国家，为全球减贫事业作出了重大贡献，得到了国际社会的广泛赞誉。这个成就足以载入人类社会发展史册，也足以向世界证明中国共产党领导和中国特色社会主义制度的优越性。白皮书介绍，中国还积极支持和帮助广大发展中国家消除贫困，新中国成立 60 多年来，中国共向 166 个国家和国际组织提供了近 4 000 亿元人民币援助，派遣 60 多万援助人员，先后 7 次宣布无条件免除重债国和最不发达国家对华到期政府无息贷款债务，向 69 个国家提供医疗援助，为 120 多个发展中国家落实千年发展目标提供帮助。

2017 年，中共十九大把精准脱贫作为三大攻坚战之一进行了全面部署，锚定全面建成小康社会目标，聚力攻克深度贫困堡垒，决战决胜脱贫攻坚。2020 年，为有力应对新冠疫情和特大洪涝灾情带来的影响，党中央要求全党全国以更大的决心、更强的力度，做好"加试题"、打好收官战，信心百倍向着脱贫攻坚的最后胜利进军。2020 年 11 月 23 日，我国最后 9 个贫困县实现贫困退出。

在积极打赢农村脱贫攻坚战的同时，国家还十分关心城镇贫困人口的生活居住问题。2013 年 7 月 4 日，国务院印发《关于加快棚户区改造工作的意见》，提出 2013—2017 年改造各类棚户区 1 000 万户。2015 年 6 月，国务院提出棚改 3 年计划，即 2015—2017 年改造各类棚户区住房 1 800 万套。2017 年 5 月，国务院确定实施 2018—2020 年 3 年棚改攻坚计划，再改造各类棚户区住房 1 500 万套。长期未能得到较好解决的棚户区问题，在新时代终于得到了较好的解决。

3. 彻底解决绝对贫困问题

2021 年 2 月 25 日，全国脱贫攻坚总结表彰大会召开。习近平庄严宣告：经过全党全国各族人民共同努力，在迎来中国共产党成立一百周年的重要时刻，我国脱贫攻坚战取得了全面胜利，现行标准下 9 899 万农村贫困人口全部脱贫，832 个贫困县全部摘帽，12.8 万个贫困村全部出列，区域性整体贫困得到解决，完成了消除绝对贫困的艰巨任务，创造了又一个彪炳史册的人间奇迹！这是中国人民的伟大光荣，是中国共产党的伟大光荣，是中华民族的伟大光荣！

联合国秘书长古特雷斯就此专门向习近平致电表示祝贺。他认为这一重大成就为实现 2030 年可持续发展议程所描绘的更加美好和繁荣的世界作出了重要贡献。中国取得的非凡成就为整个国际社会带来了希望，提供了激励。这一成就证明，政府的政治承诺和政策稳定性对改善最贫困和最脆弱人群的境况至关重要，创新驱动、绿色、开放的发展模式是重大机遇，将为所有人带来福祉。

回顾中共十八大以来，中国共产党对解决贫困问题的重视程度越来越高。中共十八大以后，把扶贫开发工作摆在治国理政的突出位置，庄严承诺"决不能落下一个贫困地区、一个贫困群众"，拉开了新时代脱贫攻坚的序幕。中共十九大以来，又把打好脱贫攻坚战作为三大攻坚战之一，脱贫攻坚力度之大、规模之广、影响之深前所未有。早在 2012 年 12 月，习近平在考察河北省扶贫开发工作时就明确表示，全面建成小康社会，最艰巨最繁重的任务在农村，特别是在农村贫困地区。没有农村的小康，特别是没有贫困地区的小康，就没有全面建成小康社会。2014 年 3 月，他又指出：不了解农村，不了解贫困地区，不了解农民尤其是贫困农民，就不会真正了解中国，就不能真正懂得中国，更不可能治理好中国。实现农村贫困人口脱贫目标，不仅需要农村贫困人口的艰苦奋斗，也需要国家强有力的经济扶持。但是党和国家在这个问题上的态度是坚定的，那就是在全面建成小康社会进程中决不让一个贫困人口掉队。根据 2015 年的测算，按照投入 2 万元大体解决一个农村贫困人口脱贫，到 2020 年全国 7 000 多万农村贫困人口实现脱贫需要投入 1.4 万亿元，每年需要投入 2 400 亿元。这是一个不小的数字，但是中国共产党和人民政府是下了决心的，就是要在 2020 年实现"两个确保"：确保农村贫困人口实现脱贫，确保贫困县全部脱贫摘帽，就是要"以更大的决心、更明确的思路、更精准的举措、超常规的力度，众志成城实现脱贫攻坚目标"①。到 2020 年，在脱贫攻坚战中有 2 000 多万贫困患者得到分类救治，曾经被病魔困扰的家庭挺

---

① 习近平.习近平谈治国理政：第 2 卷.北京：外文出版社，2017：84.

起了生活的脊梁，近 2 000 万贫困群众享受低保和特困救助供养，2 400
多万困难和重度残疾人拿到了生活和护理补贴。①

　　2015 年 10 月，习近平在北京举行的 2015 减贫与发展高层论坛的主
旨演讲中，向世界介绍了中国脱贫攻坚的经验和做法。这些经验和做法就
是：坚持改革开放，保持经济快速增长，不断出台有利于贫困地区和贫困
人口发展的政策，为大规模减贫奠定了基础、提供了条件。坚持政府主
导，把扶贫开发纳入国家总体发展战略，开展大规模专项扶贫行动，针对
特定人群组织实施妇女儿童、残疾人、少数民族发展规划。坚持开发式扶
贫方针，把发展作为解决贫困的根本途径，既扶贫又扶志，调动扶贫对象
的积极性，提高其发展能力，发挥其主体作用。坚持动员全社会参与，发
挥中国制度优势，构建了政府、社会、市场协同推进的大扶贫格局，形成
了跨地区、跨部门、跨单位、全社会共同参与的多元主体的社会扶贫体
系。坚持普惠政策和特惠政策相结合，先后实施《国家八七扶贫攻坚计
划》《中国农村扶贫开发纲要（2001—2010 年）》《中国农村扶贫开发纲要
（2011—2020 年）》，在加大对农村、农业、农民普惠政策支持的基础上，
对贫困人口实施特惠政策，做到应扶尽扶、应保尽保。

　　他还向世界介绍了中国实施精准扶贫的方略，即坚持中国制度的优
势，构建省市县乡村五级一起抓扶贫，层层落实责任制的治理格局。注重
抓六个精准，即扶持对象精准、项目安排精准、资金使用精准、措施到户
精准、因村派人精准、脱贫成效精准，确保各项政策好处落到扶贫对象身
上。坚持分类施策，因人因地施策，因贫困原因施策，因贫困类型施策，
通过扶持生产和就业发展一批，通过易地搬迁安置一批，通过生态保护脱
贫一批，通过教育扶贫脱贫一批，通过低保政策兜底一批。广泛动员全社

---

　　①　习近平．在全国脱贫攻坚总结表彰大会上的讲话．北京：人民出版社，2021：5.

会力量，支持和鼓励全社会采取灵活多样的形式参与扶贫。

我国解决精准扶贫问题和促进乡村振兴事业，不仅解决了长期制约我国社会经济发展的重大问题，对人类社会发展作出了巨大贡献，而且对广大发展中国家和人民也有着重要的借鉴意义，为他们解决贫困问题提供了中国方案。当今世界许多发展中国家仍然面临着严重的贫困困扰，仍然没有找到摆脱贫困的现实路径，过去那种寄希望于西方发达国家的援助的幻想也在加速破灭，这就更显得中国精准扶贫、乡村振兴方案和路径具有更重要的现实借鉴意义。

四、全面加快农业农村现代化

2021年1月，《中共中央 国务院关于全面推进乡村振兴加快农业农村现代化的意见》发布，对"十四五"时期乃至更长时期我国全面推进乡村振兴、加快农业农村现代化提出了奋斗目标并作出了全面部署，是指导未来相当长时期的重要文件。

1. 新发展阶段"三农"工作重要性

新发展阶段"三农"工作的重要性不言而喻，民族要复兴，乡村必振兴。《中共中央 国务院关于全面推进乡村振兴加快农业农村现代化的意见》指出："全面建设社会主义现代化国家，实现中华民族伟大复兴，最艰巨最繁重的任务依然在农村，最广泛最深厚的基础依然在农村。解决好发展不平衡不充分问题，重点难点在'三农'，迫切需要补齐农业农村短板弱项，推动城乡协调发展；构建新发展格局，潜力后劲在'三农'，迫切需要扩大农村需求，畅通城乡经济循环；应对国内外各种风险挑战，基础支撑在'三农'，迫切需要稳住农业基本盘，守好'三农'基础。"提出"十四五"时期仍"要坚持把解决好'三农'问题作为全党工作重中之重，把全面推进乡村振兴作为实现中华民族伟大复兴的一项重大任务，举全党全社会之力加快农业农村现代化，让广大农民过上更加美好的生活"。

新发展阶段"三农"工作的总体思路，即"坚持加强党对'三农'工作的全面领导，坚持农业农村优先发展，坚持农业现代化与农村现代化一体设计、一并推进，坚持创新驱动发展，以推动高质量发展为主题，统筹发展和安全，落实加快构建新发展格局要求，巩固和完善农村基本经营制度，深入推进农业供给侧结构性改革，把乡村建设摆在社会主义现代化建设的重要位置，全面推进乡村产业、人才、文化、生态、组织振兴，充分发挥农业产品供给、生态屏障、文化传承等功能，走中国特色社会主义乡村振兴道路，加快农业农村现代化，加快形成工农互促、城乡互补、协调发展、共同繁荣的新型工农城乡关系，促进农业高质高效、乡村宜居宜业、农民富裕富足，为全面建设社会主义现代化国家开好局、起好步提供有力支撑"。

2. 农业农村现代化阶段目标

《中共中央 国务院关于全面推进乡村振兴加快农业农村现代化的意见》提出了到2025年我国农业农村现代化的阶段目标：一是农业农村现代化取得重要进展，农业基础设施现代化迈上新台阶，农村生活设施便利化初步实现，城乡基本公共服务均等化水平明显提高。二是农业基础更加稳固，粮食和重要农产品供应保障更加有力，农业生产结构和区域布局明显优化，农业质量效益和竞争力明显提升，现代乡村产业体系基本形成，有条件的地区率先基本实现农业现代化。三是脱贫攻坚成果巩固拓展，城乡居民收入差距持续缩小。四是农村生产生活方式绿色转型取得积极进展，化肥农药使用量持续减少，农村生态环境得到明显改善。五是乡村建设行动取得明显成效，乡村面貌发生显著变化，乡村发展活力充分激发，乡村文明程度得到新提升，农村发展安全保障更加有力，农民获得感、幸福感、安全感明显提高。

农村农业部2021年7月发布了《关于加快发展农业社会化服务的指导意见》，提出发展农业社会化服务，是实现小农户和现代农业有机衔接的基本途径和主要机制，是激发农民生产积极性、发展农业生产力的重要经营方式，已成为构建现代农业经营体系、转变农业发展方式、加快推进农业现代化的重大战略举措。为什么要选择这样的发展道路和模式？主要是因为大国小农是我国基本国情农情，人均一亩三分地、户均不过十亩田的小农生产方式，是我国农业发展需要长期面对的基本现实。这决定了我国不可能在短期内通过流转土地搞大规模集中经营，也不可能走一些国家高投入高成本、家家户户设施装备小而全的路子。当前，最现实、最有效的途径就是通过发展农业社会化服务，将先进适用的品种、技术、装备和组织形式等现代生产要素有效导入小农户生产，帮助小农户解决一家一户干不了、干不好、干起来不划算的事，丰富和完善农村双层经营体制的内涵，促进小农户和现代农业有机衔接，推进农业生产过程的专业化、标准化、集约化，以服务过程的现代化实现农业现代化。据此我国提出：一是发展农业社会化服务是实现中国特色农业现代化的必然选择；二是发展农业社会化服务是保障国家粮食安全和重要农产品有效供给的重要举措；三是发展农业社会化服务是促进农业高质量发展的有效形式。

按照坚持市场导向、聚焦服务小农户、鼓励探索创新、引导资源共享的发展思路，力争经过5～10年努力，农业社会化服务专业化、信息化、市场化水平显著提升，对现代农业的支撑功能和联农带农作用明显增强，基本形成组织结构合理、专业水平较高、服务能力较强、服务行为规范、全产业链覆盖的农业社会化服务体系，使农业服务业发展成为要素集聚、主体多元、机制高效、体系完整、具有一定规模和竞争力的现代农业大产业，更好地引领小农户和农业现代化发展。

3. 推进农业农村现代化主要措施

《中共中央 国务院关于全面推进乡村振兴加快农业农村现代化的意见》要求做好以下几个方面的工作：

第一，实现巩固拓展脱贫攻坚成果同乡村振兴有效衔接。一是设立衔接过渡期。对摆脱贫困的县从脱贫之日起设立 5 年过渡期，过渡期内保持现有主要帮扶政策总体稳定，并逐项分类优化调整，合理把握节奏、力度和时限，逐步实现由集中资源支持脱贫攻坚向全面推进乡村振兴平稳过渡，推动"三农"工作重心历史性转移。二是持续巩固拓展脱贫攻坚成果。健全防止返贫动态监测和帮扶机制，对易返贫致贫人口及时发现、及时帮扶，守住防止规模性返贫底线。三是接续推进脱贫地区乡村振兴。实施脱贫地区特色种养业提升行动，广泛开展农产品产销对接活动，深化拓展消费帮扶；持续做好有组织劳务输出工作；在脱贫地区重点建设一批区域性和跨区域重大基础设施工程。四是加强农村低收入人口常态化帮扶。开展农村低收入人口动态监测，实行分层分类帮扶。

第二，加快推进农业现代化。一是提升粮食和重要农产品供给保障能力；二是打好种业翻身仗；三是坚决守住 18 亿亩耕地红线；四是强化现代农业科技和物质装备支撑；五是构建现代乡村产业体系；六是推进农业绿色发展；七是推进现代农业经营体系建设。农业农村部为了更好地促进农业产业化龙头企业发展，2021 年 10 月发布了《关于促进农业产业化龙头企业做大做强的意见》，提出农业产业化龙头企业是引领带动乡村全面振兴和农业农村现代化的生力军，是打造农业全产业链、构建现代乡村产业体系的中坚力量，是带动农民就业增收的重要主体，在加快推进乡村全面振兴中具有不可替代的重要作用。目标是到 2025 年，龙头企业队伍不断壮大，规模实力持续提升，科技创新能力明显增强，质量安全水平显著提高，品牌影响力不断扩大，新产业新业态蓬勃发展，全产业链建设加快推进，产业集聚度进一步提升，联农带农机制更加健全，保障国家粮食安全和重要农产品供给的作用更加突出。到 2025 年末，培育农业产业化国家重点龙头企业超过 2 000 家、国家级农业产业化重点联合体超过 500 个，引领乡村产业高质量发展。特别强调指出要提升龙头企业联农带农水平，为此要打造农民紧密参与的农业产业化联合体、探索农民共享收益的生产要素入股模式、推广农民广泛受益的农业社会化服务机制、拓宽农民多元发展的创业就业渠道。并提出要构建龙头企业发展梯队，做强一批具有国际影响力的头部龙头企业、做优一批引领行业发展的"链主"龙头企业、做强一批具有自主创新能力的科技领军型龙头企业、做大一批联农带农紧密的区域型龙头企业。

第三，大力实施乡村建设行动。一是加快推进村庄规划工作，2021年基本完成县级国土空间规划编制，明确村庄布局分类。积极有序推进"多规合一"实用性村庄规划编制，对有条件、有需求的村庄尽快实现村庄规划全覆盖。二是加强乡村公共基础设施建设，继续把公共基础设施建设的重点放在农村，着力推进往村覆盖、往户延伸。三是实施农村人居环境整治提升五年行动，深入推进村庄清洁和绿化行动。开展美丽宜居村庄和美丽庭院示范创建活动。四是提升农村基本公共服务水平，建立城乡公共资源均衡配置机制，强化农村基本公共服务供给县乡村统筹，逐步实现标准统一、制度并轨。五是全面促进农村消费，加快完善县乡村三级农村物流体系，改造提升农村寄递物流基础设施，深入推进电子商务进农村和农产品出村进城，推动城乡生产与消费有效对接。六是加快县域内城乡融合发展，推进以人为核心的新型城镇化，促进大中小城市和小城镇协调发展。七是强化农业农村优先发展投入保障，继续把农业农村作为一般公共预算优先保障领域。中央预算内投资进一步向农业农村倾斜。八是深入推进农村改革，完善农村产权制度和要素市场化配置机制，充分激发农村发展内生动力。

2021年12月，农业农村部等部门发布《关于公布2021年农业现代化示范区创建名单的通知》，推进农业现代化示范区创建工作，将北京市平谷区等100个县（市、区）列入2021年农业现代化示范区创建名单。通知指出农业现代化是一个持续过程、长期任务。要把握发展新趋势，因地制宜、因区施策，重点围绕设施化、园区化、融合化、绿色化、数字化等，找准创建定位和主攻方向，明确发展目标和重点任务，科学设计推进路径和发展模式，细化政策措施和工作机制，找差距、补短板、强弱项，推动农业现代化建设整体上水平。对于创建示范区的具体要求是：要聚焦重点、聚集资源、聚合力量，推动要素向农业现代化示范区汇聚，确保创建工作取得预期目标；要强化人才支撑，完善人才引进、培养、交流、激励机制，搭建引才聚才平台，吸引农民工、高校毕业生、工商业主等各类人才到农业现代化示范区创新创业；要完善用地保障，落实农村一二三产业融合发展用地政策，盘活农村存量建设用地，支持乡村产业发展。创新多元投入，加强政策资金资源集聚，合理用好土地出让收入，鼓励金融机构创新服务和产品，引导社会资本投资，多方筹措资金支持农业现代化示范区建设；要强化科技服务，推动与国家现代农业产业技术体系、农业科研院校开展合作，组建专家团队，加快新品种新技术新工艺新装备集成推广应用，打通科技资源进入农业现代化示范区通道，推动产业链创新链深度融合。

2021年9月，国务院批复同意农业农村部《关于全国高标准农田建设规划（2021—2030年）》，指出通过实施该规划，到2022年建成高标准农田10亿亩，以此稳定保障1万亿斤以上粮食产能；到2025年建成10.75亿亩，并改造提升现有高标准农田1.05亿亩，以此稳定保障1.1万亿斤以上粮食产能；到2030年建成12亿亩，并改造提升现有高标准农田

2.8 亿亩，以此稳定保障 1.2 万亿斤以上粮食产能。对高效节水灌溉与高标准农田建设统筹规划、同步实施，2021—2030 年完成 1.1 亿亩新增高效节水灌溉建设任务。《关于全国高标准农田建设规划（2021—2030 年）》以高质量发展为主题，以提升粮食产能为首要目标，坚持新增建设和改造提升并重、建设数量和建成质量并重、工程建设和建后管护并重，健全完善投入保障机制，加快推进高标准农田建设，提高建设标准和质量，为保障国家粮食安全和重要农产品有效供给提供坚实基础。

4. 以高质量发展推进新型城镇化

2022 年 5 月，国务院批复同意《"十四五"新型城镇化实施方案》，该实施方案提出以推动城镇化高质量发展为主题，以转变城市发展方式为主线，以体制机制改革创新为根本动力，以满足人民日益增长的美好生活需要为根本目的，统筹发展和安全，深入推进以人为核心的新型城镇化战略，持续促进农业转移人口市民化，完善以城市群为主体形态、大中小城市和小城镇协调发展的城镇化格局，推动城市健康宜居安全发展，推进城市治理体系和治理能力现代化，促进城乡融合发展，为全面建设社会主义现代化国家提供强劲动力和坚实支撑。

同月，中共中央办公厅、国务院办公厅印发《关于推进以县城为重要载体的城镇化建设的意见》（以下简称《意见》）。《意见》提出县城是我国城镇体系的重要组成部分，是城乡融合发展的关键支撑，对促进新型城镇化建设、构建新型工农城乡关系具有重要意义。要坚持以人为核心推进新型城镇化，尊重县城发展规律，统筹县城生产、生活、生态、安全需要，因地制宜补齐县城短板弱项，促进县城产业配套设施提质增效、市政公用设施提档升级、公共服务设施提标扩面、环境基础设施提级扩能，增强县城综合承载能力，提升县城发展质量，更好满足农民到县城就业安家需求和县城居民生产生活需要，为实施扩大内需战略、协同推进新型城镇化和乡村振兴提供有力支撑。《意见》的主要内容包括科学把握功能定位，分类引导县城发展方向；培育发展特色优势产业，稳定扩大县城就业岗位；完善市政设施体系，夯实县城运行基础支撑；强化公共服务供给，增进县城民生福祉；加强历史文化和生态保护，提升县城人居环境质量；提高县城辐射带动乡村能力，促进县乡村功能衔接互补；深化体制机制创新，为县城建设提供政策保障；等等。

同月，中共中央办公厅、国务院办公厅还印发了《乡村建设行动实施方案》，提出乡村建设是实施乡村振兴战略的重要任务，也是国家现代化建设的重要内容。要坚持农业农村优先发展，把乡村建设摆在社会主义现代化建设的重要位置，顺应农民群众对美好生活的向往，以普惠性、基础性、兜底性民生建设为重点，强化规划引领，统筹资源要素，动员各方力量，加强农村基础设施和公共服务体系建设，建立自下而上、村民自治、农民参与的实施机制，既尽力而为又量力而行，求好不求快，干一件成一件，努力让农村具备更好生活条件，建设宜居宜业美丽乡村。

这都为新发展阶段以高质量发展引导和推进新型城镇化战略作出了根本规定。2024 年 7 月，国务院印发《深入实施以人为本的新型城镇化战略五年行动计划》（以下简称《行动计划》）。《行动计划》指出，城镇化是现代化的必由之路，是解决农业、农村、农民问题的重要途径，是推动区域协调发展的有力支撑，是扩大内需和促进产业升级的重要抓手。《行动计划》提出，稳步提高城镇化质量和水平，充分释放新型城镇化蕴藏的巨大内需潜力，持续推动经济实现质的有效提升和量的合理增长，为中国式现代化提供强劲动力和坚实支撑。《行动计划》提出要经过 5 年的努力，农业转移人口落户城市渠道进一步畅通，常住地提供基本公共服务制度进一步健全，协调推进潜力地区新型工业化城镇化明显加快，培育形成一批辐射带动力强的现代化都市圈，城市安全韧性短板得到有效补齐，常住人口城镇化率提升至接近 70％，更好支撑经济社会高质量发展。

第四节　国民经济转向高质量发展阶段

中共十八大以来，我国国民经济加快实现从高速增长阶段向高质量发展阶段转变，这既是经济发展客观规律决定的必然转变，也是人们认识深化和提高的必然转变。过去长期以来形成的主要依靠要素投入、外需拉动、投资拉动、规模扩张的增长方式，越来越难以为继，也不再为人们所认可。只有探索出一条新的发展道路，即转变发展方式、优化经济结构、转换增长动力的高质量发展道路，才能适应和引领社会主义现代化强国建设的需要。

一、高速增长阶段已经转向高质量发展阶段

以经济建设为中心是兴国之要，发展仍是解决我国所有问题的关键。只有推动经济持续健康发展，才能筑牢国家繁荣富强、人民幸福安康、社会和谐稳定的物质基础，才能因势利导、顺势而为，紧紧抓住我国经济发展的重要战略机遇期。全面深化改革就是要在新发展理念的引导下寻求更好水平、更高质量的发展。

1. 以高质量发展为基础和关键

中共十八大以来，我国的发展面临着空前复杂的国际环境和挑战，我国经济社会发展正处在实现"两个一百年"奋斗目标的关键时期。什么工作是我国一切工作的中心？在这个问题上，我国始终保持着十分清醒的认识，那就是发展始终是解决我国一切问题的基础和关键。当前我国面临着

比较严重的收入分配问题、地区发展不平衡问题、生态环境破坏和污染问题等，这些问题不是发展带来的问题，恰恰是因为不发展或发展不平衡不充分带来的问题。这些问题都需要在发展中解决，不能也不可能停下发展的脚步来解决这些问题。

在新时代，国家坚持创新驱动发展新定位，就是要把经济增长的动力更多地放在创新驱动上来。高度重视创新驱动发展是对科学技术是第一生产力的进一步发展，是新时代对推动社会生产力发展认识的崭新表述。必须看到以往的科技革命对生产力发展和世界经济发展的作用超出了人们的认识，世界新一轮科技革命必将更为有效地改变世界发展格局和世界各国力量对比，可以说新一轮科技革命和科技创新承担着重塑整个世界面貌的责任。科技革命和科技进步的关键是在现有科学技术体系基础上加强原始创新能力建设。原始创新并不是推倒一切已经取得的科技成就而另起炉灶，而是通过更加高水平、高质量的科技革命和科技进步实现更高层次的科技创新。原始创新能力更是衡量一个国家发展实力、发展潜力和发展后劲的重要指标，实现更多从 0 到 1 的突破，就会具有更有利、更强大的发展动力和发展机遇，这也是从跟随发展到引领发展必须实现的转变。从一定意义上说，原始创新能力决定着一国在国际舞台上的硬实力和影响力。创新驱动发展既要求创新驱动成为科技革命和科技进步的重要途径，也要求创新驱动成为社会经济发展的重要途径。

我国实现这种转变的基本依据有：一是我国经济发展的动力模式和动力结构必须转变，必须从原有的主要依赖大量廉价劳动力模式转到更多依靠科学技术和创新发展的道路上来，这是我国经济发展进入工业化中高阶段的必然要求，也是我国推进供给侧结构性改革的必然要求。二是我国劳动力结构已经发生了深刻变革，改革开放以来培养和成长起来的大量高水平劳动力和科技人员在我国各个产业中已经形成了巨大的创新队伍和创新基础，他们具有创新创业热情、掌握高新科技知识、熟悉现代产业发展，更适应创新驱动的发展模式和发展状态。三是世界经济发展特别是新一轮科技革命的突出特征就是以科技创新和产业创新带动的增长，科技创新和产业创新正在重塑新经济结构和产业结构。包括我国的腾讯、华为、小米、京东等企业发展和崛起的轨迹都表明，它们无不是以一个崭新的技术领域和营销模式引领的产业链的腾飞。四是创新驱动发展还表现为专利技术的积累和云集，目前我国的专利技术已经居于世界前列，创新发展的科学技术支撑正在筑牢。在创新驱动的发展背景下，将会有更多的专利技术被引向我国产业和我国市场，被引向我国企业和我国控股企业，专利技术拥有量将是创新驱动和创新型国家的标志之一，我国越来越成为世界专利技术和专利发明的最大购买国和使用国。

2. 坚持以人民为中心的发展思想

中共十八大以来，我国更加自觉地坚持以人民为中心的发展思想，并将其作为我国经济社会发展必须始终遵循的根本原则。中国人民的根本利益和长远利益是中国共产党和人民政府的奋斗目标，中国人民的现实利益和当下需求是我国制定各项政策的根本出发点，通过社会主义市场经济和宏观调控等手段，最大程度协调中国社会各阶层人民利益、满足全体中国人民的利益追求是国家各项政策的重点，也是衡量党和政府各项经济工作合格与否的根本标尺。

习近平指出："我们的人民热爱生活，期盼有更好的教育、更稳定的工作、更满意的收入、更可靠的社会保障、更高水平的医疗卫生服务、更舒适的居住条件、更优美的环境，期盼孩子们能成长得更好、工作得更好、生活得更好。人民对美好生活的向往，就是我们的奋斗目标。""检验我们一切工作的成效，最终都要看人民是否真正得到了实惠，人民生活是否真正得到了改善，这是坚持立党为公、执政为民的本质要求，是党和人民事业不断发展的重要保证。"①

以人民为中心的发展是中共十八大以来我国各项改革发展工作的主旋律。首先，以人民为中心的发展需要坚持中国共产党的领导，中国共产党和人民政府说到底是中国人民的领导核心和人民的政府，这是中国共产党和人民政府与西方国家政党和政府的根本区别。所以，为人民服务、树立以人民为中心的发展思想，这是中国共产党和人民政府坚如磐石的根基所在。其次，以人民为中心的发展就是充分肯定人民始终是经济社会发展的根本动力，没有人民的参与和拥护，任何发展的目标都不可能实现，社会财富和政府资源实际上都来自人民的辛勤劳动和积累，所以必须以人民为中心，让人民从自己的劳动中获得应得的利益。最后，以人民为中心的发展需要协调国内各种利益关系，找到各种人群的最大利益交集点，找到眼前利益和长远利益的最佳结合点，找到局部利益和整体利益的最强交汇点，共同建设社会主义现代化国家。

中共十八大以来，在以人民为中心的发展思想指导下，我国推出了一系列重大政策措施，取得了一系列历史性成就。

第一，以人民为中心的发展思想突出表现在国家不断加大调整收入分配政策和制度上，尤其是从坚持效率优先的分配原则向更加注重公平的分配原则转变。作为世界上最大的发展中国家，中国在改革开放进程中出现了收入差距和财富差距不断拉大的趋势，虽然中共十八大以来有所缩小，但是2013—2017年我国基尼系数还维持在0.462和0.473之间，仍在较高区间运行。要更好地解决这一问题，就必须进一步调整收入分配政策。

第二，国家高度重视中等收入群体的收入增长问题，把不断扩大中等收入群体作为我国改革开放的一项重要任务。世界各国经济社会发展的经

验都表明，中等收入群体的增长是经济社会发展的必然趋势，也是经济社会保持相对稳定的重要条件。按照有关部门的数据，即以中国典型的三口之家年收入为 10 万～50 万元人民币来算，目前中国中等收入群体已经超过 4 亿人口。这样一个比例的中等收入群体总体上来看，从数量和规模上还很不够，需要在未来更大力度地扩大其数量和比例。习近平指出："扩大中等收入群体，关系全面建成小康社会目标的实现，是转方式调结构的必然要求，是维护社会和谐稳定、国家长治久安的必然要求。"①

第三，建立全国统一的城乡居民基本养老保险制度和基本医疗保险制度。一是 2014 年 2 月，国务院常务会议决定合并新型农村社会养老保险和城镇居民社会养老保险，建立全国统一的城乡居民基本养老保险制度，基金筹集采取个人缴、集体助、政府补的方式，中央财政按基本养老金标准，对中西部地区给予全额补贴，对东部地区给予 50% 的补贴。随后，《国务院关于建立统一的城乡居民基本养老保险制度的意见》印发，其对建立统一的城乡居民基本养老保险制度的指导思想、任务目标、参保范围、基金筹集、建立个人账户、养老保险待遇及调整等作了明确阐述和规定。提出到"十二五"时期末，在全国基本实现新型农村社会养老保险和城镇居民社会养老保险制度合并实施，并与职工基本养老保险制度相衔接。2020 年前，全面建成公平、统一、规范的城乡居民养老保险制度。二是 2016 年 1 月，《国务院关于整合城乡居民基本医疗保险制度的意见》印发，指出要按照全覆盖、保基本、多层次、可持续的方针，加强统筹协调与顶层设计，遵循先易后难、循序渐进的原则，从完善政策入手，推进城镇居民医保和新农合制度整合，逐步在全国范围内建立起统一的城乡居民医保制度，推动保障更加公平、管理服务更加规范、医疗资源利用更加

---

① 习近平. 习近平谈治国理政：第 2 卷. 北京：外文出版社，2017：369.

有效，促进全民医保体系持续健康发展。要求城乡居民医保制度政策实现统一覆盖范围、统一筹资政策、统一保障待遇、统一医保目录、统一定点管理、统一基金管理。截至 2018 年 2 月，我国基本医疗保险参保人数超过 13.5 亿人，参保率稳定在 95％以上，我国正在织密织牢全球最大规模的基本医疗保障网。据介绍，农村建档立卡贫困人口医疗费用个人自付比例由 2016 年的 43％下降到 2017 年的 19％。

3. 认识和适应经济发展新常态

中国经济发展进入了新常态，这是一个历史性判断，这是对于中国经济发展道路和发展规律的深刻认识。经过多年的经济高速发展，我国经济社会面貌发生了重大变化，各个领域各个方面都有了显著的变化，尤其是现代化建设的物质技术基础更加雄厚，为之后的发展创造了坚实基础。但是与此同时，经济社会发展不协调的问题也日益凸显，资源环境压力越来越大。例如，城市污染严重，成为社会各界高度关注的问题。2013 年 1 月 1 日，有 74 个城市开始发布细颗粒物污染浓度数据，其中 33 个城市空气质量指数达到了严重污染程度，北京也发布了首个能见度不足 200 米的大雾"橙色"预警。

2014 年 12 月，习近平在中央经济工作会议上深刻分析了中国经济在新时代的新特征，明确提出了经济发展"新常态"的论断。中共十八大以来，我国经济发展正处于增长速度换挡期、结构调整阵痛期、前期刺激政策消化期"三期叠加"阶段。这三个方面的新表现反映着我国经济发展进入新常态的基本特征，即速度变化、结构优化、动力转换。习近平从消费需求、投资需求、出口和国际收支、生产能力和产业组织方式、生产要素相对优势、市场竞争特点、资源环境约束、经济风险积累和化解、资源配置模式和宏观调控方式等 9 个方面分析了我国经济发展新常态的趋势性变化。我国经济发展进入新常态后，增长速度正从 10％左右的高速增长转向 7% 左右的中高速增长，经济发展方式正从规模速度型粗放增长转向质量效率型集约增长，经济结构正从增量扩能为主转向调整存量、做优增量并举的深度调整，经济发展动力正从传统增长点转向新的增长点。我国经济发展进入新常态，是我国经济发展阶段性特征的必然反映，是不以人的意志为转移的。认识新常态，适应新常态，引领新常态，是当前和今后一个时期我国经济发展的大逻辑。①

从中国经济发展史的角度考察，经济发展新常态是由中国经济发展的内在逻辑决定的。其一，它表明中国经济发展从较低阶段进入较高阶段，其发展速度必定会有所下降，这主要是由于较高阶段的经济发展必然推动各类成本增加，尤其是人力资源成本、技术创新成本、市场拓展和营销成本以及资本成本都将增加。其二，中国经济规模和经济总量日益增大，较大的经济规模和经济总量决定了经济增长的速度通常会出现减慢趋势，这是世界各国经济发展的惯例和规律。在中国这样巨大的经济规模和经济总量基础上继续保持高速或者超高速增长本身就不现实，而且会带来越来越明显的负面效应。其三，中国的自然资源和生态环境承受了太过沉重的经济增长压力，为当下的经济增长严重透支未来的资源环境则是一种不负责任的经济增长，保护自然资源和环境是中国经济长期发展的根本之策。其四，中国经济面临着从中低端产业链向中高端产业链的转移，产业升级过程必然是一个发展速度相对缓慢的过程。从世界经济史的角度来看，任何一次产业升级转换都是一次经济体系与经济结构的巨大阵痛，新兴的产业增长点和产业聚集区崛起了，传统的产业增长点和产业聚集区衰落了，必然会使一个经济体的增长速度发生变化。其五，中国的发展离不开世界，世界经济已经成为中国经济发展的重要前提条件，近些年来世界经济整体

---

① 习近平. 习近平谈治国理政：第 2 卷. 北京：外文出版社，2017：229 - 235.

处于比较低速增长时期必然导致中国经济发展速度下滑。尤其是贸易保护主义抬头，各国之间的贸易摩擦加大；区域经济集团和经济势力活跃，大国经济体相对被排挤等。正如习近平所指出的："我国经济发展进入新常态，没有改变我国发展仍处于可以大有作为的重要战略机遇期的判断，改变的是重要战略机遇期的内涵和条件；没有改变我国经济发展总体向好的基本面，改变的是经济发展方式和经济结构。"① 总之，经济发展新常态不是无所作为的状态，它只是中国经济发展的一个必经阶段，中国仍然处在发展的重要战略机遇期。

4. 建设现代化经济体系，促进城市群成长

中共十八大以来，我国高度重视加快建设现代化经济体系问题，并将其作为新时代经济社会发展的重大战略举措。中共十九大更是明确提出，我国经济已由高速增长阶段转向高质量发展阶段，正处在转变发展方式、优化经济结构、转换增长动力的攻关期，建设现代化经济体系是跨越关口的迫切要求和我国发展的战略目标。这一现代化经济体系的基本特点，就是高水平高质量的全要素生产率、协调发展的产业体系和充满活力的经济体制。

与此同时，要在我国经济发展中真正把新型工业化、信息化、城镇化和农业现代化结合起来，带动和促进建设现代化经济体系。一是加快实施新型工业化战略，这是新时代中国最主要的经济发展任务，实施新型工业化战略就是要使已经进入中高级发展阶段的中国工业化加快转型升级的步伐。由于它涉及中国产业的主体，规模大、产业多、链条长，因此不能采取盲目跃进的办法，要扎实推进，不出现任何失误。二是加快信息化建设，这是我国经济发展最为突出的任务。在大力推进"互联网＋"的实践

---

① 习近平. 习近平谈治国理政：第2卷. 北京：外文出版社，2017：234.

中，几乎所有行业都接受了互联网提供的产业转变和发展机遇，极大地缩小了与一些发达国家的经济差距，例如互联网金融在中国的发展可以说引领了当今时代的潮流。三是城镇化建设取得了突出的成效，解决了长期以来单纯依赖政府推动而难以解决的城镇化发展问题，越来越多的农村人口转移到了城镇发展，为许多劳动者创造了就业机会和致富门路，为更多人口的发展提供了机会。四是大力推进农业现代化，中国寻求的经济高度发展和现代化强国建设都不是以牺牲"三农"的发展为代价的，而是要让"三农"的发展及发展模式成为中国经济高度发展和现代化强国建设的重要组成部分。

中国作为世界第二大经济体，本身的发展就需要具有一定规模和显著优势的现代经济体系，这种现代经济体系的建立是超大型经济体保持战略优势的重要依托。回顾中国经济建设进程就可以发现，即使在最困难的20世纪五六十年代，中国经济建设的目标也是要建立起一个比较完整的工业体系和国民经济体系，这是中国独立自主、稳步发展的根本经济因素之一。

构建三大城市群是我国新时代经济总体发展的战略构想。在中国经济发展中，系统提出重点构建京津冀、长三角、珠三角三大城市群的发展格局是一个重大的时代决策与进步，既是遵循经济发展规律的需要，也是加快经济发展步伐的需要。三大城市群新的战略构想主要依托产业革命和科技革命。产业革命和科技革命赋予了城市化以特有的品格，不同阶段的产业革命和科技革命赋予了不同时期城市化以不同的形态。产业形态越发达，产业链条越紧密；产业链条越紧密，产业形态越发达。城市化、城市群的发展都离不开产业革命和科技革命的发展与推动。习近平深入分析了历次产业革命具有的一些共同特点：一是有新的科学理论作基础，二是有相应的新生产工具出现，三是形成大量新的投资热点和就业岗位，四是经济结构和发展方式发生重大调整并形成新的规模化经济效益，五是社会生产生活方式有新的重要变革。目前这五个方面的要素都在加速积累和成熟中，而即将出现的新一轮科技革命和产业变革与我国加快转变经济发展方式形成历史性交汇，为我们实施创新驱动发展战略提供了难得的重大机遇。在我国加快构建的三大城市群中，这些新理论、新工具、新投资、新效益、新变革也最为集中，必将构成我国现代经济发展的新高地。

构建我国经济发展新高地是三大城市群新战略构想的主要落脚点。所谓发展新高地就是要突破传统发展模式，包括传统工业化模式、传统城市化模式。必须着重从三个方面来促进发展新高地的构建：一是转变发展动力，应该看到原有发展动力主要来自传统产业及其产业结构，源于这种产业结构所形成的综合实力实际上受到了严峻挑战，必须把转变发展动力作为重要举措，使构建新发展高地的战略真正落实到科技进步、创新发展上；二是创新发展模式，应该看到原有产业和技术创新模式主要来自工业等产业增长的贡献，从全国角度来看，产业结构和产业发展并没有实质上的太大区分，这种产业结构和产业发展层级上的状态过于趋同，日益丧失了产业多样化、差异化、层级化的创新发展模式效应；三是提升发展水平，应该看到原有发展水平主要建立在产业发展趋同化的状态之下。所谓高水平就是指传统生产要素相对集中、密度较高而已，并不是指经济发展的制度性因素、创新性因素和科技发展贡献的集中与密集程度高。

在城市群发展进程中，同样也存在一些需要引起我们高度重视的问题，突出表现在中国南方的城市群发展趋势明显好于北方的城市群发展趋势，北方城市群发展趋势出现了较大的地区性变动。根据有关统计数据，最近20年来，我国北方GDP在全国GDP中所占比重呈下降趋势，从41％降至35％左右；从最近10年来北方GDP排名10强的城市中可以清晰地看出一些变化，尤其是来自东北地区的城市在减少，2013年以前东北地区有四座城市入选，而最近几年仅有两座城市入选。

二、推进国有企业和国有资产改革

国有企业改革仍然是我国全面深化改革的重中之重。中共十八大以来，党和国家推出了一系列重要政策：推进国企国资改革，促进非公经济发展，建设现代市场体系，加快建设创新型国家，完善宏观调控体系，以供给侧结构性改革为主线迈向高质量发展新阶段。

1. 推进国企国资改革

中共十八大以来，我国在国有经济改革已经取得巨大进展的基础上，继续推动国有企业和国有资产改革，持续优化国有经济布局，提高国有资本运行效率，为推动经济实现高质量发展提供强大动力。习近平在中共十八届三中全会的讲话中指出：国有企业是推进国家现代化、保障人民共同利益的重要力量。新时代推进国有企业改革的一系列有针对性的举措，包括国有资本加大对公益性企业的投入；国有资本继续控股经营的自然垄断行业，实行以政企分开、政资分开、特许经营、政府监管为主要内容的改革，根据不同行业特点实行网运分开、放开竞争性业务；健全协调运转、有效制衡的公司法人治理结构；建立职业经理人制度，更好发挥企业家作用；建立长效激励约束机制，强化国有企业经营投资责任追究；探索推进国有企业财务预算等重大信息公开；国有企业要合理增加市场化选聘比例，合理确定并严格规范国有企业管理人员薪酬水平、职务待遇、职务消费、业务消费。通过这些举措推动国有企业完善现代企业制度、提高经营效率、合理承担社会责任、更好发挥作用。[①]

---

① 中共中央文献研究室．十八大以来重要文献选编（上）．北京：中央文献出版社，2014：501.

对此，中共十八届三中全会《中共中央关于全面深化改革若干重大问题的决定》明确提出，一是完善国有资产管理体制，以管资本为主加强国有资产监管，改革国有资本授权经营体制，组建若干国有资本运营公司，支持有条件的国有企业改组为国有资本投资公司。国有资本投资运营要服务于国家战略目标，更多投向关系国家安全、国民经济命脉的重要行业和关键领域，重点提供公共服务、发展重要前瞻性战略性产业、保护生态环境、支持科技进步、保障国家安全。二是国有企业属于全民所有，是推进国家现代化、保障人民共同利益的重要力量。国有企业总体上已经同市场经济相融合，必须适应市场化、国际化新形势，以规范经营决策、资产保值增值、公平参与竞争、提高企业效率、增强企业活力、承担社会责任为重点，进一步深化国有企业改革。准确界定不同国有企业功能。国有资本加大对公益性企业的投入，在提供公共服务方面作出更大贡献。国有资本继续控股经营的自然垄断行业，实行以政企分开、政资分开、特许经营、政府监管为主要内容的改革，根据不同行业特点实行网运分开、放开竞争性业务，推进公共资源配置市场化。进一步破除各种形式的行政垄断。

正是在中共十八届三中全会《中共中央关于全面深化改革若干重大问题的决定》指引下，国企改革开始进入顶层设计引领的新阶段，构建并完成了"1＋N"政策体系和"10项改革试点"工作，国有企业体制机制发生重大改变。"1"是2015年8月中共中央、国务院印发的《关于深化国有企业改革的指导意见》，"N"是分类推进国有企业改革文件。

《关于深化国有企业改革的指导意见》指出，深化国有企业改革要坚持社会主义市场经济改革方向，适应市场化、现代化、国际化新形势，以解放和发展社会生产力为标准，以提高国有资本效率、增强国有企业活力为中心，完善产权清晰、权责明确、政企分开、管理科学的现代企业制度，完善国有资产监管体制，防止国有资产流失，全面推进依法治企，加强和改进党对国有企业的领导，做强做优做大国有企业，不断增强国有经济活力、控制力、影响力、抗风险能力。《关于深化国有企业改革的指导意见》对深化国有企业改革基本原则作了明确阐释，即：根本要求是坚持和完善基本经济制度，基本规律是坚持社会主义市场经济改革方向，重要关系是坚持增强活力和强化监管相结合，政治方向和政治原则是坚持党对国有企业的领导，科学方法是坚持积极稳妥统筹推进。

《关于深化国有企业改革的指导意见》提出了深化国有企业改革的主要目标：到 2020 年，在国有企业改革重要领域和关键环节取得决定性成果，形成更加符合我国基本经济制度和社会主义市场经济发展要求的国有资产管理体制、现代企业制度、市场化经营机制，国有资本布局结构更趋合理，造就一大批德才兼备、善于经营、充满活力的优秀企业家，培育一大批具有创新能力和国际竞争力的国有骨干企业，国有经济活力、控制力、影响力、抗风险能力明显增强。具体而言，就是要做到，一是国有企业公司制改革基本完成，发展混合所有制经济取得积极进展，法人治理结构更加健全，优胜劣汰、经营自主灵活、内部管理人员能上能下、员工能进能出、收入能增能减的市场化机制更加完善。二是国有资产监管制度更加成熟，相关法律法规更加健全，监管手段和方式不断优化，监管的科学性、针对性、有效性进一步提高，经营性国有资产实现集中统一监管，国有资产保值增值责任全面落实。三是国有资本配置效率显著提高，国有经济布局结构不断优化、主导作用有效发挥，国有企业在提升自主创新能力、保护资源环境、加快转型升级、履行社会责任中的引领和表率作用充分发挥。四是企业党的建设全面加强，反腐倡廉制度体系、工作体系更加完善，国有企业党组织在公司治理中的法定地位更加巩固，政治核心作用充分发挥。

在《关于深化国有企业改革的指导意见》的顶层设计下，由国资委在国有企业推动的 10 项改革试点工作也取得了积极成效。这 10 项改革试点的主要内容是：关于落实董事会职权的试点，关于市场化选聘经营管理者试点，关于推行职业经理人制度试点，关于企业薪酬分配差异化改革试点，关于国有资本投资、运营公司试点，关于中央企业兼并重组试点，关于部分重要领域混合所有制改革试点，关于混合所有制企业员工持股试点，关于国有企业信息公开工作试点，关于剥离企业办社会职能和解决历史遗留问题试点。每一项改革工作都选择若干家中央或地方企业进行改革试点，以点带面、以点串线，形成经验、复制推广。

与国有企业改革相配套，从 2013 年 8 月 1 日开始，营业税改征增值税试点开始向全国推开。自 2012 年 1 月上海率先开展"营改增"试点，到 2013 年 8 月底，全国共 222 万多户企业被纳入"营改增"试点。2016年 5 月，国家决定全面实施"营改增"，试点范围从交通运输业和部分现代服务业等扩大到建筑业、房地产业、金融业、生活服务业，并将所有企业新增不动产所含增值税纳入抵扣范围，确保所有行业税负只减不增，并同步实施中央和地方增值税"五五分享"。与此同时，2014 年 6 月，中央政治局审议通过了《深化财税体制改革总体方案》，指出深化财税体制改革的目标是建立统一完整、法治规范、公开透明、运行高效，有利于优化资源配置、维护市场统一、促进社会公平、实现国家长治久安的可持续的现代财政制度。新一轮财税体制改革于 2016 年基本完成重点工作和任务，于 2020 年基本建立现代财政制度。

2. 推进中央企业战略性重组

推进中央企业战略性重组是国有企业和国有资产改革的重要组成部分。2016 年 5 月，国务院审议通过了《中央企业深化改革瘦身健体工作方案》，确定采取五大措施推动央企瘦身健体、提质增效。一是加大供给侧结构性改革力度，优化国有资本布局结构。清理退出一批，以多种方式加快"僵尸企业"重组整合和市场出清,大力压缩过剩产能,加快淘汰落后产能。重组整合一批,推动中央企业实行产业链纵向、横向联合,鼓励中央企业等国有企业与非国有企业进行股权融合、战略合作、资源整合。创新发展一批,加大投入力度,对国家战略需要、中央企业有优势有基础的互联网、智能制造、高铁等产业予以重点支持。二是压缩管理层级,精减机构人员。2016 年选择一批中央企业启动压缩管理层级和压减法人层级、法人单位试点,力争用三年时间,使多数中央企业管理层级控制在 3~4 层以下,法人单位减少 20% 左右。三是整合集中资源,做强做优主业。结合落实"十三五"规划,增强主业的市场竞争力和行业领导力。抓紧转让退出非主业、盈利能力弱的资产,清理低效、闲置资产,集约利用闲置土地,处置非主业低效无效资产的收益以及国有资产形态转换变现的国有资本,原则上用于主业发展。四是以创新促健体,加快转型升级。结合"互联网+"行动和大数据发展战略,不断提高产业先进水平和产品竞争力。五是推进降本增效,提高运营效率。加大系统降本、技术降本力度,优化生产工序和作业流程,推行产品全生命周期成本管控。继续加大一般性管理费用和非生产性开支的压降力度,大力压减应收账款,缩减库存规模和亏损面,大幅提高集团资金集中度,管控债务风险,提高资金管理水平和利用效率。

中共十九大以来,国家按照"一条主线、五个着力"思路,以"做强做优做大中央企业、实现高质量发展"为主线,着力中央企业战略性重组、专业化整合、并购、"两非"(非主业、非优势)剥离和"两资"(低效资产、无效资产)清退、"压减"等五个重点,不折不扣做好中央企业结构调整与重组。一是战略性重组全面提速。先后完成了一批资产规模大、影响深远的重组项目,涉及 6 组 12 家中央企业。例如,中船集团与中船重工重组;中化集团、中国化工通过重组实现强强联合;保利集团重组中丝集团；中国电科重组中国普天等。这种战略性重组有序推动了国有资本向优势企业集中，向关系国家安全、国民经济命脉和国计民生的重要行业和关键领域集中。二是专业化整合有效推进。从根本上减少重复投资和同质化竞争，提高产业集中度和企业核心竞争力。例如，2020 年国家管网集团通过市场化方式收购三大石油公司相关管道资产；2021 年通过集中有关中央企业在卫星互联网领域的优势力量，组建成立了中国星网集团；2017 年中储粮总公司和中储棉总公司重组，中储棉总公司被无偿划转并入中储粮总公司，成为其全资子公司，重组后的中储粮总公司资产规模达 1.47 万亿元，储备品种涵盖主粮、食用油脂油料和棉花等 8 大储备品种，成为国内最大、国际影响举足轻重的农产品企业集团。三是并购工作稳步开展。这是企业实现快速发展的有效途径，中央企业围绕国家需要，围绕主责主业、重点关键领域，积极稳妥开展并购工作，有效促进了产业转型升级和企业高质量发展。例如，围绕深化央地合作开展并购，鞍钢与辽宁省国有企业本钢强强联合，使粗钢产能达到 6 300 万吨，营业收入达到 3 000 亿元，位居国内第二、世界第三，成为东北"钢铁航母"，形成"南有宝武，北有鞍钢"的产业格局；中国远洋海运通过收购秘鲁钱凯码头等项目，积极布局全球支点网络，强化产业链核心资源控制等措施。四是"两非"剥离、"两资"清退取得积极进展。通过两个专项的开展，下决心坚定做好"退"的文章，实现国有资本"有进有退"，有效集中优势资源，切实帮助企业减轻包袱负担，实现轻装前行、更好发展。例如，确定 2 041 家"僵困"企业名单，核定"两非"剥离任务共计 1 562 项，涉及资产 3 160.7 亿元。自 2020 年 9 月启动"两非"剥离以来，截至 2021 年上半年，已有 51 家中央企业通过吸收合并、破产重整、对外转让等方式，剥离非主营业务 252 项，涉及资产共计 495.7 亿元。五是"压减"工作持续推进。截至 2021 年 7 月底，中央企业管理层级控制在 5 级以内，法人户数累计减少超过 1.8 万户，减少比例超过 34％。从执行效果来看，管理层级明显压缩，集团管控能力明显增强，管理效率不断提升。

中国企业战略性重组不仅没有削弱国有企业的实力和影响力，反而极大地提升了国有企业的实力和影响力。从《财富》杂志公布的世界 500 强企业名单变化可知，2013 年入围中国企业 95 家（含台湾企业 6 家），入围美国企业 132 家；而 2021 年入围中国企业 143 家（含台湾企业 8 家），超过了美国 122 家入围企业数。根据中国企业联合会、中国企业家协会发布的"2020 中国企业 500 强榜单"，其中 265 家为国有企业，235 家为民营企业，分别占 53％和 47％。

3. 促进公有制经济和非公有制经济共同发展

习近平在中共十八届三中全会上指出，坚持和完善基本经济制度必须坚持"两个毫不动摇"。"在功能定位上，明确公有制经济和非公有制经济都是社会主义市场经济的重要组成部分，都是我国经济社会发展的重要基础；在产权保护上，明确提出公有制经济财产权不可侵犯，非公有制经济财产权同样不可侵犯；在政策待遇上，强调坚持权利平等、机会平等、规则平等，实行统一的市场准入制度；鼓励非公有制企业参与国有企业改革，鼓励发展非公有资本控股的混合所有制企业，鼓励有条件的私营企业建立现代企业制度。"① 这是新时代我国经济社会发展必须长期坚持的基本原则。从社会主义经济的"有益补充"到共同发展的"三个有利于"标准，再到社会主义经济的重要组成部分，非公经济越来越成为我国经济社会发展的重要力量。到 2019 年底私营企业法人数量达 1 892.19 万家，私

---

① 中共中央文献研究室. 十八大以来重要文献选编（上）. 北京：中央文献出版社，2014：501-502.

营企业和个体就业人数达 40 524.4 万人。总体上看，民营经济为国家贡献了 50％以上的税收、60％以上的 GDP、70％以上的技术创新、80％以上的城镇就业、90％以上的市场主体数量。非公经济在稳定增长、促进创新、增加就业、改善民生等方面发挥着重要作用。

据国资委介绍，2018 年我国国有企业混合所有制改革步伐加快、领域拓宽，多数国有企业已在资本层面实现混合。从产权层面看，截至 2017 年底，国资委监管的中央企业及各级子企业中，混合所有制户数占比达到 69％，省级国有企业混合所有制户数占比达到 56％。从所有者权益层面来看，2017 年底，中央企业所有者权益总额达 17.62 万亿元，其中吸引社会资本形成的少数股东权益达 5.87 万亿元，占比为 33％。中共十九大以来，在各级国资监管机构和广大国有企业深化改革的共同努力下，坚持"三因三宜三不"原则，即因地施策、因业施策、因企施策，宜独则独、宜控则控、宜参则参，不搞拉郎配、不搞全覆盖、不设时间表，通过增资扩股、改制上市、并购投资、合资新设、产权流转等多种方式，积极稳妥、分层分类推进混合所有制改革，取得了积极进展。

与此同时，国家大力推进行政管理体制改革，加快简政放权步伐和政府职能转变速度，采取负面清单管理模式。例如，国务院 2015 年 5 月召开会议推进简政放权、放管结合、职能转变工作电视电话会议，提出深化行政体制改革、转变政府职能总的要求是：简政放权、放管结合、优化服务协调推进，即"放管服"三管齐下，推动大众创业、万众创新，充分发挥中央和地方两个积极性，促进经济社会持续健康发展，加快建设与社会主义市场经济体制和中国特色社会主义事业发展相适应的法治政府、创新政府、廉洁政府和服务型政府，逐步实现政府治理能力现代化。此后历年都积极推进"放管服"改革，为我国经济社会发展营造良好条件和环境。

非公有制经济是中国特色社会主义经济的重要组成部分，其中民营企业也是我国企业方阵的重要组成部分，非公有制经济和民营企业发展得好不好，从一定程度上反映着我国企业发展的政策环境和制度环境状况。中共十八大以来，我国坚持毫不动摇地发展非公有制经济和民营企业，为非公有制经济和民营企业发展创造了快速发展的良好政策环境和制度环境。第一，非公有制经济和民营企业总体呈现快速发展的态势。第二，非公有制经济和民营企业产业覆盖面和所涉及领域进一步扩大。第三，非公有制经济和民营企业发展质量和技术水平显著提升。第四，非公有制经济和民营企业海外拓展和国际化运营达到新的水平。

　　非公有制经济和民营企业的发展也呈现变动较大的特点，其中重要的因素是它们更多地从事完全市场化的生产经营，受国际国内市场波动的影响明显。例如，全国工商联公布的民营企业 500 强榜单显示，2011 年排在 500 强榜单前十位的民营企业分别是华为、沙钢、苏宁、联想、万达、吉利、海航、广汇、雨润、广厦；而 2021 年排在 500 强榜单前十位的民营企业则分别是华为、京东、恒力、正威国际、阿里巴巴、腾讯、碧桂园、万科、联想、中南控股。最新进入榜单前十位的这些企业主要集中在计算机、通信及电子设备制造，互联网和相关服务，石油、煤炭及其他燃料加工，有色金属冶炼和压延加工，房地产等领域。由比较可见，只有华为和联想还稳居榜单前十位，其他 10 年前的前十强民营企业则都因各种原因跌出前十位，其中一些企业甚至陷入严重的财务和经营危机之中。高速发展和快速成长起来的民营企业如何保持战略上的适应性、市场上的竞争力，都还是一个亟待解决的重大战略问题。从 2021 年民营企业 500 强企业的地区分布来看，数量比较多的省市依次是浙江（96 家）、江苏（92家）、广东（61 家）、山东（53 家）、河北（33 家）、北京（22 家）、上海（21 家）、福建（17 家）、湖北（16 家）和重庆（13 家）。民营企业发展比较快的浙江、江苏、广东三省上榜企业数占到了全部 500 强企业的近一半；其中尤其引人注意的是广东省上榜企业质量更高，上榜企业营业收入总额高于浙江和江苏，上榜企业资产总额超过浙江、江苏两省上榜企业的总和，上榜企业前十位企业中有 5 家在广东省，14 家营业收入超过千亿元的企业位于广东省，充分展现了大湾区的发展环境和发展潜力。

4. 我国企业整体素质显著提升

在"十三五"时期，国家加大企业创新能力建设，将支持企业提高创新能力作为激发市场活力、增强发展后劲、推动高质量发展的重要抓手。我国实施了如下重要举措：一是加强制造业创新体系建设，包括批复建设动力电池、增材制造等 10 家国家级制造业创新中心，启动建设合成纤维、机器人技术等一批国家工程研究中心，认定一批国家企业技术中心和以企业为主体建设的国家重点实验室、工程实验室；二是推动重点领域创新突破，鼓励和支持龙头企业研发创新，包括 5G 通信、轨道交通装备、语音识别等领域技术水平跻身世界前列，C919 大型客机、高档数控机床等领域加快追赶国际先进水平；三是促进科技创新成果应用，包括实施新一轮重大技术改造升级工程，引导企业运用新技术新业态新模式，加快技术进步和设备更新，向智能、绿色、服务、高端制造转型升级；四是优化创新创业政策环境，包括完善和落实支持企业创新创业的政府采购、首台（套）重大技术装备保险补偿、研发费用加计扣除等鼓励措施，加快推进"双创"平台建设，引导企业加大创新投入，促进创新要素向企业集聚。正是这些措施推动企业开始转向高质量发展的轨道。

由中国企业联合会、中国企业家协会发布的"2020 中国企业 500 强"榜单可见，500 强中有 265 家为国有企业，235 家为民营企业，分别占 53％和 47％。

在新冠疫情十分严重的 2020 年，中国企业仍保持了很好的发展态势，"2021 中国企业 500 强"榜单有许多值得关注的亮点和特点。一是中国

500 强企业营业收入和净利润总额实现增长，资产扩张有所加快。营业收入千亿元俱乐部企业增至 222 家，"十三五"期间增加了 70 家，其中超过万亿元的企业达到 8 家。"十三五"期间企业营业收入超过千亿元的企业数，2016 年为 152 家，2017 年为 157 家，2018 年为 172 家，2019 年为 194 家，2020 年为 217 家。500 强企业共实现营业收入 89.83 万亿元，比上年增长了 4.43%，而同期世界 500 强企业营业收入下滑了 4.81%。"2021 中国企业 500 强"营业收入门槛又有所提高，为 392 亿元，而 2016—2020 年各年门槛分别为：2016 年 243.46 亿元，2017 年 283.11 亿元，2018 年 306.89 亿元，2019 年 323.25 亿元，2020 年 359.61 亿元。二是产业结构优化升级。"2021 中国企业 500 强"中，制造业达到 249 家，服务业 176 家，其他行业 75 家。与上年相比，制造业企业增加了 11 家，扭转了前两年制造业企业数量减少的态势。战略性新兴产业企业和现代服务业企业分别增加了 8 家和 6 家，房屋建筑企业、煤炭采掘企业分别减少了 10 家和 6 家。500 强企业前十名的入围行业分别是黑色冶金、房屋建筑、住宅地产、一般有色、石化及炼焦、商业银行、汽车及零配件制造、土木工程建筑、煤炭采掘及采选业、化学原料及化学品制造。三是超大型企业实力进一步增强。前十名的公司分别为国家电网有限公司、中国石油天然气集团有限公司、中国石油化工集团有限公司、中国建筑股份有限公司、中国平安保险（集团）股份有限公司、中国工商银行股份有限公司、中国建设银行股份有限公司、中国农业银行股份有限公司、中国人寿保险（集团）公司、中国铁路工程集团有限公司。"2021 中国企业 500 强"的利润总额达到 6 万亿元，比 2020 年增长了 7.75%；实现净利润 4.07 万亿元，比 2020 年增长了 4.59%。四是 500 强企业创新势头强劲，研发强度创历史新高。共投入研发经费 1.31 万亿元，增长 21.50%，占 2020 年全国企业研发投入经费总额的 64% 左右，占全国研发投入的 53.49%；研发强度为 1.77%，提高 0.16 个百分点，创历年 500 强研发强度新高。分行业和地区来看，高端装备制造业研发投入力度较大，航空航天业在企业平均研发费用的行业排名中居首位，通信设备制造业在研发强度、人均研发费用的行业排名中高居首位，广东省企业在区域研发强度排名中持续位居榜首，明显领先于其他地区。五是 500 强企业分布呈现明显的区域集中的特点。其中前 10 个省区市为北京 93 家，广东 58 家，山东 50 家，浙江 45 家，江苏 43 家，上海 33 家，河北 24 家，福建 18 家，四川 14 家，重庆 13 家。六是 500 强企业全球地位达到新高度，国际化经营持续推进。在 500 强企业分布的 75 个行业中，多数行业的企业都在积极参与国际化经营。这 75 个行业中有 42 个行业的国际化比率（行业入围企业中参与国际化经营企业的占比）高于或等于 50%，有 13 个行业的国际化比率为 100%。其中有 245 家企业参与了国际化经营，国有企业 156 家，其平均营业收入利润率为 2.73%，低于 89 家民营企业的 4.57%。

提高企业管理水平、加强企业管理始终是我国企业改革的重要内容，是企业发展的永恒主题，是企业实现基业长青的重要保障。中共十八大以来我国企业管理水平显著提高，一大批行之有效的现代化管理手段和管理方法在企业中得到推广。2020 年 6 月，国资委印发《关于开展对标世界一流管理提升行动的通知》（以下简称《通知》），具体提出了国有重点企业对标世界一流管理提升行动要从 8 个方面持续加强企业管理的制度体系、组织体系、责任体系、执行体系、评价体系等建设，全面提升管理能力和水平。这 8 个方面的内容是：加强战略管理，提升战略引领能力；加强组织管理，提升科学管控能力；加强运营管理，提升精益运营能力；加强财务管理，提升价值创造能力；加强科技管理，提升自主创新能力；加强风险管理，提升合规经营能力；加强人力资源管理，提升科学选人用人能力；加强信息化管理，提升系统集成能力。《通知》明确提出到 2022 年，国有重点企业基本形成系统完备、科学规范、运行高效的中国特色现代国有企业管理体系，企业总体管理能力明显增强，部分国有重点企业管理达到或接近世界一流水平。2021年8月，国资委公布了管理标杆企业、标杆项目和标杆模式名单，目的就是要促进国有企业不断强化管理体系和管理能力建设，推动与世界一流对标、加快向世界一流迈进。首批确定的"三个标杆"包括200家标杆企业、100个标杆项目和10个标杆模式，其中中央企业143家标杆企业、81个标杆项目和9个标杆模式，地方企业57家标杆企业、19个标杆项目和1个标杆模式。入选首批"三个标杆"的特点是代表性强、覆盖面广、涉及领域多。特别是200家标杆企业体现了企业集团的最高管理水平，在同行业、本领域具有较强的影响力，社会认可度高。

全球重要的咨询机构德勤（Deloitte）发布的《中美独角兽研究报告》披露，截至2017年6月，全球252家独角兽企业中，美国106家，占比42.1%，排名全球第一；中国98家，占比38.9%，排名全球第二。中国的这些独角兽企业几乎清一色都是非公有制企业，作为充满创新创业特质的企业，它们的爆发式增长总是会受到投资者的追捧。在全球独角兽数量行业分布中的前十行业是企业服务（41家）、电子商务（37家）、金融（31家）、医疗健康（20家）、汽车交通（18家）、文化娱乐（18家）、硬件（13家）、工具软件（12家）、社交（8家）和房产服务（8家），在中国独角兽数量行业分布中的前十行业是电子商务（16家）、金融（16家）、文化娱乐（13家）、汽车交通（9家）、企业服务（8家）、硬件（7家）、本地生活（5家）、医疗健康（5家）、教育（4家）和房产服务（4家）。[①]比较中美独角兽企业规模和结构，有一点需要引起高度关注，那就是企业服务在我国仍有广阔的发展空间。

---

① 独角兽企业缘何成长这么快？.人民日报海外版，2018－06－04.

三、以推动创新性发展促进高质量发展

当今世界发展越来越依赖创新发展。正如习近平所指出的，国际经济竞争甚至是综合国力竞争，说到底就是创新能力竞争，因此我国要大力实施创新驱动发展战略，加快完善创新机制，全方位推进科技创新、企业创新、产品创新、市场创新、品牌创新，加快科技成果向现实生产力转化，推动科技与经济紧密结合。特别是中共十八大以来，我国科学研究水平和学科整体实力大幅上升，若干学科方向已经达到国际领先水平，自主研发大量先进技术装备和系统投入使用。我国国内知识产权保护满意度由63.69分提升至80.61分，我国知识产权收入在贸易总额中的占比持续提高，创意产品出口、知识传播等指标进步明显，进入全球百强的科技集群数量跃居全球第二。

1. 实施创新驱动发展战略

（1）牢固抓住科技革命和产业革命重大机遇。

习近平在分析了历次产业革命的共同特点（即有新的科学理论作基础、有相应的新生产工具出现、形成大量新的投资热点和就业岗位、经济结构和发展方式发生重大调整并形成新的规模化经济效益、社会生产生活方式有新的重要变革）之后，指出目前这些要素都在加快积累和成熟中。即将出现的新一轮科技革命和产业变革与我国加快转变经济发展方式形成历史性交汇，为我国实施创新驱动发展战略提供了难得的重大机遇。[①] 据此，我国提出了中国特色自主创新道路，坚持自主创新、重点跨越、支撑

---

① 中共中央文献研究室. 习近平关于社会主义经济建设论述摘编. 北京：中央文献出版社，2017：127.

发展、引领未来的方针。要形成全国性的充满活力的创新驱动发展和广泛强大的原始创新能力，就是要有在重大战略性、关键性领域的国家队，就是要有效发挥新形势下的科技攻关"举国体制"作用，就是要形成千军万马从事创新发展的局面。这些亟待形成原始创新能力的领域，往往因为短时期内还无法由企业或企业集团以及科研机构来自主承担科技革命和科技进步的任务，需要国家在经费支持、组织保障、长期规划、前后项产学研合作等方面作出顶层设计和具体安排。例如，重大科技基础设施和重大科技国家实验室等项目，这些都事关国家战略科技能力和力量；又如，重大科技项目包括人工智能、量子信息、集成电路、生命健康、脑科学、生物育种、空天科技、深地深海等前沿领域，这些都事关国家科技水平和产业水平的发展。

2015年3月，我国首次提出制定"互联网＋"行动计划，把"大众创业、万众创新"打造成推动中国经济继续前行的"双引擎"之一。国务院专门印发了《关于积极推进"互联网＋"行动的指导意见》，提出了"互联网＋"创业创新、协同制造、现代农业、智慧能源、普惠金融、益民服务、高效物流、电子商务、便捷交通、绿色生态、人工智能等11个重点行动。例如，"互联网＋"现代农业，提出构建依托互联网的新型农业生产经营体系，发展精准化生产方式，培养多样化网络化服务模式。这是推动互联网由消费领域向生产领域拓展，加速提升产业发展水平，增强各行业创新能力，构筑经济社会发展新优势和新动能的重要举措。2016年9月，国务院印发《关于加快推进"互联网＋政府服务"工作的指导意见》，将互联网与提高政府服务质量和效能结合起来。

2015年3月，中共中央、国务院印发《关于深化体制机制改革加快实施创新驱动发展战略的若干意见》。2016年1月，中共中央、国务院又印发《国家创新驱动发展战略纲要》，把创新驱动发展战略提高到前所未有的高度，并提出和规划了多方面的制度与政策保障措施。

2015 年 6 月，《国务院关于大力推进大众创业万众创新若干政策措施的意见》印发，从 9 大领域 30 个方面明确了 96 条政策措施。强调要创新体制机制，实现创业便利化；优化财税政策，强化创业扶持；搞活金融市场，实现便捷融资；扩大创业投资，支持创业起步成长；发展创业服务，构建创业生态；建设创业创新平台，增强支撑作用；激发创造活力，发展创新性创业；拓展城乡创业渠道，实现创业带动就业；加强统筹协调，完善协同机制。

联合国教科文组织 2015 年 10 月发布的《联合国教科文组织科学报告：面向 2030》显示，中国用于研发的投资占全球总数的 20％，仅次于美国的 28％。中国科学家人数占全球科学家总数的 19％，仅次于欧盟。另外，中国的科学出版物数量在 5 年内增加了近一倍，几乎占到世界总量的 1/5，10 年前这个比例仅占 5％。报告称，中国的快速增长反映出其科研体系时代的到来。报告指出，不论收入水平如何，大多数国家都把研究和创新视为经济可持续增长和促进发展的重点。而就投资、研究者和出版物的数量而言，中国的研究体系正在走向成熟。

2016 年 8 月，由世界知识产权组织、美国康奈尔大学、欧洲工商管理学院共同发布的 2016 年全球创新指数在瑞士日内瓦公布结果。该指数核心部分由全球经济体创新能力和结果的排名组成，涵盖 82 项具体评估指标。该指数显示我国首次跻身世界最具创新力的经济体前 25 强，瑞士、瑞典、英国、美国和芬兰依次占据榜单前五位。世界知识产权组织表示，在过去对全球 100 多个国家和地区创新能力的调查中，高度发达经济体在全球创新指数中一直占主导地位，中国进入 25 强，标志着中等收入经济体首次达到高度发达经济体水平。2021 年 9 月，根据世界知识产权组织发布的《2021 年全球创新指数》报告，我国排名提升至第 12 位，比 2020

年排名上升 2 位，居中等收入经济体首位。尤其是在专利申请、商标申请、工业设计、高新技术出口、创意产品出口和国内市场规模等 9 项指标中排名第一。与此同时，中国的发明专利申请量、商标申请量也已经连续十多年位居世界首位，通过世界知识产权组织《专利合作条约》（PCT）途径提交专利申请数量也于 2019 年跃居世界第一位，2020 年继续保持全球第一。根据 2021 年 11 月世界知识产权组织发布的《世界知识产权指标》报告（WIPI），2020 年全球知识产权申请活动仍然很活跃，商标申请增长 13.7%，专利申请增长 1.6%，外观设计申请增长 2%。而中国在专利、商标、植物新品种申请量方面均居世界第一。在信息与通信技术（ICT）领域，中国数字通信、计算机技术、信息化管理等专利申请增长显著。另外，中国 8.6% 的技术专利公开在计算机技术领域。

仅以 2019 年为例，从我国研发经费投入来看，研发经费总量达到 22 143.6 亿元，首次超过 2 万亿元，仅次于美国居世界第 2 位；在研发活动类型中，基础研究经费为 1 335.6 亿元，应用研究经费为 2 498.5 亿元，试验发展经费为 18 309.56 亿元，占研发经费比重分别为 6.1%、11.3% 和 82.7%；研发经费投入强度为 2.23%，超过欧盟 27 国平均 2.10% 的水平，达到中等发达经济体研发经费投入强度[①]水平，其中我国企业研发经费投入为 16 921.8 亿元，占全社会研发经费的 76.4%，国家财政科技拨款达 10 717.4 亿元，占国家公共财政支出的 4.5%。从研究论文和发表来看，这一年中国发表 SCI 论文 49.6 万篇，连续 11 年仅次于美国排名世界第二位；2013—2019 年中国 SCI 论文占世界总量分别为 13.5%、14.9%、

---

① 研发经费投入强度是指研发经费占该国 GDP 的比重。2019 年世界主要国家研发经费投入强度如下：以色列为 4.93%，韩国为 4.64%，瑞典为 3.40%，日本为 3.24%，奥地利为 3.19%，德国为 3.18%，美国为 3.07%，丹麦为 2.96%，比利时为 2.89%，芬兰为 2.79%，OECD 国家为 2.47%，冰岛为 2.35%，法国为 2.19%，荷兰为 2.16%，挪威为 2.15%，斯洛文尼亚为 2.04%，捷克为 1.94%，英国为 1.76%，俄罗斯为 1.03%。

16.3％、17.1％、18.6％、20.2％、21.5％；论文数量中，材料科学、化学、工程技术、计算机科学、物理学、地学、数学和分子生物学与遗传学论文产出超过世界相应学科论文的 20％。从我国创业投资行业机构来看，机构数已达 2 994 家，全国创业投资管理资本总量达 9 989.1 亿元，管理资本占 GDP 比重达 1.01％；投资金额分布主要集中在医药保健、半导体、新能源、传统制造业、高效节能技术和新材料工业等领域。从全国技术交易总量来看，全国签订技术合同 48.4 万项，成交额达到 22 398.4 亿元，首次突破 2 万亿元，技术服务合同成交额实现七连冠，电子信息、城市建设与社会发展、先进制造技术领域交易额居前三位。从我国高技术产业 15.9 万亿元主营业务收入的构成来看，电子及通信设备制造业占 63.0％、计算机及办公设备制造业占 13.0％、医药制造业占 15.0％、医疗仪器设备及仪器仪表制造业占 6.3％、信息化学品制造业占 0.4％；其中东部地区高技术产业主营业务收入占 68.9％，尤其是广东、江苏两省就占 44.5％。

据工业和信息化部介绍，"十三五"期间我国信息化和工业化融合发展成效显著，尤其以制造业数字化转型步伐不断加快为特征，全国工业企业关键工序数控化率、经营管理数字化普及率和数字化研发设计工具普及率分别达到 54.6％、69.8％ 和 74.2％，五年内分别增加 9.2、14.9 和 12.2 个百分点。基于工业互联网的融合发展生态加速构建，有影响力的平台数量超过 100 个、设备连接数量超过 7 600 万台（套），包括数字化管理、个性化定制、网络化协同、服务化延伸等融合发展新模式新业态发展迅速。与此同时，我国软件和信息技术服务业高速发展，规模效益快速增长。仅业务收入就从 2015 年的 4.28 万亿元增至 2020 年的 8.16 万亿元，年均增长率达 13.8％，占整个信息产业的比重从 2015 年的 28％增长到 2020 年的 40％。近些年来工业和信息化部推出了若干重要发展规划，如《"十四五"时期信息通信行业发展规划》《"十四五"大数据产业发展规划》《"十四五"软件和信息技术服务业发展规划》《"十四五"信息化和工业化深度融合发展规划》等。在这些发展规划中有一个突出的亮点，即充分发挥科技创新潜能，以科技进步赋能新兴产业和现代服务业发展。

（2）加快科技创新，建设数字中国。

加快建成科技强国是我国新发展阶段科技发展的重要目标。2024年6月24日，习近平在全国科技大会、国家科学技术奖励大会、两院院士大会上的讲话中提出：我们要建成的科技强国，应当具有居于世界前列的科技实力和创新能力，支撑经济实力、国防实力、综合国力整体跃升，增进人类福祉，推动全球发展。必须具备以下基本要素：一是拥有强大的基础研究和原始创新能力，持续产出重大原创性、颠覆性科技成果。二是拥有强大的关键核心技术攻关能力，有力支撑高质量发展和高水平安全。三是拥有强大的国际影响力和引领力，成为世界重要科学中心和创新高地。四是拥有强大的高水平科技人才培养和集聚能力，不断壮大国际顶尖科技人才队伍和国家战略科技力量。五是拥有强大的科技治理体系和治理能力，形成世界一流的创新生态和科研环境。为此，习近平提出：第一，充分发挥新型举国体制优势，加快推进高水平科技自立自强。第二，扎实推动科技创新和产业创新深度融合，助力发展新质生产力。第三，全面深化科技体制机制改革，充分激发创新创造活力。第四，一体推进教育科技人才事业发展，构筑人才竞争优势。第五，深入践行构建人类命运共同体理念，推动科技开放合作。

数字经济是当代科学技术发展的重要体现。中共中央政治局2021年10月18日就推动我国数字经济健康发展进行第三十四次集体学习。习近平强调，近年来，互联网、大数据、云计算、人工智能、区块链等技术加速创新，日益融入经济社会发展各领域全过程，数字经济发展速度之快、辐射范围之广、影响程度之深前所未有，正在成为重组全球要素资源、重塑全球经济结构、改变全球竞争格局的关键力量。要站在统筹中华民族伟大复兴战略全局和世界百年未有之大变局的高度，统筹国内国际两个大局、发展安全两件大事，充分发挥海量数据和丰富应用场景优势，促进数字技术与实体经济深度融合，赋能传统产业转型升级，催生新产业新业态新模式，不断做强做优做大我国数字经济。习近平指出：发展数字经济是把握新一轮科技革命和产业变革新机遇的战略选择。一是数字经济健康发展有利于推动构建新发展格局。数字技术、数字经济可以推动各类资源要素快捷流动、各类市场主体加速融合，帮助市场主体重构组织模式，实现跨界发展，打破时空限制，延伸产业链条，畅通国内外经济循环。二是数字经济健康发展有利于推动建设现代化经济体系。数字经济具有高创新性、强渗透性、广覆盖性，不仅是新的经济增长点，而且是改造提升传统产业的支点，可以成为构建现代化经济体系的重要引擎。三是数字经济健康发展有利于推动构筑国家竞争新优势。当今时代，数字技术、数字经济是世界科技革命和产业变革的先机，是新一轮国际竞争重点领域，我们要抓住先机、抢占未来发展制高点。

与此同时，中国高度重视数字经济国际合作，已经申请加入《数字经济伙伴关系协定》，愿同各方合力推动数字经济健康有序发展。二十国集团要共担数字时代的责任，加快新型数字基础设施建设，促进数字技术同实体经济深度融合，帮助发展中国家消除"数字鸿沟"。中国已经提出《全球数据安全倡议》，我们可以共同探讨制定反映各方意愿、尊重各方利益的数字治理国际规则，积极营造开放、公平、公正、非歧视的数字发展环境。

2023 年 2 月，中共中央、国务院印发《数字中国建设整体布局规划》（以下简称《规划》）。《规划》指出：建设数字中国是数字时代推进中国式

现代化的重要引擎，是构筑国家竞争新优势的有力支撑。应全面提升数字
中国建设的整体性、系统性、协同性，促进数字经济和实体经济深度融
合，以数字化驱动生产生活和治理方式变革，为以中国式现代化全面推进
中华民族伟大复兴注入强大动力。《规划》提出，到 2025 年，基本形成横
向打通、纵向贯通、协调有力的一体化推进格局，数字中国建设取得重要
进展。数字基础设施高效联通，数据资源规模和质量加快提升，数据要素
价值有效释放，数字经济发展质量效益大幅增强，政务数字化智能化水平
明显提升，数字文化建设跃上新台阶，数字社会精准化普惠化便捷化取得
显著成效，数字生态文明建设取得积极进展，数字技术创新实现重大突
破，应用创新全球领先，数字安全保障能力全面提升，数字治理体系更加
完善，数字领域国际合作打开新局面。到 2035 年，数字化发展水平进入
世界前列，数字中国建设取得重大成就。数字中国建设体系化布局更加科
学完备，经济、政治、文化、社会、生态文明建设各领域数字化发展更加
协调充分，有力支撑全面建设社会主义现代化国家。《规划》明确，数字
中国建设按照"2522"的整体框架进行布局，即夯实数字基础设施和数据
资源体系"两大基础"，推进数字技术与经济、政治、文化、社会、生态
文明建设"五位一体"深度融合，强化数字技术创新体系和数字安全屏障
"两大能力"，优化数字化发展国内国际"两个环境"。

2. 实施制造业强国战略

世界主要国家在制造业领域的竞争日益明显，一些发达经济体近些年
来不断加强其制造业竞争优势，相继制定了面向智能化、网络化、数字化
技术的制造业发展战略。面对这些战略调整，中国大力推动制造业创新发
展。我国制造业水平和制造业能力显著提升。例如，具有完全自主知识产
权、达到世界先进水平的中国标准动车组"复兴号"于 2017 年 6 月 26 日
在京沪高铁正式双向首发，9 月 21 日在全世界率先实现高铁时速 350 公

里商业运营。"复兴号"中国标准动车组构建了体系完整、结构合理、先进科学的高速动车组技术标准体系，标志着中国高速动车组技术全面实现自主化、标准化和系列化，极大增强了中国高铁的国际话语权和核心竞争力。又如，港珠澳大桥工程于 2017 年 7 月实现主体全线贯通。大桥是连接香港、珠海和澳门的超大型跨海通道，也是世界最长的跨海大桥。通车后，珠海、澳门同香港间的车程由 3 小时缩短至半小时。港珠澳大桥总长 55 公里，被誉为世界桥梁史上的"王冠"。作为世界级超级工程，它实现了"六个最"：总体跨度最长、钢结构桥体最长、海底沉管隧道最长、在世界公路建设史上技术最复杂、施工难度最大、工程规模最庞大。再如，2021 年 6 月，北京到新疆的京新高速公路全线建成通车，总里程约 2 768 公里，这是目前世界上穿越沙漠、戈壁里程最长的高速公路。到 2017 年 7 月，全国高速公路通车里程达 13.2 万公里。

根据中国机械工业联合会提供的信息，改革开放 40 年来，机械工业产业规模不断壮大，工业增加值从 1978 年的 97.2 亿元增至 2017 年的 6 万亿元左右，增长超 600 倍；2017 年利润总额为 1.71 万亿元，是 1978 年 69.2 亿元的 247 倍。机械工业产业体系不断完善，完成了从制造一般产品到高精尖产品、从制造单机到制造大型先进成套设备的转变。生产技术水平不断提升。机械主导产品技术来源中，国内占比从 20 世纪 80 年代的 24.5% 上升至 2017 年的 70%。机械标准数量从 1978 年的 3 400 项发展到 1.72 万项，重点领域与国际标准一致性程度达 80% 以上。机械产品自给率超过 85%，基本改变了 20 世纪先进装备主要依靠进口的被动局面。绿色制造、智能制造、服务型制造等新兴产业快速发展，一批先行企业服务型制造在企业总收入中占比达 30% 以上。此外，民营企业发展迅猛。"以 2000 年至 2015 年为例，机械行业民营企业由 1.8 万家、占比 54.63%，发展到 6.78 万家、占比 82.79%，资产总额比重由 25.2% 升至 49.69%，主营业务收入占比由 37.15％升至 59.05％，利润总额占比由 43.69％升至 55.4％。"

又据科技部介绍，2019 年全国 169 个国家高新技术产业开发区生产总值达到 12.1 万亿元，占 GDP 比重达 12.3％。国家高新区企业研发人员 264.1 万人，折合全时当量 182.0 万人年；每万名从业人员中研发人员为 822.1 人年，是全国平均水平的 13.8 倍。企业共拥有发明专利 85.8 万件，拥有境内发明专利 74.0 万件，占全国发明专利拥有量的 38.4％。国家高新区企业认定登记的技术合同成交额达到 6 783.9 亿元，占全国技术合同成交额的比重为 30.3％。169 个国家高新区中属于高技术产业的企业达 73 679 家，占国家高新区企业总数的 52.2％，从业人员达 931.6 万人，占国家高新区从业人员总数的 42.1％。国家高新区高技术制造业和高技术服务业创造的营业收入、工业总产值、净利润、上缴税额和出口总额分别为 127 604.0 亿元、74 745.7 亿元、9 861.8 亿元、5 422.6 亿元和 25 300.4 亿元。国家高新区、自创区不断强化机制创新和政策先行先试，培育和发展新兴产业，对区域经济及产业牵引能力日益增强。

我国科技创新能力显著提升，科技创新水平加速迈向国际第一方阵，进入"三跑并存"、领跑并跑日益增多的历史性新阶段，主要创新指标进入世界前列，已成为具有全球影响力的科技大国。据有关部门介绍，2017 年全社会研发经费支出为 1.75 万亿元，比 2012 年的 1.03 万亿元增长 70％，居世界第二；国际科技论文被引用量首次超过德国、英国，跃居世界第二。发明专利申请量和授权量均居世界前列，有效发明专利保有量居世界第三。科技成果转化量质齐升，全国技术合同成交额达 1.3 万亿元。科技进步贡献率从 2012 年的 52.2％升至 2017 年的 57.5％，国家创新能力排名从 2012 年的第 20 位升至 2017 年的第 17 位。

由于我国经济总量增长迅速，制造业在我国 GDP 中的比重有一定下降，但是我国制造业大国地位则进一步巩固。一是制造业体量庞大。2012—2020 年我国工业增加值由 20.9 万亿元增至 31.3 万亿元，其中制造业增加值由 16.98 万亿元增至 26.6 万亿元，占全球比重由 22.5％提高到近 30％。二是制造业体系完备。我国工业拥有 41 个大类、207 个中类、666 个小类，是世界上工业体系最健全的国家。在 500 种主要工业产品中，有 40％以上产品的产量居世界第一。三是制造业产品竞争力强。目前我国光伏、新能源汽车、家电、智能手机、消费级无人机等重点产业跻身世界前列，通信设备、工程机械、高铁等一大批高端品牌走向世界，制造业不断向高端跃升。四是制造业中高技术制造业比重不断上升。据测算，2020 年我国高技术制造业占规模以上工业增加值比重已达 15.1％，其增长态势依然强劲。2020 年全国规模以上工业增加值同比增长 2.8％，而装备和高技术制造业则分别增长 6.6％和 7.1％，未来必将成为支撑我国经济高质量发展的重要动能。截至 2020 年底，已经论证和启动建设的 17 家国家制造业创新中心，覆盖了动力电池、增材制造、印刷及柔性显示、信息光电子、机器人、集成电路、智能传感器、数字化设计与制造、轻量化材料成形技术及装备、先进轨道交通装备、农机装备、智能物联汽车、先进功能纤维、稀土功能材料、高性能医疗器械、集成电路特色工艺及封装测试、硅基混合集成等领域。中共十八大以来，我国科技事业发生了历史性、整体性、格局性变化，成功跨入创新型国家的行列，全面融入全球创新网络，展现出了生机勃勃的整体布局和发展态势。

尤其值得一提的是 2018 年 6 月，总规模达 300 亿元的北京科技创新基金正式启动。这是北京市政府主导的股权投资母基金，专注于科技创新领域投资，与天使投资、创业投资等社会资本形成合力，面向国内外高校、科研院所、创新型企业等创新源头，实现"三个引导"：一是引导投向高端"硬技术"创新；二是引导投向前端原始创新；三是引导符合首都战略定位的高端科研成果落地孵化转化，培育"高精尖"产业。

在新发展阶段特别是在复杂的国际国内发展环境中，制约高质量发展因素大量存在。从外部环境看，世界百年未有之大变局全方位、深层次加速演进。从内在条件看，我国一些领域关键核心技术受制于人的局面尚未根本改变，城乡区域发展和收入分配差距依然较大，掣肘经济社会高质量发展。从工作推进情况看，有的领导干部认识不到位，实际工作中一遇到矛盾和困难又习惯性回到追求粗放扩张、低效发展的老路上；有的领导干部观念陈旧，名曰推动高质量发展、实际上"新瓶装旧酒"；有的领导干部能力不足，面对国内外新环境新挑战，不知如何推动高质量发展；等等。这些问题都严重阻碍着中国的高质量发展，必须在理论和实践的层面加以解决。那就是必须牢记高质量发展是新时代的硬道理，完整、准确、全面贯彻新发展理念，把加快建设现代化经济体系、推进高水平科技自立自强、加快构建新发展格局、统筹推进深层次改革和高水平开放、统筹高质量发展和高水平安全等战略任务落实到位，完善推动高质量发展的考核评价体系，为推动高质量发展打牢基础。

"十四五"期间，我国工业将以提升产业链供应链的现代化水平为着力点和落脚点，固根基、扬优势、补短板、强弱项。主要措施为：深入实施创新驱动发展战略，强化制造强国和网络强国建设的战略支撑；着力提升产业链供应链稳定性和竞争力，打造未来发展的新优势；大力推进产业结构优化升级，促进产业素质的整体提升；加快发展数字经济，以数字化变革催生和创造发展新动能；进一步深化改革、扩大高水平开放，持续增强新发展活力。

3. 推动大规模设备更新

2024年3月，国务院印发《推动大规模设备更新和消费品以旧换新行动方案》（以下简称《行动方案》）。推动大规模设备更新和消费品以旧换新是加快构建新发展格局、推动高质量发展的重要举措，必将有力促进投资和消费，既利当前、更利长远。为此，《行动方案》提出统筹扩大内需和深化供给侧结构性改革，实施设备更新、消费品以旧换新、回收循环利用、标准提升四大行动，大力促进先进设备生产应用，推动先进产能比重持续提升，推动高质量耐用消费品更多进入居民生活，畅通资源循环利用链条，大幅提高国民经济循环质量和水平。

为了进一步加大对设备更新和消费品以旧换新的支持力度，国家于2024年7月24日出台了《关于加力支持大规模设备更新和消费品以旧换新的若干措施》。国家统筹安排3 000亿元左右超长期特别国债资金，加力支持大规模设备更新和消费品以旧换新。在现行政策体系基础上，大幅度扩大支持范围、大幅度优化组织方式、大幅度提升补贴标准，明确了多领域多方面的加力支持政策。第一，支持设备更新资金规模将近1 500亿元，在工业、环境基础设施、交通运输、物流、教育、文旅、医疗等领域设备更新以及回收循环利用的基础上，将支持范围扩大到能源电力、老旧电梯等领域设备更新以及重点行业节能降碳和安全改造，并结合实际动态调整。还明确了支持老旧营运车船报废更新、农业机械报废更新、新能源公交车及动力电池更新等方面的补贴标准，较此前均有大幅度提升。第二，直接向地方安排1 500亿元左右超长期特别国债资金，支持地方自主实施消费品以旧换新。重点支持汽车报废更新和个人消费者乘用车置换更新，家电产品和电动自行车以旧换新，旧房装修、厨卫等局部改造、居家适老化改造所用物品和材料购置，促进智能家居消费等。对报废旧车并购买新车的个人消费者，补贴标准由购买新能源乘用车补1万元、购买燃油乘用车补7 000元，分别提高至2万元和1.5万元。对个人消费者购买2级及以上能效或水效标准的冰箱、洗衣机、电视、空调、电脑、热水器、家用灶具、吸油烟机等 8 类家电产品给予以旧换新补贴。补贴标准为产品销售价格的 15%，对购买 1 级及以上能效或水效标准的产品，额外再给予产品销售价格 5% 的补贴。

确定"双碳"目标，实现绿色发展，这是我国经济社会发展的重要目标。2021 年 9 月 22 日，中共中央、国务院通过《关于完整准确全面贯彻新发展理念做好碳达峰碳中和工作的意见》，提出实现碳达峰、碳中和，是以习近平同志为核心的党中央统筹国内国际两个大局作出的重大战略决策，是着力解决资源环境约束突出问题、实现中华民族永续发展的必然选择，是构建人类命运共同体的庄严承诺。我国的目标是到 2025 年，绿色低碳循环发展的经济体系初步形成，单位国内生产总值能耗比 2020 年下降 13.5%；单位国内生产总值二氧化碳排放比 2020 年下降 18%；非化石能源消费比重达到 20% 左右；森林覆盖率达到 24.1%，森林蓄积量达到 180 亿立方米。到 2030 年，经济社会发展全面绿色转型取得显著成效，重点耗能行业能源利用效率达到国际先进水平。单位国内生产总值二氧化碳排放比 2005 年下降 65% 以上；非化石能源消费比重达到 25% 左右，风电、太阳能发电总装机容量达到 12 亿千瓦以上；森林覆盖率达到 25% 左右，森林蓄积量达到 190 亿立方米。到 2060 年，绿色低碳循环发展的经济体系和清洁低碳安全高效的能源体系全面建立，非化石能源消费比重达到 80% 以上，碳中和目标顺利实现，生态文明建设取得丰硕成果，开创人与自然和谐共生新境界。[①] 中国已经发布了《关于完整准确全面贯彻新发展理念做好碳达峰碳中和工作的意见》和《2030 年前碳达峰行动方案》，还将陆续发布能源、工业、建筑、交通等重点领域和煤炭、电力、钢铁、水泥等重点行业的实施方案，出台科技、碳汇、财税、金融等保障

---

① 中共中央国务院关于完整准确全面贯彻新发展理念做好碳达峰碳中和工作的意见. 北京：人民出版社，2021：1，4.

措施，形成碳达峰、碳中和"1＋N"政策体系，明确时间表、路线图、施工图。

4. 促进"三新"经济快速发展

为高科技企业创造良好的发展环境是促进高质量发展的重要环节。2024年6月，国务院办公厅印发《促进创业投资高质量发展的若干政策措施》，提出发展创业投资是促进科技、产业、金融良性循环的重要举措。该文件提出要围绕创业投资"募、投、管、退"全链条，进一步完善政策环境和管理制度，积极支持创业投资做大做强，充分发挥创业投资支持科技创新的重要作用，按照市场化法治化原则引导创业投资稳定和加大对重点领域投入，强化企业创新主体地位，促进科技型企业成长，为培育发展新质生产力、实现高水平科技自立自强、塑造发展新动能新优势提供有力支撑。

2024年6月11日，二十届中央全面深化改革委员会第五次会议审议通过了《关于建设具有全球竞争力的科技创新开放环境的若干意见》，提出建设具有全球竞争力的科技创新开放环境，要坚持"走出去"和"引进来"相结合，扩大国际科技交流合作，努力构建合作共赢的伙伴关系，前瞻谋划和深度参与全球科技治理。要加强国际化科研环境建设，瞄准科研人员的现实关切，着力解决突出问题，确保人才引进来、留得住、用得好。要不断健全科技安全制度和风险防范机制，在开放环境中筑牢安全底线。

2023年4月21日，二十届中央全面深化改革委员会第一次会议审议通过了《关于强化企业科技创新主体地位的意见》。会议指出，强化企业科技创新主体地位，是深化科技体制改革、推动实现高水平科技自立自强的关键举措。要坚持系统观念，围绕"为谁创新、谁来创新、创新什么、如何创新"，从制度建设着眼，对技术创新决策、研发投入、科研组织、成果转化全链条整体部署，对政策、资金、项目、平台、人才等关键创新资源系统布局，一体推进科技创新、产业创新和体制机制创新，推动形成企业为主体、产学研高效协同深度融合的创新体系。要聚焦国家战略和产业发展重大需求，加大企业创新支持力度，积极鼓励、有效引导民营企业参与国家重大创新，推动企业在关键核心技术创新和重大原创技术突破中发挥作用。

我国坚持以科技创新引领现代化产业体系建设，2023 年全社会研发经费支出比 2012 年增长 2.2 倍，已布局建设 27 家国家制造业创新中心、2 家国家地方共建制造业创新中心，加快建设 45 个国家先进制造业集群，产业创新力、竞争力、抗风险能力显著提升。2023 年，我国制造业增加值约占全球比重的 30%，连续 14 年居全球首位。

据 2021 年 12 月胡润研究院发布的《2021 全球独角兽榜》，2021 年全球独角兽数量达 1 058 家，同比增长近八成，分布于 42 个国家、221 个城市。其中美国 487 家，同比增加 254 家；中国 301 家，同比增加 74 家。进入全球独角兽前十名榜单的依次是字节跳动、蚂蚁集团、SpaceX、Stripe、Klarna、Canva、Instacart、Databrichs、菜鸟网络、Revolut，其中字节跳动、蚂蚁集团、菜鸟网络是中国企业。从这次公布的独角兽企业行业分布来看，金融科技 139 家、软件服务 134 家、电子商务 122 家、人工智能 84 家、健康科技 80 家、网络安全 40 家、生物科技 31 家、区块链 30 家、共享经济 29 家、大数据 27 家。我国独角兽企业分布最多的城市主要为北京 91 家、上海 71 家、深圳 32 家、杭州 22 家、广州 10 家、南京 10 家。可见，中国企业创新潜力巨大，前景可观。2021—2023 年我国新产业、新业态、新商业模式的"三新"经济发展迅速（见表 6-1）。

表 6-1　　2021—2023 年我国新产业、新业态、新商业模式"三新"经济综合情况

指标	2021	2022	2023
"三新经济增加值"（亿元）	197 270	210 084	223 528
第一产业（亿元）	7 912	8 457	8 728
第二产业（亿元）	87 499	92 813	93 491
第三产业（亿元）	101 859	108 815	121 309
规模以上高技术制造业增加值增速（%）	18.2	7.4	2.7
高技术制造业投资增速（%）	22.2	22.2	9.9

中国的全球百强科技创新集群数量连续第二年位居世界第一。据世界知识产权组织 2024 年 8 月 27 日发布的《2024 年全球创新指数（GII）报告》先期报告，中国拥有 26 个全球百强科技创新集群，超过 2023 年的 24 个。美国占 20 个，德国占 8 个，印度和韩国各占 4 个。全球创新指数中的科技创新集群是城市和城市群，它显示的是全球最活跃的科技活动集聚地区，是国家科技生态系统的重要基础，确定的指标有二：一是《专利合作条约》公开的专利申请中发明人所在地，二是已发表科技论文的作者所在地。在全球前十科技创新集群中，有 7 个在亚洲，3 个在美国。日本东京-横滨城市群位居第一，中国深圳-香港-广州城市群已连续五年位居第二，中国北京位居第三。

从推进中国式现代化进程来看，需要培养和造就大批德才兼备的工程师，这是国家和民族长远发展的大计。也是深入实施科教兴国战略、人才强国战略、创新驱动发展战略，以改革创新精神做好新时代工程技术人才工作的重要一环。2024 年 1 月 19 日，国家首次设立"国家工程师奖"，评选表彰"国家卓越工程师"和"国家卓越工程师团队"，授予 81 名个人"国家卓越工程师"称号、50 个团队"国家卓越工程师团队"称号。这对于着力完善自主培养体系，着力深化体制机制改革，着力推动开放交流，着力营造良好创新环境，充分调动工程技术人员积极性、主动性、创造性

有着十分重要的意义。

四、构建全国统一大市场

要使社会主义市场经济在资源配置中起决定性作用，就必须加快构建畅通有序的现代化全国统一大市场。新发展阶段以来，国家在建设全国统一大市场方面作了积极的努力，成效十分显著。

建设全国统一大市场首先需要打破地方保护，打通关键堵点。2022年3月25日，《中共中央 国务院关于加快建设全国统一大市场的意见》发布，这是推动建设全国统一大市场的重要文件。该文件提出，加快建立全国统一的市场制度规则，打破地方保护和市场分割，打通制约经济循环的关键堵点，促进商品要素资源在更大范围内畅通流动，加快建设高效规范、公平竞争、充分开放的全国统一大市场，全面推动我国市场由大到强转变，为建设高标准市场体系、构建高水平社会主义市场经济体制提供坚强支撑。主要内容包括如下方面共30条政策措施：强化市场基础制度规则统一，推进市场设施高标准联通，打造统一的要素和资源市场，推进商品和服务市场高水平统一，推进市场监管公平统一，进一步规范不当市场竞争和市场干预行为等。

全国统一大市场的重要功能就是降低市场主体制度性交易成本。2022年9月，国务院办公厅印发《关于进一步优化营商环境降低市场主体制度性交易成本的意见》，针对我国经济运行面临的一些突出矛盾和问题，市场主体特别是中小微企业、个体工商户生产经营困难依然较多，要求积极运用改革创新办法，帮助市场主体解难题、渡难关、复元气、增活力，努力巩固经济恢复发展基础。提出要进一步破除隐性门槛，推动降低市场主体准入成本；进一步规范涉企收费，推动减轻市场主体经营负担；进一步优化涉企服务，推动降低市场主体办事成本；进一步加强公正监管，切实保护市场主体合法权益；进一步规范行政权力，切实稳定市场主体政策预期。

内外贸一体化发展有助于全国统一大市场的建设。2023年12月，国务院办公厅印发《关于加快内外贸一体化发展的若干措施》（以下简称《若干措施》），提出加快内外贸一体化发展是构建新发展格局、推动高质量发展的内在要求，对促进经济发展、扩大内需、稳定企业具有重要作用。《若干措施》包括促进内外贸规则制度衔接融合、促进内外贸市场渠道对接、优化内外贸一体化发展环境、加快重点领域内外贸融合发展、加大财政金融支持力度五个方面18条措施。

在上述各项改革举措的基础上，2024年8月1日，中共中央办公厅、国务院办公厅发布《关于完善市场准入制度的意见》（以下简称《意见》）。《意见》提出，市场准入制度是社会主义市场经济基础制度之一，是推动有效市场和有为政府更好结合的关键。为深入贯彻党的二十届三中全会精神，必须完善市场准入制度，深入破除市场准入壁垒，构建开放透明、规范有序、平等竞争、权责清晰、监管有力的市场准入制度体系。例如，《意见》将各级各类政府和有关部门出台的市场准入规定统一列入或纳入全国统一的市场准入负面清单管理，严禁在清单之外违规设立准入许可、违规增设准入条件、自行制定市场准入性质的负面清单，或者在实施特许经营、指定经营、检测认证等过程中违规设置准入障碍。《意见》提出实施宽进严管，放开充分竞争领域准入，大幅减少对经营主体的准入限制。对关系国家安全、国民经济命脉和涉及重大生产力布局、战略性资源开发、重大公共利益的领域，兼顾社会效益和经济效益，依法实施准入管理。对经营自然垄断环节业务企业开展垄断性业务和竞争性业务的范围进行监管，防止有关企业利用垄断优势向上下游竞争性环节延伸或排除、限制上下游竞争性环节的市场竞争。《意见》聚焦深海、航天、航空、生命健康、新型能源、人工智能、自主可信计算、信息安全、智慧轨道交通、现代种业等新业态新领域，按照标准引领、场景开放、市场推动、产业聚集、体系升级的原则和路径，分领域制定优化市场环境实施方案，推动生产要素创新性配置，提高准入效率。

第七章　开创中国特色社会主义新时代（下）

在中国特色社会主义新时代，中国共产党鲜明提出了实现中华民族伟大复兴中国梦的理想追求，坚持和加强中国共产党的全面领导，统筹推进"五位一体"总体布局、协调推进"四个全面"战略布局，使社会主义现代化建设事业和国家社会经济发展呈现出了前所未有的活力，各项事业特别是全面建成小康社会、彻底解决绝对贫困等宏伟目标得以顺利实现；推进国家治理体系和治理能力现代化、开启全面建设社会主义现代化国家新征程，为实现中国梦擘画了宏伟蓝图、确定了路线图和时间表。新时代所取得的历史性成就、发生的历史性变革，为实现中华民族伟大复兴提供了更为完善的制度保证、更为坚实的物质基础、更为主动的精神力量。

第一节　促进区域协调发展

我国是幅员辽阔的经济发展大国，区域经济发展不平衡是长期存在的经济发展问题，通过国家制定符合各个区域发展的政策、促进区域协调发展是我国政府必须始终坚持的政治要求和政策导向。在这个问题上，既要看到区域经济政策的巨大潜能和作用，尽最大可能促进区域协调发展、缩小区域发展差距，又要充分尊重客观经济规律、认识到区域经济差距的客观性、历史性，在促进各个区域充分发展的基础上实现全面协调。

中共十八大以来在促进区域协调发展方面，除了继续统筹推进西部大开发战略、东北全面振兴战略、中部地区崛起战略和东部率先发展战略之外，国家立足于更长远发展的角度，部署了更具有战略性的新的发展战略和发展规划，相继提出了京津冀协同发展、长江经济带发展、粤港澳大湾区建设、长三角一体化发展、黄河流域生态保护和高质量发展等战略举措，进一步深化了区域发展的内容和意义，这是着眼于中国已实现第一个百年奋斗目标、全面建成小康社会，为实现第二个百年奋斗目标而进行的统筹安排。

一、持续实施区域协调发展战略

改革开放以来特别是新世纪以来确立的西部大开发战略、东北全面振兴战略、中部地区崛起战略和东部率先发展等重大战略稳步推进，区域经济布局继续优化。但是我国区域经济发展不平衡、不充分问题仍然存在，需要通过坚持不懈的长期努力来推动区域协调发展。这可以从2023年我国东部、中部、西部和东北地区在我国主要经济指标中所占比重看出（见表7-1）。

表7-1　　　　　　　2023年东部、中部、西部和东北地区在
我国主要经济指标中所占比重（%）

	东部占比	中部占比	西部占比	东北地区占比
年末常住人口	40.2	25.8	27.1	6.8
地区生产总值	52.1	21.6	21.5	4.8
第一产业	32.4	24.9	34.0	8.7

续表

	东部占比	中部占比	西部占比	东北地区占比
第二产业	51.6	22.4	21.7	4.3
第三产业	55.1	20.6	19.8	4.6
货物进出口总额	79.4	8.7	9.0	2.9
规模以上工业企业利润总额	54.4	17.5	24.5	3.5

可以看出，东部地区仍然处于经济发展比较强劲、经济实力比较雄厚、经济占比明显重要的发展优势之中，其中除第一产业地区生产总值以外的主要经济指标占比都远高于其人口占比。如何进一步促进东部率先发展，推动中西部和东北地区经济更具活力，是一个艰巨而繁重的任务。据此，国家在新发展阶段采取了一系列更加有力的举措来推动各个区域之间协调发展。

1. 持续推进东部率先发展战略

东部地区是中国经济最具潜力和活力的地区，在中国现代化进程中承担着其他地区无法替代的扛鼎作用。我国新时代的区域发展战略诸如京津冀协同发展、长江经济带发展、长三角一体化发展和粤港澳大湾区发展都与东部地区率先发展紧密相连，东部地区在我国现代化建设中总是承担着改革创新试验田和领头羊的作用。例如，中共中央、国务院于 2019 年 8 月 9 日发布了《关于支持深圳建设中国特色社会主义先行示范区的意见》（以下简称《意见》），这就是一个积极促进深圳在高质量发展的进程中继续走在全国前列的决策。《意见》指出：深圳经济特区作为我国改革开放的重要窗口，各项事业取得显著成绩，已成为一座充满魅力、动力、活力、创新力的国际化创新型城市。支持深圳高举新时代改革开放旗帜、建设中国特色社会主义先行示范区，有利于在更高起点、更高层次、更高目标上推进改革开放，形成全面深化改革、全面扩大开放新格局；有利于更好实施粤港澳大湾区战略，丰富"一国两制"事业发展新实践；有利于率先探索全面建设社会主义现代化强国新路径，为实现中华民族伟大复兴的中国梦提供有力支撑。这一先行示范区的目标就是朝着建设中国特色社会主义先行示范区的方向前行，努力创建社会主义现代化强国的城市范例。

这一先行示范区的战略定位，就是建成并实现高质量发展高地、法治城市示范、城市文明典范、民生幸福标杆和可持续发展先锋五大战略定位。这一先行示范区的发展目标分为三步实施：第一步到 2025 年，深圳经济实力、发展质量跻身全球城市前列，研发投入强度、产业创新能力世界一流，文化软实力大幅提升，公共服务水平和生态环境质量达到国际先进水平，建成现代化国际化创新型城市。第二步到 2035 年，深圳高质量发展成为全国典范，城市综合经济竞争力世界领先，建成具有全球影响力的创新创业创意之都，成为我国建设社会主义现代化强国的城市范例。第三步到本世纪中叶，深圳以更加昂扬的姿态屹立于世界先进城市之林，成为竞争力、创新力、影响力卓著的全球标杆城市。这一先行示范区在经济方面的具体要求，就是率先建设体现高质量发展要求的现代化经济体系，具体要求和措施是：加快实施创新驱动发展战略，加快构建现代产业体系，加快形成全面深化改革开放新格局，助推粤港澳大湾区建设。这是作为改革开放以来最大也是最为成功的经济特区在高质量发展阶段的新定位、新坐标、新征程。

"创新引领率先实现东部地区优化发展"是中共十九大报告提出的东部地区发展的根本指导，面对"十四五"规划和 2035 年发展要求，东部地区必须发挥创新要素集聚优势，加快在创新引领上实现突破，率先实现高质量发展。例如，2021 年 6 月 10 日，中共中央、国务院发布《关于支持浙江高质量发展建设共同富裕示范区的意见》（以下简称《意见》），赋予了浙江省等东部地区探索推动共同富裕中国道路的历史使命，努力创建社会主义现代化强国的地区范例。首先，《意见》强调指出，共同富裕是社会主义的本质要求，是人民群众的共同期盼。改革开放以来，通过允许一部分人、一部分地区先富起来，先富带后富，极大解放和发展了社会生产力，人民生活水平不断提高。党的十八大以来，以习近平同志为核心的党中央不忘初心、牢记使命，团结带领全党全国各族人民，始终朝着实现共同富裕的目标不懈努力，全面建成小康社会取得伟大历史性成就，特别是决战脱贫攻坚取得全面胜利，困扰中华民族几千年的绝对贫困问题得到历史性解决，为新发展阶段推动共同富裕奠定了坚实基础。其次，《意见》明确指出：党的十九届五中全会对扎实推动共同富裕作出了重大战略部署。实现共同富裕不仅是经济问题，而且是关系党的执政基础的重大政治问题。共同富裕具有鲜明的时代特征和中国特色，使全体人民通过辛勤劳动和相互帮助，普遍达到生活富裕富足、精神自信自强、环境宜居宜业、社会和谐和睦、公共服务普及普惠，实现人的全面发展和社会全面进步，共享改革发展成果和幸福美好生活。随着我国开启全面建设社会主义现代化国家新征程，必须把促进全体人民共同富裕摆在更加重要的位置，向着这个目标更加积极有为地进行努力，让人民群众真真切切感受到共同富裕看得见、摸得着、真实可感。最后，《意见》具体规定了示范区的目标任务：促进全体人民共同富裕是一项长期艰巨的任务，需要选取部分地区先行先试、作出示范。浙江省在探索解决发展不平衡不充分问题方面取得了明显成效，具备开展共同富裕示范区建设的基础和优势，也存在一些短板弱项，具有广阔的优化空间和发展潜力。支持浙江高质量发展建设共同富裕示范区，有利于通过实践进一步丰富共同富裕的思想内涵，有利于探索破解新时代社会主要矛盾的有效途径，有利于为全国推动共同富裕提供省域范例，有利于打造新时代全面展示中国特色社会主义制度优越性的重要窗口。

《意见》对浙江建设示范区的战略定位是：高质量发展高品质生活先

行区，城乡区域协调发展引领区，收入分配制度改革试验区，文明和谐美丽家园展示区。发展目标是到 2025 年，浙江省推动高质量发展建设共同富裕示范区取得明显实质性进展。经济发展质量效益明显提高，人均地区生产总值达到中等发达经济体水平，基本公共服务实现均等化；城乡区域发展差距、城乡居民收入和生活水平差距持续缩小，低收入群体增收能力和社会福利水平明显提升，以中等收入群体为主体的橄榄型社会结构基本形成，全省居民生活品质迈上新台阶；国民素质和社会文明程度达到新高度，美丽浙江建设取得新成效，治理能力明显提升，人民生活更加美好；推动共同富裕的体制机制和政策框架基本建立，形成一批可复制可推广的成功经验。到 2035 年，浙江省高质量发展取得更大成就，基本实现共同富裕。人均地区生产总值和城乡居民收入争取达到发达经济体水平，城乡区域协调发展程度更高，收入和财富分配格局更加优化，法治浙江、平安浙江建设达到更高水平，治理体系和治理能力现代化水平明显提高，物质文明、政治文明、精神文明、社会文明、生态文明全面提升，共同富裕的制度体系更加完善。

《意见》提出了浙江高质量发展建设共同富裕示范区的具体措施：一是提高发展质量效益，夯实共同富裕的物质基础，包括大力提升自主创新能力，塑造产业竞争新优势，提升经济循环效率，激发各类市场主体活力。二是深化收入分配制度改革，多渠道增加城乡居民收入，包括推动实现更加充分更高质量就业，不断提高人民收入水平，扩大中等收入群体，完善再分配制度，建立健全回报社会的激励机制。三是缩小城乡区域发展差距，实现公共服务优质共享，包括率先实现基本公共服务均等化，率先实现城乡一体化发展，持续改善城乡居民居住条件，织密扎牢社会保障网，完善先富带后富的帮扶机制。四是打造新时代文化高地，丰富人民精神文化生活，包括提高社会文明程度，传承弘扬中华优秀传统文化。五是践行绿水青山就是金山银山理念，打造美丽宜居的生活环境，包括高水平建设美丽浙江，全面推进生产生活方式绿色转型。六是坚持和发展新时代"枫桥经验"，构建舒心安心放心的社会环境，包括以数字化改革提升治理效能，全面建设法治浙江、平安浙江。七是建立健全保障措施，包括坚持和加强党的全面领导，强化政策保障和改革授权，建立评价体系和释放推广机制，完善实施机制。[①]

2. 持续实施东北全面振兴战略

（1）大力推动落实东北全面振兴战略举措。

推动东北振兴虽然面临的困难巨大、任务艰巨，但一直是新时代落实区域协调发展战略的重中之重。尤其是在 2016 年，国家相继出台了一批全面振兴东北老工业基地的政策措施，加大对东北振兴的扶持力度。2016年 1 月，中共中央、国务院印发《关于全面振兴东北地区等老工业基地的若干意见》；11 月，国务院印发《关于深入推进实施新一轮东北振兴战略加快推动东北地区经济企稳向好若干重要举措的意见》；同月，国务院批复同意国家发展改革委报送的《东北振兴"十三五"规划》。

这三个文件明确了全面振兴东北地区等老工业基地的目标任务和政策措施。例如，《关于全面振兴东北地区等老工业基地的若干意见》提出东北地区面临的问题是市场化程度不高，国有企业活力仍然不足，民营经济发展不充分；科技与经济发展融合不够，偏资源型、传统型、重化工型产业结构和产品结构不适应市场变化，新兴产业发展偏慢；资源枯竭、产业衰退、结构单一地区（城市）转型面临较多困难，社会保障和民生压力较大；思想观念不够解放，基层地方党委和政府对经济发展新常态的适应引

---

① 中共中央国务院关于支持浙江高质量发展建设共同富裕示范区的意见. 北京：人民出版社，2021：8-25.

领能力有待进一步加强。这些矛盾和问题归根结底是体制机制问题，是产业结构、经济结构问题，解决这些问题归根结底要靠全面深化改革。该意见提出要从战略高度认识振兴东北地区的意义，即加快东北老工业基地全面振兴，是推进经济结构战略性调整、提高我国产业国际竞争力的战略举措，是促进区域协调发展、打造新经济支撑带的重大任务，是优化调整国有资产布局、更好发挥国有经济主导作用的客观要求，是完善我国对外开放战略布局的重要部署，是维护国家粮食安全、打造北方生态安全屏障的有力保障。

又如，《关于深入推进实施新一轮东北振兴战略加快推动东北地区经济企稳向好若干重要举措的意见》针对东北经济发展困难，提出了包括在东北地区先行试点企业投资项目承诺制、实行企业投资项目管理负面清单制度等重要举措。建设一批产业转型升级示范区和示范园区，实施东北地区培育和发展新兴产业三年行动计划，实施资源型城市产业转型攻坚行动计划，出台推动东北地区旅游业转型升级发展的工作方案。指导辽宁省做好新设自由贸易试验区总体方案起草工作，规划建设若干中外产业合作平台；组织辽宁、吉林、黑龙江三省与江苏、浙江、广东三省，沈阳、大连、长春、哈尔滨四市与北京、上海、天津、深圳四市建立对口合作机制。中央财政提高对东北地区民生托底和困难地区运转保障水平，对东北地区主导产业衰退严重的城市，比照实施资源枯竭城市财力转移支付政策；推出老工业基地调整改造重大工程包等。再如，《东北振兴"十三五"规划》提出到 2020 年东北地区体制机制改革创新和经济发展方式转变取得重大进展，发展的平衡性、协调性、可持续性明显提高，与全国同步实现全面建成小康社会宏伟目标。规划提出要以提高发展质量和效益为中心，以供给侧结构性改革为主线，着力完善体制机制，着力推进结构调整，着力鼓励创新创业，着力保障和改善民生，协同推进新型工业化、信息化、城镇化和农业现代化，因地制宜、分类施策、扬长避短、扬长克短、扬长补短，有效提升老工业基地的发展活力、内生动力和整体竞争力，努力走出一条质量更高、效益更好、结构更优、优势充分释放的振兴发展新路。

此外，其他方面的支持机制也在不断完善。例如，国家开发银行、国家开发投资集团有限公司牵头，联合40余家金融机构于2018年1月共同发起的"东北振兴金融合作机制"在北京成立。该合作机制就是要搭建连通政府部门、金融投资机构与东北各级地方政府以及各类企业之间的桥梁，打造开放式信息共享平台和投融资服务合作平台，汇聚金融资源，助力东北老工业基地振兴。2019年8月，习近平专门就东北地区全面振兴提出要求，"全面振兴不是把已经衰败的产业和企业硬扶持起来，而是要有效整合资源，主动调整经济结构，形成新的均衡发展的产业结构。"[①]

（2）进一步推动东北全面振兴。

2021年9月，经国务院批复同意，国家发展改革委印发了《东北全面振兴"十四五"实施方案》。《东北全面振兴"十四五"实施方案》提出：到2025年，东北振兴重点领域取得新的突破，维护国防安全、粮食安全、生态安全、能源安全和产业安全的能力得到新提高，国家粮食"压舱石"地位更加巩固，祖国北疆生态安全屏障更加牢固；一批国有企业改革取得实质性进展，发展质量和效益显著增强；民营经济体量和比重持续提升，活力和竞争力明显提高；融入国内大循环更加深入，国内国际双循环相互促进更加有力；创新驱动作用充分发挥，产业结构进一步优化；优势互补、高质量发展的区域经济布局初步建立，城市群和都市圈的辐射带动作用进一步增强；基础设施网络进一步完善，统筹城乡的基本公共服务

---

① 习近平. 习近平谈治国理政：第3卷. 北京：外文出版社，2020：274.

均等化水平明显提高，就业、社保等民生保障能力稳步提升。

《东北全面振兴"十四五"实施方案》提出了6个方面的重点任务：一是深化国有企业改革，完善中国现代企业制度和市场化经营原则，优化调整国有经济布局，深化国有企业混合所有制改革，推动中央企业与地方融合发展。二是促进民营经济高质量发展，支持民营企业发展壮大，提升民营经济发展质量。三是建设开放合作发展新高地，加大对内开放合作力度，提升东北亚国际合作水平，打造高水平开放合作平台。四是推动产业结构调整升级，改造升级传统优势产业，培育壮大新兴产业，大力发展现代服务业，着力提升创新支撑能力。五是构建高质量发展的区域动力系统，打造引领经济发展区域动力源，推动资源型地区转型发展和老工业城市调整改造，巩固国家粮食安全"压舱石"地位，筑牢祖国北疆生态安全屏障。六是完善基础设施，补齐民生短板，完善区域基础设施网络，实施乡村建设行动，提升民生保障能力。同时，还提出了加强党的全面领导、加大政策支持、优化营商环境、狠抓工作落实等方面的保障措施。《东北全面振兴"十四五"实施方案》着力破解体制机制障碍，着力激发市场主体活力，着力推动产业结构调整优化，着力构建区域动力系统，着力在落实落细上下功夫，目的就是要走出一条质量更高、效益更好、结构更优、优势充分释放的发展新路。

2023年10月27日，中共中央政治局会议审议了《关于进一步推动新时代东北全面振兴取得新突破若干政策措施的意见》。会议指出，推动东北振兴是党中央作出的重大战略决策。东北地区资源条件较好，产业基础比较雄厚，区位优势独特，发展潜力巨大，在国家发展大局中具有重要战略地位。新时代新征程推动东北全面振兴，面临新的重大机遇，制定出台一揽子支持政策，对于进一步坚定信心，充分发挥东北比较优势，推动东北走出一条高质量发展、可持续振兴的新路，具有重要意义。

会议对进一步推动新时代东北全面振兴提出了 7 个方面的要求：一是要牢牢把握东北在维护国家"五大安全"中的重要使命，牢牢把握高质量发展这个首要任务和构建新发展格局这个战略任务，统筹发展和安全，坚持加大支持力度和激发内生动力相结合，强化东北的战略支撑作用。二是要以科技创新推动产业创新，改造提升传统制造业，积极培育战略性新兴产业和未来产业，增强发展新动能。三是要发展现代化大农业，提高粮食综合生产能力，加强粮食稳产保供。四是要加强生态保护，树立增绿就是增优势、护林就是护财富的理念，积极发展林下经济、冰雪经济，筑牢北方生态安全屏障。五是要加快发展风电、光电、核电等清洁能源，建设风光火核储一体化能源基地。六是要加强边境地区基础设施规划布局建设，积极发展特色产业，促进兴边富民、稳边固边。七是要大力发展基础教育，加大对东北高校办学支持力度，提高人口整体素质，以人口高质量发展支撑东北全面振兴。

3. 持续推进西部大开发战略

（1）积极落实西部大开发战略举措。

积极推进西部大开发战略仍然是我国区域协调发展的重点。从全面建成小康社会角度来看，西部地区也是脱贫攻坚战的主战场，深度贫困地区全部在西部。经过全国人民的努力特别是西部地区人民的艰苦奋斗，2012—2020 年，西部地区 5 086 万贫困人口全面脱贫，568 个贫困县全部摘帽。实现小康不是终点，而是新的起点。2020 年 5 月，中共中央、国务院印发《关于新时代推进西部大开发形成新格局的指导意见》，提出强化举措抓重点、补短板、强弱项，形成大保护、大开放、高质量发展的新格局，推动经济发展质量变革、效率变革、动力变革，促进西部地区经济发展与人口、资源、环境相协调，实现更高质量、更有效率、更加公平、更可持续发展，确保到 2020 年西部地区生态环境、营商环境、开放环境、创新环境明显改善，与全国一道全面建成小康社会；到 2035 年，西部地区基本实现社会主义现代化，基本公共服务、基础设施通达程度、人民生活水平与东部地区大体相当，努力实现不同类型地区互补发展、东西双向开放协同并进、民族边疆地区繁荣安全稳固、人与自然和谐共生。

西部大开发的主要经济举措包括：一是打好三大攻坚战，把打好三大攻坚战特别是精准脱贫攻坚战作为决胜全面建成小康社会的关键任务，集中力量攻坚克难；二是不断提升创新发展能力，以创新能力建设为核心，加强创新开放合作，打造区域创新高地；三是推动形成现代化产业体系，充分发挥西部地区比较优势，推动具备条件的产业集群化发展，在培育新动能和传统动能改造升级上迈出更大步伐，促进信息技术在传统产业广泛应用并与之深度融合，构建富有竞争力的现代化产业体系；四是优化能源供需结构，优化煤炭生产与消费结构，推动煤炭清洁生产与智能高效开采，积极推进煤炭分级分质梯级利用，稳步开展煤制油、煤制气、煤制烯烃等升级示范；五是大力促进城乡融合发展，深入实施乡村振兴战略，做好新时代"三农"工作；六是强化基础设施规划建设，提高基础设施通达度、通畅性和均等化水平，推动绿色集约发展；七是切实维护国家安全和社会稳定，统筹发展与安全两件大事，更好发挥西部地区国家安全屏障作用。

（2）推动西部大开发高质量发展。

2024 年 4 月 23 日，习近平在重庆市主持召开新时代推动西部大开发座谈会并发表重要讲话。习近平指出，西部地区在全国改革发展稳定大局中举足轻重。要一以贯之抓好党中央推动西部大开发政策举措的贯彻落实，进一步形成大保护、大开放、高质量发展新格局，提升区域整体实力和可持续发展能力，在中国式现代化建设中奋力谱写西部大开发新篇章。

推动西部大开发高质量发展，要坚持把发展特色优势产业作为主攻方向，因地制宜发展新兴产业，加快西部地区产业转型升级。强化科技创新和产业创新深度融合，积极培养引进用好高层次科技创新人才，努力攻克一批关键核心技术。深化东中西部科技创新合作，建好国家自主创新示范区、科技成果转移转化示范区。加快传统产业技术改造，推进重点行业设备更新改造，推动传统优势产业升级、提质、增效，提高资源综合利用效率和产品精深加工度。促进中央企业与西部地区融合发展。把旅游等服务业打造成区域支柱产业。因地制宜发展新质生产力，探索发展现代制造业和战略性新兴产业，布局建设未来产业，形成地区发展新动能。

推动西部大开发高质量发展，要坚持以高水平保护支撑高质量发展，筑牢国家生态安全屏障。优化国土空间开发保护格局，加强生态环境分区管控，加快推进重要生态系统保护和修复重大工程，打好"三北"工程三大标志性战役。强化生态资源保护，加强森林草原防灭火能力建设，深化重点区域、重点领域污染防治。大力推动传统产业节能降碳改造，有序推进煤炭清洁高效利用。完善生态产品价值实现机制和横向生态保护补偿机制。

推动西部大开发高质量发展，要坚持以大开放促进大开发，提高西部地区对内对外开放水平。大力推进西部陆海新通道建设，推动沿线地区开发开放，深度融入共建"一带一路"。完善沿边地区各类产业园区、边境经济合作区、跨境经济合作区布局，推动自由贸易试验区高质量发展。稳步扩大制度型开放，打造市场化法治化国际化营商环境。更加主动服务对接区域重大战略，积极融入全国统一大市场建设，创新东中西部开放平台对接机制，深化与东中部、东北地区务实合作。

推动西部大开发高质量发展，要坚持统筹发展和安全，提升能源资源等重点领域安全保障能力。加快建设新型能源体系，做大做强一批国家重要能源基地。加强管网互联互通，提升"西电东送"能力。加强矿产资源规划管控和规模化集约化开发利用，加快形成一批国家级矿产资源开采和加工基地。提高水资源安全保障水平。创新跨地区产业协作和优化布局机制，有序承接产业梯度转移。大力推进成渝地区双城经济圈建设，积极培育城市群，发展壮大一批省域副中心城市，促进城市间基础设施联通、公共服务共享。

推动西部大开发高质量发展，要坚持推进新型城镇化和乡村全面振兴有机结合，在发展中保障和改善民生。深入实施乡村振兴战略，加大对国家乡村振兴重点帮扶县支持力度，建立低收入人口和欠发达地区常态化帮扶机制，坚决防止发生规模性返贫。学习运用"千万工程"经验，打造具有地域特色的乡村建设模式。发展各具特色的县域经济，培育一批农业强县、工业大县、旅游名县，促进农民群众就近就业增收，因地制宜推进城镇化进程。推进高标准农田建设，扛好重要农产品稳产保供责任，为保障国家粮食安全作出应有贡献。

（3）推动成渝地区双城经济圈建设。

2020年1月3日，中央财经委员会第六次会议作出推动成渝地区双城经济圈建设、打造高质量发展重要增长极的重大决策部署。2021年10月，中共中央、国务院印发了《成渝地区双城经济圈建设规划纲要》（以下简称《规划纲要》），成渝地区双城经济圈位于"一带一路"和长江经济带交汇处，是西部陆海新通道的起点，具有连接西南西北，沟通东亚与东南亚、南亚的独特优势。区域内生态禀赋优良、能源矿产丰富、城镇密布、风物多样，是我国西部人口最密集、产业基础最雄厚、创新能力最强、市场空间最广阔、开放程度最高的区域，在国家发展大局中具有独特而重要的战略地位。《规划纲要》提出到2025年，成渝地区双城经济圈经济实力、发展活力、国际影响力大幅提升，一体化发展水平明显提高，区域特色进一步彰显，支撑全国高质量发展的作用显著增强。到2035年，建成实力雄厚、特色鲜明的双城经济圈，重庆、成都进入现代化国际都市行列，大中小城市协同发展的城镇体系更加完善，基础设施互联互通基本实现，具有全国影响力的科技创新中心基本建成，世界级先进制造业集群优势全面形成，现代产业体系趋于成熟，融入全球的开放型经济体系基本建成，人民生活品质大幅提升，对全国高质量发展的支撑带动能力显著增强，成为具有国际影响力的活跃增长极和强劲动力源。

4. 持续推进中部地区崛起战略

中部地区经济发展的优势是显而易见的。2020 年中部地区以占全国 10.7％的国土面积承载了全国 25.8％的人口、贡献了全国 22％的 GDP。因此，能否顺利推进中部崛起直接关系着我国社会主义现代化建设新征程。

（1）大力推进促进中部地区崛起战略。

2016 年 12 月，经国务院批复国家发展改革委印发《促进中部地区崛起"十三五"规划》，在巩固提升中部地区原有"三基地、一枢纽"（即粮食生产基地、能源原材料基地、现代装备制造及高技术产业基地和综合交通运输枢纽）定位的基础上，根据新形势新任务，提出了"一中心、四区"的新战略定位，即全国重要先进制造业中心、全国新型城镇化重点区、全国现代农业发展核心区、全国生态文明建设示范区、全方位开放重要支撑区。《促进中部地区崛起"十三五"规划》明确到 2020 年中部地区全面建成小康社会，经济保持中高速增长、迈向中高端水平，现代农业发展走在全国前列，生态环境质量总体改善，人民生活水平和质量普遍提高。《促进中部地区崛起"十三五"规划》提出了 9 个方面的重点任务：一是优化空间，构建区域协调发展新格局；二是改革创新，培育发展新动能；三是转型升级，建设现代产业新体系；四是做强做优，开创现代农业发展新局面；五是统筹城乡，推动新型城镇化取得新突破；六是纵横联通，构筑现代基础设施新网络；七是绿色发展，打造蓝天碧水新家园；八是增进福祉，促进人民生活迈上新台阶；九是开放合作，塑造区域竞争新优势。

2019 年 5 月 21 日，习近平在江西省南昌市主持召开推动中部地区崛起工作座谈会并在讲话中就做好中部地区崛起工作提出 8 点意见：一是推动制造业高质量发展，主动融入新一轮科技和产业革命，加快数字化、网络化、智能化技术在各领域的应用，推动制造业发展质量变革、效率变革、动力变革。二是提高关键领域自主创新能力，创新支持政策，推动科技成果转化和产业化，加快研发具有自主知识产权的核心技术，更多鼓励原创技术创新，加强知识产权保护。三是优化营商环境，对标国际一流水平，营造稳定公平透明的营商环境，缓解民营企业和中小微企业融资难题。四是积极承接新兴产业布局和转移，加强同东部沿海和国际上相关地区的对接，吸引承接一批先进制造业企业。五是扩大高水平开放，把握机遇积极参与"一带一路"国际合作，推动优质产能和装备走向世界大舞台、国际大市场，把品牌和技术打出去。六是坚持绿色发展，开展生态保护和修复，强化环境建设和治理，推动资源节约集约利用，建设绿色发展的美丽中部。七是做好民生领域重点工作，做好脱贫攻坚工作，创造更多就业岗位，加快补齐民生短板，完善社会保障体系，创新社会治理。八是完善政策措施和工作机制，加大对中部地区崛起的支持力度，研究提出促进中部地区高质量发展的政策举措，加强统筹协调。

（2）加快中部地区经济崛起。

2021 年 3 月 30 日，中共中央政治局会议审议了《关于新时代推动中部地区高质量发展的指导意见》，充分肯定了中部地区粮食生产基地、能源原材料基地、装备制造及高技术产业基地和综合交通运输枢纽地位。2021 年 7 月，中共中央、国务院《关于新时代推动中部地区高质量发展的意见》发布，站在党和国家事业发展全局的高度，明确了推动中部地区高质量发展的总体要求、主要任务和保障措施。到 2025 年，中部地区质量变革、效率变革、动力变革取得突破性进展，投入产出效益大幅提高，综合实力、内生动力和竞争力进一步增强。创新能力建设取得明显成效，科创产业融合发展体系基本建立，全社会研发经费投入占地区生产总值比重达到全国平均水平。常住人口城镇化率年均提高 1 个百分点以上，分工合理、优势互补、各具特色的协调发展格局基本形成，城乡区域发展协调性进一步增强。绿色发展深入推进，单位地区生产总值能耗降幅达到全国平均水平，单位地区生产总值二氧化碳排放进一步降低，资源节约型、环境友好型发展方式普遍建立。开放水平再上新台阶，内陆开放型经济新体制基本形成。共享发展达到新水平，居民人均可支配收入与经济增长基本同步，统筹应对公共卫生等重大突发事件能力显著提高，人民群众获得感、幸福感、安全感明显增强。到 2035 年，中部地区现代化经济体系基本建成，产业整体迈向中高端，城乡区域协调发展达到较高水平，绿色低碳生产生活方式基本形成，开发型经济体制机制更加完善，人民生活更加幸福安康，基本实现社会主义现代化，共同富裕取得更为明显的实质性进展。

为了实现这样两个阶段的目标，《关于新时代推动中部地区高质量发展的意见》提出：一是要坚持创新发展，构建以先进制造业为支撑的现代产业体系，包括做大做强先进制造业、积极承接制造业转移、提高关键领域自主创新能力、推动先进制造业和现代服务业深度融合。二是坚持协调发展，增强城乡区域发展协调性，包括主动融入区域重大战略、促进城乡融合发展、推进城市品质提升、加快农业农村现代化、推动省际协作和交界地区协同发展。三是坚持绿色发展，打造人与自然和谐共生的美丽中部，包括共同构筑生态安全屏障、加强生态环境共保联治、加快形成绿色生产生活方式。四是坚持开放发展，形成内陆高水平开放新体制，包括加快内陆开放通道建设、打造内陆高水平开放平台、持续优化市场化法治化国际化营商环境。五是坚持共享发展，提升公共服务保障水平，包括提高基本公共服务保障能力等。[①]

2024 年 3 月 20 日，习近平在湖南省长沙市主持召开新时代推动中部地区崛起座谈会并发表重要讲话，强调在更高起点上扎实推动中部地区崛起。中部地区是我国重要粮食生产基地、能源原材料基地、现代装备制造及高技术产业基地和综合交通运输枢纽，在全国具有举足轻重的地位。习近平提出了新时代推动中部崛起的指导原则：要以科技创新引领产业创新，积极培育和发展新质生产力；要加强与其他重大发展战略的衔接，更好融入和支撑新发展格局；要统筹推进深层次改革和高水平开放，持续打造更具竞争力的内陆开放高地；要协同推进生态环境保护和绿色低碳发展，加快建设美丽中部；要坚持城乡融合发展，扎实推进乡村全面振兴；要坚持高质量发展和高水平安全相互促进，努力提升粮食能源资源安全保障能力。

2024 年 5 月 27 日，中共中央政治局召开会议，审议了《新时代推动中部地区加快崛起的若干政策措施》，指出推动中部地区崛起是党中央作出的重大战略决策。要深刻领会党中央战略意图，始终紧扣中部地区作为我国重要粮食生产基地、能源原材料基地、现代装备制造及高技术产业基地和综合交通运输枢纽的战略定位，着力推进各项重点任务，推动中部地区崛起取得新的重大突破。会议强调指出：一是要充分发挥科教资源集聚的优势，坚持创新驱动发展，加强原创性科技攻关。二是要因地制宜发展新质生产力，加快构建现代化产业体系，做大做强实体经济，统筹推进传统产业转型升级、培育壮大新兴产业、谋划布局未来产业。三是要发挥区位优势，加强现代化交通基础设施体系建设，促进要素高效自由便捷流

---

① 中共中央国务院关于新时代推动中部地区高质量发展的意见. 北京：人民出版社，2021：4-22.

动，更好融入服务新发展格局。四是要协同推进生态环境保护和绿色低碳发展，加快建设美丽中部。五是要坚持城乡融合发展，扎实推进乡村全面振兴。六是要大力提升粮食能源资源保障能力，实现高质量发展和高水平安全相互促进。山西、安徽、江西、河南、湖北、湖南等中部六省要切实扛起主体责任，凝聚强大工作合力，奋力谱写中部地区崛起新篇章。

二、推动京津冀协同发展

京津冀协同发展是新时代我国经济发展的重大战略布局之一。京津冀地域面积 21.6 万平方公里，人口 1.13 亿，这里是我国经济最具活力、开放程度最高、创新能力最强、吸纳人口最多的区域之一。2019 年，京津冀以全国 2.3% 的国土面积，承载了全国 8.08% 的人口，贡献了全国 8.54% 的 GDP。

1. 促进京津冀协同发展战略

京津冀协同发展命题是由习近平在 2013 年 8 月提出的，他在 2014 年 2 月 26 日在北京主持召开的京津冀协同发展座谈会上再次提出京津冀协同发展是一个重大国家战略，并全面阐述了其重大意义、推进思路和重点任务。他指出："实现京津冀协同发展、创新驱动，是面向未来打造新的首都经济圈、推进区域发展体制机制创新的需要，是探索完善城市群布局和形态、为优化开发区域发展提供示范和样板的需要，是探索生态文明建设有效路径、促进人口经济资源环境相协调的需要，是实现京津冀优势互补、促进环渤海经济区发展、带动北方腹地发展的需要。"[①] 推动三地协

---

① 中共中央文献研究室. 习近平关于社会主义经济建设论述摘编. 北京：中央文献出版社，2017：247.

同发展，要立足各自比较优势、立足现代产业分工要求、立足区域优势互补原则、立足合作共赢理念，以京津冀城市群建设为载体、以优化区域分工和产业布局为重点、以资源要素空间统筹规划利用为主线、以构建长效体制机制为抓手，从广度和深度上加快发展。

2015 年 4 月，中央政治局审议通过了《京津冀协同发展规划纲要》，指出推动京津冀协同发展是一个重大国家战略，核心是有序疏解北京非首都功能，调整经济结构和空间结构，走出一条内涵集约发展的新路子，探索出一种人口经济密集地区优化开发的模式，促进区域协调发展，形成新增长极。会议强调要坚持协同发展、重点突破、深化改革、有序推进。要严控增量、疏解存量、疏堵结合调控北京市人口规模。要在京津冀交通一体化、生态环境保护、产业升级转移等重点领域率先取得突破。要大力促进创新驱动发展，增强资源能源保障能力，统筹社会事业发展，扩大对内对外开放。要加快破除体制机制障碍，推动要素市场一体化，构建京津冀协同发展的体制机制，加快公共服务一体化改革。要抓紧开展试点示范，打造若干先行先试平台。

加快建设雄安新区和北京城市副中心是推进京津冀协同发展、疏解北京非首都功能的关键一步。2017 年 2 月，在河北省安新县召开的雄安新区规划建设工作座谈会上，习近平指出规划建设雄安新区，要坚持世界眼光、国际标准、中国特色、高点定位，坚持生态优先、绿色发展，坚持以人民为中心、注重保障和改善民生，坚持保护弘扬中华优秀传统文化、延续历史文脉，建设绿色生态宜居新城区、创新驱动发展引领区、协调发展示范区、开放发展先行区，努力打造贯彻落实新发展理念的创新发展示范区。此后，国家要求雄安新区建设要围绕打造北京非首都功能集中承载地，顺应自然、尊重规律，构建合理城市空间布局。要结合区域文化、自然景观、时代要求，形成中华风范、淀泊风光、创新风尚的城市风貌。根据《河北雄安新区规划纲要》的目标要求，到 2035 年雄安要基本建成绿色低碳、信息智能、宜居宜业、具有较强竞争力和影响力、人与自然和谐共生的高水平社会主义现代化城市。

2015 年中共中央决定指导和支持北京建设城市副中心，确定有序疏解北京非首都功能，加快规划建设北京市行政副中心，有序推动北京市属行政事业单位整体或部分向副中心转移。建设北京城市副中心不仅是调整北京空间格局、治理大城市病、拓展发展新空间的需要，也是推动京津冀协同发展、探索人口经济密集地区优化开发模式的需要。2019 年 1 月，北京市级行政中心正式迁入北京城市副中心。同时，中共北京市委城市副中心工作委员会、北京城市副中心管理委员会正式揭牌成立。

2019 年 1 月，习近平主持召开京津冀协同发展座谈会，强调要从全局的高度和更长远的考虑来认识和做好京津冀协同发展工作，增强协同发展的自觉性、主动性、创造性，保持历史耐心和战略定力，稳扎稳打，勇于担当，敢于创新，善作善成，下更大气力推动京津冀协同发展取得新的更大进展。他对推动京津冀协同发展提出了 6 个方面的要求：一是紧紧抓住"牛鼻子"不放松，积极稳妥有序疏解北京非首都功能；二是保持历史耐心和战略定力，高质量高标准推动雄安新区规划建设；三是以北京市级机关搬迁为契机，高质量推动北京城市副中心规划建设；四是向改革创新要动力，发挥引领高质量发展的重要动力源作用；五是坚持绿水青山就是金山银山的理念，强化生态环境联建联防联治；六是坚持以人民为中心，促进基本公共服务共建共享。

2. 推动北京经济高质量发展

北京在京津冀协同发展中具有重要地位，加快建设北京城市副中心对于北京更好地发挥带动引领作用十分关键。2021 年 11 月，国务院发布《关于支持北京城市副中心高质量发展的意见》（以下简称《意见》），明确了支持北京城市副中心高质量发展的指导思想、基本原则、主要目标，提出了重点任务安排和组织实施要求。《意见》以习近平新时代中国特色社会主义思想为指导，坚持稳中求进工作总基调，立足新发展阶段，完整、准确、全面贯彻新发展理念，构建新发展格局，坚持创新引领，提高治理水平，推动绿色发展，深化改革开放，提升和谐宜居品质，有序承接北京非首都功能疏解，引领带动周边地区一体化发展，打造京津冀协同发展的高质量样板和国家绿色发展示范区，为建设和谐、宜居、美丽的大国首都作出贡献。《意见》指出要坚持"承接疏解、错位发展，改革创新、试点示范，协同联动、一体发展"的原则，牢牢抓住疏解北京非首都功能这个"牛鼻子"，有序承接符合城市副中心发展定位的功能疏解和人口转移，提升对首都功能的服务保障能力，实现以副辅主、主副共兴；坚持创新驱动发展，提升科技创新、行政办公、商务服务、文化和旅游等功能，推动政策措施和试点示范项目先行先试，形成可复制、可推广的经验；积极推进城市副中心、通州区与河北省三河市、大厂回族自治县、香河县（简称北三县）一体化高质量发展，探索逐步实现共同富裕的新路径，为推进京津冀协同发展作出示范。《意见》提出到 2025 年、2035 年北京城市副中心高质量发展的主要目标，即到 2025 年，城市副中心绿色城市、森林城市、海绵城市、智慧城市、人文城市、宜居城市功能基本形成。北京市级党政机关和市属行政事业单位搬迁基本完成，承接北京非首都功能疏解和人口转移取得显著成效，城市管理和社会治理水平明显提升，现代产业体系初步形成，"城市副中心质量"体系初步构建。通州区与北三县一体化高质量发展制度体系基本建立，成为现代化首都都市圈建设的重要支撑。到 2035 年，现代化城市副中心基本建成。承接北京非首都功能疏解和人口转移的作用全面显现，形成现代化城市管理和社会治理体系、现代化经济体系，"城市副中心质量"体系完善成熟，与周边地区一体化高质量发展取得显著成效。《意见》从 6 个方面部署了重点任务：一是坚持创新驱动，打造北京发展新高地；二是推进功能疏解，开创一体化发展新局面；三是强化规划管理，创建新时代城市建设发展典范；四是加强环境治理，建设国家绿色发展示范区；五是对标国际规则，搭建更高水平开放新平台；六是加大改革力度，增强发展动力活力。

2023 年 11 月，国务院批复同意《支持北京深化国家服务业扩大开放综合示范区建设工作方案》，要求北京市在风险可控的前提下，精心组织，大胆实践，深化国家服务业扩大开放综合示范区建设，在努力构建高标准服务业开放制度体系、建设现代化产业体系等方面取得更多可复制可推广的经验，更好为全国服务业开放创新发展发挥引领作用。要求与北京市国际科技创新中心建设、全球数字经济标杆城市建设、国家高水平人才高地建设联动，助力北京市国际消费中心城市建设，服务京津冀协同发展，促进营商环境优化。

三、推动长江经济带发展战略

长江经济带覆盖我国上海、江苏、浙江、安徽、江西、湖北、湖南、重庆、四川、云南、贵州等 11 个省市，面积约 205.23 万平方公里。长江经济带横贯东西、辐射南北、通江达海，是我国人口、经济、产业最为密集的经济轴带。2019 年有人口 7 亿多，以占全国 21.4% 的国土面积涵养了 50.08% 的人口，贡献了全国 GDP 的 43.46%。长江经济带 11 个省市经济发展很不平衡，经济差距比较大。例如，上海、江苏、浙江三省市的人口为 16 348 万人，占全国人口的 11.68%，但其 GDP 则高达 20 万亿元以上，占全国 GDP 的 20.2%。近些年来，长江中上游地区在经济发展中给生态环境带来了空前压力，修复长江生态环境已经到了刻不容缓的地步。

1. 推动和落实长江经济带发展战略

2016 年 1 月，在重庆召开的第一次推动长江经济带发展座谈会上，习近平指出：推动长江经济带发展是国家一项重大区域发展战略，要从中华民族长远利益出发，坚持生态优先、绿色发展、共抓大保护、不搞大开发，把长江经济带建设成为我国生态文明建设的先行示范带、创新驱动带、协调发展带。推动长江经济带发展必须从中华民族长远利益考虑，走生态优先、绿色发展之路，使绿水青山产生巨大生态效益、经济效益、社会效益，使母亲河永葆生机活力。千百年来，长江流域以水为纽带，连接上下游、左右岸、干支流，形成经济社会大系统。新中国成立以来特别是改革开放以来，长江流域经济社会迅猛发展，综合实力快速提升，是我国经济重心所在、活力所在。他明确指出，当前和今后相当长一个时期，要把修复长江生态环境摆在压倒性位置，共抓大保护，不搞大开发。要把实施重大生态修复工程作为推动长江经济带发展项目的优先选项，实施好长江防护林体系建设、水土流失及岩溶地区石漠化治理、退耕还林还草、水土保持、河湖和湿地生态保护修复等工程，增强水源涵养、水土保持等生态功能。

2016 年 3 月，中央政治局审议通过《长江经济带发展规划纲要》，从规划背景、总体要求、大力保护长江生态环境、加快构建综合立体交通走廊、创新驱动产业转型升级、积极推进新型城镇化、努力构建全方位开放新格局、创新区域协调发展体制机制、保障措施等方面，规划和描绘了长江经济带发展的宏伟蓝图，是推动长江经济带发展重大国家战略的纲领性文件。《长江经济带发展规划纲要》确立了长江经济带"一轴、两翼、三极、多点"的发展新格局。"一轴"是指以长江黄金水道为依托，发挥上海、武汉、重庆核心作用，推动经济由沿海溯江而上、梯度发展；"两翼"分别是指沪瑞和沪蓉南北两大运输通道，这是长江经济带的发展基础；

"三极"是指长江三角洲、长江中游和成渝三个城市群，充分发挥中心城市的辐射作用；"多点"是指发挥三大城市群以外地级城市的支撑作用。

2018年4月，在湖北武汉召开的第二次推动长江经济带发展座谈会上，习近平要求在推动长江经济带发展过程中正确把握5个关系：一是正确把握整体推进和重点突破的关系，全面做好长江生态环境保护修复工作；二是正确把握生态环境保护和经济发展的关系，探索协同推进生态优先和绿色发展新路子；三是正确把握总体谋划和久久为功的关系，坚定不移将一张蓝图干到底；四是正确把握破除旧动能和培育新动能的关系，推动长江经济带建设现代化经济体系；五是正确把握自身发展和协同发展的关系，努力将长江经济带打造成为有机融合的高效经济体。

2020年11月，第三次推动长江经济带发展座谈会在江苏南京召开。习近平要求："坚定不移贯彻新发展理念，推动长江经济带高质量发展，谱写生态优先绿色发展新篇章，打造区域协调发展新样板，构筑高水平对外开放新高地，塑造创新驱动发展新优势，绘就山水人城和谐相融新画卷，使长江经济带成为我国生态优先绿色发展主战场、畅通国内国际双循环主动脉、引领经济高质量发展主力军。"[1] 从2016年国家确定长江经济带发展战略之后，5年间取得了显著的进展，沿江省市大力推进生态环境整治，促进经济社会发展全面绿色转型。这是有史以来长江经济带力度最大、规模最广、影响最深的变革，尤其是生态环境保护发生了转折性变化，经济社会发展取得了历史性成就。长江经济带在新发展阶段和新发展格局中，在全面贯彻新发展理念实践中，具有特殊的地位和意义。一是长江经济带承担着生态环境系统保护修复的重大任务，需要从生态系统整体性和流域系统性出发，追根溯源、系统治疗。二是长江经济带承担着畅通

---

[1]　习近平. 习近平谈治国理政. 第4卷. 北京：外文出版社，2022：357.

国内大循环的重大使命,需要坚持全国一盘棋思想,在全国发展大局中明确自我发展定位,探索有利于推进畅通国内大循环的有效途径。三是长江经济带承担着构筑高水平对外开放新高地的重大责任,需要统筹沿海沿江沿边和内陆开放,加快培育更多内陆开放高地,提升沿边开放水平,实现高质量引进来和高水平走出去。四是长江经济带承担着加快产业基础高级化、产业链现代化的创新重托,需要坚持把经济发展着力点放在实体经济上,围绕产业基础高级化、产业链现代化,发挥协同联动的整体优势,全面塑造创新驱动发展新优势。五是长江经济带承担着保护传承弘扬长江文化的文化重担,需要保护传承弘扬长江造就的从巴山蜀水到江南水乡的千年文脉,这是中华民族的代表性符号和中华文明的标志性象征,是涵养社会主义核心价值观的重要源泉。

2. 推动长江经济带高质量发展

长江经济带是我国经济社会发展的重要区域,在我国经济社会最为发达的长江流域发展中起着龙头的作用。2023 年,长江经济带主要经济指标占全国的比重基本上都在 40%～50%,年末常住人口占 43.1%,地区生产总值占 46.7%,其中第一、第二、第三产业分别占 42.7%、46.9%、47.1%,货物进出口总额占 45.5%,规模以上工业企业利润总额占45.6%。2023 年 10 月 12 日,习近平在江西省南昌市主持召开进一步推动长江经济带高质量发展座谈会并发表重要讲话。他强调,要完整、准确、全面贯彻新发展理念,坚持共抓大保护、不搞大开发,坚持生态优先、绿色发展,以科技创新为引领,统筹推进生态环境保护和经济社会发展,加强政策协同和工作协同,谋长远之势、行长久之策、建久安之基,进一步推动长江经济带高质量发展,更好支撑和服务中国式现代化。

进一步推动长江经济带高质量发展,要坚持创新引领发展,把长江经济带的科研优势、人才优势转化为发展优势,积极开辟发展新领域新赛道，塑造发展新动能新优势。要加强科教资源的优化组合和科技创新协同配合，围绕产业基础高级化和产业链现代化，积极布局新领域新赛道的引领性技术攻关，吸引集聚高层次科技创新人才，提升科技前沿领域原始创新能力，加快突破一批关键核心技术。大力推动产业链供应链现代化，接续实施增强制造业核心竞争力行动，培育壮大先进制造业，加快发展战略性新兴产业和未来产业，促进数字经济和实体经济深度融合。加强产业链协同合作，推动优势产业延链、新兴产业建链。

进一步推动长江经济带高质量发展，要更好发挥长江经济带横贯东西、承接南北、通江达海的独特优势，更好联通国内国际两个市场、用好两种资源，提升国内大循环内生动力和可靠性，增强对国际循环的吸引力、推动力，为构建新发展格局提供战略支撑。在产业发展上，沿江省市既要各展优势，又要协同发展、错位发展、联动发展。要统筹抓好沿江产业布局和转移，优化重大生产力布局，引导资金、技术、劳动密集型产业从东部向中西部、从中心城市向腹地有序转移。积极推进高水平对外开放，积极拓展国际经济合作新领域、新渠道。更好发挥沿江省市自由贸易试验区作用，在制度创新方面先行先试，促进沿江省市自由贸易试验区联动发展，为建设更高水平开放型经济新体制积累新经验、探索新路径。

进一步推动长江经济带高质量发展，要坚持把强化区域协同融通作为着力点，沿江省市要坚持省际共商、生态共治、全域共建、发展共享，增强区域交通互联性、政策统一性、规则一致性、执行协同性，稳步推进生态共同体和利益共同体建设，促进区域协调发展。要从整体上谋划和建设区域交通基础设施，加快建设综合立体交通走廊，加强交通网络的相互联通和"公水铁"等运输方式的相互衔接，提升区域交通一体化水平。

进一步推动长江经济带高质量发展，要深化要素市场化改革，完善产权保护、市场准入、公平竞争、社会信用等基础制度，完善跨区域、跨部门、跨层级的数据信息共享和流程互联互通,深化政务服务合作,优化营商环境。深入发掘长江文化的时代价值,推出更多体现新时代长江文化的文艺精品。积极推进文化和旅游深度融合发展,建设一批具有自然山水特色和历史人文内涵的滨江城市、小城镇和美丽乡村,打造长江国际黄金旅游带。

长江经济带事关全国发展大局。统筹好发展和安全,在维护国家粮食安全、能源安全、重要产业链供应链安全、水安全等方面发挥更大作用,以一域之稳为全局之安作出贡献。

四、促进粤港澳大湾区经济发展

粤港澳大湾区包括香港特别行政区、澳门特别行政区和广东省广州市、深圳市、珠海市、佛山市、惠州市、东莞市、中山市、江门市、肇庆市,即港澳加珠三角九市,总面积5.6万平方公里,2017年末总人口约7 000万人,是我国开放程度最高、经济活力最强的区域之一,在国家发展大局中具有重要战略地位。建设粤港澳大湾区,既是新时代推动形成全面开放新格局的新尝试,也是推动"一国两制"事业发展的新实践。人们将粤港澳大湾区与美国旧金山湾、纽约湾、日本东京湾并称为世界四大湾区,对这里的发展前景充满期待。

2019年2月,中共中央、国务院印发《粤港澳大湾区发展规划纲要》,对粤港澳大湾区战略定位、发展目标、空间布局等作出全面规划。《粤港澳大湾区发展规划纲要》认为粤港澳大湾区经济实力、区域竞争力显著增强,已具备建成国际一流湾区和世界级城市群的基础条件。这里区位优势明显、经济实力雄厚、创新要素集聚、国际化水平领先、合作基础良好,特别是这里经济发展水平全国领先,产业体系完备,集群优势明显，经济互补性强，香港、澳门服务业高度发达，珠三角九市已初步形成以战略性新兴产业为先导、先进制造业和现代服务业为主体的产业结构。粤港澳大湾区2019年经济总量超过13万亿元，2019年广东省地区生产总值已达107 986.9亿元，香港则为28 448.4亿港元，澳门为4 455.3亿澳门元。《粤港澳大湾区发展规划纲要》提出打造粤港澳大湾区，建设世界级城市群，有利于丰富"一国两制"实践内涵，进一步密切内地与港澳交流合作，为港澳经济社会发展以及港澳同胞到内地发展提供更多机会，保持港澳长期繁荣稳定；有利于贯彻落实新发展理念，深入推进供给侧结构性改革，加快培育发展新动能、实现创新驱动发展，为我国经济创新力和竞争力不断增强提供支撑；有利于进一步深化改革、扩大开放，建立与国际接轨的开放型经济新体制，建设高水平参与国际经济合作新平台；有利于推进"一带一路"建设，通过区域双向开放，构筑丝绸之路经济带和21世纪海上丝绸之路对接融汇的重要支撑区。

《粤港澳大湾区发展规划纲要》提出粤港澳大湾区发展的基本原则是：创新驱动，改革引领；协调发展，统筹兼顾；绿色发展，保护生态；开放合作，互利共赢；共享发展，改善民生；"一国两制"，依法办事。战略定位就是要建设充满活力的世界级城市群，具有全球影响力的国际科技创新中心，"一带一路"建设的重要支撑，内地与港澳深度合作示范区和宜居宜业宜游的优质生活圈。《粤港澳大湾区发展规划纲要》提出了两个阶段性目标：一是到2022年，粤港澳大湾区综合实力显著增强，粤港澳合作更加深入广泛，区域内生发展动力进一步提升，发展活力充沛、创新能力突出、产业结构优化、要素流动顺畅、生态环境优美的国际一流湾区和世界级城市群框架基本形成。二是到2035年，大湾区形成以创新为主要支撑的经济体系和发展模式，经济实力、科技实力大幅跃升，国际竞争力、影响力进一步增强；大湾区内市场高水平互联互通基本实现，各类资源要素高效便捷流动；区域发展协调性显著增强，对周边地区的引领带动能力进一步提升；人民生活更加富裕；社会文明程度达到新高度，文化软实力显著增强，中华文化影响更加广泛深入，多元文化进一步交流融合；资源节约集约利用水平显著提高，生态环境得到有效保护，宜居宜业宜游的国际一流湾区全面建成。

国家从宏观经济政策角度大力促进大湾区发展，根本原因在于大湾区经济发展潜力巨大，科技创新动能充足，在未来中国发展格局中地位重要。大湾区就是要以创新驱动发展，特别是要突出科技创新驱动发展，建设全球科技创新高地和国际科技创新中心。

五、推动长三角一体化发展战略

长三角一体化发展战略是 2019 年国家作出的重大区域发展战略决策，目的就是把长三角一体化发展放在国家区域发展总体战略全局中进行统筹谋划，扣紧了全国发展强劲活跃增长极、高质量发展样板区、率先基本实现现代化引领区、区域一体化发展示范区、改革开放新高地的战略定位。2019 年 5 月，中共中央、国务院发布《长江三角洲区域一体化发展规划纲要》，标志着这一国家战略进入了全面实施阶段。

长江三角洲（以下简称长三角）地区是我国经济发展最活跃、开放程度最高、创新能力最强的区域之一，在国家现代化建设大局和全方位开放格局中具有举足轻重的战略地位。推动长三角一体化发展，增强长三角地区创新能力和竞争能力，提高经济集聚度、区域连接性和政策协同效率，对引领全国高质量发展、建设现代化经济体系意义重大。《长江三角洲区域一体化发展规划纲要》所规划的范围包括上海市、江苏省、浙江省、安徽省全域（面积 35.8 万平方公里）。以上海市，江苏省南京、无锡、常州、苏州、南通、扬州、镇江、盐城、泰州，浙江省杭州、宁波、温州、湖州、嘉兴、绍兴、金华、舟山、台州，安徽省合肥、芜湖、马鞍山、铜陵、安庆、滁州、池州、宣城 27 个城市为中心区（面积 22.5 万平方公里），辐射带动长三角地区高质量发展。以上海青浦、江苏吴江、浙江嘉善为长三角生态绿色一体化发展示范区（面积约 2 300 平方公里），示范引领长三角地区更高质量一体化发展。以上海临港等地区为中国（上海）自由贸易试验区新片区，打造与国际通行规则相衔接、更具国际市场影响力和竞争力的特殊经济功能区。

推动长三角一体化发展，是由长三角区域在国家经济社会发展中所具有的特殊地位和作用决定的。一是长三角一体化发展要率先形成新发展格局。长三角区域经济总量约占全国 1/4，具有人才富集、科技水平高、制造业发达、产业链供应链相对完备、市场潜力大等诸多优势，有条件也有责任在加快形成以国内大循环为主体、国内国际双循环相互促进的新发展格局中先行探路、率先突破。要始终立足于国家发展大局，扭住扩大内需这个战略基点，着力畅通区域"小循环"，努力成为国内大循环的中心节点、国内国际双循环的战略链接，为全国构建新发展格局注入强劲活跃的新动能。二是长三角一体化发展要勇当我国科技和产业创新的开路先锋。当前，全球新一轮科技革命和产业变革加速演变，迫切需要加快提高我国科技创新能力。长三角区域科教资源丰富、创新环境优越，拥有上海张江、安徽合肥 2 个综合性国家科学中心和全国约 1/4 的"双一流"高校、国家重点实验室、国家工程研究中心，年研发经费支出和有效发明专利数均占全国 1/3 左右，有条件有能力突破关键核心技术封锁，引领我国科技创新取得突破。要发挥科技和产业优势，勇闯"无人区"、占领制高点，创造更多"从 0 到 1"的原创成果，提供更多高水平科技供给，为实现高质量发展和维护国家经济安全提供重要支撑。三是长三角一体化发展要加快打造改革开放新高地。面对当前经济全球化遭遇倒流逆风，全球贸易投资大幅下行，我国坚定不移扩大高水平对外开放的意义更趋凸显。长三角区域始终处于我国改革开放的最前沿，拥有开放口岸46个，近年来在进出口总额、实际利用外资占全国比重等方面具有不可忽视的重要地位，在国家现代化建设大局和全方位开放格局中举足轻重。要推进更高起点的改革开放，对接国际通行的贸易投资规则，合力打造国际一流营商环境，多措并举稳外贸稳外资，努力成为联通国际市场和国内市场的重要桥梁。实施长三角一体化发展战略要紧扣一体化和高质量两个关键词，以一体化的思路和举措打破行政壁垒、提高政策协同，让要素在更大范围畅通流动，有利于发挥各地区比较优势，实现更合理分工，凝聚更强大的合力，促进高质量发展。

准确把握长三角"一极三区一高地"战略定位。"一极"是全国发展强劲活跃增长极，"三区"是全国高质量发展样板区、率先基本实现现代化引领区、区域一体化发展示范区，"一高地"是新时代改革开放新高地。《长江三角洲区域一体化发展规划纲要》提出了分阶段发展目标和具体指标，到2025年要取得实质性进展，到2035年要达到较高水平。新时代中国经济社会发展战略凸显了京津冀协同发展、长江经济带发展、粤港澳大湾区发展和长三角一体化发展的促进与带动作用，这四个经济发展的重要区域就是带动新时代中国经济发展的助推器和增长极，它们将构建并决定未来中国经济社会发展的走向。

2019年11月，经国务院批复同意，国家发展改革委正式公布《长三角生态绿色一体化发展示范区总体方案》，其主要内容包括示范区建设的角色定位、初心使命、战略定位、空间布局、生态目标、制度创新、高质量发展、改革集成、经验共享、体制机制等。《长三角生态绿色一体化发展示范区总体方案》指出，建设长三角生态绿色一体化发展示范区是实施长三角一体化发展战略的先手棋和突破口，一体化发展示范区范围包括上海青浦区、江苏省苏州市吴江区、浙江省嘉兴市嘉善县，面积约 2 300 平方公里（含水域面积约 350 平方公里）。推进一体化发展示范区建设，有利于集中彰显长三角地区践行新发展理念、推动高质量发展的政策制度与方式创新，率先实现质量变革、效率变革、动力变革，更好引领长江经济带发展；有利于率先将生态优势转化为经济社会发展优势，探索生态友好型发展模式；有利于率先探索从区域项目协同走向区域一体化制度创新，不破行政隶属、打破行政边界，实现共商、共建、共管、共享、共赢。对于该示范区建设，要求坚持的基本原则是：生态筑底，绿色发展；改革创新，共建共享；追求品质，融合发展；远景结合，联动发展。该示范区的战略定位是：生态优势转化新标杆，绿色创新发展新高地，一体化制度创新试验田，人与自然和谐宜居新典范。示范区发展布局要坚持统筹生态、生产、生活三大空间，把生态保护放在优先位置，不搞集中连片式开发，打造"多中心、组团式、网络化、集约型"的空间格局，形成"两核、两轴、三组团"①的功能布局。该示范区的发展目标是，到 2025 年，一批生态环保、基础设施、科技创新、公共服务等重大项目建成运行，先行启动区在生态环境保护和建设、生态友好型产业创新发展、人与自然和谐宜居等方面的显示度明显提升，一体化发展示范区主要功能框架基本形成，生态质量明显提升，一体化制度创新形成一批可复制可推广经验，重大改革系统集成释放红利，示范引领长三角更高质量一体化发展的作用初步发

---

① 其中"两核"是指环淀山湖区域和虹桥区域。环淀山湖区域作为创新绿核，打造生态、创新、人文融合发展的中心区域；虹桥区域作为动力核，大力提升商务服务能力，聚焦发展现代服务业，进一步增强服务长三角、联通国际的重要功能。"两轴"是指沿沪渝高速和通苏嘉高速的两条创新功能轴，重点围绕科技创新，集聚国内外创新要素资源，推动产学研深度融合，发展生态友好型创新产业集群。"三组团"是指以青浦新城、吴江城区、嘉善新城等节点为支撑的城市功能组团，推动形成层次丰富、功能互补的多中心发展格局。

挥。到 2035 年，形成更加成熟、更加有效的绿色一体化发展制度体系，全面建设成为示范引领长三角更高质量一体化发展的标杆。2020 年 8 月 20 日，以扎实推进长三角一体化发展为主题的座谈会在安徽合肥召开，进一步强调更好推动长三角一体化发展，要求率先形成新发展格局、勇当我国科技和产业创新的开路先锋、加快打造改革开放新高地，把一体化和高质量作为实施长三角一体化发展战略的关键。

新时代中国经济社会发展战略凸显了京津冀协同发展、长江经济带发展、粤港澳大湾区发展和长三角一体化发展的促进与带动作用，这四个经济发展的重要区域就是带动新时代中国经济发展的助推器和增长极，它们将构建并决定未来中国经济社会发展的走向。

六、实施黄河流域生态保护和高质量发展战略

黄河是中华民族的母亲河。2020 年 8 月 31 日中共中央政治局召开会议，审议《黄河流域生态保护和高质量发展规划纲要》（以下简称《规划纲要》），这是指导当前和今后一个时期黄河流域生态保护和高质量发展的纲领性文件，2021 年 10 月 8 日该文件发布实施。中共十八大以来，习近平总书记多次实地考察黄河流域生态保护和经济社会发展，并就三江源、祁连山、秦岭、贺兰山等重点区域生态保护作出重要指示批示。强调黄河流域生态保护和高质量发展是重大国家战略，要求共同抓好大保护，协同推进大治理，着力加强生态保护治理、保障黄河长治久安、促进全流域高质量发展、改善人民群众生活、保护传承弘扬黄河文化，让黄河成为造福人民的幸福河。

《规划纲要》规划范围为黄河干支流流经的青海、四川、甘肃、宁夏、内蒙古、山西、陕西、河南、山东 9 省区相关县级行政区，国土面积约

130万平方公里，2019年年末总人口约1.6亿。根据《规划纲要》，到2030年，黄河流域人水关系进一步改善，流域治理水平明显提高，生态共治、环境共保、城乡区域协调联动发展的格局逐步形成，现代化防洪减灾体系基本建成，水资源保障能力进一步提升，生态环境质量明显改善，国家粮食和能源基地地位持续巩固，以城市群为主的动力系统更加强劲，乡村振兴取得显著成效，黄河文化影响力显著扩大，基本公共服务水平明显提升，流域人民群众生活更为宽裕，获得感、幸福感、安全感显著增强。到2035年，黄河流域生态保护和高质量发展取得重大战略成果，黄河流域生态环境全面改善，生态系统健康稳定，水资源节约集约利用水平全国领先，现代化经济体系基本建成，黄河文化大发展大繁荣，人民生活水平显著提升。到本世纪中叶，黄河流域物质文明、政治文明、精神文明、社会文明、生态文明水平大幅提升，在我国建成富强民主文明和谐美丽的社会主义现代化强国中发挥重要支撑作用。

《规划纲要》提出要把黄河流域生态保护和高质量发展作为事关中华民族伟大复兴的千秋大计，贯彻新发展理念，遵循自然规律和客观规律，统筹推进山水林田湖草沙综合治理、系统治理、源头治理，改善黄河流域生态环境，优化水资源配置，促进全流域高质量发展，改善人民群众生活，保护传承弘扬黄河文化，让黄河成为造福人民的幸福河。要因地制宜、分类施策、尊重规律，改善黄河流域生态环境。要大力推进黄河水资源集约节约利用，把水资源作为最大的刚性约束，以节约用水扩大发展空间。要着眼长远减少黄河水旱灾害，加强科学研究，完善防灾减灾体系，提高应对各类灾害能力。要采取有效举措推动黄河流域高质量发展，加快新旧动能转换，建设特色优势现代产业体系，优化城市发展格局，推进乡村振兴。要大力保护和弘扬黄河文化，延续历史文脉，挖掘时代价值，坚定文化自信。要以抓铁有痕、踏石留印的作风推动各项工作落实，加强统筹协调，落实沿黄各省区和有关部门主体责任，加快制定实施具体规划、实施方案和政策体系，努力在"十四五"期间取得明显进展。

第二节　构建全面开放新格局

开放带来进步，封闭必然落后。中共十八届三中全会通过的《中共中央关于全面深化改革若干重大问题的决定》提出，适应经济全球化新形势，必须推动对内对外开放相互促进、引进来和走出去更好结合，促进国际国内要素有序自由流动、资源高效配置、市场深度融合，加快培育参与和引领国际经济合作竞争新优势，以开放促改革。习近平深刻指出："站在新的历史起点上，实现'两个一百年'奋斗目标、实现中华民族伟大复兴的中国梦，必须适应经济全球化新趋势、准确判断国际形势新变化、深刻把握国内改革发展新要求，以更加积极有为的行动，推进更高水平的对外开放，加快实施自由贸易区战略，加快构建开放型经济新体制，以对外开放的主动赢得经济发展的主动、赢得国际竞争的主动。"[1]

一、构建开放型经济体系

从构建开放型经济体系到形成全面开放新格局，是中共十八届三中全会到中共十九大期间我国对外开放逐步深化的重要体现。中共十八大以来，中国对外开放不断取得新的进展和成就，就是在这一战略指导下实现的。

---

[1] 习近平. 习近平谈治国理政：第 2 卷. 北京：外文出版社，2017：99.

1. 积极构建开放型经济体系

《中共中央关于全面深化改革若干重大问题的决定》明确了我国对外开放的基本举措：一是放宽投资准入。包括统一内外资法律法规，保持外资政策稳定、透明、可预期；推进金融、教育、文化、医疗等服务业领域有序开放，放开育幼养老、建筑设计、会计审计、商贸物流、电子商务等服务业领域外资准入限制，进一步放开一般制造业；加快海关特殊监管区域整合优化。与此同时，建立中国上海自由贸易试验区等，切实建设好、管理好，为全面深化改革和扩大开放探索新途径、积累新经验；扩大企业及个人对外投资，确立企业及个人对外投资主体地位；加快同有关国家和地区商签投资协定，改革涉外投资审批体制，完善领事保护体制，提供权益保障、投资促进、风险预警等更多服务，扩大投资合作空间。二是加快自由贸易区建设。包括坚持世界贸易体制规则，坚持双边、多边、区域次区域开放合作，扩大同各国各地区利益汇合点，以周边为基础加快实施自由贸易区战略；改革市场准入、海关监管、检验检疫等管理体制，加快环境保护、投资保护、政府采购、电子商务等新议题谈判，形成面向全球的高标准自由贸易区网络。尤其要扩大对香港特别行政区、澳门特别行政区和台湾地区开放合作。三是扩大内陆沿边开放。包括抓住全球产业重新布局机遇，推动内陆贸易、投资、技术创新协调发展；创新加工贸易模式，形成有利于推动内陆产业集群发展的体制机制；支持内陆城市增开国际客货运航线，发展多式联运，形成横贯东中西、联结南北方对外经济走廊；推动内陆同沿海沿边通关协作，实现口岸管理相关部门信息互换、监管互认、执法互助。此外，要加快沿边开放步伐，允许沿边重点口岸、边境城市、经济合作区在人员往来、加工物流、旅游等方面实行特殊方式和政策；建立开发性金融机构，加快同周边国家和区域基础设施互联互通建设，推进丝绸之路经济带、21世纪海上丝绸之路建设，形成全方位开放新格局。

中共十八大以来，我国从更大范围、更宽领域、更深层次上提高了开放型经济水平。

我国外商直接投资净流入在 2013 年经历了一次高峰，接近 3 000 亿美元。外商直接投资规模既反映了一个国家的整体投资环境和市场吸引力，也反映了一个国家的开放程度。新时代我国吸引外资呈现一些新特点：吸引外资规模不断创新高；外资质量提高，产业结构不断优化；改革措施成效逐步显现，如自由贸易试验区引资效果明显等；全球 500 强跨国公司投资增资踊跃；对我国经济社会促进作用增强。2011—2015 年的"十二五"期间，我国实际利用外资额稳步增加，2011 年为 1 160.11 亿美元，2012 年为 1 117.16 亿美元，2013 年为 1 175.86 亿美元，2014 年为 1 195.62 亿美元，2015 年为 1 262.67 亿美元。从外商在华投资的分布来看，这一时期出现了一些显著的变化，即由主要投资于制造业开始向更多投资于服务业转变，由主要投资于东部地区开始向更多投资于中西部地区转变。

与此同时，中国对外直接投资额出现大幅增长，跨国并购交易额也在波动中呈增长趋势，显示出中国在国际经济中的地位和国际经济影响力的提升。"十二五"时期中国对外直接投资和跨国并购交易增长状况分别是，2011 年为 746.5 亿美元和 363.6 亿美元，2012 年为 878 亿美元和 379.1 亿美元，2013 年为 1 078.4 亿美元和 515.3 亿美元，2014 年为 1 231.2 亿美元和 392.5 亿美元，2015 年为 1 456.7 亿美元和 511.2 亿美元。中国开始成为世界主要对外投资国家，在世界主要对外投资国家中的排名也不断提升。

2. 设立自由贸易试验区

在新发展阶段，以自由贸易试验区建设为突出特征的对外开放取得了

长足发展。国家不断完善自由贸易试验区布局，形成了覆盖全国范围，统
筹沿海、内地、沿边的改革开放新格局。截至 2023 年底，我国共建立了
22 个自由贸易试验区，并在贸易、投资、金融等方面主动对接国际通行
规则，形成众多制度创新成果，为推进构建开放型经济新体制发挥了重要
作用。

（1）积极设立自由贸易试验区。

自由贸易试验区战略是新时代我国对外开放的国家战略，是我国新一
轮对外开放的重要内容。从一般意义上讲，自由贸易试验区是指一个国家
在贸易和投资等方面采取比世界贸易组织有关规定更加优惠的贸易安排，
通常是在主权国家或地区的关境以外划定一定的区域，准许外国商品豁免
关税自由进出，是采取自由港政策的关税隔离区。狭义的自由贸易试验区
类似于出口加工区，广义的自由贸易试验区包括自由港、转口贸易区。中
共十七大把自由贸易区建设上升为国家战略，中共十八大提出要加快实施
自由贸易区战略，中共十八届三中全会提出要以周边为基础加快实施自由
贸易区战略，形成面向全球的高标准自由贸易区网络。

2013 年 8 月，国务院正式批准设立中国（上海）自由贸易试验区。9
月，中国（上海）自由贸易试验区正式挂牌成立，国务院印发《中国（上
海）自由贸易试验区总体方案》，提出的建设目标是：经过两年至三年的
改革试验，加快转变政府职能，积极推进服务业扩大开放和外商投资管理
体制改革，大力发展总部经济和新型贸易业态，加快探索资本项目可兑换
和金融服务业全面开放，探索建立货物状态分类监管模式，努力形成促进
投资和创新的政策支持体系，着力培育国际化和法治化的营商环境，力争
建设成为具有国际水准的投资贸易便利、货币兑换自由、监管高效便捷、
法制环境规范的自由贸易试验区，为我国扩大开放和深化改革探索新思路
和新途径，更好地为全国服务。

金融改革是自由贸易试验区改革的重点之一。《中国（上海）自由贸易试验区总体方案》明确在风险可控前提下，可在试验区内对人民币资本项目可兑换、金融市场利率市场化、人民币跨境使用等方面创造条件进行先行先试；同时推动金融服务业对符合条件的民营资本和外资金融机构全面开放，支持在试验区内设立外资银行和中外合资银行。自由贸易试验区建设极大地带动了上海在国际经济中的地位，截至 2016 年 6 月底，上海跨国公司地区总部已达 558 家，外资研发中心累计突破 400 家。近些年，外资特别是总部经济、研发经济，围绕"三链"加快在上海布局。上海已经成为跨国公司全球创新链重要的节点城市，成为跨国公司全球价值链的重要城市，成为全球供应链的重要城市。包括地区总部、设计、营销、结算、投资中心等，都是跨国公司在全球布局供应链最核心的环节。2018年 6 月，中国（上海）自由贸易试验区推出《中国（上海）自由贸易试验区关于扩大金融服务业对外开放进一步形成开发开放新优势的意见》，欲将中国（上海）自由贸易试验区打造成为扩大金融开放的"新高地"。该意见分六大部分、二十五条举措，涵盖了吸引外资金融机构集聚、便利外资金融机构落户、全面深化金融改革创新、金融服务科创中心建设、集聚发展高层次金融人才、构建与国际规则接轨的金融法治环境等六个方面，体现了中国（上海）自由贸易试验区在扩大金融开放中的"试验田"作用。

自由贸易试验区实践成效是显著的。2015 年 4 月，中国（广东）自由贸易试验区、中国（天津）自由贸易试验区、中国（福建）自由贸易试验区同步挂牌，标志着我国自由贸易试验区建设正式迎来"2.0"时代。例如，中国（广东）自由贸易试验区分为广州南沙新区、深圳前海蛇口、珠海横琴三个片区。南沙新区片区重点建设以生产性服务业为主导的现代产业新高地和具有世界先进水平的综合服务枢纽；前海蛇口片区重点建设我国金融业对外开放试验示范窗口、世界服务贸易重要基地和国际性枢纽港；横琴片区重点建设文化教育开放先导区、国际商务服务休闲旅游基地和促进澳门经济适度多元发展的新载体。中国（天津）自由贸易试验区重点从加快政府职能转变、扩大投资领域开放、推动贸易转型升级、深化金融开放创新、推动实施京津冀协同发展战略等五个方面进行探索，打造京津冀协同发展对外开放新引擎，营造国际化、市场化、法治化营商环境，成为京津冀协同发展高水平对外开放平台、全国改革开放先行区和制度创新试验田、面向世界的高水平自由贸易园区。中国（福建）自由贸易试验区分为福州、平潭、厦门三个片区。福州片区重点建设先进制造业基地、21世纪海上丝绸之路共建国家和地区交流合作的重要平台、两岸服务贸易与金融创新合作示范区；平潭片区重点建设两岸共同家园和国际旅游岛，在投资贸易和资金人员往来方面实施更加自由便利的措施；厦门片区重点建设两岸新兴产业和现代服务业合作示范区、东南国际航运中心、两岸区域性金融服务中心和两岸贸易中心。

2016年8月，中国决定在辽宁省、浙江省、河南省、湖北省、重庆市、四川省、陕西省新设立7个自由贸易试验区。中国设立自由贸易试验区的目的，一是通过设立自由贸易试验区尝试一个法治化、国际化、市场化营商环境的建设路径和运行模式，创造一个开放经济体系的试验田；二是建设一个接轨国际、贸易自由、投资便利和金融自由化的典型自由贸易区；三是形成可推广、可复制的开放经济模式；四是带动周边经济的发展，使之成为中国经济新的增长点。2018年5月，国务院印发《关于做好自由贸易试验区第四批改革试点经验复制推广工作的通知》，自由贸易试验区成为新时代加快对外开放、构建全面开放新格局的重大举措。2021年9月，国务院印发《关于推进自由贸易试验区贸易投资便利化改革创新的若干措施》。这是在《关于做好自由贸易试验区第四批改革试点经验复制推广工作的通知》优惠政策的基础上，进一步加大对自由贸易试验区建设的政策支持。

到 2025 年 3 月，中国自由贸易试验区增加到了 22 个，各自由贸易试验区锐意进取、大胆探索，取得显著成效，形成了东西南北中协调、陆海统筹的开放态势，推动形成了我国新一轮全面开放格局。我国正在大踏步地从商品要素流动型开放向制度型开放转变，在外资准入方面全面实行准入前国民待遇加负面清单管理模式，这些年来负面清单不断缩减，取得了积极的成效；在产业开放方面从初期的加工贸易、重工业开放拓展到金融、医疗、电信、教育培训等服务领域；在自由贸易试验区设立方面成效更为突出，现有的 22 个自由贸易试验区已经成为我国高水平开放的重要先行先试区域，并在以数字贸易为代表的服务贸易领域出现了快速发展的势头。有关资料显示，截至 2023 年 9 月，自由贸易试验区已经累计向全国复制推广了 302 项制度创新成果，成为了新时代改革开放新高地。总之，中国将有效发挥自由贸易试验区、自由贸易港引领作用，出台跨境服务贸易负面清单，在数字经济、互联网等领域持续扩大开放，深入开展贸易和投资自由化便利化改革创新，推动建设更高水平开放型经济新体制。

（2）加快自由贸易试验区制度型开放。

设立自由贸易试验区是新时代我国对外开放的重要举措，是加快我国制度型对外开放、促进经济高质量发展的关键一步。2024 年 8 月 29 日，二十届中央全面深化改革委员会召开第六次会议审议通过了《关于实施自由贸易试验区提升战略的意见》（以下简称《意见》），将新发展阶段自由贸易试验区的重要任务放在了提升水平这个方面。《意见》指出，中共十八大以来，党中央部署设立的 22 个自由贸易试验区，推出了一大批标志性、引领性制度创新成果，有效发挥了改革开放综合试验平台作用。贯彻落实中共二十届三中全会部署，实施自由贸易试验区提升战略，目的是在更广领域、更深层次开展探索，实现自由贸易试验区制度型开放水平、系统性改革成效、开放型经济质量全面提升。要坚持以高水平开放为引领，以制度创新为核心，鼓励先行先试，开展首创性、集成式探索，推动全产业链创新发展，增强对外贸易综合竞争力，促进投资自由化便利化，推动以贸易、投资、资金流动、交通运输、人员往来自由便利和数据安全有序流动为重点的政策体系更加完善。要统筹发展和安全，稳步扩大规则、规制、管理、标准等制度型开放，提升风险防控能力。

此前，国务院曾于 2023 年 6 月印发了《关于在有条件的自由贸易试验区和自由贸易港试点对接国际高标准推进制度型开放的若干措施》（以下简称《若干措施》）。《若干措施》就是为了推进高水平对外开放，实施自由贸易试验区提升战略，加快建设海南自由贸易港，稳步扩大规则、规制、管理、标准等制度型开放。《若干措施》包括推动货物贸易创新发展、推进服务贸易自由便利、便利商务人员临时入境、促进数字贸易健康发展、加大优化营商环境力度、健全完善风险防控制度等内容。

2024 年 2 月，国务院办公厅印发《扎实推进高水平对外开放更大力度吸引和利用外资行动方案》，指出外商投资是参与中国式现代化建设、推动中国经济与世界经济共同繁荣发展的重要力量。目的就是要扎实推进高水平对外开放、更大力度吸引和利用外资，营造市场化、法治化、国际化一流营商环境，充分发挥我国超大规模市场优势，巩固外资在华发展信心，提升贸易投资合作质量和水平。

3. 加快人民币国际化进程

人民币国际化主要是指：一是人民币现金在境外拥有一定的流通度，也就是被国际市场接受的程度较高；二是以人民币计价的金融产品成为国际各主要金融机构包括中央银行的投资工具，反映着以人民币计价的金融市场规模不断扩大；三是国际贸易中以人民币结算的交易达到一定的比重。随着中国国际经济地位的提高和作用的不断增强，人民币国际化是一个不可阻挡的必然趋势。2016 年 8 月，中国人民银行发布《2016 年人民币国际化报告》指出，人民币国际使用继续较快发展，人民币国际地位持续提升，人民币国际接受程度不断提高。其中，跨境人民币收付金额合计12.10 万亿元，同比增长 21.7％，占同期本外币跨境收付总额的比重达28.7％。2015 年 11 月，国际货币基金组织执行董事会决定将人民币纳入特别提款权（SDR）货币篮子，这是人民币国际化道路上重要的里程碑。据环球银行金融电信协会统计，2015 年 12 月，人民币是全球第三大贸易融资货币、第五大支付货币、第五大外汇交易货币。2016 年 10 月，人民币正式加入国际货币基金组织的特别提款权货币篮子，成为国际货币基金组织的官方储备货币之一。SDR 是一种重要的国际储备资产，用以弥补国际货币基金组织成员官方储备不足。在"入篮"之前，人民币在某种意义上只是中国的货币。人民币加入 SDR，意味着各国央行及很多国际机构都会主动或自动增持人民币资产作为外汇储备。从长远来看，这意味着人民币进一步受到了国际认可。人民币"入篮"是中国融入全球金融市场的重要里程碑，也是世界对中国持续改革的认可。人民币加入 SDR 货币篮子更能反映当今世界主要货币的构成，有助于增强 SDR 的代表性和吸引力，推动建立更加稳健的国际金融和货币体系，从而有利于全球经济的稳定和增长。人民币"入篮"后，中国也将需要持续提高汇率政策透明度。

中国人民银行《2021 年人民币国际化报告》显示，人民币的支付货币功能进一步增强，投融资货币功能深化，储备货币功能上升，计价货币功能有新的突破，人民币国际化取得积极进展，人民币继续保持在全球货币体系中的稳定地位。2020 年，人民币跨境收付金额较快增长，银行代客人民币跨境收付金额合计为 28.39 万亿元，同比增长 44.3%，收付金额创历史新高。2021 年 6 月，人民币在主要国际支付货币中排在第五位，人民币支付金额占所有货币支付金额的 2.5%，较 2020 年同期上升 0.7 个百分点。人民币的储备货币功能也在上升。2021 年第一季度，在国际货币基金组织官方外汇储备货币构成中，人民币排在第五位，在全球外汇储备中的占比为 2.5%，较 2016 年人民币刚加入特别提款权（SDR）篮子时上升 1.4 个百分点。由于我国经济基本面良好，货币政策保持在正常区间，人民币资产对全球投资者的吸引力较强。截至 2021 年 6 月末，境外主体持有境内人民币股票、债券、贷款及存款等金融资产金额合计为 10.26 万亿元，同比增长 42.8%。人民币国际化发展总体呈现以下特点：一是贸易和直接投资跨境人民币结算逆势增长；二是证券投资业务大幅增长，成为推动人民币跨境使用增长的主要力量；三是人民币跨境使用政策不断优化，先后推出一系列更高水平贸易投资便利化试点；四是人民币国际化基础设施进一步完善，人民币清算行体系持续拓展，人民币跨境支付系统成为人民币跨境结算的主渠道；五是双边货币合作持续深化，不断消除境外人民币使用障碍。

据我国财政部披露，2021 年 10 月 29 日中国国债正式被纳入富时全球国债指数（WGBI）。这标志着继 2019 年中国国债被纳入彭博巴克莱全球综合指数、2020 年被纳入摩根大通-全球新兴市场政府债券指数后，我国国债被全球三大主流债券指数全部纳入，这本身证明了我国大力推进国债市场对外开放和持续健康发展的成效，也反映出国际社会对中国政府债券市场改革开放成果的认同。有关数据显示，截至 2021 年 9 月末国际投资者持有中国债券规模达到 3.9 万亿元人民币，并继续呈上升趋势。相信已经居于世界先进水平的中国政府债券的市场化发行，会吸引更多的境外配置资金流入。

二、形成全面开放新格局

中共十九大对我国对外开放作出了新的规划，要求推动我国形成全面开放新格局。这是在中共十八届三中全会形成开放型经济体系的基础上，进一步推动我国对外开放的战略举措。正如习近平 2021 年 11 月在回顾中国加入世界贸易组织以来的变化时所指出的："开放是当代中国的鲜明标识。今年是中国加入世界贸易组织 20 周年。20 年来，中国全面履行入世承诺，中国关税总水平由 15.3% 降至 7.4%，低于 9.8% 的入世承诺；中国中央政府清理法律法规 2 300 多件，地方政府清理 19 万多件，激发了市场和社会活力。""20 年来，中国经济总量从世界第六位上升到第二位，货物贸易从世界第六位上升到第一位，服务贸易从世界第十一位上升到第二位，利用外资稳居发展中国家首位，对外直接投资从世界第二十六位上升到第一位。这 20 年，是中国深化改革、全面开放的 20 年，是中国把握机遇、迎接挑战的 20 年，是中国主动担责、造福世界的 20 年。加入世界贸易组织以来，中国不断扩大开放，激活了中国发展的澎湃春潮，也激活了世界经济的一池春水。加入世界贸易组织 20 年来中国的发展进步，是中国人民在中国共产党坚强领导下埋头苦干、顽强奋斗取得的，也是中国主动加强国际合作、践行互利共赢的结果。"①

1. 加快形成全面开放新格局

中共十九大对全面开放格局的基本内容进行了表述，就是要以"一带一路"建设为重点，坚持引进来和走出去并重，遵循共商共建共享原则，加强创新能力开放合作，形成陆海内外联动、东西双向互济的开放格局。

---

① 习近平. 习近平谈治国理政：第 4 卷. 北京：外文出版社，2022：236 - 237.

拓展对外贸易，培育贸易新业态新模式，推进贸易强国建设。实行高水平的贸易和投资自由化便利化政策，全面实行准入前国民待遇加负面清单管理制度，大幅度放宽市场准入，扩大服务业对外开放，保护外商投资合法权益。凡是在我国境内注册的企业，都要一视同仁、平等对待。优化区域开放布局，加大西部开放力度。赋予自由贸易试验区更大改革自主权，探索建设自由贸易港。创新对外投资方式，促进国际产能合作，形成面向全球的贸易、投融资、生产、服务网络，加快培育国际经济合作和竞争新优势。

自新冠疫情暴发以来，以美国为首的少数西方国家奉行单边主义、保护贸易和"甩锅"政策，对经济全球化和国际贸易发展制造了大量的障碍，中国成为它们防范、打压和"甩锅"的主要对象，从而给中国的发展制造了不少麻烦，但是这并没有动摇中国对外开放的决心和信心。近些年来，中国相继举办了多场中国国际进口博览会、中国国际服务贸易交易会等大型商贸活动，向世界展现了中国开放包容的胸襟。2020 年 11 月 4 日，习近平在第三届中国国际进口博览会开幕式上发表视频致辞，指出："中国有 14 亿人口，中等收入群体超过 4 亿，是全球最具潜力的大市场。预计未来 10 年累计商品进口额有望超过 22 万亿美元。中国制造已经成为全球产业链供应链的重要组成部分，作出了积极贡献。中国广阔的内需市场将继续激发源源不断的创新潜能。"①

中国国际进口博览会是世界上第一个以进口为主题的大型国家级展会，目的就是坚定支持贸易自由化和经济全球化、主动向世界开放市场，中国国际进口博览会有利于促进世界各国加强经贸交流合作，促进全球贸易和世界经济增长，推动开放型世界经济发展。中国国际进口博览会从

---

① 习近平. 在第三届中国国际进口博览会开幕式上的主旨演讲. 北京：人民出版社，2020：6.

2018 年开始每年在上海举办，2019 年意向成交金额达 711.3 亿美元，2020 年意向成交金额达 726.2 亿美元。习近平在第三届中国国际进口博览会开幕式上发表主旨演讲，指出：进博会"让展品变商品、让展商变投资商，交流创意和理念，联通中国和世界，成为国际采购、投资促进、人文交流、开放合作的四大平台，成为全球共享的国际公共产品"[①]。中国将秉持开放、合作、团结、共赢的信念，坚定不移全面扩大开放，将更有效率地实现内外市场联通、要素资源共享，让中国市场成为世界的市场、共享的市场、大家的市场，为国际社会注入更多正能量。中国将继续通过中国国际进口博览会等开放平台，支持各国企业拓展中国商机。中国将挖掘外贸增长潜力，为推动国际贸易增长、世界经济发展作出积极贡献。中国将推动跨境电商等新业态新模式加快发展，培育外贸新动能。中国将压缩《中国禁止进口限制进口技术目录》，为技术要素跨境自由流动创造良好环境。

中国（北京）国际服务贸易交易会是全球唯一的国家级、国际性、综合型服务贸易平台，自 2012 年开始每年在北京举办，获得了世贸组织、联合国贸发会议、经合组织等国际组织支持。疫情之前的 2019 年服贸会，实现意向签约项目 440 个、金额 1 050.6 亿美元。2020 年 9 月 4 日，习近平在 2020 年中国国际服务贸易交易会全球服务贸易峰会上发表视频致辞，指出："当今世界正在经历百年未有之大变局。新冠肺炎疫情全球大流行使这个大变局加速变化，经济全球化遭遇逆流，保护主义、单边主义上升，世界经济低迷，国际贸易和投资大幅萎缩，给人类生产生活带来前所未有的挑战和考验。同时，我们也要看到，近年来，新一轮科技革命和产业变革孕育兴起，带动了数字技术强势崛起，促进了产业深度融合，引领

---

① 习近平.在第三届中国国际进口博览会开幕式上的主旨演讲.北京：人民出版社，2020：2.

了服务经济蓬勃发展。"①

他向世界各国提出了三点倡议：一是坚持国民经济开放体系。中国将坚定不移扩大对外开放，建立健全跨境服务贸易负面清单管理制度，推进服务贸易创新发展试点开放平台建设，继续放宽服务业市场准入，主动扩大优质服务进口。中国将积极顺应服务贸易发展实际需要，推动多边、区域等层面服务规则协调，不断完善全球经济治理，促进世界经济包容性增长。二是坚持科技领先数字引领。中国将拓展特色服务出口基地，发展服务贸易新业态新模式。中国愿同各国一道，加强宏观政策协调，加快数字领域国际合作，加大知识产权保护，积极促进数字经济、共享经济等蓬勃发展，推动世界经济不断焕发生机活力。三是坚持共同发展合作共赢。中国将充分利用中国国际服务贸易交易会、中国国际进口博览会等各类平台，推动开展政策和经验交流，建立和培育政府间、国际组织、商协会及企业间多样化伙伴关系，支持组建全球服务贸易联盟，不断形成更多务实合作成果，使各国人民共同享有服务贸易增长成果。正像习近平在2021年中国国际服务贸易交易会全球服务贸易峰会上发表视频致辞中所表达的，中国坚持用和平、发展、合作、共赢的"金钥匙"，破解当前世界经济、国际贸易和投资面临的问题，共创更加美好的未来。可见，中国坚定不移的对外开放和经济社会的稳健发展，是当今世界发展的稳定器和压舱石。

2. 外商投资和对外投资稳步增长

中国是吸引外资和对外投资的重要国家。在2016—2020年的"十三五"时期，在全球跨国投资规模和速度明显放缓、个别年份出现负增长的情况下，中国实际利用外资规模继续保持稳步增长态势，这更说明了中国

---

① 习近平. 习近平谈治国理政：第4卷. 北京：外文出版社，2022：227.

宏观经济整体稳健发展的吸引力。"十三五"时期外商对华直接投资状况，2016 年为 1 260.01 亿美元，2017 年为 1 310.35 亿美元，2018 年为 1 349.66 亿美元，2019 年为 1 381.35 亿美元，2020 年为 1 444 亿美元。从目前世界跨国投资来看，中美两国是外商直接投资净流入最大的国家。从整体上看发达国家的外商直接投资净流入高于发展中国家，但中国作为最大的发展中国家仍是全世界外商直接投资净流入最多的国家之一，这表明中国仍然是外商直接投资的主要目的地，外商对中国经济发展和中国市场具有信心。

中国对外直接投资额和跨国并购交易额在复杂的国际经济环境中保持强势，中国在国际经济中的地位和国际经济影响力仍在稳步增长。"十三五"时期中国对外直接投资和跨国并购交易状况分别是：2016 年为 1 961.5 亿美元和 993.3 亿美元，2017 年为 1 582.9 亿美元和 1 308.8 亿美元，2018 年为 1 298.3 亿美元和 574 亿美元，2019 年对外直接投资为 1 369.07 亿美元，2020 年由于受新冠疫情影响，对外直接投资降为 1 102 亿美元。中国对外投资流量跃居世界第四，居德国、英国、日本等发达经济体之后。由于中国对外直接投资起步较晚，所以目前存量仍然较低，2019 年大约是美国的 27%。随着经济全球化和中国经济实力的提升，我国对外直接投资将会显著增加，我国对世界经济增长的贡献和拉动也会不断增强。中国对外直接投资存量集中度较高，从洲际来看，主要分布在亚洲和拉丁美洲；从各洲内部来看，也主要分布在少数几个国家或地区。例如，2019 年我国对外投资存量为 21 988.8 亿美元，其中对亚洲地区为 14 602.2 亿美元，占 66.4%，仅中国香港就占 12 753.6 亿美元，占 58.0%；对拉丁美洲地区为 4 360.5 亿美元，占 19.8%；对欧洲地区为 1 143.8 亿美元，占 5.2%；对北美洲地区为 1 002.3 亿美元，占 4.6%；对非洲地区为 443.9 亿美元，占 2.0%；对大洋洲地区为 436.1 亿美元，占 2.0%。随着中国"一带一路"倡议得到越来越多国家的理解和支持，"一带一路"建设坚持的共商共建共享、优势互补、互利共赢、合作发展、造福人民的理念也越来越深入人心，一批重大项目在"一带一路"共建国家落地，带动了当地经济发展，创造了大量就业，增进了当地人民的福祉，也促进了中国资本的对外直接投资活动。

3. 对外贸易结构进一步优化

中共十八大以来，我国国际经济地位和国际经济影响力持续上升，这与我国在世界经济中的地位和作用、与中国对外贸易的大幅度提高都有着十分紧密的关系。例如，2019 年，我国出口总额为 2.5 万亿美元，主要出口产品呈现"三多"特点：出口产品种类多、高新技术制成品多、纺织服装鞋帽制成品多。出口地主要是美、日、欧洲等发达经济体、亚洲发达地区和新兴经济体。2019 年，我国进口总额为 2.08 万亿美元，进口产品主要呈现"三高"特点：原材料和零部件占比高、能源占比高、粮食和农产品占比高。

对外开放是拉动中国经济快速发展的重要力量。加入 WTO 后，国际经济与国际市场对中国的依赖程度空前提高，中国也需要国际经济和国际市场的拉动。2006 年中国贸易依存度一路攀升至 72%，此后呈逐步回落态势，但相比美国、日本等发达经济体，中国经济对国际市场的依赖程度仍然较高。美国因其国内经济具有消费主导型经济的特点，对外贸易依存度一直不是很高，较长时期都维持在 30% 以下；日本则由于将产业大量转移到国外，所以贸易依存度也比较低，长期维持在 30% 和 40% 之间。新加坡作为自由港，转口贸易是其支柱产业，因此贸易依存度保持在很高的水平。从我国对外贸易依存度变化来看，"十二五"时期基本上在 45%～55% 区间波动，"十三五"时期则在 40%～50% 区间波动并逐步稳定在 40% 左右。

中国出口产品结构反映出中国经济结构的特点和发展水平，在 2019 年中国出口产品种类中超过 200 亿美元的有：机电产品（14 590.2 亿美元）、高新技术产品（7 307.5 亿美元）、自动数据处理设备及其部件（1 655.3 亿美元）、服装及衣着附件（1 513.7 亿美元）、电话机（1 259.5 亿美元）、纺织纱线和织物及制品（1 202 亿美元）、集成电路（1 015.8 亿美元）、文化产品（998.9 亿美元）、农产品（785.7 亿美元）、家具及其零件（541 亿美元）、钢材（537.6 亿美元）、汽车零配件（530.4 亿美元）、塑料制品（483.1 亿美元）、鞋类（477 亿美元）、成品油（384 亿美元）、灯具和照明装置及零件（329.1 亿美元）、二极管及类似半导体器件（321 亿美元）、自动数据处理设备的零件（314.4 亿美元）、玩具（311.4 亿美元）、通断保护电路装置及零件（306.7 亿美元）、箱包及类似容器（272.3 亿美元）、陶瓷制品（251.2 亿美元）、液晶显示板（214.2 亿美元）、电线和电缆（204.8 亿美元）、水海产品（203.3 亿美元）、船舶（203 亿美元）。

中国进口产品种类同样反映出中国经济发展的基本特点，在 2019 年进口产品种类中超过 200 亿美元的有：机电产品（9 077.6 亿美元）、高新技术产品（6 376.5 亿美元）、集成电路（3 055.5 亿美元）、原油（2 413.2 亿美元）、农产品（1 498.8 亿美元）、铁矿砂及其精矿（1 014.6 亿美元）、初级形状的塑料（532.9 亿美元）、汽车（483.8 亿美元）、粮食（419.8 亿美元）、天然气（417.2 亿美元）、计量检测分析自控仪器及器具（373.9 亿美元）、医药品（357.2 亿美元）、大豆（353.4 亿美元）、铜矿砂及其精矿（339.1 亿美元）、未锻轧铜及铜材（324.7 亿美元）、自动数据处理设备及其部件（324.6 亿美元）、通断保护电路装置及零件（246 亿美元）、煤及褐煤（233.9 亿美元）、液晶显示板（207.9 亿美元）。

2019 年，中国与美国的贸易总额为 5 413.9 亿美元，占总贸易额的比重高达 11.8%，美国是我国的第一大贸易伙伴；日本排名第二，贸易总额是 3 150.3 亿美元，占比达 6.9%；与中国香港的贸易总额为 2 880.3 亿美元，占比达 6.3%。其次分别是韩国、中国台湾、德国、澳大利亚、越南、马来西亚和巴西。当年我国贸易进出口差额为 4 219.3 亿美元，实现了贸易盈余，其中贸易顺差的国家或地区为 178 个，贸易逆差的国家或地区为 61 个。中国的进出口贸易盈余来源第一是美国，盈余达 2 959.6 亿美元；第二是中国香港，为 2 698.6 亿美元。中国的进出口贸易赤字来源第一是中国台湾，赤字高达 1 179.2 亿美元；对澳大利亚的赤字为 732.3 亿美元，且近年来逐渐升高。

中国在对外贸易中整体保有贸易盈余，但也对相当部分国家或地区呈现为赤字状态。中国的贸易伙伴主要可以分为两类：一类是资源型国家或地区，如拉美、非洲、大洋洲、中东地区等，主要进口石油、天然气、矿石和农产品；另一类是技术型国家或地区，如瑞士、德国、日本等，主要进口汽车、电子产品及其零部件。这也从一个侧面反映了中国经济发展新阶段的特点：一是中国要继续保持经济的中高速增长，就需要从国际市场进口发展所必需的石油、矿石等生产资料；二是中国经济面临转型升级的时代要求，需要从国际市场引进先进的技术装备和高科技产品。

4. 新发展阶段推进高水平对外开放

在新发展阶段，推进更高水平对外开放具有十分重要的意义。2023年 7 月 11 日，二十届中央全面深化改革委员会第二次会议审议通过了《关于建设更高水平开放型经济新体制促进构建新发展格局的意见》。习近平指出，建设更高水平开放型经济新体制是我们主动作为以开放促改革、促发展的战略举措，要围绕服务构建新发展格局，以制度型开放为重点，聚焦投资、贸易、金融、创新等对外交流合作的重点领域深化体制机制改革，完善配套政策措施，积极主动把我国对外开放提高到新水平。

这次会议指出，当前，我国发展面临复杂严峻的国际形势。要完善开放型经济新体制的顶层设计，深化贸易投资领域体制机制改革，扩大市场准入，全面优化营商环境，完善服务保障体系，充分发挥我国综合优势，以国内大循环吸引全球资源要素，提升贸易投资合作质量和水平。要坚持底线思维、极限思维，抓紧健全国家安全保障体制机制，着力提升开放监管能力和水平。要把构建更高水平开放型经济新体制同高质量共建"一带一路"等国家战略紧密衔接起来，积极参与全球治理体系改革和建设。

中国推进高水平对外开放不会停步，中国引领新型全球化的作用不会削弱。在新发展阶段，中国以打造高水平对外开放新高地和引领区为突破，推动对外开放迈上新台阶。2021 年 7 月，中共中央、国务院印发《关于支持浦东新区高水平改革开放 打造社会主义现代化建设引领区的意见》，提出推动浦东高水平改革开放，为更好利用国内国际两个市场两种资源提供重要通道，构建国内大循环的中心节点和国内国际双循环的战略链接，在长三角一体化发展中更好发挥龙头辐射作用，打造全面建设社会主义现代化国家窗口。

《关于支持浦东新区高水平改革开放 打造社会主义现代化建设引领区的意见》对浦东新区的定位是：更高水平改革开放的开路先锋，自主创新发展的时代标杆，全球资源配置的功能高地，扩大国内需求的典范引领，现代城市治理的示范样板。浦东新区的发展目标是：到 2035 年，浦东现代化经济体系全面构建，现代化城区全面建成，现代化治理全面实现，城市发展能级和国际竞争力跃居世界前列；到 2050 年，浦东建设成为在全球具有强大吸引力、创造力、竞争力、影响力的城市重要承载区，城市治理能力和治理成效的全球典范，社会主义现代化强国的璀璨明珠。浦东新区要全力做强创新引擎，打造自主创新新高地；加强改革系统集成，激活高质量发展新动力；深入推进高水平制度型开放，增创国际合作和竞争新优势；增强全球资源配置能力，服务构建新发展格局；提高城市治理现代化水平，开创人民城市建设新局面。

浦东新区进一步开放的战略举措如下：一是全力做强创新引擎，打造自主创新新高地。面向世界科技前沿、面向经济主战场、面向国家重大需求、面向人民生命健康，加强基础研究和应用基础研究，打好关键核心技术攻坚战，加速科技成果向现实生产力转化，提升产业链水平，为确保全国产业链供应链稳定多作新贡献。具体措施包括：加快关键技术研发，打造世界级创新产业集群，深化科技创新体制改革。二是加强改革系统集成，激活高质量发展新动力。聚焦基础性和具有重大牵引作用的改革举措，探索开展综合性改革试点，从事物发展全过程、产业发展全链条、企业发展全生命周期出发谋划设计改革，加强重大制度创新充分联动和衔接配套，推动各方面制度更加完善。具体措施包括：创新政府服务管理方式，强化竞争政策基础地位，健全要素市场一体化运行机制。三是深入推进高水平制度型开放，增创国际合作和竞争新优势。着力推动规则、规制、管理、标准等制度型开放，提供高水平制度供给、高质量产品供给、高效率资金供给，更好参与国际合作和竞争。具体措施包括：推进中国（上海）自由贸易试验区及临港新片区先行先试，加快共建辐射全球的航运枢纽，建立全球高端人才引进"直通车"制度。四是增强全球资源配置能力，服务构建新发展格局。完善金融市场体系、产品体系、机构体系、基础设施体系，支持浦东发展人民币离岸交易、跨境贸易结算和海外融资服务，建设国际金融资产交易平台，提升重要大宗商品的价格影响力，更好服务和引领实体经济发展。具体措施包括：进一步加大金融开放力度，建设海内外重要投融资平台，完善金融基础设施和制度，等等。①

---

① 中共中央国务院关于支持浦东新区高水平改革开放 打造社会主义现代化建设引领区的意见. 北京：人民出版社，2021：4-12.

　　浦东新区承担着打造社会主义现代化建设引领区的重任，在中央各项政策支持下，上海市也加大对浦东新区改革发展的支持力度。例如，2021年9月28日，上海市人大审议通过的《上海市浦东新区深化"一业一证"改革规定》正式开始实施，这是针对现行市场准入制度规定了企业进入多个行业开展经营，需要向多个政府部门申请办理多张许可证的情况，推行在"证照分离"改革基础上，将企业需要办理的多张许可证整合为一张行业综合许可证的改革。2020年11月，国务院批复同意浦东新区"一业一证"改革试点总体方案。浦东新区计划在未来的改革进程中，将围绕市场主体全生命周期发展需求，建立健全系统完善、精准集成的制度供给模式，推出市场准营承诺即入制等更大力度的改革举措，进一步降低制度性交易成本，激发市场主体创新活力，打造"放管服"改革引领区。可以相信，浦东新区加快改革开放的步伐，一定会带动全国新一轮改革开放的开展。

　　浦东新区在2021—2023年国民经济和社会发展中取得了显著进步，在新发展阶段中的示范与引领作用更加突出（见表7-2）。三年间浦东新区GDP占上海市GDP的比重分别为35.17％、35.86％、35.40％，占全国GDP的比重分别为1.34％、1.33％、1.33％。

表7-2　　　　　2021—2023年上海浦东新区主要经济发展指标　　　　单位：亿元

年份	2021	2022	2023
新区生产总值	15 352.99	16 013.40	16 715.15
第一产业	17.94	18.22	17.15
第二产业	3 860.48	4 037.37	4 137.49
第三产业	11 474.58	11 957.83	12 559.74
规模以上工业总产值	12 515.15	13 431.94	13 660.81
外贸进出口总额	23 886.07	24 636.91	25 759.04

　　2023年三大先导产业（集成电路、生物医药、人工智能产业）规模

达 7 300.49 亿元。重点产业中，汽车制造业产值达 4 628.02 亿元，电子信息制造业产值达 2 405.45 亿元，成套设备制造业产值达 1 541.40 亿元。规模以上战略性新兴产业工业总产值为 7 358.81 亿元，占全区规模以上工业总产值比重达到 53.9％。全年新增科技"小巨人"企业和"小巨人"培育企业 47 家，累计 725 家，占上海市比重为 25％。年内新认定高新技术企业为 1 703 家，有效期内高新技术企业为 4 922 家，占上海市比重为 20％；新认定技术先进型服务企业为 22 家，有效期内为 133 家。

2024 年 1 月，中共中央办公厅、国务院办公厅印发了《浦东新区综合改革试点实施方案（2023—2027 年）》（以下简称《实施方案》），这是按照《中共中央 国务院关于支持浦东新区高水平改革开放打造社会主义现代化建设引领区的意见》的要求制定的。《实施方案》提出，到"十四五"期末，制度创新取得重要阶段性成效，高水平制度型开放取得突破，科技创新体系竞争力明显提升，全球资源配置能力明显增强，城市治理水平明显提高，一批标志性改革成果在面上推广。到 2027 年，基本完成试点任务，制度创新取得突破性进展，高标准市场体系和高水平开放型经济新体制建设取得显著成效，城市治理体系更加健全，为全面建设社会主义现代化国家作出重要示范引领。

5. 推动粤港澳大湾区率先发展

2021 年 9 月，中共中央、国务院印发《横琴粤澳深度合作区建设总体方案》和《全面深化前海深港现代服务业合作区改革开放方案》。《横琴粤澳深度合作区建设总体方案》指出，横琴地处珠海南端，与澳门一水一桥之隔，具有粤澳合作的先天优势，是促进澳门经济适度多元发展的重要平台。要立足新发展阶段，贯彻新发展理念，构建新发展格局，紧紧围绕促进澳门经济适度多元发展，坚持"一国两制"、依法办事，坚持解放思想、改革创新，坚持互利合作、开放包容，创新完善政策举措，丰富拓展合作内涵，以更加有力的开放举措统筹推进粤澳深度合作，大力发展促进澳门经济适度多元的新产业，加快建设便利澳门居民生活就业的新家园，着力构建与澳门一体化高水平开放的新体系，不断健全粤澳共商共建共管共享的新体制，支持澳门更好融入国家发展大局，为澳门"一国两制"实践行稳致远注入新动能，使之成为促进澳门经济适度多元发展的新平台、便利澳门居民生活就业的新空间、丰富"一国两制"实践的新示范、推动粤港澳大湾区建设的新高地。

《全面深化前海深港现代服务业合作区改革开放方案》提出将前海合作区总面积由 14.92 平方公里扩展至 120.56 平方公里，推动前海合作区全面深化改革开放，以制度创新为核心，在"一国两制"框架下先行先试，推进与港澳规则衔接、机制对接，丰富协同协调发展模式，打造粤港澳大湾区全面深化改革创新试验平台，建设高水平对外开放门户枢纽，不断构建国际合作和竞争新优势。《横琴粤澳深度合作区建设总体方案》和《全面深化前海深港现代服务业合作区改革开放方案》不仅在地理空间上为前海合作区增量，而且在体制机制创新空间上为粤港澳大湾区扩容。例如，在加强香港融入粤港澳大湾区方面，香港特区政府于 2021 年 10 月提出将实施《北部都会区发展策略》，旨在把香港北部改造成为活力十足的地区，构建"双城三圈"发展格局。所谓"双城三圈"就是香港和深圳，由西至东分别构建深圳湾优质发展圈、港深紧密互动圈和大鹏湾/印洲塘生态康乐旅游圈。

2023 年 12 月，国务院在关于《前海深港现代服务业合作区总体发展规划》的批复中，要求前海深港现代服务业合作区在"一国两制"框架下先行先试，聚焦现代服务业这一香港优势领域，加快推进与港澳规则衔接、机制对接，进一步丰富协同协调发展模式，探索完善管理体制机制，打造粤港澳大湾区全面深化改革创新试验平台，建设高水平对外开放门户枢纽，在深化深港合作、支持香港经济社会发展、高水平参与国际合作方面发挥更大作用。

三、积极推进共建"一带一路"倡议

2013 年 9 月和 10 月，习近平分别在哈萨克斯坦提出了共建"丝绸之路经济带"的倡议，在印度尼西亚提出了共建 21 世纪海上丝绸之路的倡议。①"一带一路"倡议很快得到了沿线国家及更多国家的响应。

1. 提出"一带一路"倡议

"一带一路"中的"带"指丝绸之路经济带，它连接了中国与中亚、东欧和西欧，旨在实现中国与地中海、波斯湾、中东地区、南亚和东南亚的互联互通。该条线路的重要规划在于搭建"亚欧大陆桥"，即建设一条始于中国东部沿海地区，一路延伸至西欧的物流链；开发多条经济走廊，使中国与蒙古国、俄罗斯、中亚、东南亚连接。"一带一路"中的"路"指 21 世纪海上丝绸之路，它始于中国东南沿海，向西经南海和印度洋通向地中海，连接东南亚、南亚、中东、西非、北非和欧洲的广阔地区；向东延伸至南太平洋，连接东南亚，进而影响环太平洋沿线。

2008 年的世界金融危机极大地减缓了世界经济的发展步伐，发达国家经济长期低迷，国内政治压力增大，对全球化和自由贸易的态度有所扭转，不仅未能解决自身的经济发展问题，对全球特别是发展中国家或地区

---

① 2013 年 9 月 7 日，习近平在哈萨克斯坦纳扎尔巴耶夫大学演讲中，提出共建"丝绸之路经济带"的倡议，旨在使欧亚各国经济联系更加紧密、相互合作更加深入、发展空间更加广阔，提出用创新的合作模式共同建设"丝绸之路经济带"。同年 10 月 3 日，习近平在印度尼西亚国会演讲中提出共建 21 世纪海上丝绸之路的倡议，表示中国愿同东盟国家加强海上合作，使用好中国政府设立的中国—东盟海上合作基金，发展好海洋合作伙伴关系，共建 21 世纪海上丝绸之路。习近平. 习近平谈治国理政：第 1 卷 . 2 版 . 北京：外文出版社，2018：287 - 295.

的负面影响也十分明显。中国经过改革开放以来的快速发展，积累了财富和经验。一方面，中国的经济总量已经在 2010 年位居世界第二，产业门类齐全，且在多个产业和多种关键产品上具有全球竞争优势，在危机中成为拉动全球经济增长的重要力量。另一方面，中国的人均财富水平仍处于发展中国家行列，且中国也深受世界金融危机的影响，经济增速开始放缓。寻求新的经济增长点，特别是在全球化背景下寻求与世界市场的合作与共赢，不仅是中国与有关国家或地区的重要战略合作机遇，也是中国作为负责任大国的重要体现。

"一带一路"倡议在这样的背景下提出，它既是以市场为原则的经济合作，又特别注重基础设施建设等单一国家或私人资本所不愿或无力介入的领域；它既是经济合作主导的，又渗透到社会、政治、文化等多个领域，其影响是多方面的。共建"一带一路"倡议，就是要传承丝绸之路精神，携手打造开放合作平台，为各国合作发展提供新动力。在"一带一路"共建国家当中，既有具备一定发展基础的高收入国家，如以色列、新加坡和韩国等，又有东欧转型国家，如波兰、捷克和白俄罗斯等，更多的是亚非大陆广大的发展中国家，如巴基斯坦、阿富汗和埃塞俄比亚等。"一带一路"一端是快速发展的中国，一端是高度发达的欧洲，沿线则主要是发展中国家和转型国家。这些国家不仅地理信息差异大，而且在社会、文化、宗教等方面具有鲜明的多样性，因此求同存异、互利共赢是"一带一路"倡议的重要原则。

2013 年 12 月，习近平在中央经济工作会议上指出："建设丝绸之路经济带、二十一世纪海上丝绸之路，是党中央统揽政治、外交、经济社会发展全局作出的重大战略决策，是实施新一轮扩大开放的重要举措，也是营造有利周边环境的重要举措。形象地说，这'一带一路'，就是要再为我们这只大鹏插上两只翅膀，建设好了，大鹏就可以飞得更高更远。这也是我们对国际社会的一个承诺，一定要办好。"① 2015 年 3 月，国务院受权发布了《推动共建丝绸之路经济带和 21 世纪海上丝绸之路的愿景与行动》，从时代背景、共建原则、框架思路、合作重点、合作机制等方面阐述了"一带一路"的主张与内涵，提出了共建"一带一路"的方向和任务，指出推进"一带一路"建设既是中国扩大和深化对外开放的需要，也是加强和亚、欧、非及世界各国互利合作的需要，中国愿意在力所能及的范围内承担更多责任义务，为人类和平发展作出更大贡献。

2016 年 8 月，习近平进一步阐述了"一带一路"建设的重大意义。他说："'一带一路'建设是我们着眼欧亚大舞台、世界大棋局的重大谋篇布局。'一带一路'贯穿欧亚大陆，东边连接亚太经济圈，西边进入欧洲经济圈，大致涉及六十五个国家，总人口四十四亿，生产总值二十三万亿美元，分别占全球的百分之六十二点五、百分之二十八点六。通过'一带一路'建设把沿线国家团结起来，我们就可以在全球和地区大竞争中站稳脚跟、赢得主动。"② 为了更好地推进"一带一路"建设，国家相继于 2016 年 8 月、2018 年 8 月和 2021 年 11 月召开了三次推进"一带一路"建设工作座谈会。在第一次座谈会上，习近平提出要让"一带一路"建设造福沿线各国人民。在推进"一带一路"建设工作 5 周年座谈会上，习近平强调推动共建"一带一路"走深走实造福人民。在第三次座谈会上，习近平概括了自从"一带一路"倡议提出以来所取得的重大成就，特别是我国统筹谋划推动高质量发展、构建新发展格局和共建"一带一路"，坚持共商共建共享原则，把基础设施"硬联通"作为重要方向，把规则标准"软联通"作为重要支撑，把同共建国家人民"心联通"作为重要基础，

---

① 中共中央文献研究室. 习近平关于社会主义经济建设论述摘编. 北京：中央文献出版社，2017：246 – 247.

② 同①276.

推动共建"一带一路"高质量发展，取得实打实、沉甸甸的成就。通过共建"一带一路"，提高了国内各区域开放水平，拓展了对外开放领域，推动了制度型开放，构建了广泛的朋友圈，探索了促进共同发展的新路子，实现了同共建国家互利共赢。"一带一路"建设要以高标准、可持续、惠民生为目标。

2. 积极推进"一带一路"建设

"一带一路"共建国家多是发展中国家，这些国家有发展经济的期盼，也是世界经济发展的动力所在。从人均国民收入水平看，东亚和东南亚地区较为富有，2018年，其人均国民收入水平为1万美元左右，基本达到全球平均水平；南亚较为贫困，人均国民收入水平仅为1 600美元左右；中东地区差异巨大，既有卡塔尔人均国民收入7.5万美元的高水平，也有伊拉克和伊朗人均国民收入6 000美元左右的中低水平。

从推动全球经济发展的角度看，多个"一带一路"共建国家近年来实现了快速的经济增长，且不乏区域大国，为全球走出危机贡献了重要力量。比如2018年，中国、印度、越南、埃塞俄比亚等国GDP增长率在6%以上，坦桑尼亚、印度尼西亚等国GDP增长率在5%以上，而当年全球GDP增长率仅为3.1%。

投资是推动经济增长的重要引擎。其他发展中国家和中国改革开放初期一样，都面临投资缺乏的问题，而这一问题在发展初期无法从内部寻找解决途径，多依靠外商直接投资。中国是成功吸引外商直接投资的典范，2018年外商直接投资存量近2万亿美元，仅次于美国而位居世界第二位，极大地推动了我国经济的稳定发展。多数"一带一路"共建国家目前仍处于投资来源不足、持续增长动力不足的状态，与其所拥有的资源和劳动力不匹配，有待在投资中寻找机会，而外商直接投资则是起步阶段的重要支撑。

从人均水平看，2018年发达国家吸引外商直接投资存量多在人均1

万美元以上，而包括中国在内的广大发展中国家和转型国家的人均水平普遍较低，特别是发展中国家的人均水平更低。提高这一水平无疑将大力推动发展中国家的经济和社会发展。

基础设施建设是经济发展的重要保障。中国在经济快速发展的同时，不仅构建了全球最大的高速铁路网，而且在高速公路、民用航空、港口码头、新能源发电、输电线路、通信等基础设施建设上取得了突飞猛进的发展，在2018年的基础设施状况综合评估中，中国均获得了较高分数。综观"一带一路"共建国家，多数国家的基础设施建设相对比较落后，或虽在某些方面有特色，但整体比较落后。比如，从自然地理条件来说，埃及地处大西洋连接印度洋的要道，其港口发展有一定优势，但公路和铁路发展水平落后。推动共建国家发展基础设施，不仅是推动当地经济发展的着力点，也是从陆路和水路建立欧亚通道的关键节点。

从网络服务看，发达国家百万人拥有的互联网服务器数量多在千台以上，而多数"一带一路"共建国家相对落后。发展互联网，将为借助互联网发展新经济提供广阔平台，中国和"一带一路"共建国家大有可为。在全球化过程中，中国始终坚持和平共处、互利共赢。在新的形势下，我们既要看到辉煌的发展成果，又要认清我国仍为发展中国家。这要求我们一方面仍要关注国内问题，解决自身的发展问题和贫困问题；另一方面又要力所能及地承担大国责任，为全球发展贡献力量。"一带一路"倡议的提出正是中国承担国际责任的体现。

中国的人类发展指数从20世纪90年代0.499的水平提升到2018年的0.758，是增长最快的国家之一，但距离高质量的人类发展还有一定距离。同时，综观"一带一路"共建国家，除以色列等少数发达国家以及俄罗斯等部分转型国家外，多数国家的人类发展指数不高，仍处于发展的起步阶段。教育是发展的基础，以15岁以上人口的识字率来看，2015年中国已达到96％以上，与发达国家几乎无差距，但与中国开展"一带一路"共建合作的多数发展中国家的这一比例仍不足80％，甚至更低。中国在推动"一带一路"产业合作与发展的同时，仍会承担自己应有的责任，在合作中推动共建国家的全面发展，以促进共同进步。

2017年5月，第一届"一带一路"国际合作高峰论坛在北京举行，会议包括开幕式、圆桌会议和高级别会议三部分，会议还专门安排了围绕"五通"即政策沟通、设施联通、贸易畅通、资金融通、民心相通等召开主题会议，会议取得了76大项、270多项具体成果。有29个国家的元首和政府首脑出席，140多个国家和80多个国际组织的1 600多名代表与会。2019年4月，第二届"一带一路"国际合作高峰论坛在北京举行，会议分论坛增加到12场，增加了智库交流、廉洁丝绸之路、数字丝绸之路、绿色之路、创新之路、境外经贸合作区和地方合作等主题。有37个国家的元首和政府首脑出席，150多个国家和90多个国际组织的近5 000名代表与会。

习近平在第二届"一带一路"国际合作高峰论坛开幕式上的主旨演讲中总结"一带一路"倡议自提出以来的成就时说："在各方共同努力下，'六廊六路多国多港'的互联互通架构基本形成，一大批合作项目落地生根，首届高峰论坛的各项成果顺利落实，150多个国家和国际组织同中国签署共建'一带一路'合作协议。共建'一带一路'倡议同联合国、东盟、非盟、欧盟、欧亚经济联盟等国际和地区组织的发展和合作规划对接，同各国发展战略对接。从亚欧大陆到非洲、美洲、大洋洲，共建'一带一路'为世界经济增长开辟了新空间，为国际贸易和投资搭建了新平台，为完善全球经济治理拓展了新实践，为增进各国民生福祉作出了新贡献，成为共同的机遇之路、繁荣之路。"[①] 自"一带一路"提出以来，已

①　习近平. 习近平谈治国理政：第3卷. 北京：外文出版社，2020：490.

经有 140 个国家同中方签署了共建"一带一路"合作协议，合作伙伴越来越多。各参与国家积极推进政策沟通、设施联通、贸易畅通、资金融通、民心相通，启动了大批务实合作、造福民众的项目，构建起全方位、复合型的互联互通伙伴关系，开创了共同发展的新前景。

中国推动共建"一带一路"，始终秉持共商共建共享合作原则，坚持开放、绿色、廉洁、合作理念，致力于高标准、惠民生、可持续的合作目标，为"一带一路"合作伙伴提供了更多市场机遇、投资机遇、增长机遇。"一带一路"倡议和建设是新时代中国为 21 世纪世界发展作出的重大贡献，从中受惠的国家和人口都是世界历史上少有的。据统计，仅在共建"一带一路"各项事业中，中国国有企业发挥了排头兵、主力军的作用，与共建国家在基建、电力、能源资源开发、国际产能合作等重点领域开展了深度合作，包括国家电投、中国华电、国家能源集团、中国电建、中国建筑、中国铁建、中交集团、中国能建和中国石油、中国石化、中国海油等大型和超大型跨国企业都走在最前列。迄今中国企业已经承担了 3 400 多个重大工程项目，拥有 120 余万海外员工。

2020 年 11 月 19 日，习近平在亚太经合组织工商领导人对话会上的主旨演讲中明确地阐述了中国的立场：我们将继续高举开放合作大旗，坚持多边主义和共商共建共享原则，推动高质量共建"一带一路"，推进同各国、各地区发展战略和互联互通规划对接，加强政策、规则、标准融通，同各国不断深化基础设施建设、产业、经贸、科技创新、公共卫生、人文等领域务实合作，把"一带一路"打造成合作之路、健康之路、复苏之路、增长之路，加强绿色发展合作，为推动世界共同发展、构建人类命运共同体贡献力量。① 截至第三次"一带一路"建设座谈会前，中国已与

---

① 习近平. 习近平在亚太经合组织第二十七次领导人非正式会议上的讲话. 北京：人民出版社，2020：8 - 9.

140 个国家、32 个国际组织签署了 200 多份共建"一带一路"合作文件，建立了 90 多个双边合作机制；与日本、意大利等 14 个国家签署了第三方市场合作文件；中国对"一带一路"共建国家非金融类直接投资超过 1 400 亿美元；中国与共建国家货物贸易额累计达到 10.4 万亿美元；在"一带一路"上，有 73 条运行线路可以通达欧洲 23 个国家、175 个城市。

3. 引导"一带一路"高质量发展

加强高质量共建"一带一路"同各国发展战略和地区合作倡议对接，深入推进贸易和投资自由化便利化，加快口岸基础设施和区域国际物流大通道建设，保障区域产业链供应链稳定畅通。

2023 年 10 月 17 日至 18 日，第三届"一带一路"国际合作高峰论坛在北京举行，20 多位外国国家元首、政府首脑和国际组织负责人与会，151 个国家、41 个国际组织的代表参加。习近平在谈到"一带一路"倡议时指出：提出这一倡议的初心，是借鉴古丝绸之路，以互联互通为主线，同各国加强政策沟通、设施联通、贸易畅通、资金融通、民心相通，为世界经济增长注入新动能，为全球发展开辟新空间，为国际经济合作打造新平台。习近平宣布了中国支持高质量共建"一带一路"的八项行动，即：构建"一带一路"立体互联互通网络，支持建设开放型世界经济，开展务实合作，促进绿色发展，推动科技创新，支持民间交往，建设廉洁之路，完善"一带一路"国际合作机制。

"一带一路"的成果举世瞩目，一是 10 年来"一带一路"成果丰硕，从亚欧大陆延伸到非洲和拉美，150 多个国家、30 多个国际组织签署共建"一带一路"合作文件，成立了 20 多个专业领域多边合作平台；一大批标志性项目和惠民生的"小而美"项目落地生根；共商共建共享、开放绿色廉洁、高标准惠民生可持续，成为高质量共建"一带一路"的重要指导原则。二是 10 年来"一带一路"构建以经济走廊为引领，以大通道和信息高速公路为骨架，以铁路、公路、机场、港口、管网为依托，涵盖陆、海、天、网的全球互联互通网络，有效促进了各国商品、资金、技术、人员的大流通，推动绵亘千年的古丝绸之路在新时代焕发新活力。三是10年来"一带一路"坚持共商共建共享，跨越不同文明、文化、社会制度、发展阶段差异，开辟了各国交往的新路径，搭建起国际合作的新框架，汇集着人类共同发展的最大公约数。"一带一路"的10年历程证明，共建"一带一路"站在了历史正确一边，符合时代进步的逻辑，走的是人间正道。

特别需要提出的是，"一带一路"项目建设十分关注解决所在国经济社会发展的堵点难点问题，立足于为所在国经济社会发展创造更为有利的条件和环境。"一带一路"建设项目大致可以分为这样几类：第一类是基础设施建设项目，例如中老铁路、雅万高铁等一大批标志性项目陆续建成并投运。第二类是产业投资合作项目，例如中国与130多个国家和地区签订了双边投资协定，中国企业与共建国家政府、企业合作共建的海外产业园超过70个。第三类是绿色低碳发展项目，例如中国企业与100多个国家和地区开展绿色能源项目合作。第四类是数字经济合作项目，例如中国已与数十个国家签署数字经济国际合作谅解备忘录，数字交通和空间信息走廊加快建设，"丝路电商"拓展经贸合作新渠道。第五类是卫生健康合作项目，例如中国向多个国家派出医疗队，30余个中医药海外中心投入建设。从这些项目的类别和设置可见，几乎都是为了所在国的国家和人民创造更加美好的经济发展和社会生活。

四、推动对外贸易高质量发展

当今世界变乱交织，百年变局加速演进，人类社会面临前所未有的挑战。中国是当今世界团结的力量，和平的力量，合作的力量，中国坚定地认为和平、发展、合作、共赢的时代潮流不可阻挡。推动对外贸易高质量发展，既是我国在新发展阶段推动国民经济高质量发展的必然要求，也是我国带动广大发展中国家共同发展的必然要求。

1. 加快贸易强国建设步伐

在我国改革开放和现代化建设进程中，不断扩大的对外贸易对经济增长发挥了强有力的拉动作用，成为消费、投资和出口"三驾马车"中强有力的一支力量。虽然 2008 年以后，出口的影响力和比重有所下滑，但仍然是一支不可忽视的重要力量。习近平在 2014 年 12 月指出："要加快从贸易大国走向贸易强国，巩固外贸传统优势，培育竞争新优势，拓展外贸发展空间，积极扩大进口。要树立战略思维和全球视野，站在国内国际两个大局相互联系的高度，审视我国和世界的发展，把我国对外开放事业不断推向前进。"① 中共十九大报告明确指出："拓展对外贸易，培育贸易新业态新模式，推进贸易强国建设。""十四五"规划纲要也明确了我国对外贸易发展的目标，即立足国内大循环，协调推进强大国内市场和贸易强国建设。

对于我国来说，贸易强国意味着我国对外贸易竞争力更强、我国产品科技含量更高、质量效益更好，我国在国际贸易中拥有重要产品定价权、贸易规则制定权和贸易活动主导权。在 2017 年 12 月召开的全国商务工作会议上，根据中共十九大精神，商务部就明确提出了包括消费升级、贸易强国、外贸促进等在内的我国经贸强国建设的目标路径，规划了我国三个阶段的具体任务与目标：2020 年前，进一步巩固我国经贸大国的地位，推进经贸强国进程；2035 年前，基本建成经贸强国；2050 年前，全面建

---

① 习近平.习近平谈治国理政：第 2 卷.北京：外文出版社，2017：101.

成经贸强国。中共十八大以来，我国对外贸易取得了许多实质性进展。2013 年，我国已经超过美国成为全球第一大货物贸易国，2020 年我国货物贸易进出口总额达 32 万亿元。与此同时，我国服务贸易也仅低于美国，升至全球第二位。2020 年我国服务贸易进出口达 45 642.7 亿元，连续 7 年排名全球第二。在贸易强国建设中，我国还有很长一段路要走，还要清醒地看到我国对外贸易存在的不足，尤其是技术含量高、科技创新强的产品有待加强，对外贸易的龙头企业和企业集团有待培育，要加快从"大而不强"转变为"大而强"。例如，2019 年在我国出口排名前 30 位的企业中，有 13 家是代工企业；2020 年在我国外贸出口百强企业中，中小微企业仍是主力军。

2019 年 11 月，中共中央、国务院发布《关于推进贸易高质量发展的指导意见》，提出坚持新发展理念，坚持推动高质量发展，以供给侧结构性改革为主线，加快推动由商品和要素流动型开放向规则等制度型开放转变，建设更高水平开放型经济新体制，完善涉外经贸法律和规则体系，深化外贸领域改革，坚持市场化原则和商业规则，强化科技创新、制度创新、模式和业态创新，以共建"一带一路"为重点，大力优化贸易结构，推动进口与出口、货物贸易与服务贸易、贸易与双向投资、贸易与产业协调发展，促进国际国内要素有序自由流动、资源高效配置、市场深度融合，促进国际收支基本平衡，实现贸易高质量发展，开创开放合作、包容普惠、共享共赢的国际贸易新局面，为推动我国经济社会发展和构建人类命运共同体作出更大贡献。到 2022 年，贸易结构更加优化，贸易效益显著提升，贸易实力进一步增强，建立贸易高质量发展的指标、政策、统计、绩效评价体系。

《关于推进贸易高质量发展的指导意见》具体提出：一是要加快创新驱动，培育贸易竞争新优势。包括夯实贸易发展的产业基础、增强贸易创新能力、提高产品质量、加快品牌培育等。二是优化贸易结构,提高贸易发展质量和效益。包括优化国际市场布局、优化国内区域布局、优化经营主体、优化商品结构、优化贸易方式等。三是促进均衡协调,推动贸易可持续发展。包括积极扩大进口、大力发展服务贸易、推动贸易与双向投资有效互动、推进贸易与环境协调发展等。四是培育新业态,增添贸易发展新动能。包括促进贸易新业态发展、提升贸易数字化水平、加快服务外包转型升级等。五是建设平台体系,发挥对贸易的支撑作用。包括加快培育各类外贸集聚区、推进贸易促进平台建设、推进国际营销体系建设、完善外贸公共服务平台建设、构建高效跨境物流体系等。六是深化改革开放,营造法治化国际化便利化贸易环境。包括深化管理体制改革、充分发挥自由贸易试验区示范引领作用和高水平建设中国特色自由贸易港、加强知识产权保护和信用体系建设等。七是坚持共商共建共享,深化"一带一路"经贸合作。包括深化贸易合作、创新投资合作、促进贸易投资自由化便利化等。八是坚持互利共赢,拓展贸易发展新空间。包括建设性参与全球经济治理,推动区域、次区域合作,加快高标准自由贸易区建设等。九是加强组织实施,健全保障体系。包括加强党对推进贸易高质量发展工作的全面领导、健全法律法规体系、加大政策支持力度、加强贸易领域风险防范、完善中介组织和智力支撑体系等。

2. 对外贸易高质量发展规划

2021 年 11 月经国务院批复同意,商务部印发《"十四五"对外贸易高质量发展规划》,这是"十四五"时期我国外贸发展新的指导性文件。《"十四五"对外贸易高质量发展规划》总结了"十三五"时期我国外贸取得的显著成就和为我国经济社会发展、全球经济增长作出的突出贡献,聚焦"增强贸易综合实力、提高协调创新水平、提升畅通循环能力、深化贸易开放合作、完善贸易安全体系"五大目标,提出了"优化货物贸易结构"等 10 个方面 45 条重点任务和 6 项保障措施，强调创新引领，坚持扩大开放，政策措施系统全面，可操作性强。《"十四五"对外贸易高质量发展规划》将深化科技创新、制度创新、业态和模式创新放在突出位置，将绿色贸易、贸易数字化、内外贸一体化等国际贸易新趋势列入 10 大主要任务，为外贸创新发展提供指引。同时，结合当前外贸发展新形势，丰富了贸易新业态新模式的内涵，鼓励海外仓、保税维修、离岸贸易等新业态发展。《"十四五"对外贸易高质量发展规划》还积极推动加强与新兴市场国家贸易合作、保障国际产业链供应链稳定畅通、扩大进口、提升贸易便利化水平等，强调积极参与国际经贸规则制定，扩大贸易领域开放合作，坚定支持多边贸易体制，推动商品和要素流动型开放向规则等制度型开放转变。

在美国于 2017 年宣布退出《跨太平洋伙伴关系协定》（TPP）后，该协定参与国声明将所签署的自由贸易协定更名为《全面与进步跨太平洋伙伴关系协定》（CPTPP），并于 2018 年 12 月 30 日正式生效，协定签署国覆盖 4.98 亿人口，国内生产总值之和约占全球经济总量的 13%。2021 年 9 月中国正式提出申请加入该协定，相信这对于签署国之间来说，更有利于加强各成员经济体之间的互利联系，促进亚太地区的贸易、投资和经济增长，进一步推动市场开放、经济一体化和国际合作。

据商务部介绍，2021 年我国围绕"外贸创新发展年"，积极实施优进优出、贸易产业融合和贸易畅通"三大计划"，推动外贸创新发展。一是积极实施优进优出，大力提升新兴市场在我国主要贸易伙伴中的地位，目前对其出口占比提升至一半左右；大力发挥民营企业出口主力军作用，出口占比升至接近 60%；出口质量持续提升，机电产品出口占比提升至接近 60%；出口商品质量显著提升，更好满足消费者对高品质、个性化商品的需求；先进技术、重要装备和关键零部件进口维护了产业链供应链稳定畅通;跨境电商进出口、市场采购贸易方式出口快速增长,外贸综合服务企业超过1 500家,海外仓面积超过1 600万平方米,建成保税维修项目约130个。二是积极推进贸易产业融合,新认定105家国家外贸转型升级基地,搭建公共服务平台。引导加工贸易向中西部和东北地区梯度转移,支持中西部、东北地区与东部地区开展产业对接合作,培育认定首批13个国家加工贸易产业园。在13个县市开展第一批边民互市贸易进口商品落地加工试点,实施"百企入边"计划,已吸引近80家企业赴边境地区开展落地加工。三是积极确保贸易畅通,鼓励建设国际营销体系,加大对国家级国际营销服务公共平台的宣传推介,持续拓展国际贸易"单一窗口"功能。通过进博会、广交会等贸易平台,进一步支持企业拓展国内国际市场,畅通国内国际双循环。助力内外贸一体化,多渠道支持出口产品转内销,深入推进内外贸产品"同线同标同质"。

在2021年中国-东盟建立对话关系30周年之际,中国表示在未来3年再向东盟提供15亿美元发展援助,用于东盟国家抗疫和恢复经济;将启动科技创新提升计划,向东盟提供1 000项先进适用技术,未来5年支持300名东盟青年科学家来华交流。

3. 新时代对外贸易发展趋势

在2021—2023年我国新发展阶段起步之际,我国的货物进出口保持了比较稳定的态势(见表7-3)。

表7-3　　　　中国货物进出口总额(按主要国家和地区分)　　　单位:亿元

国家和地区	2021	2022	2023
总额	387 415	418 012	417 568
印度	8 046	8 968	9 581
日本	23 903	23 784	22 385
韩国	23 201	23 963	21 848
南非	3 474	3 767	3 906
俄罗斯	9 480	12 744	16 916

续表

国家和地区	2021	2022	2023
巴西	10 546	11 408	12 784
加拿大	5 227	6 396	6 259
美国	48 196	50 207	46 727
澳大利亚	14 763	14 689	16 108
东盟	56 152	64 414	64 125
欧盟	53 098	56 235	55 059

但是在三年进出口总额中，不同国家和地区的贸易额变化还是比较明显的。例如，对美国的进出口额分别占 12.44%、12.01% 和 11.19%；对欧盟的进出口额分别占 13.71%、13.45% 和 13.19%；对东盟的进出口额分别占 14.49%、15.41% 和 15.36%；对其他金砖四国（印度、南非、俄罗斯、巴西）的进出口额分别为 8.14%、8.82% 和 10.34%，其中与俄罗斯联盟的货物贸易增长明显。总之，美国与欧盟国家在我国货物贸易中所占比重有所收缩，东盟国家和金砖国家在我国货物贸易中所占的比重不断增长。

第三节　推动构建开放型世界经济

中共十八大以来，中国以前所未有的姿态积极参与全球治理，筑牢人类命运共同体。人类命运共同体倡议是新时代中国对世界发展和人类前途的深刻认识和理解，是中国构建 21 世纪更加合理、更加和谐、更加公平的世界秩序的伟大倡议，是中国推动建设更加惠及人类根本利益的世界治理的伟大倡议。

一、积极参与引领全球治理体系改革

中国坚决捍卫以联合国为主的全球治理体系，《联合国宪章》仍然是

世界和平与发展的重要保障。中国主张推动联合国进行必要的改革，这种改革应该能更好地发挥联合国的作用，尤其是重点发挥好四个方面的积极作用，即一是主持公道。大小国家相互尊重、一律平等是时代进步的要求，也是《联合国宪章》首要原则。任何国家都没有包揽国际事务、主宰他国命运、垄断发展优势的权力，更不能在世界上我行我素，搞霸权、霸凌、霸道。单边主义没有出路，要坚持共商共建共享，由各国共同维护普遍安全，共同分享发展成果，共同掌握世界命运。二是厉行法治。《联合国宪章》宗旨和原则是处理国际关系的根本遵循，也是国际秩序稳定的重要基石，必须毫不动摇加以维护。各国关系和利益只能以制度和规则加以协调，不能谁的拳头大就听谁的。大国更应该带头做国际法治的倡导者和维护者，遵信守诺，不搞例外主义，不搞双重标准，也不能歪曲国际法，以法治之名侵害他国正当权益、破坏国际和平稳定。三是促进合作。促进国际合作是联合国成立的初衷，也是《联合国宪章》重要宗旨。靠冷战思维，以意识形态划线，搞零和游戏，既解决不了本国问题，更应对不了人类面临的共同挑战。我们要做的是，以对话代替冲突，以协商代替胁迫，以共赢代替零和，把本国利益同各国共同利益结合起来，努力扩大各国共同利益汇合点，建设和谐合作的国际大家庭。四是聚焦行动。践行多边主义，不能坐而论道，而要起而行之，不能只开药方，不见疗效。联合国要以解决问题为出发点，以可视成果为导向，平衡推进安全、发展、人权，特别是要以落实《2030年可持续发展议程》为契机，把应对公共卫生等非传统安全挑战作为联合国工作优先方向，把发展问题置于全球宏观框架突出位置，更加重视促进和保护生存权和发展权。中国是第一个在《联合国宪章》上签字的国家，是联合国创始会员国，也是安理会常任理事国中唯一的发展中国家。中国将始终做多边主义的践行者，积极参与全球治理体系改革和建设，坚定维护以联合国为核心的国际体系，坚定维护以国际法为基础的国际秩序，坚定维护联合国在国际事务中的核心作用。

中共十八大以来，中国以更加负责任和更加积极的姿态参与到全球经济治理进程之中，尤其是充分运用各种国际舞台，针对全球性问题阐述中国立场、提出中国方案，为全球经济治理提供了基本遵循和切实路径。其中中国充分运用自身的影响力，在二十国集团①这一重要国际论坛中发挥了显著的作用。在当今国际舞台上，有各种国际组织和机构扮演着各种角色，但是还没有一个国际论坛能够发挥出二十国集团的特殊作用。二十国集团首脑会议是在 2008 年国际金融危机最紧要关头出现的国际对话机制，该论坛第一次将这么多大国联系在一起，最大限度减少其中存在的政治分歧和差异，针对国际金融危机提出的严峻挑战，宣扬和秉持同舟共济的伙伴精神，将滑向悬崖的世界经济拉回到稳定和复苏轨道。二十国集团成员包括世界主要发达经济体和新兴市场经济体，成员的人口占全球的 2/3，国土面积占全球的 55％，贸易额占全球的 75％，GDP 占全球的 86％。二十国集团机制已经形成以峰会为引领、协调人和财金渠道"双轨机制"为支撑、部长级会议和工作组为辅助的架构。二十国集团在全球事务中发挥着举足轻重的作用，成为共同应对全球性问题的有效多边机制。这是新世纪以来一次团结战胜分歧、共赢取代私利的国际合作，同时也确立了二十国集团在全球经济治理中的重要地位。2013 年以来，习近平出席二十国集团领导人历次峰会，在这一国际舞台上大力倡导人类命运共同体共识，大力倡导平等、开放、合作、共享的全球经济治理观，大力倡导走出一条公平、开放、全面、创新的发展之路，为解决全球发展面临的重大现实问题、完善全球经济治理提供了重要的中国立场和中国方案。从习近平 9 次参与二十国集团峰会的讲话中，我们能够发现一条贯穿其中的时代主线，

---

① 二十国集团成员包括阿根廷、澳大利亚、巴西、加拿大、中国、法国、德国、印度、印度尼西亚、意大利、日本、韩国、墨西哥、俄罗斯、沙特阿拉伯、南非、土耳其、英国、美国和欧盟。

即以人类命运共同体为引领的全球发展。

2016 年 9 月，在中国杭州举办的二十国集团峰会，为中国向世界提供解决人类社会面临的各类问题的中国方案提供了重要的平台。峰会从创新增长方式、完善全球经济金融治理、促进国际贸易和投资、推动包容联动式发展等领域，搭建了多国对话交流的平台。这次峰会在发展领域有三个"第一次"，即第一次把发展问题置于全球宏观政策框架的突出位置，第一次制定落实联合国 2030 年可持续发展议程行动计划，第一次采取集体行动支持非洲和最不发达国家工业化。这很好地表达了广大发展中国家的愿望，充分体现了作为最大发展中国家的中国在举办这次峰会时的深谋远虑。习近平概括了这次峰会的五大深远影响：一是大家决心为世界经济指明方向，规划路径。继续加强宏观政策沟通和协调，促进世界经济强劲、可持续、平衡、包容增长。二是大家决心创新增长方式，为世界经济注入新动力，抓住创新、新工业革命、数字经济等新要素新业态带来的新机遇，支持以科技创新为核心，带动发展理念、体制机制、商业模式等全方位、多层次、宽领域创新，推动创新成果交流共享。三是大家决心完善全球经济金融治理，提高世界经济抗风险能力，全面提升全球经济金融治理结构的平衡性、机制的可靠性、行动的有效性，为世界经济增长保驾护航。四是大家决心重振国际贸易和投资两大引擎作用，构建开放型世界经济，促进包容协调的全球价值链发展，支持多边贸易体系，反对保护主义，释放全球经贸合作潜力，扭转全球贸易增长下滑趋势。五是大家决心推动包容和联动式发展，让二十国集团合作成果惠及全球，着力减少全球发展不平等、不平衡问题，为发展中国家人民带来实实在在的好处，为全人类共同发展贡献力量。

当前，需要根据发展了的新情况改革全球治理体系，使包括中国在内的广大发展中国家和群体有与自身国际地位相适应的话语权。当今世界面临的许多挑战，诸如打击恐怖主义、国际裁军事务、限制核武器和生化武器、环境保护和治理、防治艾滋病和禁毒、世界粮食安全、能源问题等国际事务，只有绝大多数国家参与才有利于问题的解决。许多发展中国家期待中国在改革全球治理机制中发挥重要作用，期待中国提出更多促进全球治理体系变革的理念、规则、机制，这都要求中国在积极参与全球治理体系过程中不断创新形成新的理念、规则、机制。

在当今国际舞台上，中国不仅从理论体系上透彻阐明了中国的原则立场和根本遵循，而且在实际政策对策上也对不同国际事务提出了许多极富创新价值的建议。尤其是近些年来中国共产党和中国政府利用各种国际论坛和平台，系统阐述中国的立场主张和政策建议。例如习近平在2017年1月世界经济论坛年会开幕式的主旨演讲、在2018年11月亚太经合组织工商领导人峰会上的主旨演讲中，都系统论述了中国对全球治理和全球治理体系的建议。全球经济治理体系要想公平有效，必须跟上时代。我们应该秉持共商共建共享理念，推动全球经济治理体系变革。变革过程应该体现平等、开放、透明、包容精神，提高发展中国家代表性和发言权，遇到分歧应该通过协商解决，不能搞小圈子，不能强加于人。[①] 中国关于全球治理和全球治理体系改革的建议正在发挥积极的影响，赢得越来越多国家的理解和支持。

中国主张全球治理和全球治理体系改革是要充分吸收世界各种文明的有益部分，共同构成全球治理的文明基础。习近平2014年3月在联合国教科文组织总部演讲中提出了中国崭新的文明观，引起了国际社会的强烈反响和积极回应。他提出："文明因交流而多彩，文明因互鉴而丰富。文明交流互鉴，是推动人类文明进步和世界和平发展的重要动力。"[②] 他提

---

① 习近平. 习近平谈治国理政：第3卷. 北京：外文出版社，2020：459.

② 习近平. 习近平谈治国理政：第1卷. 2版. 北京：外文出版社，2018：258.

出了中国对于推动文明交流互鉴所坚持的正确态度和原则，即坚持世界文明是丰富多彩的态度和原则，坚持各种文明是平等的态度和原则，坚持各国文明是包容的态度和原则。当今世界，人类生活在不同文化、种族、肤色、宗教和不同社会制度所组成的世界里，各国人民形成了你中有我、我中有你的命运共同体。

经济全球化是当今世界的必然发展趋势。从一定意义上说，是维护和支持经济全球化还是反对和瓦解经济全球化，已经成为国际社会中少数西方国家同广大发展中国家进行激烈斗争的领域。中国是经济全球化的积极推动者，是国际社会中反对保护主义、单边主义的重要力量，中国倡导走公平、开放、全面、创新的发展之路。中国促进经济全球化的有效举措包括：一是努力打造平等协商、广泛参与、普遍受益的区域合作框架，合力构建开放型亚太经济，促进贸易和投资自由化便利化。二是引导经济全球化朝着更加开放、包容、普惠、平衡、共赢的方向发展，造福不同国家、不同阶层、不同人群。三是主动适应全球产业分工调整变化，积极引领全球价值链重塑，确立新定位，构筑新优势。四是支持多边贸易体制，坚持开放的区域主义，帮助发展中国家更多从国际贸易和投资中受益。近些年来，中国提出并倡导全球发展倡议，呼吁国际社会加快落实联合国2030年可持续发展议程，推动实现更加强劲、绿色、健康的全球发展，这是中国为构建人类命运共同体提出的切实可行的具体方案。

中国坚持维护世界和平和正义，积极倡导以和平方式解决政治争端，派出5万多人次参加联合国维和行动，已经成为联合国第二大会费国、第二大维和摊款国。

二、中国与各国积极互动的经济关系

在国际事务中，中国保持了与世界各国的积极互动，特别是在经济社会发展方面，中国始终是发展中国家经济政治利益的坚定维护者。面对当今世界纷繁复杂的环境，中国坚持开放包容、协商合作，坚持和维护多边主义，坚持维护世界和平发展格局，捍卫发展中国家利益，积极推动构建人类命运共同体。

1. 与周边国家经济关系

在对待我国周边的重大问题上，中国坚持构建人类命运共同体，提出了坚持与邻为善、以邻为伴，坚持睦邻、安邻、富邻，突出体现亲、诚、惠、容的理念。中国不屑于那些与中国周边国家"秀恩爱"的举动，中国也不惧怕那些不时向中国"秀肌肉"的挑衅。2013 年 10 月 24 日至 25 日，我国召开了新中国成立以来首次周边外交工作座谈会。习近平指出："做好周边外交工作，是实现'两个一百年'奋斗目标、实现中华民族伟大复兴的中国梦的需要，要更加奋发有为地推进周边外交，为我国发展争取良好的周边环境，使我国发展更多惠及周边国家，实现共同发展。"①

中国处理周边关系的基本要求是：一是周边对我国具有极为重要的战略意义。我国周边充满生机活力，有明显发展优势和潜力。我国周边环境总体上是稳定的，睦邻友好、互利合作是周边国家对华关系的主流。我们要谋大势、讲战略、重运筹，把周边外交工作做得更好。二是全面发展同周边国家的关系，巩固睦邻友好，深化互利合作，维护和用好我国发展的重要战略机遇期，维护国家主权、安全、发展利益，努力使周边同我国政治关系更加友好、经济纽带更加牢固、安全合作更加深化、人文联系更加紧密。要坚持与邻为善、以邻为伴，坚持睦邻、安邻、富邻，突出体现亲、诚、惠、容的理念。要坚持睦邻友好，守望相助，多走动，多做得人心、暖人心的事，增强亲和力、感召力、影响力。三是要坚持互信、互

利、平等、协作的新安全观，推进同周边国家的安全合作。要着力加强对周边国家的宣传工作、公共外交、民间外交、人文交流，广交朋友，广结善缘，把中国梦同周边各国人民过上美好生活的愿望、同地区发展前景对接起来，让命运共同体意识在周边国家落地生根。

2. 与亚洲国家经济关系

在对待亚洲国家问题上，要推动我国与其他亚洲国家积极互动。亚洲各国都有着不同程度的灾荒饥饿的历史记忆和落后挨打的残留伤疤，亚洲有着强烈的"繁荣的期待"。中国和亚洲的文化与交流历史久远、可谓源远流长。各类文明在这里曾经广泛交流与对话，不仅没有摧毁这个世界，而且使这个世界更加具有多样性和丰富性。亚洲有着相互欣赏、互通有无的悠久传统，有着强烈的"交流的期待"。在对待亚洲安全问题上，中国倡导共同、综合、合作、可持续的亚洲安全观，创新安全理念，搭建地区安全和合作新架构，努力走出一条共建、共享、共赢的亚洲安全之路。

2014 年 5 月，习近平在亚洲相互协作与信任措施会议（简称"亚信"）第四次峰会上指出了中国处理与亚洲国家关系的基本原则：一是亚洲拥有全世界 67％的人口和三分之一的经济总量，是众多文明、民族的汇聚交融之地。亚洲稳定是世界和平之幸，亚洲振兴是世界发展之福，亚洲依然是世界上最具发展活力和潜力的地区，和平、发展、合作、共赢始终是地区形势主流，通过协商谈判处理分歧争端也是地区国家主要政策取向。二是积极倡导共同、综合、合作、可持续的亚洲安全观，创新安全理念，搭建地区安全和合作新架构，努力走出一条共建、共享、共赢的亚洲安全之路。亚洲安全应聚焦发展主题，积极改善民生，缩小贫富差距，不断夯实安全的根基。三是中国建议包括：推动亚信成为覆盖全亚洲的安全对话合作平台，加强亚信能力和机制建设，通过举办亚信非政府论坛等方式建立亚信各方民间交流网络，增强亚信的包容性和开放性。四是中方愿意同地区国家建立常态化交流合作机制，共同打击"三股势力"；探讨建立亚洲执法安全合作论坛、亚洲安全应急中心等，深化执法安全合作，协调地区国家更好应对重大突发安全事件。2019 年 5 月，习近平在亚洲文明对话大会开幕式演讲中提出了夯实共建亚洲命运共同体、人类命运共同体的人文基础的四点主张：坚持相互尊重、平等相待，坚持美人之美、美美与共，坚持开放包容、互学互鉴，坚持与时俱进、创新发展①，极大地促进了亚洲文明互学互鉴的巨大热情。

3. 与欧洲国家经济关系

在对待欧洲问题上，中欧自建立全面战略伙伴关系以来，取得了积极的成效。中欧关系的影响已经超越双边，越来越具有全球性战略意义。2014 年 3 月，习近平在访问欧洲期间就中欧关系作出了一系列重要的论述：一是指出中欧关系发展空间还很大，潜力还远远没有发挥出来。当前就是要深化互利共赢的中欧关系，让中欧友谊和合作给中欧各国人民带来更多福祉。二是强调中国人看待世界、看待社会、看待人生有自己独特的价值体系。中国人独特而悠久的精神世界，让中国人具有很强的民族自信心，也培育了以爱国主义为核心的民族精神。三是阐述中国从自己的国情和时代要求出发，探索和开拓国家发展道路，形成了中国特色社会主义，提出要建设社会主义市场经济、民主政治、先进文化、和谐社会、生态文明，维护社会公平正义，促进人的全面发展，坚持和平发展，全面建成小康社会，进而实现现代化，逐步实现全体人民共同富裕。中国全面深化改革，不仅将为中国现代化建设提供强大推动力量，而且将为世界带来新的发展机遇。四是明确中欧都处于发展的关键时期，都面临着前所未有的机遇和挑战。要共同努力建造和平、增长、改革、文明四座桥梁，建设更具

---

① 习近平. 习近平谈治国理政：第 3 卷. 北京：外文出版社，2020：465 - 471.

全球影响力的中欧全面战略伙伴关系。中国主张"和而不同",而欧盟强调"多元一体",中欧要共同努力,促进人类各种文明之花竞相绽放。

2019 年 3 月,习近平在中法全球治理论坛闭幕式上对中欧关系进行了展望,希望中欧双方都能积极做行动派、不做观望者,共同努力把人类前途命运掌握在自己手中。为此,他提出四点主张:坚持公正合理,破解治理赤字;坚持互商互谅,破解信任赤字;坚持同舟共济,破解和平赤字;坚持互利共赢,破解发展赤字。① 中欧双方需要相向而行,在治理、信任、和平和发展四大"赤字"的破解中相互支持、相互借鉴。

4. 与非洲国家经济关系

中非关系总体上进入全面发展的快车道,双方成立了中非合作论坛,构建起新型战略伙伴关系,中国提出了"461"的中非合作框架。2013 年 3 月 25 日,习近平在坦桑尼亚发表题为《永远做可靠朋友和真诚伙伴》的重要演讲,总结中非友好关系发展历史经验,全面阐述新时期中非共谋和平、同促发展的政策主张。

中国处理与非洲国家关系的原则包括以下几点:一是对待非洲朋友就是要讲"真"。中国始终把发展同非洲国家的团结合作作为中国对外政策的重要基础,这一点绝不会因为中国自身发展和国际地位提高而发生变化。世界上没有放之四海而皆准的发展模式,各方应该尊重世界文明多样性和发展模式多样化。二是开展对非合作就是要讲"实"。中国不仅是合作共赢的倡导者,更是积极实践者。中国致力于把自身发展同非洲发展紧密联系起来,把中国人民利益同非洲人民利益紧密结合起来,把中国发展机遇同非洲发展机遇紧密融合起来,真诚希望非洲国家发展得更快一些,非洲人民日子过得更好一些。三是加强中非友好就是要讲"亲"。中国人

---

① 习近平. 习近平谈治国理政:第 3 卷. 北京:外文出版社,2020:460 - 462.

民和非洲人民有着天然的亲近感，很重要的一点就是要通过深入对话和实际行动获得心与心的共鸣。中非关系的根基和血脉在人民，中非关系发展应该更多面向人民。四是解决合作中的问题就是要讲"诚"。中国和非洲都处在快速发展过程中，相互认知需要不断与时俱进。中方坦诚面对中非关系面临的新情况新问题，对出现的问题，我们应该本着相互尊重、合作共赢的精神加以妥善解决。

2014 年 5 月，中国政府提出了"461"的中非合作框架。"4"就是进一步深化中非合作四项原则：一是真诚平等相待，二是增进团结互信，三是共谋包容发展，四是创新务实合作。"6"就是中国愿与非洲国家共同努力，积极推进六大工程，打造中非全面合作的升级版，包括实施产业合作工程、金融合作工程、减贫合作工程、生态环保合作工程、人文交流合作工程和和平安全合作工程。"1"就是完善中非合作论坛这一重要平台。2015 年中非合作论坛约翰内斯堡峰会确定了中非"十大合作计划"，一大批铁路、公路、机场、港口等基础设施以及经贸合作区陆续建成或在建设之中，中非和平安全、科教文卫、减贫惠民、民间交往等合作深入推进，中国承诺提供的 600 亿美元资金支持都已兑现或作出安排，展现了中非共同的创造力、凝聚力、行动力。在 2018 年中非合作论坛北京峰会上中国提出了"八大行动"，即实施产业促进行动、设施联通行动、贸易便利行动、绿色发展行动、能力建设行动、健康卫生行动、人文交流行动与和平安全行动。中国以政府援助、金融机构和企业融资等方式，向非洲提供 600 亿美元支持；同时免除与中国有外交关系的非洲最不发达国家、重债穷国、内陆发展中国家、小岛屿发展中国家截至 2018 年底到期未偿还政府间无息贷款债务。[①]

中非关系是牢不可破的，中非双方共同制定了《中非合作 2035 年愿

---

① 习近平. 习近平谈治国理政：第 3 卷. 北京：外文出版社，2020：449 - 454.

景》。作为愿景的首个三年规划，中国将同非洲国家密切配合，共同实施"九项工程"，即卫生健康工程、减贫惠农工程、贸易促进工程、投资驱动工程、数字创新工程、绿色发展工程、能力建设工程、人文交流工程与和平安全工程。针对西方一些别有用心的人指责中国在非洲实行"新殖民主义"的荒诞言论，了解事实本身的人都会发现，中非合作才是当今世界最真诚最平等最具榜样意义的合作。习近平指出，双方在反帝反殖的斗争中结下了牢不可破的兄弟情谊，在发展振兴的征程上走出了特色鲜明的合作之路，在纷繁复杂的变局中谱写了守望相助的精彩篇章，为构建新型国际关系树立了光辉典范。①

5. 与阿拉伯国家经济关系

在处理与阿拉伯国家的关系时，要弘扬丝绸之路精神，为发展增动力，为合作添活力，不断深化全面合作、共同发展的中阿战略合作关系。2014 年 6 月 5 日，习近平在中阿合作论坛第六届部长级会议上发表了《弘扬丝路精神，深化中阿合作》的重要讲话，阐述了中国关于中阿关系的原则。一是要促进文明互鉴。中阿双方坚持以开放包容心态看待对方，用对话交流代替冲突对抗，创造了不同社会制度、不同信仰、不同文化传统的国家和谐相处的典范。中国将继续毫不动摇支持阿拉伯国家维护民族文化传统，反对一切针对特定民族和宗教的歧视和偏见。我们应该一道努力，倡导文明宽容，防止极端势力和思想在不同文明之间制造断层线。二是要尊重道路选择。阿拉伯国家正在自主探索发展道路，中国愿意同阿拉伯朋友分享治国理政经验，从各自古老文明和发展实践中汲取智慧。三是要坚持合作共赢。中国愿意把自身发展同阿拉伯国家发展对接起来，为阿拉伯国家扩大就业、推进工业化、推动经济发展提供支持。四是要倡导对

---

① 习近平 . 习近平谈治国理政：第 4 卷 . 北京：外文出版社，2022：445.

话和平。中国支持建立中东无核武器区，反对任何改变中东政治版图的企图。中国将以建设性姿态参与地区事务，主持公道、伸张正义，同阿拉伯国家一道，推动通过对话找到各方关切的最大公约数，为妥善解决地区热点问题提供更多公共产品。

中国建议中阿共建"一带一路"。为此，一是应该坚持共商共建共享原则。共商，就是集思广益，好事大家商量着办，使"一带一路"建设兼顾双方利益和关切，体现双方智慧和创意。共建，就是各施所长，各尽所能，把双方优势和潜能充分发挥出来，聚沙成塔，积水成渊，持之以恒加以推进。共享，就是让建设成果更多更公平惠及中阿人民，打造中阿利益共同体和命运共同体。二是既要登高望远，也要脚踏实地。登高望远，就是要做好顶层设计，规划好方向和目标，构建"1＋2＋3"合作格局。"1"是以能源合作为主轴，深化油气领域全产业链合作，维护能源运输通道安全，构建互惠互利、安全可靠、长期友好的中阿能源战略合作关系。"2"是以基础设施建设、贸易和投资便利化为两翼，加强中阿在重大发展项目、标志性民生项目上的合作，为促进双边贸易和投资建立相关制度性安排。"3"是以核能、航天卫星、新能源三大高新领域为突破口，努力提升中阿务实合作层次。三是应该依托并增进中阿传统友谊。民心相通是"一带一路"建设的重要内容，也是关键基础。成立中阿合作论坛是中国着眼中阿关系长远发展作出的战略抉择，要依托论坛支点，加强政策沟通，深化务实合作，不断开拓创新。从 2018 年 7 月中阿合作论坛第八届部长级会议反映出的信息可以看出，中国倡议的共建"一带一路"得到了包括阿拉伯世界在内的国际社会广泛支持和积极参与，阿拉伯国家是共建"一带一路"的天然合作伙伴。中阿都同意加强战略和行动对接，携手推进"一带一路"建设，共同做中东和平稳定的维护者、公平正义的捍卫者、共同发展的推动者、互学互鉴的好朋友，努力打造中阿命运共同体，为推动构建人类命运共同体作出贡献。中阿双方一致同意建立全面合作、共同发展、面向未来的战略伙伴关系，并在会议期间签署了《中阿合作共建"一带一路"行动宣言》。

三、携手构建人类命运共同体

中共十八大以来，习近平从人类发展规律的历史高度、从应对当今百年未有之大变局的时代高度、从中国人民根本利益要求的政治高度，深刻阐述了人类命运共同体理念，人类命运共同体理论体系已经成为习近平新时代中国特色社会主义思想的重要组成部分。人类命运共同体理念，源于深厚的中华优秀传统文化，是中华优秀传统文化创造性转化、创新性发展的时代结晶；源于中国当代蓬勃发展的社会主义先进文化，是当代中国人民奋斗发展的价值追求；源于世界优秀文化成果包括西方文明成果，是世界优秀文化崇高价值的思想精华；源于人类社会进步和发展规律认识成果，是人类社会历史经验与教训的科学总结。

中国的发展是世界发展的重要组成部分，中国的发展离不开世界，世界的发展也离不开中国。中共十八大以来，习近平对国际形势新变化进行了深入分析和科学研判，强调树立人类命运共同体理念。2016 年 7 月 1 日，习近平在庆祝中国共产党成立 95 周年大会上的讲话中明确提出："中国外交政策的宗旨是维护世界和平、促进共同发展。中国始终是世界和平的建设者、全球发展的贡献者、国际秩序的维护者，愿扩大同各国的利益交汇点，推动构建以合作共赢为核心的新型国际关系，推动形成人类命运共同体和利益共同体。"[①] 推动形成人类命运共同体是我们进行中外经济

---

① 习近平 . 习近平谈治国理政：第 2 卷 . 北京：外文出版社，2017：42.

文化交流的基本指导思想，也应该是世界各国各民族经济文化交流的基本遵循。

中国坚持推动构建人类命运共同体，提出全球发展倡议，主张在人类命运共同体旗帜下维护和推进经济全球化进程，把世界各国特别是广大发展中国家的发展作为重要议题，争取世界更加公平更加和谐的发展。

1. 推动落实全球发展倡议

全球发展倡议是中国向当今世界贡献的具有重大意义的和平与发展倡议，赢得了世界上最大多数国家和人民的积极响应。2021 年 9 月，习近平提出并系统阐述了"全球发展"的中国倡议和推动全球发展迈向平衡协调包容新阶段的中国方案。针对全球经济低迷的现状，他提出，"我们必须复苏经济，推动实现更加强劲、绿色、健康的全球发展。发展是实现人民幸福的关键。面对疫情带来的严重冲击，我们要共同推动全球发展迈向平衡协调包容新阶段。"[①] 这一中国倡议和中国方案的主要主张如下：一是坚持发展优先。将发展置于全球宏观政策框架的突出位置，加强主要经济体政策协调，保持连续性、稳定性、可持续性，构建更加平等均衡的全球发展伙伴关系，推动多边发展合作进程协同增效，加快落实联合国2030 年可持续发展议程。二是坚持以人民为中心。在发展中保障和改善民生，保护和促进人权，做到发展为了人民、发展依靠人民、发展成果由人民共享，不断增强民众的幸福感、获得感、安全感，实现人的全面发展。三是坚持普惠包容。关注发展中国家特殊需求，通过缓债、发展援助等方式支持发展中国家尤其是困难特别大的脆弱国家，着力解决国家间和各国内部发展不平衡、不充分问题。四是坚持创新驱动。抓住新一轮科技革命和产业变革的历史性机遇，加速科技成果向现实生产力转化，打造开

---

① 习近平. 习近平谈治国理政：第 4 卷. 北京：外文出版社，2022：468.

放、公平、公正、非歧视的科技发展环境，挖掘疫后经济增长新动能，携手实现跨越发展。五是坚持人与自然和谐共生。完善全球环境治理，积极应对气候变化，构建人与自然生命共同体。加快绿色低碳转型，实现绿色复苏发展。六是坚持行动导向。加大发展资源投入，重点推进减贫、粮食安全、抗疫和疫苗、发展筹资、气候变化和绿色发展、工业化、数字经济、互联互通等领域合作，加快落实联合国 2030 年可持续发展议程，构建全球发展命运共同体。[①] 上述六项中国主张充分体现了中国作为负责任大国的国际担当和正义力量。

此后不久，习近平在中国恢复联合国合法席位 50 周年纪念会议上的讲话中又一次深刻阐述了中国主张：我们应该顺应历史大势，坚持合作、不搞对抗，坚持开放、不搞封闭，坚持互利共赢、不搞零和博弈，坚决反对一切形式的霸权主义和强权政治，坚决反对一切形式的单边主义和保护主义。一是我们应该大力弘扬和平、发展、公平、正义、民主、自由的全人类共同价值，共同为建设一个更加美好的世界提供正确理念指引。二是我们应该携手推动构建人类命运共同体，共同建设持久和平、普遍安全、共同繁荣、开放包容、清洁美丽的世界。人类是一个整体，地球是一个家园。人类应该和衷共济、和合共生，朝着构建人类命运共同体方向不断迈进，共同创造更加美好未来。三是我们应该坚持互利共赢，共同推动经济社会发展更好造福人民。推动发展、安居乐业是各国人民的共同愿望。为了人民而发展，发展才有意义；依靠人民而发展，发展才有动力。四是我们应该加强合作，共同应对人类面临的各种挑战和全球性问题。地区争端和恐怖主义、气候变化、网络安全、生物安全等全球性问题正摆在国际社会面前，只有形成更加包容的全球治理、更加有效的多边机制、更加积极

---

① 习近平. 习近平谈治国理政：第 4 卷. 北京：外文出版社，2022：468 - 469.

的区域合作，才能有效加以应对。五是我们应该坚决维护联合国权威和地位，共同践行真正的多边主义。推动构建人类命运共同体，需要一个强有力的联合国，需要改革和建设全球治理体系。世界各国应该维护以联合国为核心的国际体系、以国际法为基础的国际秩序、以《联合国宪章》宗旨和原则为基础的国际关系基本准则。[①]

2. 推动亚太地区和平与安全发展

中国身处亚太地区经济与社会发展的前列，十分珍惜推动亚太地区和平与安全，积极参与亚太经合组织活动。中国倡导建设开放、活力、强韧、和平的亚太共同体，实现亚太人民和子孙后代的共同繁荣。特别是在当前世界百年变局加速演进、世界经济面临多种风险挑战的时代背景下，尤其需要清醒地认识到亚太发展靠的是开放包容、取长补短、互通有无，而不是对立对抗、以邻为壑、"小院高墙"。作为全球增长引擎，亚太肩负更大的时代责任。在促进亚太地区经济发展中，自亚太经合组织建立领导人定期会议机制以来，始终走在全球开放发展的前沿，有力促进了区域贸易和投资自由化便利化、经济技术发展、物资人员流动，创造了举世瞩目的"亚太奇迹"。习近平2023年11月17日在旧金山出席亚太经合组织第三十次领导人非正式会议的讲话中明确宣示：期待亚太各国积极参与全球发展倡议，深化减贫、粮食安全、工业化、发展筹资等领域合作，构建全球发展共同体，让各国人民共享现代化建设成果。中国正在以中国式现代化全面推进强国建设、民族复兴伟业。中国坚持走和平发展道路，发展的根本目的是让中国人民过上好日子，不是要取代谁。中国坚持高质量发展，坚持高水平对外开放，以中国式现代化为推动实现世界各国的现代化提供新机遇。并且提出愿与相关国家一道努力，推动亚太合作取得更多丰

---

① 习近平. 习近平谈治国理政：第4卷. 北京：外文出版社，2022：474－476.

硕成果，共同打造亚太下一个"黄金三十年"。

中美关系是当今世界最重要的双边关系之一，中美关系牵动着全球和地区的和平、发展与稳定。2023 年 11 月 15 日，习近平在旧金山与美国总统拜登举行了会晤并指出，当今世界正经历百年未有之大变局，中美有两种选择：一种是加强团结合作，携手应对全球性挑战，促进世界安全和繁荣。另一种是抱持零和思维，挑动阵营对立，让世界走向动荡和分裂。两种选择代表着两个方向，将决定人类前途和地球未来。作为世界上最重要的双边关系，中美关系要放在这个大背景下思考和谋划。中美不打交道是不行的，想改变对方是不切实际的，冲突对抗的后果是谁都不能承受的。大国竞争解决不了中美两国和世界面临的问题。这个地球容得下中美两国。中美各自的成功是彼此的机遇。中国的发展有自身的逻辑和规律，中国正在以中国式现代化全面推进中华民族伟大复兴，中国不走殖民掠夺的老路，不走国强必霸的歪路，也不搞意识形态输出。中国没有超越或者取代美国的规划，美国也不要有打压遏制中国的打算。习近平指出，美方在出口管制、投资审查、单边制裁方面不断采取针对中国的举措，严重损害中方正当利益。中国的发展是以创新驱动的，打压中国科技就是遏制中国高质量发展，剥夺中国人民的发展权利。中国的发展壮大有内生逻辑，是外部力量阻挡不了的。他希望美方严肃对待中方关切，采取行动，取消单边制裁，为中国企业提供公平、公正、非歧视的环境。落实中美元首取得的旧金山会晤共识应该成为中美双方共同的责任。

2024 年 8 月 29 日，习近平就中美关系进一步指出：面对变乱交织的国际形势，各国需要团结协作，而不是分裂对抗；人民希望开放进步，而不是封闭倒退。中美作为两个大国，应该对历史、对人民、对世界负责，成为世界和平的稳定源和共同发展的推进器。尽管中美两国各自情况和中美关系都发生了很大变化，但是中方致力于中美关系稳定、健康、可持续发展的目标没有变，按照相互尊重、和平共处、合作共赢处理中美关系的原则没有变，坚定维护自身主权、安全、发展利益的立场没有变，赓续中美人民传统友谊的努力没有变。他希望美方同中方相向而行，以积极理性的态度看待中国和中国发展，视彼此的发展为机遇而不是挑战，同中方一道，找到两个大国正确相处之道。

3. 推动中非合作关系迈上新台阶

"一带一路"倡议在中非双边关系中发挥着重要的引领作用。非洲52个国家和非洲联盟已与中国签署了共建"一带一路"合作谅解备忘录，中非共建"一带一路"为非洲发展搭建了高水平合作平台、拓展了广阔的市场空间、展现了多元的发展前景，形成了新时代发展中国家合作的新模式，中非合作达到前所未有的新高度。例如，在基础设施"硬联通"方面迈上新台阶，"一带一路"倡议提出11年来，中国企业已在非洲各国累计参与新建和改造铁路超过1万公里、公路近10万公里、桥梁近千座、港口近百个、输变电线路6.6万公里、骨干通信网络15万公里。在规则标准"软联通"方面迈上新台阶，经贸规则对接日益深入，截至2024年6月底，中国对原产于27个非洲最不发达国家的98%的税目产品实施零关税，与34个非洲国家签署了双边促进和保护投资协定，与21个非洲国家签署了避免双重征税协定；在标准互认方面取得了显著进展，中国已与5个非洲国家及非洲电工标准化委员会签署了8份标准化合作文件，实现了农业、能源、矿产、交通、气候变化等重点领域的标准互认和融合发展；知识产权合作深入开展，中国已与9个非洲国家知识产权主管机构和2个非洲知识产权地区组织建立了合作机制，累计签署25份双边合作文件，中非知识产权领域合作不断深入。在中非人民"心联通"迈上新台阶，在减贫惠民领域，中国已向非洲53个国家提供援助资金，实施粮食、供水、妇幼、教育等一批民生项目，受益人数超过1 000万人；在人才培养领域，中国已在非洲建成 17 个"鲁班工坊"，为非洲国家培养了一大批高技能人才；在卫生健康领域，中国在非洲援建了 130 多家医院和诊所，向 45 个非洲国家派遣中国医疗队，与 46 家非洲医院建立对口合作机制；在科技人文领域，中国与 16 个非洲国家签署了政府间科技合作协定，与 31 个非洲国家签署双边旅游合作文件，与非洲建立 166 对友好城市。

2024 年 9 月 4 日至 6 日，中非合作论坛峰会在北京举行，有 51 位非洲国家元首、政府首脑及 2 位总统代表，非盟委员会主席和联合国秘书长出席峰会。习近平发表了题为《携手推进现代化，共筑命运共同体》的主旨讲话，宣布将中国同所有非洲建交国的双边关系提升到战略关系层面，将中非关系整体定位提升至新时代全天候中非命运共同体。习近平提出，中国和非洲占世界总人口的三分之一，没有中非的现代化，就没有世界的现代化。中国将携手非方推进六个领域的现代化，即：携手推进公正合理的现代化，携手推进开放共赢的现代化，携手推进人民至上的现代化，携手推进多元包容的现代化，携手推进生态友好的现代化，携手推进和平安全的现代化。推进现代化十大伙伴行动：文明互鉴伙伴行动、贸易繁荣伙伴行动、产业链合作伙伴行动、互联互通伙伴行动、发展合作伙伴行动、卫生健康伙伴行动、兴农惠民伙伴行动、人文交流伙伴行动、绿色发展伙伴行动、安全共筑伙伴行动。中非双方一致通过了《关于共筑新时代全天候中非命运共同体的北京宣言》《中非合作论坛—北京行动计划（2025—2027）》两份重要文件。

第四节　筑牢中国式现代化雄厚物质基础

中共十八大以来，中国特色社会主义进入新时代。我国统筹推进"五位一体"总体布局、协调推进"四个全面"战略布局，坚持和完善中国特色社会主义制度、推进国家治理体系和治理能力现代化，战胜了一系列重大风险挑战，实现了第一个百年奋斗目标，明确了实现第二个百年奋斗目标的战略安排，取得了历史性成就、发生了历史性变革，为实现中华民族伟大复兴提供了更为完善的制度保证、更为坚实的物质基础、更为主动的精神力量。中华民族迎来了从站起来、富起来到强起来的伟大飞跃，实现中华民族伟大复兴进入了不可逆转的历史进程。

一、"十二五"时期的经济社会发展

2010 年 10 月，中共十七届五中全会通过了《中共中央关于制定国民经济和社会发展第十二个五年规划的建议》。全会深入分析了今后一个时期我国经济社会发展的国内外环境，强调综合判断国际国内形势，我国发展仍处于可以大有作为的重要战略机遇期，既面临难得的历史机遇，也面对诸多可以预见和难以预见的风险挑战。要增强机遇意识和忧患意识，科学把握发展规律，主动适应环境变化，有效化解各种矛盾，更加奋发有为地推进我国改革开放和社会主义现代化建设。"十二五"时期要以加快转变经济发展方式为主线，深化改革开放，保障和改善民生，巩固和扩大应对国际金融危机冲击成果，促进经济长期平稳较快发展和社会和谐稳定，为全面建成小康社会打下具有决定性意义的基础。

加快转变经济发展方式是我国经济社会领域的一场深刻变革，必须贯穿经济社会发展全过程和各领域。为此确立了"五个坚持"：一是坚持把经济结构战略性调整作为加快转变经济发展方式的主攻方向；二是坚持把科技进步和创新作为加快转变经济发展方式的重要支撑；三是坚持把保障和改善民生作为加快转变经济发展方式的根本出发点和落脚点；四是坚持把建设资源节约型、环境友好型社会作为加快转变经济发展方式的重要着

力点；五是坚持把改革开放作为加快转变经济发展方式的强大动力，提高
发展的全面性、协调性、可持续性，实现经济社会又好又快发展。"十二
五"时期主要领域改革与发展的任务包括：一是要坚持扩大内需战略、保
持经济平稳较快发展；二是要推进农业现代化、加快社会主义新农村建
设；三是要发展现代产业体系、提高产业核心竞争力；四是要促进区域协
调发展、积极稳妥推进城镇化；五是要加快建设资源节约型、环境友好型
社会，提高生态文明水平，积极应对全球气候变化；六是要深入实施科教
兴国战略和人才强国战略、加快建设创新型国家。

《中共中央关于制定国民经济和社会发展第十二个五年规划的建议》
提出按照与应对国际金融危机冲击重大部署紧密衔接、与到 2020 年实现
全面建设小康社会奋斗目标紧密衔接的要求，综合考虑未来发展趋势和条
件，今后五年经济社会发展的主要目标如下：一是经济平稳较快发展。国
内生产总值年均增长 7％，城镇新增就业 4 500 万人，城镇登记失业率控
制在 5％以内，价格总水平基本稳定，国际收支趋向基本平衡，经济增长
质量和效益明显提高。二是结构调整取得重大进展。居民消费率上升。农
业基础进一步巩固，工业结构继续优化，战略性新兴产业发展取得突破，
服务业增加值占国内生产总值比重提高 4 个百分点。城镇化率提高 4 个百
分点，城乡区域发展的协调性进一步增强。三是科技教育水平明显提升。
九年义务教育质量显著提高，九年义务教育巩固率达到 93％，高中阶段
教育毛入学率提高到 87％。研究与试验开发经费支出占国内生产总值比
重达到 2.2％，每万人口发明专利拥有量提高到 3.3 件。四是资源节约环
境保护成效显著。耕地保有量保持在 18.18 亿亩。单位工业增加值用水量
降低 30％，农业灌溉用水有效利用系数提高到 0.53。非化石能源占一次
能源消费比重达到 11.4％。单位国内生产总值能源消耗降低 16％，单位
国内生产总值二氧化碳排放降低 17％。主要污染物排放总量显著减少，

化学需氧量、二氧化硫排放各减少 8%，氨氮、氮氧化物排放各减少 10%。森林覆盖率提高到 21.66%，森林蓄积量增加 6 亿立方米。五是人民生活持续改善。全国总人口控制在 13.9 亿人以内。人均预期寿命提高 1 岁，达到 74.5 岁。城镇居民人均可支配收入和农村居民人均纯收入各年均增长 7% 以上。新型农村社会养老保险实现制度全覆盖，城镇参加基本养老保险人数达到 3.57 亿人，城乡三项基本医疗保险参保率提高 3 个百分点。城镇保障性安居工程建设 3 600 万套。贫困人口显著减少。六是社会建设明显加强。覆盖城乡居民的基本公共服务体系逐步完善。全民族思想道德素质、科学文化素质和健康素质不断提高。社会主义民主法制更加健全，人民权益得到切实保障。文化事业加快发展，文化产业占国民经济比重明显提高。社会管理制度趋于完善，社会更加和谐稳定。七是改革开放不断深化。财税金融、要素价格、垄断行业等重要领域和关键环节改革取得明显进展，政府职能加快转变，政府公信力和行政效率进一步提高。对外开放广度和深度不断拓展，互利共赢开放格局进一步形成。

"十二五"时期，我国发展成就举世瞩目。特别是中共十八大以来，面对错综复杂的国际环境和艰巨繁重的国内改革发展稳定任务，我国继续坚持稳中求进工作总基调，深化改革开放，实施一系列利当前、惠长远的重大举措，"十二五"规划确定的主要目标任务全面完成。一是我国经济持续较快发展。国内生产总值年均增长 7.8%，经济总量稳居世界第二位，人均国内生产总值增至 50 912 元。中国成为全球第一货物贸易大国和主要对外投资大国。二是结构调整取得标志性进展。第三产业增加值占国内生产总值比重超过第二产业，工业化与信息化融合加深，农业综合生产能力明显增强。高技术产业、战略性新兴产业加快发展，一批重大科技成果达到世界先进水平。消费成为支撑经济增长的主要力量，城乡区域差距趋于缩小，常住人口城镇化率达到 56.1%。单位国内生产总值能耗下降 18.2%，主要污染物排放量减少 12% 以上。三是基础设施水平全面跃升。铁路营业里程达到 12.1 万公里，其中高速铁路超过 1.9 万公里，占世界 60% 以上。高速公路通车里程超过 12 万公里。南水北调东、中线工程通水。建成全球最大的第四代移动通信网络。四是科技创新实现重大突破。量子通信、中微子振荡、高温铁基超导等基础研究取得一批原创性成果，载人航天、探月工程、深海探测等项目达到世界先进水平。五是人民生活水平显著提高。居民收入增长快于经济增长，城乡收入差距持续缩小。城镇新增就业人数超过 6 400 万人。城镇保障性安居工程住房建设 4 013 万套，上亿群众喜迁新居。农村贫困人口减少 1 亿多，解决 3 亿多农村人口饮水安全问题。六是社会发展成就斐然。教育公平和质量明显提升。基本医疗保险实现全覆盖，基本养老保险参保率超过 80%。七是生态文明建设取得新进展，主体功能区制度逐步健全，主要污染物排放持续减少，节能环保水平明显提升。八是全方位外交取得重大进展，国际地位显著提高，对外开放不断深入，成为全球第一货物贸易大国和主要对外投资大国，人民币纳入国际货币基金组织特别提款权货币篮子。经过五年努力，我国经济实力、科技实力、国防实力、国际影响力又上了一个大台阶。

"十二五"规划时期主要经济指标和产品产量情况如下：2011—2015 年我国国内生产总值从 495 707.6 亿元增至 702 511.5 亿元，增长 41.7%；我国粮食产量从 58 849.3 万吨增至 66 060.3 万吨，增长 12.3%；我国固定资产投资从 311 485.1 亿元增至 562 000 亿元，增长 80.4%；我国消费品零售总额从 183 919 亿元增至 300 931 亿元，增长 63.6%；我国货物进出口总额从 36 418.6 亿美元增至 39 530.3 亿美元，增长 8.5%；我国农村居民人均纯收入从 6 977 元增至 10 772 元，增长 54.4%；城镇居民人均可支配收入从 21 810 元增至 31 790 元，增长 45.8%；城乡居民储蓄存款余额从 343 636 亿元增至 552 073.5 亿元，增长 60.7%；我国公共财政收入从 103 874.4 亿元增至 152 269.2 亿元，增长 46.6%；我国外汇储备从 31 811.48 亿美元增至 33 303.62 亿美元，增长 4.69%。

主要工农业产品产量更是大幅提高，其中原煤由 35.20 亿吨增至 37.5 亿吨，原油由 20 288 万吨增至 21 455.6 万吨，天然气由 1 027 亿立方米增至 1 346.1 亿立方米，发电量由 47 130.19 亿千瓦时增至 58 145.7 亿千瓦时，钢材由 88 620 万吨增至 112 349.6 万吨，水泥由 209 926 万吨增至 235 918.8 万吨，农用化肥产量由 6 213.13 万吨增至 7 431.99 万吨，汽车由 1 841.64 万辆增至 2 450.4 万辆（其中轿车由 1 012.67 万辆增至 1 162.79 万辆），大中型拖拉机由 40.19 万辆增至 68.82 万辆，手机由 113 257.71 万台增至 181 261.4 万台，彩色电视机由 12 231.34 万台增至 14 475.73 万台等。

二、"十三五"时期的经济社会发展

2015 年 10 月，中共十八届五中全会通过了《中共中央关于制定国民经济和社会发展第十三个五年规划的建议》，指出我国发展仍处于可以大有作为的重要战略机遇期，也面临诸多矛盾叠加、风险隐患增多的严峻挑战。必须准确把握战略机遇期内涵和条件的深刻变化，增强忧患意识、责任意识，强化底线思维，尊重规律与国情，积极适应把握引领新常态，坚持中国特色社会主义政治经济学的重要原则，坚持解放和发展社会生产力、坚持社会主义市场经济改革方向、坚持调动各方面积极性，坚定信心，迎难而上，继续集中力量办好自己的事情，着力在优化结构、增强动力、化解矛盾、补齐短板上取得突破，切实转变发展方式，提高发展质量和效益，努力跨越"中等收入陷阱"，不断开拓发展新境界。

"十三五"时期我国经济社会发展必须遵循以下原则：一是坚持人民主体地位。必须坚持以人民为中心的发展思想，把增进人民福祉、促进人的全面发展作为发展的出发点和落脚点，发展人民民主，维护社会公平正义，保障人民平等参与、平等发展权利，充分调动人民积极性、主动性、创造性。二是坚持科学发展。必须坚持以经济建设为中心，从实际出发，把握发展新特征，加大结构性改革力度，加快转变经济发展方式，实现更高质量、更有效率、更加公平、更可持续的发展。三是坚持深化改革。必须按照完善和发展中国特色社会主义制度、推进国家治理体系和治理能力现代化的总目标，健全使市场在资源配置中起决定性作用和更好发挥政府作用的制度体系，以经济体制改革为重点，加快完善各方面体制机制，破除一切不利于科学发展的体制机制障碍，为发展提供持续动力。四是坚持依法治国。必须坚定不移走中国特色社会主义法治道路，加快建设中国特色社会主义法治体系，建设社会主义法治国家，推进科学立法、严格执法、公正司法、全民守法，加快建设法治经济和法治社会，把经济社会发展纳入法治轨道。五是坚持统筹国内国际两个大局。必须坚持打开国门搞建设，既立足国内，充分运用我国资源、市场、制度等优势，又重视国内国际经济联动效应，积极应对外部环境变化，更好利用两个市场、两种资源，推动互利共赢、共同发展。六是坚持党的领导。必须贯彻全面从严治党要求，不断增强党的创造力、凝聚力、战斗力，不断提高党的执政能力和执政水平，确保我国发展航船沿着正确航道破浪前进。

"十三五"时期全面建成小康社会新的目标要求是：经济保持中高速增长，在提高发展平衡性、包容性、可持续性的基础上，到 2020 年国内生产总值和城乡居民人均收入比 2010 年翻一番，产业迈向中高端水平，消费对经济增长贡献明显加大，户籍人口城镇化率加快提高。农业现代化取得明显进展，人民生活水平和质量普遍提高，我国现行标准下农村贫困人口实现脱贫，贫困县全部摘帽，解决区域性整体贫困。国民素质和社会文明程度显著提高。生态环境质量总体改善。各方面制度更加成熟更加定型，国家治理体系和治理能力现代化取得重大进展。

为实现"十三五"时期发展目标，破解发展难题，厚植发展优势，必须牢固树立并切实贯彻创新、协调、绿色、开放、共享的发展理念，这是关系我国发展全局的一场深刻变革。贯彻落实新发展理念，一是要坚持创新发展，必须把创新摆在国家发展全局的核心位置，不断推进理论创新、制度创新、科技创新、文化创新等各方面创新，让创新贯穿党和国家一切工作，让创新在全社会蔚然成风。二是要坚持协调发展，必须牢牢把握中国特色社会主义事业总体布局，正确处理发展中的重大关系，重点促进城乡区域协调发展，促进经济社会协调发展，促进新型工业化、信息化、城镇化、农业现代化同步发展，在增强国家硬实力的同时注重提升国家软实力，不断增强发展整体性。三是要坚持绿色发展，必须坚持节约资源和保护环境的基本国策，坚持可持续发展，坚定走生产发展、生活富裕、生态良好的文明发展道路，加快建设资源节约型、环境友好型社会，形成人与自然和谐发展现代化建设新格局，推进美丽中国建设，为全球生态安全作出新贡献。四是要坚持开放发展，必须顺应我国经济深度融入世界经济的趋势，奉行互利共赢的开放战略，发展更高层次的开放型经济，积极参与全球经济治理和公共产品供给，提高我国在全球经济治理中的制度性话语权，构建广泛的利益共同体。五是要坚持共享发展，必须坚持发展为了人民、发展依靠人民、发展成果由人民共享，作出更有效的制度安排，使全体人民在共建共享发展中有更多获得感，增强发展动力，增进人民团结，朝着共同富裕方向稳步前进。

《中共中央关于制定国民经济和社会发展第十三个五年规划的意见》要求"十三五"时期要紧紧围绕全面建成小康社会奋斗目标，针对发展不平衡、不协调、不可持续等突出问题，强调要牢固树立和贯彻落实创新、协调、绿色、开放、共享的发展理念，明确了今后五年经济社会发展的主要目标任务，提出了一系列支撑发展的重大政策、重大工程和重大项目，突出了以下六个方面：

一是保持经济中高速增长，推动产业迈向中高端水平。实现全面建成小康社会目标，到 2020 年国内生产总值和城乡居民人均收入比 2010 年翻一番，"十三五"时期经济年均增长保持在 6.5％以上。加快推进产业结构优化升级，实施一批技术水平高、带动能力强的重大工程。到 2020 年，先进制造业、现代服务业、战略性新兴产业比重大幅提升，全员劳动生产率从人均 8.7 万元提高到 12 万元以上。

二是强化创新引领作用，为发展注入强大动力。创新是引领发展的第一动力，必须将其摆在国家发展全局的核心位置，深入实施创新驱动发展战略。启动一批新的国家重大科技项目，建设一批高水平的国家科学中心和技术创新中心，培育壮大一批有国际竞争力的创新型领军企业。持续推动大众创业、万众创新。促进大数据、云计算、物联网广泛应用。加快建设质量强国、制造强国。到 2020 年，力争在基础研究、应用研究和战略前沿领域取得重大突破，全社会研发经费投入强度达到 2.5％，科技进步对经济增长的贡献率达到 60％，迈进创新型国家和人才强国行列。

三是推进新型城镇化和农业现代化，促进城乡区域协调发展。缩小城乡区域差距，既是调整经济结构的重点，也是释放发展潜力的关键。要深入推进以人为核心的新型城镇化，实现 1 亿左右农业转移人口和其他常住人口在城镇落户，完成约 1 亿人居住的棚户区和城中村改造，引导约 1 亿人在中西部地区就近城镇化。到 2020 年，常住人口城镇化率达到 60％、户籍人口城镇化率达到 45％。实施一批水利、农机、现代种业等工程，推动农业适度规模经营和区域化布局、标准化生产、社会化服务。到

2020 年，粮食等主要农产品供给和质量安全得到更好保障，农业现代化水平明显提高。以区域发展总体战略为基础，以"三大战略"为引领，形成沿海沿江沿线经济带为主的纵向横向经济轴带，培育一批辐射带动力强的城市群和增长极。加强重大基础设施建设，高铁营业里程达到 3 万公里、覆盖 80％以上的大城市，新建改建高速公路通车里程约 3 万公里，实现城乡宽带网络全覆盖。

四是推动形成绿色生产生活方式，加快改善生态环境。坚持在发展中保护、在保护中发展，持续推进生态文明建设。深入实施大气、水、土壤污染防治行动计划，加强生态保护和修复。今后五年，单位国内生产总值用水量、能耗、二氧化碳排放量分别下降 23％、15％、18％，森林覆盖率达到 23.04％，能源资源开发利用效率大幅提高，生态环境质量总体改善。特别是治理大气雾霾取得明显进展，地级及以上城市空气质量优良天数比率超过 80％。

五是深化改革开放，构建发展新体制。必须全面深化改革，坚持和完善基本经济制度，建立现代产权制度，基本建成法治政府，使市场在资源配置中起决定性作用和更好发挥政府作用，加快形成引领经济发展新常态的体制机制和发展方式。"一带一路"建设取得重大进展，国际产能合作实现新的突破。对外贸易向优进优出转变，服务贸易比重显著提升，从贸易大国迈向贸易强国。全面实行准入前国民待遇加负面清单管理制度，逐步构建高标准自由贸易区网络，基本形成开放型经济新体制新格局。

六是持续增进民生福祉，使全体人民共享发展成果。坚持以人民为中心的发展思想，努力补齐基本民生保障的短板，朝着共同富裕方向稳步前进。坚决打赢脱贫攻坚战，我国现行标准下的农村贫困人口实现脱贫，贫困县全部摘帽，解决区域性整体贫困。建立国家基本公共服务项目清单。建立健全更加公平更可持续的社会保障制度。实施义务教育学校标准化、普及高中阶段教育、建设世界一流大学和一流学科等工程，劳动年龄人口平均受教育年限从 10.23 年提高到 10.8 年。实现城镇新增就业 5 000 万人以上。完善收入分配制度，缩小收入差距，提高中等收入人口比重。完善住房保障体系，城镇棚户区住房改造 2 000 万套。推进健康中国建设，人均预期寿命提高 1 岁。构建现代公共文化服务体系，实施公民道德建设、中华文化传承等工程。我们既要让人民的物质生活更殷实，又要让人民的精神生活更丰富。

经过五年艰苦奋斗，"十三五"时期我国经济社会取得了突出的成就。经济运行总体平稳，经济结构持续优化，国内生产总值从 70 万亿元增加到超过 100 万亿元。创新型国家建设成果丰硕，在载人航天、探月工程、深海工程、超级计算、量子信息等领域取得一批重大科技成果。脱贫攻坚成果举世瞩目，5 575 万农村贫困人口实现脱贫，960 多万建档立卡贫困人口通过易地扶贫搬迁摆脱了"一方水土难养一方人"的困境，区域性整体贫困得到解决，完成了消除绝对贫困的艰巨任务。农业现代化稳步推进，粮食生产连年丰收。1 亿农业转移人口和其他常住人口在城镇落户目标顺利实现，城镇棚户区住房改造超过 2 100 万套。区域重大战略扎实推进。污染防治力度加大，资源能源利用效率显著提升，生态环境明显改善。金融风险处置取得重要阶段性成果。全面深化改革取得重大突破，供给侧结构性改革持续推进，"放管服"改革不断深入，营商环境持续改善。对外开放持续扩大，共建"一带一路"成果丰硕。人民生活水平显著提高，城镇新增就业超过 6 000 万人，建成世界上规模最大的社会保障体系。全面建立实施困难残疾人生活补贴和重度残疾人护理补贴制度。教育、卫生、文化等领域发展取得新成就，教育公平和质量有较大提升，医疗卫生事业加快发展，文化事业和文化产业繁荣发展。国防和军队建设水平大幅提升。国家安全全面加强，社会保持和谐稳定。经过五年持续奋斗，"十三五"规划主要目标任务胜利完成，中华民族伟大复兴向前迈出了新的一大步。

2019 年我国 GDP 达到 99.1 万亿元，人均 GDP 按年平均汇率折算达到 10 276 美元，首次突破 1 万美元大关。虽然遭遇突发新冠疫情，我国和世界各国经济社会发展出现巨大波动，2020 年我国是世界主要经济体唯一经济正增长的国家，国内生产总值达到 103.5 万亿元。"十三五"规划虽然受到疫情较大影响，但我国还是交出了一份比较令人满意的答卷。

"十三五"时期主要经济指标和产品产量如下：我国国内生产总值从 761 193 亿元增至 1 034 867.6 亿元，增长 34%；我国粮食产量从 66 043.5 万吨增至 66 949.2 万吨，增长 1.4%；我国工业增加值从 245 406 亿元增至 313 071 亿元，增长 27.6%；我国消费品零售总额从 332 316.3 亿元增至 391 981 亿元，增长 18%；我国货物进出口总额从 36 855.6 亿美元增至 46 559.1 亿美元，增长 26.3%；我国农村居民人均纯收入从 12 363 元增至 17 131 元，增长 38.6%；城镇居民人均可支配收入从 33 616 元增至 43 834 元，增长 30.4%；我国公共财政收入从 159 605 亿元增至 182 913.9 亿元，增长 14.6%；我国外汇储备从 30 105.17 亿美元增至 32 165 亿美元，增长 6.8%。2020 年主要国家 GDP 及其排名见表 7-4。

表 7-4　　　　　　　　　2020 年主要国家 GDP 及其排名

排名	国家	2020 年 GDP（亿美元）	2019 年 GDP（亿美元）	名义增速（%）	2020 年人均 GDP（美元）	人口（万）
1	美 国	209 328	214 332	−2.33	63 415	33 009
2	中 国	147 228	143 406	2.67	10 484	140 433
3	日 本	50 487	51 488	−1.94	40 146	12 576
4	德 国	38 030	38 616	−1.52	45 731	8 316
5	英 国	27 110	28 333	−4.32	40 408	6 709
6	印 度	27 088	28 705	−5.63	1 965	137 860
7	法 国	25 989	27 172	−4.35	39 909	6 512

续表

排名	国家	2020 年 GDP（亿美元）	2019 年 GDP（亿美元）	名义增速（％）	2020 年人均 GDP（美元）	人口（万）
8	意大利	18 849	20 051	−6.00	31 285	6 025
9	加拿大	16 434	17 416	−5.64	43 281	3 797
10	韩 国	16 309	16 467	−0.96	31 497	5 178
11	俄罗斯	14 736	16 893	−12.77	10 037	14 681
12	巴 西	14 314	18 771	−23.74	6 770	21 142

资料来源：国际货币基金组织，2021 年 4 月。

从这些数据中得知，2020 年中国 GDP 是日本 GDP 的 2.92 倍，是美国 GDP 的 70.33％，可以说 2011—2020 年中国 GDP 的增长是惊人的。当然，由于中国是世界最大的发展中国家，中国的现代化起步晚、起点低，所以人均 GDP 虽然有了巨大提高，但是目前大约是日本人均 GDP 的 26.11％，美国人均 GDP 的 16.53％。大幅度提高我国人均 GDP 水平是我国今后的一项重要经济发展任务。

"十三五"时期主要工农业产品产量除个别有所下降外，大部分也有较大增长。其中原煤由 34.1 亿吨增至 39 亿吨，原油由 19 968.5 万吨略降至 19 476.9 万吨，天然气由 1 368.7 亿立方米增至 1 925 亿立方米，发电量由 61 424.9 亿千瓦时增至 77 790.6 亿千瓦时，钢材由 113 460.7 万吨增至 132 489.2 万吨，汽车由 2 811.9 万辆略降至 2 532.5 万辆（其中轿车由 1 211.12 万辆降至 923.9 万辆），彩色电视机由 15 769.64 万台增至 19 626.2 万台等。

2021 年 2 月 26 日，中共中央政治局会议指出："十三五"时期我国经济社会发展取得举世瞩目的成就。面对错综复杂的国际形势、艰巨繁重的国内改革发展稳定任务特别是新冠疫情的严重冲击，我们党不忘初心、牢记使命，团结带领全党全国各族人民砥砺前行、开拓创新，奋发有为推进党和国家各项事业。经过 5 年持续奋斗，"十三五"规划主要目标任务胜利完成，全面建成小康社会取得伟大历史性成就，决战脱贫攻坚取得全面胜利，经济运行总体平稳，经济结构持续优化，生态环境明显改善，对外开放持续扩大，人民生活水平显著提高，我国经济实力、科技实力、综合国力跃上新的大台阶，中华民族伟大复兴向前迈出了新的一大步。这充分彰显了中国共产党领导和中国特色社会主义制度优势，将激励全党全国各族人民再接再厉，向实现第二个百年奋斗目标继续奋勇前进。

三、"十四五"规划的制定及主要目标

《中华人民共和国关于国民经济和社会发展第十四个五年规划和 2035 年远景目标纲要》（简称"十四五"规划）是我国全面建成小康社会、实现第一个百年奋斗目标之后，乘势而上开启全面建设社会主义现代化国家新征程、向第二个百年奋斗目标进军制定的五年规划，也是我国进入新发展阶段制定的第一个五年规划，因而具有格外特殊的意义。

2020 年 8 月 24 日，习近平在主持召开经济社会领域专家座谈会时发表讲话指出："用中长期规划指导经济社会发展，是我们党治国理政的一种重要方式。从 1953 年开始，我国已经编制实施了 13 个五年规划（计划），其中改革开放以来编制实施 8 个，有力推动了经济社会发展、综合国力提升、人民生活改善，创造了世所罕见的经济快速发展奇迹和社会长期稳定奇迹。实践证明，中长期发展规划既能充分发挥市场在资源配置中的决定性作用，又能更好发挥政府作用。"2020 年 10 月 29 日，中共十九届五中全会审议通过了《中共中央关于制定国民经济和社会发展第十四个五年规划和二〇三五年远景目标的建议》。

1. "十四五"规划的指导原则

2021 年 2 月 26 日，中共中央政治局召开会议讨论国务院拟提请十三

届全国人大四次会议审查的中华人民共和国国民经济和社会发展第十四个五年规划和二○三五年远景目标纲要草案，指出：在中国共产党领导下，发挥中国特色社会主义制度优势，科学编制实施"十四五"规划和 2035 年远景目标纲要，对于巩固拓展全面建成小康社会和脱贫攻坚成果，开启全面建设社会主义现代化国家新征程具有重大意义。通过制定"十四五"规划，明确"十四五"时期经济社会发展的基本思路、主要目标以及2035 年远景目标，突出新发展理念的引领作用，提出一批具有标志性的重大战略，实施富有前瞻性、全局性、基础性、针对性的重大举措，统筹谋划好重要领域的接续改革，为实现第二个百年奋斗目标、实现中华民族伟大复兴的中国梦奠定坚实基础。2021 年 3 月 11 日，十三届全国人大四次会议表决通过了《中华人民共和国国民经济和社会发展第十四个五年规划和 2035 年远景目标纲要》。

"十四五"规划在系统谋划和战略部署上重点突出了中共十九大对实现第二个百年奋斗目标作出的分两个阶段推进的战略安排，综合考虑未来一个时期国内外发展趋势和我国发展条件，紧紧抓住我国社会主要矛盾，深入贯彻新发展理念。在"十四五"规划中充分体现了攸关经济社会发展的五大原则：一是处理好继承和创新的关系，做好"两个一百年"奋斗目标有机衔接。二是处理好政府和市场的关系，更好发挥我国制度优势。三是处理好开放和自主的关系，更好统筹国内国际两个大局。四是处理好发展和安全的关系，有效防范和应对可能影响现代化进程的系统性风险。五是处理好战略和战术的关系，制定出一个高瞻远瞩、务实管用的规划建议。

2. "十四五"规划的主要目标和战略举措

"十四五"时期（2021—2025 年）是我国经济社会发展的关键时期，是到 2035 年基本实现现代化的关键五年。"十四五"时期我国经济社会发展的主要目标如下：一是经济发展取得新成效。发展是解决我国一切问题的基础和关键，发展必须坚持新发展理念，在质量效益明显提升的基础上实现经济持续健康发展，增长潜力充分发挥，国内市场更加强大，经济结构更加优化，创新能力显著提升，产业基础高级化、产业链现代化水平明显提高，农业基础更加稳固，城乡区域发展协调性明显增强，现代化经济体系建设取得重大进展。二是改革开放迈出新步伐。社会主义市场经济体制更加完善，高标准市场体系基本建成，市场主体更加充满活力，产权制度改革和要素市场化配置改革取得重大进展，公平竞争制度更加健全，更高水平开放型经济新体制基本形成。三是社会文明程度得到新提高。社会主义核心价值观深入人心，人民思想道德素质、科学文化素质和身心健康素质明显提高，公共文化服务体系和文化产业体系更加健全，人民精神文化生活日益丰富，中华文化影响力进一步提升，中华民族凝聚力进一步增强。四是生态文明建设实现新进步。国土空间开发保护格局得到优化，生产生活方式绿色转型成效显著，能源资源配置更加合理、利用效率大幅提高，主要污染物排放总量持续减少，生态环境持续改善，生态安全屏障更加牢固，城乡人居环境明显改善。五是民生福祉达到新水平。实现更加充分更高质量就业，居民收入增长和经济增长基本同步，分配结构明显改善，基本公共服务均等化水平明显提高，全民受教育程度不断提升，多层次社会保障体系更加健全，卫生健康体系更加完善，脱贫攻坚成果巩固拓展，乡村振兴战略全面推进。六是国家治理效能得到新提升。社会主义民主法治更加健全，社会公平正义进一步彰显，国家行政体系更加完善，政府作用更好发挥，行政效率和公信力显著提升，社会治理特别是基层治理水平明显提高，防范化解重大风险体制机制不断健全，突发公共事件应急能力显著增强，自然灾害防御水平明显提升，发展安全保障更加有力，国防和军队现代化迈出重大步伐。

为了实现"十四五"发展目标，要贯彻实施好如下战略举措：（1）坚持创新驱动发展，全面塑造发展新优势；（2）加快发展现代产业体系，推动经济体系优化升级；（3）形成强大国内市场，构建新发展格局；（4）全面深化改革，构建高水平社会主义市场经济体制；（5）优先发展农业农村，全面推进乡村振兴；（6）优化国土空间布局，推进区域协调发展和新型城镇化；（7）繁荣发展文化事业和文化产业，提高国家文化软实力；（8）推动绿色发展，促进人与自然和谐共生；（9）实行高水平对外开放，开拓合作共赢新局面；（10）改善人民生活品质，提高社会建设水平；（11）统筹发展和安全，建设更高水平的平安中国；（12）加快国防和军队现代化，实现富国和强军相统一；（13）全党全国各族人民团结起来，为实现"十四五"规划和2035年远景目标而奋斗。

3. 高质量发展是"十四五"发展的本质要求

"十四五"期间要加快实现我国经济发展阶段转换，高质量发展是我国发展阶段转换的重要体现，是新发展阶段我国发展的本质要求。高质量发展不是纸上谈兵、空中楼阁，而是建立在我国经济社会发展阶段和现实基础之上的战略性选择，特别是建立在科技创新和科技进步基础之上的战略性选择。建立在创新基础上的发展才是高质量发展；高质量发展更需要创新作为发展动力。创新是高质量发展的动力和基石，高质量发展不可能建立在粗放经营基础上、不可能建立在低端产业基础上、不可能建立在产业链和供应链不健全的体系上，高质量发展既是对中国过去的发展模式和发展路径说的，也是对世界已有的发展模式和发展路径说的。高质量发展是要经得起时代水平检验和世界水平检验的。高质量发展是将中国真正推向世界科技发展第一方阵的根本力量和要求。只有从根本上明确了二者之间的关系，才能更好地坚持高质量发展的自觉性，更好地确保高质量发展的实现。转变发展方式而非增长方式，就是要转变到高质量发展道路上，而不是转变到其他什么发展方式的路径上，这才是转变发展方式的要义所在。

在"十四五"期间，创新和高质量发展更主要的是要体现在面向世界科技前沿、面向经济主战场、面向国家重大需求、面向人民生命健康上。例如，国家明确提出全社会研发经费投入年均增长 7% 以上，提出战略性新兴产业增加值占国内生产总值比重超过 17%，这些指标不是虚的，是要经过艰苦努力才能达到的，这就是创新和高质量发展的重要制度保障和政策保障。特别要看到，高质量发展的国际要求就是要促进全人类的更好发展，促进全球发展倡议的落实。中国的高质量发展不是牺牲发展中国家利益、推进新殖民主义和霸权主义的发展。内外的逻辑也是统一的。当然，我们要保持十分清醒的头脑，高质量发展不是简单地解决了认识问题、觉悟问题就能够实现的，不是简单地通过大力宣传、指标要求就能落实的，高质量发展需要各种有利于其发展的要素的集聚，需要以切实可行的路径作为前提。要保持对高质量发展的紧迫性和长期性的必要张力，克服要求过急或步子过慢的倾向。

四、新时代高质量发展的历史性成就

中共十八大以来，在以习近平同志为核心的党中央领导下，我国经济社会发展取得了历史性成就、发生了历史性转变。这一时期解决了许多长期以来想解决而没有解决的难题，例如，全面从严治党是贯穿改革开放全过程的伟大事业，一段时期以来从严治党还是出现了失之过宽、疏于严管的问题，腐败现象侵蚀了党和国家的肌体，引起了人民群众的不满。党中央顺应人民心声和呼声，痛下决心彻底扭转腐败蔓延问题，有效遏制了腐败现象，惩治了腐败分子。这一时期办成了许多过去想办而没有办成的大事，例如，全面建成小康社会是我国确定在 2020 年必须完成的历史任务，使 14 亿多人口共同迈进小康社会，这是人类历史上的伟大成就，中国人民在中国共产党的领导下实现了这一伟大目标；又如，彻底解决绝对贫困问题，这是中华民族几千年来的伟大理想，但是在之前的努力中却根本无法实现，也是在中国共产党的领导下彻底实现了解决绝对贫困的"千年难题"；再如，转变发展方式和增长方式是建设现代化国家共同面临的巨大难题，如何在经济发展中探索出一条高质量发展道路，这是摆在党和政府面前的重大挑战，也是在中国共产党的领导下开始取得积极成效的。

1. "十二五""十三五"时期高质量发展的历史性成就

（1）切实推进经济发展方式的转变。

2012—2020 年我国国内生产总值快速增长，在经济总量巨大、国际环境恶劣和最近几年新冠疫情复杂多变的背景下，从 54.8 万亿元一跃登上 103.5 万亿元，增长了 89%。我国国内生产总值占世界经济的比重由 11.4%提升至 17%，我国作为世界第二大经济体、第二大消费市场、制造业第一大国、货物贸易第一大国、外汇储备第一大国的地位进一步巩固和提升。人均国内生产总值也从 40 431 元增加到 73 338 元，增长了81.4%，接近世界银行划分的高收入国家门槛值（见表 7 - 5）。

表 7 - 5　　　　2012—2020 年我国国内生产总值增长情况

年份	国内生产总值（亿元）	国内生产总值指数（上年=100）	人均国内生产总值（元）	人均国内生产总值指数（上年=100）
2012	547 510.6	107.9	40 431.0	107.1
2013	603 660.4	107.8	44 281.0	107.1
2014	655 782.9	107.5	47 802.0	106.8
2015	702 511.5	107.0	50 912.0	106.4
2016	761 193.0	106.8	54 849.0	106.2
2017	847 382.9	106.9	60 691.0	106.2
2018	936 010.1	106.8	66 726.0	106.3
2019	1 005 872.4	106.1	71 453.0	105.7
2020	1 034 867.6	102.3	73 338.0	102.1

资料来源：国家统计局。

　　我国国民经济结构和产业结构变化驶上了快车道。2012—2020年间，我国国内生产总值从54.8万亿元增至103.5万亿元，增长了89%。其中第一产业由49 084.6亿元增至78 030.9亿元，增长了59%；第二产业由244 639.1亿元增至381 985.8亿元，增长了56.1%；第三产业由253 786.9亿元增至574 850.9亿元，增长了116.5%。三大产业在国内生产总值中的比重也发生了深刻变化，2012年三大产业比重分别为9%、44.7%、46.4%，2020年三大产业比重已经调整为7.5%、36.9%、55.5%，特别是第三产业快速发展，2012年我国第三产业比重就已经达到46.4%，首次超过了第二产业而成为国民经济第一大产业（见表7-6）。这一变化显示出在经济取得高速增长的同时，经济结构和产业结构也不断优化。目前，中国拥有联合国产业分类中全部工业门类，有220多种工业品产量居世界第一，从2010年起制造业增加值稳居世界第一。特别是在产品标准化领域更是取得了前所未有的进展，我国家用电器、消费类电子产品等九大重点领域主要消费品与国际标准一致性程度，从2016年的81.45%上升到目前的96.15%。主要装备制造业、重要消费品、新一代信息技术等多个重要产业领域的国际标准转化率超过90%，有力地支撑了内外贸一体化。

表7-6　　2012—2020年我国三次产业构成及对国内生产总值的贡献率

年份	第一产业增加值（%）	第二产业增加值（%）	第三产业增加值（%）	第一产业对GDP的贡献率（%）	第二产业对GDP的贡献率（%）	第三产业对GDP的贡献率（%）
2012	9.0	44.7	46.4	5.0	49.2	45.8
2013	8.8	43.4	47.8	4.1	47.7	48.2
2014	8.5	42.3	49.2	4.4	44.6	51.0
2015	8.2	40.0	51.7	4.4	39.4	56.2
2016	7.9	38.8	53.3	4.0	35.7	60.4
2017	7.3	39.1	53.5	4.6	33.9	61.6

续表

年份	第一产业增加值（%）	第二产业增加值（%）	第三产业增加值（%）	第一产业对GDP的贡献率（%）	第二产业对GDP的贡献率（%）	第三产业对GDP的贡献率（%）
2018	6.9	39.0	54.1	4.0	33.8	62.3
2019	7.0	37.8	55.2	3.8	29.3	66.9
2020	7.5	36.9	55.5	9.8	35.1	55.1

资料来源：国家统计局。

我国经济发展方式的转变表现在许多方面，而在中国制造业发展方式转变中体现得最为明显。中国作为发展中的大国，制造业在我国经济发展和经济结构中占有十分重要的地位。制造业是国民经济的主体，是立国之本、兴国之器、强国之基。没有强大的制造业，就没有国家和民族的强盛。数据显示，"十三五"时期，我国工业增加值由23.5万亿元增加到31.3万亿元，连续11年成为世界最大制造业国家。其中高技术制造业增加值平均增速达10.4%，高于规模以上工业增加值的平均增速4.9个百分点，在规模以上工业增加值中的占比由"十三五"初期的11.8%提高到15.1%。

目前，我国制造业最大的问题是大而不强，在自主创新能力、资源利用效率、产业结构水平、信息化程度、质量效益等方面存在明显差距，面临的最大挑战就是加快推进由制造业大国向制造业强国转变。据有关部门分析，在全球制造业四级梯队发展格局中①，我国目前尚处于中低端制造领域，亟待发奋努力，奋起直追。

西方国家在制造业领域耕耘了上百年，积累了明显的优势，特别是在制造业的一些关键环节、关键技术等领域的优势更为明显，我国制造业还

---

① 根据有关部门介绍，全球制造业四级梯队中的第一梯队是以美国为主导的全球科技创新中心；第二梯队是高端制造领域，包括欧盟、日本；第三梯队是中低端制造领域，主要是一些新兴国家，包括中国；第四梯队主要是资源输出国，包括OPEC（石油输出国组织）、非洲、拉美等。

需要经历一个较长时间的追赶过程。在未来相当长一段时期内，我国与世界主要制造业大国的竞争将有可能越来越激烈，在技术、标准、市场、知识产权等领域的斗争也会越来越频繁。这是我国制造业转变发展方式过程中需要高度关注的问题。

我国是世界最大的制造业国家，2020年我国工业增加值对世界制造业的贡献比重接近30%。"十三五"期间，我国发布了285项智能制造国家标准，主导制定了47项国际标准，涵盖企业生产制造的全流程，我国进入全球智能制造标准体系建设先进列。我国建成了600多个具备先进水平的智能工厂。我国工业、制造业占GDP的比重呈现双下降局面，还需要在提质增效上狠下功夫。

2013—2020年我国工业、制造业占GDP比重如表7-7所示。

表7-7　　　2013—2020年我国工业、制造业占GDP比重（%）

年份	2013	2014	2015	2016	2017	2018	2019	2020
工业	37.5	36.2	34.1	32.9	33.1	32.8	32.0	32.2
制造业	30.6	30.4	29.2	28.5	28.7	28.3	27.7	27.9

资料来源：李毅中：工业界要努力实现国家发展战略目标. 新浪财经，2021-01-17.

2020年我国机械工业规模以上企业数量达9万家，资产总额达26.52万亿元，实现营业收入22.85万亿元、利润总额达1.46万亿元，分别占全国工业的21.5%和22.7%。机械工业累计实现进出口总额超过7 800亿美元，其中进口超过3 100亿美元，出口超过4 600亿美元，实现贸易顺差1 500亿美元，占全国贸易顺差的27.9%。尤其需要看到的是，加工贸易在出口中的比重不断下降，一般贸易持续上升，2020年已占67.0%。2019年民营企业出口占机械工业出口总额的46.9%，首次超过"三资"企业成为机械工业对外贸易出口的主力军。

（2）现代产业体系的发展与突破。

坚持把发展经济的着力点放在实体经济上，坚定不移建设制造强国、质量强国、网络强国、数字中国，推进产业基础高级化、产业链现代化，提高经济质量效益和核心竞争力，这是构建我国现代产业体系的根本体现。

中共十八大以来，我国保持制造业比重基本稳定，不断巩固壮大实体经济根基；加快壮大新一代信息技术、生物技术、新能源、新材料、高端装备、新能源汽车、绿色环保以及航空航天、海洋装备等产业；推动生产性服务业向专业化和价值链高端延伸，推动各类市场主体参与服务供给，加快发展研发设计、现代物流、法律服务等服务业，推动现代服务业同先进制造业、现代农业深度融合，加快推进服务业数字化；构建系统完备、高效实用、智能绿色、安全可靠的现代化基础设施体系；发展数字经济，推进数字产业化和产业数字化，推动数字经济和实体经济深度融合，打造具有国际竞争力的数字产业集群。

根据工业和信息化部的介绍，2010—2020 年，我国制造业增加值已连续 11 年位居世界第一，是世界上工业体系最为健全的国家。在 500 种主要工业品中，超过四成产品的产量位居世界第一，我国制造业大国地位更加坚实。2012—2020 年，我国工业增加值由 20.9 万亿元增至 31.3 万亿元，其中制造业增加值由 16.98 万亿元增至 26.6 万亿元，占全球比重由 22.5％提高到近 30％。通信设备、高铁等高端品牌走向全球。"天问一号"、北斗三号全球卫星导航系统等体现大国重器的亮点纷呈，特高压输变电、大型掘进装备、煤化工成套装备、金属纳米结构材料等跻身世界前列，彰显中国制造与日俱增的硬核实力。与此同时，中国制造产业结构加快升级，其中高技术制造业占规模以上工业增加值比重从 2012 年的 9.4％提高到 2020 年的 15.1％。制造业骨干龙头企业加快发展壮大，中小企业创业创新活跃，专业化水平持续提升。2020 年规模以上工业企业研究与试验发展机构、研发经费支出均比 2012 年翻了一番，有效发明专利申请数增长了两倍多。在信息化方面，我国建成全球最大规模光纤和移动通信网络。5G基站、终端连接数全球占比分别超过70%和80%。网络应用从消费向生产拓展。制造业重点领域关键工序数控化率由2012年的24.6%提高到2020年的52.1%，数字产业化、产业数字化步伐加快，数字经济为经济社会持续健康发展提供了强劲动力。①

中国民航已经是世界第二大航空运输系统，2021年全球十大港口中有8个在中国。我国信息技术飞速发展，中国已成为世界上网民最多的国家，2020年3月中国网民数达到9.04亿。我国科技投入力度不断加大，2018年联合国教科文组织发布的报告指出，中国研发支出位居全球第二，仅次于美国，占全球支出总量的20%以上。在硬件基础设施快速发展的同时，我们仍须注意到我国创新能力不足，网速慢，公路铁路密度同发达国家相比仍有差距，水路航空运载能力不足，基础设施维护不到位、使用效率不高等问题还比较突出。中国在基础设施建设方面特别是在服务效率方面还需要不断挖掘潜力，我国的基础设施建设大有可为。

我国数字经济实现了跨越式发展，"智慧"标签正覆盖经济社会的方方面面。网上购物、在线教育、移动支付、短视频等丰富多样的应用，全方位地影响着人们的衣食住行；智能制造、智慧农业、智慧旅游等融合应用，正加速传统产业转型升级。我国数字经济规模从2015年的18.6万亿元增长到2020年的39.2万亿元，占GDP的比重从27%上升到38.6%。其中，网上零售额从2015年的3.88万亿元增长到2020年的11.76万亿元；产业数字化增加值规模从2015年的13.8万亿元增长到2019年的28.8万亿元。

我国经济在中国特色社会主义进入新时代之后，出现的一个显著变化

---

① 国际竞争力显著增强 创新能力明显提升：制造业增加值连续十一年世界第一 . 人民日报，2021 - 09 - 14.

就是新兴产业和现代服务业蓬勃发展，已经成为引领我国经济高质量发展的根本力量。2012年我国服务业增加值占比超过工业占比，表明我国服务业发展势头迅猛。有学者认为高端服务业是服务业发展的趋势，服务业高端化反映了具有较高附加值的服务业的增长与扩张，这些行业具备知识密集型、专业密集型和智力密集型属性特征，应该包括交通运输、仓储和邮政业，信息传输、软件和信息技术服务业，金融业，房地产业，租赁和商务服务业，科学研究、技术服务和地质勘查业，教育业，卫生和社会保障业，文化、体育和娱乐业。[①]

仅从2015年至2020年我国高端服务业对各年度我国GDP增长的拉动来看，2015年为2.9%，2016年为3.1%，2017年为3.1%，2018年为3.3%，2019年为2.7%，2020年为2.1%。[②] 2021年现代服务业增长明显，分行业来看，信息传输、软件和信息技术服务业，住宿和餐饮业，交通运输、仓储和邮政业增加值比2020年分别增长17.2%、14.5%、12.1%，保持恢复性增长。全年全国服务业生产指数比上年增长13.1%，2020年、2021年两年平均增长6.0%。

（3）重大工程和重大成果目不暇接。

中共十八大以来，我国经济建设成就还表现为建成和完工了一大批重大建设工程并取得了一系列重大科研成果，是新中国成立以来最为密集的重大建设工程和重大科研成就的收获期。

在基础设施建设方面，中共十八大以来我国现代综合交通运输体系建设取得了举世瞩目的成就，高速公路、高速铁路里程稳居世界第一，装备技术达到世界先进水平，城乡公共交通快速发展，服务质量显著提升，进

---

① 中国社会科学院经济研究所. 中国经济报告2021：迈向现代化新征程. 北京：中国社会科学出版社，2021：256.

② 同①260.

入了多种方式交汇融合、统筹发展的新阶段。

高速铁路的快速发展是我国经济发展成就的最佳"名片"。2011—2020 年我国高速铁路由 6 601 公里增至 37 909 公里，增长了 4.74 倍，高铁占铁路营业里程比重由 7.1％增至 27.1％；承担的客运量由 15.8％增至接近 70％。例如，2018 年 9 月全线开通运营的京广港高铁全长 2 440 公里，是连接内地与港澳的又一重要纽带；高铁开通推动形成了以北京、上海、广州、武汉、成都等特大城市为中心的"半小时至四小时"高铁都市圈，使城市群的协同发展成为现实。

高速公路的发展加快了全国各地人流物流的紧密联系。2011—2020 年我国高速公路由 8.49 万公里增至 16.23 万公里，增长 91.2％。例如，2013 年 10 月 31 日西藏自治区墨脱公路建成通车，结束了墨脱县不通公路的历史，真正实现了县县通公路，目前各地正因地制宜实施村村通公路计划。2016 年 12 月 29 日北盘江特大公路桥通车，该桥全长 1 341.4 米、最大跨径 720 米、桥面到谷底垂直高度 565 米，是世界上最高的跨江大桥。我国桥梁总数位居世界第一，大跨径斜拉桥、悬索桥等先进桥梁建造技术日益成熟，已经成为显示中国形象的新品牌。

沿海港口设施的大型化、专业化、现代化程度已经达到世界先进水平，吞吐量稳居世界首位。2011—2019 年我国沿海港口吞吐量由 616 292 万吨增至 918 774 万吨，沿海港口泊位数由 5 612 个（其中万吨级 1 366 个）增至 6 426 个（其中万吨级 2 076 个），分别增长 14.5％和 52％；水路货运量由 42.60 亿吨增长到 74.72 亿吨，其中远洋货运由 6.35 亿吨增至 8.32 亿吨，分别增长 75.4％和 31％。

港珠澳大桥是新时代建成的重大标志性工程。它是连接香港、广东珠海和澳门三地的桥隧工程，2009 年 12 月动工建设，2018 年 10 月开通运营。该桥为全球已建最长跨海大桥，是世界上唯一"桥、岛、隧"三位一体的超级桥梁，桥隧全长 55 公里，其中主桥 29.6 公里，桥面为双向 6 车道高速公路，设计时速 100 公里/小时，工程项目总投资 1 269 亿元。

在新时代我国重大工程之一北京大兴国际机场项目于 2014 年 12 月开工建设，2019 年 9 月正式通航，10 月该机场航空口岸正式对外开放，实行外国人 144 小时过境免签、24 小时过境免办边检手续政策。机场航站楼面积 78 万平方米，民航站坪设 223 个机位，有 4 条运行跑道，可满足 2025 年旅客吞吐量 7 200 万人次、货邮吞吐量 200 万吨、飞机起降量 62 万架次的使用需求。同时中国民用航空航线和飞机架数也出现历史性飞跃。2010—2019 年我国定期航班航线条数由 1 880 条增至 5 521 条，其中国际航线由 302 条增至 953 条；定期航班航线里程由 276.5 万公里增至 948.2 万公里，其中国际航线由 107 万公里增至 401.5 万公里，分别增长 2.43 倍和 2.75 倍；定期航班通航机场由 175 个增至 237 个，民用飞机架数由 2 405 架增至 6 134 架，分别增长 35.4% 和 1.55 倍。我国正在形成京津冀、长三角、珠三角世界级机场群。

南水北调工程是世界上规模最大的调水工程，针对我国夏汛冬枯、北缺南丰，水资源时空分布极不均衡的基本水情，通过东、中、西三条调水线路，与长江、黄河、淮河和海河四大江河联通，构成四横三纵、南北调配、东西互济的水网格局，这是重大战略性基础设施。南水北调是我国跨流域跨区域配置水资源的骨干工程，南水北调东线、中线一期主体工程建成通水以来，已累计调水 400 多亿立方米，直接受益人口达 1.2 亿人，在经济社会发展和生态环境保护方面发挥了重要作用。按照黄河多年平均径流量估算，南水北调工程几乎相当于为北方调来黄河一年的径流量，南水北调有效缓解了北方地区水资源短缺局面。

能源建设取得较快发展，能源结构逐步调整。例如，2011—2020 年天然气产量由 1 027 亿立方米增至 1 925 亿立方米，增幅达 87.4%。作为中国目前最大油气生产基地的长庆油田 2020 年天然气产量达 445.1 亿立方米，保障了北京、天津等 40 多个大中城市供气，惠及 3 亿多人口，充分发挥"西气东输"的枢纽中心作用，在国家能源发展战略中起到了重要的支撑作用。塔里木盆地是中国最大的含油气沉积盆地，已探明油气资源总量约为 160 亿吨油当量，其中天然气资源量 8 万多亿立方米，占全国已探明天然气资源总量的 22%。四川长宁—威远国家级页岩气示范区自 2014 年规模建成投产以来，产量不断攀升，2020 年页岩气产量突破 100 亿立方米，标志着中国页岩气进入实质性勘探开发阶段。中国页岩气产能已位居世界第二，成为继美国和加拿大之后第三个具备商业化开发页岩气能力的国家。我国还建成了"海上大庆油田"——渤海绥中 36—1 油田，中国深海勘探装备进入世界最前列。集钻井、水上工程、勘探功能于一体的"海洋石油 708"深水工程勘探船，将海洋工程勘察作业能力从水深 300 米提升到了 3 000 米，为中国海洋油气勘探技术装备在国际能源领域合作提供了强有力支持。

中国发电能力空前提高，2011—2020 年发电量由 47 130.19 亿千瓦时增至 77 790.6 亿千瓦时，增长 65.1%。其中水电为 13 552.1 亿千瓦时，水电装机容量稳居世界第一。位于四川和云南交界金沙江下游峡谷河段的溪洛渡水电站，是中国第二大、世界第三大水电站，以发电为主，兼有防洪、拦沙和改善下游航运条件等综合效用。清洁能源发展更是异军突起，2012—2019 年，我国风电和太阳能发电累计装机容量由 6 142 万千瓦和 341 万千瓦，分别增至 21 005 万千瓦和 20 468 万千瓦，分别增长了 2.42 倍和 59 倍。甘肃玉门昌马风电场 20 万千瓦风电特许权项目是我国首个千万千瓦级风电基地启动和示范项目。到 2018 年初，我国已建成 22 条特高压交直流电网，实现西部、北部的风电、水电、太阳能等清洁能源全国大范围、大容量快速传输，发挥节能减排作用，保障社会经济发展。

互联网架构布局明显优化，网间通信质量显著提升。截至 2018 年 6 月，全国所有地级以上城市建成"光网城市"，超过 96％的行政村实现光纤宽带通达，光纤宽带用户占比位居全球第一。信息技术与经济社会的交汇融合引发了数据迅猛增长，大数据已成为国家基础性战略资源。

科学技术为我国经济社会发展插上了翅膀。新时代我国航天事业、先进制造业、先进材料等一系列领域发生的巨大变化，都离不开科技进步的有效推动。我国航天事业迈出了历史性的一步，2016 年 10 月，神舟十一号飞船发射并与天宫二号对接形成组合体，成功将 2 名航天员送入天宫二号进行了 30 天的驻留。2021 年 6 月，神舟十二号载人飞船顺利将 3 名宇航员送入太空，这是我国空间站阶段首次载人飞行任务，航天员要完成为期 3 个月的在轨驻留。2020 年 11 月，嫦娥五号发射成功，登陆月球并采样返回，是人类时隔苏联月球 24 号登陆采样 44 年之后再次带回月球样本。2019 年 9 月，我国北斗系统正式向全球提供服务。北斗系统截至 2020 年 6 月经历三代系统、共计发射了 59 颗卫星，完成了全部组网星座发射任务，可以无限量为用户提供全球覆盖、全天候、全天时的高精度定位与授时服务。2021 年 5 月 15 日，天问一号探测器成功着陆火星乌托邦平原南部预选区域。2020 年 11 月，我国研发的万米载人潜水器——"奋斗者"号在马里亚纳海沟成功下潜突破 1 万米，达到 10 909 米，创造了中国载人深潜新纪录，"奋斗者"号全海深载人潜水器于 2021 年 3 月正式交付使用。

C919 大型客机是我国按照国际民航规章自行研制、具有自主知识产权的大型喷气式民用飞机，座级 158～168 座，航程 4 075～5 555 公里。2015 年 11 月完成总装下线，2017 年 5 月成功首飞，目前多架试飞飞机已全部投入取证试飞工作。继 2012 年 9 月改造后的航空母舰被命名"辽宁"号正式交付海军服役之后，2019 年 12 月我国第一艘国产航母"山东"号交付海军服役，标志着我国自主设计建造航空母舰取得重大阶段性成果。

2. "十四五"时期高质量发展的历史性成就

2021—2023 年的国民经济取得了较好发展成绩，国民经济保持了强劲的韧性和发展的活力。国内生产总值从 2020 年的 103.5 万亿元连续跨越 110 万亿元、120 万亿元大关（见表 7 - 8）。具体表现为以下几个方面：

表 7 - 8　　　　2021—2023 年我国国内生产总值和增长率

年份	国内生产总值（亿元）	国内生产总值指数（上年＝100）	人均国内生产总值（元）	人均国内生产总值指数（上年＝100）
2021	1 173 823.0	108.6	83 111.0	108.5
2022	1 234 029.4	103.1	87 385.0	103.1
2023	1 294 271.7	105.4	91 746.0	105.5

（1）巩固农业基础地位。

我国农业基础地位更加巩固，农产品生产增长稳定，农业安全和粮食安全保障加强。2021—2023 年我国农林牧渔业总产值分别为147 013.4亿元、156 065.9 亿元和158 507.2 亿元，农作物总播种面积分别为16 869.5万公顷、16 999.1 万公顷和17 162.4 万公顷，农林牧渔业总产值和播种面积都有增长。主要农副产品产量保持了良好的增长态势，反映出人民群众的生活质量和生活水平不断提高（见表 7 - 9）。

表 7 - 9　　　　2021—2023 年我国主要农副产品产量　　　　单位：万吨

年份	粮食	棉花	油料	糖料	水果	水产品	肉类	奶类
2021	68 285	573.1	3 613.2	11 454.5	29 970.2	6 690.3	8 990.0	3 778.1
2022	68 653	598.0	3 654.2	11 236.5	31 296.2	6 865.9	9 328.4	4 026.5
2023	69 541	561.8	3 863.7	11 376.3	32 744.3	7 116.2	9 748.2	4 281.3

资料来源：国家统计局。

（2）迈向工业强国。

我国正在从工业大国迈向工业强国，工业在国民经济发展中的"压舱石"作用日益凸显，产业链供应链韧性不断增强，主要工业产品产量继续位居世界前列。2021—2023 年，我国规模以上工业企业工业增加值连年保持正增长，分别比上一年增长 9.6％、3.6％和 4.6％。三年来规模以上工业企业单位数分别为 44.2 万个、47.2 万个和 48.2 万个，资产总计分别为 146.67 万亿元、160.19 万亿元和 167.36 万亿元，营业收入分别为 131.46 万亿元、133.32 万亿元和 133.44 万亿元，利润总额分别为 92 933 亿元、84 162 亿元和 76 858 亿元，除因国际国内复杂因素导致利润总额下降外，其他都呈增长趋势。2023 年主要工业产品产量：钢材 13.63 亿吨，汽车 3 011.3 万辆（其中轿车 1 086.3 万辆），家用电冰箱 9 632.3 万台，移动通信手持机 15.66 亿台（其中智能手机 11.45 亿台），微型计算机 33 056.9 万台，集成电路 3 514.4 亿块，彩色电视机 19 339.6 万台，复印和胶版印制设备 222.8 万台。2023 年中国制造业增加值达到 33 万亿元，占世界的比重稳定在 30％左右，规模连续 14 年居世界首位。重大科技设施、水利工程、交通枢纽、信息基础设施等方面取得了一批世界领先成果。截至 2023 年底，全国铁路营业里程达到 15.9 万公里，其中高铁营业里程 4.5 万公里。

（3）有效发挥投资推动作用。

投资在拉动我国经济增长中仍扮演着十分重要的角色，投资在稳增长、调结构中的关键作用得到有效发挥。2021—2023 年全社会固定资产投资分别为 47.30 万亿元、49.60 万亿元和 50.97 万亿元，分别比上一年增长 4.8％、4.9％和 2.8％。在三年间全部投资中，电力、热力生产和供应业，交通运输、仓储和邮政业，租赁和商务服务业的投资增长明显；高技术产业投资增速明显，信息传输、软件和信息技术服务业、科学研究和技术服务业、新能源汽车、充电桩、太阳能电池、风力发电机组等的投资增速要明显快于全部投资增速；民生领域投资持续增加，居民服务、修理和其他服务业、农副食品加工和食品制造业、纺织服装和服饰业、造纸及纸制品业、文教工美体育娱乐用品制造业、卫生和社会工作等领域投资增速也明显快于全部投资增速。

（4）市场销售和市场信心逐步恢复。

2021—2023 年社会消费品零售总额分别为 44.08 万亿元、43.97 万亿元和 47.15 万亿元，分别增长 12.5%、−0.2% 和 7.2%；国内出游人数逐步走出疫情影响，分别为 32.46 亿人次、25.30 亿人次和 48.91 亿人次。2022 年我国国内需求增长对经济增长的贡献率达 82.9%，比上年提高 4.8 个百分点；高技术产业投资和部分升级类商品销售保持较快增长。2023 年社会消费品零售总额和实物商品网上零售额分别达到 47.15 万亿元和 13.02 万亿元，是全球第二大商品消费市场、第一大网络零售市场；国内需求对经济增长的贡献率达 111.4%，比上年提高 25.3 个百分点，国内大循环主体作用进一步增强。

（5）稳就业取得扎实成效，城镇新增就业有所增长。

2021—2023 年全国城镇就业人员总计分别为 74 652 万人、73 351 万人和 74 041 万人，年末全国城镇调查失业率分别为 5.1%、5.5% 和 5.1%。2022 年全国城镇新增就业 1 206 万人，2023 年城镇新增就业 1 244 万人。2023 年农民工总量已达 29 562 万人，比上年增长 1.1%。

（6）消费价格涨势温和，有效保障经济运行和人民生活正常进行。

2021—2023 年居民消费价格指数（CPI）分别比上年上涨 0.9%、2.0% 和 0.2%，与欧美等主要经济体高通胀形成鲜明对比。

（7）对外贸易持续增长，应对各种风险能力不断增强。

2021—2023 年，我国货物进出口总额分别为 38.74 万亿元、41.67 万亿元和 41.75 万亿元，三年贸易顺差分别为 4.11 万亿元、5.59 万亿元和 5.78 万亿元，中国作为全球第一货物贸易大国地位更加稳固；在货物出口中，初级产品和工业制品的比例，2022 年为 4.76∶95.24，2023 年为

4.24：95.76，中国已有 811 种产品出口规模全球第一。三年外商直接投资设立企业数分别为 47 647 个、38 497 个和 53 766 个，实际使用外资分别为 1 809.6 亿美元、1 891.3 亿美元和 1 632.5 亿美元。三年外汇储备余额分别为32 501.66 亿美元、31 276.91 亿美元和 32 379.77 亿美元，持续保持在 3 万亿美元以上，稳居世界第一。

（8）科技创新和新质生产力发展迅猛。

2021—2023 年全社会研发（R&D）经费投入分别为 2.80 万亿元、3.08 万亿元和 3.33 万亿元，稳居世界第二位；R&D 经费与 GDP 的比值分别为 2.43％、2.56％和 2.64％。创新成果不断涌现，发明专利申请量分别为 158.6 万件、161.9 万件和 167.8 万件，发明专利授权量分别为 69.6 万件、79.8 万件和 92.1 万件。我国全球创新指数排名提升至第 11 位，拥有约 40 万家高新技术企业，独角兽企业数量居世界第二。经营主体的创新活力和内生动力不断激发，一大批专注品质、追求卓越的企业家茁壮成长，将为我国经济高质量发展注入新的动能。

（9）中国是世界经济增长的最大动力源。

2022 年中国对世界经济增长贡献率接近 20％，我国国内生产总值增长快于美国、德国、法国等主要经济体经济增速，是世界经济增长的重要引擎和稳定力量。2023 年中国 5.2％的经济增速不仅高于全球 3.2％左右的预计增速，在世界主要经济体中也名列前茅。IMF 预计中国对全球经济增长的贡献率将超过 30％，仍然是世界经济增长的最大动力源。

应该看到，2024 年我国国民经济和社会发展既有许多有利的发展因素，也面临较大的发展压力。2024 年全年主要预期目标是：国内生产总值增长 5％左右；城镇新增就业 1 200 万人以上，全国城镇调查失业率 5.5％左右；居民消费价格（CPI）涨幅 3％左右；居民人均可支配收入增长与经济增长同步；国际收支保持基本平衡；粮食产量 1.3 万亿斤以上；

单位国内生产总值能耗下降 2.5% 左右，生态环境质量持续改善。

在 2024 年我国经济社会发展中，稳定经济发展增速、提高经济发展质量、筑牢农业发展基础，具有十分重要的作用。根据国家统计局发布的 2024 年上半年数据分析：第一，工业发展稳定增长。2024 年上半年，全国规模以上工业企业利润同比增长 3.5%，企业利润持续稳定恢复。在 41 个工业大类行业中，有 32 个行业上半年利润同比增长，增长面为 78%。装备制造业有力支撑工业利润增长，上半年利润同比增长 6.6%，拉动规模以上工业利润增长 2.2 个百分点，对规模以上工业利润增长的贡献率超六成。消费品制造业利润持续快速增长。国内消费需求有所恢复，上半年消费品制造业利润同比增长 10%，增速高于规模以上工业 6.5 个百分点。第二，农业经济平稳运行。一是 2024 年上半年夏粮取得丰收，为稳定全年粮食生产，巩固和增强经济回升向好态势奠定了坚实基础。夏粮产量达到 2 995.6 亿斤，比上年增加 72.5 亿斤，增长 2.5%，创历史新高；猪牛羊禽肉产量同比增加 29 万吨，肉蛋奶总体供给充裕。经测算，单产提高对夏粮增产的贡献率超过 90%。二是农业现代化水平持续提升。农业科技进步贡献率超过 63%，三大主粮基本实现全程机械化。2024 年以来，农业农村部成立科技创新领导小组、科技创新战略咨询委员会，集中力量推动优化农业科技创新体系，切实发挥好国家实验室的作用。三是土地承包到期后再延期工作开始。2024 年以来，国家在安徽、湖南、广西开展第二轮土地承包到期后再延长 30 年整省试点，其他省份也在组织整县、整乡的试点。坚持总体顺延，确保绝大多数农户原有承包地继续保持稳定。在此基础上，继续引导土地经营权有序流转，健全农业经营体系和农业社会化服务体系，更好把小农户引入现代农业发展轨道。第三，全国脱贫人口就业稳定。2024 年上半年，脱贫人口务工就业达到 3 274 万人，连续三年保持在 3 000 万人以上；脱贫县农民人均可支配收入继续保持较快增长，从 2021 年的 14 051 元提高到 2023 年的 16 396 元，增速持续超过全国农民收入增长的平均水平。第四，贸易规模再创新高。2024 年上半年，全国货物贸易进出口总值为 21.17 万亿元，同比增长 6.1％。出口结构进一步优化，机电产品出口 7.14 万亿元，同比增长 8.2％，占出口总值的 58.9％。其中，自动数据处理设备及其零部件、集成电路和汽车出口增长迅猛。我国造船业在世界造船业中的占比进一步提升，全国造船完工量、新接订单量、手持订单量三大指标分别占世界市场份额的 55％、74.7％和 58.9％。民营企业、外资企业、国有企业进出口均有增长，其中民营企业进出口 11.64 万亿元，同比增长 11.2％，占全国外贸总值的 55％。

面对我国外部环境变化带来的不利影响加深，国内经济运行面临不少困难和挑战。中共中央政治局于 2024 年 9 月 26 日召开会议，分析研究当前经济形势，果断部署一揽子增量政策。针对经济运行出现的一些新情况和新问题，提出要全面客观冷静看待当前经济形势，正视困难、坚定信心，切实增强做好经济工作的责任感和紧迫感。要抓住重点、主动作为，有效落实存量政策，加力推出增量政策，进一步提高政策措施的针对性、有效性，努力完成全年经济社会发展目标任务。要求各地区各部门要认真贯彻落实党中央决策部署，干字当头、众志成城，充分激发全社会推动高质量发展的积极性主动性创造性，推动经济持续回升向好。

结束语　坚定不移走中国式现代化道路

中共十九届六中全会审议通过的《中共中央关于党的百年奋斗重大成就和历史经验的决议》从五个方面深刻总结了中国共产党百年奋斗的历史意义。其中在讲到中国道路时明确指出，党的百年奋斗开辟了实现中华民族伟大复兴的正确道路，中国仅用几十年时间就走完了发达国家几百年走过的工业化历程，创造了经济快速发展和社会长期稳定两大奇迹。这是对中国共产党探索中国发展道路的百年奋斗历史的高度概括和科学总结，也是中国共产党为中国人民谋幸福、为中华民族谋复兴的初心与使命的历史肯定和真实写照。

自从 1921 年中国共产党成立，中国现代史的发展轨迹就开始被彻底改写了。中国从一个人口众多、一穷二白、科技文化水平落后的国家，一跃成为当今世界经济发展最快、最有增长活力、最具国际影响力的第二大经济体，中国的崛起谱写了世界经济发展史上的奇迹，"中国道路"不仅成为中国共产党和中国人民不断解答和完善的时代答卷，而且成为世界许多国家和地区政府和人民积极探究的成功密码。中共十九届六中全会深刻总结了"中国道路"这一发展奇迹的宝贵经验，"中国道路"的宝贵经验对于我国开启全面建设社会主义现代化国家新征程具有重要的指导意义。

中国道路的成功经验与发展启示是：

一、坚持中国共产党的坚强领导

中国共产党始终坚持以人民为中心的发展理念，人民的根本利益就是中国共产党的最大利益。习近平指出："江山就是人民、人民就是江山，打江山、守江山，守的是人民的心。中国共产党根基在人民、血脉在人民、力量在人民。中国共产党始终代表最广大人民根本利益，与人民休戚与共、生死相依，没有任何自己特殊的利益，从来不代表任何利益集团、任何权势团体、任何特权阶层的利益。任何想把中国共产党同中国人民分割开来、对立起来的企图，都是绝不会得逞的！"① 回顾中国共产党百年奋斗史，我们更加坚定中国共产党是领导中国实现中华民族伟大复兴的核心力量，没有中国共产党的坚强领导，中国半殖民地半封建社会就不可能结束，中国的工业化和现代化就无从谈起。

中国人民从"站起来"到"富起来"再到"强起来"的整个历史进程，都必将是在中国共产党的领导下来实现的。

在新中国成立初期，中国共产党接手的是一穷二白的半殖民地半封建社会的烂摊子。落后的社会生产力和生产关系是中国长期积贫积弱、被动挨打的根源，不彻底改变这种落后的社会生产力和生产关系就不可能有中国现代化。中国共产党推动中国从新民主主义社会过渡到社会主义社会，

---

① 习近平. 在庆祝中国共产党成立100周年大会上的讲话. 北京：人民出版社，2021：11-12.

实现了社会形态的历史性飞跃；通过大规模社会主义经济建设，特别是通过实施五年计划，初步建立起了中国国家工业化的物质基础；通过社会主义改造，对各种非社会主义性质的经济成分进行了大规模的改造，建立起了社会主义公有制；结合中国国情并借鉴苏联建设经验，实行有计划的经济建设并建立起了计划经济体制；全面保障广大劳动群众的经济权益，消灭剥削制度，实行社会主义按劳分配原则。在这几十年间，中国共产党团结带领中国人民，从半殖民地半封建社会泥潭中站起来并开始走向富起来的道路，从新民主主义社会走向充满光明前途的社会主义社会。

在改革开放和社会主义现代化建设新时期，中国共产党深刻分析了我国所处的国内国际环境和条件，创造性地提出了中国还处在社会主义初级阶段的论断和初级阶段的基本路线，作出了大力发展社会生产力和改革开放的重大战略决策，规划了包括"三步走"发展战略在内的重大战略抉择，创立了中国特色社会主义。在中国共产党的领导下，从农村经济体制改革到城市经济体制改革，从对内搞活到对外开放，以建立和发展社会主义市场经济为标志的改革开放取得了前所未有的巨大成就，从而极大地激发了中国人民建设中国特色社会主义的空前热情与活力，中华大地成为经济建设与社会发展的"热土"，中国社会经济呈现了前所未有的快速发展，中国大踏步赶上世界发展的步伐，人民物质生活和精神面貌发生了巨大改变，中国的国际地位空前提高。

在中国特色社会主义新时代，加强中国共产党对一切工作的绝对领导，就是要强调新时代发展的一切问题都要在党的统一部署和统一领导下进行。在这个新时代，中国共产党的主要任务就是要实现中华民族伟大复兴的中国梦，实现全面建成社会主义现代化强国及国家治理现代化的新任务。实现中国梦和新任务，没有现成的成功经验可以借鉴，没有成功的发展道路可以学习，只能依靠中国共产党带领全国人民进行艰苦的探索、科学的总结和大胆的实践。正是因为如此，新时代中国共产党的领导面临的任务更具有全面性、系统性、协调性、深刻性、创新性。在这个新时代，中国共产党肩负着全面深化改革和现代化强国建设的领导重任，全面深化改革是在基础比较薄弱、任务比较繁重、困难比较艰巨、人民期待比较强烈的历史背景下进行的，没有中国共产党的坚强领导根本无法完成。正如习近平所指出的："在中国这样一个拥有 13 亿多人口的国家深化改革，绝非易事。中国改革经过 30 多年，已进入深水区，可以说，容易的、皆大欢喜的改革已经完成了，好吃的肉都吃掉了，剩下的都是难啃的硬骨头。这就要求我们胆子要大、步子要稳。胆子要大，就是改革再难也要向前推进，敢于担当，敢于啃硬骨头，敢于涉险滩。步子要稳，就是方向一定要准，行驶一定要稳，尤其是不能犯颠覆性错误。"[1] 从中共十八大到 2024 年 6 月 11 日二十届中央全面深化改革委员会第五次会议，各方面共推出了 3 000 多个改革方案。历史已经表明，在全面深化改革过程中，中国共产党以前所未有的决心和力度冲破思想观念的束缚，突破利益固化的藩篱，坚决破除各方面体制机制弊端，积极应对外部环境变化带来的风险挑战，开启了气势如虹、波澜壮阔的改革进程，在许多领域实现了历史性变革、系统性重塑、整体性重构，全面深化改革取得历史性伟大成就。

二、坚持社会主义发展方向和现代化建设宏伟目标

中国共产党从成立的第一天起，就担负着民族独立、人民解放的历史重任。在中国共产党 100 年的英勇斗争和艰苦奋斗下，中国人民终于实现了这一目标，处于半殖民地半封建社会的旧中国从此进入社会主义建设的

---

[1] 习近平. 习近平谈治国理政：第 1 卷 . 2 版 . 北京：外文出版社，2018：101.

新中国，走上了现代化经济日益壮大的发展道路。在奔向全面建设社会主义现代化国家的新征程上，不应忘记我们是从哪里出发的。在新中国成立之初，我国进行工业化和现代化建设的经济基础仍然十分薄弱、面临的困难更是难以想象。1949 年我国钢产量约为美国的 0.2％、日本的 5％，还不到世界的 0.1％。即使到 1952 年，我国主要工业产品产量仍低于 1860 年的英国、1890 年的法国，接近 1910 年的俄国。① 毛泽东 1954 年 6 月在中央人民政府第三十次会议上说："现在我们能造什么？能造桌子椅子，能造茶碗茶壶，能种粮食，还能磨成面粉，还能造纸，但是，一辆汽车、一架飞机、一辆坦克、一辆拖拉机都不能造。"② 这就是中国社会主义革命和建设的历史起点！以毛泽东同志为主要代表的中国共产党人对适合中国国情的社会主义建设道路进行了艰辛探索，社会主义制度建立以后，在深入总结苏联经济发展的经验教训基础上，毛泽东创造性地提出了包括《论十大关系》在内的社会主义建设理论，把马克思主义基本原理同中国具体实际相结合，探索并提出了中国进行社会主义革命和建设的正确道路，确定并提出了实现"四个现代化"的宏伟目标，制定了把中国建设成为一个强大的社会主义现代化国家的战略。这期间的 1953—1978 年，全国全民所有制单位固定资产投资年均增长 11.1％，汽车、机械、煤炭、电力、石油等一批推动国家工业化发展的基础性产业项目建设完成，初步建立起独立、基本完整的产业体系，国民经济生产活动步入正轨。尽管中国工业化和现代化建设走了一些弯路，但是仍保持了世界较快的发展水平，并建立起了相对独立完整的工业体系和国民经济体系。

改革开放和社会主义现代化建设新时期以来，中国赢得了加快发展的

---

① B.R. 米切尔. 帕尔格雷夫世界历史统计：欧洲卷（1750—1993）. 4 版. 北京：经济科学出版社，2002；B.R. 米切尔. 帕尔格雷夫世界历史统计：亚洲、非洲和大洋洲卷（1750—1993）. 3 版. 北京：经济科学出版社，2002.

② 毛泽东. 毛泽东文集：第 6 卷. 北京：人民出版社，1999：329.

重大历史机遇，经济建设和社会发展走过了极其不寻常的辉煌历程，经济体制改革和对外开放取得了举世瞩目的成就，中国社会生产力和综合国力迈上了新的台阶。例如，国内生产总值从 1978 年的 3 684.8 亿元增至 2012 年的 547 510.6 亿元，中国成为世界第二大经济体；1979—2012 年全社会固定资产投资年均增长 19.1%，中国工业化进程实现重大飞跃，基础产业和基础设施建设取得重大成果，国民经济面貌和产业结构发生了重大变化。中国发展道路的探索积累了宝贵的成功经验，不仅是世界最大发展中国家成功探索并走出的一条加快发展的现实路径，也是世界最大社会主义国家巩固和发展社会主义制度的成功典范。在新中国成立以来特别是改革开放和社会主义现代化建设以来取得成就的基础上，中共十八大以来中国特色社会主义进入了新时代，在习近平新时代中国特色社会主义思想指导下，中国各项事业都呈现出欣欣向荣的景象，成功实现了全面建成小康社会的宏伟目标，彻底解决了困扰中国几千年的绝对贫困问题，国民经济和社会发展沿着高质量发展的道路取得了巨大成就，中国国际地位和影响力显著提高，新时代中国特色社会主义前景光明。中共十九大对实现第二个百年奋斗目标作出分两个阶段推进的战略安排，也就是新的"两步走"战略安排，即到 2035 年基本实现社会主义现代化，到本世纪中叶把我国建成富强民主文明和谐美丽的社会主义现代化强国。从全面建成小康社会到基本实现现代化，再到全面建成社会主义现代化强国，是新时代中国特色社会主义发展的战略安排。

中共十八大以来，我国更是紧紧抓住可以大有作为的重要战略机遇期，为到 2020 年实现全面建成小康社会宏伟目标努力奋斗，取得了举世瞩目的伟大成就。我国稳居世界第二大经济体的位置，与美国经济总量的差距在不断缩小，与其他发达经济体之间的差距在不断拉大。当前我国货物贸易已经上升为世界第一位、服务贸易上升为世界第二位、对外直接投

资上升为世界第一位、利用外资稳居发展中国家首位。2012 年中国 GDP
突破 50 万亿元大关并保持较快增长，2019 年突破 100 万亿元，2021 年突
破 110 万亿元，2024 年更是突破 130 万亿元。随着时代的进步，全面建成
小康社会也有了新的时代内容，中国要建成的小康社会应该是经济持续健
康发展、人民民主不断扩大、文化软实力显著增强、人民生活水平全面提
高、资源节约型与环境友好型社会建设取得重大进展的小康社会。在庆祝
中国共产党成立 100 周年大会上，习近平庄严宣告，经过全党全国各族人
民持续奋斗，我们实现了第一个百年奋斗目标，在中华大地上全面建成了
小康社会，历史性地解决了绝对贫困问题，正在意气风发向着全面建成社
会主义现代化强国的第二个百年奋斗目标迈进。

三、坚持把发展作为执政兴国的第一要务

按照马克思的论述，社会主义制度是建立在发达的生产力基础之上
的。现实中的社会主义则主要是在经济基础相对薄弱的国家实现的，这就
决定了这些社会主义国家必须把发展社会生产力放在十分重要的位置，只
有这样才能巩固和捍卫社会主义制度。在新中国成立以来，中国共产党始
终把解放和发展社会生产力作为工作重心和首要任务。1949 年 3 月召开
的中共七届二中全会强调指出，在取得全国胜利之后，党的工作重心必须
由乡村移向城市，城市工作必须以生产建设为中心，使我国稳步地由农业
国转变为工业国，由新民主主义社会转变为社会主义社会。在新中国成立
初期，发展社会生产力必须立足我国农业大国实际，重点发展工业特别是
重工业，协调工业与农业、城市与乡村的关系，不以牺牲农业和乡村为代
价，从而促进了国民经济的全面发展。例如，第一个五年计划和"156 项
工程"就是最为突出的解放和发展生产力的举措，国家在整个"一五"时

期完成的建设投资可折合七亿两黄金。为了开展大规模经济建设、实现国家工业化，中国采取全新发展途径和发展模式，即必须把有限的人力、物力、财力凝聚在一起，集中力量建设一批国民经济急需的重大项目，有力缓解制约中国经济发展的重大障碍。

改革开放和社会主义现代化建设新时期，中国共产党更是把解放和发展生产力作为一切工作的重心。邓小平明确指出：社会主义的任务很多，但根本一条就是发展生产力。中共十一届三中全会明确提出，我们不仅要大幅度地提高和发展社会生产力，而且要多方面地改变同生产力发展不相适应的生产关系和上层建筑，改变一切不适应的管理方式、活动方式和思想方式。并郑重宣布，除了发生大规模的外敌入侵，任何其他方面的工作都不能偏离现代化建设这个中心，必须围绕这个中心并为它服务。中国社会生产力正是在这一时期发生了根本变化，与世界发达资本主义国家的差距大幅度缩小，逐步赶上了世界科技革命和产业革命的步伐。

中共十八大以来，中国特色社会主义进入新时代，习近平深刻论述了进入新发展阶段、贯彻新发展理念、构建新发展格局问题，指出这是由我国经济社会发展的理论逻辑、历史逻辑、现实逻辑决定的。进入新发展阶段明确了我国发展的历史方位，贯彻新发展理念明确了我国现代化建设的指导原则，构建新发展格局明确了我国经济现代化的路径选择。把握新发展阶段是贯彻新发展理念、构建新发展格局的现实依据，贯彻新发展理念为把握新发展阶段、构建新发展格局提供了行动指南，构建新发展格局则是应对新发展阶段机遇和挑战、贯彻新发展理念的战略选择。全面建设社会主义现代化国家、基本实现社会主义现代化，既是社会主义初级阶段我国发展的要求，也是我国社会主义从初级阶段向更高阶段迈进的要求。

新发展阶段、新发展理念和新发展格局是中国全面建设社会主义现代化国家新征程的基本规定性和基本特点。新发展阶段从根本上讲就是中国共产党带领中国人民迎来了从站起来、富起来到强起来的历史性跨越的新阶段，从新中国成立后不久我国提出建设社会主义现代化国家算起来，在经历了社会主义革命和建设时期、改革开放和社会主义现代化建设新时期之后，我国全面建成小康社会的阶段性目标已经取得了伟大胜利，这一切都为全面建设社会主义现代化国家新发展阶段准备了雄厚的物质基础。创新、协调、绿色、开放、共享的新发展理念是引导我国经济发展取得历史性成就、发生历史性变革的核心理念，它回答了关于发展的目的、动力、方式、路径等一系列理论和实践问题，阐明了中国共产党关于发展的政治立场、价值导向、发展模式、发展道路等重大政治问题。新发展理念是中国共产党在深刻总结国内外发展经验教训和科学研判国内外发展大势的基础上提出来的，它集中体现了中国共产党对我国和世界社会发展规律的认识水平。正如习近平所指出的，构建新发展格局，只有立足自身，把国内大循环畅通起来，才能任由国际风云变幻，始终充满朝气地生存和发展下去。要在各种可以预见和难以预见的狂风暴雨、惊涛骇浪中，增强我们的生存力、竞争力、发展力、持续力。它就是要求在全面建设社会主义现代化国家进程中，真正解决超大型经济体发展的安全稳定、持续发展问题，确定并系牢未来中国发展的"安全带"。我们从来没有遇到过如此超大型经济体的现代化问题，没有遇到过如此超大型经济体与外部经济体的积极互动问题，没有遇到过如此超大型经济体与其他经济体的经济贸易平衡问题。我国经济发展的内生动力在不断增强，目前我国 14 亿多人口的巨大潜在需求正在不断激发，4 亿以上中等收入人群成为我国发展的重要稳定力量，内需对经济增长的贡献率超过 80%。

以新质生产力引领高质量发展是习近平自 2023 年 7 月以来反复强调的重要思想。2024 年 1 月 31 日，在二十届中央政治局第十一次集体学习时，他系统阐述了发展新质生产力的思想和理论，指出：新质生产力是创新起主导作用，摆脱传统经济增长方式、生产力发展路径，具有高科技、高效能、高质量特征，符合新发展理念的先进生产力质态。它由技术革命性突破、生产要素创新性配置、产业深度转型升级而催生，以劳动者、劳动资料、劳动对象及其优化组合的跃升为基本内涵，以全要素生产率大幅提升为核心标志，特点是创新，关键在质优，本质是先进生产力。这就为准确把握新质生产力的科学内涵提供了根本遵循。中共二十届三中全会明确了促进新质生产力发展的指导原则，提出围绕发展以高技术、高效能、高质量为特征的生产力，加强新领域新赛道制度供给，建立未来产业投入增长机制，以国家标准提升引领传统产业优化升级，促进各类先进生产要素向发展新质生产力集聚。新质生产力的本质特点是创新，把握新质生产力的关键也在于深刻认识创新在提高生产力中的关键性作用。与此同时，明确提出要大力推进五大创新，即科技创新、产业创新、发展方式创新、体制机制创新、人才工作机制创新。

四、坚持走自立自强、创新发展的道路

在中国建设社会主义是前无古人的伟大事业。在中国结束了半殖民地半封建社会、经济文化都比较落后的基础上建设社会主义，是前人从来都没有尝试过的事业，中国共产党没有成功的国内先例可以继承和效法，只能是硬着头皮进行艰苦的探索；同样，国外已经实行了社会主义制度的国家的经济文化基础都比我们雄厚，在如此一穷二白的基础上建设社会主义也是许多马克思主义经典作家所没有遇到的挑战，我国也没有现成的国外模式可以照搬，只能依靠中国共产党人自立自强、创新发展的艰苦探索。例如，1956年中共八大召开前后，毛泽东对中国建设道路的探索就是坚持自立自强、创新发展道路的最好例证。他在1956年4月25日中共中央

政治局扩大会议上发表的《论十大关系》的著名讲话，把探索中国自己的社会主义建设道路的任务提到全党面前，并论述了中国经济建设的一系列重要原则。《论十大关系》的基本方针就是："我们一定要努力把党内党外、国内国外的一切积极的因素，直接的、间接的积极因素，全部调动起来，把我国建设成为一个强大的社会主义国家。"① 他后来在《十年总结》中说："前八年照抄外国的经验。但从一九五六年提出十大关系起，开始找到自己的一条适合中国的路线。"②

改革开放和社会主义现代化建设新时期，中国共产党面对的是更为复杂的国内国际环境和条件。20 世纪 70 年代末 80 年代初，开始了探索适合中国特色社会主义经济发展的经济体制和经济道路，尤其是充分发挥市场机制的作用，进而建立市场经济体制，这都是马克思主义经典作家们从来没有设想过的。中国改革开放的实践表明，无论是农村经济体制改革实践，还是城市经济体制改革实践，或是发展对外经济贸易关系实践，谁更好地运用了市场机制和市场经济体制的作用，谁的经济发展就快、经济效益就好、人民群众的获得感就高；反之亦然。例如，邓小平探索把社会主义制度与市场经济体制相结合就是坚持自立自强、创新发展道路的最好例证。1992 年初，邓小平在南方谈话中说："我们必须从理论上搞懂，资本主义与社会主义的区分不在于是计划还是市场这样的问题。社会主义也有市场经济，资本主义也有计划控制。""不要以为搞点市场经济就是资本主义道路，没有那么回事。计划和市场都得要。不搞市场，连世界上的信息都不知道，是自甘落后。"③

当今世界发展越来越依赖自立自强、创新发展。正如习近平所指出

① 毛泽东. 毛泽东文集：第 7 卷. 北京：人民出版社，1999：370.

② 中共中央党史和文献研究院. 建国以来毛泽东文稿：第 15 册. 北京：中央文献出版社，2023：247.

③ 邓小平. 邓小平文选：第 3 卷. 北京：人民出版社，1993：364.

的，综合国力竞争和国际经济竞争说到底就是创新能力竞争，因此我国要大力实施创新驱动发展战略，加快完善创新机制，全方位推进科技创新、企业创新、产品创新、市场创新、品牌创新，加快科技成果向现实生产力转化，推动科技和经济紧密结合。自力更生、创新驱动发展更是要将创新的重点放在解决制约发展的环节上来，真正并根本解决现代化发展中的各种"卡脖子"问题，只有这样才能将发展的主动权掌握在自己手中。对于超大规模经济体的中国来说，解决这些问题更是争取更大国际生存空间和活动舞台的重要方面。正如习近平所指出的："供应链的'命门'掌握在别人手里，那就好比在别人的墙基上砌房子，再大再漂亮也可能经不起风雨，甚至会不堪一击。"①

习近平在深刻分析了历次世界产业革命的共同特点（即有新的科学理论作基础、有相应的新生产工具出现、形成大量新的投资热点和就业岗位、经济结构和发展方式发生重大调整并形成新的规模化经济效益、社会生产生活方式有新的重要变革）之后，指出目前这些要素都在加快积累和成熟中。即将出现的新一轮科技革命和产业变革与我国加快转变经济发展方式形成历史性交汇，为我国实施创新驱动发展战略提供了难得的重大机遇。② 据此，他提出了中国特色自主创新道路，坚持自主创新、重点跨越、支撑发展、引领未来的方针。根据我国的历史经验，要形成全国性的充满活力的创新驱动发展和广泛强大的原始创新能力，首先要有在重大战略性、关键性领域的国家队，就是要有效发挥新形势下的科技攻关"举国体制"作用，就是要形成千军万马从事创新发展的局面。这些亟待形成原始创新能力的领域，往往因为短时期内还无法由企业或企业集团以及科研

---

① 中共中央文献研究室.习近平关于社会主义经济建设论述摘编.北京：中央文献出版社，2017：201.

② 同①127.

机构来自主承担科技革命和科技进步的任务，需要国家在经费支持、组织保障、长期规划、前后项产学研合作等方面作出顶层设计和具体安排。例如，重大科技基础设施和重大科技国家实验室等项目，这些都事关国家战略科技能力和力量；重大科技项目包括人工智能、量子信息、集成电路、生命健康、脑科学、生物育种、空天科技、深地深海等前沿领域，这些都事关国家科技水平和产业水平的发展。其次要有"大众创业、万众创新"的发展局面。我国在 2015 年 3 月首次提出制定"互联网＋"行动计划，把"大众创业、万众创新"打造成推动中国经济继续前行的"双引擎"之一，并制定了"互联网＋"创业创新、协同制造、现代农业、智慧能源、普惠金融、益民服务、高效物流、电子商务、便捷交通、绿色生态、人工智能等 11 项重点行动。可喜的是，根据世界知识产权组织 2021 年 9 月发布的《2021 年全球创新指数》报告，我国创新指数排名提升至第 12 位，比 2020 年排名上升 2 位，居中等收入经济体首位，尤其是在专利申请、商标申请、工业设计、高新技术出口、创意产品出口和国内市场规模等 9 项指标中排名第一。

五、坚持汇聚全体人民团结一致的物质与精神力量

中国共产党的力量之源是什么？就是全体中国人民的坚定支持和拥护。中国共产党的奋斗目标是什么？就是全体中国人民的幸福生活。早在 1936 年 12 月，毛泽东就说：中国共产党"在全国人民面前，表示了自己是人民的朋友，每一天都是为了保护人民的利益，为了人民的自由解放，站在革命战争的最前线"[①]。新中国成立 70 多年来，中国共产党带领全国

---

① 毛泽东. 毛泽东选集：第 1 卷. 北京：人民出版社，1991：184.

人民为了中国现代化建设事业和中华民族的伟大复兴进行了艰苦卓绝的奋斗，取得了历史性的伟大成就。其中一个重要因素，就是邓小平概括的"三个有利于"的判断标准。我们做的任何事情，只要有利于发展社会主义社会的生产力，有利于增强社会主义国家的综合国力，有利于提高人民的生活水平，就应该克服艰难险阻、一往无前去做。在新中国成立初期，我国经济社会发展水平很低，人民整体生活水平较差，中国就是靠着这样的干劲，彻底改变了这种状况。改革开放以来，我国人民生活水平不断提升，实现了从低人类发展水平向高人类发展水平的跨越。据国家统计局的数据分析，1990年我国人类发展指数仅为0.482，属于低人类发展水平国家；1997年我国人类发展指数达到0.554，实现了由低人类发展水平向中等人类发展水平的跨越；2011年我国人类发展指数达到0.706，首次迈上高人类发展水平的台阶。中共十八大以来，我国人类发展指数继续攀升，2022年我国人类发展指数达到0.788，创历史新高。人类发展指数构成项中，我国人均 GNI、平均预期寿命和预期受教育年限均高于世界平均水平。

2012年11月29日，习近平在参观《复兴之路》展览时向全国人民和全世界发出了实现中华民族伟大复兴的中国梦的强有力声音。他说："每个人都有理想和追求，都有自己的梦想。""实现中华民族伟大复兴，就是中华民族近代以来最伟大的梦想。这个梦想，凝聚了几代中国人的夙愿，体现了中华民族和中国人民的整体利益，是每一个中华儿女的共同期盼。"① 从此，实现中华民族伟大复兴的中国梦成为全体中国人民坚定不移的奋斗目标和伟大追求，成为中共十八大以来中国发展时代的最强音。在新的历史起点上，我们要深刻理解习近平指出的"我国已进入高质量发

① 习近平. 习近平谈治国理政：第1卷.2版.北京：外文出版社，2018：36.

展阶段，社会主要矛盾已经转化为人民日益增长的美好生活需要和不平衡不充分的发展之间的矛盾"①，团结全国人民凝心聚力、努力奋斗，开创实现第二个百年奋斗目标的新局面。

在中国社会政治生活中，人民是崇高而又具体的。习近平指出："人民对美好生活的向往，就是我们的奋斗目标。"② 人民始终是中国共产党和人民政府心中最大的牵挂，全心全意为人民服务始终是中国经济发展的根本目标。例如，1949 年新中国成立伊始，中国共产党和人民政府就在全国范围内大规模地医治战争创伤，恢复正常生产和生活秩序，仅仅用了短短几年就彻底废除了封建土地所有制，全面实现了"耕者有其田"的伟大理想，使数亿贫苦农民翻身解放，拥有了自己的土地。又如，在中国特色社会主义新时代，共同富裕成为时代最强音，以习近平同志为核心的党中央团结带领全党全国各族人民，始终朝着实现共同富裕的目标不懈努力，全面建成小康社会取得伟大历史性成就，为推动共同富裕奠定了坚实基础。共同富裕是社会主义的本质要求，是人民群众的共同期盼，实现共同富裕不仅是经济问题，而且是关系党的执政基础的重大政治问题。2021年 6 月 10 日，《中共中央 国务院关于支持浙江高质量发展建设共同富裕示范区的意见》发布，赋予了浙江省等东部地区探索推动共同富裕中国道路的历史使命，其目标就是要使全体人民通过辛勤劳动和相互帮助，普遍达到生活富裕富足、精神自信自强、环境宜居宜业、社会和谐和睦、公共服务普及普惠，实现人的全面发展和社会全面进步，共享改革发展成果和幸福美好生活。

与此同时，中国道路还要更加重视精神文明的构建和追求。按照现行发展目标，就是中国到 21 世纪中叶实现了现代化强国的建设目标，中国

① 习近平.在经济社会领域专家座谈会上的讲话.北京：人民出版社，2020：3.
② 习近平.习近平谈治国理政：第 1 卷.2 版.北京：外文出版社，2018：4.

的人均收入水平与西方一些国家的人均收入水平也还会有差距，建设现代化强国就是使中国人民从物质上和精神上真正"强"起来。这个"强"是物质生活水平的强和精神生活水平的强的结合，要有更加符合时代发展特点的精神文明的构建和理想主义的追求。中国人民从来没有把精神文化生活排斥在理想追求之外，"中华民族的先人们早就向往人们的物质生活充实无忧、道德境界充分升华的大同世界。中华文明历来把人的精神生活纳入人生和社会理想之中"①。可以说中国人民的物质与精神力量在这次抗击新冠疫情中得到了充分体现，中国共产党和人民政府始终以"人民至上"为宗旨，全力以赴救治患者，最大程度提高了治愈率、降低了病亡率，这与一些西方发达国家在抗击新冠疫情中的所作所为形成了鲜明的反差。

总之，中国道路是中国共产党和中国人民百年来艰苦奋斗、艰辛探索找到的成功发展之路，需要我们像保护自己的生命一样长期坚持和不断丰富。

六、坚持进一步全面深化改革，推进中国式现代化

2022 年中共二十大是一个划时代的会议。这是在中国共产党实现了第一个百年奋斗目标、全面建成小康社会之后召开的会议，是在全党全国各族人民迈上全面建设社会主义现代化国家新征程、向第二个百年奋斗目标进军的关键时刻召开的会议，它必将在中国式现代化进程上和世界现代化历史上写下浓墨重彩的一页。环顾第二次世界大战后的发展中国家，几乎都面临着如何争取经济快速发展与社会长期稳定的严峻挑战。人们发现

---

① 中共中央文献研究室. 习近平关于社会主义文化建设论述摘编. 北京：中央文献出版社，2017：5.

唯有中国创造了战后发展中国家发展的"两大奇迹"，即"我们党领导人民创造了世所罕见的经济快速发展奇迹和社会长期稳定奇迹，中华民族迎来了从站起来、富起来到强起来的伟大飞跃"。这是中共十九届四中全会通过的《中共中央关于坚持和完善中国特色社会主义制度 推进国家治理体系和治理能力现代化若干重大问题的决定》中提出的重大理论命题、概括的重大理论成果。坚定不移走中国式现代化道路就是继续创造"两大奇迹"的正确道路。

中共十八大以来的十多年，我国发生了历史性转变、取得了历史性成就。其中经济发展领域的变化更是举世瞩目：一是创立了习近平新时代中国特色社会主义思想，明确坚持和发展中国特色社会主义的基本方略，提出一系列治国理政新理念新思想新战略，实现了马克思主义中国化时代化新的飞跃。二是我们党和国家经过接续奋斗，实现了全面建成小康社会的千年梦想，打赢了人类历史上规模最大的脱贫攻坚战，历史性地解决了绝对贫困问题，为全球减贫事业作出了重大贡献。三是我们党对新时代党和国家事业发展作出科学完整的战略部署，提出实现中华民族伟大复兴的中国梦，统揽伟大斗争、伟大工程、伟大事业、伟大梦想，明确"五位一体"总体布局和"四个全面"战略布局，确定稳中求进工作总基调，统筹发展和安全，明确我国社会主要矛盾是人民日益增长的美好生活需要和不平衡不充分的发展之间的矛盾，并紧紧围绕这个社会主要矛盾推进各项工作，不断丰富和发展人类文明新形态。四是我们党和国家提出并贯彻新发展理念，着力推进高质量发展，推动构建新发展格局，实施供给侧结构性改革，制定一系列具有全局性意义的区域重大战略，我国经济实力实现历史性跃升。谷物总产量稳居世界首位，制造业规模、外汇储备稳居世界第一。一些关键核心技术实现突破，战略性新兴产业发展壮大，载人航天、探月探火、深海深地探测、超级计算机、卫星导航、量子信息、核电技术、新能源技术、大飞机制造、生物医药等取得重大成果，进入创新型国家行列。五是我国实行更加积极主动的开放战略，共建"一带一路"成为深受欢迎的国际公共产品和国际合作平台，我国成为140多个国家和地区的主要贸易伙伴，货物贸易总额居世界第一，吸引外资和对外投资居世界前列，形成更大范围、更宽领域、更深层次对外开放格局。六是我们党和国家深入贯彻以人民为中心的发展思想，在幼有所育、学有所教、劳有所得、病有所医、老有所养、住有所居、弱有所扶上持续用力，建成世界上规模最大的教育体系、社会保障体系、医疗卫生体系，人民群众获得感、幸福感、安全感更加充实、更有保障、更可持续，共同富裕取得新成效。七是我们党和国家坚持绿水青山就是金山银山的理念，坚持山水林田湖草沙一体化保护和系统治理，生态文明制度体系更加健全，生态环境保护发生历史性、转折性、全局性变化，我们的祖国天更蓝、山更绿、水更清。

贯穿中共十八大以来和全面建设社会主义现代化国家新征程的一条发展主线就是高质量发展。中共十九大在科学分析和判断了我国发展阶段和世界发展趋势的基础上，明确指出我国经济已由高速增长阶段转向高质量发展阶段。中共二十大继续强调，高质量发展是全面建设社会主义现代化国家的首要任务，是中国式现代化的本质要求。习近平指出："高质量发展，就是能够很好满足人民日益增长的美好生活需要的发展，是体现新发展理念的发展，是创新成为第一动力、协调成为内生特点、绿色成为普遍形态、开放成为必由之路、共享成为根本目的的发展。"① 回顾中共十一届三中全会以来的发展历程，可以看出我们党始终将发展作为解决一切问题的基础和关键，从提出"发展是硬道理"到提出"发展是执政兴国第一要务"、从系统提出"科学发展观"到系统提出新发展理念，我们党的发

---

① 习近平. 习近平谈治国理政：第3卷. 北京：外文出版社，2020：238.

展理念随着我国发展阶段和发展任务的变化，不断与时俱进、丰富创新。进入中国特色社会主义新时代，我国社会主要矛盾已经转化为人民日益增长的美好生活需要和不平衡不充分的发展之间的矛盾，发展中的矛盾和问题集中体现在发展质量上。发展质量贯穿全面建设社会主义现代化国家新征程和中国式现代化全过程，必须坚持以人民为中心的发展思想，加快转变发展方式，更多依靠创新驱动，推动质量变革、效率变革、动力变革，着力提高发展的质量和水平。

面对全面建设社会主义现代化国家新征程、全面实现中华民族伟大复兴新的时代任务，正如中共二十大报告所指出的："中国人民的前进动力更加强大、奋斗精神更加昂扬、必胜信念更加坚定，焕发出更为强烈的历史自觉和主动精神，中国共产党和中国人民正信心百倍推进中华民族从站起来、富起来到强起来的伟大飞跃。改革开放和社会主义现代化建设深入推进，书写了经济快速发展和社会长期稳定两大奇迹新篇章，我国发展具备了更为坚实的物质基础、更为完善的制度保证，实现中华民族伟大复兴进入了不可逆转的历史进程。科学社会主义在二十一世纪的中国焕发出新的蓬勃生机，中国式现代化为人类实现现代化提供了新的选择，中国共产党和中国人民为解决人类面临的共同问题提供更多更好的中国智慧、中国方案、中国力量，为人类和平与发展崇高事业作出新的更大的贡献！"①

习近平在报告中明确提出："从现在起，中国共产党的中心任务就是团结带领全国各族人民全面建成社会主义现代化强国、实现第二个百年奋斗目标，以中国式现代化全面推进中华民族伟大复兴。在新中国成立特别是改革开放以来长期探索和实践基础上，经过十八大以来在理论和实践上的创新突破，我们党成功推进和拓展了中国式现代化。中国式现代化，是

---

① 习近平.高举中国特色社会主义伟大旗帜 为全面建设社会主义现代化国家而团结奋斗.北京：人民出版社，2022：15-16.

中国共产党领导的社会主义现代化，既有各国现代化的共同特征，更有基于自己国情的中国特色。"① 回顾中国共产党走过的百余年奋斗历程、新中国走过的 70 多年的发展历程、中国特色社会主义新时代走过的十余年光辉历程，我们可以自豪地说：中国式现代化是中国共产党百余年来艰苦探索的理论结晶和实践成果，是中国近代以来社会发展的必然趋势和历史选择，是 21 世纪科学社会主义探索的发展实践和最新成果。

2024 年 9 月 30 日，习近平在庆祝中华人民共和国成立 75 周年招待会上发表重要讲话。他指出："以中国式现代化全面推进强国建设、民族复兴，是新时代新征程党和国家的中心任务。今天，我们庆祝共和国华诞的最好行动，就是把这一前无古人的伟大事业不断推向前进。""经过 75 年的艰苦奋斗，中国式现代化已经展开壮美画卷并呈现出无比光明灿烂的前景。同时，前进道路不可能一马平川，必定会有艰难险阻，可能遇到风高浪急甚至惊涛骇浪的重大考验。""我们要居安思危、未雨绸缪，紧紧依靠全党全军全国各族人民，坚决战胜一切不确定难预料的风险挑战。任何困难都无法阻挡中国人民前进的步伐！"②

中国式现代化将以强大的理论力量和成功的实践成就向世界证明，中国式现代化将不断丰富、发展并创造人类文明新形态。

---

① 习近平. 高举中国特色社会主义伟大旗帜 为全面建设社会主义现代化国家而团结奋斗. 北京：人民出版社，2022：21-22.
② 习近平. 在庆祝中华人民共和国成立 75 周年招待会上的讲话. 中国政府网，2024-09-30.

主要参考文献

1. 马克思，恩格斯．马克思恩格斯选集：第 1—4 卷．3 版．北京：人民出版社，2012．

2. 马克思，恩格斯．马克思恩格斯文集：第 1—10 卷．北京：人民出版社，2009．

3. 毛泽东．毛泽东选集：第 1—4 卷．2 版．北京：人民出版社，1991．

4. 毛泽东．毛泽东文集：第 1—8 卷．北京：人民出版社，1993，1996，1999．

5. 邓小平．邓小平文选：第 1—3 卷．北京：人民出版社，1994，1994，1993．

6. 江泽民．江泽民文选：第 1—3 卷．北京：人民出版社，2006．

7. 胡锦涛．胡锦涛文选：第 1—3 卷．北京：人民出版社，2016．

8. 习近平．习近平谈治国理政：第 1 卷．2 版．北京：外文出版社，2018．

9. 习近平. 习近平谈治国理政：第 2 卷. 北京：外文出版社，2017.

10. 习近平. 习近平谈治国理政：第 3 卷. 北京：外文出版社，2020.

11. 习近平. 习近平谈治国理政：第 4 卷. 北京：外文出版社，2022.

12. 习近平. 习近平谈"一带一路". 北京：中央文献出版社，2018.

13. 习近平. 论党的宣传思想工作. 北京：中央文献出版社，2020.

14. 习近平. 论坚持全面深化改革. 北京：中央文献出版社，2018.

15. 习近平. 论坚持推动人类命运共同体. 北京：中央文献出版社，2018.

16. 习近平. 论坚持党对一切工作的领导. 北京：中央文献出版社，2019.

17. 习近平. 论中国共产党历史. 北京：中央文献出版社，2021.

18. 中共中央文献研究室. 习近平关于社会主义文化建设论述摘编. 北京：中央文献出版社，2017.

19. 中共中央文献研究室. 习近平关于社会主义经济建设论述摘编. 北京：中央文献出版社，2017.

20. 中共中央党史和文献研究院. 习近平关于"三农"工作论述摘编. 北京：中央文献出版社，2019.

21. 中国共产党第十八次全国代表大会文件汇编. 北京：人民出版社，2012.

22. 中国共产党第十九次全国代表大会文件汇编. 北京：人民出版社，2017.

23. 中共中央关于党的百年奋斗重大成就和历史经验的决议. 北京：人民出版社，2021.

24. 习近平. 关于《中共中央关于党的百年奋斗重大成就和历史经验的决议》的说明. 求是，2021 (23).

25. 中共中央文献研究室. 十八大以来重要文献选编（上）. 北京：中央

文献出版社，2014.

26. 中共中央文献研究室. 十八大以来重要文献选编（中）. 北京：中央文献出版社，2016.

27. 中共中央党史和文献研究院. 十八大以来重要文献选编（下）. 北京：中央文献出版社，2018.

28. 中共中央党史和文献研究院. 十九大以来重要文献选编（上）. 北京：中央文献出版社，2021.

29. 中共中央党史和文献研究院. 中国共产党一百年大事记. 北京：人民出版社，2021.

30. 本书编写组. 中国共产党简史. 北京：人民出版社，中共党史出版社，2021.

31. 本书编写组. 中华人民共和国简史. 北京：人民出版社，当代中国出版社，2021.

32. 胡绳. 中国共产党的七十年. 北京：中共党史出版社，1991.

33. 中共中央党史研究室. 中国共产党的九十年. 北京：中共党史出版社，党建读物出版社，2016.

34. 中共中央党史研究室. 中国共产党历史：第 2 卷（1949—1978）. 北京：中共党史出版社，2011.

35. 当代中国研究所. 新中国 70 年. 北京：当代中国出版社，2019.

36. 本书编写组. 《中共中央关于制定国民经济和社会发展第十四个五年规划和二〇三五年远景目标的建议》辅导读本. 北京：人民出版社，2020.

37. 国务院新闻办. 《中国军队参加联合国维和行动 30 年》白皮书. 中国政府网，2020 - 09 - 18.

38. 中共中央文献研究室. 毛泽东传. 北京：中央文献出版社，2011.

39. 中共中央文献研究室. 周恩来传. 北京：中央文献出版社，1997.

40. 中共中央文献研究室. 周恩来年谱（1949—1979）. 北京：中央文献

出版社，1997.

    41. 中共中央文献研究室．刘少奇传．北京：中央文献出版社，1998.

    42. 中共中央文献研究室．刘少奇年谱（1898—1969）．北京：中央文献出版社，1996.

    43. 中共中央文献研究室．刘少奇论新中国经济建设．北京：中央文献出版社，1993.

    44. 中共中央文献研究室．邓小平思想年谱（1975—1997）．北京：中央文献出版社，1998.

    45. 中共中央文献研究室．邓小平年谱（1975—1997）．北京：中央文献出版社，2004.

    46. 中共中央文献研究室．陈云传．北京：中央文献出版社，2005.

    47. 中共中央文献研究室．陈云年谱．北京：中央文献出版社，2000.

    48.《李先念传》编写组．李先念传（1949—1992）．北京：中央文献出版社，2009.

    49. 李富春．李富春选集．北京：中国计划出版社，1992.

    50. 薄一波．若干重大事件与决策的回顾．修订本．北京：人民出版社，1997.

    51. 谷牧．谷牧回忆录．北京：中央文献出版社，2009.

    52. 彭森，陈立，等．中国经济体制改革重大事件．北京：中国人民大学出版社，2008.

    53. 李铁映．改革 开放 探索．北京：中国人民大学出版社，2008.

    54. 曾培炎．新中国经济 50 年．北京：中国计划出版社，1999.

    55. 曾培炎．中国投资建设 50 年．北京：中国计划出版社，1999.

    56. 陈锦华．国事忆述．北京：中共党史出版社，2005.

    57. 陈锦华．国事续述．北京：中国人民大学出版社，2012.

    58. 陈锦华，等．开放与国家盛衰．北京：人民出版社，2010.

59. 袁宝华．袁宝华文集．北京：中国人民大学出版社，2013.

60. 袁宝华．袁宝华回忆录．北京：中国人民大学出版社，2018.

61. 刘仲藜．奠基：新中国经济五十年．北京：中国财政经济出版社，1999.

62. 曲青山，高永中．新中国口述史（1949—1978）．北京：中国人民大学出版社，2015.

63. 欧阳淞，高永中．改革开放口述史．北京：中国人民大学出版社，2014.

64. 曲青山，吴德刚．改革开放四十年口述史．北京：中国人民大学出版社，2019.

65. 国家发展和改革委员会国际合作中心对外开放课题组．中国对外开放40年．北京：人民出版社，2018.

66. 苏星．新中国经济史．修订本．北京：中共中央党校出版社，2007.

67. 孙健．中华人民共和国经济史．北京：中国人民大学出版社，1992.

68. 孙健．孙健文集．北京：中国人民大学出版社，2016.

69. 董志凯．1949—1952年中国经济分析．北京：中国社会科学出版社，1995.

70. 董志凯，等．中华人民共和国经济史（1953—1957）．北京：社会科学文献出版社，2011.

71. 武力．中华人民共和国经济史．增订版．北京：中国时代经济出版社，2010.

72. 武力．中国发展道路．长沙：湖南人民出版社，2012.

73. 武力，郑有贵．中国共产党"三农"思想政策史（1921—2013年）．北京：中国时代经济出版社，2013.

74. 武力．改革开放40年：历程与经验．北京：当代中国出版社，2020.

75. 汪海波．中国产业机构演变史（1949—2019）．北京：中国社会科学出版社，2020．

76. 本书编写组．中国经济这十年（2012—2022）．北京：经济科学出版社，2022．

77. 郑谦，庞松．中华人民共和国通史．广州：广东人民出版社，2020．

78. 《中国经济发展史》编写组．中国经济发展史（1949—2019）：第1卷．上海：上海财经大学出版社，2020．

79. 阎明复．阎明复回忆录．北京：人民出版社，2015．

80. 阎明复．亲历中苏关系：中央办公厅翻译组的十年（1957—1966）．北京：中国人民大学出版社，2015．

81. 李捷．奋斗与梦想：近代以来中国人的百年追梦历程．北京：中国社会科学出版社，2021．

82. 刘世锦．在改革中形成增长新常态．北京：中信出版社，2014．

83. 刘世锦．读懂“十四五”：新发展格局下的改革议程．北京：中信出版集团，2021．

84. 刘世锦，等．传统与现代之间：增长模式转型与新型工业化道路的选择．北京：中国人民大学出版社，2006．

85. 谢伏瞻．中国改革开放：实践历程与理论探索．北京：中国社会科学出版社，2021．

86. 蔡昉．中国智慧．北京：中国社会科学出版社，2018．

87. 江小涓．新中国对外开放70年．北京：人民出版社，2019．

88. 张卓元，房汉廷，程锦锥．中国经济体制改革40年．北京：经济管理出版社，2019．

89. 金培．中国工业化进程40年．北京：经济管理出版社，2019．

90. 张宇燕．中国对外开放40年．北京：经济管理出版社，2019．

91. 林毅夫，付才辉．解读世界经济发展．北京：高等教育出版社，2020.

92. 顾海良 . 马克思主义中国化史 . 北京：中国人民大学出版社，2015.

93. 顾海良，邹进文 . 中国共产党经济思想史（1921—2021）. 北京：经济科学出版社，2021.

94. 伟大的变革：庆祝改革开放 40 周年大型展览 . 北京：人民出版社，2019.

95. 国家统计局 . 历年《中国统计年鉴》《中国统计摘要》.

96. 中华人民共和国国家经济委员会 . 中国工业五十年 . 北京：中国经济出版社，2000.

附　录[*]

附表 1　　　　　　　　　　1949—2024 年我国人口状况

年份	年末总人口（万人）	出生率（‰）	死亡率（‰）	自然增长率（‰）	城镇人口占比（％）
1949	54 167	36.0	20.0	16.0	10.6
1950	55 196	37.0	18.0	19.0	11.2
1951	56 300	37.8	17.8	20.0	11.8
1952	57 482	37.0	17.0	20.0	12.5
1953	58 796	37.0	14.0	23.0	13.3
1954	60 266	38.0	13.2	24.8	13.7
1955	61 465	32.6	12.3	20.3	13.5
1956	62 828	31.9	11.4	20.5	14.6
1957	64 653	34.0	10.8	23.2	15.4
1958	65 994	29.2	12.0	17.2	16.2
1959	67 207	24.8	14.6	10.2	18.4
1960	66 207	20.9	25.4	−4.6	19.7
1961	65 859	18.1	14.3	3.8	19.3
1962	67 296	37.2	10.1	27.1	17.3
1963	69 172	43.6	10.1	33.5	16.8
1964	70 499	39.3	11.6	27.8	18.4
1965	72 538	38.0	9.5	28.5	18.0
1966	74 542	35.2	8.9	26.3	17.9
1967	76 368	34.1	8.5	25.7	17.7
1968	78 534	35.8	8.3	27.5	17.6
1969	80 671	34.3	8.1	26.2	17.5

---

*　经济数据会根据最新资料和历史资料可得性，以及统计标准或计算方法的变化，对历史数据进行修订，因此不同时间在国家统计局网站查询的经济类历史数据可能有所差别。本附表中数据均为 2025 年 4 月 10 日国家统计局网站数据。

续表

年份	年末总人口（万人）	出生率（‰）	死亡率（‰）	自然增长率（‰）	城镇人口占比（%）
1970	82 992	33.6	7.6	26.0	17.4
1971	85 229	30.7	7.3	23.4	17.3
1972	87 177	29.9	7.7	22.3	17.1
1973	89 211	28.1	7.1	21.0	17.2
1974	90 859	25.0	7.4	17.6	17.2
1975	92 420	23.1	7.4	15.8	17.3
1976	93 717	20.0	7.3	12.7	17.4
1977	94 974	19.0	6.9	12.1	17.6
1978	96 259	18.3	6.3	12.0	17.9
1979	97 542	17.8	6.2	11.6	19.0
1980	98 705	18.2	6.3	11.9	19.4
1981	100 072	20.9	6.4	14.6	20.2
1982	101 654	22.3	6.6	15.7	21.1
1983	103 008	20.2	6.9	13.3	21.6
1984	104 357	19.9	6.8	13.1	23.0
1985	105 851	21.0	6.8	14.3	23.7
1986	107 507	22.4	6.9	15.6	24.5
1987	109 300	23.3	6.7	16.6	25.3
1988	111 026	22.4	6.6	15.7	25.8
1989	112 704	21.6	6.5	15.0	26.2
1990	114 333	21.1	6.7	14.4	26.4
1991	115 823	19.7	6.7	13.0	26.9
1992	117 171	18.2	6.6	11.6	27.5
1993	118 517	18.1	6.6	11.5	28.0
1994	119 850	17.7	6.5	11.2	28.5
1995	121 121	17.1	6.6	10.6	29.0
1996	122 389	17.0	6.6	10.4	30.5
1997	123 626	16.6	6.5	10.1	31.9
1998	124 761	15.6	6.5	9.1	33.4

续表

年份	年末总人口（万人）	出生率（‰）	死亡率（‰）	自然增长率（‰）	城镇人口占比（%）
1999	125 786	14.6	6.5	8.2	34.8
2000	126 743	14.0	6.5	7.6	36.2
2001	127 627	13.4	6.4	7.0	37.7
2002	128 453	12.9	6.4	6.5	39.1
2003	129 227	12.4	6.4	6.0	40.5
2004	129 988	12.3	6.4	5.9	41.8
2005	130 756	12.4	6.5	5.9	43.0
2006	131 448	12.1	6.8	5.3	44.3
2007	132 129	12.1	6.9	5.2	45.9
2008	132 802	12.1	7.1	5.1	47.0
2009	133 450	12.0	7.1	4.9	48.3
2010	134 091	11.9	7.1	4.8	49.9
2011	134 916	13.3	7.1	6.1	51.8
2012	135 922	14.6	7.1	7.4	53.1
2013	136 726	13.0	7.1	5.9	54.5
2014	137 646	13.8	7.1	6.7	55.8
2015	138 326	12.0	7.1	4.9	57.3
2016	139 232	13.6	7.0	6.5	58.8
2017	140 011	12.6	7.1	5.6	60.2
2018	140 541	10.9	7.1	3.8	61.5
2019	141 008	10.4	7.1	3.3	62.7
2020	141 212	8.5	7.1	1.5	63.9
2021	141 260	7.5	7.2	0.3	64.7
2022	141 175	6.8	7.4	−0.6	65.2
2023	140 967	6.4	7.9	−1.5	66.2
2024	140 828	6.8	7.8	−1.0	67.0

注：1981 年及以前人口数据为户籍统计数；1982 年、1990 年、2000 年、2010 年、2020 年数据为当年人口普查数据推算数；其余年份数据为年度人口抽样调查推算数据。

资料来源：国家统计局。

附表 2　　1952—2024 年我国国内生产总值情况

年份	国内生产总值（亿元）	国内生产总值指数（上年＝100）	人均国内生产总值（元）	人均国内生产总值指数（上年＝100）
1952	680.2	—	120.0	—
1953	825.9	115.6	142.0	113.1
1954	861.2	104.3	145.0	101.8
1955	913.1	106.9	150.0	104.6
1956	1 032.6	115.0	166.0	112.7
1957	1 073.5	105.1	168.0	102.4
1958	1 314.9	121.3	201.0	118.4
1959	1 450.5	109.0	218.0	106.9
1960	1 473.3	100.0	221.0	99.8
1961	1 234.9	72.7	187.0	73.5
1962	1 164.7	94.4	175.0	93.7
1963	1 250.9	110.3	183.0	107.6
1964	1 472.7	118.2	211.0	115.5
1965	1 737.2	117.0	243.0	114.2
1966	1 892.0	110.7	257.0	107.6
1967	1 797.4	94.3	238.0	91.9
1968	1 747.4	96.0	226.0	93.5
1969	1 965.7	116.9	247.0	113.7
1970	2 283.4	119.3	279.0	116.1
1971	2 460.8	107.1	293.0	104.2
1972	2 556.5	103.8	297.0	101.3
1973	2 760.6	107.8	313.0	105.3
1974	2 832.2	102.3	315.0	100.2
1975	3 044.3	108.7	332.0	106.8
1976	2 993.6	98.4	322.0	96.9
1977	3 255.4	107.6	345.0	106.1
1978	3 684.8	111.7	385.0	110.2
1979	4 107.2	107.6	424.0	106.2

续表

年份	国内生产总值（亿元）	国内生产总值指数（上年＝100）	人均国内生产总值（元）	人均国内生产总值指数（上年＝100）
1980	4 595.7	107.8	468.0	106.5
1981	4 944.7	105.1	498.0	103.8
1982	5 383.6	109.0	534.0	107.4
1983	6 032.5	110.8	590.0	109.2
1984	7 292.4	115.2	703.0	113.7
1985	9 115.9	113.4	867.0	111.9
1986	10 395.2	108.9	974.0	107.3
1987	12 196.1	111.7	1 125.0	109.9
1988	15 206.4	111.2	1 380.0	109.4
1989	17 210.0	104.2	1538.0	102.6
1990	18 909.6	103.9	1 666.0	102.4
1991	22 070.9	109.4	1 918.0	107.9
1992	27 295.6	114.3	2 343.0	112.9
1993	35 819.7	113.9	3 040.0	112.6
1994	48 862.2	113.1	4 100.0	111.8
1995	61 649.4	111.0	5 117.0	109.8
1996	72 210.6	110.0	5 931.0	108.8
1997	80 225.0	109.3	6 522.0	108.2
1998	85 863.9	107.9	6 914.0	106.9
1999	91 378.9	107.7	7 294.0	106.8
2000	101 308.6	108.6	8 024.0	107.7
2001	112 157.3	108.3	8 818.0	107.5
2002	123 311.9	109.2	9 631.0	108.5
2003	139 377.3	110.1	10 818.0	109.4
2004	164 228.0	110.1	12 671.0	109.5
2005	189 907.5	111.5	14 567.0	110.8
2006	222 578.4	112.7	16 977.0	112.0
2007	274 179.7	114.2	20 805.0	113.6

续表

年份	国内生产总值（亿元）	国内生产总值指数（上年＝100）	人均国内生产总值（元）	人均国内生产总值指数（上年＝100）
2008	324 317.8	109.7	24 483.0	109.1
2009	354 521.6	109.4	26 631.0	108.9
2010	419 253.3	110.6	31 341.0	110.1
2011	495 707.6	109.5	36 855.0	108.9
2012	547 510.6	107.9	40 431.0	107.1
2013	603 660.4	107.8	44 281.0	107.1
2014	655 782.9	107.5	47 802.0	106.8
2015	702 511.5	107.0	50 912.0	106.4
2016	761 193.0	106.8	54 849.0	106.2
2017	847 382.9	106.9	60 691.0	106.2
2018	936 010.1	106.8	66 726.0	106.3
2019	1 005 872.4	106.1	71 453.0	105.7
2020	1 034 867.6	102.3	73 338.0	102.1
2021	1 173 823.0	108.6	83 111.0	108.5
2022	1 234 029.4	103.1	87 385.0	103.1
2023	1 294 271.7	105.4	91 746.0	105.5
2024	1 349 083.5	105.0	95 749.0	105.1

注：1. 本表国内生产总值按生产法进行核算；价值量为当年价格，指数按可比价格计算。
2. ”－”表示无数据，下同。
资料来源：国家统计局。

附表 3   **1952—2024 年我国三次产业结构变化**

年份	第一产业	第二产业	第三产业
1952	50.4	20.7	28.8
1953	45.8	23.2	31.0
1954	45.5	24.5	30.0
1955	46.1	24.3	29.6
1956	43.0	27.2	29.9
1957	40.1	29.5	30.4
1958	33.9	36.8	29.3
1959	26.5	42.5	31.0
1960	23.1	44.3	32.6
1961	35.7	31.9	32.4
1962	38.9	31.2	29.8
1963	39.8	33.0	27.2
1964	38.0	35.3	26.8
1965	37.5	35.0	27.5
1966	37.1	37.8	25.1
1967	39.7	33.8	26.4
1968	41.6	31.0	27.4
1969	37.5	35.4	27.2
1970	34.7	40.2	25.0
1971	33.6	41.9	24.6
1972	32.4	42.7	24.9
1973	32.9	42.8	24.4
1974	33.4	42.4	24.3
1975	31.9	45.3	22.8
1976	32.3	45.0	22.7
1977	28.9	46.6	24.4
1978	27.6	47.6	24.7
1979	30.7	46.9	22.5
1980	29.6	48.0	22.4

续表

年份	第一产业	第二产业	第三产业
1981	31.3	45.9	22.9
1982	32.7	44.5	22.7
1983	32.5	44.1	23.4
1984	31.5	42.8	25.7
1985	27.9	42.6	29.5
1986	26.6	43.4	30.0
1987	26.3	43.2	30.5
1988	25.2	43.4	31.4
1989	24.6	42.4	33.0
1990	26.5	41.0	32.5
1991	24.0	41.4	34.7
1992	21.2	43.0	35.8
1993	19.2	46.0	34.8
1994	19.4	46.0	34.7
1995	19.5	46.5	34.0
1996	19.2	46.8	33.9
1997	17.8	46.8	35.4
1998	17.0	45.4	37.5
1999	15.9	45.0	39.1
2000	14.5	45.1	40.4
2001	13.8	44.3	41.9
2002	13.1	43.9	43.0
2003	12.2	45.0	42.8
2004	12.7	45.2	42.0
2005	11.5	46.4	42.1
2006	10.5	46.9	42.6
2007	10.1	46.2	43.7
2008	10.0	46.2	43.8
2009	9.5	45.2	45.3

续表

年份	第一产业	第二产业	第三产业
2010	9.2	45.7	45.1
2011	9.0	45.8	45.2
2012	9.0	44.7	46.4
2013	8.8	43.4	47.8
2014	8.5	42.3	49.2
2015	8.2	40.0	51.7
2016	7.9	38.8	53.3
2017	7.3	39.1	53.5
2018	6.9	39.0	54.1
2019	7.0	37.8	55.2
2020	7.5	36.9	55.5
2021	7.1	38.1	54.8
2022	7.1	37.9	55.0
2023	6.9	36.8	56.3
2024	6.8	36.5	56.7

资料来源：国家统计局。

附表 4　　**1952—2023 年我国支出法国内生产总值及其结构**

年份	支出法国内生产总值（亿元）	支出法国内生产总值结构（％）			
		居民消费	政府消费	资本形成	货物和服务净出口
1952	691.3	65.5	13.7	22.0	−1.1
1953	833.0	63.5	14.0	23.5	−1.0
1954	876.5	62.7	12.0	25.5	−0.3
1955	933.3	64.6	12.9	23.5	−1.0
1956	1 031.9	62.7	12.2	24.7	0.4
1957	1 101.0	62.4	11.9	25.3	0.5
1958	1 288.7	56.2	10.0	33.3	0.5
1959	1 449.4	47.7	8.9	42.9	0.6
1960	1 510.2	49.1	12.3	38.5	0.0
1961	1 281.9	63.7	13.9	21.9	0.4
1962	1 184.2	70.8	12.7	15.4	1.1
1963	1 301.0	64.9	13.2	20.9	1.0
1964	1 449.7	61.4	13.1	24.7	0.9
1965	1 637.5	58.1	12.7	28.7	0.5
1966	1 834.0	55.7	12.6	31.4	0.3
1967	1 714.7	63.1	11.6	25.0	0.4
1968	1 716.2	62.7	11.5	25.3	0.4
1969	1 864.7	60.5	12.5	26.3	0.7
1970	2 212.0	54.6	11.5	33.9	0.1
1971	2 399.0	52.6	12.3	34.4	0.7
1972	2 460.9	54.2	12.6	32.4	0.7
1973	2 676.4	53.5	12.0	33.9	0.6
1974	2 744.3	53.5	12.6	34.2	−0.3
1975	2 954.7	51.7	12.2	36.0	0.0
1976	2 973.8	53.4	12.9	33.4	0.3
1977	3 171.9	51.9	13.0	34.7	0.3
1978	3 611.7	48.7	13.3	38.3	−0.3
1979	4 054.1	49.7	14.1	36.7	−0.5

续表

年份	支出法国内生产总值（亿元）	支出法国内生产总值结构（%）			
		居民消费	政府消费	资本形成	货物和服务净出口
1980	4 548.7	51.4	14.0	34.9	−0.3
1981	4 930.4	53.3	13.4	33.0	0.3
1982	5 396.5	53.1	13.3	31.8	1.7
1983	6 045.8	53.3	14.1	31.8	0.8
1984	7 304.1	50.5	15.2	34.3	0.0
1985	9 125.0	50.7	14.4	39.0	−4.0
1986	10 409.3	50.9	14.0	37.6	−2.5
1987	12 219.5	49.5	13.2	37.2	0.1
1988	15 236.5	49.4	12.6	38.9	−1.0
1989	17 280.8	50.8	13.3	37.0	−1.1
1990	19 006.0	49.6	13.8	33.9	2.7
1991	22 142.9	47.7	14.1	35.4	2.8
1992	27 326.0	45.2	14.6	39.3	1.0
1993	35 834.4	43.9	14.5	43.5	−1.9
1994	48 807.7	44.1	14.3	40.3	1.3
1995	61 606.4	45.8	13.5	39.1	1.6
1996	72 231.7	46.9	13.3	37.8	2.0
1997	80 236.1	45.9	13.9	35.7	4.4
1998	85 729.9	45.6	15.1	35.0	4.2
1999	91 153.7	46.3	16.6	34.3	2.8
2000	101 024.6	46.9	17.0	33.7	2.4
2001	111 855.3	45.7	16.6	35.6	2.1
2002	123 047.4	45.1	16.3	36.1	2.5
2003	139 131.6	42.9	15.5	39.5	2.1
2004	163 796.6	40.9	14.8	41.7	2.6
2005	190 566.3	39.7	14.9	40.0	5.4
2006	223 036.9	37.9	15.0	39.6	7.5
2007	274 801.9	36.5	14.8	40.1	8.5

续表

年份	支出法国内生产总值（亿元）	支出法国内生产总值结构（%）			
		居民消费	政府消费	资本形成	货物和服务净出口
2008	323 351.0	35.6	14.8	42.1	7.5
2009	353 606.4	35.7	15.0	45.0	4.3
2010	415 625.1	34.9	15.0	46.5	3.6
2011	492 680.4	35.5	15.6	46.6	2.4
2012	548 088.8	35.7	15.9	45.8	2.7
2013	606 125.0	36.0	15.9	45.7	2.4
2014	657 432.5	36.9	15.8	45.2	2.1
2015	704 157.5	38.0	16.2	42.6	3.2
2016	760 672.1	39.2	16.4	42.2	2.2
2017	845 066.7	39.1	16.5	42.7	1.7
2018	933 581.3	39.0	16.9	43.4	0.6
2019	1 006 722.8	39.3	17.1	42.6	0.9
2020	1 042 244.9	37.9	17.5	42.3	2.4
2021	1 173 109.7	38.4	16.4	42.7	2.5
2022	1 233 412.8	37.8	16.7	42.4	3.2
2023	1 294 271.7	39.6	17.2	41.1	2.1

注：支出法国内生产总值为当年价格。

资料来源：国家统计局。

附表 5　　　　　　　　**1952—2023 年我国居民消费水平和价格指数**

年份	居民消费水平（元）	居民消费价格指数（1970 年＝100）	居民消费价格指数（上年＝100）	农村居民消费价格指数（上年＝100）	城镇居民消费价格指数（上年＝100）
1952	80	102.7	—	—	—
1953	91	105.1	108.5	112.5	104.4
1954	92	101.4	100.6	94.4	102.3
1955	99	100.3	106.8	102.1	109.0
1956	104	99.9	105.0	112.2	100.2
1957	108	102.6	102.7	98.3	102.6
1958	111	98.9	101.7	97.8	101.8
1959	104	100.3	91.7	103.7	79.7
1960	111	102.5	94.7	97.3	95.5
1961	124	116.1	93.7	81.9	103.1
1962	126	103.8	103.7	103.3	107.1
1963	124	94.1	106.2	109.3	107.5
1964	127	96.3	108.8	106.5	108.8
1965	133	98.8	109.8	106.0	110.8
1966	139	98.8	103.1	103.1	103.7
1967	143	99.4	103.3	101.9	104.3
1968	139	100.1	96.8	98.6	96.0
1969	142	101.0	102.7	102.2	103.2
1970	147	100.0	104.0	102.8	105.0
1971	150	99.9	101.3	101.7	101.3
1972	155	100.2	102.8	109.5	99.7
1973	162	100.1	104.7	103.4	105.4
1974	163	100.7	99.9	100.7	99.4
1975	167	100.4	102.2	102.9	101.7
1976	171	100.3	102.1	103.9	100.9
1977	175	102.7	101.3	103.5	99.8
1978	184	100.7	104.1	102.9	104.4
1979	208	101.9	107.0	106.0	105.9
1980	238	107.5	109.1	107.3	108.6

续表

年份	居民消费水平（元）	居民消费价格指数（1970年＝100）	居民消费价格指数（上年＝100）	农村居民消费价格指数（上年＝100）	城镇居民消费价格指数（上年＝100）
1981	264	102.5	108.0	103.1	110.0
1982	284	102.0	105.5	95.4	110.5
1983	315	102.0	109.1	106.4	109.6
1984	356	102.7	110.7	110.8	109.2
1985	440	109.3	112.7	107.4	114.4
1986	496	106.5	105.7	106.1	104.3
1987	558	107.3	106.0	104.4	105.9
1988	684	118.8	104.6	105.1	103.4
1989	785	118.0	104.1	101.0	105.7
1990	831	103.1	102.8	101.4	103.4
1991	917	103.4	106.5	110.8	102.3
1992	1 059	106.4	109.8	117.4	101.8
1993	1 336	114.7	110.7	115.1	104.5
1994	1 807	124.1	106.9	107.1	105.1
1995	2 342	117.1	108.4	109.7	105.0
1996	2 781	108.3	109.7	104.2	113.8
1997	2 996	102.8	104.6	101.9	104.0
1998	3 148	99.2	105.6	105.5	101.4
1999	3 372	98.6	108.4	109.3	102.2
2000	3 751	100.4	110.6	109.7	106.6
2001	4 018	100.7	106.1	103.7	104.6
2002	4 332	99.2	108.3	106.2	106.6
2003	4 631	101.2	105.6	103.2	104.6
2004	5 163	103.9	106.8	105.4	103.9
2005	5 799	101.8	109.9	108.8	106.8
2006	6 452	101.5	108.1	106.1	107.3
2007	7 618	104.8	112.6	111.3	108.7
2008	8 702	105.9	107.6	106.3	104.8
2009	9 475	99.3	110.4	108.5	110.1

续表

年份	居民消费水平（元）	居民消费价格指数（1970 年＝100）	居民消费价格指数（上年＝100）	农村居民消费价格指数（上年＝100）	城镇居民消费价格指数（上年＝100）
2010	10 845	103.3	107.6	106.0	105.4
2011	12 991	105.4	109.8	106.8	110.8
2012	14 438	102.6	109.1	107.1	108.1
2013	15 998	102.6	108.0	105.7	109.4
2014	17 680	102.0	108.4	106.0	110.9
2015	19 377	101.4	109.6	107.0	112.7
2016	21 480	102.0	108.7	106.3	110.8
2017	23 642	101.6	106.3	103.5	110.8
2018	25 986	102.1	107.4	104.7	112.4
2019	28 118	102.9	105.6	103.9	107.8
2020	27 992	102.5	97.3	95.0	102.3
2021	31 893	100.9	112.1	110.7	113.9
2022	33 012	102.0	101.5	100.2	104.4
2023	36 302	100.2	109.3	108.6	109.7

注：消费水平为当年价格，指数为可比价格。
资料来源：国家统计局。

附表 6　　　　**1950—2024 年我国财政收入和支出情况**

年份	财政收入		财政支出 （亿元）	收支差额 （亿元）
	（亿元）	占 GDP 比重（%）		
1950	62.2	—	68.1	−5.9
1951	125.0	—	122.1	2.9
1952	173.9	25.6	172.1	1.9
1953	213.2	25.8	219.2	−6.0
1954	245.2	28.5	244.1	1.1
1955	249.3	27.3	262.7	−13.5
1956	280.2	27.1	298.5	−18.3
1957	303.2	28.2	296.0	7.3
1958	379.6	28.9	400.4	−20.7
1959	487.1	33.6	543.2	−56.1
1960	572.3	38.8	643.7	−71.4
1961	356.1	28.8	356.1	0.0
1962	313.6	26.9	294.9	18.7
1963	342.3	27.4	332.1	10.2
1964	399.5	27.1	393.8	5.8
1965	473.3	27.2	460.0	13.4
1966	558.7	29.5	537.7	21.1
1967	419.4	23.3	439.8	−20.5
1968	361.3	20.7	357.8	3.4
1969	526.8	26.8	525.9	0.9
1970	662.9	29.0	649.4	13.5
1971	744.7	30.3	732.2	12.6
1972	766.6	30.0	765.9	0.7
1973	809.7	29.3	808.8	0.9
1974	783.1	27.7	790.3	−7.1
1975	815.6	26.8	820.9	−5.3
1976	776.6	25.9	806.2	−29.6
1977	874.5	26.9	843.5	30.9
1978	1 132.3	30.7	1 122.1	10.2

续表

年份	财政收入		财政支出	收支差额
	（亿元）	占 GDP 比重（%）	（亿元）	（亿元）
1979	1 146.4	27.9	1 281.8	−135.4
1980	1 159.9	25.2	1 228.8	−68.9
1981	1 175.8	23.8	1 138.4	37.4
1982	1 212.3	22.5	1 230.0	−17.7
1983	1 367.0	22.7	1 409.5	−42.6
1984	1 642.9	22.5	1 701.0	−58.2
1985	2 004.8	22.0	2 004.3	0.6
1986	2 122.0	20.4	2 204.9	−82.9
1987	2 199.4	18.0	2 262.2	−62.8
1988	2 357.2	15.5	2 491.2	−134.0
1989	2 664.9	15.5	2 823.8	−158.9
1990	2 937.1	15.5	3 083.6	−146.5
1991	3 149.5	14.3	3 386.6	−237.1
1992	3 483.4	12.8	3 742.2	−258.8
1993	4 349.0	12.1	4 642.3	−293.4
1994	5 218.1	10.7	5 792.6	−574.5
1995	6 242.2	10.1	6 823.7	−581.5
1996	7 408.0	10.3	7 937.6	−529.6
1997	8 651.1	10.8	9 233.6	−582.4
1998	9 876.0	11.5	10 798.2	−922.2
1999	11 444.1	12.5	13 187.7	−1 743.6
2000	13 395.2	13.2	15 886.5	−2 491.3
2001	16 386.0	14.6	18 902.6	−2 516.5
2002	18 903.6	15.3	22 053.2	−3 149.5
2003	21 715.3	15.6	24 650.0	−2 934.7
2004	26 396.5	16.1	28 486.9	−2 090.4
2005	31 649.3	16.7	33 930.3	−2 281.0
2006	38 760.2	17.4	40 422.7	−1 662.5
2007	51 321.8	18.7	49 781.4	1 540.4

续表

年份	财政收入		财政支出（亿元）	收支差额（亿元）
	（亿元）	占 GDP 比重（%）		
2008	61 330.4	18.9	62 592.7	−1 262.3
2009	68 518.3	19.3	76 299.9	−7 781.6
2010	83 101.5	19.8	89 874.2	−6 772.7
2011	103 874.4	21.0	109 247.8	−5 373.4
2012	117 253.5	21.4	125 953.0	−8 699.5
2013	129 209.6	21.4	140 212.1	−11 002.5
2014	140 370.0	21.4	151 785.6	−11 415.5
2015	152 269.2	21.7	175 877.8	−23 608.5
2016	159 605.0	21.0	187 755.2	−28 150.2
2017	172 592.8	20.4	203 085.5	−30 492.7
2018	183 359.8	19.6	220 904.1	−37 544.3
2019	190 390.1	18.9	238 858.4	−48 468.3
2020	182 913.9	17.7	245 679.0	−62 765.2
2021	202 554.6	17.3	245 673.0	−43 118.4
2022	203 649.3	16.5	260 552.1	−56 902.8
2023	216 795.4	16.8	274 622.9	−57 827.5
2024	219 702.0	16.3	284 612.0	−64 910.0

注：1. 财政收入不包括国内外债务收入。

2. 从 2000 年起，财政支出包括国内外债务付息支出。

3. 与以往年份相比，2007 年财政收支科目实施了较大改革，特别是财政支出项目口径变化很大，与往年数据不可比。2007 年起财政支出采用新的分类指标。

资料来源：国家统计局。

附表 7　　　　　　　　　　1949—2024 年我国主要农产品产量　　　　　　单位：万吨

年份	粮食	棉花	油料	糖料	茶叶
1949	11 318.4	44.5	256.4	283.3	4.1
1950	13 212.9	69.3	294.0	337.8	6.5
1951	14 368.9	103.1	350.2	498.9	7.9
1952	16 393.1	130.4	419.4	759.4	8.2
1953	16 684.1	117.5	381.6	771.4	8.5
1954	16 952.8	106.5	418.5	958.1	9.2
1955	18 394.6	151.9	472.4	970.6	10.8
1956	19 275.6	144.5	506.9	1 030.1	12.1
1957	19 504.5	164.0	419.7	1 189.4	11.2
1958	19 766.3	196.9	476.9	1 563.0	13.5
1959	16 969.2	170.9	410.4	1 214.8	15.2
1960	14 385.7	106.3	194.1	985.5	13.6
1961	13 650.9	74.8	181.4	506.5	7.9
1962	15 441.4	70.2	200.4	378.2	7.4
1963	16 574.1	113.7	245.8	832.1	8.4
1964	18 088.7	166.3	336.9	1 346.5	9.2
1965	19 452.5	209.8	362.6	1 537.6	10.1
1966	21 400.9	233.7	391.9	1 403.5	10.6
1967	21 782.3	235.4	398.5	1 524.1	11.3
1968	20 906.0	235.4	343.2	1 249.6	11.8
1969	21 097.3	207.9	333.1	1 288.3	12.2
1970	23 995.5	227.7	377.2	1 556.0	13.6
1971	25 014.0	210.5	411.4	1 526.4	15.3
1972	24 048.0	195.8	411.8	1 873.9	17.0
1973	26 493.5	256.2	418.7	1 964.3	18.2
1974	27 527.0	246.1	441.4	1 872.1	19.8
1975	28 451.5	238.1	452.2	1 914.3	21.1
1976	28 630.5	205.6	400.9	1 956.3	23.3
1977	28 272.5	204.9	401.6	2 020.9	25.2

续表

年份	粮食	棉花	油料	糖料	茶叶
1978	30 476.5	216.7	521.8	2 381.9	26.8
1979	33 211.5	220.7	643.5	2 461.3	27.7
1980	32 055.5	270.7	769.1	2 911.3	30.4
1981	32 502.0	296.8	1 020.5	3 602.9	34.3
1982	35 450.0	359.9	1 181.7	4 359.4	39.7
1983	38 727.5	463.7	1 055.0	4 032.3	40.1
1984	40 730.5	625.8	1 191.0	4 780.4	41.4
1985	37 910.8	414.7	1 578.4	6 046.8	43.2
1986	39 151.2	354.0	1 473.8	5 852.5	46.1
1987	40 473.1	424.5	1 527.8	5 550.4	50.8
1988	39 408.1	414.9	1 320.3	6 187.5	54.5
1989	40 754.9	378.8	1 295.2	5 803.8	53.5
1990	44 624.3	450.8	1 613.2	7 214.5	54.0
1991	43 529.3	567.5	1 638.3	8 418.7	54.2
1992	44 265.8	450.8	1 641.2	8 808.0	56.0
1993	45 648.8	373.9	1 803.9	7 624.2	60.0
1994	44 510.1	434.1	1 989.6	7 345.2	58.9
1995	46 661.8	476.8	2 250.3	7 940.1	58.8
1996	50 453.5	420.3	2 210.6	8 360.2	59.3
1997	49 417.1	460.3	2 157.4	9 386.5	61.3
1998	51 229.5	450.1	2 313.9	9 790.4	66.5
1999	50 838.6	382.9	2 601.2	8 334.1	67.6
2000	46 217.5	441.7	2 954.8	7 635.3	68.3
2001	45 263.7	532.4	2 864.9	8 655.1	70.2
2002	45 705.8	491.6	2 897.2	10 292.7	74.5
2003	43 069.5	486.0	2 811.0	9 641.7	76.8
2004	46 947.0	632.4	3 065.9	9 570.7	83.5
2005	48 402.2	571.4	3 077.1	9 451.9	93.5
2006	49 804.2	753.3	2 640.3	10 460.0	102.8

续表

年份	粮食	棉花	油料	糖料	茶叶
2007	50 413.9	759.7	2 787.0	12 082.4	117.1
2008	53 434.3	723.2	3 036.8	13 006.0	125.5
2009	53 940.9	623.6	3 139.4	11 746.9	135.1
2010	55 911.3	577.0	3 156.8	11 303.4	146.3
2011	58 849.3	651.9	3 212.5	11 663.1	160.8
2012	61 222.6	660.8	3 285.6	12 451.8	176.2
2013	63 048.2	628.2	3 348.0	12 555.0	188.7
2014	63 964.8	629.9	3 371.9	12 088.7	204.9
2015	66 060.3	590.7	3 390.5	11 215.2	227.7
2016	66 043.5	534.3	3 400.1	11 176.0	231.3
2017	66 160.7	565.3	3 475.2	11 378.8	246.0
2018	65 789.2	610.3	3 433.4	11 937.4	261.0
2019	66 384.3	588.9	3 493.0	12 169.1	277.7
2020	66 949.2	591.1	3 586.4	12 014.0	293.2
2021	68 284.8	573.1	3 613.2	11 454.5	316.4
2022	68 652.8	598.0	3 654.2	11 236.5	334.2
2023	69 541.0	561.8	3 863.7	11 376.3	354.1
2024	70 650.0	616.0	3 979.0	11 870.0	374.0

资料来源：国家统计局。

附表 8　　　　　　**1949—2023 年我国能源生产总量及其结构**

年份	能源生产总量（万吨标准煤）	能源生产结构（%）			
		原煤	原油	天然气	水电与风电
1949	2 374	96.3	0.7	—	3.0
1950	3 174	96.7	0.9	—	2.3
1951	3 903	97.0	1.1	—	1.9
1952	4 871	96.7	1.3	—	2.0
1953	5 192	96.3	1.7	—	2.0
1954	6 262	95.8	1.8	—	2.4
1955	7 295	95.9	1.9	—	2.2
1956	8 242	95.3	2.0	—	2.7
1957	9 861	94.9	2.1	0.1	2.9
1958	19 845	97.1	1.6	0.1	1.2
1959	27 161	97.0	2.0	0.1	0.9
1960	29 637	95.6	2.5	0.5	1.4
1961	21 224	93.5	3.6	0.9	2.0
1962	17 185	91.4	4.8	0.9	2.9
1963	17 009	91.1	5.5	0.8	2.7
1964	17 232	89.1	7.0	0.8	3.1
1965	18 824	88.0	8.6	0.8	2.6
1966	20 833	86.4	10.0	0.9	2.8
1967	17 494	84.1	11.3	1.1	3.5
1968	18 715	83.9	12.2	1.0	2.9
1969	23 104	82.2	13.5	1.1	3.2
1970	30 990	81.6	14.1	1.2	3.1
1971	35 289	79.3	16.0	1.4	3.3
1972	37 785	77.5	17.3	1.7	3.5
1973	40 013	74.4	19.2	2.0	4.4
1974	41 626	70.8	22.3	2.4	4.5
1975	48 754	70.6	22.6	2.4	4.4
1976	50 340	68.5	24.8	2.7	4.1

续表

年份	能源生产总量（万吨标准煤）	能源生产结构（%）			
		原煤	原油	天然气	水电与风电
1977	56 396	69.6	23.7	2.9	3.8
1978	62 270	70.3	23.7	2.9	3.1
1979	64 562	70.2	23.5	3.0	3.3
1980	63 735	69.4	23.8	3.0	3.8
1981	63 227	70.2	22.9	2.7	4.2
1982	66 778	71.3	21.9	2.4	4.5
1983	71 270	71.6	21.3	2.3	4.9
1984	77 855	72.4	21.0	2.1	4.4
1985	85 546	72.8	20.9	2.0	4.3
1986	88 124	72.4	21.2	2.1	4.3
1987	91 266	72.6	21.0	2.0	4.4
1988	95 801	73.1	20.4	2.0	4.5
1989	101 639	74.1	19.3	2.0	4.6
1990	103 922	74.2	19.0	2.0	4.8
1991	104 844	74.1	19.2	2.0	4.7
1992	107 256	74.3	18.9	2.0	4.8
1993	111 059	74.0	18.7	2.0	5.3
1994	118 729	74.6	17.6	1.9	5.9
1995	129 034	75.3	16.6	1.9	6.2
1996	132 616	75.2	17.0	2.0	5.8
1997	132 410	74.1	17.3	2.1	6.5
1998	124 250	71.9	18.5	2.5	7.1
1999	125 935	72.6	18.2	2.7	6.6
2000	138 570	72.9	16.8	2.6	7.7
2001	147 425	72.6	15.9	2.7	8.8
2002	156 277	73.1	15.3	2.8	8.8
2003	178 299	75.7	13.6	2.6	8.1
2004	206 108	76.7	12.2	2.7	8.4

续表

年份	能源生产总量 （万吨标准煤）	能源生产结构（%）			
		原煤	原油	天然气	水电与风电
2005	229 037	77.4	11.3	2.9	8.4
2006	244 763	77.5	10.8	3.2	8.5
2007	264 173	77.8	10.1	3.5	8.6
2008	277 419	76.8	9.8	3.9	9.5
2009	286 092	76.8	9.4	4.0	9.8
2010	312 125	76.2	9.3	4.1	10.4
2011	340 178	77.8	8.5	4.1	9.6
2012	351 041	76.2	8.5	4.1	11.2
2013	358 784	75.4	8.4	4.4	11.8
2014	362 212	73.5	8.3	4.7	13.5
2015	362 193	72.2	8.5	4.8	14.5
2016	345 954	69.8	8.3	5.2	16.7
2017	358 867	69.6	7.6	5.4	17.4
2018	378 859	69.2	7.2	5.4	18.2
2019	397 317	68.5	6.9	5.6	19.0
2020	407 295	67.5	6.8	6.0	19.7
2021	427 115	66.7	6.7	6.0	20.6
2022	463 808	67.2	6.3	5.9	20.6
2023	483 000	66.6	6.2	6.0	21.2

注：2000 年及之后的口径为"一次能源生产总量"，总量指标增加 6%～10%，占比指标保持稳定。

资料来源：1949—1999 年数据来源于：新中国六十年统计资料汇编．北京：中国统计出版社，2010；2000—2023 年数据来源于：国家统计局。

附表 9　　　　　**1949—2023 年我国主要交通基础设施运营里程**　　　　　单位：万公里

年份	铁路	公路	内河航道	民航航线	
				定期航班航线	国际航线
1949	2.2	8.1	7.4	—	—
1950	2.2	10.0	7.4	1.1	0.7
1951	2.2	11.4	7.4	1.1	0.7
1952	2.3	12.7	9.5	1.3	0.5
1953	2.4	13.7	9.5	1.4	0.5
1954	2.5	14.6	9.5	1.5	0.5
1955	2.6	16.7	10.0	1.6	0.3
1956	2.7	22.6	10.4	1.9	0.5
1957	2.7	25.5	14.4	2.6	0.4
1958	3.0	42.2	15.2	3.3	0.4
1959	3.2	50.8	16.3	3.7	0.5
1960	3.4	52.0	17.4	3.8	0.5
1961	3.5	47.7	17.2	3.9	0.5
1962	3.5	46.4	16.2	3.5	0.4
1963	3.5	47.5	15.7	3.6	0.4
1964	3.7	47.9	15.7	3.9	0.4
1965	3.8	51.5	15.8	3.9	0.5
1966	3.9	54.4	14.7	3.9	0.5
1967	3.9	55.8	14.8	4.5	0.4
1968	3.9	57.2	14.8	4.0	0.4
1969	4.2	60.1	14.8	4.0	0.4
1970	4.4	63.7	14.8	4.1	0.4
1971	4.5	67.5	14.2	4.2	0.4
1972	4.6	70.0	14.1	4.3	0.4
1973	4.7	71.6	13.9	4.5	0.4
1974	4.8	73.8	13.7	8.1	3.7
1975	4.9	78.4	13.6	8.4	3.7
1976	4.9	82.3	13.7	9.8	4.1
1977	5.1	85.6	13.7	13.2	4.1

续表

年份	铁路	公路	内河航道	民航航线	
				定期航班航线	国际航线
1978	5.2	89.0	13.6	14.9	5.5
1979	5.3	87.6	10.8	16.0	5.1
1980	5.3	88.8	10.9	19.5	8.1
1981	5.4	89.8	10.9	21.8	8.3
1982	5.3	90.7	10.9	23.3	10.0
1983	5.5	91.5	10.9	22.9	10.0
1984	5.5	92.7	10.9	26.0	10.7
1985	5.5	94.2	10.9	27.7	10.6
1986	5.6	96.3	10.9	32.3	10.8
1987	5.6	98.2	11.0	38.9	14.9
1988	5.6	100.0	10.9	37.4	12.8
1989	5.7	101.4	10.9	47.2	16.6
1990	5.8	102.8	10.9	50.7	16.6
1991	5.8	104.1	11.0	55.9	17.7
1992	5.8	105.7	11.0	83.7	30.3
1993	5.9	108.4	11.0	96.1	27.9
1994	5.9	111.8	11.0	104.6	35.2
1995	6.2	115.7	11.1	112.9	34.8
1996	6.5	118.6	11.1	116.7	38.6
1997	6.6	122.6	11.0	142.5	50.4
1998	6.6	127.9	11.0	150.6	50.4
1999	6.7	135.2	11.7	152.2	52.3
2000	6.9	168.0	11.9	150.3	50.8
2001	7.0	169.8	12.2	155.4	51.7
2002	7.2	176.5	12.2	163.8	57.5
2003	7.3	181.0	12.4	175.0	71.5
2004	7.4	187.1	12.3	204.9	89.4
2005	7.5	334.5	12.3	199.9	85.6
2006	7.7	345.7	12.3	211.4	96.6

续表

年份	铁路	公路	内河航道	民航航线	
				定期航班航线	国际航线
2007	7.8	358.4	12.4	234.3	104.7
2008	8.0	373.0	12.3	246.2	112.0
2009	8.6	386.1	12.4	234.5	92.0
2010	9.1	400.8	12.4	276.5	107.0
2011	9.3	410.6	12.5	349.1	149.4
2012	9.8	423.8	12.5	328.0	128.5
2013	10.3	435.6	12.6	410.6	150.3
2014	11.2	446.4	12.6	463.7	176.7
2015	12.1	457.7	12.7	531.7	239.4
2016	12.4	469.6	12.7	634.8	282.8
2017	12.7	477.4	12.7	748.3	324.6
2018	13.2	484.7	12.7	838.0	359.9
2019	14.0	501.3	12.7	948.2	401.5
2020	14.6	519.8	12.8	942.6	382.9
2021	15.1	528.1	12.8	689.8	132.0
2022	15.5	535.5	12.8	699.9	153.7
2023	15.9	543.7	12.8	876.0	284.3

注：1. 铁路电气化里程2014年及以前为国家铁路电气化里程，2015年起为全国铁路电气化里程。

2. 2005年起公路里程包括村道。

3. 2004年起内河航道里程为内河航道通航里程数。

4. 2011年起民航航线里程为定期航班航线里程。

资料来源：国家统计局。

附表 10　　　　　1949—2024 年我国各级各类学校在校生人数　　　　　单位：万人

年份	普通高等学校	普通中学			普通小学
		总计	高中	初中	
1949	11.7	103.9	20.7	83.2	2 439.1
1950	13.7	130.5	23.8	106.7	2 892.4
1951	15.3	156.8	18.4	138.4	4 315.4
1952	19.1	249.0	26.0	223.0	5 110.0
1953	21.2	293.3	36.0	257.3	5 166.4
1954	25.3	358.7	47.8	310.9	5 121.8
1955	28.8	390.0	58.0	332.0	5 312.6
1956	40.3	516.5	78.4	438.1	6 346.6
1957	44.1	628.1	90.4	537.7	6 428.3
1958	66.0	852.0	117.9	734.1	8 640.3
1959	81.2	917.8	143.5	774.3	9 117.9
1960	96.2	1 026.0	167.5	858.5	9 379.1
1961	94.7	851.8	153.3	698.5	7 578.6
1962	83.0	752.8	133.9	618.9	6 923.9
1963	75.0	761.6	123.5	638.1	7 157.5
1964	68.5	854.1	124.7	729.4	9 294.5
1965	67.4	933.8	130.8	803.0	11 620.9
1966	53.4	1 249.8	137.3	1 112.5	10 341.7
1967	40.9	1 223.7	126.5	1 097.2	10 244.3
1968	25.9	1 392.3	140.8	1 251.5	10 036.3
1969	10.9	2021.5	189.1	1 832.4	10 066.8
1970	4.8	2 641.9	349.7	2 292.2	10 528.0
1971	8.3	3 127.6	558.7	2 568.9	11 211.2
1972	19.4	3 582.5	858.1	2 724.4	12 549.2
1973	31.4	3 446.5	923.3	2 523.2	13 570.4
1974	43.0	3 650.3	1 002.7	2 647.6	14 481.4
1975	50.1	4 466.1	1 163.7	3 302.4	15 094.1
1976	56.5	5 836.5	1 483.6	4 352.9	15 005.5

续表

年份	普通高等学校	普通中学			普通小学
		总计	高中	初中	
1977	62.5	6 779.9	1 800.0	4 979.9	14 617.6
1978	85.6	6 548.3	1553.1	4 995.2	14 624.0
1979	102.0	5 905.0	1 292.0	4 613.0	14 662.9
1980	114.4	5 508.1	969.8	4 538.3	14 627.0
1981	127.9	4 859.6	715.0	4 144.6	14 332.8
1982	115.4	4 528.5	640.5	3 888.0	13 972.0
1983	120.7	4 397.8	629.0	3 768.8	13 578.0
1984	139.6	4 554.1	689.8	3 864.3	13 557.1
1985	170.3	4 705.9	741.1	3 964.8	13 370.2
1986	188.0	4 890.0	773.4	4 116.6	13 182.5
1987	195.9	4 948.1	773.7	4 174.4	12 835.9
1988	206.6	4 268.1	252.6	4 015.5	12 535.8
1989	208.2	4 554.0	716.1	3 837.9	12 373.1
1990	206.3	4 586.0	717.3	3 868.7	12 241.4
1991	204.4	4 683.5	722.9	3 960.6	12 164.2
1992	218.4	4 770.8	704.9	4 065.9	12 201.3
1993	253.6	4 739.1	656.9	4 082.2	12 421.2
1994	279.9	4 981.5	664.8	4 316.7	12 822.6
1995	290.6	5 371.0	713.2	4 657.8	13 195.2
1996	302.1	5 739.6	769.2	4 970.4	13 615.0
1997	317.4	6 017.9	850.1	5 167.8	13 995.4
1998	340.9	6 301.0	938.0	5 363.0	13 953.8
1999	413.4	6 771.3	1 049.7	5 721.6	13 548.0
2000	556.1	7 368.9	1 201.3	6 167.6	13 013.3
2001	719.1	7 836.1	1 405.0	6 431.1	12 543.5
2002	903.4	8 287.9	1 683.8	6 604.1	12 156.7
2003	1 108.6	8 583.2	1 964.8	6 618.4	11 689.7
2004	1 333.5	8 695.4	2 220.4	6 475.0	11 246.2

续表

年份	普通高等学校	普通中学			普通小学
		总计	高中	初中	
2005	1 561.8	8 580.9	2 409.1	6 171.8	10 864.1
2006	1 738.8	8 451.9	2 514.5	5 937.4	10 711.5
2007	1 884.9	8 243.3	2 522.4	5 720.9	10 564.0
2008	2 021.0	8 050.5	2 476.3	5 574.2	10 331.5
2009	2 144.7	7 867.9	2 434.3	5 433.6	10 071.5
2010	2 231.8	7 703.2	2 427.3	5 275.9	9 940.7
2011	2 308.5	7 519.0	2 454.8	5 064.2	9 926.4
2012	2 391.3	7 230.3	2 467.2	4 763.1	9 695.9
2013	2 468.1	6 924.3	2 435.9	4 488.4	9 360.5
2014	2 547.7	6 831.4	2 400.5	4 430.9	9 451.1
2015	2 625.3	6 720.1	2 374.4	4 345.7	9 692.2
2016	2 695.8	6 724.0	2 366.6	4 357.4	9 913.0
2017	2 753.6	6 829.3	2 374.5	4 454.8	10 093.7
2018	2 831.0	7 043.4	2 375.4	4 668.0	10 339.3
2019	3 031.5	7 251.7	2 414.3	4 837.4	10 561.2
2020	3 285.3	7 413.4	2 494.5	4 919.0	10 725.4
2021	3 496.1	7 623.5	2 605.0	5 018.4	10 779.9
2022	3 659.4	7 834.5	2 713.9	5 120.6	10 732.1
2023	3 775.0	8 047.3	2 803.6	5 243.7	10 836.0
2024	3 891.3	8 308.5	2 922.3	5 386.2	10 584.4

注：2013 年之后，"普通初中在校学生数"不再公布，用"普通高中在校学生数"和"初中在校学生数"加和计算获得。

资料来源：国家统计局。

附表 11 **1949—2023 年我国卫生事业发展情况**

年份	卫生机构人员数（万人）	每万人执业（助理）医师数（人）	每万人医疗卫生机构床位数（张）
1949	54.1	6.7	1.6
1950	61.1	6.9	2.2
1951	68.5	7.1	2.8
1952	81.9	7.4	4.0
1953	94.3	7.6	4.6
1954	103.8	7.9	5.5
1955	105.3	8.1	5.9
1956	120.1	8.4	6.6
1957	125.4	8.5	7.1
1958	152.9	8.2	10.2
1959	163.8	8.8	12.1
1960	176.9	9.0	14.8
1961	178.4	9.9	13.9
1962	168.5	10.2	13.9
1963	173.0	10.4	13.5
1964	176.7	10.5	13.8
1965	187.2	10.5	14.2
1966	182.7	9.5	15.0
1967	185.4	9.3	14.8
1968	183.4	8.9	14.3
1969	181.2	8.6	14.3
1970	657.2	8.5	15.2
1971	194.4	8.4	15.6
1972	216.8	8.5	16.9
1973	230.6	8.8	17.5
1974	243.9	9.1	18.3
1975	743.5	9.5	19.1
1976	278.0	9.9	19.9
1977	294.2	10.3	20.6

续表

年份	卫生机构人员数（万人）	每万人执业（助理）医师数（人）	每万人医疗卫生机构床位数（张）
1978	788.3	10.2	21.2
1979	773.8	11.2	21.8
1980	735.6	11.7	22.1
1981	719.9	12.4	22.3
1982	695.4	12.9	22.4
1983	675.7	13.1	22.7
1984	662.3	13.2	23.1
1985	560.6	13.4	23.5
1986	572.6	13.4	23.8
1987	584.3	13.6	24.6
1988	592.5	14.6	25.2
1989	602.8	15.2	25.4
1990	613.8	15.4	25.6
1991	627.8	15.4	25.8
1992	640.9	15.4	26.0
1993	654.1	15.5	26.1
1994	663.1	15.7	26.1
1995	670.4	15.8	25.9
1996	673.5	15.9	25.3
1997	683.4	16.1	25.4
1998	686.3	16.0	25.2
1999	689.5	16.3	25.1
2000	691.0	16.4	25.1
2001	687.5	16.5	25.1
2002	652.9	14.4	24.4
2003	621.7	15.0	24.5
2004	633.3	15.4	25.1
2005	644.7	15.6	25.8
2006	668.1	16.0	26.7

续表

年份	卫生机构人员数（万人）	每万人执业（助理）医师数（人）	每万人医疗卫生机构床位数（张）
2007	696.4	16.1	28.0
2008	725.2	16.6	30.4
2009	778.1	17.5	33.1
2010	820.8	18.0	35.7
2011	861.6	18.3	38.2
2012	911.6	19.2	42.1
2013	979.1	20.4	45.2
2014	1 023.4	21.0	48.0
2015	1 069.4	22.0	50.7
2016	1 117.3	22.9	53.2
2017	1 174.9	24.2	56.7
2018	1 230.0	25.7	59.8
2019	1 292.8	27.4	62.5
2020	1 347.5	28.9	64.4
2021	1 398.5	30.4	66.9
2022	1 441.1	31.4	69.1
2023	1 523.8	33.9	72.2

注：每万人执业（助理）医师数和每万人医疗卫生机构床位数根据国家数据公布的执业（助理）医师数、医疗卫生机构床位数和年末总人口计算获得。

资料来源：国家统计局。

附表 12　　　　　　　　1950—2023 年我国国际贸易发展水平　　　　　　　单位：亿元

年份	进出口总额		进出口差额	
	人民币	美元	人民币	美元
1950	41.5	11.3	−1.1	−0.3
1951	59.5	19.6	−11.1	−4.4
1952	64.6	19.4	−10.4	−3.0
1953	80.9	23.7	−11.3	−3.3
1954	84.7	24.4	−4.7	−1.4
1955	109.8	31.4	−12.4	−3.2
1956	108.7	32.1	2.7	0.9
1957	104.5	31.0	4.5	1.0
1958	128.7	38.7	5.3	0.9
1959	149.3	43.8	6.9	1.4
1960	128.4	38.1	−1.8	−0.9
1961	90.7	29.4	4.7	0.4
1962	80.9	26.6	13.3	3.2
1963	85.7	29.2	14.3	3.8
1964	97.5	34.7	13.3	3.7
1965	118.4	42.5	7.8	2.1
1966	127.1	46.2	4.9	1.2
1967	112.2	41.6	5.4	1.2
1968	108.5	40.5	6.7	1.5
1969	107.0	40.3	12.6	3.7
1970	112.9	45.9	0.7	−0.7
1971	120.9	48.4	16.1	4.4
1972	146.9	63.0	18.9	5.8
1973	220.5	109.8	13.3	6.6
1974	292.2	145.7	−13.4	−6.7
1975	290.4	147.5	−4.4	−2.3
1976	264.1	134.3	5.5	2.7
1977	272.5	148.0	6.9	3.8

续表

年份	进出口总额		进出口差额	
	人民币	美元	人民币	美元
1978	355.0	206.4	−19.7	−11.5
1979	454.6	293.3	−31.2	−20.1
1980	570.0	381.4	−27.6	−19.0
1981	735.3	440.2	−0.1	−0.1
1982	771.4	416.1	56.3	30.3
1983	860.2	436.2	16.5	8.4
1984	1 201.0	535.5	−40.0	−12.7
1985	2 066.7	696.0	−449.0	−149.0
1986	2 580.4	738.5	−416.2	−119.7
1987	3 084.2	826.5	−144.2	−37.7
1988	3 821.8	1 027.8	−288.4	−77.5
1989	4 155.9	1 116.8	−243.8	−66.0
1990	5 560.1	1 154.4	411.6	87.5
1991	7 225.8	1 356.3	428.5	80.5
1992	9 119.6	1 655.3	233.0	43.6
1993	11 271.0	1 957.0	−701.4	−122.2
1994	20 381.9	2 366.2	461.8	53.9
1995	23 499.9	2 808.6	1 403.7	167.0
1996	24 133.9	2 898.8	1 019.0	122.2
1997	26 967.2	3 251.6	3 354.1	404.2
1998	26 849.7	3 239.5	3 597.4	434.8
1999	29 896.2	3 606.3	2 423.3	292.3
2000	39 273.3	4 743.0	1 995.6	241.1
2001	42 183.6	5 096.5	1 865.3	225.5
2002	51 378.2	6 207.7	2 517.6	304.3
2003	70 483.5	8 509.9	2 092.3	254.7
2004	95 539.1	11 545.5	2 667.6	321.0
2005	116 921.8	14 219.1	8 374.4	1 020.0

续表

年份	进出口总额		进出口差额	
	人民币	美元	人民币	美元
2006	140 974.7	17 604.4	14 221.0	1 775.2
2007	166 924.1	21 761.8	20 330.2	2 639.4
2008	179 921.5	25 632.6	20 868.4	2 981.3
2009	150 648.1	22 075.4	13 411.3	1 956.9
2010	201 722.3	29 740.0	12 323.3	1 815.1
2011	236 402.0	36 418.6	10 079.2	1 549.0
2012	244 160.2	38 671.2	14 558.3	2 303.1
2013	258 168.9	41 589.9	16 094.0	2 590.2
2014	264 241.8	43 015.3	23 525.7	3 830.6
2015	245 502.9	39 530.3	36 830.7	5 939.0
2016	243 386.5	36 855.6	33 452.1	5 097.1
2017	278 099.2	41 071.4	28 519.6	4 195.5
2018	305 010.1	46 224.4	23 247.5	3 509.5
2019	315 627.3	45 778.9	29 119.9	4 210.7
2020	322 215.2	46 559.1	36 342.4	5 239.9
2021	387 391.8	59 954.3	41 118.7	6 366.1
2022	416 727.8	62 509.4	55 945.8	8 379.3
2023	417 510.1	59 359.8	57 802.6	8 221.0

注：1. 进出口数据来源于海关总署。1978年为外贸业务统计数，1980年起为海关进出口统计数。

2. 货物进出口差额为出口减进口，负数为逆差。

资料来源：国家统计局。

新中国经济大事记

1949 年

3月5日　中共七届二中全会在西柏坡召开。全会指出中国由农业国转变为工业国、由新民主主义社会转变为社会主义社会的发展方向，确定了党的工作重心由乡村转移到城市的问题。毛泽东提出"两个务必"思想。

9月21—30日　中国人民政治协商会议第一届全体会议在北平举行，通过《中国人民政治协商会议共同纲领》，规定了新中国政治、经济、军事、外交、文化等方面的政策方针，发挥着临时宪法的作用。制定中央人民政府组织法，选举中央人民政府委员会，选举毛泽东担任中央人民政府主席。

10月1日　中华人民共和国中央人民政府成立，建立了人民民主专政的国家，揭开了中国历史的新篇章。

10月2日　苏联决定同新中国建立外交关系，随后各社会主义国家纷纷与新中国建交。

11月1—5日　中央财政经济委员会两次召开会议，研究稳定市场物价问题。

会议决定在全国范围内调集粮食、棉纱等物资，并采取停止贷款和按约收回贷款，开征税收，冻结资金投放等措施。经过周密部署和准备，各大城市统一行动，于 11 月 25 日抛售物资，给哄抬物价的投机资本以沉重打击，全国物价逐渐趋于稳定。

11 月 24 日　财政部召开第一次全国税务会议，会议决定今后增加税收主要在城市工商业税收上多想办法；减少税种、税目以简化税制。

12 月 2 日　中央人民政府委员会第四次会议研究财政问题。决定发行人民胜利折实公债。12 月 16 日，政务院发布《关于发行一九五〇年第一期人民胜利折实公债的指示》，发行总额为 1 亿分。同日，政务院还颁布了《一九五〇年第一期人民胜利折实公债条例》。

1950 年

1 月 16 日　政务院颁布《关于发行一九五〇年第一期人民胜利折实公债》，新中国第一期公债今起正式发行。这批公债募集和还本付息均以实物为计算标准，其单位为"分"。每分含实物为：大米 6 市斤，面粉 1.5 市斤，白细布 4 市尺，煤炭 16 市斤。公债总额为 2 亿分，1950 年内分期发行。公债分 5 年偿还，年息为 5 厘。

1 月 27 日　政务院作出《关于关税政策和海关工作的决定》，准许海关总署在新海关税则未规定实施前，输入货物暂用 1948 年的进口税则，输出货物暂用 1934 年的出口税则（1945 年修正本）。制定《暂行海关法》和《海关进出口税则暂行实施条例》。

2 月 13—25 日　中央财经委员会召开第一次全国财政会议，研究克服我国财政经济困难的政策和措施。会议确定 1950 年财经工作总的方针是：集中一切财力、物力做目前必须做的事。决定节约开支，整顿收入，统一全国财政经济工作，以实现国家财政收支平衡、物资供求平衡、现金出纳平衡和金融物价稳定。

2 月 14 日　中国同苏联签订《中苏友好同盟互助条约》《中苏关于中国长春铁路、旅顺口及大连的协定》《中苏关于贷款给中华人民共和国的协定》。后者规定苏联政府向中国提供相当于 3 亿美元的贷款，用于偿付中国从苏联购买的机器设备及器材。贷款分 5 年交付，年息为 1%。

2 月 28 日　中央财经委员会颁布《关于国营、公营工厂建立工厂管理委员会的指示》，要求国营企业和公营企业建立工厂管理委员会、职工代表会议，实行民主管理。

2 月　中国人民解放军遵照 1949 年 12 月颁布的《关于一九五〇年军队参加生产建设工作的指示》，先后有三十个师参加农业生产建设，建立军垦农场。

3 月 3 日　政务院作出《关于统一国家财政经济工作的决定》。此后相继作出《关于统一管理一九五〇年度财政收入的决定》《关于统一国家公粮收支、保管、调度的决定》《关于统一全国国营贸易实施办法的决定》《中央金库条例》，对全国财政经济工作实行统一管理。

3 月 15 日　中央财经委员会发出《关于抛售物资、催收公债、回笼货币、稳定物价的指示》，指出过去物价波动的基本原因是纸币发行过多，财政有巨额赤字。为完成物价由长期剧烈波动到基本稳定的转变，决定采取放手抛售物资，大力回笼货币，加紧催收公债、税款等措施。指示下达后，全国物价普遍趋于稳定并开始下降。

4 月 7 日　政务院公布《关于实行国家机关现金管理的决定》，指定中国人民银行为现金管理的执行机关。同日，中央财经委员会拟定《关于修改各地外汇管理办法的意见》。

5 月 8—26 日　中央财经委员会召开全国七大城市工商局长会议。会议分析了调整工商业的必要性、调整原则和方法，决定调整全国公私经济。调整的原则是：五种经济成分统筹兼顾，各得其所，分工合作，一视同仁。

6 月 6—9 日　中共七届三中全会举行。毛泽东作了《为争取国家财政经济状况的基本好转而斗争》的书面报告，并发表《不要四面出击》讲话。会议确定要做好土地改革、稳定物价、调整工商业等八项工作，以争取在三年的时间内，实现国民经济状况的根本好转，为有计划的经济建设创造条件。

6月28日　中央人民政府委员会第八次会议讨论并通过《中华人民共和国土地改革法》，并于30日公布施行。这一土地法宣布废除地主阶级封建剥削的土地所有制，实行农民的土地所有制，没收地主阶级的土地无偿分配给无地或少地的农民。

10月上旬　应朝鲜党和政府的请求，中共中央作出抗美援朝、保家卫国的战略决策。中国不得不转为"边打、边稳、边建"的财政经济政策。

12月28日　政务院发布《关于管制美国在华财产、冻结美国在华存款的命令》。

12月29日　政务院颁布《私营企业暂行条例》，要求私营企业执行政府制定的产销计划，以调整产销关系，克服盲目性，逐渐走向计划经济，要求其必须切实执行政府有关的劳动保护法令。

1951 年

1月4日　中央财经委发出《关于统购棉纱的决定》，开始实行集中管理棉纱，有计划供应人民需要，以防止投机，稳定市场价格。

2月18日　中共中央发布《中共中央政治局扩大会议决议要点》，提出要确立"三年准备，十年计划经济建设"的思想。

2月26日　政务院通过《中华人民共和国劳动保险条例》，从3月1日起生效。规定对职工生、老、病、死、伤、残等实行保险，并对各项劳保待遇和费用的开支作出具体规定。

5月4日　政务院通过《关于划分中央与地方在财政经济工作上管理职权的决定》，决定把一部分国营企业、财经业务划给地方管理，使中央和地方共同分担国家财政经济工作的责任，调动了地方的积极性。

5月28日　中央财经委员会发出《关于美帝操纵联合国大会非法通过对我实行禁运案后对各项工作的指示》，作出紧急部署：（1）贸易方面，工作重点将转移到华南，要求华南财委团结私商，利用香港作跳板，多作小宗买卖；坚持易货制度，力求在交换中不落空；加强缉私工作，防止猪鬃、矿砂等重要物资走私出口；结汇出口范围暂时不变。（2）金融方面，对欧洲资本主义国家的贸易，暂停开新购买证；对港贸易，要改变过去开新购买证方式。

6月6日　全国合作社第一次手工业生产合作会议召开。会议决定今后合作社工作重点应放在中小城镇和农村独立小手工业者和家庭手工业者上面；努力做到统一产品规格，统一原料标准，统一供销业务，统一计算盈亏，统一计件工资标准，按社员劳动多少进行分配。会议草拟了手工业生产合作社章程准则草案。

9月9日　中共中央召开全国第一次互助合作会议，通过《关于农业生产互助合作的决议（草案）》。决议草案规定了农村互助合作的三种形式：第一种形式是简单的、临时的、季节性的劳动互助。这种形式应在全国各地大量发展。第二种形式是常年的互助组。这种形式应在互助运动已有基础的地区，有领导地逐步推广。第三种形式是以土地入股为特征的农业生产合作社。总之，党在农村发展互助合作运动的方针是根据生产发展的需要与可能的条件而稳步前进的方针。

10月下旬　中共中央召开政治局扩大会议，讨论关于精兵简政、增产节约和反对贪污、反对浪费、反对官僚主义的问题。

12月1日　中共中央作出《关于实行精兵简政、增产节约、反对贪污、反对浪费和反对官僚主义的决定》，"三反"运动在全国开展。

1952 年

1月26日　中共中央发出《关于首先在大中城市开展"五反"斗争的指示》，要求在全国大中城市向违法的资本家开展反对行贿、反对偷税漏税、反对盗骗国家财产、反对偷工减料和反对盗窃国家经济情报的斗争。"五反"运动到1952年10月结束。

6月6日　毛泽东在《关于民主党派工作的决定（草稿）》中批示：在打倒地主阶级和官僚资产阶级以后，中国内部的主要矛盾即工人阶级和民族资产阶级的矛盾，故不应再将民族资产阶级视为中间阶级。

7月1日　成渝铁路建成通车，这是新中国成立后完全采用国产材料自行修建的第一条铁路干线。

7月8日　中共中央发出《关于目前开展增产节约运动中应注意的问题的指

示》，要求各厂矿企业在增产节约运动中，不仅要努力完成生产计划和增产节约计划，而且要努力改善经营管理，为实行经济核算准备条件，从而结束从旧企业转变为新企业的改造过程。对由于劳动生产率提高而多余出来的职工，应采取包下来的政策，用轮训的方法，提高他们的文化技术水平。

7 月 25 日　政务院批准《关于劳动就业问题的决定》，要求中央、大行政区、省、大城市设立劳动就业委员会，有计划、有步骤地安排失业人员就业。

11 月 12 日　中共中央发出《关于调整商业的指示》，决定对公私商业进行调整，合理调整价格，适当划分公私商业经营范围，取缔妨碍城乡交流的各种不适当的限制，活跃了市场。

12 月 31 日　根据《关于中华人民共和国政府代表团与苏联政府代表团谈判的中苏公报》，苏联把中国长春铁路移交中国。

1953 年

1 月 1 日　中央财经委员会颁布《关于税制若干修正及实行日期的通告》和《商品流通税试行办法》，提出"公私一律平等纳税"的原则，实行"公重于私，工重于商"的政策，取消对国营经济和合作社经济的种种优待和方便。

2 月 15 日　中共中央通过《关于农业生产互助合作的决议》，指出发展互助合作运动的方针是根据生产发展的需要与可能稳步前进。这个决议推动了农村互助合作运动的发展，全国各地开始普遍试办半社会主义性质的初级农业生产合作社。

5 月 15 日　中苏两国政府签订《关于苏维埃社会主义共和国联盟政府援助中华人民共和国中央人民政府发展中国国民经济的协定》，规定苏联援助中国建设 91 个工业项目。加上 1950 年已确定的 50 项和 1954 年增加的 15 项，共 156 项。实际施工 150 项。

6 月 15 日　中共中央政治局召开会议。确定对资本主义工商业实行利用、限制和改造的方针，毛泽东在会上第一次比较完整地阐述了党在过渡时期总路线和总任务的基本内容，即要在十年到十五年或更多一些时间内，基本上完成国家工业化和对农业、手工业、资本主义工商业的社会主义改造。

7月27日　《关于朝鲜军事停战的协定》签署。

10月16日　中共中央作出《关于实行粮食的计划收购与计划供应的决议》，决定在农村计划统购余粮，在城市实行粮食计划供应，加强粮食管理，禁止私商自由经营粮食。

10月26日—11月5日　中共中央召开第三次农业互助合作会议，讨论《关于发展农业生产合作社的决议（草案）》，并于12月16日由中共中央通过。决议指明引导个体农民经过具有社会主义萌芽的互助组，到半社会主义性质的初级社，再到完全社会主义性质的高级社，这是党对农业进行社会主义改造的正确道路；并强调初级农业生产合作社日益成为领导互助合作运动继续前进的重要环节。

11—12月　中华全国合作社联合总社召开了第三次全国手工业生产合作社会议。会议确定：对手工业进行社会主义改造的方针是积极领导、稳步前进；组织形式是由手工业生产小组、手工业供销生产社到手工业生产合作社；手法是从供销入手，实行生产改造；步骤是由小到大，由低级到高级。

12月2日　中央财经委员会批准商业部和全国合作总社《关于划分国营商业与合作社对工业品、手工业品的经营范围的共同决定》，规定工业品的批发业务统一由国营商业经营，手工业品的批发和零售由合作社经营。

12月26日　鞍山钢铁公司三大工程——大型轧钢厂、无缝钢管厂、七号炼铁炉举行开工生产典礼。

12月28日　中共中央批准中央宣传部制发的《为动员一切力量把我国建设成为一个伟大的社会主义国家而斗争——关于党在过渡时期总路线的学习和宣传提纲》。

1954 年

1月4日　中共中央批转中央财经委员会提出的《关于一九五四年扩展公私合营工业计划会议的报告》和《关于有步骤地将十个工人以上的资本主义工业基本上改造为公私合营企业的意见》，决定今后资本主义工业改造的重点是有计划地扩展公私合营形式的国家资本主义，实行国家同资本家在企业内部的联系和合作。然后在条件成熟时，将公私合营企业改造成为社会主义企业。

2月1日　中共中央发出《关于建立与充实各级计划机构的指示》，要求中央人民政府所属经济部门和文教部门必须建立和健全计划机构，把计划机构逐级建立到基层工作部门和基层企业单位。

7月13日　中共中央发出《关于加强市场管理和改造私营商业的指示》，决定采取："一面前进，一面安排，前进一行，安排一行"的办法，对不同行业、不同情况的私营小批发商和零售商有计划地安排和改造。

7月20—25日　中华全国合作社第一次代表大会在京举行。会议决定将中华全国合作社联合总社改名为中华全国供销合作总社，通过《中华全国供销合作总社章程》。

9月2日　政务院通过《公私合营工业企业暂行条例》，规定：对资本主义企业实行公私合营，应当根据国家的需要、企业改造的可能和资本家的自愿。合营企业中，社会主义成分居领导地位，私人股份的合法权益应当受到保护。

9月9日　政务院第224次会议通过《关于棉布计划收购和计划供应的命令》和《关于实行棉花计划收购的命令》，决定实行棉布统购统销、棉花统购的政策。

9月15—28日　第一届全国人民代表大会第一次会议举行。会议通过《中华人民共和国宪法》。全国人民代表大会的召开，标志着人民代表大会制度在全国范围内建立起来。并规定，中华人民共和国依靠国家机关和社会力量，通过社会主义工业化和社会主义改造，保证逐步消灭剥削制度，建立社会主义社会。

10月7日　新疆军区生产建设兵团成立。

10月10—31日　中共中央农村工作部召开第四次互助合作会议。

10月12日　中苏政府签订《关于将各股份公司中的苏联股份移交给中华人民共和国的联合公报》等四个公报，苏联股份的价值将由中华人民共和国以供应苏联通常出口货物的办法，在数年之内偿还。

1955 年

1月10日　中共中央发出《关于整顿和巩固农业生产合作社的通知》，指出：

合作化运动应基本转入控制发展、着重巩固的阶段；要根据不同地区的情况，分别采取不同的措施。

2月21日　国务院发布《关于发行新的人民币和收回现行的人民币的命令》，指示中国人民银行从3月1日起发行新人民币，收回旧人民币，一元新币等于一万元旧币。

3月21日　中国共产党全国代表会议通过《关于中华人民共和国发展国民经济第一个五年计划草案的决议》。7月30日，第一届全国人民代表大会第二次全体会议通过了《中华人民共和国发展国民经济的第一个五年计划》。

8月5日　国务院第17次会议通过《农村粮食统购统销暂行办法》和《市镇粮食定量供应暂行办法》，国家从粮食分配方面调节城乡关系、工农关系和产销关系。

8月31日　国务院发布《关于国家机关工作人员全部实行工资制和改行货币工资制的命令》，规定从7月起国家机关一部分工作人员中原来实行的包干制待遇，一律改为工资制待遇，国家机关工作人员工资标准划分为二十九级。

11月10日　国务院颁发《农业生产合作社示范章程草案》，要求农业生产合作社要坚持自愿原则、互利原则，集体利益要与个人利益正确结合，要有正确的经营方针、劳动管理、财务管理等制度。

11月16日　中共中央政治局召开各省市自治区和人口满50万以上的大中城市党委同志会议，讨论《关于资本主义工商业改造问题的决议（草案）》，把私营资本主义工商业的社会主义改造从个别合营推进到全行业公私合营阶段。

12月21日　中共中央发出由毛泽东起草的"农业十七条"，征询各地意见。"农业十七条"提出：1956年下半年基本完成初级形式的建社工作，1959年基本完成合作化的高级形式；12年内全国基本消灭荒山荒地；粮食亩产，黄河、秦岭、白龙江以北达到四百斤，黄河以南、淮河以北达到五百斤，淮河、秦岭、白龙江以南达到八百斤等。

12月21—28日　第五次全国手工业生产合作会议召开，会议制定了手工业社会主义改造的全面规划。要求在1956年和1957年两年内基本完成手工业合作化的组织任务，在后几年内过渡到完全社会主义性质的手工业生产合作社。

1956 年

1 月 14—20 日　中共中央召开关于知识分子问题的会议。周恩来在会议上宣布知识分子的绝大部分已经是工人阶级的一部分，发出"向现代科学进军"号召。

1 月 15 日　北京各界 20 多万人在天安门广场举行大会，庆祝北京市农业、手工业全部实现合作化和在全国第一个实现资本主义工商业的全行业公私合营。

1 月 23 日　中共中央政治局提出《一九五六年到一九五七年全国农业发展纲要（草案）》。1960 年 4 月正式通过并公布。

2 月 8 日　国务院召开第 24 次全体会议通过《关于在公私合营企业中推行定息办法的规定》《关于私营企业实行公私合营的时候对财产清理估价几项主要问题的规定》《关于目前私营工商业和手工业的社会主义改造中若干事项的决定》。

4 月 25 日　毛泽东在中共中央政治局扩大会议上作《论十大关系》报告。以苏联经验为借鉴，初步总结了我国社会主义建设的经验，提出了探索适合我国国情的社会主义建设道路问题。

6 月 20 日　《人民日报》发表社论《要反对保守主义，也要反对急躁情绪》，指出急躁冒进之所以成为严重的问题，是因为它不但存在于下面的干部中，而且首先存在于上面各系统的领导干部中，下面的急躁冒进有很多就是上面逼出来的。

9 月 15—27 日　中国共产党第八次全国代表大会举行。大会指出，社会主义改造已取得决定性胜利，社会主义制度已基本建立。国内主要矛盾已经是人民对于建立先进的工业国的要求同落后的农业国的现实之间的矛盾，已经是人民对于经济文化迅速发展的需要同当前经济文化不能满足人民需要的状况之间的矛盾。党和人民当前的主要任务，就是要集中力量解决这个矛盾，把我国尽快地从落后的农业国变为先进的工业国。

10 月 24 日　国务院发出《关于放宽农村市场管理问题的指示》，指出凡是国家统购的农产品必须继续统购，农村市场只能经营供求正常或供过于求的小土产，国家统一收购的农产品价格全国应大体平衡，各地不能随意提价。

11 月 10—15 日　中共八届二中全会举行。全会在坚持综合平衡的思想指导下，调整了 1957 年的国民经济计划。

12 月 22 日　中共中央同意国务院科学规划委员会党组《关于征求〈1956—1967 年科学技术发展远景规划纲要（修正草案）〉意见的报告》。提出国家建设所需要的 57 项重要科学技术任务和 616 个中心问题，提出了各门学科的发展方向。

1957 年

2 月 18—26 日　全国农业模范代表会议在京举行。20 日，第一次全国农业展览会在京举行。

2 月 27 日　毛泽东在最高国务会议第十次（扩大）会议上发表《如何处理人民内部的矛盾》（后改为《关于正确处理人民内部矛盾的问题》）讲话，指出在社会主义社会中，基本的矛盾仍然是生产关系和生产力之间的矛盾，上层建筑和经济基础之间的矛盾，大量的都是人民内部矛盾，因此要正确区分和正确处理两类不同性质的矛盾，并且学会运用团结——批评——团结的方法，正确处理人民内部矛盾。

3 月 15 日　中共中央发出《关于民主办社几个事项的通知》，要求按时公开财务收支，社与队决定的问题要与群众商量，干部要参加生产等。

4 月 14 日　中共中央批转国家计委党组《关于研究和编制第二个五年计划的报告和建议》。要求各省、市、自治区，经济、文教各部及国务院经济文教各办各委，都迅速着手总结"一五"计划和研究"二五"计划。

4 月 25 日　第一届中国出口商品交易会（"广交会"）在广州举行。此后每年在广州举办春、秋两次出口商品交易会。从 2007 年起改称中国进出口商品交易会。

7 月上旬　在青岛召开的省市委书记会议期间，印发毛泽东的《一九五七年夏季的形势》一文提出：在我国建立一个现代化的工业基础和现代化的农业基础，从现在起，还要十年至十五年。十年至十五年以后的任务，则是进一步发展生产力，进一步扩大工人阶级知识分子队伍，准备逐步地由社会主义过渡到共产主义的必要条件，准备以八个至十个五年计划在经济上赶上并超过美国。

8月1日　全国人民代表大会常务委员会第78次会议批准国务院提出的《华侨投资于国营华侨投资公司的优待办法》，规定到建成社会主义后股金仍为投资人所有，年息八厘。

8月17日　国务院发布《关于由国家计划收购（统购）和统一收购的农产品和其他物资不准进入自由市场的规定》，要求粮食、棉花、油料由国家计划收购，烤烟、黄洋麻等22种重要土特产品，38种重要中药材和供应出口的苹果、柑橘等，都由国家委托国营商业部门、供销合作社统一收购。这两类物资都不允许在自由市场买卖。

9月20日—10月9日　中共八届三中全会（扩大）举行。全会基本通过了《全国农业发展纲要（修正草案）》《关于改进商业管理体制的规定（草案）》《关于改进财政体制和划分中央和地方对财政管理权限的规定（草案）》。这三个文件总的精神是把一部分工业管理、商业管理和财务管理的权力，下放给地方行政机关和厂矿企业，以便进一步发挥地方和企业的主动性和积极性，因地制宜地完成国家统一计划。在10月9日全体会议上，毛泽东在讲话中改变了八大决议关于我国当前矛盾的提法，认为我国社会主义的主要矛盾仍是无产阶级和资产阶级的矛盾，社会主义道路和资本主义道路的矛盾。

11月2—21日　毛泽东率中国代表团参加十月革命胜利40周年庆典，其间出席社会主义国家共产党和工人党代表会议以及各国共产党和工人党代表会议。毛泽东提出中国要用15年左右时间，在钢铁等主要工业产品的产量方面赶上和超过英国。同年12月2日，刘少奇向中国工会第八次全国代表大会致祝词时，宣布了15年赶超英国的口号。

1958 年

1月11—22日　中共中央在南宁召开部分中央领导人和部分省市委书记参加的工作会议，毛泽东对1956年的反冒进进行了严厉批评，经济工作中急躁冒进的"左"倾错误迅速发展起来。

3月7—26日　中共中央在成都召开有中央有关部门负责人和各省市自治区

党委第一书记参加的工作会议，继续批评 1956 年的反冒进，把"鼓足干劲，力争上游，多快好省"确定为党的社会主义建设总路线。

4 月 2 日　中共中央发出《关于继续加强对残存的私营工业、个体手工业和对小商小贩进行社会主义改造的指示》，提出一系列严厉的限制和改造措施。

5 月 5—23 日　中国共产党第八届全国代表大会第二次会议在京举行。会议正式通过"鼓足干劲、力争上游、多快好省地建设社会主义"的总路线。会议号召全党和全国人民，认真贯彻执行社会主义建设总路线，争取在 15 年或者更短的时间内，在主要工业产品产量方面赶上和超过英国。会后，"大跃进"运动在全国开展。

6 月 1 日　中共中央发出《关于加强协作区工作的决定》，把全国划分为东北、华北、华东、华南、华中、西南、西北 7 个协作区，各个协作区都成立协作区委员会，作为各个协作区的领导机构。要求各个协作区根据各个经济区域的资源等条件，按照全国统一的规划，尽快地分别建立大型的工业骨干和经济中心，形成若干个具有比较完整的工业体系的经济区域。

6 月 3 日　第二届全国人民代表大会常务委员会第 96 次会议通过《中华人民共和国农业税条例》，规定平均税率为常年产量的 15.5%。

7 月 29 日　在中共中央北戴河会议上，中央作出关于在农村建立人民公社问题的决议，要求全国各地尽快将小社并大社，转为人民公社。

8 月 6—13 日　毛泽东视察河北、河南、山东、天津等地的一些农村。在此期间提出还是办人民公社好，可以把工、农、商、学、兵合在一起，便于领导。

8 月 17—30 日　中共中央政治局扩大会议在北戴河召开，讨论并通过了《关于在农村建立人民公社问题的决议》。会后，全国很快掀起全民炼钢和人民公社化运动的高潮，以高指标、瞎指挥、浮夸风和"共产风"为主要标志的"左"倾错误严重泛滥开来。

9 月 24 日　中共中央、国务院发布《关于改进计划管理体制的规定》，总的精神是要求实行统一计划、分级管理、加强协作、共同负责的原则，强调扩大地方的管理权限。

11 月 21 日—12 月 10 日　中共中央在武昌先后召开政治局扩大会议和中共八届六中全会。通过《关于人民公社若干问题的决议》，指出不应当宣布人民公社立即实行全民所有制，在今后一个时期内应保留按劳分配制度，商品生产和商品交换必须有一个很大的发展。初步纠正"左"的错误。

1959 年

2 月 27 日—3 月 5 日　中共中央在郑州举行政治局扩大会议。会议指出，在农村所有制问题上，不仅从集体所有制过渡到全民所有制和从社会主义过渡到共产主义，需要有一个发展过程，而且公社内部由小集体所有制过渡到大集体所有制，也需要有一个发展过程。毛泽东指出：我们只能一步一步地引导农民脱离较小的集体所有制，通过较大的集体所有制走向全民所有制，而不能一下子完成这个过程。会议决定纠正人民公社平均主义和权力过于集中的倾向，确定了三级核算、队为基础、等价交换、按劳分配等整顿措施，起草了人民公社管理体制的若干规定。

6 月 29 日、7 月 2 日　毛泽东分别在武昌和庐山同各协作区主任谈话时指出："大跃进"的重要教训之一就是没有搞好综合平衡，这是经济工作的根本问题。只有搞好综合平衡，才可能正确处理整个国民经济的比例关系。并提出以农、轻、重为序安排国民经济计划。

7 月 2 日—8 月 1 日　中共中央政治局扩大会议在庐山召开。原定议题是总结"大跃进"以来的经验教训，继续纠正"左"倾错误，但会议后期错误地发动了对彭德怀等人的批判。

8 月 2—16 日　中共八届八中全会在庐山召开。会后，在全党错误地开展了"反右倾"斗争，使经济领域"左"倾错误更加严重。

1960 年

1 月 7—17 日　中共中央政治局扩大会议在上海举行。会议确定了 1960 年国民经济计划，讨论了今后3年和8年的设想。由于过于乐观地估计了"反右倾"以后的形势，提出了脱离实际的钢铁、粮食指标和8年完成人民公社从基本上队有制到基本上社有制的过渡设想，会后各地纷纷出现大办县、社工业，大办水利，大办养猪场等，使得"共产风"严重泛滥起来。

2月20日　中共中央批转石油部报告，决定在大庆地区举行石油勘探开发大会战。

3月22日　中共中央批转鞍山市委《关于工业战线上的技术革新和技术革命运动开展情况的报告》。将鞍钢实行的"两参一改三结合"的管理制度称作"鞍钢宪法"，要求在工业战线加以推广。10月4日，中共中央发出关于在企业中发展"两参一改三结合"制度的指示。

5月15日　中共中央作出关于在农村开展"三反"运动的指示，规定"三反"的内容为反贪污、反浪费、反官僚主义，以反贪污为重点。

5月28日　中共中央发出《关于调运粮食的紧急指示》，以解决日益严重的市场供应紧张问题。

7月16日　苏联政府单方面决定召回在中国的全部苏联专家，撕毁经济合作合同和废除科学技术合作项目，停止供应物资和设备。

9月7日　中共中央作出压低农村和城市口粮标准的指示。

11月3日　中共中央发出《关于农村人民公社当前政策问题的紧急指示信》，规定农村人民公社实行三级所有，队为基础。要求坚决纠正农村人民公社的"共产风"。

11月15日　中共中央发出毛泽东起草的《关于彻底纠正"五风"问题的指示》，要求各省、市、自治区必须在几个月内纠正"共产风"、浮夸风、命令风、干部特殊化风和对生产瞎指挥风。

1961 年

1月14—18日　中共八届九中全会召开。讨论发展国民经济的方针，决定成立华北、东北、华东、中南、西南、西北六个中央局，加强对经济体系工作的领导。通过对国民经济实行"调整、巩固、充实、提高"的方针，国民经济转入调整的轨道。

1月20日　中共中央作出《关于调整管理体制的若干暂行规定》，强调集中统一，要求经济管理大权应集中到中央、中央局和省（市、自治区），以克服经济困难。

3月15—23日　中共中央工作会议在广州举行。会议讨论并通过《农村人民公社工作条例（草案）》（简称"农村六十条"），决定在部分地区试点，对农村政策进行调整。

4月9日　中共中央转发中央精简干部和安排劳动力五人小组《关于调整农村劳动力和精简下放职工问题的报告》。6月16日，中共中央发出关于减少城镇人口和压缩城镇粮食销量的九条办法，其中规定1958年1月以来参加工作的来自农村的职工，动员他们回到各自的家乡，参加农业生产。到1963年6月，全国共精简职工1 887万人，减少城镇人口2 600万人。

5月21日—6月12日　中共中央工作会议在京举行，通过《农村人民公社工作条例（修正草案）》。规定生产队是直接组织生产集体福利事业的单位，对一部分资金和资产有一定的所有权，在管理本队生产上有一定的自主权；不许无代价地调用劳动力物资，对归生产队所有的资金和物资，公社和生产大队不能调用；严格实行评工计分，按工分配。社员口粮一律分配到户。

6月17日　财政部经中央批准，调整农业税税率。农业税实际负担率，即农业税正税加地方附加的实际税额占农业实际收入的比例，全国平均从1957年的11.6%降为不超过10%；各地的地方附加占正税额的比例，由过去的15%～30%一律降为不超过10%。

6月19日　中共中央发出《关于改进商业工作的若干规定（试行草案）》（简称"商业四十条"），指出坚持等价交换原则，推广农产品收购合同制，国营商业、供销合作社和农村集市贸易是商品流通的三条渠道，要改进商业企业经营管理等。发出《关于城乡手工业若干政策问题的规定（试行草案）》（简称"手工业三十五条"），要求调整所有制形式，强调主要所有制应是集体所有制，应实行按劳分配，统一安排产供销等。还发出《关于坚决纠正平调错误、彻底退赔的规定》。

9月16日　中共中央批转试行《国营工业企业工作条例（草案）》（简称"工业七十条"）。

10月7日　中共中央根据毛泽东的意见，发出《关于农村基本核算单位问题给各中央局，各省、市、区党委的指示》。

1962 年

1月11日—2月7日　中共中央在北京召开扩大的中央工作会议（即"七千人大会"），总结新中国成立以来的工作经验，强调恢复和健全民主集中制，为实行"调整、巩固、充实、提高"的八字方针统一了认识。毛泽东强调要好好总结经验，正确认识客观世界。提出要赶上和超过世界上最先进的资本主义国家，没有一百多年的时间是不行的。

2月13日　中共中央发出《关于改变农村人民公社基本核算单位问题的指示》，提出把人民公社基本核算单位由生产大队改为生产队。

2月21—23日　中共中央政治局常委扩大会议在中南海西楼召开，确定了减少城市人口、制止通货膨胀、保证城市人民最低生活等措施。

3月10日　中共中央、国务院发出《关于切实加强银行工作、集中统一、严格控制货币发行的决定》，收回银行下放的一切权力，银行业务实行完全彻底的垂直领导。严格信贷管理，加强信贷的计划性。严格划清银行信贷和财政资金的界限。加强现金管理，严格结算纪律。财政和银行都要按计划办事，谁的支出谁安排，谁的漏洞谁堵塞。

3月20日　中共中央发出《关于严禁各地进行计划外工程的通知》。同日，供应香港鲜活冷冻商品的快运货物列车从湖北江岸站开出。随后，上海、郑州也开通了快车。

4月21日　中共中央、国务院发出《关于严格控制财政管理的决定》，要求切实扭转企业大量赔钱的状况，制止侵占国家资金的错误，制止相互拖欠，严格控制财政支出，加强财政监督等。

9月24—27日　中共八届十中全会召开。会议重提阶级斗争问题，毛泽东认为阶级斗争必须"年年讲、月月讲、天天讲"。把邓子恢的正确意见指责为"刮单干风""走资本主义道路"。会议通过了《关于进一步巩固人民公社集体经济、发展农业生产的决定》《农村人民公社工作条例（草案修正案）》《关于商业工作问题的决定》《关于粮食问题的决定》等文件。

10月6日　中共中央、国务院发出《关于当前城市工作若干问题的指示》，要求把城市工作重点转到组织工业生产和职工生活上。

10月20日　中国边防部队奉命对印度军队的武装进攻进行自卫反击作战。

1963 年

1月29日　周恩来在上海科学技术工作会议上发表讲话，提出要实现农业、工业、国防、科学技术的现代化。

2月8日—3月底　全国农业科学技术工作会议召开，会议讨论制定了1963—1972年农业科学技术发展规划，确定了研究项目1 300多个，要求建立研究试验中心，对发展农业的重大科学技术问题进行综合研究。提出把"土、肥、水、种、密、保、管、工"八字作为农业科学研究的中心，注意农、林、牧、副、渔的综合发展。

2月11—28日　中共中央工作会议举行。会议决定在农村开展以"四清"（清理账目、清理仓库、清理财物、清理工分）为主要内容的社会主义教育运动，在城市开展反对贪污盗窃、反对投机倒把、反对铺张浪费、反对分散主义、反对官僚主义的"五反"运动。

3月1日　中共中央发出《关于厉行节约和反对贪污盗窃、反对投机倒把、反对铺张浪费、反对分散主义、反对官僚主义运动的指示》，要求在全国范围内开展一次增产节约和"五反"运动。

5月2—12日　毛泽东在杭州召集有部分中央政治局委员和大区书记参加的中央工作会议。会议制定了《关于目前农村工作中若干问题的决定（草案）》。

5月9日　毛泽东为浙江省农村干部参加劳动的七个材料写了批语，提出阶级斗争、生产斗争和科学实验是建设社会主义国家的三项伟大革命运动。

6月14日　中共中央发表《关于国际共产主义运动总路线的建议》。1963年9月6日至1964年7月14日，又连续发表总称为《关于国际共产主义运动总路线的论战》的九篇文章（通称"九评"）。中苏两党之间的论战达到高潮。1966年3月起，中苏两党关系基本中断。

9月6—27日　中共中央工作会议在京举行，会议确定，从本年起，再用三年时间继续进行国民经济调整，作为第二个五年计划（1958—1962年）到第三个五年计划（1966—1970年）之间的过渡阶段。在这个阶段，主要是工业的各个部门，要认真做好提高质量、增加品种、填平补齐、成龙配套的工作，并要搞好设备更新和专业化协作。

12月2日　中共中央、国务院原则批准中央科学小组、国家科学技术委员会党组关于1963年至1972年科学技术发展规划的报告、科学技术发展规划纲要及科学技术事业规划。

1964 年

2月5日　中共中央发出《关于传达石油工业部〈关于大庆石油会战情况的报告〉的通知》，号召全国工业学大庆。

2月10日　《人民日报》发表题为《用革命精神建设山区的好榜样》的通讯，介绍山西省昔阳县大寨大队艰苦奋斗、发展生产的事迹。此后，"农业学大寨"运动在全国开展。

2月14日　全国工业交通长期规划会议召开。讨论编制长期计划的政策、方法和中心任务问题。会议认为第三个五年计划的中心任务，一是基本解决人民的吃穿用问题。二是兼顾国防，突破国防尖端。会议要求以化肥、化学纤维为中心研究吃穿用的规划；以建设5亿亩稳产高产农田为中心，研究工业支持农业的规划；以采掘、采伐工业为中心研究基础工业的规划和研究配合国防尖端的规划。

4月24日　中共中央批转共青团中央《关于组织城市知识青年参加农村社会

主义建设的报告》。

5月15日—6月17日　中共中央召开工作会议，讨论国家计委提出的第三个五年计划（1966—1970年）的初步设想、国家计委和国务院农办提出的第三个五年计划农业发展计划的初步设想。初步设想中提出"三五"计划的基本任务是：第一，大力发展农业，基本解决人民的吃穿用问题；第二，适当加强国防建设，努力突破尖端技术；第三，加强基础工业，提高产品质量，增加品种，增加产量。发展交通运输业、商业、文化、教育科研事业，使国民经济有重点、按比例地向前发展。会议还讨论了"三线"建设问题，毛泽东提出把全国划分为一、二、三线的战略布局，要下决心搞三线建设，首先把攀枝花钢铁基地建设起来。8月17日、8月20日，毛泽东在中央书记处会议讲话中指出，要准备帝国主义可能发动的侵略战争。现在工厂集中在大城市和沿海地区不利于备战。工厂可以一分为二，要抢时间迁到内地去。各省都要建立自己的战略后方。成昆、川黔、滇黔这三条铁路要抓紧修好。从1965年夏开始，"三线"建设进入实质性实施阶段。

8月17日　中共中央、国务院批转国家经济委员会党组《关于试办工业、交通托拉斯的意见的报告》，决定在工业、交通部分行业试办12个托拉斯，试图为消除用行政办法而不是用经济办法管理工业所产生的各种弊端摸索经验。

9月18日　中共中央发出《关于农村社会主义教育运动中一些具体政策的规定（修正草案）》，规定这次运动应当以阶级斗争为纲，组织贫下中农阶级队伍"四清"，放手发动群众，开展社会主义教育运动。

10月16日　中国第一颗原子弹爆炸成功。中国政府发表声明，郑重宣布：中国在任何时候、任何情况下，都不会首先使用核武器。

12月21日—1965年1月4日　三届全国人大一次会议举行。周恩来在《政府工作报告》中提出：要在不太长的历史时期内，把我国建设成为一个具有现代农业、现代工业、现代国防和现代科学技术的社会主义强国，赶上和超过世界先进水平。为实现这个伟大的历史任务，从第三个五年计划开始，可以分两步走：第一步，经过三个五年计划时期，建立一个独立的、比较完整的工业体系和国民经济体系；第二步，全面实现农业、工业、国防和科学技术现代化，使我国经济走在世界前列。

1965 年

2 月 26 日　中共中央、国务院作出《关于西南三线建设体制问题的决定》。决定建设体制采用集中领导、各方协作的办法；成立攀枝花特区党委、工地指挥部，由冶金工业部统一领导；成立以重庆地区为中心的配套建设指挥部，由主管机械工业部统一领导；西南的中央直属建设项目所需，由各有关部解决，由国家经委督促检查执行；成立西南建设委员会。

3 月 1 日　为解决香港淡水供应困难而兴建的东江—深圳供水工程正式向香港供水。

8 月 21 日　国家建委召开全国搬迁工作会议。会议提出：搬迁工作必须立足于帝国主义发动侵略战争。从准备大打、准备早打出发，对搬迁项目要实行大分散、小集中的原则。少数国防尖端项目，要按照"分散、靠山、隐蔽"的原则建设，有的还要进洞。会议确定了第三个五年计划的搬迁项目。

9 月 21 日　中共中央批转卫生部党委《关于把医疗卫生工作重点放到农村的报告》。到年底，全国城乡医疗卫生网基本形成，相当一部分农村地区实行合作医疗制度。

11 月 30 日　国务院将国家计委、国家建委、财政部、物资部四部门拟定的基建计划、物资使用、公交财务管理方面的三个规定下达各地方、各部门，以便进一步贯彻执行"集中领导，分级管理"的原则。

1966 年

2 月 7 日　《人民日报》发表长篇通讯《县委书记的榜样——焦裕禄》。全国掀起学习焦裕禄的热潮。

3 月 8 日、22 日　河北邢台地区相继发生里氏 6.8 级和 7.2 级强烈地震，34 万人受灾。

5月4—26日　中共中央政治局扩大会议召开。5月16日，会议通过并发出由毛泽东主持起草的《中国共产党中央委员会通知》（即"五一六"通知），宣告"文化大革命"开始。

5月7日　毛泽东审阅《关于进一步搞好部队农副业生产的报告》后，给林彪写了一封信（简称"五·七"指示），要求全国各行各业都要办成一个大学校，这个学校可以"学政治、学军事、学文化，又能从事农副业生产，又能办一些中小工厂，生产自己需要的若干产品和与国家等价交换的产品"。

8月1—12日　中共八届十一中全会在京举行。会议通过《中国共产党中央委员会关于无产阶级文化大革命的决定》（即"十六条"）。8月5日，毛泽东写了《炮打司令部——我的一张大字报》，指出党内有一个所谓资产阶级司令部。

8月5日　西藏雅鲁藏布江上第一座现代化大桥——曲江大桥建成通车。

9月14日　中共中央发出《关于抓革命、促生产的通知》。同日，中共中央颁发《关于县以下农村文化大革命的规定》。12月15日，中共中央又印发《关于农村无产阶级文化大革命的指示（草案）》。

12月9日　中共中央发出《关于抓革命、促生产的十条规定（草案）》。其中规定工人群众可以在生产时间以外进行文化大革命，有建立革命组织的权利，可以进行革命串联。这个文件的下达，使"文化大革命"正式扩及全国工交财贸各部门的基层单位。

1967 年

1月6日　以王洪文为首的上海"造反派"夺取上海市的党政大权，刮起所谓"一月风暴"。此后夺权狂风吹向全国。

3月16日　中共中央、国务院、中央军委发布《关于保护国家财产、节约闹革命的通知》。

3月19日　中央军委作出《关于集中力量执行支左、支农、支工、军管、军训任务的决定》。到1972年8月，人民解放军先后派出指战员280余万人次执行"三支两军"任务。

5月31日 中共中央发布两项命令，决定对铁道部、交通部实行军管。在此前后，中央连续发出一系列维护社会秩序、减轻"文化大革命"破坏的指示。

8月10日 中共中央、国务院、中央军委、中央文革小组发出《关于派国防军维护铁路交通的命令》。

9月5日 中国政府和坦桑尼亚、赞比亚两国政府在北京签订关于修建坦桑尼亚—赞比亚铁路的协定。1976年7月14日，坦赞铁路竣工。

9月9日 国家计委、国防工办、国家建委发出《关于抓紧小三线建设工作的通知》，要求1968年全面完成前三年小三线建设的规划。

9月13日 中共中央、国务院、中央军委、中央文革小组发出《关于严禁抢夺国家物资商品，冲击仓库，确保国家财产安全的通知》。

1968 年

1月18日 中共中央发出《关于进一步打击反革命经济主义和投机倒把活动的通知》，要求上山下乡青年不要回城，不许分掉流动资金、公积金、公益金，坚决取缔无证商贩、个体手工业户等。

7月21日 毛泽东在《从上海机床厂看培养工程技术人员的道路》调查报告上作了批示，全国许多企业开始兴办"七·二一大学"。

10月5日 《人民日报》发表《柳河"五·七"干校为机关革命化提供了新的经验》，此后全国大批干部下放到"五七"干校参加劳动。

10月13—31日 中共八届十二中全会（扩大）举行。全会对刘少奇作出完全错误的政治结论和组织处理。

12月22日 《人民日报》发表毛泽东的指示："知识青年到农村去，接受贫下中农的再教育，很有必要。"全国掀起知识青年上山下乡的高潮。1981年11月，城镇知识青年上山下乡运动结束。

1969 年

1月18日 《人民日报》发表题为《农村商业是否由贫下中农管理好》的调

查报告，肯定了贫下中农管理农村商业的做法，并把它作为农村商业"斗、批、改"的防线加以推广。

3月　苏联军队入侵乌苏里江主航道中国一侧的珍宝岛，造成严重流血事件。中国边防部队被迫进行自卫反击作战。

4月1—24日　中国共产党第九次全国代表大会举行。大会肯定了"无产阶级专政下继续革命的理论"，使"文化大革命"的错误理论和实践合法化。中共九大在思想上、政治上和组织上的指导方针都是错误的。

5月11日　《人民日报》发表署名蔡正的文章《毛主席的独立自主、自力更生伟大方针的胜利——欢呼我国成为一个既无内债、又无外债的社会主义国家》。

6月30日　中央军委办事组召开座谈会，按照林彪提出的"用打仗的观点，观察一切，检查一切，落实一切"的要求，提出庞大的国防建设计划，提出"打仗就是比例"。10月17日，林彪擅自发布所谓"第一号命令"，要求全军进入紧急战备状态，许多大中城市立即动员疏散人口，造成战争即将爆发的紧张气氛。

11月5日　国务院、中央军委转发铁道部军管会、交通部军管会、邮电部军管会、通信兵部《关于邮电体制改革的意见》。

1970 年

3月5日　中共中央决定大庆油田、长春第一汽车厂等2 600多个中央直属企事业单位下放地方管理。

5月12日　国务院同意中国人民银行军代表报告，决定撤销华侨投资公司。

6月11日　国务院同意财政部军管会军代表报告，决定把中国人民建设银行并入中国人民银行，基建拨款业务由中国人民银行办理，但财政资金、信贷资金、流动资金和基建资金要分别管理，不准相互挪用。

6月22日　中共中央在国务院《关于国务院各部门建立党的核心小组和革命委员会的请示报告》的批示中指出，各部、委所属各企业、事业单位，除极少数一时不宜下放外，一般都应下放。7月20日，全国轻工业抓革命促生产座谈会决定，由轻工业部直接管理的72个企业、事业单位在年底前分期分批全部下放给地方，其中一部分实行双重领导。8 月 26 日，全国对外贸易计划会议决定，从 1971 年起把各地的企业下放给地方，实行双重领导，以地方为主的管理体制。

7 月 25 日—8 月 20 日　财政部召开全国财政银行工作座谈会。会议着重讨论了财政银行工作改革问题，提出下放财政、信贷管理权限；将企业上缴财政的折旧基金全部下放给地方，用于技术改造和综合利用；积极支持地方"五小"工业的发展；改革国营企业工商税收制度；建立经济核算制；农业继续执行"增产不增税"的政策。

8 月 23 日—9 月 6 日　中共九届二中全会在庐山举行。会议期间，林彪、陈伯达坚持设国家主席，妄图抢班夺权，毛泽东写了《我的一点意见》，揭露了他们的企图。

1971 年

3 月 1 日　财政部发出《关于实行财政收支包干的通知》，决定从 1971 年起实行"定收定支，收支包干，保证上缴（或差额补贴），结余留用，一年一定"的财政收支体制，建成财政收支包干。

4 月 12 日　中共中央批转中央军委国防工业领导小组《关于国防工业管理体制的报告》，明确对国防工业的管理，实行中央和地方双重领导。

4 月 16 日　国务院批转国家计委、财政部《关于开展清产核资工作的报告》，决定在前两年清查仓库的基础上，开展一次全面的清产核资工作，要求通过清产核资，工交企业流动资金节约 20%，生产建设单位的设备利用率提高 20%。

8 月 11 日　经国务院批准，中国人民银行全面调整利率。调整的原则是：适当降低利率水平，简化利率种类，取消某些不合理的优待利率。

9 月 13 日　林彪等人外逃叛国，在蒙古人民共和国温都尔汗附近机毁人亡。林彪反革命集团的覆灭，客观上宣告了"文化大革命"理论和实践的失败。

10 月 25 日　第二十六届联合国大会以压倒性多数的票数通过 2758 号决议，恢复中华人民共和国在联合国的一切合法权利，并立即把蒋介石集团的"代表"从联合国及其所属一切机构中驱逐出去。

11 月 30 日　国务院发出《关于调整部分工人和工作人员工资的通知》和《关于改革临时工、轮换工制度的通知》。

12 月 26 日　中共中央作出《关于农村人民公社分配问题的指示》，要求各地不要硬搬大寨的劳动管理办法，要从实际出发总结当地的好经验，强调农业要全面发展，不能把政策允许的多种经营当作资本主义批判。

12 月 31 日　国民经济出现"三个突破"，即职工人数突破 5 000 万人，工资支出突破 300 亿元，粮食销量突破 800 亿斤。

1972 年

2 月 5 日　中共中央、国务院批准国家计划委员会与轻工业部、燃料化学工业部等共同提出的《关于进口成套化纤、化肥技术设备的报告》。

2 月 21—28 日　美国总统尼克松访问中国。28 日，中美双方在上海发表《联合公报》，标志着两国关系正常化进程的开始。

3 月 30 日　国务院发布《中华人民共和国工商税条例（草案）》，扩大税制改革试点，合并税种，简化税目、税率。这次税制改革对调动地方积极性起到了一定的作用。

5 月 30 日　国务院批转国家计委、国家建委、财政部《关于加强基本建设管理的几项意见》，其中提出要求把所有的基本建设都纳入计划，一律不准搞计划外工程，不许乱拉资金、乱挤物资搞自筹项目，要按照基本建设程序办事等。

8 月 21 日　中共中央、国务院批准从联邦德国、日本进口一米七轧机，全部概算为 38.9 亿元，具有大型化、自动化、高速化、连续化的特点，达到 20 世纪 70 年代先进水平，为新中国成立以来最大的引进项目。同日，中共中央、中央军委决定，参加"三支两军"任务的人员撤回部队。

9 月 25—30 日　日本新任首相田中角荣访问中国。29 日，中日两国政府发表《联合声明》，宣布即日起建立外交关系。

11 月 8 日　第二十七届联合国大会通过决议，将香港、澳门从殖民主义宣言适用的殖民地名单中删除，明确了香港、澳门不具有殖民地地位。

12 月 10 日　中共中央转发国务院《关于粮食问题的报告》，传达毛泽东关于"深挖洞，广积粮，不称霸"的指示。此后，全国人防工程规模迅速扩大，人防工程标准不断提高。

1973 年

1 月 2 日　国家计委向国务院递交《关于增加设备进口、扩大经济交流的请示报告》，提出从国外引进 43 亿美元成套工业设备和单机的方案，即"四三方案"。此后又陆续追加了一批项目，达到 51.4 亿美元，到 1977 年底实际对外签约成交 39.6 亿美元。

1 月 7 日—3 月 30 日　全国计划会议在北京举行。会议研究解决"三个突破"问题的具体措施，讨论国家计委起草提交的《关于坚持统一计划，加强经济管理的规定》。

3 月 29 日　根据毛泽东的意见，周恩来主持中央政治局会议，决定邓小平正式参加国务院业务组工作，并以国务院副总理身份参加外事活动。12 月 22 日，中共中央发出通知，邓小平参加中央和中央军委的领导工作。

8 月 5—20 日　国务院召开首次全国环境保护会议，制定《关于保护和改善环境的若干规定（试行草案）》。这是新中国第一部环境保护的综合性法规。

8 月 20 日　国务院、中央军委发出《关于小三线军工厂归地方领导的若干问题的通知》。

8 月 24—28 日　中国共产党第十次全国代表大会举行。中共十大继续肯定中共九大的政治路线和组织路线。

1974 年

1 月 18 日　毛泽东同意开展"批林批孔"运动。江青为首的"四人帮"借机图谋贬低和打倒周恩来。这场运动制造了政治混乱，使生产建设遭到严重破坏。

1 月 19—20 日　中国人民解放军奉命对南越西贡当局军队的武装进攻进行自卫反击作战，胜利保卫了西沙群岛领土。

2月10日 江青制造了所谓"蜗牛事件",引进彩色显像管生产线的工作被迫推迟了数年,引进外国先进技术的其他工作也陷于停顿。

4月6—16日 邓小平率中国代表团出席联合国大会第六届特别会议。10日,在会议上全面阐述了毛泽东关于"三个世界"划分的理论和中国的对外政策。

10月11日 中共中央发出准备召开四届人大的通知,传达了毛泽东的指示:"无产阶级文化大革命,已经八年。现在,以安定为好,全党全军要团结。"11月30日,毛泽东在同李先念谈话时指示:把国民经济搞上去。

1975 年

1月13—17日 四届全国人大一次会议举行。周恩来在《政府工作报告》中重申在三届全国人大一次会议上提出的发展我国国民经济的两步设想和四个现代化目标,指出今后10年是实现两步设想的关键10年。

2月25日—3月8日 中共中央召开解决铁路问题的各省、市、自治区党委主管工业的书记会议。邓小平讲话指出,只敢抓革命,不敢抓生产,这是大错特错的。

2月 在毛泽东、周恩来支持下,邓小平开始主持国务院日常工作。7月,开始主持中央日常工作。主持工作期间,对全国各方面的工作进行整顿,收到显著成效。11月,整顿被迫中断。

3月5日,中共中央作出《关于加强铁路工作的决定》,要求加强党的集中统一领导,建立健全必要的规章制度,整顿铁路运输秩序,同各种破坏行为作斗争,确保运输安全正点。

4月5日 全国基本建设会议召开,决定在基本建设管理上推行大包干的办法,1975年先选择一批项目试行,1980年全面铺开。

8月18日 国务院讨论《关于加快工业发展的若干问题》(即"工业二十条"),邓小平提出以"工业二十条"代替过去的"工业七十条"。与此同时,国务院各有关部门先后起草了企业管理、基本建设管理、物资管理、财政管理、物价管理、劳动管理等条例,并在一定范围内征求意见。

9月15日—10月19日　国务院召开全国农业学大寨会议。会议中心议题是讨论建设大寨县、农业机械化和整顿社队问题。

9月22日　中共中央召开12省主要负责人座谈会，研究讨论农村工作问题，形成《关于农村工作中若干问题的讨论意见》。

9月26日　邓小平听取中国科学院负责同志汇报《关于科技工作的几个问题》（《科学院工作汇报提纲》），肯定了汇报提纲中关于"科学技术也是生产力。科研要走在前面，推动生产向前发展"的观点，认为汇报提纲对整个科技界、教育界和其他部门都适用。

11月3日　清华大学传达毛泽东批示。稍后中共中央召集党政军负责人在北京召开"打招呼会议"，"反击右倾翻案风"运动开始。

1976 年

1月8日　周恩来逝世。

3月3日　财政部通知，从1976年起试行"定收定支，收支挂钩，总额分成，一年一变"的财政管理体制。

3月下旬—4月5日　北京、南京等地爆发悼念周恩来、反对"四人帮"的群众运动。4月5日，首都群众在天安门广场的悼念活动被错误地定性为"反革命事件"。

4月7日　根据毛泽东提议，华国锋被任命为中共中央第一副主席、国务院总理。邓小平被错误地撤销党内外一切职务。

7月6日　朱德逝世。

7月28日　河北唐山、丰南地区发生里氏7.8级强烈地震，并波及天津、北京等地，24.2万多人罹难，16.4万多人重伤。

9月9日　毛泽东逝世。18日，首都百万群众在天安门广场隆重举行追悼大会。

10月6日　以华国锋、叶剑英、李先念等为代表的中央政治局，执行党和人民的意志，采取断然措施，对江青、张春桥、王洪文、姚文元隔离审查。延续十年之久的"文化大革命"结束。

12月10—27日　第二次全国农业学大寨会议在京举行。会议没有考虑客观实际和可能，要求到1980年全国三分之一的县建成大寨县，基本上实现农业机械化。

1977 年

2月7日　《人民日报》、《红旗》杂志、《解放军报》发表社论《学好文件抓住纲》，提出"两个凡是"，压制了思想解放，阻碍了各个领域拨乱反正工作。

3月3—16日　全国计划会议在京举行。针对经济领域存在的思想混乱，会议提出了10个"要不要"问题，强调分清是非界限，对于澄清混乱思想起到了积极作用。

3月10—22日　中共中央工作会议举行。

4月10日　邓小平致信华国锋、叶剑英和中共中央，针对"两个凡是"的错误观点，指出：我们必须世世代代地用准确的完整的毛泽东思想来指导我们全党、全军和全国人民。

4月20日—5月13日　中共中央召开全国工业学大庆会议。会议提出"五五"计划期间，全国至少要有三分之一的企业办成大庆式企业。

7月6日—8月5日　全国农田基本建设会议分两个阶段在山西昔阳县和北京举行。

7月16—21日　中共十届三中全会召开。全会通过关于追认华国锋任中共中央主席、中央军委主席的决议，决定恢复邓小平中共中央副主席、中央军委副主席、国务院副总理等职务。

7月17日　中共中央政治局原则批准国家计委提出的今后八年引进新技术和成套设备的规划，这些项目共需外汇65亿美元，国内配套工程的基建投资需要400亿元。

8月10日　国务院发出《关于调整部分职工工资的通知》，决定从1977年10月1日起提高部分职工工资，调整的重点是工作多年、工资偏低的职工，约有60％的职工不同程度地增加了工资。

8月12—18日 中国共产党第十一次全国代表大会举行。大会宣告"文化大革命"已经结束，重申在 20 世纪内把中国建设成为社会主义现代化强国，但未能从根本上纠正"文化大革命"的错误。

10月5日 中央政治局会议讨论并原则批准教育部《关于 1977 年高等学校招生工作的意见》。12 日，国务院批转了这个意见，决定从本年起，高等学校招生采取自愿报名、统一考试、择优录取的办法，恢复"文化大革命"中被废弃的高考制度。

11月13日 国务院批转财政部《关于税收管理体制的规定》，提出国家税收政策的改变、税法的颁布和实施、税种的开征和停征、税目的增减和税率的调整等，都属于中央的权限，一律由国务院统一规定。

11月28日 国务院发布《关于实行现金管理的决定》，强调要严格管理货币的发行，保证货币发行权集中于中央，以有计划地调节货币流通，打击城乡资本主义势力。

12月1日 中共中央、国务院批准下达国家计委《关于 1976—1985 年发展国民经济十年规划纲要（修订草案）》。

1978 年

1月1日 国务院决定将中国人民银行与财政部分设，财政金融体制开始改革。

2月17日 财政部发出《关于试行"增收分成，收支挂钩"财政体制的通知》，选择黑龙江、吉林、北京等 10 个省市进行试点。

3月11日 国务院同意国家计委等部委《关于上海新建钢铁厂的厂址选择、建设规模和有关问题的请示报告》，决定从日本引进成套设备，在上海宝山县新建钢铁厂。12 月 23 日，上海宝山钢铁总厂举行动工典礼。到 1985 年 9 月、1992 年 4 月，一期、二期工程分别建成投产。2001 年 5 月，三期工程通过竣工验收。

3月18—31日 中共中央召开全国科学大会。邓小平在开幕词中强调科学技术是生产力，指出为社会主义服务的脑力劳动者是劳动人民的一部分。大会制定了《1978—1985 年全国科学技术发展规划纲要（草案）》。

4月5日 中共中央批准中央统战部、公安部《关于全部摘掉右派分子帽子的请示报告》。9月17日，中共中央批转《贯彻中央关于全部摘掉右派分子帽子决定的实施方案》。

4月20日 中共中央发出《关于加快工业发展的若干问题的决定（草案）》（简称"工业三十条"），主要内容有：建立和健全以岗位责任制为核心的各项规章制度；恢复党委领导下的厂长分工负责制、总工程师和总会计师责任制、职工大会制等制度；按照专业化协作原则改组工业。这是当时指导工交战线拨乱反正的重要文件。

4月22日 国家计委、国家建委、财政部发出《关于加强基本建设管理的几项规定》《关于加强自筹基本建设管理的规定》《关于基本建设程序的若干规定》，要求整顿基本建设混乱现象，加强建设资金的管理和合理安排，提高投资效益。

5月2日—6月6日 中国派出考察团访问法国、联邦德国、瑞士、丹麦、比利时等西欧国家。

5月10日 中央党校内部刊物《理论动态》刊登《实践是检验真理的唯一标准》一文。11日，《光明日报》以特约评论员名义公开发表这篇文章，新华社向全国转发。在邓小平的领导和许多老一辈革命家的支持下，一场关于真理标准问题的大讨论迅速在全党全社会展开。

7月6日—9月9日 国务院召开务虚会议，研究加快四个现代化建设问题，会议提出了经济体制改革问题。李先念在会议总结讲话中明确提出了实行改革开放经济政策的主张。

9月5日 国务院召开全国计划会议。会议提出，要把注意力转到生产斗争和技术革命上来；转到按照经济规律办事，把民主和集中很好结合起来的科学管理的轨道上来；转到积极引进国外先进技术，利用外国资金，大胆进入国际市场上来。

9月13—20日 邓小平视察本溪、大庆、哈尔滨、长春、沈阳、鞍山等地并发表一系列重要谈话。

11 月 10 日—12 月 15 日　中共中央工作会议举行。会议讨论从 1979 年起把全党工作着重点转移到社会主义现代化建设上来等问题。陈云提出解决历史遗留问题的意见，得到与会人员响应。11 月 25 日，中央政治局宣布为天安门事件等错案平反。12 月 13 日，邓小平在中央工作会议闭幕式上发表《解放思想，实事求是，团结一致向前看》讲话，实际上成为随后召开的中共十一届三中全会的主题报告，是开辟新时期新道路的宣言书。

12 月 16 日　中美公布关于建立外交关系的联合公报，宣布自 1979 年 1 月 1 日起互相承认并建立外交关系。

12 月 18—22 日　中共十一届三中全会举行。全会作出把党和国家工作中心转移到经济建设上来，实行改革开放的历史性决策。全会标志着中国共产党重新确立了马克思主义的思想路线、政治路线和组织路线，实现新中国成立以来党的历史上具有深远意义的伟大转折，开启了改革开放和社会主义现代化的伟大征程。

12 月　安徽省凤阳县小岗村 18 户农民将集体耕地承包到户，实行大包干。这一事件标志着农村自发改革的开始。

1979 年

1 月 11 日　中共中央发出《关于加快农业发展若干问题的决定（草案）》。规定社员自留地、自留畜、家庭副业和农村集市贸易是社会主义经济的附属和补充，不得当作"资本主义尾巴"加以取缔。

1 月 18 日—4 月 3 日　党的理论工作务虚会召开。3 月 30 日，邓小平在会上发表《坚持四项基本原则》的讲话，四项基本原则是实现现代化的根本前提。

1 月 31 日　中共中央、国务院决定在广东蛇口建立全国第一个对外开放工业区——蛇口工业区。

2 月 17 日—3 月 16 日　中国边防部队实施对越自卫反击战。

3 月 1 日　国务院决定从 3 月起陆续提高粮食、棉花、生猪、大麻、桑蚕茧等 18 种主要农产品收购价格，平均提高 24.8%。这一措施调动了农民的生产积极性，激发了农村的发展活力。

3月21日　邓小平会见外宾时提出"中国式的四个现代化"概念。12月6日，他在会见日本首相大平正芳时提出"小康"的概念。

4月1日　经国务院批准，中国人民银行提高城乡居民和华侨人民币定期储蓄的存款利率，并增加储蓄种类和利率档次。这是1950年以来国家首次提高人民币定期储蓄的存款利率。

4月5—28日　中共中央召开工作会议，针对国民经济比例的严重失调问题，决定自1979年起用三年时间，对国民经济实行"调整、改革、整顿、提高"的新八字方针。6月18日，五届全国人大二次会议提出集中三年时间，认真搞好国民经济调整，逐步进入持久的按比例的高速度发展的轨道。

4月13—20日　国家经委召集首都钢铁公司、天津自行车厂等八个企业和有关部门负责人召开座谈会。5月25日，国家经委、财政部等六部门发出通知，确定在这八个企业中进行扩大经营管理自主权的改革试点。

7月1日　五届全国人大二次会议通过《中华人民共和国中外合资经营企业法》等法律。

7月13日　国务院印发《关于按照五个改革管理体制文件组织试点的通知》，扩大国营企业生产经营活动的自主权。到年底，据22个省市自治区2 963个试点企业的统计，全面完成的工业总产值比上年增长12.2%，实现利润增长20%，上缴利润增长13.4%。同日，国务院发出《关于试行"收支挂钩、全额分成、比例包干、三年不变"财政管理办法的通知》，改革财政管理办法。

7月15日　中共中央、国务院批转广东省委、福建省委关于对外经济活动实行特殊政策和灵活措施的两个报告，决定先在深圳、珠海、汕头、厦门试办出口特区。1980年5月16日，中共中央、国务院批转《广东、福建两省会议纪要》，将特区定名为"经济特区"。

8月28日　国务院转发《关于基本建设投资试行贷款办法报告》《基本建设贷款试行条例》，基本建设投资试行"拨改贷"。

9月25—28日　中共十一届四中全会举行。全会通过《中共中央关于加快农业发展若干问题的决定》，提出了加快农业发展的 25 项政策。

9 月 29 日　叶剑英在庆祝中华人民共和国成立 30 周年大会上发表讲话，初步总结新中国成立 30 年来的经验教训，提出要从中国的实际出发，走出一条适合中国情况和特点的实现现代化的道路。

10 月 27 日　全国有 1 000 多个工业企业开始试行扩大企业自主权和利润留成的制度。这批试点企业分布在 21 个省市自治区，它们的利润约占这些地区工业总利润的 30%。

11 月 1 日　中共中央、国务院发出通知，决定从 11 月 1 日起适当提高猪肉、牛肉、羊肉、禽蛋、蔬菜、水产品、牛奶七种主要副食品的销售价格；同时，给职工副食品价格补贴，并给 40% 的职工增加工资，以使绝大多数职工和城镇居民生活水平不下降。

11 月 12 日　中共中央批转中央统战部等六部门的《关于把原工商业者中的劳动者区别出来问题的请示报告》，将 1956 年公私合营时被作为资产阶级工商业者对待的一大批小商小贩小手工业者及其他劳动者重新划定成分，1956 年被划为资产阶级工商业者共计 86 万人，文件下达后，从中甄别出 70 万人为劳动者，占 81%。

12 月 3 日　国务院财经委员会经济体制改革小组办公室提出《关于经济管理体制改革总体设想的初步意见》，认为应该在计划调节与市场调节相结合的前提下，该放的放，该收的收。这是中共十一届三中全会以来我国第一个有关经济体制改革的总体规划草案。

1980 年

1 月 16 日　邓小平在中共中央召集的干部会议上发表《目前的形势和任务》讲话，提出反对霸权主义、维护世界和平，台湾回归祖国、实现祖国统一，加紧四个现代化建设三大任务。

2 月 1 日　国务院印发《关于实行"划分收支、分级包干"财政管理体制的暂行规定》，按照经济管理体制规定的隶属关系，明确划分中央和地方财政的收支范围。

4月1日　国务院授权中国银行发行外汇兑换券，它是一种含有外汇价值的人民币凭证，同中国银行旅行支票和特种人民币支票一样，都属于同一性质的银行支付凭证，不是另一种货币。

4月17日　中国正式恢复在国际货币基金组织的代表权。

5月8日　国务院决定成立国务院体制改革办公室，负责制定改革的总体规划和协调各方面的改革。同年9月8日，该办公室制定出《经济体制改革的初步意见》。

5月15日　世界银行执行董事会决定正式恢复我国在世界银行、国际开发协会和国际金融公司的代表权。

5月16日　中共中央、国务院批转《广东、福建两省会议纪要》，正式将出口特区改称为经济特区。8月，第五届全国人大常委会第十五次会议批准广东、福建两省在深圳、珠海、汕头、厦门设置经济特区。

8月2—7日　中共中央召开全国劳动就业工作会议，提出解放思想，放宽政策，发展生产，广开就业门路；大力发展自负盈亏的集体所有制经济，适当发展不剥削他人的个体经济，发展服务业、建筑业和劳动密集型企业。

9月2日　国务院批转国家经委《关于扩大企业自主权试点工作情况和今后意见的报告》。报告指出，一年来，全国已有6 600多个企业实行了扩大企业自主权试点。批准从1981年起把扩大企业自主权的工作在国营工业企业中全面推开。

9月10日　五届全国人大三次会议通过《中华人民共和国中外合资经营企业所得税法》《中华人民共和国个人所得税法》。

9月14—22日　中共中央召开省、市、自治区党委第一书记座谈会，讨论加强和完善农业生产责任制的问题。

9月25日　中共中央发出《关于控制我国人口增长问题致全体共产党员共青团员的公开信》，提倡一对夫妇只生一个孩子。1982年中共十二大把实行计划生育确立为中国的一项基本国策。

10月5—15日　国家建委召开全国城市规划工作会议，提出"控制大城市规模，合理发展中等城市，积极发展小城市"的城市发展总方针。

10月17日　国务院公布《关于开展和保护社会主义竞争的暂行规定》，提出在社会主义公有制经济占优势的情况下，允许和提倡各种经济成分之间、各个企业之间，发挥特长，开展竞争。要求在计划、流通、价格、技术等方面，为企业开展竞争创造条件。

11月12日　国家经委、财政部、中国人民建设银行联合发出通知，决定从1981年起，将国家经委、财政部安排的部分挖潜、革新、改造资金由国家拨款改为银行贷款。11月18日，国务院决定从1981年起，凡是独立核算、有还款能力的企业，都实行基本建设拨款改贷款。

11月23日　中共中央批转山西省委《关于农业学大寨运动中经验教训的检查报告》，长达十几年的农业学大寨运动宣告结束。

1981 年

1月21日　国务院发出《技术引进和设备进口工作暂行条例》，要求引进工作的方针要真正转到引进技术上来，技术引进和设备进口要加强计划性，必须按照经济规律办事。

1月28日　国务院颁发《中华人民共和国国库券条例》，为调整与稳定国民经济、适当集中各方面的财力、进行社会主义现代化建设、逐步提高人民生活水平，从1981年开始发行中华人民共和国国库券。

6月27—29日　中共十一届六中全会召开。全会通过了《关于建国以来党的若干历史问题的决议》，标志着党在指导思想上拨乱反正任务的完成。

7月7日　国务院印发《关于城镇非农业个体经济若干政策性规定》，鼓励和支持城镇待业青年从事个体经营，有计划地将部分小手工业、修理、服务和商业，租给或包给个人经营。要求保护个体经营户的正当经营、合法收益和财产。城乡个体工商业获得合法的发展机会。

10月17日　中共中央、国务院作出《关于广开门路，搞活经济，解决城镇就业问题的若干决定》。

10月29日　国务院转发国家经委、国务院体制改革办公室《关于实行工业生产经济责任制若干问题的意见》，提出实行工业生产经济责任制的内容、原则、形式和应注意的问题。

11月30日—12月13日　五届全国人大四次会议召开，政府工作报告提出今后经济建设的十条方针。会议通过《中华人民共和国经济合同法》《中华人民共和国外国企业所得税法》，分别自1982年7月1日和1月1日起施行。

1982 年

1月1日　中共中央批转《全国农村工作会议纪要》，肯定包产到户等各种生产责任制都是社会主义集体经济的生产责任制。

1月2日　中共中央、国务院作出《关于国营工业企业进行全面整顿的决定》，决定从1982年起用两三年时间，分期分批地对所有国营企业进行全面整顿。

1月11日　邓小平会见美国华人协会主席李耀滋，首次提出"一个国家，两种制度"概念。

3月8日　第五届全国人大常委会第二十二次会议通过《关于国务院机构改革问题的决议》，国务院各部、委和直属机构由98个裁减合并为52个，设立国家经济体制改革委员会。

9月1—11日　中国共产党第十二次全国代表大会召开。邓小平在开幕词中提出，我们的现代化建设，必须从中国的实际出发。把马克思主义的普遍真理同我国的具体实际结合起来，走自己的道路，建设有中国特色的社会主义，这就是我们总结长期历史经验得出的基本结论。大会通过的报告《全面开创社会主义现代化建设的新局面》提出分两步走，在20世纪末实现工农业年总产值翻两番的目标。会议提出，正确贯彻"计划经济为主，市场调节为辅"的原则，是经济体制改革中的一个根本性问题。

9月16日　国务院批转国家物价局等部门《关于逐步放开小商品价格实行市场调节的报告》，决定对三类工业品中的160种小商品实行市场调节，从此小商品价格逐步放开。

10月20日—11月10日　全国商业工作会议决定改革国营商业独家经营体制，决定采取三项措施搞活流通领域：放宽农副产品购销政策；调整工业品购销政策；放手发展集体和个体商业、饮食服务业，合理调整国营商业在社会商业中的比重。

12月4日　五届全国人大五次会议通过并公布施行经全面修改的《中华人民共和国宪法》。提出改变农村人民公社"政社合一"的体制，设立乡政府。同日，国务院印发《关于改进"划分收支、分级包干"财政管理体制的通知》。

12月10日　五届全国人大五次会议批准《中华人民共和国国民经济和社会发展第六个五年计划》。

1983 年

1月2日　中共中央发出《关于印发〈当前农村经济政策的若干问题〉的通知》，指出：要根据我国国情，逐步实现农业的经济结构改革和技术改革，走出一条具有中国特色的社会主义农业发展道路。

2月3日　国务院批转国家计委《关于对商品粮基地建设进行改革试点的报告》，决定以县为单位，建立50个商品粮基地县。

2月5日　国务院发布《城乡集市贸易管理办法》，指出：城乡集市贸易是我国社会主义统一市场的组成部分，具有促进农副业生产发展、活跃城乡经济、便利群众生活、补充国营商业不足的积极作用。

2月22日　劳动人事部发出《关于积极试行劳动合同制的通知》。劳动合同制的适用范围包括全民所有制单位和区、县以上集体所有制单位，包括普通工种和技术工种。在"新人新制度、老人老制度"过渡完成后，最终达到所有职工都实行劳动合同制。

3月16日　国务院批转国家经委、对外经贸部《关于进一步办好中外合资经营企业的报告》。

4月1日　国务院颁布《国营工业企业暂行条例》，以法规形式规范国营工业企业的权利。同日，中共中央、国务院批转《关于加快海南岛开发建设问题讨论纪要》。

4月13日　国务院印发《关于城镇劳动者合作经营的若干规定》和《关于城镇非农业个体经济若干政策性规定的补充规定》，进一步放宽对城镇个体经济的限制。

4月14日　国务院印发《关于城镇集体所有制经济若干政策问题的暂行规定》，进一步保护和发展城镇集体所有制经济。

4月24日　国务院批转财政部《关于国营企业利改税试行办法》。国务院指出，国营企业实行利改税，是在充分酝酿和经过几年试点后确定的一项重大改革，自1983年1月1日起实行。

9月1日　国务院批转国家物价局等部门《关于进一步放开小商品价格的报告》，决定再放开350种（类）小商品的价格；对小商品的产销实行市场调节，企业定价。

9月2日　第六届全国人大常委会第二次会议修改并颁布《中华人民共和国中外合资经营企业所得税法》。

9月3日　中共中央、国务院印发《关于加强利用外资工作的指示》。

9月17日　国务院印发《关于中国人民银行专门行使中央银行职能的决定》，中国人民银行不再兼办工商信贷和储蓄业务，另成立中国工商银行承办这些业务。

10月12日　中共中央、国务院发出《关于实行政社分开建立乡政府的通知》，要求各地在1984年底以前大体完成建立乡政府的工作。

1984 年

1月1日　中共中央以一号文件形式发出《关于1984年农村工作的通知》，提出：继续稳定和完善联产承包责任制，土地承包一般延长到15年以上；继续实行农村商业体制改革，进一步搞活农村经济等政策。

1月22日—2月17日　邓小平视察深圳、珠海、厦门三个经济特区和上海，充分肯定试办经济特区和对外开放的决策。在中央负责同志谈话时提出，可以考虑再开放几个港口城市。3 月 26 日—4 月 6 日，中共中央书记处、国务院在京召开沿海部分城市座谈会，会议建议进一步开放沿海港口城市。5 月 4 日，中共中央、国务院批转《沿海部分城市座谈会纪要》，决定进一步开放天津、上海、大连、秦皇岛、烟台、青岛、连云港、南通、宁波、温州、福州、广州、湛江和北海 14 个沿海港口城市，并提出逐步兴办经济技术开发区。

1 月 31 日　海关总署、财政部、外经贸部发出《关于中外合作经营企业进出口货物的监管和征免税的规定》，从 1984 年 2 月起实行。这对于鼓励外国企业和其他经济组织或个人来中国开办合作经营企业、引进先进技术和设备具有积极的意义。11 月 15 日，国务院发布《关于经济特区和沿海十四个港口城市减征、免征企业所得税和工商统一税的暂行规定》的通知。

2 月 10—23 日　国务院召开全国经济工作会议，会议以提高经济效益为主要议题，强调把全部经济工作转移到以提高经济效益为中心的轨道上来，是在思想上、政治上和中央保持一致的重大问题。为此需要从三个层次抓好工作：第一个层次是提高企业素质，第二个层次是加强企业管理，第三个层次是搞好宏观调控。

3 月 1 日　中共中央、国务院转发农牧渔业部和部党组《关于开创社队企业新局面的报告》，同意将社队企业改称乡镇企业，指出乡镇企业是农村生产的重要支柱，是农民群众走向共同富裕的重要途径，是国家财政收入的重要来源，提出了发展乡镇企业的若干政策。

3 月 19 日　商业部、国家工商行政管理局发出《关于不准干部、职工从事个人经商的联合通知》，规定所有国家机关、国营工商业（包括供销、粮食）部门和其他企业、事业单位的干部与职工，一律不准从事个人经商和进行其他非法的经营活动，一律不准利用家属或亲友的名义经商、以权谋私、从中渔利或收受贿赂。

5 月 10 日　国务院印发《关于进一步扩大国营工业企业自主权的暂行规定》，规定从生产经营计划、产品销售、产品价格、资金使用、物资选购、资产处置、机构设置、工资奖金、人事劳动管理、联合经营等十个方面扩大企业自主权。

8 月 6 日　国务院批转中国农业银行《关于改革信用合作社管理体制的报

告》，要求通过改革，恢复信用合作社组织上的群众性、管理上的民主性、经营上的灵活性，在国家方针指导下，实行独立经营、独立核算、自负盈亏，发挥民间借贷的作用。

8月16日　国务院召开会议听取关于三线企业调整方案的汇报。会议对我国三线企业调整提出意见：三线军工企业要转变为军民结合型企业；部分三线企业经改造后可生产市场急需产品；三线企业调整资金采取各种办法解决。会后，三线企业转产民用产品形成高潮。

9月18日　国务院批转财政部《关于在国营企业推行利改税第二步改革的报告》，决定从1984年10月1日起，在全国普遍推行利改税第二步改革，即由税利并存逐步过渡到完全以税代利。

9月29日　中共中央、国务院发出《关于帮助贫困地区尽快改变面貌的通知》，提出了进一步放宽政策、减轻负担、给予优惠及搞活商品流通、增加智力投资等一系列政策措施。

10月4日　国务院批转国家计委《关于改进计划体制的若干暂行规定》，提出根据"大的方面管住管好，小的方面放开搞活"的精神，适当缩小指令性计划的范围，对关系国计民生的重要经济活动实行指令性计划，对大量一般经济活动实行指导性计划，对饮食、服务业等实行市场调节。

10月6日　邓小平在会见参加中外经济合作问题讨论会中外代表时指出，关起门搞建设是不能成功的，中国的发展离不开世界。对内经济搞活，对外经济开放，是个长期政策，最少五十年到七十年不会变。

10月13日　国务院发出《关于农民进入集镇落户问题的通知》，允许农民进入集镇落户，要求各级人民政府积极支持有经营能力和有技术专长的农民进入集镇经营工商业。

10月20日　中共十二届三中全会通过《中共中央关于经济体制改革的决定》，规定以城市为重点的经济体制改革的任务、性质和各项方针政策；提出社会主义经济是公有制基础上的有计划的商品经济；增强企业活力，特别是全民所有制大中型企业的活力，是以城市为重点的整个经济体制改革的中心环节。

11月20日　国务院批转轻工业部、全国手工业合作总社《关于轻工业集体企业若干问题的暂行规定》，指出轻工业集体企业要真正按照集体经济的性质和特点来办，可以按照自愿组合、自负盈亏、民主管理、按劳分配、职工集资、适当分红、集体积累、自主支配的原则，自主经营管理。轻工业集体企业可以实行多种形式的经济承包责任制，并实行民主管理和厂长负责制。

12月3日　中共中央、国务院印发《关于严禁党政机关和党政干部经商、办企业的决定》。

12月19日　中英两国政府在北京正式签署《中华人民共和国政府和大不列颠及北爱尔兰联合王国政府关于香港问题的联合声明》，中国政府声明决定于1997年7月1日对香港恢复行使主权。

1985 年

1月1日　中共中央、国务院印发《关于进一步活跃农村经济的十项政策》，决定改革农产品统派购制度，从1985年起实行合同定购和市场收购。

1月5日　国务院印发《关于国营企业工资改革问题的通知》，决定从1985年起，在国营大中型企业中实行职工工资总额与企业经济效益按比例浮动的办法。

1月24日　国家物价局、国家物资局发出《关于放开工业生产资料超产自销产品价格的通知》，由此形成所谓的价格"双轨制"。

1月25—31日　国务院召开长江、珠江三角洲和闽南厦漳泉三角地区座谈会。座谈会建议将这三个"三角"地带开辟为沿海经济开放地区。2月18日，中共中央、国务院批转《长江、珠江三角洲和闽南厦漳泉三角地区座谈会纪要》，决定在这三个地区开辟沿海经济开放区。

3月4日　邓小平在会见外宾时指出，现在世界上真正大的问题，带全球性的战略问题，一个是和平问题，一个是发展问题。和平问题是东西问题，发展问题是南北问题，南北问题是核心问题。

3月13日　中共中央作出《关于科学技术体制改革的决定》，提出经济建设必须依靠科学技术、科学技术工作必须面向经济建设的战略方针。

3月21日　国务院印发《关于实行"划分税种、核定收支、分级包干"财政管理体制的规定》，决定从1985年起实行新的财政管理体制。

5月23日　中共中央、国务院印发《关于禁止领导干部的子女、配偶经商的决定》。

8月16日　国务院办公厅转发国家科委《关于抓一批"短平快"科技项目促进地方经济振兴的请示》，决定实施"星火计划"。

9月2—7日　中国经济体制改革研究会、中国社会科学院和世界银行共同召开宏观经济管理国际讨论会。会议在重庆至武汉的"巴山"号轮船上举行，简称"巴山轮会议"。这次研讨会着重讨论了宏观经济管理的理论和国际经验、计划与市场的关系等问题。

9月18—23日　中国共产党全国代表会议举行，通过《中共中央关于制定国民经济和社会发展第七个五年计划的建议》，提出了经济体制改革的基本原则和基本方案。

1986年

1月1日　中共中央、国务院发出中央一号文件，部署1986年农村工作，提出要落实政策，深入改革，改善农业生产条件，组织产前产后服务，推动农村经济持续、稳定、协调发展。

3月8日　国务院批转电子工业部《关于推进电子工业管理体制改革的报告》。报告提出了电子工业近期改革的四个设想：一是简政放权，搞活企业；二是政企职责分开，让企业"自立""创业"；三是推进联合重组，改变企业结构；四是转变职能，搞好行业管理。

3月10—16日　国务院召开第一次全国城市经济体制改革工作会议，重点讨论了发展和推动横向经济联合问题。3月23日，国务院颁布《关于进一步推动横向经济联合若干问题的规定》，指出加强横向经济联合是经济体制改革的重要内容，对横向经济联合的健康发展作了具体规定。

3月25日—4月12日　六届全国人大四次会议原则批准《中华人民共和国国民经济和社会发展第七个五年计划（1986—1990）》，通过《中华人民共和国民法通则》《中华人民共和国外资企业法》等。

7月12日　国务院发布《国营企业实行劳动合同制暂行规定》《国营企业招用工人暂行规定》《国营企业辞退违纪职工暂行规定》《国营企业职工待业保险暂行规定》。

9月15日　中共中央、国务院印发《中国共产党全民所有制工业企业基层组织工作条例》《全民所有制工业企业厂长工作条例》《全民所有制工业企业职工代表大会条例》，决定在企业中普遍实行厂长负责制。

9月28日　中共十二届六中全会召开。全会通过《中共中央关于社会主义精神文明建设指导方针的决议》，阐明了社会主义精神文明建设的战略地位、根本任务和基本指导方针。

11月18日　中共中央、国务院转发《高技术研究发展计划纲要》（又称"八六三计划"）。纲要确定了7个领域中的15个主题项目，作为我国今后发展高技术的重点。

12月5日　国务院作出《关于深化企业改革增强企业活力的若干规定》，提出：全民所有制小型企业可积极试行租赁、承包经营，全民所有制大中型企业要实行多种形式的经营责任制，各地可以选择少数有条件的全民所有制大中型企业进行股份制试点。

1987 年

1月20日　国务院颁布《关于进一步推进科技体制改革的若干规定》《关于推进科研设计单位进入大中型工业企业的规定》，要求推进科研生产横向联合，放宽放活对科技人员的政策。

1月22日　中共中央政治局通过《把农村改革引向深入》的文件，提出：继续改革统派购制度，扩大农产品市场；搞活农村金融，开拓生产要素市场；完善双层经营，稳定家庭联产承包责任制；发展多种形式的经济联合；鼓励个体私人企业发展。

4月13日　中葡两国政府在北京正式签署《中华人民共和国政府和葡萄牙共和国政府关于澳门问题的联合声明》，确认中国政府于1999年12月20日对澳门恢复行使主权。

4月17日　国务院印发《关于扩大征集国家能源交通重点建设基金的规定》。

4月30日　邓小平在《吸取历史经验，防止错误倾向》谈话中，明确提出分三步走，基本实现现代化的目标。第一步在20世纪80年代翻一番，国民生产总值人均达到五百美元。第二步到20世纪末，人均达到一千美元，进入小康社会。第三步在21世纪用三十年到五十年再翻两番，大体上达到人均四千美元，达到中等发达的水平。

6月10日　国务院批转国家体改委、商业部、财政部《关于深化国营商业体制改革的意见》和《关于深化供销合作社体制改革的意见》。

10月16日　国务院办公厅公布有关接待探亲台胞的办法。长达38年之久的两岸隔绝状态被打破，两岸人员往来和经济文化交流逐步展开。

10月25日—11月1日　中国共产党第十三次全国代表大会举行。大会通过报告《沿着有中国特色的社会主义道路前进》，阐述社会主义初级阶段理论，提出党在社会主义初级阶段的基本路线，制定到21世纪中叶分三步走、实现现代化的发展战略。会议提出，社会主义有计划商品经济的体制应该是计划与市场内在统一的体制，新的经济运行机制总体上说应当是"国家调节市场，市场引导企业"的机制。要围绕转变企业经营机制这个中心环节，分阶段地进行计划、投资、物资、财政、金融、外贸等方面体制的配套改革，逐步建立起有计划商品经济新体制的基本框架。

1988 年

1月15日　全国住房制度改革工作会议召开。2月15日，国务院发出《关于在全国城镇分期分批推行住房制度改革的实施方案》，决定从1988年起，用三五年的时间，在全国城镇分期分批推开住房制度改革。

2月 26 日　国务院发出《关于加快和深化对外贸易体制改革若干问题的规定》，我国外贸企业全面推行承包经营责任制。

3月 18 日　国务院发出《关于进一步扩大沿海经济开放区范围的通知》，决定新划入沿海经济开放区 140 个市、县，包括杭州、南京、沈阳 3 个省会城市。

3月 25 日—4月 13 日　七届全国人大一次会议通过《中华人民共和国全民所有制工业企业法》《中华人民共和国中外合作经营企业法》等；通过宪法修正案，将私营经济的合法地位写进宪法；决定设立海南省、建立海南岛经济特区；批准国务院机构改革方案。

9月 12 日　邓小平在听取工作汇报时，提出"两个大局"思想。指出，沿海地区要加快对外开放，使这个拥有两亿人口的广大地带较快地先发展起来，从而带动内地更好地发展，这是一个事关大局的问题。内地要顾全这个大局。反过来，发展到一定的时候，又要求沿海拿出更多力量来帮助内地发展，这也是个大局。那时候沿海也要服从这个大局。

9月 26—30 日　中共十三届三中全会举行。全会提出治理经济环境、整顿经济秩序、全面深化改革的方针。原则通过《关于价格、工资改革的初步方案》。

10月 3 日　中共中央、国务院印发《关于清理整顿公司的决定》，要求解决政企不分、官商不分、转手倒卖、牟取暴利等问题。

1989 年

5月 16 日　邓小平会见来访的苏联最高苏维埃主席团主席、苏共中央总书记戈尔巴乔夫，中苏关系实现正常化。

6月 23—24 日　中共十三届四中全会举行。全会通过了《关于赵紫阳同志在反党反社会主义的动乱中所犯错误的报告》，选举江泽民为中央委员会总书记。

8月 16 日　国家审计署公布对"康华"等五大公司的审计结果和处理决定，没收五大公司非法所得，处以罚款和补缴税金 5 133 万元。

8月 17 日　中共中央、国务院印发《关于进一步清理整顿公司的决定》。

10月 31 日　邓小平会见美国前总统尼克松，在谈到美国对华制裁问题时指出，结束过去，美国应该采取主动，也只能由美国采取主动。要中国来乞求，办不到。哪怕拖一百年，中国人也不会乞求取消制裁。

11月6—9日 中共十三届五中全会举行。全会通过《中共中央关于进一步治理整顿和深化改革的决定》，会议肯定党的十三届三中全会决定对国民经济进行治理整顿是正确的，并决定用3年或更长一点时间基本完成治理整顿任务。同意邓小平辞去中央军委主席职务，决定江泽民任中央军委主席。

1990 年

1月4—8日 国务院召开全国经济体制改革工作会议。会议指出：完善发展承包经营责任制、完善厂长负责制、发挥大中型企业骨干作用、发展企业集团、强化企业管理、推进各项改革试点。

3月20日—4月4日 七届全国人大三次会议举行。会议通过《中华人民共和国香港特别行政区基本法》《关于〈中华人民共和国香港特别行政区基本法〉的决定》《关于设立香港特别行政区的决定》。

4月12日 中共中央政治局会议原则通过国务院提交的浦东开发开放方案。上海浦东新区成为我国首个国家级新区。到2021年6月，全国共设立19个国家级新区。

9月22日—10月7日 第十一届亚洲运动会在北京举行。这是中国首次承办的综合性国际体育大赛。

11月26日 上海证券交易所正式成立。这是新中国成立以来在中国设立的第一家证券交易所。

12月25—30日 中共十三届七中全会举行。全会通过《中共中央关于制定国民经济和社会发展十年规划和"八五"计划的建议》，提出按照发展社会主义有计划商品经济的要求，建立"计划经济与市场调节相结合"的经济运行机制。

1991 年

1月12日 国务院印发《关于调整粮食购销政策有关问题的通知》，要求通过稳购、压销、调价、包干，缩小国家粮食收支缺口，使粮食流通走上健康发展的道路。

2月25日—3月1日 国务院召开全国经济体制改革工作会议。会议讨论了经济体制改革十年规划和"八五"纲要，以及当年经济体制改革的要点。5月18日，国家经济体制改革委员会印发《经济体制改革十年规划和"八五"纲要》。

3月6日 国务院印发《关于批准国家高新技术产业开发区和有关政策规定的通知》。决定继1988年批准北京市新技术产业开发试验区之后，在各地已建立的高新技术产业开发区中，再选定武汉东湖新技术开发区等21个开发区作为国家高新技术产业开发区。到2021年6月，共建成169个国家高新技术产业开发区（含苏州工业园区）。

3月25日—4月9日 七届全国人大四次会议举行。会议批准《中华人民共和国国民经济和社会发展十年规划和第八个五年计划纲要》。

4月4日 国务院发布《关于调整粮油统销价格的决定》，决定自5月1日起调整粮油统销价格，将过去对粮油价格的"暗补"改为"明补"，在实现"购销同价"方面迈出重要一步。

4月11日 经中国人民银行批准，深圳证券交易所正式成立。7月3日，深圳证券交易所正式开业。

7月1日 庆祝中国共产党成立70周年大会召开。江泽民发表讲话，阐述了有中国特色社会主义的经济、政治、文化的基本特征和主要内容。

11月25—29日 中共十三届八中全会举行。全会通过《中共中央关于进一步加强农业和农村工作的决定》，指出要把以家庭联产承包为主的责任制、统分结合的双层经营体制作为我国乡村集体经济组织的一项基本制度长期稳定下来，并不断充实完善。

1992 年

1月1日 江泽民在全国政协新年茶话会上指出，经过三年来的努力，治理整顿任务已基本完成。在新的一年里，我们要进一步解放思想，实事求是，积极稳妥地在改革开放方面迈出更大步伐。

1月18日—2月21日　邓小平视察武昌、深圳、珠海、上海等地并发表谈话，明确回答长期困扰和束缚人们思想的许多重大认识问题。这次谈话是把改革开放和现代化建设推进到新阶段的又一次解放思想、实事求是的宣言书。

3月20日—4月3日　七届全国人大五次会议举行，会议通过了关于兴建长江三峡工程的决议。1994年12月14日，长江三峡工程正式开工。

4月28日　国务院批转国家体改委、国务院生产办公室《关于股份制企业试点工作座谈会情况的报告》，强调股份制试点要严格按照规范化的要求进行，股票公开上市的试点只限于上海、深圳两地。5月15日，国家体改委等五部委联合印发《股份制企业试点办法》，要求积极稳妥地进行试点工作。

6月9日　江泽民在中央党校省部级干部进修班上发表题为《深刻领会和全面落实邓小平同志的重要谈话精神，把经济建设和改革开放搞得更快更好》的讲话，主张我国经济体制改革的目标是建立"社会主义市场经济体制"。

6月16日　中共中央、国务院作出《关于加快发展第三产业的决定》，提出加快发展第三产业的主要政策和措施。争取用10年左右或更长一些时间，逐步建立起适合我国国情的社会主义统一市场体系、城乡社会化综合服务体系和社会保障体系。

10月12—18日　中国共产党第十四次全国代表大会举行。大会通过报告《加快改革开放和现代化建设步伐，夺取有中国特色社会主义事业的更大胜利》，决定抓住机遇，加快发展；确定我国经济体制改革的目标是建立社会主义市场经济体制；提出用邓小平同志建设有中国特色社会主义理论武装全党。

11月　海峡两岸关系协会与台湾海峡交流基金会就解决两岸事务性商谈中如何表述坚持一个中国原则的问题，达成"海峡两岸同属一个中国，共同努力谋求国家统一"的共识，后被称为"九二共识"。

12月4日　国务院关税税则委员会决定从1992年12月31日起降低3 371个税目商品的进口关税税率，我国关税总水平下降7.3%。

1993 年

1月13—19日　中央军委扩大会议制定新时期积极防御的军事战略方针，要求把军事斗争准备的基点放在打赢现代技术特别是高技术条件下的局部战争上。

2月14日　国务院发布《关于加快发展中西部地区乡镇企业的决定》，要求采取切实措施，进一步加快发展中西部地区乡镇企业，提出九个方面具体措施。

2月15日　国务院印发《关于加快粮食流通体制改革的通知》，要求积极放开粮食经营和粮食价格，进一步向粮食商品化、经营市场化方向推进。

3月5—7日　中共十四届二中全会举行。全会通过《关于调整"八五"计划若干指标的建议》，将国民经济增长速度由原定平均每年6%调整到8%～9%。全会还通过了《关于党政机构改革的方案》。

3月15—31日　八届全国人大一次会议举行。会议通过《中华人民共和国宪法修正案》，肯定中国正处于社会主义初级阶段，国家实行社会主义市场经济；通过《中华人民共和国澳门特别行政区基本法》《关于〈中华人民共和国澳门特别行政区基本法〉的决定》《关于设立中华人民共和国澳门特别行政区的决定》。

6月24日　针对1992年底和1993年初出现的经济过热现象，中共中央、国务院印发《关于当前经济情况和加强宏观调控的意见》。指出：要积极、正确、全面地领会邓小平南方谈话和党的十四大精神，把解放思想和实事求是统一起来，切实贯彻"在经济工作中要抓住机遇，加快发展，同时要注意稳妥，避免损失，特别要避免大的损失"的重要指导思想，把加快发展的注意力集中到深化改革、转换机制、优化结构、提高效益上来。并提出严格控制货币发行、稳定金融形势等16条加强和改善宏观调控的措施。

7月15日　国家教委印发《关于重点建设一批高等学校和重点学科点的若干意见》，提出面向21世纪重点建设100所左右的高等学校和一批重点学科点的计划（简称"211工程"）。

8月30—31日　国务院召开第八次常务会议，原则通过金融、财政、税收、国有资产管理体制和外贸改革总体方案。

11月4日　国务院印发《九十年代中国农业发展纲要》。主要内容是九十年代农业发展的目标和指导思想；九十年代农业发展的总体布局；依靠农业科技进步，提高土地和各种农业资源的单位产出率；加强农产品商品生产基地建设；加强农业综合开发；大力发展乡镇企业；加强农业发展支持体系建设；广辟农业投资渠道，增加农业建设资金；加强农业社会化服务体系建设。

11月5日　中共中央、国务院印发《关于当前农业和农村经济发展的若干政策措施》，提出稳定并完善以家庭联产承包为主的责任制和统分结合的双层经营体制、深化粮食购销体制改革等12项政策措施；提出在原定的耕地承包期到期之后，再延长30年不变。

11月11—14日　中共十四届三中全会举行。全会通过《中共中央关于建立社会主义市场经济体制若干问题的决定》，勾画了社会主义市场经济体制的基本框架。全会指出，社会主义市场经济体制是同社会主义基本制度结合在一起的，建立社会主义市场经济体制，就是要使市场在国家宏观调控下对资源配置起基础性作用。要进一步转换国有企业经营机制，建立适应市场经济要求、产权清晰、权责明确、政企分开、管理科学的现代企业制度。

12月15日　国务院印发《关于实行分税制财政管理体制的决定》。确定从1994年1月1日起改革地方财政包干体制，对各省、自治区、直辖市以及计划单列市实行分税制财政管理体制。

12月25日　国务院印发《关于金融体制改革的决定》。建立在国务院领导下、独立执行货币政策的中央银行宏观调控体系；建立政策性金融与商业性金融分离、以国有商业银行为主体、多种金融机构并存的金融组织体系；建立统一开放、有序竞争、严格管理的金融市场体系。

12月28日　中国人民银行发布公告，进一步改革外汇管理体制。决定从1994年1月1日起取消外汇留成制，实行外汇结汇制和银行售汇制，允许人民币在经常项目下有条件的可兑换，建立银行间外汇市场等。

1994 年

1 月 11 日　国务院印发《关于进一步深化对外贸易体制改革的决定》，指出我国外贸体制改革的目标是：统一政策、放开经营、平等竞争、自负盈亏、工贸结合、推行代理制，建立适应国际经济通行规则的运行机制。

2 月 3 日　国务院规定从 1994 年 3 月 1 日起施行每周 44 小时工作制。1995 年 2 月 17 日规定，自 1995 年 5 月 1 日起实施每周 40 小时工作制。

2 月 28 日—3 月 3 日　全国扶贫开发工作会议举行，部署实施《国家八七扶贫攻坚计划》，要求力争在 20 世纪末最后的七年内基本解决全国 8 000 万贫困人口的温饱问题。

3 月 17 日　国务院决定组建国家开发银行。3 月 19 日，决定组建中国进出口银行。4 月 19 日，决定组建中国农业发展银行。均作为国务院直属的政策性金融机构。

3 月 25 日　国务院常务会议审议通过《九十年代国家产业政策纲要》，通过《中国 21 世纪议程——中国 21 世纪人口、环境与发展白皮书》，确定实施可持续发展战略。

7 月 18 日　国务院印发《关于深化城镇住房制度改革的决定》，住房供应管理逐步由单位化向社会化、专业化转变。

1995 年

2 月 27 日　中共中央、国务院印发《关于深化供销合作社改革的决定》，提出改革的总体思路是，将供销合作社真正办成农民的经济合作组织。

5 月 6 日　中共中央、国务院作出《关于加速科学技术进步的决定》，确定实施科教兴国战略。

9 月 25—28 日　中共十四届五中全会举行。全会通过《中共中央关于制定国民经济和社会发展"九五"计划和二〇一〇年远景目标的建议》，提出实行经济体制从传统的计划经济体制向社会主义市场经济体制转变，经济增长方式从粗放型向集约型转变这两个具有全局意义的根本性转变。28 日，江泽民在闭幕会上的讲话中系统阐述了正确处理改革、发展、稳定关系等社会主义现代化建设中的 12 个重大关系。

1996 年

3 月 5—17 日　八届全国人大四次会议举行。会议批准《中华人民共和国国民经济和社会发展"九五"计划和 2010 年远景目标纲要》。未来 15 年的主要奋斗目标是："九五"时期，全面完成现代化建设的第二步战略部署，2000 年在人口将比 1980 年增长 3 亿左右的情况下，实现人均国民生产总值比 1980 年翻两番；基本消除贫困现象，人民生活达到小康水平；加快现代企业制度建设，初步建立社会主义市场经济体制。2010 年，实现国民生产总值比 2000 年翻一番，人民的小康生活更加富裕，形成比较完善的社会主义市场经济体制。

3 月 19 日　中央政治局常委会会议专题研究新疆稳定工作。1997 年，中央开始从内地省市、国家机关和国有重要企业派出一批骨干力量到新疆工作。

8 月 22 日　国务院作出《关于农村金融体制改革的决定》，提出建立和完善以合作金融为基础、商业性金融、政策性金融分工协作的农村金融体系，提高农村金融服务水平，促进贸、工、农综合经营，促进城乡一体化发展。

10 月 7—10 日　中共十四届六中全会召开，通过《关于加强社会主义精神文明建设若干重要问题的决议》。

1997 年

1 月 6—9 日　国务院召开全国国有企业职工再就业工作会议。提出要靠减员增效、下岗分流、规范破产、鼓励兼并来推动国有企业机制的转换，促进国民经济结构的调整，解决国有企业当前的困难。

2 月 19 日　邓小平逝世。

3 月 14 日　八届全国人大五次会议决定批准设立重庆直辖市，撤销原重庆市。

4 月 29 日　国务院批转国家计委等部门《关于深化大型企业集团试点工作的

意见》，提出建立以资本为主要联结纽带的母子公司体制，增强试点企业集团母公司的功能，多渠道增补试点企业集团资本金等措施。

5月23日　国务院批转国家经贸委《关于一九九七年国有企业改革与发展工作的意见》。

5月25日　中共中央、国务院印发《关于党政机关厉行节约制止奢侈浪费行为的若干规定》。

6月4日　国家科技领导小组第三次会议决定制定和实施《国家重点基础研究发展规划》。随后，科技部组织实施国家重点基础研究发展计划（"九七三计划"），加强国家战略目标导向的基础研究工作。

6月30日午夜—7月1日凌晨　中英两国政府香港政权交接仪式在香港举行，宣告中国政府对香港恢复行使主权。

8月27日　中共中央、国务院发出《关于进一步稳定和完善农村土地承包关系的通知》，要求认真做好延长土地承包期的工作，认真整顿"两田制"，严格控制和管理"机动地"。

9月12—18日　中国共产党第十五次全国代表大会举行。大会通过《高举邓小平理论伟大旗帜，把建设有中国特色社会主义事业全面推向二十一世纪》，着重阐述邓小平理论的历史地位和指导意义；提出党在社会主义初级阶段的基本纲领；明确公有制为主体、多种所有制经济共同发展是我国社会主义初级阶段的一项基本经济制度。

11月8日　长江三峡水利枢纽工程成功实现大江截流。2012年7月4日，三峡工程最后一台70万千瓦巨型机组正式交付投产。

11月17—19日　中共中央、国务院召开全国金融工作会议。要求力争用3年左右时间大体建立与社会主义市场经济发展相适应的金融机构体系、金融市场体系和金融调控体系，增强防范和抗御金融风险能力。7月以来，亚洲金融危机爆发并逐步蔓延。12月6日，中共中央、国务院印发《关于深化金融改革，整顿金融秩序，防范金融风险的通知》。

12月24日　江泽民在会见全国外资工作会议代表时，提出"引进来"和"走出去"是我们对外开放基本国策两个紧密联系、相互促进的大战略。

1998 年

1月20日　中共中央、国务院转发国家计委《关于应对东南亚金融危机，保持国民经济持续快速健康发展的意见》，提出确保农业持续增长、加大企业技术改造、加快城镇住房制度改革、促进乡镇企业发展、保持出口持续增长、增加金融监管等10条措施。

1月　全国林业计划会议宣布，从1998年起，国家将实施以调减木材产量、保护资源、分流人员、提高效益为主要内容的国有林区天然林保护工程。

3月5—19日　九届全国人大一次会议举行。会议批准国务院机构改革方案，15个部委不再保留，新组建4个部委。改革后，除国务院办公厅外，列入国务院组成部门序列的部、委、行、署共有29个。

5月10日　国务院印发《关于进一步深化粮食流通体制改革的决定》，确定粮食流通体制改革的基本原则是：实行政企分开、中央与地方责任分开、储备与经营分开、新老财务账目分开，完善粮食价格机制。

5月14—16日　中共中央、国务院召开国有企业下岗职工基本生活保障和再就业工作会议。6月9日，中共中央、国务院印发《关于切实做好国有企业下岗职工基本生活保障和再就业工作的通知》，提出实行在国家政策指导下，劳动者自主择业、市场调节就业和政府促进就业的方针。

6月15—17日　全国城镇住房制度改革与住宅建设工作会议召开，会议提出深化城镇住房制度改革的指导思想，决定从下半年开始，全国城镇停止住房实物分配，实行住房分配货币化。

6月中旬—9月上旬　我国南方特别是长江流域及北方的嫩江、松花江流域出现历史上罕见的特大洪灾。

7月3日　国务院印发《关于进一步深化城镇住房制度改革加快住房建设的通知》，提出停止住房实物分配，逐步实行住房分配货币化。

7月　中共中央作出决定，军队、武警部队、政法机关一律不再从事经商活动。

10月12—14日　中共十五届三中全会举行。会议认为必须进一步加强农业的基础地位，保持农村经济持续发展，保证农民收入稳定增长。会议通过《中共中央关于农业和农村工作若干重大问题的决定》，提出到2010年建设有中国特色社会主义新农村的奋斗目标。

12月7—9日　中央经济工作会议举行。江泽民提出扩大国内需求，把经济发展建立在主要依靠国内市场的基础上。

1999 年

1月13日　国务院批转教育部《面向21世纪教育振兴行动计划》，提出创建若干所具有世界先进水平的一流大学和一批一流学科（简称"985工程"）。

3月31日　中国人民银行决定取消外资银行在华设立营业性分支机构的地域限制，从上海等23个城市扩展到所有中心城市。

6月17日　江泽民在西安主持召开国有企业改革和发展座谈会，指出实施西部大开发是一项振兴中华的宏伟战略任务。

8月20日　中共中央、国务院印发《关于加强技术创新，发展高科技，实现产业化的决定》。

9月19—22日　中共十五届四中全会举行。全会通过《中共中央关于国有企业改革和发展若干重大问题的决定》。

12月19日午夜—20日凌晨　中葡两国政府澳门政权交接仪式在澳门举行，宣告中国政府对澳门恢复行使主权。

2000 年

1月16日　中共中央、国务院发出《关于做好2000年农业和农村工作的意见》，提出我国农业和农村经济进入战略性调整新阶段。

1月19—22日　国务院西部地区开发领导小组召开西部地区开发会议，研究加快西部地区发展的基本思路和战略任务。

2月25日　江泽民在广东考察工作听取广东省委工作汇报时明确提出"三个代表"重要思想。5月8—15日，他在江苏、浙江、上海考察工作，14日提出始终做到"三个代表"是我们党的立党之本、执政之基、力量之源，进一步阐述了"三个代表"重要思想。

3月2日　中共中央、国务院印发《关于进行农村税费改革试点工作的通知》，要求通过试点，探索建立规范的农村税费制度、从根本上减轻农民负担的办法。

10月9—11日　中共十五届五中全会举行。全会通过《中共中央关于制定国民经济和社会发展第十个五年计划的建议》，指出我国已经胜利实现现代化建设前两步战略目标，人民生活总体上达到了小康水平。从新世纪开始，将进入全面建设小康社会、加快推进社会主义现代化的新的发展阶段。制定"十五"计划必须把发展作为主题，把结构调整作为主线，把改革开放和科技进步作为动力，把提高人民生活水平作为根本出发点。

12月11日　全国经贸工作会议召开，会议宣布国有企业改革与三年脱困目标基本实现，下一步的重点是推进经济结构调整。

2001 年

1月3—5日　中央农村工作会议举行。会议明确了农业和农村工作的十项任务。1月11日发出《中共中央 国务院关于做好2001年农业和农村工作的意见》。

1月10日　江泽民在全国宣传部长会议上讲话强调，要把依法治国与以德治国紧密结合起来。

3月5—15日　九届全国人大四次会议举行。会议批准《中华人民共和国国民经济和社会发展第十个五年计划纲要》，通过第二次修改的《中华人民共和国中外合资经营企业法》。

5月24—25日　中央扶贫开发工作会议召开。会议指出，党中央、国务院确定的在20世纪末基本解决农村贫困人口温饱问题的战略目标已基本实现。6月13日，国务院印发《中国农村扶贫开发纲要（2001—2010年）》。

6月15日 上海合作组织正式建立,将以互信、互利、平等、协商、尊重多样文明、谋求共同发展为基本内容的"上海精神"写入成立宣言。

10月21日 亚太经合组织第九次领导人非正式会议在上海召开。江泽民讲话指出,只有使国际社会的广大成员都受益,经济全球化才能顺利地推进,世界经济才能持续稳定地发展。

10月31日 国务院第四十六次常务会议通过《中华人民共和国货物进出口管理条例》《中华人民共和国反倾销条例》《中华人民共和国反补贴条例》《中华人民共和国保障措施条例》,2002年1月1日起施行。

11月10日 在卡塔尔首都多哈召开的世界贸易组织第四届部长级会议以全体协商一致的方式,审议并通过中国加入世界贸易组织的决定。12月11日,中国正式成为世界贸易组织成员,中国对外开放进入新的阶段。

12月30日 中共中央印发《关于做好农户承包地使用权流转工作的通知》。

2002 年

1月6—7日 中央农村工作会议举行,研究部署2002年农业和农村工作。1月10日,中共中央、国务院下达《关于做好2002年农业和农村工作的意见》。

2月5—7日 中共中央、国务院召开全国金融工作会议。会议主题是:加强金融监管、深化金融改革、防范金融风险、整顿金融秩序、改善金融服务。

7月4日 西气东输一线工程(新疆轮南至上海)开工典礼举行。此后又建设了西气东输二线工程、三线工程,这些工程都是西部大开发的重要工程。

10月19日 中共中央、国务院作出《关于进一步加强农村卫生工作的决定》。到2008年6月底,新型农村合作医疗制度覆盖到全国31个省、自治区、直辖市。

11月8—14日 中国共产党第十六次全国代表大会举行。大会通过《全面建设小康社会,开创中国特色社会主义事业新局面》,提出全面建设小康社会的奋斗目标,阐述全面贯彻"三个代表"重要思想的根本要求。

12月27日 南水北调工程举行开工典礼。该工程包括分别从长江下游、中游、上游调水的东线、中线和西线三条调水路线。

2003 年

1 月 7—8 日　中央农村工作会议举行。会议提出，必须统筹城乡经济社会发展，把解决好农业、农村和农民问题作为全党工作的重中之重，放在更加突出的位置；要坚持"多予、少取、放活"的方针，发挥城市对农村的带动作用，实现城乡经济社会一体化发展。1 月 16 日，中共中央、国务院印发《关于做好农业和农村工作的意见》。

3 月 18 日　十届全国人大一次会议通过了《国务院机构改革方案》。改革后，除国务院办公厅外，列入国务院组成部门序列的部、委、行、署共有 28 个。

4 月 23 日　为应对我国遭遇的非典型肺炎重大疫情，国务院召开常务会议并决定成立国务院防治非典型肺炎指挥部。7 月 28 日，全国防治非典工作会议召开，我国抗击"非典型性肺炎"斗争取得胜利。

8 月 8—9 日　全国农业工作会议提出增加农民收入的八项措施，包括：加大优势农产品区域布局规划、农民外出务工的指导和服务、农业科技进步和基础设施建设等。

8 月 28 日—9 月 1 日　胡锦涛在江西考察工作期间明确提出，要牢固树立协调发展、全面发展、可持续发展的科学发展观。

10 月 11—14 日　中国共产党十六届三中全会举行。全会通过《中共中央关于完善社会主义市场经济体制若干问题的决定》，明确完善社会主义市场经济体制的主要任务，提出坚持以人为本，树立全面、协调、可持续的发展观，促进经济社会和人的全面发展。

10 月 15—16 日　神舟五号载人飞船成功升空并安全返回，首次载人航天飞行获得圆满成功，中国成为世界上第三个独立掌握载人航天技术的国家。

2004 年

1 月 31 日　国务院印发《关于推进资本市场改革开放和稳定发展的若干意见》。

3月10日 胡锦涛在中央人口资源环境工作座谈会上,全面阐述科学发展观的深刻内涵和基本要求。

4月28日 国务院召开常务会议,听取国家发展改革委、国土资源部、监察部对江苏铁本钢铁有限公司违规建设钢铁项目查处情况的汇报,责成江苏省和有关部门对有关负责人作出严肃处理。此前,27日国务院办公厅发出《关于清理固定资产投资项目的通知》,要求各地区、各部门和各有关单位对所有在建、拟建固定资产投资项目进行一次全面清理、审核。

5月19日 国务院召开常务会议,研究、部署深化粮食流通体制改革工作和农村税费改革工作。会议决定,2004年全面放开粮食收购市场,积极稳妥推进粮食流通体制改革。

6月10日 商务部发布《全国商品市场体系建设纲要》,提出我国到2010年要基本形成布局合理、结构优化、功能齐全、制度完善、现代化水平较高的商品市场体系。

12月31日 中共中央、国务院印发《关于进一步加强农村工作提高农业综合生产能力若干政策的意见》。

2005 年

1月12日 全国铁路工作会议召开,提出推进主辅分离,辅业改制;推进投融资体制改革;推进运输生产力布局调整;全面提高铁路对外开放水平。

2月19日 国务院印发《关于鼓励支持和引导个体私营等非公有制经济发展的若干意见》。

4月29日 中共中央总书记胡锦涛在北京同中国国民党主席连战举行正式会谈,双方共同发布《两岸和平发展共同愿景》。这是60年来国共两党主要领导人首次会谈。

5月31日 中共中央、国务院作出《关于进一步加强民族工作加快少数民族和民族地区经济社会发展的决定》。

7月21日 经国务院批准,中国人民银行宣布:自当日起,我国开始实行以市场供求为基础、参考一篮子货币进行调节、有管理的浮动汇率制度。

10月8—11日　中共十六届五中全会举行。全会通过《中共中央关于制定国民经济和社会发展第十一个五年规划的建议》，将单位国内生产总值能耗降低作为国民经济和社会发展的目标。

11月29日—12月1日　中央经济工作会议举行。会议提出保持经济平稳较快增长的良好势头，扎实推进社会主义新农村建设，推动和谐社会建设等经济工作主要任务。

12月29日　第十届全国人大常委会第十九次会议决定，自2006年1月1日起废止《中华人民共和国农业税条例》。在中国延续两千多年的农业税正式成为历史。

12月31日　中共中央、国务院印发《关于推进社会主义新农村建设的若干意见》，提出统筹城乡经济社会发展，推进社会主义新农村建设，推进现代农业建设，促进农民持续增收，培养推进社会主义新农村建设的新型农民，全面深化农村改革等政策措施。

2006 年

1月26日　中共中央、国务院印发《关于实施科技规划纲要增强自主创新能力的决定》，提出增强自主创新能力，努力建设创新型国家。

1月31日　国务院印发《关于解决农民工问题的若干意见》，指出要逐步建立城乡统一的劳动力市场和公平竞争的就业制度，保障农民工合法权益的政策体系和执法监督机制，惠及农民工的城乡公共服务体制和制度。

3月5—14日　十届全国人大四次会议批准《中华人民共和国国民经济和社会发展第十一个五年规划纲要》。

4月15日　中共中央、国务院印发《关于促进中部地区崛起的若干意见》。

5月26日　国务院印发《关于推进天津滨海新区开发开放有关问题的意见》，该区是继深圳经济特区、浦东新区之后，又一带动区域发展的新的经济增长极。

10月8—11日　中共十六届六中全会举行。全会通过《中共中央关于构建社会主义和谐社会若干重大问题的决定》，指出社会和谐是中国特色社会主义的本质属性，要按照民主法治、公平正义、诚信友爱、充满活力、安定有序、人与自然和谐相处的总要求，构建社会主义和谐社会，推动社会建设与经济建设、政治建设、文化建设协调发展，提出到2020年基本建立覆盖城乡居民的社会保障体系。

11月4—5日　中非合作论坛北京峰会举行。峰会通过《中非合作论坛北京峰会宣言》和《中非合作论坛—北京行动计划（2007—2009年)》。

11月8日　国务院召开常务会议，研究国有资本调整和国有企业重组工作，提出通过资本调整和企业重组，进一步提高国有经济的控制力、影响力和带动力，并提出国有企业改革的四个走向。

12月22—23日　中央农村工作会议举行。会议讨论了《中共中央 国务院关于积极发展现代农业扎实推进社会主义新农村建设的若干意见（讨论稿)》，指出我国农业正处于由传统向现代转变的关键时期。促进农村社会和谐，首先要发展农村生产力。推进新农村建设，首要任务是建设现代农业。

2007 年

3月1日　国务院西部办发布《西部大开发"十一五"规划》，提出要基本解决西部地区贫困人口温饱问题，遏制西部城乡居民收入与全国差距扩大的趋势。

3月16日　十届全国人大五次会议通过《中华人民共和国物权法》，首次明确了对公有财产和私有财产给予平等保护。通过《中华人民共和国企业所得税法》，自2008年1月1日起施行。新税法统一了内外企业所得税税率，扩大了企业投资于环境保护等方面的税收优惠。

6月3日　国务院印发《中国应对气候变化国家方案》。这是中国第一部应对气候变化的全面的政策性文件，也是发展中国家颁布的第一部应对气候变化的国家方案。

6月29日　第十届全国人大常委会第二十八次会议通过《中华人民共和国劳动合同法》和关于修改《中华人民共和国个人所得税法》的决定。

7月10日　国务院印发《关于开展城镇居民基本医疗保险试点的指导意见》，

旨在逐步建立以大病统筹为主的城镇居民基本医疗保险制度。

7月11日 国务院印发《关于在全国建立农村最低生活保障制度的通知》，指出将符合条件的农村贫困人口全部纳入保障范围，稳定、持久、有效地解决全国农村贫困人口的温饱问题。

8月7日 国务院下发《关于解决城市低收入家庭住房困难的若干意见》，要求加快建立健全以廉租住房制度为重点、多渠道解决城市低收入家庭住房困难的政策体系。

8月30日 第十届全国人大常委会第二十九次会议通过《中华人民共和国反垄断法》和《中华人民共和国就业促进法》。后者将多年来行之有效的就业再就业政策措施通过法律形式固定下来。

10月15—21日 中国共产党第十七次全国代表大会举行。大会通过的报告《高举中国特色社会主义伟大旗帜，为夺取全面建设小康社会新胜利而奋斗》，全面阐述科学发展观的科学内涵、精神实质和根本要求，明确科学发展观的第一要义是发展，核心是以人为本，基本要求是全面协调可持续，根本方法是统筹兼顾。大会指出，实现2020年全面建设小康社会的奋斗目标，要在优化结构、提高效益、降低消耗、保护环境的基础上，实现人均国内生产总值到2020年比2000年翻两番。

10月24日 "嫦娥一号"在西昌卫星发射中心升空。我国月球探测工程迈出关键一步。

2008 年

1月3日 国务院印发《关于促进节约集约用地的通知》，要求切实保护耕地，大力促进节约集约用地，走出一条建设占地少、利用率高的符合我国国情的土地利用新路子。

2月25—27日 中共十七届二中全会举行。全会通过《关于深化行政管理体制改革的意见》和《国务院机构改革方案》，提出建设服务政府、责任政府、法治政府和廉洁政府。

5月12日　四川汶川发生里氏8.0级特大地震，最大烈度达11度，余震三万多次，涉及四川、甘肃、陕西、重庆等10个省区市417个县（市区）、4 667个乡（镇）、48 810个村庄，是新中国成立以来破坏性最强、波及范围最广、救灾难度最大的一次地震。

6月8日　中共中央、国务院印发《关于全面推进集体林权制度改革的意见》，规定林地的承包期为70年，承包期届满可以按照国家有关规定继续承包。

8月1日　我国第一条拥有完全自主知识产权、具有世界一流水平的高速铁路——京津城际铁路通车运营。

8月8—24日、9月6—17日　第29届夏季奥运会、第13届夏季残奥会先后在北京成功举办。这是中国首次举办夏季奥运会、残奥会。

9月7日　国务院发出《关于进一步推进长江三角洲地区改革开放和经济社会发展的指导意见》，提出了总体要求、主要原则和发展目标。

9月中旬　由2007年美国次贷危机引发的国际金融危机全面爆发。10月7日，中央政治局常委会会议专题听取有关国际金融危机情况和应采取应对措施的汇报。11月5日，国务院常务会议部署进一步扩大内需促进经济平稳较快增长的措施，确定进一步扩大内需、促进经济增长的10项措施。

10月9—12日　中共十七届三中全会举行。全会通过《中共中央关于推进农村改革发展若干重大问题的决定》，提出了推进农村改革发展的指导思想、目标任务、重大原则，要求大力推进改革创新，加强农村制度建设，积极发展现代农业，提高农业综合生产能力，加快发展农村公共事业，促进农村社会全面进步。并赋予农民更加充分而有保障的土地承包经营权，现有土地承包关系要保持稳定并长久不变。

2009 年

1月1日　增值税转型改革开始在全国推行。

1月14日　国务院常务会议原则通过了汽车产业、钢铁产业调整振兴规划。

2月25日　国务院审议并原则通过了有色金属产业和物流业调整振兴规划。

至此，包括钢铁、汽车、船舶、石化、纺织、轻工、有色金属、装备制造、电子信息和物流等十大产业振兴规划全部获得国务院原则通过。

3月17日　中共中央、国务院印发《关于深化医药卫生体制改革的意见》，实行政事分开、管办分开、医药分开、营利性和非营利性分开，建设覆盖城乡居民的基本医疗卫生制度。

5月10日　国务院印发《关于当前稳定农业发展促进农民增收的意见》，要求抓好粮食等大宗农产品生产，促进畜牧业稳定发展，做好大宗农产品收储，支持农产品加工和龙头企业发展，促进农产品流通发展等工作。

8月31日　海峡两岸定期航班正式开通。至此，两岸实现全面、直接、双向"三通"。

9月9日　国务院印发《关于进一步实施东北地区等老工业基地振兴战略的若干意见》。

9月15—18日　中共十七届四中全会举行，提出要继续把保持经济平稳较快发展作为经济工作的首要任务，继续实施积极的财政政策和适度宽松的货币政策，保持宏观经济政策的连续性和稳定性。提出要更加注重推进结构调整，更加注重加快自主创新，更加注重加强节能环保，更加注重城乡统筹和区域协调发展，更加注重深化改革开放，更加注重保障和改善民生。

2010 年

1月1日　中国—东盟自由贸易区正式全面启动。

4月30日　2010年上海世界博览会举行开幕式。这是中国首次举办的综合性世界博览会。

5月7日　国务院印发《关于鼓励和引导民间投资健康发展的若干意见》。

6月29日　中共中央、国务院印发《关于深入实施西部大开发战略的若干意见》。同日，海峡两岸关系协会与台湾海峡交流基金会在重庆签署《海峡两岸经济合作框架协议》。

8月31日　国务院印发《关于中西部地区承接产业转移的指导意见》。

10月10日　国务院印发《关于加快培育和发展战略性新兴产业的决定》。

10月15—18日　中共十七届五中全会举行。全会通过《中共中央关于制定国民经济和社会发展第十二个五年规划的建议》。

10月28日　第十一届全国人大常委会第十七次会议通过《中华人民共和国社会保险法》。

12月21日　国务院印发《全国主体功能区规划》，这是新中国成立以来第一个全国性国土空间开发规划。

2011 年

2月22日—3月5日　因利比亚国内形势发生重大变化，中国政府分批组织船舶、飞机，安全有序撤离中国在利比亚人员（包括港澳台同胞）35 860人。这是新中国成立以来最大规模的有组织撤离海外中国公民行动。

3月5—14日　十一届全国人大四次会议举行。会议批准《中华人民共和国国民经济和社会发展第十二个五年规划纲要》。

5月27日　中共中央、国务院印发《中国农村扶贫开发纲要（2011—2020年)》。

6月7日　国务院印发《关于开展城镇居民社会养老保险试点的指导意见》。到2012年7月1日，我国基本实现社会养老保险制度全覆盖。7月1日，城镇居民社会养老保险试点在全国范围内启动，与新型农村社会养老保险试点同步推进。

9月28日　国务院办公厅印发《关于保障性安居工程建设和管理的指导意见》。

10月15—18日　中共十七届六中全会举行。

11月26日　国务院印发《关于坚持科学发展安全发展促进安全生产形势持续稳定好转的意见》。

12月30日　国务院印发《工业转型升级规划（2011—2015年)》。

2012 年

1月13日　国务院印发《全国现代农业发展规划（2011—2015年)》。

2月6日　国务院印发《质量发展纲要（2011—2020年)》。

3月6日　国务院印发《关于支持农业产业化龙头企业发展的意见》。

4月19日　国务院印发《关于进一步支持小型微型企业健康发展的意见》。

4月30日　国务院印发《关于加强进口促进对外贸易平衡发展的指导意见》。

7月6—7日　全国科技创新大会举行。胡锦涛讲话指出，必须把创新驱动发展作为面向未来的一项重大战略，一以贯之、长期坚持，推动科技实力、经济实力、综合国力实现新的重大跨越。

8月27日　国务院印发《关于大力实施促进中部地区崛起战略的若干意见》。

9月23日　中共中央、国务院印发《关于深化科技体制改革加快国家创新体系建设的意见》。

11月8—14日　中国共产党第十八次全国代表大会举行。大会通过《坚定不移沿着中国特色社会主义道路前进，为全面建成小康社会而奋斗》，确定全面建成小康社会和全面深化改革开放的目标，阐明中国特色社会主义道路、理论体系、制度的科学内涵及其相互联系。

11月29日　习近平在国家博物馆参观《复兴之路》展览时指出，实现中华民族伟大复兴，就是中华民族近代以来最伟大的梦想。

12月4日　中央政治局会议通过《十八届中央政治局关于改进工作作风、密切联系群众的八项规定》。

12月7—11日　习近平在广东考察工作期间指出，我国改革已经进入攻坚期和深水区，我们必须以更大的政治勇气和智慧，不失时机深化重要领域改革。做到改革不停顿、开放不止步。

12月29日　习近平在河北考察工作时指出，全面建成小康社会，最艰巨最繁重的任务在农村，特别是在贫困地区。没有农村的小康，特别是没有贫困地区的小康，就没有全面建成小康社会。

2013 年

1月5—7日　新进中央委员会的委员、候补委员学习贯彻党的十八大精神研讨班召开。习近平讲话指出，只要我们坚持独立自主走自己的路，毫不动摇坚持和发展中国特色社会主义，我们就一定能在中国共产党成立一百年时全面建成小康社会，就一定能在新中国成立一百年时建成富强民主文明和谐的社会主义现代化国家。

2月26—28日　中共十八届二中全会举行。全会通过《国务院机构改革和职能转变方案》。

3月22—30日　习近平对俄罗斯、坦桑尼亚、南非、刚果共和国进行国事访问，并出席在南非举行的金砖国家领导人第五次会晤。23日，习近平在俄罗斯莫斯科国际关系学院发表演讲，倡导构建人类命运共同体，呼吁各国共同推动建立以合作共赢为核心的新型国际关系。25日，习近平在坦桑尼亚尼雷尔国际会议中心发表演讲时首次提出"真实亲诚"的对非政策理念和正确义利观。

4月25日　中共中央政治局常委会召开会议，研究经济形势和经济工作。此后，中央政治局形成制度，原则上每个季度召开会议研究经济形势。

8月17日　国务院正式批准设立中国（上海）自由贸易试验区。

8月　习近平在北戴河主持会议研究河北发展问题时提出推动京津冀协同发展。

9月7日　习近平在哈萨克斯坦纳扎尔巴耶夫大学发表演讲，提出共同建设"丝绸之路经济带"的倡议。

9月29日　《中国（上海）自由贸易试验区外商投资准入特别管理措施（负面清单）（2013）》发布。这是中国第一次用负面清单管理外商对华投资。

10月3日　习近平在印度尼西亚国会发表演讲，提出共同建设"21世纪海上丝绸之路"的倡议。

11月9—12日　中共十八届三中全会举行，全会通过《关于全面深化改革若干重大问题的决定》。全会指出，全面深化改革的总目标是完善和发展中国特色社会主义制度，推进国家治理体系和治理能力现代化；经济体制改革的核心问题是处理好政府和市场的关系，使市场在资源配置中起决定性作用和更好发挥政府作用。

12月21日　中共中央、国务院印发《关于调整完善生育政策的意见》，提出

"单独两孩"政策。

2014 年

1月2日　中共中央、国务院印发《关于全面深化农村改革加快推进农业现代化的若干意见》。该意见指出把饭碗牢牢端在自己手上，是治国理政必须长期坚持的基本方针；提出抓紧构建新形势下以我为主、立足国内、确保产能、适度进口、科技支撑的国家粮食安全战略。

1月21日　国务院印发《国家集成电路产业发展推进纲要》，提出到2030年，集成电路产业链主要环节达到国际先进水平，实现跨越发展。

1月22日　中央全面深化改革领导小组召开第一次会议。习近平指出，全面深化改革，我们具备有利条件，具备实践基础，具备理论准备，也具备良好氛围，要把握大局、审时度势、统筹兼顾、科学实施，充分调动各方面积极性，坚定不移朝着全面深化改革目标前进。

2月26日　习近平主持召开座谈会专题听取京津冀协同发展工作汇报，提出实现京津冀协同发展是一项重大国家战略。

2月27日　习近平主持召开中央网络安全和信息化领导小组第一次会议，提出努力把我国建设成为网络强国。

3月16日　中共中央、国务院印发《国家新型城镇化规划（2014—2020年)》。到2020年底，全国常住人口城镇化率达到63.89%。

4月15日　习近平主持中央国家安全委员会第一次会议，提出总体国家安全观。

4月24日　第十二届全国人大常委会第八次会议通过修订后的《中华人民共和国环境保护法》。

5月21日　亚洲相互协作与信任措施会议第四次峰会在上海召开，习近平讲话提出要积极倡导共同、综合、合作、可持续的亚洲安全观。

6月6日　中央全面深化改革领导小组第三次会议举行，会议审议了《深化财税体制改革总体方案》《关于进一步推进户籍制度改革的意见》等文件。6月

30 日，中央政治局会议审议通过《深化财税体制改革总体方案》，改革的目标是建立现代财政制度，重点是改进预算管理制度、深化税收制度改革、建立事权和支出责任相适应的制度。7 月 24 日，国务院印发《关于进一步推进户籍制度改革的意见》。

7 月 15 日　金砖国家领导人第六次会晤在巴西举行，决定成立金砖国家新开发银行并将总部设在中国上海，建立金砖国家应急储备安排。

8 月 18 日　中央全面深化改革领导小组第四次会议举行，会议审议了《中央管理企业主要负责人薪酬制度改革方案》《关于合理确定并严格规范中央企业负责人履职待遇、业务支出的意见》。提出要从我国社会主义初级阶段基本国情出发，适应国有资产管理体制和国有企业改革进程，逐步规范国有企业收入分配秩序，实现薪酬水平适当、结构合理、管理规范、监督有效，对不合理的偏高、过高收入进行调整。

9 月 12 日　国务院印发《关于进一步做好为农民工服务工作的意见》，部署进一步做好新形势下为农民工服务工作，切实解决农民工面临的突出问题，有序推进农民工市民化。

9 月 29 日　中央全面深化改革领导小组第五次会议举行，会议审议了《关于引导农村土地承包经营权有序流转发展农业适度规模经营的意见》《积极发展农民股份合作赋予集体资产股份权能改革试点方案》等文件。11 月 6 日，中共中央办公厅、国务院办公厅印发《关于引导农村土地经营权有序流转发展农业适度规模经营的意见》。

10 月 20—23 日　中共十八届四中全会举行。全会通过《关于全面推进依法治国若干重大问题的决定》。全面推进依法治国，总目标是建设中国特色社会主义法治体系，建设社会主义法治国家。

10 月 27 日　中央全面深化改革领导小组第六次会议举行，会议审议了《关于中国（上海）自由贸易试验区工作进展和可复制改革试点经验的推广意见》等文件。

11月11日　亚太经合组织第22次领导人非正式会议在北京举行。习近平主持会议并发表讲话，倡导共建互信、包容、合作、共赢的亚太伙伴关系。会议决定启动亚太自由贸易区进程。

12月2日　中央全面深化改革领导小组第七次会议举行，会议审议了《关于农村土地征收、集体经营性建设用地入市、宅基地制度改革试点工作的意见》等文件。同日，中共中央、国务院印发《丝绸之路经济带和21世纪海上丝绸之路建设战略规划》。

12月9—11日　中央经济工作会议举行。习近平指出，我国经济正在向形态更高级、分工更复杂、结构更合理的阶段演化，经济发展进入新常态；认识新常态，适应新常态，引领新常态，是当前和今后一个时期我国经济发展的大逻辑。

12月13—14日　习近平在江苏考察工作期间讲话指出，要主动把握和积极适应经济发展新常态，协调推进全面建成小康社会、全面深化改革、全面推进依法治国、全面从严治党。

12月31日　中共中央办公厅、国务院办公厅印发《关于农村土地征收、集体经营性建设用地入市、宅基地制度改革试点工作的意见》，2015年起在33个县（市、区）开展试点。

2015 年

2月2日　习近平在省部级主要领导干部学习贯彻党的十八届四中全会精神全面推进依法治国专题研讨班上系统阐述"四个全面"战略布局。

3月7日　国务院批复设立中国（杭州）跨境电子商务综合试验区。此后，又先后批复在天津、北京等104个城市和地区设立跨境电子商务综合试验区。

3月12日　习近平在十二届全国人大三次会议解放军代表团全体会议上明确提出，把军民融合发展上升为国家战略。

3月13日　中共中央、国务院印发《关于深化体制机制改革加快实施创新驱动发展战略的若干意见》。

3月28日　经国务院授权，国家发展改革委、外交部、商务部联合发布《推动共建丝绸之路经济带和 21 世纪海上丝绸之路的愿景与行动》。

5 月 5 日 中央全面深化改革领导小组第十二次会议举行，会议审议通过了《关于在部分区域系统推进全面创新改革试验的总体方案》《深化科技体制改革实施方案》等文件。

6 月 5 日 中央全面深化改革领导小组第十三次会议举行，会议审议通过了《关于在深化国有企业改革中坚持党的领导加强党的建设的若干意见》《关于加强和改进企业国有资产监督防止国有资产流失的意见》等文件。

6 月 11 日 国务院印发《关于大力推进大众创业万众创新若干政策措施的意见》，确定从 2015 年起，每年举办大众创业万众创新活动周。

8 月 1 日 国务院印发《全国海洋主体功能区规划》。至此，我国主体功能区战略实现陆域国土空间和海域国土空间的全覆盖。

9 月 11 日 中共中央政治局会议审议通过了《生态文明体制改革总体方案》。

9 月 15 日 中央全面深化改革领导小组第十六次会议举行，会议审议通过了《关于实行市场准入负面清单制度的意见》《关于支持沿边重点地区开发开放若干政策措施的意见》《关于推进价格机制改革的若干意见》《关于鼓励和规范国有企业投资项目引入非国有资本的指导意见》等文件。10 月 12 日，中共中央、国务院印发《关于推进价格机制改革的若干意见》。到 2017 年底，97％以上的商品和服务价格已实现市场调节。

10 月 13 日 中央全面深化改革领导小组第十七次会议举行，会议审议通过了《深化国税、地税征管体制改革方案》《关于进一步推进农垦改革发展的意见》《关于国有企业功能界定与分类的指导意见》等文件。

10 月 26—29 日 中共十八届五中全会举行。全会通过《关于制定国民经济和社会发展第十三个五年规划的建议》。全会提出以人民为中心的发展思想，必须牢固树立并切实贯彻创新、协调、绿色、开放、共享的发展理念。

11 月 7 日 习近平同台湾地区领导人马英九在新加坡会晤，就进一步推进两岸关系和平发展交换意见。这是 1949 年以来两岸领导人首次会晤，开创了两岸领导人直接对话沟通的先河。

11月9日　中央全面深化改革领导小组第十八次会议举行，会议审议通过了《关于加快实施自由贸易区战略的若干意见》《关于促进加工贸易创新发展的若干意见》《推进普惠金融发展规划（2016—2020年）》等文件。12月6日，国务院印发《关于加快实施自由贸易区战略的若干意见》。

11月10日　习近平在中央财经领导小组会议上讲话指出，要着力加强供给侧结构性改革。

11月27日、28日　《〈内地与香港关于建立更紧密经贸关系的安排〉服务贸易协议》《〈内地与澳门关于建立更紧密经贸关系的安排〉服务贸易协议》分别签署，内地与香港、澳门服务贸易自由化基本实现。

11月27—28日　中央扶贫开发工作会议举行。习近平讲话强调，打赢脱贫攻坚战，要做到"六个精准"。11月29日，中共中央、国务院印发《关于打赢脱贫攻坚战的决定》。

12月9日　中央全面深化改革领导小组第十九次会议审议通过了《中国三江源国家公园体制试点方案》。

12月18—21日　中央经济工作会议举行。习近平讲话强调，推进供给侧结构性改革是适应和引领经济发展新常态的重大创新。

12月25日　亚洲基础设施投资银行正式成立。2016年1月16日，亚洲基础设施投资银行开业。

12月31日　中共中央、国务院作出《关于实施全面两孩政策改革完善计划生育服务管理的决定》。

2016 年

1月1日　《中华人民共和国人口与计划生育法》修正案正式实施，明确国家提倡一对夫妻生育两个子女。

1月5日　习近平在重庆主持召开推动长江经济带发展座谈会，指出推动长江经济带发展是国家一项重大区域发展战略，要坚持生态优先、绿色发展，共抓大保护、不搞大开发。

2月1日　国务院分别印发《关于钢铁行业化解过剩产能实现脱困发展的意见》《关于煤炭行业化解过剩产能实现脱困发展的意见》。

2月6日　中共中央、国务院印发《关于全面振兴东北地区等老工业基地的若干意见》。

3月5—16日　十二届全国人大四次会议举行。会议批准《中华人民共和国国民经济和社会发展第十三个五年规划纲要》。

3月22日　中央全面深化改革领导小组第二十二次会议举行，会议审议通过了《关于健全生态保护补偿机制的意见》《关于建立贫困退出机制的意见》《关于深化投融资体制改革的意见》等文件。7月5日，中共中央、国务院印发《关于深化投融资体制改革的意见》，新一轮投融资体制改革全面展开。

3月24日　中央政治局常委会会议听取关于北京城市副中心和疏解北京非首都功能集中承载地有关情况的汇报，确定疏解北京非首都功能集中承载地新区规划选址并同意定名为"雄安新区"。5月27日，习近平在中央政治局会议上讲话指出，建设北京城市副中心和雄安新区两个新城，形成北京新的两翼，是千年大计、国家大事。

5月1日　我国全面实施营业税改征增值税试点。

7月22日　首次"1+6"圆桌对话会在北京召开。此后，中国同世界银行、国际货币基金组织、世界贸易组织、国际劳工组织、经济合作与发展组织、金融稳定理事会每年召开一次"1+6"圆桌对话会。

8月30日　中央全面深化改革领导小组第二十七次会议举行，会议审议通过了《关于构建绿色金融体系的指导意见》《关于完善产权保护制度依法保护产权的意见》《关于创新政府配置资源方式的指导意见》《关于实行以增加知识价值为导向分配政策的若干意见》《关于完善农村土地所有权承包权经营权分置办法的意见》《重点生态功能区产业准入负面清单编制实施办法》《关于从事生产经营活动事业单位改革的指导意见》等文件。10月22日，中共中央办公厅、国务院办公厅印发《关于完善农村土地所有权承包权经营权分置办法的意见》，"三权分置"是继家庭联产承包责任制后农村改革的又一重大制度创新。11 月 4 日，中共中央、国务院印发《关于完善产权保护制度依法保护产权的意见》。

9 月 3 日　习近平出席在浙江杭州召开的二十国集团工商峰会开幕式并发表主旨演讲，提出建设创新、开放、联动、包容型世界经济，强调全球经济治理应该以平等为基础，更好反映世界经济格局新现实。

9 月　中共中央、国务院印发《长江经济带发展规划纲要》。

10 月 1 日　人民币正式加入国际货币基金组织特别提款权货币篮子。

10 月 11 日　中央全面深化改革领导小组第二十八次会议举行，会议审议通过了《关于推进防灾减灾救灾体制机制改革的意见》《关于全面推行河长制的意见》《关于深化统计管理体制改革提高统计数据真实性的意见》《关于全面放开养老服务市场提升养老服务质量的若干意见》《关于推进安全生产领域改革发展的意见》《关于促进移动互联网健康有序发展的意见》等文件。

11 月 1 日　中央全面深化改革领导小组第二十九次会议举行，会议审议通过了《建立以绿色生态为导向的农业补贴制度改革方案》《关于划定并严守生态保护红线的若干意见》《湿地保护修复制度方案》《关于在深化国有企业改革中坚持党的领导加强党的建设落实情况报告》等文件。

12 月 5 日　中央全面深化改革领导小组第三十次会议举行，会议审议通过了《关于深化国有企业和国有资本审计监督的若干意见》《国务院国资委以管资本为主推进职能转变方案》《关于健全国家自然资源资产管理体制试点方案》《中央国有资本经营预算支出管理暂行办法》《关于加强耕地保护和改进占补平衡的意见》《关于加强"一带一路"软力量建设的指导意见》《关于农村集体资产股份权能改革试点情况的报告》等文件。

12 月 26 日　中共中央、国务院印发《关于稳步推进农村集体产权制度改革的意见》。

2017 年

1 月 3 日　国务院印发《全国国土规划纲要（2016—2030 年）》。

3 月 24 日　中央全面深化改革领导小组第三十三次会议举行，会议审议通过了《全面深化中国（上海）自由贸易试验区改革开放方案》《关于深化科技奖励制度改革的方案》。

3 月 28 日　中共中央、国务院印发通知，决定设立河北雄安新区。

4 月 18 日　中央全面深化改革领导小组第三十四次会议举行，会议审议通过了《关于加快构建政策体系、培育新型农业经营主体的意见》《关于进一步激发和保护企业家精神的意见》等文件。

5 月 14—15 日　首届"一带一路"国际合作高峰论坛在北京举行。习近平出席开幕式并发表主旨演讲，强调要将"一带一路"建成和平之路、繁荣之路、开放之路、创新之路、文明之路。

7 月 1 日　习近平出席在香港举行的《深化粤港澳合作推进大湾区建设框架协议》签署仪式。同日，全国海关通关一体化正式实施。

7 月 19 日　中央全面深化改革领导小组第三十七次会议举行，会议审议通过了《关于创新体制机制推进农业绿色发展的意见》《国家技术转移体系建设方案》《建立国家公园体制总体方案》等文件。

9 月 8 日　中共中央、国务院印发《关于营造企业家健康成长环境弘扬优秀企业家精神更好发挥企业家作用的意见》。

9 月 21 日　G10 次"复兴号"从上海虹桥站驶出。"复兴号"中国标准动车组项目关键技术均是我国自主研发，具有完全自主知识产权。

10 月 18—24 日　中国共产党第十九次全国代表大会举行。大会通过《决胜全面建成小康社会，夺取新时代中国特色社会主义伟大胜利》，作出中国特色社会主义进入新时代、我国社会主要矛盾已经转化为人民日益增长的美好生活需要和不平衡不充分的发展之间的矛盾等重大政治论断，确立习近平新时代中国特色社会主义思想的历史地位，提出新时代坚持和发展中国特色社会主义的基本方略，确定决胜全面建成小康社会、开启全面建设社会主义现代化国家新征程的目标。

11 月 5 日　北斗三号第一、二颗组网卫星以"一箭双星"方式成功发射，标志着北斗卫星导航系统全球组网的开始。

11 月 19 日　国务院作出《关于废止〈中华人民共和国营业税暂行条例〉和修改〈中华人民共和国增值税暂行条例〉的决定》，营业税改征增值税改革全面完成。

11 月 20 日　十九届中央全面深化改革领导小组第一次会议举行，会议审议通过了《关于建立国务院向全国人大常委会报告国有资产管理情况的制度的意见》《关于加强贫困村驻村工作队选派管理工作的指导意见》《农村人居环境整治三年行动方案》《关于在湖泊实施湖长制的指导意见》《关于拓展农村宅基地制度改革试点的请示》等文件。

2018 年

1 月 2 日　中共中央、国务院印发《关于实施乡村振兴战略的意见》。

2 月 18 日　中共中央、国务院印发《粤港澳大湾区发展规划纲要》。

2 月 26—28 日　中共十九届三中全会举行。全会通过《关于深化党和国家机构改革的决定》和《深化党和国家机构改革方案》。3 月 5—20 日，十三届全国人大一次会议举行。会议批准国务院机构改革方案。

3 月 28 日　中央全面深化改革委员会第一次会议举行，会议审议通过了《关于深入推进审批服务便民化的指导意见》《关于形成参与国际宏观经济政策协调的机制推动国际经济治理结构完善的意见》《进一步深化中国（广东）自由贸易试验区改革开放方案》《进一步深化中国（天津）自由贸易试验区改革开放方案》《进一步深化中国（福建）自由贸易试验区改革开放方案》《关于规范金融机构资产管理业务的指导意见》《关于加强非金融企业投资金融机构监管的指导意见》《关于改革国有企业工资决定机制的意见》等文件。

3 月　3 月以来，针对美国政府单方面挑起中美经贸摩擦，中国不得不采取中止关税减让义务、加征关税等反制措施，并在相互尊重、平等互利的原则基础上进行协商，坚决捍卫国家和人民利益。

4月11日　中共中央、国务院印发《关于支持海南全面深化改革开放的指导意见》。赋予海南经济特区改革开放新使命，建设自由贸易试验区和中国特色自由贸易港。

6月15日　中共中央、国务院印发《关于打赢脱贫攻坚战三年行动的指导意见》。

7月6日　中央全面深化改革委员会第三次会议举行，会议审议通过了《关于支持河北雄安新区全面深化改革和扩大开放的指导意见》《关于全面实施预算绩效管理的意见》《关于完善促进消费体制机制进一步激发居民消费潜力的若干意见》《完善促进消费体制机制实施方案（2018—2020年）》《关于推进军民融合深度发展若干财政政策的意见》等文件。

9月3—4日　中非合作论坛北京峰会举行。习近平主持峰会并在开幕式上发表主旨演讲，提出中非要携手打造责任共担、合作共赢、幸福共享、文化共兴、安全共筑、和谐共生的中非命运共同体。会议通过《关于构建更加紧密的中非命运共同体的北京宣言》和《中非合作论坛—北京行动计划（2019—2021年）》。

9月20日　中央全面深化改革委员会第四次会议举行，会议审议通过了《关于推动高质量发展的意见》《关于建立更加有效的区域协调发展新机制的意见》《关于支持自由贸易试验区深化改革创新的若干措施》《关于完善系统重要性金融机构监管的指导意见》《关于统一规划体系更好发挥国家发展规划战略导向作用的意见》《关于促进小农户和现代农业发展有机衔接的意见》等文件。

9月24日　《关于中美经贸摩擦的事实与中方立场》白皮书发布。

10月1日　中共中央、国务院印发《关于保持土地承包关系稳定并长久不变的意见》。

11月5—10日　首届中国国际进口博览会在上海举行。这是迄今为止世界上第一个以进口为主题的国家级展会。

11月14日　中央全面深化改革委员会第五次会议举行，会议审议通过了

《海南省创新驱动发展战略实施方案》《海南省建设国际旅游消费中心的实施方案》《关于支持海南全面深化改革开放有关财税政策的实施方案》《关于支持海南全面深化改革开放综合财力补助资金的管理办法》《关于调整海南离岛旅客免税购物政策工作方案》《加快完善市场主体退出制度改革方案》《深化政府采购制度改革方案》等文件。

12 月 18 日　庆祝改革开放 40 周年大会举行。习近平讲话指出，改革开放是党和人民大踏步赶上时代的重要法宝，是坚持和发展中国特色社会主义的必由之路，是决定当代中国命运的关键一招，也是决定实现"两个一百年"奋斗目标、实现中华民族伟大复兴的关键一招。

2019 年

1 月 21 日　习近平在省部级主要领导干部坚持底线思维着力防范化解重大风险专题研讨班开班式上讲话，对防范化解政治、意识形态、经济、科技、社会、外部环境、党的建设等领域重大风险作出分析，提出要求。

1 月 23 日　中央全面深化改革委员会第六次会议举行，会议审议通过了《在上海证券交易所设立科创板并试点注册制总体实施方案》《关于在上海证券交易所设立科创板并试点注册制的实施意见》《关于建立以国家公园为主体的自然保护地体系指导意见》《关于统筹推进自然资源资产产权制度改革的指导意见》《关于建立国土空间规划体系并监督实施的若干意见》《关于构建市场导向的绿色技术创新体系的指导意见》等文件。

3 月 19 日　中央全面深化改革委员会第七次会议举行，会议审议通过了《关于新时代推进西部大开发形成新格局的指导意见》《关于促进人工智能和实体经济深度融合的指导意见》等文件。

4 月 25—27 日　第二届"一带一路"国际合作高峰论坛在北京举行。习近平出席开幕式并发表主旨演讲，强调要秉持共商共建共享原则，坚持开放、绿色、廉洁理念，努力实现高标准、惠民生、可持续目标，推动共建"一带一路"沿着高质量发展方向不断前进。

5月2日　中共中央、国务院印发《关于新时代推进西部大开发形成新格局的指导意见》。

5月29日　中央全面深化改革委员会第八次会议举行，会议审议通过了《关于创新和完善宏观调控的指导意见》《关于在山西开展能源革命综合改革试点的意见》《关于加强创新能力开放合作的若干意见》等文件。

5月30日　中共中央、国务院印发《长江三角洲区域一体化发展规划纲要》。

7月24日　中央全面深化改革委员会第九次会议举行，会议审议通过了《关于支持深圳建设中国特色社会主义先行示范区的意见》《中国—上海合作组织地方经贸合作示范区建设总体方案》等文件。

8月9日　中共中央、国务院印发《关于支持深圳建设中国特色社会主义先行示范区的意见》。

9月9日　中央全面深化改革委员会第十次会议举行，审议通过了《关于推动先进制造业和现代服务业深度融合发展的实施意见》《关于营造更好发展环境支持民营企业改革发展的意见》《关于推进贸易高质量发展的指导意见》《关于促进劳动力和人才社会性流动体制机制改革的意见》《关于实施重要农产品保障战略的指导意见》《关于加强科技创新支撑平安中国建设的意见》《绿色生活创建行动总体方案》《国有金融资本出资人职责暂行规定》等文件。

9月18日　习近平在郑州主持召开黄河流域生态保护和高质量发展座谈会。

10月28—31日　中共十九届四中全会举行。全会通过《关于坚持和完善中国特色社会主义制度、推进国家治理体系和治理能力现代化若干重大问题的决定》，提出的总目标是，到我们党成立一百年时，在各方面制度更加成熟更加定型上取得明显成效；到2035年，各方面制度更加完善，基本实现国家治理体系和治理能力现代化；到新中国成立一百年时，全面实现国家治理体系和治理能力现代化，使中国特色社会主义制度更加巩固、优越性充分展现。

11月26日　中央全面深化改革委员会第十一次会议举行，会议审议通过了《关于构建更加完善的要素市场化配置体制机制的意见》《关于完善农业支持保护制度的意见》《关于加强农业科技社会化服务体系建设的若干意见》等文件。同日，中共中央、国务院印发《关于保持土地承包关系稳定并长久不变的意见》。

12 月 4 日，中共中央、国务院印发《关于营造更好发展环境支持民营企业改革发展的意见》。

2020 年

1 月 7 日　习近平对做好 2019 年 12 月 27 日以来湖北武汉监测发现的不明原因肺炎疫情防控工作提出要求。新冠疫情是百年来全球发生的最严重的传染病大流行，是新中国成立以来我国遭遇的传播速度最快、感染范围最广、防控难度最大的一次重大突发公共卫生事件。

2 月 14 日　中央全面深化改革委员会第十二次会议举行，会议审议通过了《关于新时代加快完善社会主义市场经济体制的意见》《企业职工基本养老保险全国统筹改革方案》《赋予科研人员职务科技成果所有权或长期使用权试点实施方案》《关于推动基础设施高质量发展的意见》《关于进一步推进服务业改革开放发展的指导意见》等文件。

2 月 23 日　统筹推进新冠肺炎疫情防控和经济社会发展工作部署会议召开。

3 月 30 日　中共中央、国务院印发《关于构建更加完善的要素市场化配置体制机制的意见》。

4 月 10 日　习近平在中央财经委员会第七次会议上讲话提出，要构建以国内大循环为主体、国内国际双循环相互促进的新发展格局。

5 月 11 日　中共中央、国务院印发《关于新时代加快完善社会主义市场经济体制的意见》。

5 月 28 日　十三届全国人大三次会议通过《中华人民共和国民法典》。

6 月 1 日　中共中央、国务院印发《海南自由贸易港建设总体方案》。

6 月 30 日　中央全面深化改革委员会第十四次会议举行，会议审议通过了《国企改革三年行动方案（2020—2022 年）》《关于深化新一代信息技术与制造业融合发展的指导意见》《深化农村宅基地制度改革试点方案》等文件。

9月1日　中央全面深化改革委员会第十五次会议举行，会议审议通过了《关于推进对外贸易创新发展的实施意见》等文件。

9月22日　习近平在第75届联合国大会一般性辩论上发表讲话强调，要树立命运共同体意识和合作共赢理念，坚定不移构建开放型世界经济，树立新发展理念，坚持走多边主义道路，改革完善全球治理体系。宣布中国二氧化碳排放力争2030年前达到峰值，努力争取2060年前实现碳中和。

10月8日　中共中央、国务院印发《黄河流域生态保护和高质量发展规划纲要》。

10月14日　深圳经济特区建立40周年庆祝大会在深圳隆重举行。

10月26—29日　中共十九届五中全会举行，审议通过《中共中央关于制定国民经济和社会发展第十四个五年规划和二〇三五年远景目标的建议》。

11月2日　中央全面深化改革委员会第十六次会议举行，会议审议通过了《关于新时代推进国有经济布局优化和结构调整的意见》《建设高标准市场体系行动方案》《关于全面推行林长制的意见》《健全上市公司退市机制实施方案》《关于依法从严打击证券违法活动的若干意见》等文件。

11月15日　中国和东盟10国及日本、韩国、澳大利亚、新西兰共15个亚太国家正式签署《区域全面经济伙伴关系协定》（RCEP）。

12月26日　第十三届全国人大常委会第二十四次会议通过《中华人民共和国长江保护法》，这是首部全国性流域立法。

12月30日　中央全面深化改革委员会第十七次会议举行，会议审议通过了《关于中央企业党的领导融入公司治理的若干意见（试行）》《关于加快建立健全绿色低碳循环发展经济体系的指导意见》《关于进一步深化预算管理制度改革的意见》等文件。

2021 年

1月4日　中共中央、国务院印发《关于全面推进乡村振兴加快农业农村现代化的意见》。

1月11日 习近平在省部级主要领导干部学习贯彻党的十九届五中全会精神专题研讨班开班式上强调，准确把握新发展阶段，深入贯彻新发展理念，加快构建新发展格局。

1月25日 习近平出席世界经济论坛"达沃斯议程"对话会并发表特别致辞，提出我们要解决好这个时代面临的四大课题。

2月25日 全国脱贫攻坚总结表彰大会召开。习近平宣告，我国脱贫攻坚战取得了全面胜利，完成了消除绝对贫困的艰巨任务。同日，国家乡村振兴局正式挂牌。

4月23日 中共中央、国务院印发《关于新时代推动中部地区高质量发展的意见》《关于支持浦东新区高水平改革开放打造社会主义现代化建设引领区的意见》。

4月29日 第十三届全国人大常委会第二十八次会议通过《中华人民共和国乡村振兴促进法》。

5月11日 国家统计局公布第七次全国人口普查主要数据，截至2020年11月1日零时，全国人口共141 178万人。

5月20日 中共中央、国务院印发《关于支持浙江高质量发展建设共同富裕示范区的意见》。

5月31日 中央政治局会议审议《关于优化生育政策促进人口长期均衡发展的决定》，提出实施一对夫妻可以生育三个子女政策及配套支持措施。

6月3日 《关于深化"证照分离"改革进一步激发市场主体发展活力的通知》发布，部署在全国范围内实施涉企经营许可事项全覆盖清单管理。

7月9日 中央全面深化改革委员会第二十次会议举行，会议审议通过了《关于加快构建新发展格局的指导意见》《种业振兴行动方案》《青藏高原生态环境保护和可持续发展方案》《关于推进自由贸易试验区贸易投资便利化改革创新的若干措施》等文件。

8月30日 中央全面深化改革委员会第二十一次会议举行，会议审议通过了《关于强化反垄断深入推进公平竞争政策实施的意见》《关于改革完善体制机制加强战略和应急物资储备安全管理的若干意见》等文件。

11月8—11日　中共十九届六中全会举行。全会通过《中共中央关于党的百年奋斗重大成就和历史经验的决议》。

11月24日　中央全面深化改革委员会第二十二次会议举行，会议审议通过了《科技体制改革三年攻坚方案（2021—2023年)》《关于加快建设全国统一电力市场体系的指导意见》《关于支持中关村国家自主创新示范区开展高水平科技自立自强先行先试改革的若干措施》等文件。

12月17日　中央全面深化改革委员会第二十三次会议举行，会议审议通过了《关于加快建设全国统一大市场的意见》等文件。

2022 年

1月30日　国务院办公厅印发《关于全面实行行政许可事项清单管理的通知》。

2月28日　中央全面深化改革委员会第二十四次会议举行，会议审议通过了《关于加快建设世界一流企业的指导意见》《推进普惠金融高质量发展的实施意见》《关于推进国有企业打造原创技术策源地的指导意见》等文件。

4月19日　中央全面深化改革委员会第二十五次会议举行，会议审议通过了《关于加强数字政府建设的指导意见》《关于进一步推进省以下财政体制改革工作的指导意见》《"十四五"时期完善金融支持创新体系工作方案》《关于完善科技激励机制的若干意见》等文件。

9月6日　中央全面深化改革委员会第二十七次会议举行，会议审议通过了《关于健全社会主义市场经济条件下关键核心技术攻关新型举国体制的意见》《关于深化农村集体经营性建设用地入市试点工作的指导意见》等文件。

10月16—22日　中国共产党第二十次全国代表大会举行。大会主题是：高举中国特色社会主义伟大旗帜，全面贯彻新时代中国特色社会主义思想，弘扬伟大建党精神，自信自强、守正创新，踔厉奋发、勇毅前行，为全面建设社会主义现代化国家、全面推进中华民族伟大复兴而团结奋斗。

11月14—19日　习近平赴印度尼西亚出席二十国集团领导人第十七次峰会，

赴泰国出席亚太经合组织第二十九次领导人非正式会议并对泰国进行访问。与会期间，习近平应约同法国总统、美国总统等多国领导人举行双边会见。

12月7—10日　习近平赴沙特出席首届中国—阿拉伯国家峰会、中国—海湾阿拉伯国家合作委员会峰会并对沙特进行国事访问。

2023 年

2月26—28日　中共二十届二中全会举行。全会通过《党和国家机构改革方案》。

4月21日　二十届中央全面深化改革委员会第一次会议举行，会议审议通过了《关于强化企业科技创新主体地位的意见》《关于加强和改进国有经济管理有力支持中国式现代化建设的意见》《关于促进民营经济发展壮大的意见》等文件。

7月11日　中央全面深化改革委员会第二次会议举行，会议审议通过了《关于建设更高水平开放型经济新体制促进构建新发展格局的意见》《深化农村改革实施方案》《关于推动能耗双控逐步转向碳排放双控的意见》等文件。

10月17—18日　第三届"一带一路"国际合作高峰论坛在北京举行。习近平在开幕式上宣布，中国将全面取消制造业领域外资准入限制措施。

11月7日　中央全面深化改革委员会第三次会议举行，审议通过了《关于全面推进美丽中国建设的意见》《关于进一步完善国有资本经营预算制度的意见》等文件。

11月18日　国务院批复原则同意《支持北京深化国家服务业扩大开放综合示范区建设工作方案》。

11月26日　国务院印发《全面对接国际高标准经贸规则推进中国（上海）自由贸易试验区高水平制度型开放总体方案》。

12月10日　国务院批复原则同意《前海深港现代服务业合作区总体发展规划》《横琴粤澳深度合作区总体发展规划》。

2024 年

1月1日　中共中央、国务院发布《关于学习运用"千村示范、万村整治"

工程经验有力有效推进乡村全面振兴的意见》。

1月16日　习近平在省部级主要领导干部推动金融高质量发展专题研讨班开班式上强调，坚定不移走中国特色金融发展之路，推动我国金融高质量发展。

2月19日　中央全面深化改革委员会第四次会议举行，审议通过了《关于改革土地管理制度增强对优势地区高质量发展保障能力的意见》《关于促进经济社会发展全面绿色转型的意见》《关于加快形成支持全面创新的基础制度的意见》等文件。

2月28日　国务院办公厅印发《扎实推进高水平对外开放更大力度吸引和利用外资行动方案》。

3月7日　国务院印发《推动大规模设备更新和消费品以旧换新行动方案》。

6月11日　中央全面深化改革委员会第五次会议举行，这是中央深改委（领导小组）第72次会议。审议通过了《关于完善中国特色现代企业制度的意见》《关于健全种粮农民收益保障机制和粮食主产区利益补偿机制的指导意见》《关于建设具有全球竞争力的科技创新开放环境的若干意见》等文件。中央深改委（领导小组）十年来共审议通过超过600份改革文件，指引各方面出台3 000多项改革方案。

6月15日　国务院办公厅印发《促进创业投资高质量发展的若干政策措施》。

6月24日　全国科技大会、国家科学技术奖励大会和中国科学院第二十一次院士大会、中国工程院第十七次院士大会举行。习近平出席大会并发表重要讲话。

7月15—18日　中共二十届三中全会举行。全会通过《中共中央关于进一步全面深化改革 推进中国式现代化的决定》。

7月28日　国务院印发《深入实施以人为本的新型城镇化战略五年行动计划》。

7月31日　中共中央、国务院印发《关于加快经济社会发展全面绿色转型的意见》。

8月1日　中共中央办公厅、国务院办公厅印发《关于完善市场准入制度的意见》。

8月23日　中共中央政治局召开会议，审议《进一步推动西部大开发形成新格局的若干政策措施》。

8月29日　中央全面深化改革委员会第六次会议举行，审议通过了《关于实施自由贸易试验区提升战略的意见》等文件。中共十八大以来部署设立22个自由贸易试验区，推出一大批标志性、引领性制度创新成果，有效发挥了改革开放综合试验平台作用，决定实施自由贸易试验区提升战略。

9月5日　习近平出席中非合作论坛北京峰会开幕式发表主旨讲话并宣布，中国同所有非洲建交国的双边关系提升到战略关系层面，中非关系整体定位提升至新时代全天候中非命运共同体，将实施中非携手推进现代化十大伙伴行动。

9月14日　中共中央、全国人大常委会在人民大会堂隆重举行庆祝全国人民代表大会成立70周年大会，习近平出席会议并发表重要讲话。

9月15日　中共中央、国务院发布《关于实施就业优先战略促进高质量充分就业的意见》。

9月20日　中共中央、全国政协在全国政协礼堂隆重举行庆祝中国人民政治协商会议成立75周年大会，习近平出席大会并发表重要讲话。

9月26日　中共中央政治局召开会议，分析研究当前经济形势，部署下一步经济工作。针对经济运行出现的一些新情况和新问题，提出要全面客观冷静看待当前经济形势，正视困难、坚定信心，切实增强做好经济工作的责任感和紧迫感。要抓住重点、主动作为，有效落实存量政策，加力推出增量政策，进一步提高政策措施的针对性、有效性，努力完成全年经济社会发展目标任务。要求各地区各部门要认真贯彻落实党中央决策部署，干字当头、众志成城，充分激发全社会推动高质量发展的积极性主动性创造性，推动经济持续回升向好。

9月30日　庆祝中华人民共和国成立75周年招待会在人民大会堂隆重举行，习近平出席招待会并发表重要讲话。他强调，中华人民共和国成立75周年来，我们党团结带领全国各族人民不懈奋斗，创造了经济快速发展和社会长期稳定两大奇迹，中国发生了沧海桑田的巨大变化，中华民族伟大复兴进入了不可逆转的历史进程。新时代新征程，中国人民必将创造出新的更大辉煌，必将为人类和平和发展的崇高事业作出新的更大贡献。

后　记

　　新中国 70 多年的经济发展史是 20 世纪后半期以来世界最重要的现代化运动。这部著作就是对这一发展进程的学习思考和历史记述。我们可以自豪地说，经过 70 多年的发展，中国已经走出了一条具有典型意义的不同于西方国家的强国之路、发展之路、创新之路，新中国的经济发展改变了工业革命以来人类社会经济发展的格局和轨迹，为全球发展中国家的发展探索出了一条光明的道路。我们可以充满信心地说，中国式现代化必将继续成为 21 世纪世界性的现代化运动。从现在到本世纪中叶的 20 多年，将是中国社会发生深刻变化的时期，将是中国经济呈现全面发展的时期，将是中国科技自主创新迸发的时期，将是中国政治展现时代优势的时期。

　　我们这一代是奋斗的一代、幸运的一代！我们亲身经历了我国经济自力更生、艰苦奋斗的岁月，亲身经历了我国经济改革开放、快速发展的时代。作为恢复高考制度后的七七级大学生和八一级研究生，我们见证了我国改革开放和社会主义现代化建设的历史步伐，见证了新时代中国特色社会主义蓬勃发展的时代进程，我们深深为国家发生的深刻变化和取得的辉煌成就而感到骄傲和自豪。

我于 1982 年初从西北大学历史系毕业后即进入中国人民大学政治经济学系攻读硕士研究生，师从孙健教授及全慰天教授、王方中教授学习经济史。1984 年底毕业留校即从事中国经济史的教学和科研工作。40 多年来一直工作在教学一线，其间虽做过科研管理、出版经营和学校行政等工作，但始终没有脱离教学工作。20 世纪 80 年代末，我开始主讲新中国经济史，这极大地丰富了我的人生阅历。1992 年底，学校和黄达校长安排我协助被誉为"共和国建设的高级工程师"的袁宝华老校长整理回忆录、传记和文集，前后长达 20 多年，使我有机会长期近距离聆听宝华老校长讲述中国共产党的奋斗史、新中国国民经济的建设史和他亲身经历的重大经济决策过程，我深深为那些新中国经济建设的生动故事所感动。在从事出版工作时，我有幸服务过许多领导同志和著名学者，从他们那里也聆听到许多有关新中国经济发展的感人故事和理论阐释。

2020 年 9 月从行政岗位退下来后，我终于可以全心全意从事自己喜欢的新中国经济史的教学科研工作了。我始终认为，新中国经济史是建构中国经济学自主知识体系的重要学术园地，是能够发现理论并产生理论的重要基础学科。撰写这部著作的初衷，就是想把我知道的共和国经济建设的成功经验、历史规律和伟大实践告诉青年一代，青年一代是实现中国式现代化和中华民族伟大复兴的中坚力量。

经济史是需要数据说话的，本书引用的大量未注明出处的数据均来自国家统计局编写的各类统计年鉴等。多年来，经济史学界的许多前辈学者都给了我巨大的鼓励，在本书写作过程中也得到不少师友的帮助，本书附录中的统计数据是由国家统计局－中国人民大学数据开发中心副主任甄峰同志编制的，中国人民大学出版社的王晗霞、商晓辉等编辑也付出了大量心血。在此一并表示衷心的感谢！

本书记述了 1949 年 10 月至 2024 年 9 月新中国经济发展的历史。本书是国家社会科学基金重点项目"中国社会主义革命和建设时期经济发展道路研究"（项目批准号：22AZD007）和中国人民大学重大规划项目"中国农业经济发展史"（项目编号：21XNLG02）的阶段成果。需要说明的是，由于作者研究的局限，本书未涉及 1949 年新中国成立以来台港澳地区的经济发展史。

贺耀敏

2025 年 4 月

图书在版编目（CIP）数据

中华人民共和国经济史 / 贺耀敏著. -- 北京：中国人民大学出版社，2025.7. -- （中国自主知识体系研究文库）. -- ISBN 978-7-300-33925-2

Ⅰ. F129.7

中国国家版本馆 CIP 数据核字第 2025K2S775 号

中国自主知识体系研究文库

中华人民共和国经济史

贺耀敏　著

Zhonghua Renmin Gongheguo Jingjishi

出版发行	中国人民大学出版社	
社　　址	北京中关村大街 31 号	**邮政编码**　100080
电　　话	010 - 62511242（总编室）	010 - 62511770（质管部）
	010 - 82501766（邮购部）	010 - 62514148（门市部）
	010 - 62511173（发行公司）	010 - 62515275（盗版举报）
网　　址	http://www.crup.com.cn	
经　　销	新华书店	
印　　刷	涿州市星河印刷有限公司	
开　　本	720 mm×1000 mm　1/16	**版　　次**　2025 年 7 月第 1 版
印　　张	55 插页 3	**印　　次**　2025 年 8 月第 2 次印刷
字　　数	700 000	**定　　价**　278.00 元